Kindheit – Bildung – Erziehung. Philosophische Perspektiven

Reihe herausgegeben von

Johannes Drerup, Institut für Allgemeine Erziehungswissenschaft und Berufspädagogik, Technische Universität Dortmund, Dortmund, Deutschland

Franziska Felder, Institut für Erziehungswissenschaft, Universität Zürich, Zürich, Schweiz

Veronika Magyar-Haas, Departement für Erziehungs- und Bildungswissenschaften, Université de Fribourg, Fribourg, Schweiz

Gottfried Schweiger, Zentrum für Ethik und Armutsforschung, Universität Salzburg, Salzburg, Österreich

In der Reihe „Kindheit– Bildung – Erziehung: Philosophische Perspektiven" erscheinen Monographien und Sammelbände, die sich mit philosophischen Debatten über Fragen der Kindheit, der Bildung und der Erziehung beschäftigen. Thematisiert werden etwa Problematiken der theoretischen Konzeptualisierung, der Legitimation und Gewährleistung von Erziehung und Bildung in (post-)modernen Gesellschaften genauso wie aktuelle Kontroversen über normativ relevante Unterscheidungen zwischen Kindern und Erwachsenen, über spezifische Güter der Kindheit und über das Verhältnis von Eltern- und Kinderrechten in und außerhalb von liberalen Demokratien. Die Reihe richtet sich an Interessierte aus der Erziehungs- und Bildungsphilosophie, den Childhood Studies, der Philosophie der Kindheit und aus weiteren philosophischen Disziplinen (z.B. Politische Philosophie), die sich mit den genannten Themen- und Problemfeldern beschäftigen.

In the series „Childhood and Education. Philosophical Perspectives" monographs and edited volumes are published that deal with philosophical debates about childhood and education. Topics include philosophical questions and problems concerning the conceptualization, justification and the practice of education in (post-)modern societies, as well as controversies over normatively relevant distinctions between children and adults, the specific goods of childhood, and the relation between the rights of children and parents in and beyond liberal democracies. The series addresses scholars from the philosophy of education, childhood studies, philosophy of childhood as well as from other philosophical disciplines (e.g. political philosophy), who are interested in the aforementioned topics and issues.

Gottfried Schweiger

Ethik der Kindheit. Philosophische Essays

1682
J.B. METZLER

Gottfried Schweiger
Zentrum für Ethik und Armutsforschung,
Universität Salzburg
Salzburg, Österreich

ISSN 2662-5040 ISSN 2662-5059 (electronic)
Kindheit – Bildung – Erziehung. Philosophische Perspektiven
ISBN 978-3-662-66691-3 ISBN 978-3-662-66692-0 (eBook)
https://doi.org/10.1007/978-3-662-66692-0

Die Deutsche Nationalbibliothek verzeichnet diese Publikation in der Deutschen Nationalbibliografie; detaillierte bibliografische Daten sind im Internet über http://dnb.d-nb.de abrufbar.

Planung/Lektorat: Frank Schindler
J.B. Metzler ist ein Imprint der eingetragenen Gesellschaft Springer-Verlag GmbH, DE und ist ein Teil von Springer Nature.
Die Anschrift der Gesellschaft ist: Heidelberger Platz 3, 14197 Berlin, Germany

Inhaltsverzeichnis

Sektion IV: Armut und Kindheit

Vorwort. Ethik der Kindheit

Dieser Band versammelt Aufsätze zur Philosophie der Kindheit, die von mir – großteils alleine, teils gemeinsam mit meinen ehemaligen Kolleg:innen Gunter Graf und Mar Cabezas verfasst – in den letzten Jahren an verschiedenen Orten erschienen sind. Zwei Gründe veranlassen mich, diese Texte hier in einem Band zusammenzuführen. Einerseits gab es mir die Gelegenheit, jene Texte, die auf Englisch erschienen sind, zu übersetzen und so einem neuen Publikum zugänglich zu machen. Andererseits scheinen mir die Texte in einem so engen Zusammenhang zu stehen, dass sie auch in einer Publikation versammelt gehören. Sie geben, gerade wenn sie in ihrem Zusammenhang gelesen werden, einen guten Einblick in wichtige Fragen einer politischen Philosophie der Kindheit. Die Texte stehen natürlich nicht repräsentativ für das ganze Feld einer Philosophie der Kindheit, sondern nur für meine eigenen Interessen. Leser:innen, die sich für die Breite des Feldes interessieren, finden im Handbuch Philosophie der Kindheit, welches Johannes Drerup und ich vor wenigen Jahren editiert haben, oder im englischen Handbuch von Gideon Calder u. a., einen guten Überblick (Drerup und Schweiger 2019; Gheaus et al. 2018).

Philosophie der Kindheit ist keine etablierte Subdisziplin der Philosophie und vielleicht wird sie das auch nie werden, weil der Gegenstandsbereich zu „klein" ist oder das Interesse innerhalb der akademischen Philosophie nicht ausgeprägt genug ist. Dennoch sind zwei Beobachtungen nicht von der Hand zu weisen. Erstens erscheinen immer mehr philosophische Arbeiten zu Fragen der Kindheit, insbesondere im Bereich der praktischen Philosophie, den ich besser überblicke als jenen der theoretischen Philosophie. Das hat seinen Niederschlag, wie gerade eben erwähnt, in einem deutschen Handbuch und in einem englischen Handbuch gefunden, die beide auch fast ausschließlich Kapitel zu Fragen aus der praktischen Philosophie, vornehmlich der Ethik und politischen Philosophie, enthalten. Zweitens scheint es unbestreitbar, dass Kindheit und die Lebenswelt von Kinder philosophische Fragen aufwerfen. Ein paar können hier beispielhaft

G. Schweiger, *Essays zur Philosophie der Kindheit,* Kindheit – Bildung – Erziehung. Philosophische Perspektiven, https://doi.org/10.1007/978-3-662-66692-0_1

genannt werden, die teils auch in den Texten in diesem Band aufgegriffen werden: Welche (moralischen) Rechte haben Kinder und was unterscheidet diese von den (moralischen) Rechten von Erwachsenen? Gibt es ethisch relevante Unterschiede zwischen Kindern und Erwachsenen, aber auch zwischen Kindern unterschiedlichen Alters? Welche ethischen Fragen der Gerechtigkeit stellen sich angesichts der vielen Ungerechtigkeiten im Leben vieler Kinder, wie Kinderarmut, Missbrauch oder Ausbeutung?

Viele dieser Fragen sind zwar philosophischer Natur, aber sie werden nicht nur in der Philosophie bearbeitet. Einerseits gibt es eine sozialwissenschaftliche Kindheitsforschung, andererseits sind gerade die Fragen der Rechte und Pflichten von Kindern oder des Verhältnisses von Kindern, Eltern und Staat natürlich auch Fragen des Rechts und fallen somit in den Reflexionsbereich der Rechtswissenschaften. Eine weitere Disziplin, die sowohl geistes- als auch sozialwissenschaftliche Zugänge hat, ist die Erziehungswissenschaft und Pädagogik, in der die Eigenheiten und Interessen von Kindern und jungen Menschen seit jeher eine bedeutende Rolle spielen. Auch in der theoretischen Philosophie sind Reflexion auf Kindheit interdisziplinär verortet, etwa bei Fragen der kognitiven oder emotionalen Entwicklung, die eng mit Fragen des Geistes, des Wissens oder der Sprache verbunden.

Die Interdisziplinarität einer Philosophie der Kindheit ist nichts, was sie von anderen Subdisziplinen der praktischen Philosophie unterscheidet. Alle Themen der Ethik und politischen Philosophie, vor allem alle Fragen, die sich auf die konkrete soziale Wirklichkeit beziehen, sind auf die Zusammenarbeit mit anderen Disziplinen zumindest soweit angewiesen, dass sie deren Erkenntnisse rezipieren sollten. Eine Philosophie der Kindheit hat daher auch viele Anknüpfungspunkte, sowohl in- als auch außerhalb der Philosophie. Sie kann dabei unterschiedlich vorgehen, indem entweder darauf reflektiert wird, inwieweit Modelle und Theorien, die nicht explizit für Kinder entworfen wurden, auf diese anwendbar sind. Ist eine gerechte Gesellschaft nach Rawls auch gerecht für Kinder? Passen unsere Konzepte von Autonomie und Zustimmung auf Kinder? Die philosophische Reflexion kann ihren Ausgangspunkt auch bei konkreten Problemen nehmen, die ihr die soziale Wirklichkeit vorgibt. Zum Beispiel, in Zeiten der ubiquitären Verfügbarkeit des Internet und von Smartphones stellen sich neue Fragen der Privatheit und der Verletzlichkeit von Kindern. Eine Philosophie der Kindheit ist also sicherlich kein monolithischer Block, sondern in sich divers und vielfältig, wie die Philosophie selbst. Das heißt auch, dass die Erkenntnisse, die sie hervorbringt, divers sind und je nach Voraussetzungen, ethischen Prämissen und Überzeugungen sowie disziplinären Diskursen anders ausfallen werden.

In diesem Buch ist eine Reihe an Aufsätzen versammelt, die großteils dem Bereich der politischen Philosophie zugeordnet werden können. Damit ist gemeint, dass Fragen nach der politischen und sozialen Ordnung, in einem Land oder auf globaler Ebene, gestellt werden und individuelle Pflichten nur am Rande behandelt werden. Die Texte sind insoweit miteinander verbunden, dass manche ethische Fragen und Theorien an mehreren Stellen, aber aus unterschiedlichen Perspektiven und mit Blick auf unterschiedliche konkrete Probleme, aufgegriffen werden. Die Texte in der ersten Sektion widmen sich der Gerechtigkeit für Kinder und wie so eine Theorie gebaut werden könnte. Anders als man in einer Monographie erwarten und verlangen würde, präsentieren die Texte in dieser Sektion jedoch keine in sich geschlossene Theorie der Gerechtigkeit für Kinder. In Grundzügen haben Gunter Graf und ich eine solche Theorie der Gerechtigkeit für Kinder in unserem Buch „A Philosophical Examination of Social Justice and Child Poverty" vorgelegt (Schweiger und Graf 2015). Die Texte in diesem vorliegenden Buch thematisieren vielmehr bestimmte Aspekte, die grundlegende Fragen der sozialen und globalen Gerechtigkeit für Kinder betreffen. Das sind Fragen nach dem Gegenstandsbereich einer solchen Theorie, der Währung der Gerechtigkeit, also worauf Kinder einen gerechten Anspruch haben, oder Fragen der Zeitlichkeit in einer Theorie der globalen Gerechtigkeit für Kinder. Die zweite Sektion versammelt Texte zu einem besonderen Aspekt von Kindern, der in der Philosophie und in anderen Disziplinen, aber auch in der gängigen Meinung, oft hervorgehoben wird, nämlich, dass Kinder besonders verletzlich sind und sich darin von Erwachsenen unterscheiden. Verletzlichkeit ist sicher nur eine Eigenschaft, die hier oft genannt wird. Andere sehen die wesentliche Differenz zwischen Kindern und Erwachsenen in der geringeren Autonomie und Rationalität von Kindern oder darin, dass diese noch nicht reife Personen sind. Diese Eigenschaften werden im Rahmen einiger Texte in diesem Buch aufgegriffen, gerade auch in ihrem Verhältnis zur Eigenschaft der Verletzlichkeit. Immer steht dabei die Frage im Vordergrund, ob diese Eigenschaften von Kindern besonders sind und ob sie einen ethischen Gehalt haben, also uns helfen können, welche moralischen Rechte und Pflichten Kinder haben. In den Texten zur Verletzlichkeit, die in diesem Buch versammelt sind, geht es genau darum. Die zwei nächsten Sektionen bringen Texte zusammen, die sich konkreten politischen und sozialen Fragen widmen: minderjährigen Flüchtlingen und Kinderarmut. Dabei werden viele Einsichten aus den anderen, grundlegenden ethischen Fragen gewidmeten Texten, angewendet, aber auch neu entwickelt. Die Texte stellen eben keine einheitliche Theorie dar, sondern zeigen Variationen. Die normativen Theorien aus Ethik und politischer Philosophie, die reflektiert werden, zeigen auch Unterschiede. Zwar spielt der Fähigkeitenansatz eine wichtige und prominente Rolle in vielen Texten, aber es wird auch auf die Theorie der Anerkennung und andere ethische Theorien reflektiert und herausgearbeitet, inwieweit sie auf Fragen der Kindheit übertragen werden können oder welche Erkenntnisse sie hier bringen.

Die Hoffnung, die ich mit der Zusammenstellung der Texte in diesem Band verbinde, ist, dass er die philosophische Diskussion zu Kindheit für neue Leser:innen, auch außerhalb der Philosophie, öffnet.

Ich danke ganz herzlich meinen Ko-Autor:innen, Gunter Graf und Mar Cabezas, die drei Jahre lang intensiv in meinem Forschungsprojekt „Soziale Gerechtigkeit und Kinderarmut" (gefördert durch den Österreichischen Wissenschaftsfonds FWF, 2014–2017) mit mir zusammen gearbeitet haben. Ich habe sehr viel von ihnen gelernt und unsere gemeinsamen Publikationen sind Ausdruck dieser fruchtbaren Zeit. Ich danke Frau Rafaela Fürlinger für die Durchsicht des Manuskripts und Herrn Frank Schindler, der das Projekt ins Verlagsprogramm aufgenommen hat. Schließlich danke ich meiner Familie und wünsche meiner Tochter, Theodora, dass mein Philosophieren über eine gute Kindheit ihr auch hin und wieder von praktischem Nutzen ist.

Literatur

Drerup, Johannes, und Gottfried Schweiger, Hrsg. 2019. *Handbuch Philosophie der Kindheit*, 1. Aufl. Stuttgart: Metzler.

Gheaus, Anca, Gideon Calder, und Jurgen De Wispelaere, Hrsg. 2018. *The Routledge handbook of the philosophy of childhood and children*, 1. Aufl. Routledge handbooks in philosophy. New York: Routledge.

Schweiger, Gottfried, und Gunter Graf. 2015. *A Philosophical Examination of Social Justice and Child Poverty*, 1. Aufl. Basingstoke: Palgrave Macmillan. http://www.palgraveconnect.com/doifinder/10.1057/9781137426024.

Sektion I: Gerechtigkeit und Kindheit

Kindheit und Gerechtigkeit

Einleitung

Fragen der Gerechtigkeit gehören zu den aktuellsten und meistdiskutiertesten der praktischen Philosophie der Gegenwart. Das Theorieangebot ist groß und zu vielen drängenden Herausforderungen unserer Zeit gibt es mittlerweile eine sehr große Zahl an wertvollen und ausdifferenzierten philosophischen Beiträgen aus Sicht der Gerechtigkeitstheorie. So sind beispielsweise die Themen der globalen Gerechtigkeit, der Gerechtigkeit zwischen den Generationen und der Gerechtigkeit gegenüber Tieren oder der Umwelt in der aktuellen Debatte sehr präsent und auf einem hohen theoretischen Niveau angelangt. Verschiedene Theorietraditionen haben sich herausgebildet, die laufend verfeinert werden und den Gerechtigkeitsbegriff aus ihrer je eigenen Perspektive zu fassen versuchen. Liberale Theorien in Anschluss an John Rawls, utilitaristische Ansätze in verschiedenen Ausprägungen, anerkennungstheoretische Zugänge sowie libertäre Konzepte – um nur einige Beispiele zu nennen – nehmen eine zentrale Rolle in der Debatte ein und formulieren verschiedene, zum Teil miteinander kompatible, zum Teil sich widersprechende Vorschläge, wie eine angemessene Gerechtigkeitstheorie zu formulieren sei. In all diesen Diskussionen fällt jedoch auf, dass Kinder als Adressat:innen einer Gerechtigkeitstheorie bisher nur unzureichend betrachtet worden sind. Die meisten Theoretiker:innen behandeln Kinder, falls überhaupt, nur sehr oberflächlich, und sie scheinen davon auszugehen, dass die auf allgemeiner Ebene für Erwachsene formulierten Theorien ohne größere Probleme auf Kinder umzulegen sind.

Angesichts der seit einigen Jahren immer stärker werdenden philosophischen Auseinandersetzung mit Kindern ist jedoch fraglich, ob diese Annahme tatsächlich haltbar ist. Immer öfter wird betont, dass der moralische Status von Kindern

Gemeinsam mit Gunter Graf

G. Schweiger, *Essays zur Philosophie der Kindheit*, Kindheit – Bildung – Erziehung. Philosophische Perspektiven, https://doi.org/10.1007/978-3-662-66692-0_2

spezifische Herausforderungen mit sich bringt, die von normativen Theorien zu berücksichtigen sind und folglich auch für eine Gerechtigkeitstheorie schlagend werden. Viele dieser philosophischen Beiträge zu Kindern finden im Umfeld des Gerechtigkeitsbegriffes statt: Es wird diskutiert, welche (moralischen) Rechte Kindern zugesprochen werden können (Schickhardt 2012), ob und – falls ja – wie es möglich ist, paternalistisches Handeln gegenüber Kindern zu begründen (Giesinger 2007), wie der Begriff des Kindeswohls am besten zu definieren ist (Bagattini und Macleod 2014) und wie sich moralische Ansprüche von Kindern zu jenen ihrer Eltern verhalten (Brighouse und Swift 2014). All diese Punkte sind für eine Gerechtigkeitstheorie relevant, doch stellen sie allenfalls Aspekte einer solchen Theorie dar. Für eine systematische Ausgestaltung des Gerechtigkeitsbegriffes ist es nötig, sie in Verbindung zu setzen und mit weiteren Überlegungen zu kombinieren. Im Fall von Erwachsenen ist diese Behauptung unmittelbar einsichtig. Wohl kaum ein:e Philosoph:in würde behaupten, dass das Konzept der Gerechtigkeit auf jenes der Rechte, des Paternalismus oder des Wohlergehens reduziert werden kann. Wir haben es vielmehr mit eigenständigen moralischen Kategorien zu tun, die sicherlich Überschneidungen aufweisen, aber keinesfalls miteinander gleichgesetzt werden können. Im Falle von Kindern gilt Ähnliches, wobei festzustellen ist, dass es bisher noch nicht gelungen ist, umfassend zu klären, wie sich die angesprochenen Diskussionslinien in der philosophischen Auseinandersetzung mit Kindern zum Begriff der Gerechtigkeit verhalten.

Beschäftigt man sich systematisch mit dem Gerechtigkeitsbegriff, ist es hilfreich, drei verschiedene Fragen zu klären, die normalerweise in Hinblick auf Erwachsene diskutiert werden, doch auch für eine genauere Analyse der Ansprüche von Kindern relevant sind. Sie lauten wie folgt (vgl. Sen 1992; Macleod 2010; Young 2011): Welche Güter sind für die Gerechtigkeitstheorie relevant? Nach welchen Prinzipien sollen diese Güter verteilt werden? Wer ist dafür verantwortlich, dass die angestrebte Güterverteilung verwirklicht wird? Diese Fragen geben gewissermaßen einen Rahmen vor, in dem entsprechende Beiträge verortet werden können, und die Art und Weise, wie sie beantwortet werden, gibt Aufschluss darüber, in welcher Theorietradition sich eine Position bewegt bzw. welche theoretischen und normativen Voraussetzungen gemacht werden. In der Folge umreißen wir kurz den gegenwärtigen Diskussionsstand, der in diesen drei großen gerechtigkeitsrelevanten Themenfeldern hinsichtlich von Kindern besteht. Dabei setzen wir voraus, dass Kinder in den Geltungsbereich von Gerechtigkeitstheorien fallen und dass sie über einen moralischen Status verfügen, der es erforderlich macht, sie als gleichwertige Mitglieder der Gesellschaft zu sehen. Ihre Interessen verdienen die gleiche Beachtung wie die aller anderen Mitglieder der Gesellschaft, und es muss eines der zentralen Ziele sein, diese Intuition der prinzipiellen Gleichwertigkeit in der Theorie zu berücksichtigen, ohne zur unplausiblen Position zu gelangen, dass Kinder und Erwachsene tatsächlich gleich behandelt werden müssen. Ihre Rechte und Pflichten unterscheiden sich vielmehr von denen Erwachsener, eine Einsicht, die jedoch einer eingehenden Klärung und Rechtfertigung bedarf.

Welche Güter sind für eine Gerechtigkeitstheorie für Kinder relevant?

Eine vielbeachtete und sehr einflussreiche Debatte, die in den letzten Jahren und Jahrzehnten in der Gerechtigkeitstheorie geführt worden ist, betrifft die sogenannte „Metrik der Gerechtigkeit" (metric of justice). Eine solche Metrik gibt an, auf Grundlage welcher Informationen die Lebenslage eines Menschen zu beurteilen ist und welche Ungleichheiten vom Standpunkt der Gerechtigkeit aus ein Problem darstellen, das gelöst werden soll (Cohen 1989; Sen 2009; Brighouse und Robeyns 2010). Hier ist nicht der Ort, um diese umfassende Debatte darstellen und bewerten zu können, für das Thema Gerechtigkeit und Kinder unmittelbar relevant ist jedoch folgende Beobachtung: In vielen Ansätzen wird vorausgesetzt, dass die Güter, um die es der Gerechtigkeit gehen soll, so konzipiert sind, dass sie Menschen ermöglichen, selbstgewählte Ziele zu verfolgen, und einen Handlungsspielraum zur Verfügungen stellen, in dem dies tatsächlich möglich ist. Den Adressat:innen der Gerechtigkeitstheorie wird folglich eine große Verantwortung für ihre eigenen Handlungen und Entscheidungen zugesprochen, und es wird von Seiten der Theorie vermieden, Aussagen darüber zu treffen, wie ein gutes Leben auszusehen hat. Paradigmatisch für eine solche Position ist John Rawls' Theorie der Grundgüter. Er geht davon aus, dass eine gerechte Gesellschaft dafür zu sorgen hat, gewisse Grundgüter – wie Grundrechte und -freiheiten, Einkommen und Vermögen sowie Chancen – fair zu verteilen, um Menschen in ihrer Autonomie zu stärken (Rawls 1975). Ob Rawls' Theorie der Grundgüter tatsächlich angemessen ist, um die Idee angemessener Rahmenbedingungen für ein selbstbestimmtes Leben theoretisch zu fassen, ist umstritten (Sen 1980). Doch sehr viele Gerechtigkeitstheorien operieren mit der von ihm getroffenen Annahme, dass die Adressat:innen der Gerechtigkeit die Fähigkeit besitzen, über ihre Pläne und Wertvorstellungen kritisch nachzudenken und ein Leben zu führen, das sie aus guten Gründen wertschätzen.

Kinder erfüllen diese Voraussetzung in der Regel jedoch nicht oder nur zu einem Teil, und dies aus verschiedenen Gründen. Erstens spielt es eine Rolle, dass sie sich in verschiedenen Dimensionen in Entwicklung befinden und in größerem Maße verletzlich sind als Erwachsene. Ihre körperlichen, psychischen und emotionalen Fähigkeiten und Eigenschaften sind auf einem Stand, der normalerweise nicht ausreicht, um ihnen Autonomie zusprechen zu können, und sie sind besonders gefährdet, durch falsche Entscheidungen oder Handlungen zu Schaden zu kommen. Natürlich fallen diese Beschränkungen, die mit der kindlichen Entwicklung und der besonderen Verletzlichkeit von Kindern verbunden sind, im Laufe der Kindheit weg und es ist eine schwierige und umstrittene Frage, wo die Grenze zwischen Kindern und Erwachsenen zu ziehen ist. Trotzdem müssen die Kategorien der Entwicklung und der Verletzlichkeit bei der Charakterisierung der Besonderheiten von Kindern eine wichtige Rolle spielen (Schweiger 2015; Mullin 2013). Zweitens fehlt Kindern das Wissen und die Lebenserfahrung, um ihnen selbst die Entscheidung überlassen zu können, welchen Lebensplan sie verfolgen wollen und wie sie gewisse Güter, die ihnen zur Verfügung stehen, nutzen wollen. In den komplexen Gesellschaften unserer Zeit ist es nicht nur erforderlich, eine gewisse körperliche, psychische und emotionale Entwicklung durchgemacht zu haben, um ein selbständiges Leben führen zu können, sondern man braucht ein Fundament an Wissen, auf das man zurückgreifen kann, und die Fähigkeit, Ereignisse, Situationen und Entwicklungen richtig einordnen und mit seinen Zielen und Werthaltungen in Verbindung bringen zu können. Drittens erlaubt es eine Vielzahl an sozialen und rechtlichen Normen nicht, dass Kinder ihr Leben selbstbestimmt führen können. Kinder sind verpflichtet, in die Schule zu gehen bzw. andere Arten der Ausbildung zu verfolgen, dürfen nicht oder nur sehr eingeschränkt arbeiten und sind schon allein deshalb massiv von anderen abhängig. Darüber hinaus sind ihre Möglichkeiten zur politischen Mitbestimmung beschränkt. Sie dürfen nicht oder nur sehr spät in der Phase der Kindheit wählen und auch sonst werden ihre Interessen in der Regel nicht von ihnen selbst auf Augenhöhe mit anderen Gruppe vertreten.

Diese Charakteristiken von Kindern und die Normen, die mit dem Status des Kindseins verbunden sind, wirken sich nun auf die Frage der gerechtigkeitsrelevanten Güter für Kinder aus. Die „klassischen" Güter, auf die sich viele Gerechtigkeitstheoretiker:innen fokussieren, lassen es nicht zu, zu fassen, was für eine gute Kindheit wichtig ist. Sie geben bestenfalls vor, was für die Zukunft des Kindes als autonome Person wertvoll ist, lassen aber unberücksichtigt, dass auch Fragen der Gerechtigkeit auftreten, wenn das Wohlergehen von Kindern in einer Gesellschaft aufgrund sozial beeinflussbarer Faktoren ungleich verteilt ist oder unter einem gewissen Schwellenwert zurückbleibt (Macleod 2010). Solche Ungleichgewichte sollten von der Metrik der Gerechtigkeit erfasst werden, unabhängig von der Frage, ob sie sich auf die zukünftige Autonomie positiv oder negativ auswirken, ganz einfach deshalb, weil der Kindheit ein eigenständiger Wert zukommt und sie nicht ausschließlich als instrumentell wertvoll zu sehen ist. In diesem Zusammenhang wurde in der Literatur einerseits die Kategorie der „intrinsischen Güter der Kindheit" eingeführt und dafür argumentiert, dass diese in einer angemessenen Metrik der Gerechtigkeit für Kinder repräsentiert sein müssen (Macleod 2010; Gheaus 2014). Andererseits wurde vorgeschlagen, gerechtigkeitsrelevante Güter für Kinder in der Tradition des Capability Approach in Rückgriff auf Functionings und Capabilities (mit einem Fokus auf Ersteren) zu formulieren, die bei einer angemessenen Auswahl sehr gut geeignet zu sein scheinen, das Kindeswohl ausdrücken zu können (Graf und Schweiger 2015). Dabei geht es in keinem der Vorschläge darum, den Blick ohne Rücksicht auf die Entwicklungsperspektive auf die Kindheit zu richten. Vielmehr soll erreicht werden, sowohl das Kindeswohl als auch das Wohlergehen des/der zukünftigen Erwachsenen in der Metrik der Gerechtigkeit abbilden und in Verbindung bringen zu können.

Die Klärung der Frage, ob nun Fähigkeiten, Grundgüter oder Chancen die adäquate Währung der Gerechtigkeit für Kinder darstellen, ist dabei aber sicherlich nur der erste Schritt. So gibt es innerhalb des Capability Approach eine ausdifferenzierte Debatte darüber, welche Fähigkeiten nun gerechtigkeitsrelevant sind und wie diese zu selektieren sind – z. B. auf Basis eines Würdebegriffes, gemäß einer bestimmten Konzeption des Wohlergehens oder über demokratische Verfahren. Für einzelne als allgemein relevant angesehene Güter oder Fähigkeiten ist die philosophische Debatte ausdifferenziert und es liegen bereits Arbeiten dazu vor – etwa zu Bildung (Macleod 2013; Walker und Unterhalter 2010), Gesundheit (Cabezas et al. 2014) oder Liebe (Liao 2006; Ferracioli 2015; Cowden 2012) –, während andere Bereiche erst erschlossen werden müssen.

Nach welchen Prinzipien sollen diese Güter verteilt werden?

Ein wesentliches Merkmal von Gerechtigkeit ist, dass sie sich mit Aspekten des Zusammenlebens auseinandersetzt, welche durch die Art und Weise, wie eine Gesellschaft eingerichtet ist und ihre Strukturen und Institutionen gestaltet sind, beeinflusst werden können. Sie hat mit Verteilungsfragen zu tun und soll Regeln vorgeben und begründen, wie die im vorigen Punkt angesprochene Metrik der Gerechtigkeit auf die Mitglieder der Gesellschaft zu verteilen ist. In der gerechtigkeitstheoretischen Literatur werden verschiedene dieser Verteilungsprinzipien diskutiert, wobei den Prinzipien der Gleichheit, Suffizienz und Priorität wohl die größte Aufmerksamkeit geschenkt wird. Viele Autor:innen entscheiden sich für eines dieser Prinzipien und versuchen gute Gründe anzugeben, warum das eine dem anderen überlegen ist (Frankfurt 1987; Dworkin 2000; Arneson 2006). Andere wiederum vertreten Mischformen (Casal 2007) oder sprechen sich überhaupt dafür aus, mit mehreren Verteilungsregeln zu arbeiten, wie es etwa David Miller vorgeschlagen hat, der davon ausgeht, dass unterschiedliche soziale Sphären spezifische Prinzipien erfordern (Miller 1999). Für die Spezifizierung, was Kindern der Gerechtigkeit halber zusteht, ist es ebenfalls erforderlich, sich mit der Debatte um das angemessenste Verteilungsprinzip auseinanderzusetzen. Eine kindersensible Metrik allein, wie sie im obigen Abschnitt angesprochen wurde, liefert schließlich nur Informationen hinsichtlich relevanter Güter, sagt aber nichts darüber aus, in welchem Maße Kinder einen Anspruch auf sie haben.

In der Debatte um die gerechtfertigten Ansprüche von Kindern spielen suffizienzorientierte Prinzipien eine wichtige Rolle (Archard 2004; Adams 2008; Dixon und Nussbaum 2012). Die zentrale Idee ist dabei, dass es aus Sicht der Gerechtigkeit nicht darauf ankommt, dass Kinder tatsächlich über die gleichen gerechtigkeitsrelevanten Güter verfügen, sondern dass sie genug davon haben, um ein gutes Leben zu führen. Sie grenzen sich somit vom Verteilungsprinzip der Gleichheit ab, das einer gleichen Verteilung der Güter der Gerechtigkeit einen intrinsischen Wert zuspricht. Ein wichtiger Grund, der für ein Suffizienzprinzip in Bezug zu Kindern spricht, besteht in dem Umstand, dass Kinder unterschiedlich in ihren Talenten, Potenzialen, aber auch Schwächen und Entwicklungsrisiken sind. Ein Zugang, der sich dafür ausspricht, die entsprechenden Gerechtigkeitsgüter gleich zu verteilen, birgt die Gefahr, dieser Komplexität nicht gerecht zu werden und zu übersehen, dass dadurch den individuellen Bedürfnissen des Kindes oftmals nicht Genüge getan wird. Eine angemessene Verteilung, die sich darüber definiert, dass jedem Kind *ausreichend* Güter zur Verfügung gestellt werden, kann mit der angesprochenen Herausforderung besser umgehen. Zwar lassen sich im Prinzip die angesprochenen intraindividuellen Unterschiede schon über die Metrik der Gerechtigkeit fassen, etwa indem man Functionings und Capabilities als Grundlage heranzieht, doch auch dann scheint eine Gleichverteilung dieser Güter aufgrund der „natürlichen" Unterschiede, die zwischen Kindern bestehen, nicht angemessen bzw. gar nicht erst realisierbar. Sicherzustellen, dass Kinder etwa gleich gesund, gleich inkludiert oder gleich versorgt werden, scheitert ganz einfach an den unterschiedlichen Voraussetzungen, die Kinder mitbringen. Darüber hinaus darf nicht übersehen werden, dass die Wahrung des Kindeswohles und die Förderung der kindlichen Entwicklung zu einem beträchtlichen Teil von Personen im direkten Umfeld des Kindes, normalerweise den Eltern, abhängen. Diese sind aufgrund verschiedenster Gründe nicht alle auf gleiche Weise in der Lage, das Kindeswohl sicherzustellen bzw. zu fördern. Ferner haben sie ihre eigenen Interessen und Ansprüche, die nicht ausschließlich auf diejenigen ihrer Kinder gerichtet sein müssen (Brighouse und Swift 2014). Auch vor diesem Hintergrund scheint eine Gleichverteilung der Güter der Gerechtigkeit nicht erstrebenswert zu sein. Gerade in Hinblick auf Aspekte des Kindeswohles, die mit Liebe, Zuneigung und Aufmerksamkeit verbunden sind, wird dieser Punkt besonders deutlich, da sie nicht oder nur unter erheblichen Schwierigkeiten von staatlichen Institutionen kompensiert werden können. Ein Suffizienzprinzip, das mit Schwellenwerten arbeitet und Mindeststandards festlegt, wird daher von vielen Autor:innen als der geeignetere Ansatz gesehen.

Trotz dieser Hinweise, die auf die Überlegenheit eines Suffizienz- gegenüber einem Gleichheitsprinzip hindeuten und die mit weiteren, in der Literatur anzutreffenden Argumenten untermauert werden können (z. B. die „leveling down objection"), weisen verschiedene Autor:innen in unterschiedlichen Varianten darauf hin, dass Überlegungen zu dem, was eine Gerechtigkeitstheorie für Kinder fordern sollte, nicht vollkommen losgelöst vom Ideal der Gleichheit zu verstehen ist. Betrachten wir etwa kurz Elizabeth Andersons Theorie demokratischer Gleichheit, die sie auf das Gebiet der Bildungsgerechtigkeit angewandt hat (Anderson 1999, 2007, 2010). Darin fordert sie, dass sich eine gerechte Gesellschaft vor allem darin auszeichnet, dass sich ihre Mitglieder als Gleiche begegnen können und dass sie Machtverhältnisse so gestaltet, dass dies tatsächlich möglich ist. Dazu ist es ihrer Position nach jedoch nicht erforderlich, dass die Güter der Gerechtigkeit – sei es nun bezogen auf Erwachsene oder auf Kinder – gleich zu verteilen sind. Vielmehr geht sie davon aus, dass das Ziel ihrer Theorie am besten durch eine Schwellenwertkonzeption hergestellt werden kann, in der jedem/jeder Einzelnen die Bedingungen geboten werden, seine/ihre Rolle als vollwertige:r Staatsbürger:in erfüllen zu können. Andere wiederum argumentieren, dass suffizienzbasierte Verteilungsregeln prinzipiell zu kurz greifen, da sie nichts über Ungleichheiten über und unter der definierten Schwelle aussagen und somit zutiefst ungleiche Gesellschaften als gerecht angesehen werden müssen, was gerade im Falle von Kindern als besonders kontraintuitiv angesehen wird (Macleod 2007; Macleod 2013). Ohne diese Debatte hier vertiefen und bewerten zu können, deuten diese wenigen Bemerkungen jedenfalls darauf hin, dass die Frage nach der angemessensten Verteilungsregel für eine Gerechtigkeitstheorie für Kinder weiterer Aufmerksamkeit bedarf. Es ist weiter zu klären, inwieweit suffizienzorientierte Prinzipien allein tatsächlich tragfähig sind, wie sich ihr Verhältnis zur Gleichheit und Priorität genau gestaltet und ob es für Gerechtigkeitsregeln einen Unterschied macht, ob sie sich an Kinder oder Erwachsene wenden.

Wer ist für die gerechtigkeitsbezogenen Ansprüche von Kindern verantwortlich?

Neben der Spezifizierung der Güter der Gerechtigkeit sowie der entsprechenden Verteilungsregel ist es eine weitere Aufgabe einer Gerechtigkeitstheorie, anzugeben, wer in welchem Ausmaß dafür verantwortlich ist, die angestrebte Verteilung zu verwirklichen. Dieser Aspekt ist allgemein von großer Bedeutung, gilt es doch, die entsprechenden Forderungen in die Tat umzusetzen, wozu es nötig ist, Akteur:innen anzusprechen, die aufgefordert sind, Handlungen zu setzen, die einen Unterschied machen; Ungerechtigkeiten sind aus der Welt zu schaffen und Verbesserungen einzuleiten. In Bezug zu Kindern gewinnt er jedoch nochmals an Gewicht, da sie aufgrund ihrer speziellen Charakteristiken eine besonders exponierte Stellung einnehmen. Kinder sind verletzlich, von anderen abhängig und nicht bzw. nur sehr eingeschränkt in der Lage, für ihre eigenen Interessen einzutreten und einzufordern, was ihnen zusteht.

Die philosophische Debatte darum, wer in welchem Ausmaß für das Wohlergehen und die Entwicklungschancen von Kindern verantwortlich ist, fokussiert zu einem beträchtlichen Teil auf zwei Akteur:innen: der Familie und dem Staat mit seinen Institutionen. Eine zentrale Frage ist dabei, wie das Verhältnis der beiden aus normativer Sicht zu konzeptualisieren ist (Archard 2010; Olsaretti 2013; Brighouse und Swift 2014). Eine Unterscheidung von Amy Gutmann ist hilfreich an dieser Stelle: In ihrem Buch „Democratic Education" (Gutmann 1999) führt sie zwei idealtypische Positionen ein, wie sich die Familie und der Staat zueinander verhalten können. Gemäß der ersten, die sie „Familienstaat" (family state) nennt, ist es der Staat, der dafür zuständig ist, die Kinder auf seinem Hoheitsgebiet zu erziehen. Er gibt an, welche Lebensweisen die richtigen sind, und trägt dafür Sorge, dass jedes Kind die entsprechenden Werte und Fähigkeiten erwirbt, um sie umsetzen zu können. Es ist somit auch der Staat, dem die Hauptverantwortung zufällt, damit sich Kinder in der von ihm vorgegebenen Form gut entwickeln und zur Entfaltung kommen. Demgegenüber steht der „Staat der Familien" (state of families), der es den Eltern überlässt, ihre Kinder nach den eigenen Vorstellungen zu erziehen, die fundamental von denen anderer Eltern abweichen können. Sie erhalten das größtmögliche Maß an Autonomie, und sie können ihre Erziehungsziele im Großen und Ganzen ohne staatliche Einschränkungen oder Vorgaben erfüllen. Natürlich handelt es sich bei diesen beiden Konzeptionen des Verhältnisses von Familie und Staat um Extrempositionen. So kann der Staat auf verschiedene Weise in die Familie eingreifen, ohne gleich die ganze Verantwortung für die Kindeserziehung zu übernehmen. Und in der Tat dreht sich ein großer Teil der philosophischen Auseinandersetzung genau um die Frage, welche Aufgaben in welchen Situationen vom Staat übernommen werden sollen und wie großzügig die Freiheit der Eltern gefasst und die mit ihr verbundene Privatheit der Familie interpretiert werden soll. Die Ansicht, dass eine gerechte Gesellschaft daran arbeiten sollte, die Institution der Familie abzuschaffen und die Erziehung ihrer Kinder ausschließlich in staatliche Hände zu legen, spielt in der heutigen Debatte keine ernsthafte Rolle. Einerseits hat das damit zu tun, dass es wenige realistische Alternativen zur Familie gibt. So mag z. B. die Idee von flächendeckenden staatlich kontrollierten Erziehungsinstitutionen, die das Kindeswohl besser fördern, als es gegenwärtig von der Familie getan wird, im Gedankenexperiment eine gewisse Plausibilität besitzen, die sie jedoch schnell verliert, wenn man sie in die Praxis umsetzen will. Andererseits wurde überzeugend dafür argumentiert, dass der Beziehung, die Eltern mit ihren Kindern eingehen, ein Wert zukommt, der zu schützen ist, und zwar nicht nur deshalb, weil es normalerweise im Interesse des Kindes ist, in einer Familie aufzuwachsen, sondern auch, weil diese Beziehungen aus Elternsicht einen besonderen Status haben (Brighouse und Swift 2006, S. 92 f.). Kinder sind gerade in den ersten Lebensjahren vollkommen von ihren Eltern abhängig, sie müssen umsorgt werden und zeigen spontane und bedingungslose Liebe gegenüber denjenigen, die sich um sie kümmern. Gleichzeitig sind sie in einem dynamischen Entwicklungsprozess, der begleitet werden muss. Eltern gestalten diesen aktiv mit und haben somit Anteil am Weg ihrer Kinder zu einer unabhängigen Person mit ihren eigenen Vorstellungen und Lebensplänen. Diese Rolle einzunehmen ist fordernd, bringt vielen Eltern aber auch eine tiefe Befriedigung, die sie nicht missen wollen. Gehen Eltern eine solche Beziehung mit ihren Kindern ein, ist klar, dass viel auf dem Spiel steht. Denn brechen sie die Beziehung ab oder erfüllen sie diese nur ungenügend, ist die Wahrscheinlichkeit, dass das Kind dauerhaften Schaden nimmt, extrem groß. Und da Kinder als moralische Subjekte einen Anspruch auf eine gute Kindheit samt angemessenen Entwicklungschancen haben, ist die Nichterfüllung der elterlichen Pflichten ein ernster moralischer Verstoß. Anne Alstott spricht in diesem Zusammenhang deshalb von der Pflicht der Eltern, die Beziehung zu ihren Kindern aufrechtzuerhalten und ihre Kinder angemessen zu versorgen und zu erziehen (Alstott 2004). So verständlich es ist, diesen Fokus auf die elterliche Verantwortung zu setzen, dürfen jedoch zwei Aspekte nicht vernachlässigt werden, die mit der Rolle des Staates zu verknüpfen sind. Erstens finden Eltern-Kind-Beziehungen immer in einem gesellschaftlichen Kontext statt, der gestaltet werden will. Oftmals können Eltern ihren Pflichten nicht oder nur eingeschränkt nachkommen, da sie selbst von Ungerechtigkeiten betroffen sind oder nicht über die Fähigkeiten und Kompetenzen verfügen, die für die Erziehung ihrer Kinder von Bedeutung sind. Hier sollte es das Ziel sein, die Rahmenbedingungen zu verbessern und Eltern so zu unterstützen, dass sie ihre Pflichten erfüllen können. Zweitens gibt es demgegenüber immer wieder Fälle, in denen das Kindeswohl in der privaten Sphäre der Familie so massiv gefährdet ist, dass der Staat die Pflicht hat, einzugreifen und Alternativen für die betroffenen Kinder bereitzustellen.

Wie gesagt dreht sich die philosophische Debatte um die moralische Verantwortung gegenüber Kindern großenteils um die Familie, den Staat und deren Verhältnis zueinander. Theorien, die sich mit anderen Akteur:innen beschäftigen, sind dagegen spärlich gesät. Dabei wäre hier einiges an Klärung zu leisten, da das Leben von Kindern von einer Vielzahl an Personen und Institutionen beeinflusst wird, die nicht in der Dichotomie Familie – Staat erfasst werden. Einen Anhaltspunkt könnten dafür akteur:innenzentrierte Ansätze in der Debatte um (globale) Gerechtigkeit liefern (O'Neill 2001). In solchen Ansätzen werden sowohl überstaatliche Akteur:innen wie globale und transnationale Institutionen thematisiert als auch nichtstaatliche Akteur:innen wie Unternehmen oder die Zivilgesellschaft. Sie alle beeinflussen direkt oder indirekt das Wohlergehen von Kindern und spielen eine wichtige Rolle, wenn es darum geht, Gerechtigkeit für Kinder herzustellen. Ein weiterer in der Philosophie bislang größtenteils unberücksichtigt gebliebener Ansatz könnte es sein, Kinder selbst als Akteur:innen der Gerechtigkeit in den Blick zu nehmen – vielleicht in Analogie zum Vorschlag von Monique Deveaux, die die Betroffenen von globaler Armut als bislang vernachlässigte Akteur:innen zur Herstellung von Gerechtigkeit in den Fokus rückt (Deveaux 2013). Dies ist angesichts der sich erst entwickelnden Kompetenzen von Kindern sicherlich nicht unproblematisch, die Fragen, wie weit und in welcher Form Kinder aber Mitspracherechte in der Verteilung der für sie relevanten Güter oder Fähigkeiten zukommen sollte bzw. inwieweit sie aus Gründen der Gerechtigkeit politische Mitsprache und Autonomie genießen sollten, verdienen aber jedenfalls größere Berücksichtigung.

Ausblick

Gerechtigkeit für Kinder ist sicherlich auch deshalb ein vielfältiges Forschungsfeld innerhalb der Philosophie, da viele Grundlagen ungeklärt sind. Die Gruppe der Kinder umfasst Menschen, die sich in vielerlei Hinsicht – manche davon wahrscheinlich normativ relevant – unterscheiden und die deshalb auch nur schwer in einer Theorie der Gerechtigkeit zusammengefasst werden können. Es ist vermutlich richtig, anzunehmen, dass die Gruppe der Kinder in sich heterogener ist als die Gruppe der Erwachsenen, also die Unterschiede zwischen einem „normalen" Kleinkind und einem Teenager größer und berücksichtigenswerter sind als die Unterschiede zwischen einem „normalen" 18-Jährigen und einem 50-Jährigen. Daher werden auch solche Debatten wie jene um die angemessene Währung der Gerechtigkeit für Kinder, die Frage, ob es „intrinsische Güter der Kindheit" gibt, ob Kinder über Autonomiekompetenzen verfügen oder über den Status von Kinderrechten im Verhältnis zu Elternrechten immer vor dem Hintergrund von Annahmen über Kinder geführt, die nicht auf alle Personen der Altersgruppe zwischen 0 und 18 Jahren gleichermaßen zutreffen. Hier wird deutlich, dass Überlegungen zur adäquaten Einbeziehung von Kindern in Entscheidungen, die sie betreffen, für Fragen der Gerechtigkeit relevant sind, die stark auf die Autonomie und die Besonderheit von Kindern Bezug nehmen. Denn argumentiert man, wie z. B. David Archard und Marit Skivenes (Archard und Skivenes 2009), dass Kinder gemäß ihren Kompetenzen als entscheidungsbefähigte Subjekte behandelt werden sollen, ist nur schwer ersichtlich, warum Kinder bzw. Jugendliche kategorial anders zu behandeln sind als Erwachsene, was ja der gesellschaftlichen Praxis in weiten Teilen entspricht (Munn 2016). Manche Kinder und Jugendliche sind ja genauso kompetent oder sogar kompetenter als manche:r Erwachsene, was die unterschiedliche Zuschreibung von Rechten und Pflichten als ungerecht erscheinen lässt. Allerdings gibt es durchaus Ansätze, wie diese Unterschiede im moralischen, rechtlichen und politischen Status philosophisch gerechtfertigt werden könnten, etwa indem man Kindheit nicht nur als eine biologische Phase der Entwicklung, sondern als sozial konstruierten Schutzraum versteht (Franklin-Hall 2013).

Mit den hier vorgetragenen Überlegungen wollten wir vor allem deutlich machen, dass Gerechtigkeit für Kinder als explizit und eigenständig philosophisches Thema von großer sozialer, rechtlicher und politischer Relevanz ist. In der deutschsprachigen Philosophie sind diese Fragen bislang leider unterrepräsentiert, obwohl sich die internationale Debatte in den letzten Jahren intensiviert hat und eine Aufbruchstimmung in diesem Arbeitsbereich zu konstatieren ist.

Literatur

Adams, Harry William. 2008. *Justice for children: Autonomy development and the state*, 1. Aufl. Albany: State University of New York Press.

Alstott, Anne. 2004. *No exit: What parents owe their children and what society owes parents*, 1. Aufl. Oxford/New York: Oxford University Press.

Anderson, Elizabeth. 1999. What is the point of equality? *Ethics* 102(2):287–337.

Anderson, Elizabeth. 2007. Fair Opportunity in Education: A democratic equality perspective. *Ethics* 117(4):595–622. https://doi.org/10.1086/518806.

Anderson, Elizabeth. 2010. „Justifying the capability approach to justice“. In *Measuring justice: primary goods and capabilities*, 1. Aufl., Hrsg. Harry Brighouse und Ingrid Robeyns, 81–100. Cambridge/New York: Cambridge University Press.

Archard, David. 2004. *Children: Rights and childhood*, 2. Aufl. London/New York: Routledge.

Archard, David. 2010. *The family: A liberal defence*. Basingstoke, Hampshire/New York: Palgrave Macmillan.

Archard, David, und Marit Skivenes. 2009. Balancing a child's best interests and a child's views. *The International Journal of Children's Rights* 17(1):1–21. https://doi.org/10.1163/157181808X358276.

Arneson, Richard. 2006. „Distributive justice and basic capability equality: "good enough" is not good enough“. In *Capabilities equality: basic issues and problems*, Hrsg. Alexander Kaufman, 17–43. Routledge innovations in political theory 18. London/New York: Routledge.

Bagattini, Alexander, und Colin M. Macleod, Hrsg. 2014. *The nature of children's well-being: Theory and practice*, 1. Aufl. New York: Springer.

Brighouse, Harry, und Ingrid Robeyns, Hrsg. 2010. *Measuring justice: Primary goods and capabilities*, 1. Aufl. Cambridge/New York: Cambridge University Press.

Brighouse, Harry, und Adam Swift. 2006. Parents' rights and the value of the family. *Ethics* 117(1):80–108. https://doi.org/10.1086/508034.

Brighouse, Harry, und Adam Swift. 2014. *Family values: The ethics of parent-child relationships*, 1. Aufl. Princeton: Princeton University Press.
Cabezas, Mar, Gunter Graf, und Gottfried Schweiger. 2014. Health, justice, and happiness during childhood. *South African Journal of Philosophy* 33(4):501–511. https://doi.org/10.1080/02580136.2014.967593.
Casal, Paula. 2007. Why sufficiency is not enough. *Ethics* 117(2):296–326.
Cohen, Gerald Allan. 1989. On the Currency of Egalitarian Justice. *Ethics* 99(4):906–944.
Cowden, Mhairi. 2012. What's love got to do with it? Why a child does not have a right to be loved. *Critical Review of International Social and Political Philosophy* 15(3):325–345. https://doi.org/10.1080/13698230.2011.572426.
Deveaux, Monique. 2015. The global poor as agents of justice. *Journal of Moral Philosophy* 12(2):125–150.
Dixon, Rosalind, und Martha Nussbaum. 2012. Children's rights and a capabilities approach: The question of special priority. *Chicago Public Law & Legal Theory Working Paper*, Nr. 384. http://papers.ssrn.com/sol3/papers.cfm?abstract_id=2060614.
Dworkin, Ronald. 2000. *Sovereign virtue: The theory and practice of equality*. Cambridge, Mass: Harvard University Press.
Ferracioli, Luara. 2015. The state's duty to ensure children are loved. *Journal of Ethics & Social Philosophy* 8(2):1–20.
Frankfurt, Harry. 1987. Equality as a moral ideal. *Ethics* 98(1):21–43.
Franklin-Hall, Andrew. 2013. On becoming an adult: Autonomy and the moral relevance of life's stages. *The Philosophical Quarterly* 63(251):223–247. https://doi.org/10.1111/1467-9213.12014.
Gheaus, Anca. 2014. The intrinsic goods of childhood and the just society. In: *The nature of children's well-being*, Hrsg. Alexander Bagattini und Colin M. Macleod, 35–52. Heidelberg and New York: Springer.
Giesinger, Johannes. 2007. *Autonomie und Verletzlichkeit: der moralische Status von Kindern und die Rechtfertigung von Erziehung*. Bielefeld: Transcript.
Graf, Gunter, und Gottfried Schweiger. 2015. *A philosophical examination of social justice and child poverty*, 1. Aufl. Basingstoke: Palgrave Macmillan.
Gutmann, Amy. 1999. *Democratic education*. Princeton: Princeton University Press.
Liao, S. Matthew. 2006. The right of children to be loved. *Journal of Political Philosophy* 14(4):420–440. https://doi.org/10.1111/j.1467-9760.2006.00262.x.
Macleod, Colin M. 2007. Raising children: Who is responsible for what?. In *Taking responsibility for children*, 1. Aufl., Hrsg. Samantha Brennan und Robert Noggle, 1–18. Studies in childhood and family in Canada. Waterloo: Wilfrid Laurier University Press.
Macleod, Colin M. 2010. Primary goods, capabilities and children. In *Measuring justice – primary goods and capabilities*, Hrsg. Harry Brighouse und Ingrid Robeyns, 174–92. Cambridge/New York: Cambridge University Press.
Macleod, Colin M. 2013. Justice, educational equality, and sufficiency. *Canadian Journal of Philosophy* 40:151–175.
Miller, David. 1999. *Principles of social justice*, 1. Aufl. Cambridge, MA/London: Harvard University Press.
Mullin, Amy. 2013. „Children, vulnerability, and emotional harm". In *Vulnerability*, 1. Aufl., Hrsg. Catriona Mackenzie, Wendy Rogers, und Susan Dodds, 266–87. New York: Oxford University Press. view/http://www.oxfordscholarship.com/10.1093/acprof:oso/9780199316649.001.0001/acprof-9780199316649-chapter-12.
Munn, Nick. 2016. „Capacity, consistency and the young". In *Justice and the Politics of Childhood*, 1. Aufl., Hrsg. Johannes Drerup, Gunter Graf, Christoph Schickhardt, und Gottfried Schweiger (im Erscheinen). Dordrecht/New York: Springer.
Olsaretti, Serena. 2013. Children as public goods? *Philosophy & Public Affairs* 41(3):226–258. https://doi.org/10.1111/papa.12019.

O'Neill, Onora. 2001. Agents of justice. *Metaphilosophy* 32(1–2):180–195. https://doi.org/10.1111/1467-9973.00181.

Rawls, John. 1975. *Eine Theorie der Gerechtigkeit*, 1. Aufl. Frankfurt a. M.: Suhrkamp.

Schickhardt, Christoph. 2012. *Kinderethik: der moralische Status und die Rechte der Kinder*. Münster: Mentis.

Schweiger, Gottfried. 2015. „Verletzbarkeit und Autonomie im Lebenslauf: Zur Besonderheit der Kinderarmut aus anerkennungstheoretischer Perspektive". *Zeitschrift für kritische Sozialtheorie und Philosophie* 2(2):401–420. https://doi.org/10.1515/zksp-2015-0018.

Sen, Amartya. 1980. „Equality of what?". In *The Tanner Lectures on Human Value*, 1. Aufl., Hrsg. Sterling M McMurrin, 195–220. Salt Lake City: University of Utah Press.

Sen, Amartya. 1992. *Inequality reexamined*, 1. Aufl. Cambridge, MA/London: Harvard University Press.

Sen, Amartya. 2009. *The idea of justice*. 1. Aufl. London/New York: Allen Lane.

Walker, Melanie, und Elaine Unterhalter, Hrsg. 2010. *Amartya Sen's capability approach and social justice in education*, 1. Aufl. Basingstoke: Palgrave Macmillan.

Young, Iris Marion. 2011. *Responsibility for justice*. Oxford political philosophy. Oxford/New York: Oxford University Press.

Globale Gerechtigkeit für Kinder

Das Ziel einer gerechten, oder zumindest gerechteren, Welt scheint angesichts der täglichen Nachrichten über Armut, Ausbeutung, Unterdrückung, Gewalt, Krieg und Flucht ein fernes Ideal. Das Wissen darum, dass es so wie es ist, nicht gerecht ist, ist aber erst ein vager Hinweis darauf, wie eine gerechte Welt aussehen würde. Dafür gibt es vielmehr eine ganze Reihe an Vorschlägen. Innerhalb der philosophischen Literatur hat die Debatte darüber, was globale Gerechtigkeit ausmacht und wie sie zu erreichen wäre, in den letzten Jahrzehnten deutlich zugenommen (Hahn 2009). Der Fokus auf den einzelnen Staat als Ort der Gerechtigkeit wurde nach und nach in immer mehr philosophischen Theorien in Frage gestellt und kosmopolitisch erweitert, wenn dies auch nicht unbestritten geblieben ist (Hahn und Broszies 2010). Die Welt in ihrer Komplexität, zusammengesetzt aus einer Vielzahl an unterschiedlichen Gesellschaften, Kulturen und Ökonomien, rückt in den Fokus. Komplementär zu dieser Diversität haben die Globalisierung und der technologische Wandel dafür gesorgt, dass bestimmte (zum Beispiel ökonomische) Normen und Praktiken hegemonial und Informationen, Waren aber auch Menschen mobil wurden. Informationen über das Leid hungernder Kinder sind, wenn man das will, nur einen Mausklick entfernt und auf den Plakatwänden werden allerorts Spenden für Entwicklungsprojekte eingeworben. Dass globale Gerechtigkeit für Kinder eine eigenständige Relevanz besitzt, wird angesichts der globalen Lage von Kindern rasch einsichtig. Kinder sind in einem großen Maße von Hunger und Armut bedroht, sterben an vermeidbaren Krankheiten aufgrund fehlender medizinischer Versorgung und Impfungen, verunreinigtem Trinkwasser oder Umweltgiften, sie werden für Arbeit und sexuelle Dienstleistungen ausgebeutet und als Soldat:innen eingesetzt.

Es bieten sich nun zwei Herangehensweisen an, globale Gerechtigkeit zu skizzieren. Einerseits könnte man die Debatte, wie sie kindunspezifisch in der Philosophie geführt wird, nachzeichnen und versuchen anzudeuten, an welchen Schnittstellen hier Kinder und Kindheit relevant sein könnten. Andererseits könnte

G. Schweiger, *Essays zur Philosophie der Kindheit,* Kindheit – Bildung – Erziehung. Philosophische Perspektiven, https://doi.org/10.1007/978-3-662-66692-0_3

man den Ballast der erwachsenenzentrierten philosophischen Debatte abwerfen und versuchen, gleich in medias res zu gehen und herausarbeiten, wie eine Theorie der globalen Gerechtigkeit für Kinder aussehen könnte. Für diesen Beitrag wird primär die zweite Option gewählt, da es einerseits schon sehr viele und sehr gute Einführungen in die allgemeine Debatte gibt (Hahn 2009, 2016), andererseits um so jeweils Kinder und Kindheit betreffende Fragestellungen ohne Umwege zu bearbeiten und auf den Punkt zu bringen. Dennoch sind einige der folgenden Ausführungen natürlich sicherlich auch für eine allgemeine Theorie globaler Gerechtigkeit relevant.

Grundzüge globaler Gerechtigkeit

Was macht globale Gerechtigkeit aus? Worin bestehen globale Ungerechtigkeiten? Ideengeschichtlich kann eine Bewegung von Fragen sozialer hin zu globaler Gerechtigkeit nachgezeichnet werden. War die Frage der Gerechtigkeit ursprünglich auf die Handlungen des Individuums bezogen, wird sie heute zumeist als eine Frage der institutionellen Ordnung verstanden und hierbei wiederum auf die Ordnung innerhalb eines Staates, der eine Gesellschaft einschließt, bezogen (Koller 2014). Soziale Gerechtigkeit geht also von Annahmen über das Verhältnis der sie betreffenden Personen aus – sie sind Mitglieder einer geteilten Gesellschaft (und damit Kultur) und zumeist Staatsbürger:innen – und der institutionellen Ordnung, die Gerechtigkeit zwischen ihnen herstellt, nämlich ein (starker) Staat und funktionierende Institutionen wie Polizei, Recht, Schule, Gesundheitsversorgung, Sozialsystem oder Arbeitsmarkt. Auf Ebene der globalen Gerechtigkeit sind die Verhältnisse andere: es fehlt ein gemeinsames Band – abgesehen von der conditio humana –, welches die Personen zusammenhalten würde und es fehlt vor allem eine vergleichbare institutionelle Ordnung. Daher, so die partikularistische Kritik, sind soziale und globale Gerechtigkeit fundamental unterschieden und können nicht angeglichen werden. Während innerhalb wohlfahrtsstattlich organisierter Gesellschaften soziale Gerechtigkeit hohe Ansprüche – Rechte und Pflichten – hervorbringt, sind die Ansprüche von Personen, die in anderen Staaten leben, deutlich schwächer. Der Kosmopolitismus wiederum hält diese Differenz zwar für relevant, sieht aber ausreichend Gründe, globale Gerechtigkeit mit hohen Ansprüchen auszustatten, etwa auf Basis universal geteilter moralischer Ansprüche oder von Menschenrechten, wenn auch die institutionelle Umsetzung derselben ungleich komplexer und schwieriger ist. Globale Gerechtigkeit steht in dieser Hinsicht eher vor praktischen Problemen ihrer Um- und Durchsetzung, die sich aus der realen Verfassung der Welt und ihrer Ordnung als Staatengefüge ergeben, als davor, die mit ihr verbundenen universalen Ansprüche aller Bewohner:innen zu rechtfertigen. Trotz des in der Debatte über globale Gerechtigkeit etablierten Fokus auf institutionelle Arrangements ist das Individuum – alleine oder im Kollektiv – ein wichtiger Bezugspunkt und die korrespondierenden Rechte und Pflichten gegenüber Personen, die von globalen Ungerechtigkeiten betroffen sind, werden weiterhin kontrovers diskutiert (Hahn und Schnitker 2017; Beck 2016).

Obwohl intuitiv der Unterschied zwischen sozialer und globaler Gerechtigkeit eingängig scheint, ist seine genaue Bestimmung mit einigen Schwierigkeiten behaftet. Auch die zum Beginn dieses Beitrags genannten Probleme globaler Gerechtigkeit – Armut, Hunger, Krieg oder Ausbeutung – sind einerseits sowohl Probleme sozialer, auf Einzelstaaten bezogener Gerechtigkeit, als auch Probleme globaler Gerechtigkeit, die sich letztlich nur im Rahmen supranational agierender Institutionen lösen lassen. Sie finden also innerhalb eines bestimmten Staates oder einer bestimmten Gesellschaft statt, haben aber dennoch eine relativ weite Verbreitung – sind also in vielen Staaten anzutreffen – obwohl sie nicht überall (zumindest nicht im gleichen Ausmaß) ein Problem darstellen. Was macht also ein Problem zu einer globalen Ungerechtigkeit? Drei Kriterien scheinen relevant zu sein: Erstens stehen solche Probleme im Vordergrund, die eine relativ weite Verbreitung haben, wobei unklar ist, wie viele Länder oder Menschen betroffen sein müssen. Der fortschreitende Klimawandel hat sehr viel globalere Auswirkungen als Kriege, die zwar verbreitet sind, aber dennoch nur in manchen Ländern der Welt herrschen. Zweitens kann angenommen werden, eine Ungerechtigkeit ist dann eine globale Ungerechtigkeit, wenn sie durch die globale Ordnung erzeugt wird. Das wiederum wirft schwer zu klärenden Fragen hinsichtlich der Verursachung von Armut, Klimawandel, Krieg und Ausbeutung auf. Ist die globale Ordnung hier als Institutionengefüge zu verstehen oder rücken auch kulturelle und soziale Normen und Praktiken in den Blick? Drittens könnten sich globale Ungerechtigkeiten im Unterschied zu sozialen Ungerechtigkeiten dadurch auszeichnen, dass sie nur durch Zusammenarbeit auf der globalen Ebene beseitigt werden können. Es ist davon auszugehen, dass diese drei im Verbund oder jeweils für sich, einen hinreichenden Rahmen dafür abgeben können, welche Probleme in den Wirkkreis der globalen Gerechtigkeit fallen, womit zwei weitere Aspekte angesprochen sind: Auf der einen Seite wird durch diese drei Kriterien nahegelegt, dass globale Gerechtigkeit nicht nur als Verhältnis zwischen reichen und armen Staaten gedacht wird, sondern auch in reichen Staaten globale Ungerechtigkeiten anzutreffen sind. Damit wird aber auch, auf der anderen Seite, das Verhältnis von sozialer und globaler Gerechtigkeit nochmals thematisiert: nur das Kriterium der globalen Zusammenarbeit zur Herstellung von globaler Gerechtigkeit schließt aus, dass globale Ungerechtigkeiten im Rahmen sozialer Gerechtigkeit ausreichend abgestellt werden können. Die Kriterien der globalen Verbreitung und der globalen Verursachung machen es zwar wahrscheinlicher, dass ein Staat alleine damit überfordert sein könnte, aber nicht unmöglich, dass es diesem gelinge könnte, das Problem selbst und ohne globale Koordination zu lösen.

Akteur:innen der globalen Gerechtigkeit für Kinder

Hinsichtlich der globalen Gerechtigkeit für Kinder sind vor diesem Hintergrund vier Aspekte anzusprechen: Erstens ist die Debatte zwischen Kosmopolitismus und Partikularismus, sowie auch die Debatte ob und inwiefern individuelle, kollektive oder institutionelle Akteur:innen im Zentrum stehen sollen (O'Neill

2001), nicht direkt kindspezifisch, aber sehr wohl indirekt auf diese bezogen. Wenn der Partikularismus dafür argumentiert, dass soziale Gerechtigkeit Vorrang genießen soll, weil das Band zwischen Gesellschaftsmitgliedern und insbesondere Staatsbürger:innen den Unterbau für Gerechtigkeit abgeben kann, dann sind damit zumeist akteur:innenspezifische Eigenschaften angesprochen, die für Kinder weniger relevant erscheinen als für Erwachsene. Kinder sind zum Beispiel nicht in einen gegenseitigen Leistungsaustausch über Märkte eingebunden, sie tragen auch nichts zur Erhaltung der Sozialsysteme bei und sind von der politischen Gestaltung eben dieses Staates und seiner Ordnung weitgehend ausgeschlossen. Auch eine `geteilte Kultur´ ist für Kinder oftmals erst eine zu entwickelnde und keine festgefahrene, die für sie bereits mit einem Wert verbunden wird. Das heißt natürlich nicht, dass diese Überlegungen für Kinder irrelevant sind. Kinder in Wohlfahrtsstaaten profitieren von dessen Einrichtungen und sie werden später auch die akteur:innenspezifischen Eigenschaften entwickeln, die vom Partikularismus geschätzt werden. In ähnlicher Weise spart die Debatte um die jeweiligen Akteur:innen und ihre Rechte und Pflichten Kinder weitgehend aus und entbindet sie von der Verantwortung, da sie über die nötigen Eigenschaften der Autonomie, Rationalität und Handlungsfähigkeit nur eingeschränkt verfügen. Es geht hier, um einige Rollen von Individuen zu nennen, um Spender:innen, Konsument:innen, Verbraucher:innen, Wähler:innen, Politiker:innen oder Unternehmer:innen und ihre jeweiligen Handlungen und Spielräume, also fast immer um Rollen, die Kinder nur eingeschränkt wahrnehmen (dürfen und sollen). Kinder kommen in einer solchen kontext- oder akteur:innenzentrierten Sichtweise auf globale Gerechtigkeit also zumeist nur als passive Objekte (Opfer von Ungerechtigkeiten) vor, die in den jeweiligen Kontext eingebunden sind, ohne ihn wirklich gestalten zu können, und denen von den jeweiligen Akteur:innen zu helfen ist. Diese Passivität kann doppelt kritisiert werden. Auf der einen Seite geht es um den Subjektstatus von Kindern und ob dieser ausreichend anerkannt und respektiert wird (Graf 2015). Auf der anderer Seite gilt es zu klären, inwieweit Kinder selbst Akteur:innen der (sozialen oder globalen) Gerechtigkeit (für sich selbst und andere) werden können bzw. bereits sind. Das betrifft insbesondere auch ihre Einbindung in politische Prozesse und Entscheidungsfindungen (Hill et al. 2004). Ähnlich wie in den letzten Jahren der Akteur:innenstatus von Opfern globaler Ungerechtigkeit mehr Beachtung gefunden hat (Deveaux 2015), wäre es zugleich eine Herausforderung und ein Desiderat globaler Gerechtigkeit für Kinder, diese nicht länger als ohnmächtig und hilflos zu verstehen. Beide Fragen, die nach dem Subjektstatus von Kindern und inwieweit sie als Akteur:innen globaler Gerechtigkeit verstanden (und schließlich eingebunden) werden können, verweisen auf die komplexe Frage, was unter einem ‚Kind' jeweils zu verstehen ist und was Kindheit ausmacht. Offensichtlich ist die Gruppe der Kinder, wie auch in vielen Beiträgen dieses Handbuches deutlich wird, heterogen und mit sehr unterschiedlichen Fähigkeiten und Eigenschaften ausgestattet. Daher ist auch in Bezug auf den Akteur:innenstatus von Kindern in einer Konzeption globaler Gerechtigkeit zu klären, inwieweit und wie hier fähigkeitensensitive Unterscheidungen (die nur teilweise mit dem Alter von Kindern korrelieren) bestimmt werden und welcher deskriptive, explikative oder normative Wert ihnen zukommt.

Inhalte der globalen Gerechtigkeit für Kinder

Zweitens hat eine Theorie der globalen Gerechtigkeit für Kinder zu erläutern, wie der Inhalt globaler Gerechtigkeit für Kinder begründet wird und worin er besteht. Dabei können Kinder entweder unter die Vorgaben bestimmter allgemeiner Theorien der globalen Gerechtigkeit subsumiert werden, etwa als Träger:innen von Menschenrechten, als Opfer von ungerechten globalen Strukturen oder als Staatsbürger:innen. Moralische Verpflichtungen gegenüber Kindern auf der globalen Ebene wären dann keine anderen als die gegenüber Erwachsenen. Oder es wird angenommen, dass eine solche Subsumtion nicht ausreichend ist, und vielmehr drei Aspekte zu klären sind, nämlich, ob die Gründe moralischer Verpflichtungen gegenüber Kindern andere sind als gegenüber Erwachsenen, ob die Akteur:innen, die diese Verpflichtungen haben, andere sind, weil es sich um Kinder handelt, und schließlich, ob der Inhalt dieser Verpflichtungen ein anderer ist, wenn es sich um Kinder handelt. Es könnte somit, um ein Beispiel zu nennen, der Fall sein, dass globale Gerechtigkeit für Kinder und Erwachsene darin wurzelt, dass beide Träger:innen von Menschenrechten sind (darin bestünde Gleichheit), aber die Akteur:innen, die für die Herstellung des Schutzes dieser Menschenrechte andere sind oder der Inhalt der Menschenrechte für Kinder und Erwachsene unterschiedlich ist (darin bestünde Ungleichheit).

Ansätze dafür hinsichtlich dieser drei Aspekte tatsächlich relevante Unterschiede zwischen Erwachsenen und Kindern feststellen zu können, lassen sich auf Basis einiger normativer Begriffe und Konzepte, die eng mit dem moralischen aber auch sozialen und politischen Status von Kindern verbunden sind, finden. Einige davon seien hier genannt: Der Unterschied in der Begründung und Ausgestaltung der Menschenrechte von Erwachsenen und Kindern (Archard 2004), der auch politisch und rechtlich in der Kinderrechtskonvention seinen Niederschlag findet, deutet zum Beispiel darauf hin, dass globale Gerechtigkeit für beide Personengruppen einen distinkt unterschiedlichen Inhalt hat und andere Akteur:innen jeweils spezifische Verantwortung oder Pflichten zukommen. Für Kinder steht das Kindeswohl („best interest“) im Mittelpunkt, während für Erwachsene Autonomie und Würde die bestimmenden Leitlinien angeben. Der kinderrechtliche Fokus auf das Kindeswohl kann dann weiters so gedeutet werden, dass globale Gerechtigkeit für Kinder stark paternalistische Züge annimmt, die für Erwachsene explizit abgelehnt werden. Dazu tritt die Familie im Bereich der Kinderrechte als zentraler Ort und Akteurin der Erfüllung des Kindeswohls auf, die ihrerseits (bzw. die Eltern) mit starken Rechten ausgestattet ist (Clark 2014). Auch dieser Aspekt fehlt auf der allgemein menschenrechtlichen Ebene. Dass dieser Unterschied tatsächlich als einer zwischen Kindern und Erwachsenen gedacht wird, wird offensichtlich wenn im Vergleich dazu die Behindertenrechtskonvention gelesen wird, die keineswegs einen Begriff des Wohlergehens („best interest") anführt, sondern die Konzepte Autonomie und Empowerment stark macht.

Autonomie und mit ihr verbunden oftmals Rationalität sind auch außerhalb eines menschen- bzw. kinderrechtlichen Rahmen zwei zentrale Bezugspunkte, um solche Differenzen zwischen Kindern und Erwachsenen zu markieren, die für eine Konzeption von globaler wie auch sozialer Gerechtigkeit für Kinder relevant ist. Ist die Autonomie und Rationalität von Erwachsenen in vielen normativen Theorien ein hohes und zu schützendes Gut, welches sowohl bei der Begründung als auch Ausgestaltung von globaler Gerechtigkeit Beachtung finden muss, so kommt diese für Kinder zumeist nur als erst zu erreichendes Ziel in den Blick (Adams 2008). Damit kann auch verbunden sein, Kinder nicht als Kinder, sondern Kinder als zukünftige Erwachsene zu berücksichtigen. Obwohl niemand bestreiten wird, dass dies eine wichtige Perspektive ist, kann doch gefragt werden, ob es die einzige bzw. die prioritäre sein sollte. Hier geht es also auch um die Frage, ob auf globaler Ebene das aktuelle Kindeswohl oder das künftige Wohl dieser Kinder als Erwachsene im Vordergrund stehen soll und wie Zielkonflikte zwischen diesen beiden Aspekten zu bewerten sind (Bagattini und Macleod 2014). Im Hintergrund stehen hier oft auch Überlegungen über den normativen Wert von Kindheit im Allgemeinen (Hannan 2017). Ein anderes Beispiel für eine mögliche Differenz von globaler Gerechtigkeit für Kinder und Erwachsene könnte aus der besonderen Verletzlichkeit von Kindern abgeleitet werden (Schweiger und Graf 2018; Giesinger 2007). Die Verletzlichkeit von Kindern kann in dreierlei Hinsichten gedeutet werden: dass Kinder verletzlicher sind als Erwachsene und deshalb größeren Schutz bedürfen, dass Kinder in anderer Hinsicht verletzlich sind als Erwachsene und deshalb andere Schutzmaßnahmen ergriffen werden müssen, und dass die Verletzlichkeit von Kindern moralische Priorität genießen sollte, also Kinder eher als Erwachsene geschützt werden sollten. Alle drei Deutungen können als Kern globaler Gerechtigkeit für Kinder interpretiert werden, mit jeweils bestimmten Folgen für die Ausgestaltung der globalen Ordnung und der Bestimmung der Verpflichtungen auf der Akteur:innenseite.

Prinzipien der globalen Gerechtigkeit für Kinder

Drittens können unterschiedliche Prinzipien zur Bewertung globaler Gerechtigkeit für Kinder herangezogen werden. Hier seien nur zwei prominente Alternativen genannt: Egalitarismus und Suffizienz (Graf und Schweiger 2015). Ist es Ziel globaler Gerechtigkeit für Kinder, dass es allen gleich gut geht oder alle über die gleichen Güter verfügen? Oder ist es ausreichend, wenn alle Kinder genug Güter haben, um ein gutes Leben zu führen, unabhängig davon, ob andere Kinder mehr haben. In der Debatte um die gerechtfertigten Ansprüche von Kindern sowohl auf Ebene der sozialen aber noch mehr auf der globalen Ebene spielen suffizienzorientierte Prinzipien eine wichtige Rolle (Archard 2004; Adams 2008;

Dixon und Nussbaum 2012). Ein wichtiger Grund, der für ein Suffizienzprinzip in Bezug auf Kinder spricht, besteht in dem Umstand, dass Kinder mit Bezug auf ihre Talente, Potenziale und aber auch Schwächen und Entwicklungsrisiken unterschiedlich sind. Ein Zugang, der sich dafür ausspricht, die entsprechenden Gerechtigkeitsgüter gleich zu verteilen, birgt die Gefahr, dieser Komplexität nicht gerecht zu werden und zu übersehen, dass dadurch den individuellen Bedürfnissen des Kindes oftmals nicht Genüge getan wird. Eine angemessene Verteilung, die sich darüber definiert, dass jedem Kind ausreichend Güter zur Verfügung gestellt werden, kann mit der angesprochenen Herausforderung besser umgehen. Sicherzustellen, dass etwa alle Kinder auf der Welt gleich gesund, gleich gebildet oder gleich versorgt werden, scheitert ganz einfach an den unterschiedlichen Voraussetzungen, die Kinder mitbringen. Dazu kommen die großen Unterschiede hinsichtlich der institutionellen, ökonomischen, oder aber kulturellen und sozialen Bedingungen auf globaler Ebene. Auch vor diesem Hintergrund scheint eine Gleichverteilung der Güter der Gerechtigkeit nicht erstrebenswert zu sein, selbst wenn man keinem Kulturrelativismus anhängen möchte. Gerade in Hinblick auf Aspekte des Kindeswohles, die mit Liebe, Zuneigung und Aufmerksamkeit verbunden sind, ist mit größeren Schwierigkeiten einer Gleichverteilung zu rechnen als bei ökonomischen Gütern, da erstere nicht oder nur unter erheblichen Schwierigkeiten von staatlichen Institutionen kompensiert werden können.

Trotz dieser Hinweise, die auf die Überlegenheit eines Suffizienz- gegenüber eines Gleichheitsprinzips auf globaler Ebene für Kinder hindeuten, steht es selbst auch vor erheblichen Schwierigkeiten. Ein Schwellenwert sagt zum Beispiel nichts über Ungleichheiten über und unter der definierten Schwelle und es könnte somit zutiefst ungleiche Gesellschaften als gerecht angesehen werden müssen, sofern es allen ausreichend gut geht, was gerade im Falle von Kindern als besonders kontraintuitiv angesehen wird (Macleod 2007, 2013).

Zur temporalen Dimension globaler Gerechtigkeit für Kinder

Viertens ist für Kinder die temporale Dimension von globaler Gerechtigkeit von besonderer Bedeutung. Damit sind drei Fragen angesprochen: Erstens die Frage nach der Zugehörigkeit zur Gruppe der Kinder, womit hier zunächst einmal nicht Abgrenzungsfragen zwischen Kindern und Erwachsenen gemeint sind. Ist globale Gerechtigkeit nur auf bereits existierende Kinder bezogen, nur auf solche, die bereits geboren sind, oder auch nur auf solche, die noch Kinder sind? Angesichts des großen Leids, welches Kinder in Armut, Krieg und Hunger erwartet, könnte argumentiert werden, dass Gerechtigkeit für diese darin bestehen würde, gar nicht erst geboren zu werden, auch wenn dies in Konflikt mit elterlichen Reproduktionsrechten steht (Kuhlemann 2019). Der moralische Status nicht-geborener Kinder ist prinzipiell umstritten und damit auch, welche Ansprüche globaler Gerechtigkeit diese Kinder genießen (können) und auch wie diese Ansprüche gegenüber den Rechten der Mutter zu gewichten sind. Obwohl die Perspektive der globalen

Gerechtigkeit nicht diejenige der Individualethik ist, können hier bestimmte Aspekte des institutionellen Arrangements zum Tragen kommen: zum Beispiel die vorgeburtliche Gesundheitsvorsorge, der Einfluss von externen Bedingungen wie Armut, Hunger, verschmutztes Trinkwasser, Umweltgiften oder auch Krieg und Überarbeitung auf das ungeborene Kind (vermittelt durch die Mutter) oder ein erhöhtes Risiko abgetrieben zu werden auf Basis kultureller Normen (zum Beispiel die Minderbewertung von Mädchen und Frauen). Die dritte genannte Frage wiederum richtet sich darauf, dass Kinder zu Erwachsenen werden, wobei die Bestimmung dieses Übergangs umstritten ist, viele davon aber in ihrer Kindheit unter Ungerechtigkeiten gelitten haben, die sich teilweise in ihr Erwachsenenleben fortschreiben. Es geht also einerseits um die Möglichkeit einer Kompensation und andererseits um die Möglichkeit der Übertragung von Ansprüchen, die eine Person als Kind hatte auf den Erwachsenen, zu dem das Kind wurde. Gibt es etwa Ansprüche auf Kompensation von mittlerweile nicht mehr armen Erwachsenen, die als Kinder unter globaler Armut gelitten haben? Wer könnte für diese Ansprüche zuständig sein? Zweitens ist eng damit verbunden die Frage zu stellen, in welchem Verhältnis globale Gerechtigkeit für Kinder und intergenerationelle Gerechtigkeit und historische Gerechtigkeit stehen. Intergenerationelle Gerechtigkeit beschreibt zumeist das Verhältnis zwischen Generationen innerhalb einer Gesellschaft und ist auf die kommende Generation gerichtet (Gosseries und Meyer 2009). Welche Verpflichtungen haben zur Zeit lebende Personen gegenüber den Personen, die noch nicht leben? Der Einfluss von Klimawandel, Umweltzerstörung und der Ausbeutung natürlicher Ressourcen auf die Lebensbedingungen künftiger Generationen (von Kindern und Erwachsenen) ist dabei sicherlich enorm und um zukünftiges Leid zu vermeiden werden große Anstrengungen nötig sein. Für Kinder spielt hier auch wieder eine Rolle, dass diese von politischen Entscheidungsprozessen, die sie und ihre künftigen Familien stärker betreffen werden als die Entscheidungsträger, die darüber jetzt befinden, weitgehend ausgeschlossen sind. Noch nicht existierende Personen können nicht aktiv politisch eingebunden werden, Kinder, auch jüngere, jedoch schon (Tremmel 2009). Historische Gerechtigkeit wiederum ist zumeist auf die Vergangenheit und vergangenes Unrecht an vorhergehenden Generationen gerichtet (Meyer 2012). Auch die oben angesprochenen Fragen der Kompensation von Ungerechtigkeiten innerhalb eines Lebenslaufes haben eine zweifellos historische Dimension, sie sind jedoch nicht im Fokus einer Theorie historischer Gerechtigkeit. Mit Blick auf die Lebenssituationen und –chancen von Milliarden Kindern in den Entwicklungsländern im Vergleich zu ihren Altersgenoss:innen in den reichen Ländern und angesichts der Tatsache, dass diese Ungleichheiten zu einem nicht unerheblichen, aber durchaus umstrittenen, Anteil auf vergangenes Unrecht wie Kolonialisierung mit Ausbeutung, Unterdrückung, Krieg und der Finanzierung und militärischen Unterstützung von Diktatoren und der Unterminierung demokratischer Bewegungen zurückzuführen ist, wird die Dimension möglicher Ansprüche, die sich aus historischer Gerechtigkeit stellen, sichtbar. Intergenerationelle und historische Gerechtigkeit hängen aber zusammen, da der Ausgleich von historischem Unrecht nicht nur auf bereits lebende (und verstorbene) Personen gerichtet ist, sondern auch auf künftige. Drittens ist der relevante temporale Bezugspunkt globaler Gerechtigkeit für Kinder zu klären. Ist globale Gerechtigkeit für Kinder dann hergestellt, wenn zu einem bestimmten Zeitpunkt, zu jedem Zeitpunkt ihre Gerechtigkeitsansprüche befriedigt sind oder nur dann, wenn diese über die gesamte Dauer ihrer Kindheit (oder ihres ganzen Lebens) als befriedigt anzusehen sind? Der erste Fall könnte als Chancengleichheit mit einem Starttor interpretiert werden (Roemer 1998). Alle Kinder sollen zu einem bestimmten Zeitpunkt die gleichen Chancen bekommen (zum Beispiel die gleichen Bildungsmöglichkeiten), Unterschiede, die sich dann daraus ergeben, was sie aus diesen Chancen machen (welchen Bildungs- und Berufsweg sie einschlagen), sind dann aber nicht ungerecht. Offensichtlich sind zur Zeit die Chancen auf globaler Ebene durch das Geburtsprivileg, also der Vorteil in einem reichen und armen Land geboren zu werden, extrem ungleich verteilt (wobei auch die Ungleichheiten innerhalb reicher und armer Länder sehr groß sind). Der zweite Fall wäre äußerst anspruchsvoll, da ein Vergleich aller Kinder zu jedem Zeitpunkt als Maßstab für globale Gerechtigkeit herangezogen werden müsste. Es wären somit andauernde Interventionen nötig, vor allem wenn man ein egalitaristisches Verständnis von globaler Gerechtigkeit heranzieht, also tatsächlich alle gerechtigkeitsrelevanten Güter zu jedem Zeitpunkt zwischen allen Kindern gleich verteilt sein müssen (Bidadanure 2015). Der letzte Fall wiederum erlaubt Ungleichheiten zu bestimmten Zeitpunkten im Leben, sofern sich diese über den längeren Zeitraum, der als relevant definiert wird, wieder ausgleichen. Wenn zum Beispiel die gesamte Kindheit als Zeitraum herangezogen wird, über den Gerechtigkeit hergestellt werden soll, dann ist es kein Gerechtigkeitsproblem, wenn es über eine bestimmte Zeitperiode einem Kind schlechter geht als einem anderen, sofern diese insgesamt eine ausreichend oder gleich gute Kindheit haben und erleben dürfen.

Literatur

Adams, Harry William. 2008. *Justice for children: Autonomy development and the state*, 1. Aufl. Albany: State University of New York Press.

Archard, David. 2004. *Children: Rights and childhood*, 2. Aufl. London/New York: Routledge.

Bagattini, Alexander, und Colin M. Macleod, Hrsg. 2014. *The Nature of Children's Well-Being: Theory and Practice*, 1. Aufl. New York: Springer.

Beck, Valentin. 2016. *Eine Theorie der globalen Verantwortung: Was wir Menschen in extremer Armut schulden*, 1. Aufl. Berlin: Suhrkamp.

Bidadanure, Juliana. 2015. On Dennis McKerlie's "Equality and Time". *Ethics* 125(4):1174–1177. https://doi.org/10.1086/680891.

Clark, Zoë. 2014. Familiarismus und Anti-Paternalismus in der UN-Kinderrechtskonvention. *Soziale Passagen* 6(2):237–252. https://doi.org/10.1007/s12592-014-0179-1.

Deveaux, Monique. 2015. The Global Poor as Agents of Justice. *Journal of Moral Philosophy* 12(2):125–150.

Dixon, Rosalind, und Martha Nussbaum. 2012. Children's Rights and a Capabilities Approach: The Question of Special Priority. *Cornell Law Review, Nr.* 97:549–593.

Giesinger, Johannes. 2007. *Autonomie und Verletzlichkeit: der moralische Status von Kindern und die Rechtfertigung von Erziehung*, 1. Aufl. Bielefeld: Transcript.

Gosseries, Axel, und Lukas H. Meyer, Hrsg. 2009. *Intergenerational justice*, 1. Aufl. Oxford/New York: Oxford University Press.

Graf, Gunter. 2015. Conceptions of Childhood, Agency, and the Well-Being of Children. In *The Well-Being of Children: Philosophical and Social Scientific Approaches*, 1. Aufl., Hrsg. Gunter Graf und Gottfried Schweiger, 20–33. Berlin: DeGruyter.

Graf, Gunter, und Gottfried Schweiger. 2015. Einleitung: Kindheit und Gerechtigkeit. *Zeitschrift für Praktische Philosophie,* 2(1):37–58. https://doi.org/10.22613/zfpp/2.1.2.

Hahn, Henning. 2009. *Globale Gerechtigkeit. Eine philosophische Einführung*, 1. Aufl. Frankfurt a. M./New York: Campus Verlag.

Hahn, Henning. 2016. Globale Gerechtigkeit. In *Handbuch Gerechtigkeit*, 1. Aufl., Hrsg. Anna Goppel, Corinna Mieth, und Christian Neuhäuser, 111–17. Stuttgart: Metzler. https://doi.org/10.1007/978-3-476-05345-9_17.

Hahn, Henning, und Christoph Broszies, Hrsg. 2010. *Globale Gerechtigkeit. Schlüsseltexte zur Debatte zwischen Partikularismus und Kosmopolitismus*, 1. Aufl. Berlin: Suhrkamp.

Hahn, Henning, und Jens Schnitker. 2017. Einleitung: Kollektive Verantwortung in der globalen Ethik – Ein Problemaufriss. *Zeitschrift für Praktische Philosophie* 4(1):109–22. https://doi.org/10.22613/zfpp/4.1.5.

Hannan, Sarah. 2017. Why Childhood Is Bad for Children. *Journal of Applied Philosophy, Jänner.* https://doi.org/10.1111/japp.12256.

Hill, Malcolm, John Davis, Alan Prout, und Kay Tisdall. 2004. Moving the participation agenda forward. *Children & Society* 18(2):77–96. https://doi.org/10.1002/chi.819.

Koller, Peter. 2014. Zur Sozialgeschichte der Gerechtigkeit in der Neuzeit. *Zeitschrift für Praktische Philosophie* 1(1):11–50. https://doi.org/10.22613/zfpp/1.1.1.

Kuhlemann, Karin. 2019. Poverty and the moral limits to the right to procreate. In *Philosophy and Child Poverty: Reflections on the Ethics and Politics of Poor Children and their Families*, 1. Aufl., Hrsg. Nicolas Brando und Gottfried Schweiger. Cham: Springer.

Macleod, Colin M. 2007. „Raising Children: Who is responsible for what?" In *Taking responsibility for children*, 1. Aufl., Hrsg. Samantha Brennan und Robert Noggle, 1–18. Studies in childhood and family in Canada. Waterloo: Wilfrid Laurier University Press.

Macleod, Colin M. 2013. Justice, Educational Equality, and Sufficiency. *Canadian Journal of Philosophy* 40:151–175.

Meyer, Lukas. 2012. *Historische Gerechtigkeit*, 1. Aufl. Berlin: De Gruyter. https://doi.org/10.1515/9783110927498.

O'Neill, Onora. 2001. Agents of Justice. *Metaphilosophy* 32(1–2):180–195. https://doi.org/10.1111/1467-9973.00181.

Roemer, John E. 1998. *Equality of opportunity*, 1. Aufl. Cambridge, MA: Harvard University Press.

Schweiger, Gottfried, und Gunter Graf. 2018. Ethics and the dynamic vulnerability of children. *Les Ateliers de l'éthique/The Ethics Forum* 13(1):(forthcoming).

Tremmel, Jörg Chet. 2009. *A theory of intergenerational justice*, 1. Aufl. London/Sterling: Earthscan.

Gerechtigkeit und das Wohlergehen von Kindern

Einleitung

Die meisten Theoretiker:innen der Gerechtigkeit würden zustimmen, dass sie zumindest zwei Fragen klären müssen: was ist die Währung der Gerechtigkeit – also welche Güter geteilt werden sollten – und die Frage nach der Regel oder dem Prinzip der Gerechtigkeit – also wie diese Güter geteilt werden sollten. Ich füge drei weitere Aspekte hinzu, über die jede Theorie der Gerechtigkeit etwas aussagen sollte: den sozialen Kontext, in dem diese Güter geteilt werden sollten, die grundlegenden Eigenschaften der Akteur:innen der Gerechtigkeit und das Ziel der Gerechtigkeit, also was durch Gerechtigkeit erreicht werden soll. Wenn man eine Theorie der Gerechtigkeit für Kinder entwerfen will, sollten alle diese fünf Fragen beantwortet werden, und ich nehme an, dass sie anders beantwortet werden, als sie in Bezug auf die Gerechtigkeit für reife und gesunde Erwachsene beantwortet werden. Ich werde in diesem Aufsatz aber nicht das Verhältnis zwischen Gerechtigkeit für Kinder und Gerechtigkeit für Erwachsene untersuchen und wie mögliche Konflikte zwischen diesen gelöst werden können. Mein Fokus in diesem Aufsatz bezieht sich auf die Rolle, die die Konzepte des Wohlergehens und des Wohlentwickelns beim Entwurf einer Theorie der Gerechtigkeit für Kinder spielen. Wie ich zeigen möchte, können Wohlergehen und Wohlentwickeln als Ziele der Gerechtigkeit für Kinder dienen, da sie uns erlauben, die spezifischen Bedürfnisse von Kindern als Subjekte der Gerechtigkeit und ihre Einbettung in bestimmte soziale Kontexte besser zu verstehen, und sie können die Auswahl der Währung der Gerechtigkeit und die Regeln ihrer Verteilung anleiten. Die Antworten, die ich in diesem Kapitel skizzieren möchte, werden aus der Perspektive eines bestimmten theoretischen Rahmens entwickelt, nämlich einer Theorie der Anerkennung (Schweiger 2012, 2013). Dieser Ansatz wird heute meist mit den wichtigen Arbeiten von Axel Honneth in Verbindung gebracht und seine zentrale Annahme ist, dass die angemessene Erfahrung von Anerkennung und der

G. Schweiger, *Essays zur Philosophie der Kindheit,* Kindheit – Bildung – Erziehung. Philosophische Perspektiven, https://doi.org/10.1007/978-3-662-66692-0_4

Schutz vor Missachtung der grundlegende Gerechtigkeitsanspruch aller Menschen ist (Honneth 1996, 2012). Ich betrachte Anerkennung und Wohlergehen und Wohlentwickeln als in vielerlei Hinsicht miteinander verwoben und argumentiere hier, dass ein Fokus auf Letztere gut geeignet ist, um die Gestaltung und Umsetzung von Gerechtigkeit für Kinder anzuleiten. Die Ziele, das Wohlergehen und Wohlentwickeln von Kindern zu schützen und ihre Fähigkeit zu schützen, Anerkennung zu erfahren, konvergieren.

Die Ziele der Gerechtigkeit: Wohlergehen und Wohlentwickeln

Die obersten Ziele der Gerechtigkeit für Kinder sind ihr Wohlergehen und Wohlentwickeln (Graf und Schweiger 2015). Oder anders ausgedrückt: Ein sozialer Kontext soll gerecht sein, weil er das Wohlergehen und Wohlentwickeln von Kindern schützt und ermöglicht. Dieser Anspruch impliziert nicht, dass unter den Bedingungen der Gerechtigkeit jede Verletzung des Wohlergehens und Wohlentwickelns von Kindern ungerecht ist. Es gibt Ursachen für die Verletzung des kindlichen Wohlergehens und Wohlentwickelns, die nicht ungerecht sind, zum Beispiel durch eine unvermeidbare Krankheit, tragische Unfälle oder Naturkatastrophen. Es bedeutet auch nicht, dass Gerechtigkeit alle zwischenmenschlichen Interaktionen zwischen Kindern und Erwachsenen und unter Kindern regelt. Ein sozialer Kontext kann gerecht sein, aber die Menschen darin können trotzdem unmoralisch handeln und sich gegenseitig absichtlich oder unabsichtlich verletzen. Gerechtigkeit regelt nicht alle Handlungen, die innerhalb eines sozialen Kontextes geschehen, sondern befasst sich mit seinem institutionellen Rahmen, und dieser Rahmen sollte so gestaltet sein, dass er am besten geeignet ist, das Wohlergehen und Wohlentwickeln von Kindern zu schützen.

Eine solche Ausrichtung auf Wohlergehen und Wohlentwickeln von Kindern ist im Rahmen einer Theorie der Anerkennung bislang nicht im Detail dargelegt worden, daher möchte ich zumindest einige Bemerkungen dazu machen, warum ich denke, dass dies ein Weg ist, der es wert ist, verfolgt zu werden. Kurz gesagt: Eine Gesellschaft ist insofern gerecht, als sie die Fähigkeit ihrer Mitglieder schützt, jene Formen angemessener Anerkennung zu erfahren, die für ihre Identitätsbildung und die Verwirklichung ihrer Autonomie notwendig sind. Die Theorie der Anerkennung hat also einen starken Fokus auf Autonomie und persönliche Freiheit – was sie mit vielen anderen Gerechtigkeitstheorien wie dem Fähigkeitenansatz teilt – und befasst sich mit deren intersubjektiven und sozialen Bedingungen. Dies impliziert Wohlergehen und Wohlentwickeln in mindestens zwei wichtigen Hinsichten: Erstens ist Autonomie Teil jeder Konzeptualisierung und Verwirklichung von Wohlergehen und Wohlentwickeln. Zweitens geht es um diese intersubjektiven Bedingungen, die eine Theorie der Anerkennung als wichtig ansieht. Bei der Gerechtigkeit geht es nicht nur um Autonomie, sondern um ihre soziale Einbettung und ihre individuelle Verwirklichung in einem sozialen Kontext und in der Interaktion mit anderen. Wohlergehen, Wohlentwickeln und

Autonomie – im Verständnis der Theorie der Anerkennung als persönliche Selbstverwirklichung und Verwirklichung derjenigen Lebensentwürfe, die man schätzt – sind insofern miteinander verwobene Begriffe, als sie sich auf die umfassendere soziale Einbettung des Menschen und seine Abhängigkeit von anderen Menschen und Institutionen beziehen. Im engeren Sinne ist Anerkennung ein Teil des Wohlergehens und Wohlentwickelns, aber in einem weiteren Sinne können die drei Formen und Modi der Anerkennung, die Honneth unterscheidet – Fürsorge, Respekt, soziale Wertschätzung – so interpretiert werden, dass sie beschreiben, was Menschen für ihr Wohlergehen und Wohlentwickeln brauchen. Bisher hat sich die Theorie der Anerkennung vor allem auf Erwachsene konzentriert und die Kindheit vor allem als wichtiges Vorbereitungsstadium behandelt, in dem die Erfahrung von Anerkennung für ein Individuum notwendig ist, um positive Selbstbeziehungen zu entwickeln und ein autonomes Mitglied der Gesellschaft zu werden. Gerechtigkeit für Kinder geht aber über diesen Rahmen hinaus und muss fragen, was Kindern auch als Kindern zusteht. Der normative Zielpunkt einer guten Kindheit kann nicht die erwachsene Selbstverwirklichung und Autonomie sein, denn Selbstverwirklichung und Autonomie entwickeln sich erst in der Kindheit. Die Entwicklungsperspektive, die Gerechtigkeit für Kinder vom anvisierten Produkt eines/einer autonomen Erwachsenen her konzeptualisiert, muss in ein breiteres Verständnis des tatsächlichen Wohlergehens von Kindern, das ihnen schon als Kinder zusteht, integriert werden. Der Fokus, den ich hier wähle, folgt also aus der „Natur" der Kindheit und ist eine Erweiterung des derzeitigen Fokus auf die Formen und Modi der Anerkennung, die von der Gerechtigkeit für Erwachsene gefordert werden, um auch jene Dimensionen zu betrachten, die für Kinder wichtig sind.

Ich verstehe das Wohlergehen und Wohlentwickeln von Kindern als multidimensional, bestehend aus subjektiven und objektiven Dimensionen (Axford 2012). Es geht also nicht nur um die subjektive Zufriedenheit oder das Glück, obwohl diese sicherlich von Bedeutung sind. Darüber hinaus sind Wohlergehen und Wohlentwickeln und ihre verschiedenen Dimensionen sowohl kontextsensitiv als auch kontextübergreifend, was bedeutet, dass sie immer in einem gewissen Kontext bestimmt werden müssen, aber sie haben auch einen universellen Kern, der zentrale Merkmale widerspiegelt, die alle Kinder teilen. Zum Beispiel sind Liebe, Fürsorge oder bestimmte materielle Güter wie Unterkunft und Kleidung für alle Kinder wichtig, weil sie alle empfindliche und verletzliche Wesen sind, aber soziale und umweltbedingte Faktoren haben auch einen großen Einfluss darauf, welche Unterkunft und Kleidung benötigt wird und wie diese das Wohlergehen und Wohlentwickeln der Kinder beeinflusst. Bevor ich näher darauf eingehe, welche Dimensionen von Wohlergehen und Wohlentwickeln zu unterscheiden sind und wie sie die Währung der Gerechtigkeit spezifizieren, möchte ich drei Punkte untersuchen: die Beziehung zwischen Wohlergehen und Wohlentwickeln, ihre Beziehung zu Autonomie und Freiheit und ihre Beziehung zur Position von Kindern als besonders verletzliche Wesen.

Wohlergehen bezieht sich auf den aktuellen Zustand einer Person, während Wohlentwickeln sich auf die Entwicklung von einem Zustand zu einem anderen im Laufe der Zeit bezieht. Wohlentwickeln kann von einem Zustand des Unwohlseins zu einem Zustand des Wohlergehens oder von einem Zustand des Wohlergehens zu einem anderen Zustand des Wohlergehens erfolgen. Ich denke, es ist wichtig zu betonen, dass Gerechtigkeit sich mit beiden Aspekten der Kindheit, ihrem Dasein als Kinder und ihrer Entwicklung, befassen sollte und weder Kinder nur als werdende Erwachsene sieht, noch vernachlässigt, dass die meisten Kinder erwachsen werden. Auch bezieht sich das Wohlergehen nicht nur auf die Entwicklung vom Kind zum Erwachsenen, obwohl es vernünftig ist, diesen Übergang als besonders wichtig zu betrachten. Der Mensch entwickelt sich sein ganzes Leben lang, und Wohlergehen und Wohlentwickeln sind in jeder Phase davon miteinander verbunden. Der Einfluss von Verhaltensmustern und Umweltfaktoren auf die spätere Gesundheit oder der Einfluss der Teilnahme am Arbeitsmarkt auf die sozioökonomische Position nach der Pensionierung sind Beispiele für diese Verflechtungen und Pfadabhängigkeiten innerhalb des Lebenslaufs (Mortimer und Shanahan 2003). Darüber hinaus ist die Beziehung zwischen Wohlergehen und Wohlentwickeln nicht in der Weise eindeutig, dass Wohlergehen notwendigerweise Wohlentwickeln ermöglicht, und beide können in Konflikt miteinander geraten. Zum Beispiel kann eine verpflichtende schulische Ausbildung oder eine medizinische Behandlung das subjektive Wohlergehen eines Kindes senken, obwohl sie für sein Wohlentwickeln notwendig ist und die Chance auf Wohlergehen als Erwachsene:r erhöht. In diesem Fall würden die meisten annehmen, dass die Verringerung des Wohlergehens durch die positiven Folgen für das Erwachsenenalter gerechtfertigt ist. Aber das ist nicht in jedem Fall gerechtfertigt. Zum Beispiel, wenn ein Kind in großer Armut aufwächst und dadurch bestimmte Resilienzfähigkeiten entwickelt, die es schließlich zu einem/einer erfolgreichen und reichen Unternehmer:in werden lassen. Das Leid der Armut ist durch seine positiven Folgen nicht gerechtfertigt, und diese sollten schon gar nicht Politiken rechtfertigen, bei der alle Kinder in Armut aufwachsen müssen, damit sie resilient und abgehärtet werden. Erstens hat Armut in den meisten Fällen nicht solche positiven Folgen, sondern stark negative (Eamon 2001). Zweitens scheint es vernünftig, eine bestimmte Schwelle des Wohlergehens anzusetzen, die von allen Kindern aus Gründen der Gerechtigkeit erreicht werden muss, und dass ein Unterschreiten dieser Schwelle nicht durch mögliche spätere positive Folgen gerechtfertigt werden kann. Drittens müssen die Präferenzen des Kindes berücksichtigt werden, und es scheint unwahrscheinlich, wenn auch nicht unmöglich, dass es sich dafür entscheiden würde, in Armut aufzuwachsen, nur für die kleine Chance, eines Tages reich zu werden (vor allem, wenn die Chance, im späteren Leben reich zu sein, viel höher ist, wenn man bereits reich geboren wird, so dass es vernünftig wäre, sich dafür zu entscheiden, eher reich als arm geboren zu werden). Aber die Grenze zwischen einer gerechtfertigten Herabsetzung des Wohlergehens, um das Wohlentwickeln positiv zu beeinflussen, und einer ungerechtfertigten ist nicht immer leicht zu ziehen. Und auch die Kausalität zwischen bestimmten Handlungen und externen Faktoren und dem späteren Wohlergehen oder Unwohlsein ist oft undurchsichtig. Die Kindheit ist eine besondere Entwicklungsphase, die einen bedeutenden Einfluss auf den gesamten Lebensverlauf hat, auch wenn die Kausalitäten oft nicht eindeutig nachvollziehbar sind und es eine beträchtliche individuelle Variation gibt, wie kindliche Erlebnisse verarbeitet werden und welche Folgen sie im späteren Leben haben. Die Forschung über die kurz- und langfristigen Auswirkungen verschiedener Lebensbedingungen, Umweltfaktoren und Verhaltensweisen und wie diese zwischen den Generationen weitergegeben werden, ist umfangreich und wächst. Aus diesem Grund kann sich Gerechtigkeit nicht nur damit beschäftigen, wie Kinder tatsächlich leben, sondern muss fragen, wie die Kindheit die Zukunftsaussichten dieser Kinder prägt. Eine Gesellschaft, die Gerechtigkeit anstrebt, wird Bedingungen anzielen, die den gesamten Lebensverlauf berücksichtigen, so dass sich Gerechtigkeit für Kinder mit Gerechtigkeit für Erwachsene schließlich verbindet, weil ein Wohlergehen als Erwachsene mit einem Wohlergehen als Kind kongruiert.

Die meisten Theorien der Gerechtigkeit – wie auch die der Moral – legen einen hohen Wert auf Autonomie und persönliche Freiheit. Eine gerechte Gesellschaft sollte eine freie sein, in dem Sinne, dass sie die Autonomie ihrer Mitglieder in größtmöglichem Maße zulässt und schützt und ihnen genügend Raum lässt, eigene Ziele und Lebensentwürfe zu verfolgen und zu verwirklichen. Gerechtigkeit für Kinder so zu gestalten, dass sie sich an ihrem Wohlergehen orientiert, scheint in zweierlei Hinsicht mit dem Ziel der Autonomie in Konflikt zu geraten: Erstens wird Kindern im Vergleich zu Erwachsenen weniger Autonomie zugestanden, in dem Sinne, dass ihre kognitiven Fähigkeiten und ihre Fähigkeit, autonom zu entscheiden und handeln, unzureichend sind und sich noch entwickeln und dass sie in höherem Maße von Erwachsenen abhängig sind, um gute Entscheidungen zu treffen. Gerechtigkeit für Kinder verlangt, die Autonomie und persönliche Freiheit von Kindern zu begrenzen und in vielerlei Hinsicht paternalistisch zu sein. Zweitens können Wohlergehen und Wohlentwickeln durch autonome Entscheidungen, die eine gerechte Gesellschaft für Erwachsene zulassen oder sogar schützen sollte, stark beeinträchtigt werden, z. B. durch ungesunde Lebensstilentscheidungen wie gefährliche Aktivitäten. Es gibt Fälle, in denen Handlungen, die das eigene Wohlergehen und Wohlentwickeln gefährden, sogar moralisch gut sind, zum Beispiel, um anderen zu helfen. Wie ich argumentieren werde, ist Autonomie auch bei der Gestaltung von Gerechtigkeit für Kinder wichtig, die sich an ihrem Wohlergehen und ihrem Wohlentwickeln orientiert, obwohl die kindliche Autonomie begrenzt ist. Wie ich bereits gesagt habe, ist Autonomie, die Fähigkeit, eigene Entscheidungen zu treffen und sich selbst zu verwirklichen, selbst eine wichtige Dimension des Wohlergehens und des Wohlentwickelns von fast allen Menschen und auch von Kindern. Zu sagen, dass das Ziel der Gerechtigkeit der Schutz des Wohlergehens und des Wohlentwickelns von Kindern ist, schließt also nicht aus, dass Autonomie einen Platz darin hat und dass es von der Gerechtigkeit gefordert wird, der kindlichen Autonomie Raum zur Entfaltung zu geben. Weiterhin ist es so, dass Autonomie eine sich entwickelnde Fähigkeit ist und dass besonders sehr junge Kinder auf die Führung und Fürsorge von Erwachsenen angewiesen sind, aber es ist auch wahr, dass Kinder ihre eigenen Wünsche und Interessen haben und dass sie ihre Autonomie, also die Möglichkeit, Entscheidungen zu treffen, bereits in jungen Jahren schätzen und als positiv erfahren. Daher ist es auch für die Gerechtigkeit wichtig, Kindern die Möglichkeit zu geben, ihre eigenen Entscheidungen zu treffen, auch wenn ihre Autonomie von Erwachsenen eingeschränkt wird, um ihre körperliche, seelische und soziale Sicherheit, ihr gegenwärtiges und zukünftiges Wohlergehen zu schützen. Die kindliche Autonomie ist aus guten Gründen zu beschränken, insofern man mit Recht annehmen kann, dass sie nicht die Fähigkeit haben, die Auswirkungen ihrer Entscheidungen abzuschätzen. Auch hier ist es nicht möglich, die Grenze allzu leicht zu ziehen, und Regeln, die auf Altersgrenzen basieren, sind nur eine pragmatische und praktikable, wenn auch noch unvollkommene Annäherung an die kindlichen Fähigkeiten, autonom zu sein. Die Orientierung am Wohlentwickeln beinhaltet auch, dass ein wertvolles Ziel der Gerechtigkeit für Kinder darin besteht, dass sie in einer Umgebung aufwachsen, die es ihnen ermöglicht und unterstützt, als Erwachsene autonome Wesen zu werden. Dafür ist es nötig, dass Kinder ihre Autonomie als Fähigkeit und Wert einüben und entwickeln können.

Der dritte Punkt, den ich erörtern möchte, ist das Verhältnis von Wohlergehen und Wohlentwicklen und die Verletzlichkeit von Kindern. Alle Menschen sind verletzlich und in Gefahr, verletzt zu werden, aber Kinder sind es in einem größeren Ausmaß und bedürfen des Schutzes durch andere. Dies ist bei sehr jungen Kindern deutlich, und die Verletzlichkeit nimmt mit der Zeit im Laufe der Kindheit ab, aber die Verletzlichkeit als menschliche Eigenschaft bleibt immer vorhanden. Diese größere Verletzlichkeit von Kindern spiegelt sich auch in einer Orientierung am Wohlergehen und am Wohlentwickeln wider. Sie stellt die physiologischen, psychologischen und sozialen Bedürfnisse von Kindern in den Mittelpunkt und entwickelt daraus, was Kindern zusteht und was die Gesellschaft ihnen schuldet, damit sie gesund und vor unnötigem Schaden und Leid geschützt aufwachsen können. Das Wohlergehen und Wohlentwickeln von Kindern zu schützen, bedeutet also in erster Linie, sie vor Schaden zu bewahren und die Institutionen so zu gestalten, dass sie für die verschiedenen Phasen der Kindheit sensibel sind und den Kindern bereitstellen, was sie brauchen um eine gute Kindheit zu erleben und sich zu autonomen Erwachsenen zu entwickeln. Das ist der Kern der Anerkennung von Kindern als Kindern. Die Verletzlichkeit von Kindern bezieht sich aber nicht nur auf ihren gegenwärtigen Zustand, sondern auch auf ihre Zukunft und ihr Wohlergehen als Erwachsene:r. Wie bereits erwähnt, gibt es überwältigende empirische Belege dafür, dass verschiedene Formen von Schaden und Not in der Kindheit lang anhaltende und schwerwiegende Folgen haben, wie zum Beispiel Armut, Vernachlässigung, Mangelernährung oder Missbrauch. Das bedeutet auch, dass Kinder nicht nur als Kinder verletzlich sind, sondern dass auch ihr Wohlentwickeln und damit ihr zukünftiges Wohlergehen als Erwachsene:r anfällig für Verletzungen während der Kindheit ist. Dies bedeutet wiederum, dass der Schutz von Kindern wichtig ist, um Erwachsene zu schützen.

Zusammenfassend lässt sich sagen, dass Wohlergehen und Wohlentwickeln als umfassende Ziele für die Gestaltung von Gerechtigkeit dienen können, wobei zentrale Merkmale der Kindheit und der besondere Status von Kindern berücksichtigt werden. Es ist daher in der besonderen „Natur“ von Kindern als Subjekte der Gerechtigkeit verwurzelt.

Dimensionen von Wohlergehen und Wohlentwickeln und die Währung der Gerechtigkeit

Ich werde mich nun der Wahl der Währung der Gerechtigkeit für Kinder zuwenden, die ich aus meinem Verständnis von Wohlergehen und Wohlentwickeln als mehrdimensionale Konzepte entwickeln werde. Eine Währung der Gerechtigkeit sollte mindestens zwei Kriterien erfüllen: Sie sollte erfassen, worin für die Gerechtigkeit relevante Unterschiede zwischen Menschen bestehen und sie sollte durch die soziale Ordnung verteilbar und beeinflussbar sein. Dies impliziert, dass Unterschiede, die für das Wohlergehen und das Wohlentwickeln von Kindern wichtig sind, aber durch den gesellschaftlichen Rahmen und die Institutionen nicht beeinflusst werden können, keine adäquaten Gegenstände der Gerechtigkeit sind und nicht zur Bestimmung ihrer Währung verwendet werden sollten. Ich möchte hier nicht die tiefe und differenzierte Debatte über die Währung der Gerechtigkeit erkunden, sondern vielmehr skizzieren, warum Fähigkeiten und Funktionsweisen die richtige Wahl zu sein scheinen, wenn es um Gerechtigkeit für Kinder geht (Anderson 2010). Fähigkeiten und Funktionsweisen haben den Vorteil, dass sie sensibel sind für Unterschiede in der Nutzung von Gütern und Ressourcen und sie sind sensibel für Diskriminierung und andere Ungerechtigkeiten, die die Umwandlung von Ressourcen in Fähigkeiten und Funktionsweisen beeinflussen. Eine Theorie der Gerechtigkeit für Kinder sollte sich damit beschäftigen, was diese tatsächlich tun und sein können. Fähigkeiten und Funktionsweisen sind Ziele, während Ressourcen oder Güter Mittel sind, und daher ist ein Fokus auf Fähigkeiten und Funktionsweisen in der Lage, Unterschiede in dem, worauf es letztlich ankommt, direkt zu vergleichen: das Wohlergehen und Wohlentwickeln von Kindern. Für Kinder sind Ressourcen außerdem oft nur von indirekter Bedeutung und werden durch ihre Bezugspersonen und andere Institutionen vermittelt. Einkommen, Vermögen und Wahlrecht zum Beispiel sind für kleine Kinder nicht direkt von Nutzen, da sie diese nicht selbstständig oder alleine einsetzen können, haben aber durchaus einen großen Einfluss auf ihr Wohlergehen und ihre Entwicklung. Ein Fähigkeitenansatz scheint gut geeignet, diese Abhängigkeiten von Erwachsenen zu erfassen, da er in den Mittelpunkt stellt, wie es Kindern tatsächlich geht und nicht die Frage, wie viele Güter sie besitzen. Aber welche Fähigkeiten und Funktionsweisen sind geeignet, um für Vergleiche in Wohlergehen und Wohlentwickeln zu dienen und sollten als Währung der Gerechtigkeit festgelegt werden? Bevor ich dieser Frage nachgehe, möchte ich zunächst klären, ob die Währung der Gerechtigkeit für Kinder Fähigkeiten oder Funktionsweisen oder beides sein sollte.

Die meisten Theoretiker:innen innerhalb des Fähigkeitenansatzes bevorzugen Fähigkeiten gegenüber Funktionsweisen aufgrund des hohen Wertes von Autonomie und Wahlmöglichkeiten. Innerhalb des breiteren Rahmens des politischen Liberalismus argumentieren solche Autor:innen wie Amartya Sen und Martha Nussbaum, dass Menschen zentrale Fähigkeiten haben sollten, es aber ihrer eigenen Wahl überlassen bleiben sollte, ob sie diese als Funktionsweisen realisieren wollen oder nicht (Nussbaum 2011). Ein Beispiel, das oft verwendet wird, ist die Fähigkeit, gut ernährt zu sein, was sicherlich eine zentrale Fähigkeit ist, aber dass Menschen immer noch die Option haben sollten, zu fasten. Wenn man sich also dafür entscheidet, zu fasten, und deshalb die Funktionsweise, gut ernährt zu sein, nicht realisiert, stellt dies keine Ungerechtigkeit dar – viel eher wäre es ungerecht, wenn die sozialen Institutionen oder Regeln so wären, dass sie diesen Menschen dazu zwingen würden, gegen den eigenen Willen, das Fasten abzubrechen. Dieses Argument hat viel normative Kraft, aber es hat auch seine Grenzen: erstens das Problem der adaptiven Präferenzen, die nicht nur dazu führen können, dass Menschen sich an ungerechte Umstände und den Entzug selbst zentraler Fähigkeiten anpassen, sondern auch Auswirkungen darauf hat, ob Menschen bestimmte Fähigkeiten als Funktionsweisen realisieren wollen (Khader 2009). Stellt man sich eine Gesellschaft vor, in der Frauen das Wahlrecht und alle notwendigen Freiheiten haben, um zu wählen, aber die meisten Frauen von ihrem Wahlrecht nicht Gebrauch machen, weil sie davon überzeugt worden sind, dass Frauen nicht zu politischen Entscheidungen fähig sind, dann ist dies eine Ungerechtigkeit. Es zählt hier nicht nur das Wahlrecht, sondern auch, dass der ideologische Überbau verändert und gerechter wird und dass Frauen auch tatsächlich an der politischen Entscheidungsfindung partizipieren. Im Falle von Kindern wird der Fokus auf Funktionsweisen durch die bereits erwähnte eingeschränkte Fähigkeit, autonom und rational zu handeln, weiter unterstützt. Kinder brauchen nicht nur die Fähigkeit, Bildung zu haben, sondern sollten diese auch verwirklichen und die Funktionsweise der Bildung erwerben, weil dies für ihr gegenwärtiges und zukünftiges Wohlergehen relevant ist. Das Gleiche gilt für andere wichtige Funktionsweisen, wie gesund zu sein, sozial eingebunden zu sein oder Unterkunft, Nahrung und Kleidung zu haben. Kinder sollten diese Dinge nicht nur als Optionen vorfinden, weil sie vielleicht gar nicht in der Lage sind, zu entscheiden, welche davon wichtig sind. Ein weiterer praktischer Grund, warum Funktionsweisen von Bedeutung sind, ist, dass sie messbar – zumindest viel leichter als Fähigkeiten – und zwischen Menschen vergleichbar sind (Alkire 2008).

Es gibt auch einen fließenden Übergang zwischen Fähigkeiten und Funktionsweisen und beide haben eine gewisse Plastizität. Es gibt viele Stufen zwischen der Fähigkeit, gut ernährt zu sein, und der Verwirklichung der Funktionsweise, gut ernährt zu sein, und beide können auf verschiedene Weise befriedigt werden. Diese Fähigkeit zu haben kann bedeuten, sofortigen Zugang zu Lebensmitteln zu haben, die sich im Kühlschrank befinden, es kann bedeuten, Zugang zu einem Supermarkt zu haben und die Mittel zu haben, um dort Lebensmittel zu kaufen; gut ernährt zu sein kann bedeuten, gerade sein Lieblingssandwich gegessen zu haben, oder es kann sich auf eine Person beziehen, die tatsächlich hungrig ist, weil sie wegen eines stressigen Termins ein paar Stunden lang nichts gegessen hat, aber gesund ist und im Allgemeinen genug zu essen hat. Bei näherer Betrachtung wird die Grenze zwischen Fähigkeiten und Funktionsweisen also durchaus verschwommen. Diese Argumente stützen meine Ansicht, dass beide, Fähigkeiten und Funktionsweisen, für das Wohlergehen und das Wohlentwickeln von Bedeutung sind und dass eine Theorie der Gerechtigkeit für Kinder keine voreilige Entscheidung darüber treffen sollte, welche von beiden wichtiger ist. Vielmehr muss, wenn eine Liste von Fähigkeiten und Funktionsweisen gewählt wird, explizit gemacht werden, ob und unter welchen Bedingungen der Maßstab der Gerechtigkeit nun eine Fähigkeit oder eine Funktionsweise ist. Zum Beispiel sollte für ein achtjähriges Kind die Bildung im Sinne einer klar definierten Funktionsweise interpretiert werden – die Achtjährige sollte tatsächlich zur Schule gehen -, während sie für einen Sechzehnjährigen im Sinne einer Fähigkeit interpretiert werden könnte – ein Sechzehnjähriger sollte die Möglichkeit haben, zur Schule zu gehen, aber es steht ihm auch frei, eine Ausbildung zum Klempner zu wählen.

Aber wie wählt man die Dimensionen des Wohlergehens und des Wohlentwickelns aus, die als Währung der Gerechtigkeit verwendet werden sollen? Ich unterstütze einen pragmatischen und empirisch informierten Ansatz, wie er von Mario Biggeri und seinem Kollegen Santosh Mehrotra entwickelt wurde, die achtzehn Dimensionen des Wohlergehens von Kindern auf Basis von Expert:innenmeinungen, in Bezug auf bestehende Listen und Konventionen und einen partizipativen Prozess mit Kindern unterscheiden (Biggeri und Mehrotra 2011). Dennoch wird keine Methode zur Auswahl von Fähigkeiten und Funktionsweisen perfekt und keine Liste wird erschöpfend sein. Gerechtigkeit sollte den gesellschaftlichen Rahmen und das Design der sozialen und politischen Institutionen informieren und anleiten, und dafür ist es weder notwendig, eine vollständige Liste aus einer idealen Theorie heraus zu entwerfen, noch kann eine solche Liste nur auf Basis empirischer Erhebungen entwickelt werden, sondern diese muss im Hinblick auf die normativen Zielen der Gerechtigkeit für den jeweiligen Kontext interpretiert werden. Wenn wir Gerechtigkeit im Kontext des Bildungssystems gestalten wollen, ist eine verfeinerte und an diesem Kontext und seinen Aufgaben orientierte Liste von Fähigkeiten und Funktionsweisen erforderlich, während es eines breiteren Zugangs bedarf, wenn Gerechtigkeit auf der Ebene einer ganzen Gesellschaft diskutiert wird. Insbesondere möchte ich vier Punkte hervorheben, die mir entscheidend erscheinen:

1. Erstens muss die Auswahl der Fähigkeiten und Funktionsweisen kontextsensitiv sein, in dem Sinne, dass sie den Kontext widerspiegelt, in dem das Kind aufwächst und lebt. Die Funktion, sozial eingebunden zu sein, ist für alle Kinder wichtig, aber es gibt entscheidende Unterschiede zum Beispiel zwischen entwickelten Wohlfahrtsstaaten und Entwicklungsländern, und Gerechtigkeit sollte diese Unterschiede widerspiegeln, indem sie weder zu wenig noch zu viel verlangt. Dies erfordert auch eine „ökologische Perspektive" auf das Wohlergehen und das Wohlentwickeln von Kindern und wie diese von den verschiedenen Umwelten – als wichtige Konversionsfaktoren – beeinflusst werden, in die Kinder eingebettet sind. Die Auswahl von Fähigkeiten und Funktionsweisen ohne Berücksichtigung der sozialen Einbettung von Kindern könnte auch zu einem allzu individualistischen Ansatz führen. Jedoch darf der Anspruch der Kontextsensitivität nicht in einem Kulturrelativismus münden, der auf Basis arbiträrer kultureller Praktiken Ungerechtigkeiten legitimiert. Daher sind alle

Fähigkeiten und Funktionsweisen immer auch hinsichtlich ihres universalen Kerns, dass alle Kinder den gleichen moralischen Status und die prinzipiell gleichen moralischen Ansprüche der Gerechtigkeit haben, zu prüfen.

2. Zweitens müssen die Fähigkeiten und Funktionsweisen entwicklungssensibel sein, was bedeutet, dass sie die besondere Phase der Kindheit und die verschiedenen Entwicklungsstufen der Kinder berücksichtigen müssen. Wie bereits erwähnt, wird Autonomie wichtiger, wenn Kinder älter werden, was eine Verschiebung von einem Fokus auf Funktionsweisen hin zu einem Fokus auf Fähigkeiten impliziert, zum Beispiel wenn es um die Wahl der Bildung oder ihre soziale Integration geht. Es ist auch notwendig, sukzessive Entwicklungsziele zu definieren, die im Laufe der Zeit erreicht werden sollen und die einer objektiven Überprüfung zugänglich sind, um festzustellen, ob ungerechte Entwicklungsrückstände durch Verletzungen oder Ungleichheiten entstanden sind. Für die Entwicklungsperspektive scheint das Konzept der entwickelnden oder evolvierenden Fähigkeiten und Funktionsweisen gut geeignet (Ballet et al. 2011). Damit sind sowohl solche Fähigkeiten und Funktionsweisen gemeint, die für die Entwicklung von Kindern eine besonders wichtige Rolle spielen als auch solche, die in sich eine Entwicklung durchmachen. Bildung umfasst im Laufe der Kindheit immer mehr Inhalte und Fertigkeiten und Bildung ist auch die Voraussetzung für die Entwicklung anderer Fähigkeiten und Funktionsweisen, etwa der Autonomie oder der politischen Partizipation.
3. Drittens sollten Kinder einbezogen werden, wenn es darum geht, die Fähigkeiten und Funktionsweisen zu bestimmen, die ihnen aus Gründen der Gerechtigkeit zustehen. Das bedeutet, dass Kinder einen moralischen Anspruch darauf haben, gehört zu werden und zu partizipieren, wenn Entscheidungen über sie getroffen werden und zwar immer insoweit sie dazu in der Lage sind. Während der erste Punkt eine methodische Frage ist, bezieht sich der zweite auf die Inklusion von Partizipation und Autonomie in einer Liste zentraler Fähigkeiten und Funktionsweisen von Kindern. Dass diese beiden für Erwachsene von größter Bedeutung sind und eine gerechte Gesellschaft danach strebt, Erwachsenen Partizipation und Autonomie zu gewähren, steht außer Frage, aber das gilt auch für Kinder. Sie haben ein Recht auf die Möglichkeit, Entscheidungen für sich selbst zu treffen und als Bürger:innen mit Rechten und Pflichten anerkannt zu werden. Die Beschränkung dieser Ansprüche mit Blick auf das Wohlergehen und Wohlentwickeln bedarf jedoch der Abwägung.
4. Viertens muss sich die subjektive Dimension des Wohlergehens zumindest teilweise in der Auswahl der Fähigkeiten und Funktionsweisen widerspiegeln. Dies ist eine heikle und umstrittene Behauptung, weil subjektives Wohlergehen etwas ist, das von so vielen Faktoren beeinflusst werden kann, die nicht durch das institutionelle Umfeld einer Gesellschaft kontrolliert werden können und sollten. Ein Kind kann unglücklich sein, weil es nicht das Geburtstagsgeschenk bekommt, das es sich gewünscht hat, oder es fühlt sich abgelehnt, weil es eine schlechte Note auf einen Test bekommen hat oder weil es einen Unfall hatte,

der einen mehrtägigen Krankenhausaufenthalt bedeutet. All diese Einflüsse stellen – sofern nicht besondere Gründe wie Diskriminierung oder strukturelle Versäumnisse des Staates vorliegen – keine Ungerechtigkeit dar, können aber das subjektive Wohlergehen erheblich beeinflussen. Warum sollte sich Gerechtigkeit dann nicht nur auf objektiv messbare Fähigkeiten und Funktionsweisen beziehen, wie z. B. Elizabeth Anderson argumentiert (Anderson 2010)? Ich sehe hier drei Gründe: Zum einen ist das subjektive Wohlergehen nicht völlig zufällig; seine Beziehung zu objektiven Dimensionen des Wohlergehens wie Gesundheit, materielle Güter, Partizipation oder politische Gleichheit ist gut bekannt und untersucht (Aldgate et al. 2006). Als solches kann und wird das subjektive Wohlergehen stark von Fähigkeiten und Funktionsweisen beeinflusst, die in den Bereich der Gerechtigkeit fallen, und es scheint eine wertvolle Information zu sein, zu wissen, wie eine bestimmte soziale Ordnung, eine Politik oder ein Verteilungsmuster das subjektive Wohlergehen von Kindern beeinflusst und wie sie sich dabei fühlen. Andererseits wird auch das objektive Wohlergehen durch das subjektive Wohlergehen beeinflusst. Kinder brauchen Liebe, Fürsorge und persönliche Zuwendung ebenso wie positive Selbstbeziehungen und Glücksgefühle und -erfahrungen, um viele der objektiv messbaren und gerechtigkeitsrelevanten Fähigkeiten und Funktionsweisen zu entwickeln. Schließlich ist das subjektive Wohlergehen nicht nur als Mittel zur Förderung der Gerechtigkeit wertvoll, sondern an sich, sowohl für den Einzelnen als auch für die Gesellschaft als Ganzes. Eine Gesellschaft, in der jedes Kind gesicherten Zugang zu allen Fähigkeiten und Funktionsweisen hat, die für sein objektives Wohlergehen und sein Wohlentwickeln notwendig sind, in der aber trotzdem die meisten oder ein erheblicher Teil der Kinder ein konstant niedriges subjektives Wohlergehen aufweisen und sich traurig, abgelehnt, einsam oder ungeliebt und unversorgt fühlen, kann nicht als gerecht gelten, sondern lässt diese Kinder im Stich.

Zusammenfassend lässt sich sagen, dass die Währung der Gerechtigkeit jene Fähigkeiten und Funktionsweisen umfassen sollte, die das Wohlergehen und das Wohlentwickeln von Kindern ausmachen. Eine solche Liste muss nicht endgültig sein, sondern sollte auf der Grundlage der besten verfügbaren empirischen Erkenntnisse und normativen Überlegungen erstellt werden, wobei zu berücksichtigen ist, dass das Leben und die Zukunft von Kindern von der Umgebung, in der sie leben und aufwachsen, und den verschiedenen Institutionen und Akteur:innen, mit denen sie interagieren, geformt werden, wobei Kinder angehört und einbezogen werden, ihnen Raum gegeben wird, um ihre eigenen Entscheidungen zu treffen, und mit dem Ziel vor Augen, ihr gegenwärtiges Wohlergehen zu unterstützen und zu schützen und sich zu autonomen Erwachsenen und Mitgliedern der Gesellschaft zu entwickeln, die ebenfalls einen Zustand des Wohlergehens genießen.

Pluralismus der Gerechtigkeit

David Miller hat dafür argumentiert, dass anstelle der Festlegung einer einzigen Regel oder eines einzigen Prinzips der Gerechtigkeit ein dreifacher Ansatz sinnvoller ist (Miller 1999). Er unterscheidet die Prinzipien der Bedürftigkeit – das als Suffizienz interpretiert werden kann -, des Verdienstes und der Gleichheit und begründet sie durch die verschiedenen Arten von sozialen Beziehungen, an denen Menschen beteiligt sind. Das Prinzip der Bedürftigkeit sollte in solchen Beziehungen wie der Familie und solidarischen Gemeinschaften angewandt werden, das Prinzip des Verdienstes ist das richtige, um in solchen instrumentellen Vereinigungen wie auf dem Markt Gerechtigkeit herzustellen, und das Prinzip der Gleichheit ist wichtig für den politisch-öffentlichen Bereich, wenn es um das Verhältnis von Bürger:innen zueinander geht. Diese drei Prinzipien haben eine gewisse Ähnlichkeiten, wenn auch aus einer anderen Perspektive heraus entwickelt, mit der Dreiteilung der drei Anerkennungsmodi – Fürsorge, Achtung und Respekt. Im Gegensatz zu einem solchen pluralistischen Ansatz folgen die meisten Theoretiker:innen innerhalb des Fähigkeitenansatzes dem Prinzip der Suffizienz und befassen sich vor allem oder ausschließlich mit Fragen der Schwellenwerte oder einem minimalen Standard der Gerechtigkeit (Robeyns 2005). Darüber hinaus ist es nicht klar, ob und wie Millers Überlegungen auf Kinder anwendbar sind. In diesem Abschnitt möchte ich dafür argumentieren, dass ein solcher Pluralismus in der Tat auch für die Frage der Gerechtigkeit für Kinder ein lohnenswerter Ansatz ist, aber dass dieser Pluralismus nicht in erster Linie in den unterschiedlichen sozialen Beziehungen wurzelt, an denen Kinder teilnehmen, sondern vor allem in den unterschiedlichen Arten von Fähigkeiten und Funktionsweisen, die ihnen aus Gründen der Gerechtigkeit zustehen.

Ich werde nur drei Arten von Fähigkeiten und Funktionsweisen herausgreifen, die für die Gerechtigkeit relevant sind: gesund zu sein, seine eigenen Entscheidungen treffen und umsetzen zu können und nicht ausgebeutet zu werden. Diese drei Fähigkeiten und Funktionsweisen bedürfen der Spezifikation und der Festlegung von Schwellenwerten, um für die Gestaltung eines institutionellen Rahmens anwendbar zu sein, aber für meinen Zweck werde ich sie nur auf einer sehr abstrakten Ebene diskutieren. Erstens haben alle Kinder den gleichen moralischen Anspruch auf bestimmte Fähigkeiten und Funktionsweisen, und die Funktionsweise – nicht nur die Fähigkeit -, nicht ausgebeutet zu werden, ist eine davon. Hier sollte also die Regel der Gleichheit befolgt werden und dieses Prinzip gilt unabhängig vom spezifischen Kontext, in dem ein Kind lebt. Jedes Kind sollte diese Funktionsweise realisieren, egal ob im Kontext seiner Familie und seiner Freundschaften, in dem seiner Schule oder in irgendeinem anderen des öffentlichen Lebens. Zweitens ist auch die Fähigkeit und Funktionsweise, gesund zu sein, nicht kontextabhängig in dem Sinne, dass der soziale Kontext bestimmen soll, wie sie zwischen Kindern verteilt werden soll. Alle Kinder haben den gleichen Anspruch auf Gesundheit. Dennoch kann es legitime gesundheitliche Ungleichheiten zwischen Kindern geben. Zum Beispiel solche Ungleichheiten, die bei älteren Kindern auf ihrer eigenen Entscheidung beruhen oder solche die auf Einflüsse zurückzuführen sind, die gesellschaftlich nicht kontrolliert werden können oder wo diese Kontrolle in ernsthaften Konflikt mit anderen Gerechtigkeitsansprüchen gerät. Die Begrenztheit von Ressourcen und Wissen kann ebenso Einfluss auf die Verteilung von Gesundheit haben, wenn etwa im Falle einer Pandemie nicht allen betroffenen Patient:innen gleichermaßen geholfen werden kann. Das bedeutet etwa, dass es älteren und ausreichend autonomen Jugendlichen erlaubt sein sollte, ihre Gesundheit in einem gewissen Umfang zu gefährden, wenn sie das wollen (zum Beispiel durch ungesunde Essgewohnheiten), und dass für diese nicht die Funktionsweise des Gesundseins, sondern die Fähigkeit, also die Freiheit, gesund zu sein, ein Gut der Gerechtigkeit ist. Im Allgemeinen sollte also die Funktionsweise des Gesundseins das Ziel der Gerechtigkeit für Kinder sein und das die Gestaltung des institutionellen Rahmens leiten sollte; jedes Kind hat das gleiche Recht auf Gesundheit. Bei näherer Betrachtung wird jedoch deutlich, dass der Gleichheitsgrundsatz auch einen Suffizienzgrundsatz impliziert: Jedes Kind hat ein Recht auf ausreichende Ressourcen und Konversionsfaktoren, um gesund sein zu können (z. B. Gesundheitsversorgung, Gesundheitskompetenz, gesunde Ernährung und Raum für Bewegung und Spiel). Drittens kann die Fähigkeit und Funktionsweise, eigene Wünsche und Präferenzen zu realisieren, nicht allen Kindern gleichermaßen zugestanden werden, da es sehr wahrscheinlich ist, dass verschiedene Wünsche und deren Realisierung miteinander in Konflikt stehen. Darüber hinaus ist es sehr wahrscheinlich, dass einige Optionen nie realisiert werden, weil das Kind nicht über die ausreichenden Ressourcen oder Kapazitäten verfügt. Warum also sollte man diese Fähigkeit dann als wichtig ansehen? Einerseits besteht kein Zweifel daran, dass die Fähigkeit, eigene Ziele zu verwirklichen, für das Wohlergehen von Kindern von Bedeutung ist, denn ein Leben ohne ausreichend Freiheit ist auch für Kinder ein schlechtes Leben. Andererseits ist im Begriff der Fähigkeiten und Funktionsweisen selbst die Bedeutung der Verwirklichung eigener Ziele enthalten: eine Fähigkeit ist eben dadurch bestimmt, eine Funktionsweise, die man anstrebt, zu verwirklichen, und diese persönliche Freiheit hat einen hohen moralischen Wert. In dieser Hinsicht ist die Fähigkeit, eigene Ziele zu verwirklichen, eingebettet und ein wichtiger Teil von anderen Fähigkeiten und Funktionsweisen wie Autonomie, psychische Gesundheit, Partizipation und Inklusion oder – spezifischer – Freizeitaktivitäten und Freundschaften. Freundschaften bekommen ihren Wert auch dadurch, dass sie frei gewählt werden und in ihnen gewisse Freiheiten existieren. Eine Gesellschaft, in der die Fähigkeiten und Funktionsweisen von Kindern angemessen geschützt sind, in der sie aber nicht in der Lage sind, ausreichend eigene Ziele und Entscheidungen zu verwirklichen, die sie schätzen, wäre ungerecht, weil sie keine freie Gesellschaft wäre.

Nehmen wir zum Beispiel die Noten in der Schule, die ein Kind erreichen möchte. Es wäre ungerecht, alle Kinder gleich zu benoten, wenn sie unterschiedliche Anstrengungen und Leistungen zeigen, und auch die Idee der Suffizienz scheint in diesem Fall unangebracht, wenn man bedenkt, dass es keine bestimmte Schwelle von Noten gibt, die allen Kindern zusteht. Wenn ein Kind eine bestimmte Note bekommen will, muss es diese durch eigene Leistungen erreichen, in dem Sinne, dass es diese Note verdient. Eine solche Idee des Verdienstes auf der Ebene der Benotung ist eingebettet in die Idee, dass alle Kinder ein ausreichendes Bildungsniveau erreichen sollen – wiederum nicht nur die Fähigkeit, sondern die Funktionsweise – und dass eine solche ausreichende Bildung auch der Idee einer umfassenden Chancengleichheit im späteren Leben dient. Die Bedeutung des Verdienstgedankens liegt auch darin, dass die Entwicklung positiver Selbstbeziehungen wie Selbstwertgefühl, Selbstvertrauen und Selbstachtung zu einem Teil von der Erfahrung sozialer Wertschätzung für die Verwirklichung eigener Entscheidungen und die Übernahme von Verantwortung für diese abhängig ist (Honneth 1996). In Bezug auf Kinder mag Verdienst als Prinzip der Gerechtigkeit von geringerer Bedeutung erscheinen als für Erwachsene, wo der Verdienst und das Leistungsprinzip eine wichtige Rolle bei der Rechtfertigung der Verteilung von Einkommen, Vermögen und sozialen Positionen spielt. Aber auch in der Kindheit und für das Wohlergehen von Kindern implizieren bestimmte Fähigkeiten und Funktionsweisen, dass sie verdient werden müssen und dass der institutionelle Rahmen so gestaltet sein sollte, dass sie entsprechend verteilt werden. Entgegen der Systematisierung von Miller kann Verdienst aber das adäquate Prinzip der Gerechtigkeit sowohl im privaten als auch im öffentlichen Leben sein und ist nicht auf den Markt beschränkt.

Zusammenfassend lässt sich sagen, dass eine Theorie der Gerechtigkeit für Kinder einen Pluralismus von Gerechtigkeitsprinzipien beinhalten kann, die auf bestimmte Fähigkeiten und Funktionsweisen angewandt werden, die für das Wohlergehen und das Wohlentwickeln von Kindern wichtig sind. Ich habe dafür argumentiert, dass die dreigliedrige Differenzierung von David Miller einen guten Ausgangspunkt bieten kann und dass diese drei Prinzipien von Bedarf, Gleichheit und Verdienst mit den Annahmen einer Theorie der Anerkennung übereinstimmen, dass Kinder einen Anspruch auf die Erfahrung aller drei Formen der Anerkennung – Fürsorge, Wertschätzung und Respekt – haben. Solche Prinzipien spiegeln auch die zeitliche und auf Entwicklung orientierte Dimension von Gerechtigkeit wider, die sich nicht nur am aktuellen Wohlergehen, sondern auch am Wohlentwickeln von Kindern orientiert.

Schlussfolgerungen

Wohlergehen und Wohlentwickeln von Kindern sind hochkomplexe und mehrdimensionale Konzepte, die auf der theoretischen und praktischen Ebene und in ihrer Umsetzung in der Politik und der Gestaltung des institutionellen Rahmens einer Gesellschaft viele Fragen aufwerfen. Dennoch besitzen sie eine bedeutende normative Kraft, nicht nur, aber besonders im Kontext der Kindheit. Kinder sind weder die völlig rationalen und autonomen Wesen, die die meisten Gerechtigkeitstheorien als Subjekte und Akteur:innen vor Augen haben, noch sind sie nur zukünftige Erwachsene und völlig irrational und hilflos ohne eigene Präferenzen und Vorstellungen von einem guten Leben. In diesem Aufsatz konnte ich nur eine kurze und in vielen Aspekten unzureichende und unvollständige Skizze darüber vorlegen, wie Wohlergehen und Wohlentwickeln die Konzeptualisierung von Gerechtigkeit für Kinder anleiten können. Eine solche Theorie wird auch insofern nicht-ideal sein, als sie kontextsensitiv sein und das beste verfügbare empirische und theoretische Wissen darüber einbeziehen muss, wie das Wohlergehen und Wohlentwickeln von Kindern durch sie selbst und die verschiedenen Umgebungen, in denen sie aufwachsen und leben, beeinflusst wird. Dieses Wissen – das ich hier nicht diskutieren konnte – ist wiederum komplex und divers und muss daher vor dem Hintergrund der normativen Idee einer gerechten Gesellschaft und ihren Zielen interpretiert werden.

Literatur

Aldgate, Jane, David Jones, Wendy Rose, und Carole Jeffery, Hrsg. 2006. *The Developing World of the Child*, 1. Aufl. London/Philadelphia: Jessica Kingsley Publishers.

Alkire, Sabina. 2008. Choosing Domains: The Capability Approach and Multidimensional Poverty. In *The Many Dimensions of Poverty*, 1. Aufl., Hrsg. Nanak Kakwani und Jacques Silber, 89–119. Basingstoke/New York: Palgrave Macmillan.

Anderson, Elizabeth. 2010. Justifying the Capability Approach to Justice. In *Measuring Justice: Primary Goods and Capabilities*, 1. Aufl., Hrsg. Harry Brighouse und Ingrid Robeyns, 81–100. Cambridge/New York: Cambridge University Press.

Axford, Nick. 2012. *Exploring Concepts of Child Well-Being: Implications for Children's Services*. Bristol: Policy.

Ballet, Jérôme, Mario Biggeri, und Flavio Comim. 2011. Children's Agency and the Capability Approach: A Conceptual Framework. In *Children and the Capability Approach*, 1. Aufl., Hrsg. Mario Biggeri, Jérôme Ballet, und Flavio Comim, 22–45. Basingstoke/New York: Palgrave Macmillan.

Biggeri, Mario, und Santosh Mehrotra. 2011. Child Poverty as Capability Deprivation: How to Choose Domains of Child Well-Being and Poverty. In *Children and the Capability Approach*, 1. Aufl., Hrsg. Mario Biggeri, Jérôme Ballet, und Flavio Comim, 46–75. Basingstoke/New York: Palgrave Macmillan.

Graf, Gunter, und Gottfried Schweiger. 2015. *A Philosophical Examination of Social Justice and Child Poverty*, 1. Aufl. Basingstoke: Palgrave Macmillan.

Eamon, Mary Keegan. 2001. The Effects of Poverty on Children's Socioemotional Development: An Ecological Systems Analysis. *Social Work* 46(3):256–266. https://doi.org/10.1093/sw/46.3.256.

Honneth, Axel. 1996. *The Struggle for Recognition : The Moral Grammar of Soci Conflicts*, 1. Aufl. Cambridge: MIT Press.

Honneth, Axel. 2012. *The I in We. Studies in the Theory of Recognition*, 1. Aufl. Cambridge/Malden: Polity.

Khader, Serene J. 2009. Adaptive Preferences and Procedural Autonomy. *Journal of Human Development and Capabilities* 10(2):169–187. https://doi.org/10.1080/19452820902940851.

Miller, David. 1999. *Principles of Social Justice*, 1. Aufl. Cambridge, MA/London: Harvard University Press.

Mortimer, Jeylan T, und Michael J Shanahan, Hrsg. 2003. *Handbook of the Life Course*, 1. Aufl. Handbooks of Sociology and Social Research. New York: Kluwer Academic Publishers.

Nussbaum, Martha. 2011. *Creating Capabilities : The Human Development Approach*, 1. Aufl. Cambridge/London: Belknap Press of Harvard University Press.

Robeyns, Ingrid. 2005. The Capability Approach: A Theoretical Survey. *Journal of Human Development* 6(1):93–114.

Schweiger, Gottfried. 2012. Globalizing Recognition. Global Justice and the Dialectic of Recognition. *Public Reason. Journal of Political and Moral Philosophy* 4(1–2):78–94.

Schweiger, Gottfried. 2013. Recognition and Social Exclusion. A Recognition-Theoretical Exploration of Poverty in Europe. *Ethical Perspectives* 20(4):529–554. https://doi.org/10.2143/EP.20.4.3.3005349.

Fähigkeiten und Funktionsweisen als „Währung der Gerechtigkeit" für Kinder

Einleitung: Gerechtigkeit für Kinder[1] im Fähigkeitenansatz

Der Fähigkeitenansatz scheint trotz einiger Schwierigkeiten, insbesondere hinsichtlich der sogenannten „agency assumption", die davon ausgeht, dass die Gerechtigkeitsadressat:innen autonom und reflektiert über ihr Leben entscheiden, eine geeignete Basis für die Konzeptualisierung von Gerechtigkeit für Kinder abzugeben (Macleod 2010; Brighouse und Robeyns 2010; Dixon und Nussbaum 2012; Schweiger und Graf 2015). Damit sind zumindest drei Fragen verbunden, die bis dato in der Debatte noch nicht ausreichend geklärt worden sind: Warum und welche Fähigkeiten (capabilities) bzw. Funktionsweisen (functionings) sollten als Währung der Gerechtigkeit (currency of justice) für Kinder gelten? Nach welchen Prinzipien oder Regeln sollten diese zwischen Kindern verteilt werden bzw. auf welches Maß dieser Fähigkeiten oder Funktionsweisen haben Kinder einen Anspruch der Gerechtigkeit? Wer ist für diese gerechte Verteilung verantwortlich, also welche Gerechtigkeitspflichten lassen sich auf Seiten von Personen und Institutionen ausmachen? Wir werden uns in diesem Beitrag auf die erste Frage konzentrieren und eine Antwort skizzieren, die sich als Lösung eines zentralen theoretischen Problems des Fähigkeitenansatzes versteht. Kurz zusammengefasst besagt diese, dass Funktionsweisen die adäquate Währung der Gerechtigkeit für Kinder sind, im Laufe der Kindheit jedoch Fähigkeiten an Bedeutung gewinnen. Die Währung der Gerechtigkeit für Kinder ist somit

[1] Unter „Kinder" verstehen wir alle Menschen, die das achtzehnte Lebensjahr noch nicht vollendet haben. Wir folgen damit im Wesentlichen dem Kindbegriff der Vereinten Nationen, welcher dem einflussreichen „Übereinkommen über die Rechte des Kindes" zugrunde liegt (UN 1989).

Gemeinsam mit Gunter Graf

G. Schweiger, *Essays zur Philosophie der Kindheit,* Kindheit – Bildung – Erziehung. Philosophische Perspektiven, https://doi.org/10.1007/978-3-662-66692-0_5

dynamisch zu verstehen und muss auf die kindliche Entwicklung abgestimmt sein. Zunächst wollen wir jedoch einige terminologische Klärungen vornehmen und verdeutlichen, was mit den Begriffen „Fähigkeiten" und „Funktionsweisen" gemeint ist. Dazu ist es hilfreich, in die Arbeiten von Amartya Sen zu blicken, der diese Kategorien als erster in den Diskurs einführte, um damit eine Alternative zu den herkömmlichen wohlfahrtsökonomischen Ansätzen zu formulieren (Sen 1980, 1992, 2009). Sens Kritik zielt dabei im Wesentlichen darauf ab, zu zeigen, dass die Informationsgrundlage dieser Theorien zur Bewertung individuellen Wohlergehens bzw. des persönlichen Vorteils inadäquat sind. An utilitaristischen Theorien bemängelte er u. a., dass sie die subjektive Perspektive zu stark betonen und nicht genug berücksichtigen, dass Erwartungshaltungen, Zufriedenheit und subjektives Glücksempfinden von den Umständen abhängig sind, unter denen jemand lebt. Individuelles Wohlergehen ausschließlich über solche und ähnliche Phänomene zu bewerten, führt somit notgedrungen zu Verzerrungen, die von einer Gerechtigkeitstheorie berücksichtigt werden müssen. Wir werden weiter unten auf diesen Punkt, der oft unter dem Stichwort „adaptive Präferenzen" diskutiert wird, noch ausführlicher zu sprechen kommen, wenn wir uns mit Kriterien zur Auswahl bestimmter Funktionsweisen für Kinder auseinandersetzen. Theorien, die versuchen, die gesellschaftliche Position einer Person unter Rückgriff auf Güter zu fassen, kritisiert Sen vor allem darin, dass sie nur auf *Mittel* blicken, die für das menschliche Leben relevant sind, es aber nicht schaffen, die eigentlichen *Ziele* abzubilden. Im Zentrum steht dabei seine These, dass Menschen in der Lage sein sollten, selbstbestimmt ein Leben wählen und verfolgen zu können, das sie aus guten Gründen wertschätzen. Um diese Idee exakter ausdrücken zu können, führt er die Kategorien der Fähigkeiten und Funktionsweisen ein.

Funktionsweisen sind die verschiedenen Zustände (beings) und Aktivitäten (doings), die das Leben einer Person ausmachen. Beispiele dafür, die oft in der Literatur genannt werden, sind gut ernährt zu sein, am gesellschaftlichen Leben teilzuhaben oder über eine Unterkunft zu verfügen. Funktionsweisen können als rein formale Größe betrachtet werden, die prinzipiell dazu dient, das Leben eines Menschen zu beschreiben. Die meisten Autor:innen verwenden den Ausdruck jedoch, um damit Zustände und Aktivitäten zu bezeichnen, die von einer konkreten Person zu einem bestimmten Zeitpunkt tatsächlich erreicht bzw. realisiert wurden. Da Sen jedoch davon ausgeht, dass die individuelle Freiheit für die Bestimmung des Wohlergehens entscheidend ist, führt er den Begriff der Fähigkeiten ein, womit er die tatsächlichen Freiheiten einer Person meint, Funktionsweisen zu realisieren. „Tatsächlich" meint dabei, dass es sich nicht nur um formale Möglichkeiten handelt, sondern dass sie wirklich erreichbar sind. Um diese Feststellung treffen zu können, ist es jedoch erforderlich, nicht nur auf die Güter zu blicken, die jemandem zur Verfügung stehen. Vielmehr geht es um ein Zusammenspiel vieler Faktoren, die beeinflussen, wie jemand gewisse Güter für seine Ziele einsetzen kann, sogenannte „Konversionsfaktoren", wie sie in der Literatur diskutiert werden (Robeyns 2005). So müssen beispielsweise die persönlichen Eigenschaften so gestaltet sein, dass die Person die jeweiligen Güter für ihre Zwecke nutzen kann und es dürfen keine sozialen oder kulturellen Normen vorherrschen, die als Barrieren wirken. Darüber hinaus ist es wichtig, dass die unterschiedlichen Fähigkeiten einer Person in ihrer Wechselwirkung betrachtet werden und in dieser Komplexität in soziale Analysen einfließen. Denn die Realisierung einer Funktionsweise kann durchaus mit Verlusten in einem anderen Bereich einhergehen, etwa dann, wenn die Entscheidung, einen Arbeitsplatz anzunehmen, mit erheblichen gesundheitlichen Risiken verbunden ist.

Funktionsweisen oder Fähigkeiten als Währung der Gerechtigkeit für Kinder

Zunächst wollen wir klären, ob Funktionsweisen oder Fähigkeiten die relevante Währung der Gerechtigkeit für Kinder sein sollten. Dafür werden wir vom Standardargument für Fähigkeiten, nämlich dem Wert der Autonomie, ausgehend eine Kritik entwickeln, die auf der Spezifität von Kindern bzw. der Phase der Kindheit aufbaut. Wir sehen drei Gründe als besonders relevant: die bei Kindern fehlenden Kompetenzen, um den Wert der Autonomie adäquat realisieren zu können, die besondere Bedeutung von Funktionsweisen für die Entwicklung von später wertvollen Fähigkeiten, und schließlich die Möglichkeit, Funktionsweisen (einfacher) im Rahmen empirischer Sozialforschung objektiv zu messen als Fähigkeiten. Schließlich werden wir im Hinblick auf Erwachsene, auf die diese Gründe ebenfalls (partiell) zutreffen, einen vierten Grund einführen, nämlich den Schutzraum der Kindheit als wertvolles soziales Konstrukt. Wir werden jedoch festhalten, dass trotz unserer Argumente für Funktionsweisen Fähigkeiten zu einem späteren Zeitpunkt in der Kindheit relevant werden.

Die allermeisten Theoretiker:innen innerhalb des Fähigkeitenansatzes verweisen auf den besonderen Wert der Autonomie, der es verbietet, Gerechtigkeit im Sinne des Erreichens eines bestimmten Niveaus an Funktionsweisen oder Fähigkeiten mit paternalistischer Motivation, also gegen den Willen und Wunsch der Betroffenen, durchzusetzen. Obwohl Einigkeit darin besteht, dass zum Beispiel Gesundheit eine gerechtigkeitsrelevante Funktionsweise ist, dürfen Menschen nicht dazu genötigt werden, gesund zu sein und zu bleiben, wenn sie dies aus ihren eigenen Gründen heraus ablehnen und sich für eine ungesunde Lebensweise oder riskante gesundheitsgefährdende Tätigkeiten entschließen (etwa Nussbaum 2011, S. 26). Dennoch haben auch diese Menschen einen Anspruch darauf, dass ihnen die Möglichkeit, gesund zu sein, zur Verfügung steht, soweit dies möglich ist. Alle Menschen haben also einen gerechtfertigten Anspruch auf Fähigkeiten, deren Verwirklichung als Funktionsweisen ihnen dann selbst und ihrer eigenen Entscheidung überlassen wird. Deshalb ist eine solche Nichtrealisierung einer bestimmten Fähigkeit auch nicht ungerecht, während die fehlende Option, eine gerechtigskeitsrelevante Fähigkeit zu verwirklichen, sehr wohl ungerecht ist. Das Beispiel, welches hier gerne vorgebracht wird, ist die Unterscheidung zwischen Fasten und Hungern. Eine Person, die gut genährt sein könnte, sich jedoch entschließt, zu fasten, und eine Person, die unfreiwillig Hunger leidet, realisieren jeweils dieselbe Funktionsweise, sie besitzen jedoch offensichtlich nicht dieselbe Fähigkeit. Die fastende Person hat die Fähigkeit, wohl genährt zu sein, die hungernde Person nicht, weshalb auch nur im Fall der letzteren eine Ungerechtigkeit vorliegt. Es kommt also auf die Möglichkeit an, selbstständig Entscheidungen zu treffen, also autonom handeln zu können. Im Folgenden übergehen wir einige bekannte Schwierigkeiten, die mit dieser Fokussierung auf Autonomie schon bei Erwachsenen verbunden sind, und konzentrieren uns auf Kinder.

Die Phase der Kindheit umfasst Menschen mit sehr unterschiedlichen Kompetenzen, und wir gehen davon aus, dass die Gruppe der Kinder in diesem Sinne heterogener ist als jene der Erwachsenen. Von Ausnahmen durch Krankheit oder Behinderung abgesehen, sind sich drei erwachsene Personen, die zum Beispiel 18, 45 und 70 Jahre alt sind, in ihren Kompetenzen ähnlicher als Kinder im Alter von 2, 8 und 17 Jahren. Während das zweijährige Kind einige der wesentlichsten kognitiven, sprachlichen, motorischen oder sozialen Kompetenzen noch nicht ausgebildet hat, ist ein achtjähriges Kind hier schon sehr viel weiter, jedoch noch immer weit vom Niveau eines siebzehnjährigen Kindes entfernt. Wir wollen auf diesen Umstand der Heterogenität der Gruppe der Kinder zu einem späteren Zeitpunkt nochmals zurückkommen, hier halten wir lediglich fest, dass eine jede Antwort auf die uns beschäftigende Frage, ob Fähigkeiten oder Funktionsweisen die angemessene Währung der Gerechtigkeit für Kinder darstellen, immer in Hinblick auf die Heterogenität der Gruppe der Kinder ausdifferenziert werden muss. Es werden sich also zu den von uns vorgebrachten Überlegungen zur Autonomiekompetenz von Kindern sowie anderer entscheidender Merkmale oftmals auch Gegenbeispiele vorbringen lassen, die auf die unterschiedlichen Niveaus, die zwischen Kindern verschiedenen Alters, aber auch innerhalb der derselben Altersstufe bestehen können, hinweisen. In jedem Fall muss die ethische Auseinandersetzung hier in enger Abstimmung mit empirischen Wissenschaften erfolgen, die im Detail die Entwicklung und Kompetenzen von Kindern untersuchen.

Das erste und für uns stärkste Argument gegen Fähigkeiten und für Funktionsweisen als Währung der Gerechtigkeit für Kinder betrifft nun deren eingeschränkte bzw. in sehr jungen Jahren nicht vorhandene Autonomie, also das Fehlen jener Kompetenzen, die es Kindern erlauben, Entscheidungen zu treffen und diese umzusetzen. Für Kinder ist Autonomie daher auch nur ein eingeschränkter Wert, wobei dieser Befund zumindest in drei Richtungen zu differenzieren ist und nicht so verstanden werden darf, dass selbst gerechtfertigte Autonomiebeschränkungen ohne weitere Reflexion durchgeführt werden können. Denn sie können, falsch umgesetzt, durchaus das Selbstbild des Adressaten/der Adressatin verletzen oder als respektlos wahrgenommen werden. Doch wenden wir uns nun den drei Ausdifferenzierungen zu. Im Falle (fast gänzlich) fehlender Autonomiekompetenz ist es notwendig, dass andere Personen Entscheidungen und Handlungen für das Kind durchführen. Hier ist dann auch nicht von einem Widerspruch zwischen Autonomie und Fremdbestimmung auszugehen, der ethisch relevant wäre. Im strengen Sinne sind solche Entscheidungen und Handlungen nicht paternalistisch, da hier nicht gegen einen vermeintlichen Willen gehandelt wird, der vorhanden ist oder auf verständliche Weise artikuliert werden würde. Dies trifft insbesondere auf sehr junge Kinder in der frühen Phase ihres Lebens zu, in der auch entsprechende körperliche Reaktionen einerseits nur sehr schwer verstanden, andererseits ein dahinterliegender Wille im Sinne der Autonomie nur eingeschränkt angenommen werden kann. Die zweite Präzisierung betrifft jene Kinder, die durchaus ihren Willen und ihre Präferenzen äußern, diese vielleicht sogar auf ihre Art und Weise begründen, aber für die dennoch nicht davon ausgegangen werden kann, dass die Bedingungen der Autonomie erfüllt sind. Solche Fälle, in denen tatsächlich paternalistisch gegen den Willen des Kindes entschieden und gehandelt wird, beziehen sich auf gewisse Standards bzw. Mindestlevels an Autonomiekompetenzen, die gegeben sein müssen, um einem Menschen die Verwirklichung seiner Entscheidungs- und Handlungskompetenz zuzugestehen. Auch hier ist für Kinder bis zu einer gewissen Entwicklungsstufe, die sicherlich umstritten und individuell unterschiedlich ist, von einer solchen hinreichend eingeschränkten Autonomiekompetenz auszugehen. Diese zweite Perspektive erkennt jedoch an, dass Kinder ab einer gewissen Entwicklungsstufe durchaus bereits einen eigenen Willen und Präferenzen haben, und somit bereits Autonomiekompetenz besitzen, jedoch nur in einem unzureichenden Maß. Obwohl in solchen Fällen paternalistische Entscheidungen und Handlungen gerechtfertigt sind, ist dennoch festzuhalten, dass gewisse Entscheidungs- und Handlungsspielräume für Kinder dieser Stufe bereits von Bedeutung sind und diese, in eingeschränkter Weise, auch gewährt werden sollten. Mit anderen Worten ist es wichtig, Kindern dieser Entwicklungsstufe Möglichkeiten zu geben, ihre lokale Autonomie unter geschützten Rahmenbedingungen auszuüben, wobei es verfehlt wäre, ihnen globale Autonomie zuzusprechen, in dem Sinne, dass sie entscheiden können, wie sie ihr Leben in einem umfassenden Sinn ausgestalten und leben wollen. Wie die entsprechenden Entscheidungs- und Handlungsspielräume zu gestalten sind, können wir an dieser Stelle jedoch nicht näher bestimmen. Schließlich beschreibt die dritte Präzisierung jene Fälle, in denen Kinder zwar durchaus bereits genügend Autonomiekompetenz besitzen und in diesem Hinblick gleichwertig wie Erwachsene sind, aber dennoch von Erwachsenen bzw. dem Staat und seinen Institutionen in der Ausübung ihrer Autonomie stärker eingeschränkt werden. Dies betrifft beispielsweise ältere Jugendliche, die oftmals bereits gleichwertige Autonomiekompetenzen besitzen wie Erwachsene, aber dennoch weniger Rechte und Pflichten haben, was etwa medizinische Entscheidungen, politische Partizipation oder den Genuss von alkoholischen Getränken betrifft. Hier ist eine besondere Begründung nötig, die wir später unter dem Konzept des sozialen Schutzraums der Kindheit präzisieren wollen. Vorerst genügt jedoch der Hinweis darauf, dass wir davon ausgehen, dass diese hinreichend ausgebildete Autonomiekompetenz erst in einer späteren Phase der Kindheit erreicht wird.

Wenn wir die Unschärfen akzeptieren, die durch die Heterogenität der Gruppe der Kinder gegeben sind, und auch akzeptieren, dass Autonomie für Kinder, im Sinne, dass sie in manchen Lebensbereichen ihre eigenen Entscheidungen treffen können, bereits ab einem frühen Stadium trotz eingeschränkter Autonomiekompetenzen wertvoll ist, dann sehen wir überwiegende Gründe, dass Funktionsweisen die adäquate Währung der Gerechtigkeit für Kinder sind, da sie die nötigen Voraussetzung zur Realisierung von Fähigkeiten nicht besitzen und die Autonomie, die mit dem Begriff der Fähigkeiten verknüpft ist, nicht angemessen nutzen können. Das ist das erste Argument, das für Funktionsweisen als Währung der Gerechtigkeit für Kinder spricht.

Das zweite Argument, das wir formulieren wollen, bezieht sich nicht direkt auf die fehlende Autonomiekompetenz von Kindern, sondern ist zukunftsbezogen, nimmt also die Phase der Kindheit als eine der Entwicklung ernst. Es ist unbestritten, dass viele Fähigkeiten und Funktionsweisen auf anderen Funktionsweisen aufbauen und dass hier Entwicklungsstufen von Bedeutung sind. Oder um es anders auszudrücken: In vielen Fällen sind die benötigten Konversionsfaktoren selbst wiederum Funktionsweisen dieser Person. Um die Fähigkeit der politischen Partizipation zu realisieren, bedarf es anderer Funktionsweisen wie z. B., eine gewisse Bildung zu besitzen, mobil zu sein, gesund zu sein oder Rechte zu besitzen. Wenn diese Funktionsweisen nicht vorhanden sind, so ist auch die Fähigkeit und damit letztlich auch die Funktionsweise der politischen Partizipation nicht oder nur sehr eingeschränkt gegeben. Die Kindheit ist nun eine Phase, in der viele Funktionsweisen und Fähigkeiten erworben und ausgebildet werden, die für den weiteren Lebensverlauf entscheidende Bedeutung haben und deren mangelnde oder gar fehlende Entwicklung oftmals nicht mehr adäquat nachgeholt werden können. Dabei ist es offensichtlich von Bedeutung, dass Kinder diese Eigenschaften und Kompetenzen nicht nur als Fähigkeiten besitzen, sondern sie tatsächlich realisieren. Im Beispiel des Spracherwerbs heißt das etwa, dass nicht danach gefragt wird, ob Kinder eine Sprache lernen könnten, wenn sie wollten, sondern, dass es darum geht, dass sie eine Sprache tatsächlich beherrschen. Solche Funktionsweisen, die während der Kindheit für den Erwerb und die zeitlich spätere Ausbildung von anderen wertvollen Fähigkeiten oder Funktionsweisen nötig oder förderlich sind, wollen wir als „fruchtbar" bezeichnen. Das Konzept der „fruchtbaren Funktionsweisen" (fertile functionings) wurde von Avner De-Shalit und Jonathan Wolff eingeführt, die es aber nicht in einer solchen kindspezifischen entwicklungstheoretischen Konnotation verwenden, sondern damit einfach solche Funktionsweisen bezeichnen, die positiv auf andere Fähigkeiten und Funktionsweisen wirken und ihren Erwerb und ihre Realisation fördern (Wolff und de-Shalit 2007).

Schließlich ist das dritte Argument, welches für Funktionsweisen gegenüber Fähigkeiten spricht, jenes der leichteren Überprüfbarkeit und Messung. Fähigkeiten sind ja immer Freiheiten, etwas zu tun oder zu erreichen, was man aus guten Gründen wertschätzt. Als Freiheiten sind sie jedoch in vielen Fällen sehr schwer im Rahmen empirischer Sozialforschung operationalisierbar/identifizierbar. Es ist einfacher, festzustellen, ob ein Mensch tatsächlich gesund ist, als ob er die echte Freiheit hat, diesen Zustand zu erreichen, wenn er nur wollte. Aus gerechtigkeitstheoretischer Perspektive ist es nun aber von großer Bedeutung, dass die Währung der Gerechtigkeit objektiv bestimmbar ist, da sie der öffentlichen Überprüfbarkeit standhalten und dem bereits angesprochenen Problem der adaptiven Präferenzen begegnen können muss. Wir werden auf diese zwei Punkte im nächsten Abschnitt zurückkommen. Hier bleibt nur festzustellen, dass die Herausforderungen in der Messung und Überprüfung von Fähigkeiten auch bei Erwachsenen ein Problem ist, das dazu führt, dass manche Autor:innen sich für verschiedene Kontexte dafür aussprechen, Funktionsweisen als wichtigste Referenzgröße anzuerkennen (vgl. Robeyns 2006, S. 353–355). Im Fall von Kindern, deren Autonomiefähigkeit generell schwer einzuschätzen ist, ist die Messung von Fähigkeiten folglich noch komplizierter, weshalb dem Argument, auf Funktionsweisen zu blicken, noch mehr Gewicht zukommt.

Wir wollen nun zuletzt ein viertes Argument für Funktionsweisen vorbringen, welches die Problematik aufgreift, dass Kinder in einer späteren Phase ihrer Kindheit durchaus gleichwertige Autonomiekompetenzen aufweisen können wie Erwachsene, was bedeutet, dass das stärkste Argument dafür, ihre Autonomie zur Durchsetzung von Funktionsweisen zu beschränken, wegfällt. Wir wollen diese Beschränkung der Autonomie von Kindern trotz gleichwertiger Autonomiekompetenzen, also bloß auf Basis einer historisch und kulturell kontingenten gesetzlichen Altersgrenze, d. h. als ein Argument für einen sozialen Schutzraum Kindheit fassen (Franklin-Hall 2013). Erwachsenen wird in heutigen Gesellschaften in der Regel zugesprochen, dass sie das Recht haben, ihr Leben selbstbestimmt zu führen. Eingriffe in ihre Autonomie sind nur in besonderen Umständen möglich und bedürfen hoher Rechtfertigungsstandards. Die Voraussetzungen, die von einer Person erfüllt werden müssen, um diese Autonomie zugesprochen zu bekommen, sind dabei relativ niedrig gehalten. Nur im Falle massiver Einschränkungen oder akuter psychischer und emotionaler Ausnahmezustände sehen es die meisten Staaten als gerechtfertigt an, das Recht eines/einer Erwachsenen auf Selbstbestimmung aufzulösen. Die Privilegien, die mit diesem Status des Erwachsenseins verbunden sind, gehen jedoch mit einer Reihe an Pflichten und Verantwortungen einher. So müssen Erwachsene in hohem Ausmaß für die Konsequenzen ihrer Entscheidungen und Handlungen gerade stehen, sie haben keine Bezugspersonen, die die Pflicht haben, ihr Wohlergehen und ihre Entwicklung sicherzustellen und sind somit einem hohen Risiko ausgesetzt, dass ihr Wohlergehen in Gefahr gerät. Die Idee eines sozialen Schutzraumes Kindheit geht nun davon aus, dass es wertvoll ist, eine Lebensphase so zu gestalten, dass sie geschützte und kontrollierte Gelegenheiten bietet, um auf diese verantwortungsreiche Zeit des Erwachsenseins mit seinen Rechten, Pflichten und sozialen Normen umfassend vorbereitet zu werden. Dabei geht es nicht darum, so schnell wie möglich die minimalen kognitiven, emotionalen, und psychischen Kompetenzstandards zu erreichen, die für eine:n Erwachsene:n ausreichen, damit ihm ein Recht auf Selbstbestimmung zugesprochen wird. Vielmehr sind relativ hohe Kompetenz- und Entwicklungsstandards das Ziel, die für ein selbstbestimmtes Leben als Erwachsene:r und ein gelingendes Leben relevant sind, selbst wenn sie de facto von vielen Erwachsenen nicht erfüllt werden. Es ist gerechtfertigt, Kinder in manchen ihrer Freiheiten einzuschränken und diese Einschränkungen sind auch durch die Privilegien, die mit dem Status des Kindseins verbunden sind, gerechtfertigt. Einschränkungen trotz Autonomiefähigkeit und Schutz vor den Handlungsfolgen sind aufeinander bezogen. Diese Privilegien sind an das „Kindsein“ gebunden und gehen verloren, wenn man erwachsen wird

– eine Transformation, die aus einer sozialen Perspektive in erster Linie an das Alter gebunden ist und nur zum Teil mit Kompetenzen zu tun hat. Erreicht man das Alter der Volljährigkeit, wird man in einem wichtigen Sinne unabhängig von seinen Kompetenzen und seiner individuellen Entwicklungsstufe erwachsen.

Wir haben nun vier Argumente diskutiert, die Funktionsweisen und nicht Fähigkeiten als die adäquate Währung der Gerechtigkeit für Kinder ausweisen. Dabei haben wir auch darauf hingewiesen, dass die Phase der Kindheit eine der Entwicklung ist, in der Kinder beständig an Autonomiekompetenzen gewinnen sowie in anderen Fähigkeiten und Funktionsweisen gestärkt werden.

Kriterien zur Selektion von Funktionsweisen und Fähigkeiten

Wie sollten nun jene Funktionsweisen/Fähigkeiten ausgewählt werden, die Kindern aus Gründen der Gerechtigkeit zustehen. Diese Frage ist im Fähigkeitenansatz vor allem mit der entsprechenden Liste von Martha Nussbaum verknüpft, deren Begründung und Inhalt kontrovers diskutiert werden (Sen 2004; Robeyns 2003). Wir wollen nun zunächst zeigen, weshalb eine Liste an Funktionsweisen/Fähigkeiten sinnvoll ist, obwohl eine solche nicht abschließend, sondern immer anlassbezogen, also gemäß der vorliegenden Fragestellung, erstellt werden sollte. Dann wollen wir vier Kriterien diskutieren, die uns geeignet scheinen, um für Kinder solche Funktionsweisen/Fähigkeiten auszuwählen. Diese lassen sich mit den Begriffen Objektivität, Realisierbarkeit, Wohlergehen und Wohlentwickeln umschreiben.

Funktionsweisen und Fähigkeiten sind zunächst als formale Kategorien zu betrachten, die losgelöst von einer ethischen Bewertung sind. Sie wurden von Sen eingeführt, um das Leben eines Menschen zu beschreiben und seine Freiheit auszudrücken, gewisse Zustände und Aktivitäten zu erreichen. Da es nun aber sehr viele solcher Zustände und Aktivitäten gibt, ist es erforderlich, weitere inhaltliche Bestimmungen zur Wichtigkeit von Funktionsweisen und Fähigkeiten durchzuführen. Erst dann wird es möglich, den Fähigkeitenansatz anzuwenden, und es ist genau hier, wo die angesprochene Debatte um eine Liste schlagend wird. Dabei geht es jedoch weniger darum, ob es überhaupt angemessen ist, mit einer Liste oder Listen von wertvollen Funktionsweisen/Fähigkeiten zu arbeiten, als darum, wie eine solche Liste erstellt werden soll, welche Funktion sie erfüllt und welcher Status ihr zugesprochen werden kann. Denn dass Funktionsweisen/Fähigkeiten spezifiziert werden müssen, um mit dem Fähigkeitenansatz arbeiten zu können, ist in der Literatur unbestritten.

Blicken wir auf zwei bedeutende Anwendungsfelder des Fähigkeitenansatzes, um diesen Punkt zu verdeutlichen: erstens, die Messung von Armut in einem bestimmten regionalen Kontext, und zweitens die Frage, wie eine gerechte Gesellschaft in ihren Grundzügen einzurichten ist. Beschäftigt man sich mit der Messung von Armut in einem bestimmten regionalen Kontext, kommt man nicht umhin, anzugeben, welche Funktionsweisen/Fähigkeiten man in den Blick nehmen soll.

Geht es einem darum, festzustellen, ob die Betroffenen genug zu essen haben, wie ihre Unterkunft gestaltet ist, ob sie sozial exkludiert sind, oder um andere Aspekte? Die Antwort, die man auf diese Frage gibt, hängt von verschiedenen Faktoren ab. Es gilt etwa zu bedenken, welche Daten vorliegen bzw. welche man realistischerweise erheben kann, welche Informationen für das Vorhaben sinnvoll sind und wie umfassend die Studie ausfallen soll. In manchen Fällen wird man mit einer überschaubaren Liste arbeiten und wichtige Erkenntnisse erzielen, in anderen mit umfassenderen und spezifischer ausformulierten Listen, um zu interessanten Ergebnissen zu kommen. Doch in beiden Fällen braucht man eine – unterschiedlich ausgestaltete – Liste als Basis. Deren Elemente sind jedoch, wie deutlich geworden sein sollte, nicht in Stein gemeißelt, sondern Gegenstand eines Prozesses.

Nicht völlig anders gestaltet sich unserer Auffassung nach die Aufgabe, Funktionsweisen und Fähigkeiten zu definieren, die in einer gerechten Gesellschaft für jedes ihrer Mitglieder garantiert werden sollen, das Anliegen, das im Zentrum von Martha Nussbaums Arbeiten zum Fähigkeitenansatz steht (Nussbaum 2006, 2011). Allerdings haben wir es hier mit einer anderen Zielsetzung zu tun als im vorigen Fall. Es wird deshalb nötig sein, auf einem höheren Abstraktionsniveau zu arbeiten und jene Dimensionen des menschlichen Lebens zu erfassen, die aus Sicht der Gerechtigkeit relevant erscheinen. Ebenso ist man weniger von Einschränkungen betroffen, die sich aus der mangelnden Datenlage und Ähnlichem ergeben, da man auf Theorieebene grundsätzliche Überlegungen anstellen kann, die losgelöst von solchen Sachzwängen ihren Wert haben. Doch die Charakterisierung einer gerechten Gesellschaft muss unter Rückgriff auf Funktionsweisen/Fähigkeiten, die als wertvoll erachtet werden, erfolgen, da sonst völlig unklar bleibt, worauf sich entsprechende Urteile stützen können. Damit ist freilich nicht gesagt, dass wir eine Liste verteidigen wollen, die abgeschlossen ist und bis ins letzte Detail angeben kann, was aus Sicht der Gerechtigkeit entscheidend ist. Ein solches Vorhaben scheint aus zumindest zwei Gründen fragwürdig zu sein. Erstens ist die ethische Debatte um das, was im menschlichen Leben wertvoll ist, komplex, umstritten und nach wie vor in Gang. Die Bestimmung wertvoller Funktionsweisen/Fähigkeiten muss diesem Umstand Rechnung tragen und darf sich den Argumenten für und wider bestimmter Elemente einer Liste nicht entziehen. Zweitens ist man bei der Auswahl an Dimensionen damit konfrontiert, dass man Funktionsweisen und Fähigkeiten auf unterschiedlichen Abstraktionsniveaus bestimmen kann. Angemessen gebildet zu sein, kann in unterschiedlichen Kontexten verschiedene Bedeutungen haben und ein großer Teil der inhaltlichen Debatten hat mit solchen Übersetzungsleistungen zu tun. Mit der Rede von einer vollständigen Liste zu suggerieren, dass diese abgeschlossen ist, ist nicht zielführend, da wir aufgrund der Dynamik sozialer Prozesse und gesellschaftlicher Veränderungen ständig vor der Aufgabe stehen, zu überprüfen, was aus Sicht der Gerechtigkeit erforderlich ist, und gegebenenfalls Anpassungen durchzuführen haben.

Die Erstellung einer Liste erscheint somit sinnvoll, wenn man sich damit beschäftigt, wie eine gerechte Gesellschaft in ihren Grundzügen einzurichten ist oder andere Fragen evaluativer oder konzeptueller Natur zu beantworten sucht. In diesem Beitrag verfolgen wir jedoch keines dieser Ziele, sondern verbleiben weiterhin auf der Metaebene und werden daher nun allgemeine Kriterien diskutieren, wie gerechtigkeitsrelevante Fähigkeiten/Funktionsweisen für Kinder selektiert werden sollten.

Objektivität: Fähigkeiten/Funktionsweisen sollten objektiv bestimmbar und überprüfbar sein, was bedeutet, dass sie unabhängig von der subjektiven Einschätzung bzw. des subjektiven Erlebens der Betroffenen Gültigkeit besitzen; subjektive Zufriedenheit als Maßstab scheidet deshalb aus. Wir folgen hier im Wesentlichen der Argumentation von Elizabeth Anderson, die vor allem aus zwei Gründen für eine objektive Währung der Gerechtigkeit plädiert (Anderson 2010): öffentliche Überprüfbarkeit und adaptive Präferenzen. Sowohl bei der Einrichtung einer gerechten Gesellschaft, also dem Design von Politiken und Institutionen, als auch bei der Kritik vorhandener Ungerechtigkeiten ist es sinnvoll, solche Fähigkeiten/Funktionsweisen zu bestimmen, deren Realisierung bzw. Fehlen und Mangel überprüft werden kann, ohne auf die Selbsteinschätzung der Betroffenen angewiesen zu sein. Das stärkt einerseits das Vertrauen in solche Institutionen und macht kritisierte Ungerechtigkeiten für Außenstehende leichter zugänglich und nachvollziehbar. Im Fall von Kindern, die zum Teil, besonders in jungen Jahren, gar nicht oder nur eingeschränkt zu einer Selbsteinschätzung und zur Auskunft über Missstände fähig sind, ist dies von besonderer Bedeutung. Wir können einerseits nicht von Kindern einfordern, dass sie mögliche Ungerechtigkeiten wie Mangel an Gesundheit, Bildung oder Chancengleichheit selbstständig benennen und wir können andererseits auch nicht deren subjektive Zufriedenheit als Maßstab heranziehen, die etwa darauf zurückzuführen ist, dass sie gerechtfertigte paternalistische Eingriffe in ihr Leben als subjektiv leidvoll erfahren, wie dies z. B. bei einem Arztbesuch der Fall sein kann. Das zweite Argument, das auf dem Konzept der adaptiven Präferenzen basiert, ist mit diesem Punkt verbunden, besitzt jedoch eigenständigen Wert. Adaptive Präferenzen bezeichnen den Umstand, dass Menschen, die unter Ungerechtigkeiten leiden, diese oft nicht mehr benennen können und als solche nicht mehr erfahren, weil sie ihre Präferenzen an die Mangelsituation anpassen (Teschl und Comim 2005). Wie Amartya Sen schreibt, sind die Ausgebeuteten und Entrechteten mitunter die eifrigsten Verteidiger:innen des Status quo und ihrer Unterdrücker:innen, da sie diese Situation als normal und gerecht empfinden und ihre Wünsche und Vorstellungen daran angepasst haben, um mit ihrem Leiden zurechtzukommen (Sen 1999). Auch für Kinder sind diese Argumente stichhaltig, ja sie sind sogar noch stärker zu gewichten. Kinder wachsen in einem bestimmten Kontext auf, lernen, sich darin zurechtzufinden und verfügen in noch geringerem Ausmaß als unterdrückte Erwachsene über jene Ressourcen, die erforderlich wären, um sich bestehenden Unrechtsverhältnissen bewusst zu werden und sich gegen sie zu wehren.

Realisierbarkeit: Theoretische Bestimmungen von Gerechtigkeit sollten darauf abzielen, umsetzbar und realisierbar zu sein. Eine gerechte Gesellschaft sollte vielleicht als fernes, jedoch prinzipiell erreichbares Ziel verstanden werden. Solche Gerechtigkeitsforderungen, die prinzipiell nicht realisiert werden können, sind somit auch aus dem Bereich der Gerechtigkeit auszuscheiden, eine Überlegung, die sich auf die Auswahl der spezifischen Fähigkeiten/Funktionsweisen auswirkt. Zum Beispiel ist es unsinnig, eine gerechte Verteilung der Fähigkeit/Funktionsweise des Fliegens ohne künstliche Hilfsmittel zu fordern, da dies nicht realisierbar ist, ebenso ist es, obwohl vielleicht wünschenswert, unsinnig, zu fordern, dass alle Menschen das hohe Alter von 150 Jahren erreichen können sollen, da dies den physiologischen Möglichkeiten widerspricht. Für Kinder ist die Bedingung der Realisierbarkeit in einem weniger phantastischen Sinne relevant: So gibt es gerechtigkeitsrelevante Fähigkeiten/Funktionsweisen, die für Erwachsene oder auch ältere Kinder realisierbar sind, für (jüngere) Kinder jedoch nicht, etwa bestimmte Bildungsniveaus. Es gibt hier natürliche Schranken, die im Laufe der Kindheit, also durch den Erwerb von Fähigkeiten/Funktionsweisen überwunden werden und eine solche Entwicklung ist selbst gerechtigkeitsrelevant. Das Kriterium der Realisierbarkeit blickt aber nicht unkritisch auf vorhandene Schranken, sondern hinterfragt diese wiederum, etwa um Ungleichheiten zwischen Kindern unterschiedlicher sozialer oder ethnischer Herkunft zu kritisieren. Weiters ist jedoch zu bedenken, dass das Kriterium der Realisierbarkeit primär auf die Gruppe der Kinder Anwendung findet und nicht auf das individuelle Kind. Welche Fähigkeiten/Funktionsweisen für Kinder aus Gründen der Gerechtigkeit relevant sind, ist zunächst einmal hinsichtlich der Realisierbarkeit für ein „normales" Mitglied dieser Gruppe bzw. einer einzelnen Altersgruppe zu bestimmen, was sicherlich dazu führt, dass nicht alle Kinder zur Realisierung aller dieser Fähigkeiten/Funktionsweisen in gleicher Weise in der Lage sind. Die Funktionsweise guter Gesundheit ist somit auch dann gerechtigkeitsrelevant, wenn es Kinder gibt, die diese auf Grund genetisch induzierter Krankheiten nicht ausreichend bzw. im gleichen Maße wie die Mehrheit ihrer Altersgenoss:innen realisieren können.

Wohlergehen (well-being): Fähigkeiten/Funktionsweisen sollten im Hinblick auf das Wohlergehen von Kindern (Kindeswohl) ausgewählt werden, welches auf Basis der besten vorhandenen wissenschaftlichen Kenntnisse inhaltlich gefüllt wird. Es geht hier also nicht um das subjektive Wohlergehen oder die Zufriedenheit von Kindern, sondern um eine Bestimmung jener Dimensionen von Wohlergehen, die ein Kind für eine gesunde Entwicklung und ein sozial angemessenes Leben benötigt. Wir sind uns dessen bewusst, dass hier in der wissenschaftlichen und philosophischen Literatur sehr unterschiedliche Kindeswohlkonzepte durchaus kontrovers diskutiert werden (Amerijckx und Humblet 2014; Bagattini und Macleod 2014). Diese Auseinandersetzungen um den konkreten Inhalt des Kindeswohls können wir hier nicht auflösen, wir können jedoch darauf verweisen, dass die Gründe, welche für Funktionsweisen und gegen Fähigkeiten als Währung der Gerechtigkeit für Kinder sprechen, ebenfalls als Argumente für eine Orientierung am Kindeswohl verstanden werden können. Weil Kinder die Vorstellungen bezüglich ihres eigenen Wohls und die Bedingungen, die sie dafür benötigen, nicht kompetent bilden und artikulieren können, sind sie darauf angewiesen, dass dies für sie stellvertretend geschieht. Diese Stellvertretung, die traditionell den Eltern überantwortet wird, bedarf auf Ebene der Gerechtigkeit, also der Einrichtung der Institutionen der Gesellschaft und der Verteilung von Rechten wie Pflichten und grundlegenden Funktionsweisen und Fähigkeiten, einen objektiven, wissenschaftlich abgesicherten und diskursfähigen Bezugspunkt. Das Kindeswohl ist, wie auch die UN Kinderrechtskonvention zeigt, als solcher geeignet. Das kindliche Wohlergehen ist dabei durch einige kindspezifische Eigenschaften gekennzeichnet, die es gegenüber dem von Erwachsenen unterscheidet, auch wenn diese Unterscheidung im Einzelfall verwischt. Im Rahmen dieses Kriteriums lassen sich auch jene kindspezifischen Fähigkeiten/Funktionsweisen selektieren, die von Colin Macleod unter dem Konzept der „intrinsischen Güter der Kindheit" vorgebracht wurden (Macleod 2010).

Wohlentwickeln: Neben dem kindlichen Wohlergehen ist das Wohlentwickeln von gleicher Bedeutung. Gerechtigkeit für Kinder hat also zwei Dimensionen: eine, die sich auf das aktuelle Kind und eine, die sich auf das Kind als zukünftige:n Erwachsene:n richtet. Beide sind angesichts der Tatsache, dass (fast) alle Kinder später Erwachsene mit ebenfalls gültigen Gerechtigkeitsansprüchen sein werden, deren Erfüllung maßgeblich durch den Verlauf der Kindheit geprägt ist, von Bedeutung. Damit sind also auch immer jene Fähigkeiten/Funktionsweisen für Kinder gerechtigkeitsrelevant, die für das künftige Wohlergehen als Erwachsene:r bzw. für die Erfüllung anderer, von uns hier nicht näher bestimmter Gerechtigkeitsansprüche als Erwachsene:r, nötig oder förderlich sind. Zwar entwickeln und verändern sich auch Erwachsene beständig, jedoch ist unbestritten, dass die Phase der Kindheit eine ganz besondere Bedeutung besitzt. Die Schnelligkeit und Radikalität der Veränderungen sind in diesem Lebensabschnitt einzigartig und nicht wiederholbar, und die Resultate oft irreversibel. Das trifft nicht nur auf die physiologische Entwicklung, sondern auch auf die soziale und emotionale zu. Wie bereits vorgebracht, trennt diese Entwicklungsperspektive Kinder kategorial von der Gruppe geistig schwer behinderter Erwachsener, die in ihren Kompetenzen auf einem ähnlichen Niveau liegen. Solcherart behinderte Erwachsene haben zumeist keine Aussicht auf Verbesserung ihres Zustands, während ein ähnlich kompetentes Kleinkind im Regelfall in einigen Jahren später gänzlich andere Kompetenzen und damit auch Fähigkeiten und Funktionsweisen besitzen wird. Welche Funktionsweisen und Fähigkeiten für das Wohlergehen eines/einer Erwachsenen entscheidend sind, können wir hier nicht weiter präzisieren. Fest steht jedoch, dass die Autonomie darin eine wichtige Rolle spielt, weshalb es auch angemessen scheint, der Erziehung zur Autonomie einen großen Stellenwert einzuräumen (Betzler 2011), ohne sie absolut setzen und auf Kosten des Kindeswohles forcieren zu können.

Abschließend wollen wir nun noch diskutieren, welche Rolle Kinder selbst in der Selektion von gerechtigkeitsrelevanten Fähigkeiten/Funktionsweisen übernehmen können und sollen. Wir haben im Rahmen des Kriteriums der Objektivität bereits darauf verwiesen, dass subjektive Zufriedenheit kein geeignetes Kriterium darstellen kann, da dieses nicht öffentlich überprüfbar ist und durch adaptive Präferenzen verzerrt werden kann. Weiters haben wir auf die bedeutende Rolle wissenschaftlicher Erkenntnisse für die Bestimmung des kindlichen Wohlergehens hingewiesen. Trotzdem gilt natürlich, dass die subjektive Zufriedenheit wichtig ist, und zwar in dem Sinne, dass Gerechtigkeit für Kinder auch das Ziel haben sollte, Kinder dadurch ein zufriedeneres Leben zu führen, frei von ungerechtfertigtem Leid und Schmerz. Darüber hinaus stellen subjektive Äußerungen einen wichtigen Indikator dar, um objektive Ungerechtigkeiten aufzudecken. Kinder können daher sehr wohl konsultativ miteinbezogen werden, um Fähigkeiten/Funktionsweisen auszuwählen und diese dann mit Hilfe der vier vorgebrachten Kriterien zu validieren. Eine solche Partizipation von Kindern entspricht auch dem Bestreben, den von Ungerechtigkeiten oder politischen Maßnahmen betroffenen Personen eine Stimme zu geben, selbst wenn diese Stimme nicht autoritativ, also letztentscheidend ist (Brighouse 2003; Archard und Skivenes 2009). Eine solche Partizipation hat gerade auch dann ihren Wert, wenn die Betroffenen – z. B. jüngere Kinder – nicht die Kompetenzen besitzen, die Fragestellungen umfassend zu verstehen und gegenüber anderen Expert:innen wie Mediziner:innen, Philosoph:innen oder Sozialwissenschaftler:innen einen klaren Nachteil hinsichtlich Wissen, Information und Kompetenzen aufweisen. Dennoch haben Kinder, gemäß ihren Kompetenzen und Handlungsmacht, ein Recht darauf, gehört zu werden, wie dies auch in zahlreichen partizipativen Forschungen und Evaluationen bereits der Fall ist (Biggeri und Mehrotra 2011).

Lebensphasenspezifische Funktionsweisen und Fähigkeiten

Die von uns diskutierten Kriterien können angeben, welche Funktionsweisen/Fähigkeiten als Güter der Gerechtigkeit für Kinder relevant sind. Es ist jedoch eine weitere Spezifikation möglich, die wir unter zwei Konzepten diskutieren wollen: einerseits die Rolle lebensphasenspezifischer Funktionsweisen/Fähigkeiten und andererseits die Bedeutung fruchtbarer Funktionsweisen. Unter dem ersten Aspekt verstehen wir, dass manche Funktionsweisen/Fähigkeiten nur für einen bestimmten Lebensabschnitt, also entweder über die gesamte Kindheit oder einen ihrer Teilabschnitte als Güter der Gerechtigkeit zu gelten haben. Das zweite Konzept ist jenes der „fruchtbaren" Funktionsweise, welches wir bereits erwähnt haben und uns nun genauer ansehen wollen. Hier werden wir dafür argumentieren, dass solche fruchtbaren Eigenschaften besondere Bedeutung aus gerechtigkeitstheoretischer Sicht haben und dass in der Selektion der relevanten Funktionsweisen/Fähigkeiten der Aspekt der Fruchtbarkeit berücksichtigt werden sollte. Unter der Perspektive der lebensphasenspezifischen Bedeutung bestimmter Funktionsweisen/Fähigkeiten wird dann ebenso deutlich, dass auch die Eigenschaft der Fruchtbarkeit eine solche temporale Dimension besitzt.

Blicken wir zunächst auf die Behauptung, dass manche Funktionsweisen/Fähigkeiten nur für einen bestimmten Lebensabschnitt, also entweder für die gesamte Kindheit oder einen ihrer Teilabschnitte, als Güter der Gerechtigkeit zu gelten haben. Damit ist angesprochen, dass man angesichts der dynamischen Entwicklung des Kindes darauf achten muss, Funktionsweisen und Fähigkeiten zu bestimmen, die seiner jeweiligen Situation und seinem Entwicklungsstand entsprechen. Hier ist es angebracht, nochmals die Debatte um eine Liste aufzugreifen, wie sie oben schon erläutert wurde. Die Listen, wie sie in der philosophischen Literatur zu finden sind, sind, selbst wenn sie den Anspruch haben, ein spezifischeres Anwendungsfeld zu haben als jene von Martha Nussbaum, in der Regel auf einem hohen Abstraktionsniveau angesiedelt (Robeyns 2003). Es kommen Kategorien vor, wie psychische Gesundheit, körperliche Integrität und Sicherheit sowie Bildung und Wissen, die erst in konkrete Funktionsweisen/Fähigkeiten übersetzt werden müssen, damit deutlich wird, was mit ihnen gemeint ist. Wenn es um Bildung und Wissen geht, kann man etwa bestimmte Kompetenzen definieren, die es zu erreichen gibt (z. B. ein Sprachniveau gemäß einem offiziellen Standard), im Falle von Gesundheit muss hinsichtlich verschiedener Bereiche differenziert werden, die jeweils mit anderen Funktionsweisen/Fähigkeiten verbunden sind (etwa ein Blutdruck im Normbereich, wenn es um das Herz-Kreislauf-System geht). Dasselbe „Übersetzungsproblem" tritt auch bei denjenigen Listen auf, die im Fähigkeitenansatz als spezielle Listen an Funktionsweisen für Kinder vorgeschlagen worden sind und Eingang in die Konzeptualisierung von Gerechtigkeit für Kinder Eingang gefunden haben (Biggeri und Mehrotra 2011; Schweiger und Graf 2015). Dort wird ebenfalls zunächst auf einem abstrakten Niveau argumentiert, wobei klar ist, dass die jeweiligen Dimensionen unter Berücksichtigung der Reife und des Entwicklungsstandes des jeweiligen Kindes zu spezifizieren sind. Aus unserer Sicht ist es nun genau diese Spezifizierung, die von theoretischem Interesse ist und weniger die Frage, ob die Liste auf einem abstrakten Niveau vollständig oder ergänzungsbedürftig ist. Eine Annäherung an diese Herausforderung kann nur in einem engen Dialog mit den empirischen Wissenschaften geschehen. Welche Funktionsweisen/Fähigkeiten für das Wohlergehen eines Kindes eines bestimmten Alters bzw. einer bestimmten Entwicklungsstufe entscheidend sind, kann schließlich nicht apriori anhand von philosophischen Argumenten herausgefunden werden, sondern bedarf einer empirischen Grundlage. Doch es sollte offensichtlich sein, dass sich z. B. die Indikatoren für psychische Gesundheit, die als Funktionsweisen verstanden werden können, im Laufe der kindlichen Entwicklung verändern und dass jeweils andere heranzuziehen sind, wenn es um die Bewertung der Lebenssituation des Kindes geht. So ist bei Kleinkindern häufiges Schreien und Weinen durchaus normal, wohingegen es ein Anlass zur Sorge sein sollte, wenn es in der gleichen Häufigkeit und Intensität bei einem/einer 15-Jährigen auftritt.

Funktionsweisen bzw. Fähigkeiten als Güter der Gerechtigkeit für Kinder müssen somit immer im Kontext der spezifischen Lebensphase des Kindes gesehen werden. Sie können jedoch noch unter einem anderen Gesichtspunkt betrachtet werden, der für eine Gerechtigkeitstheorie für Kinder relevant ist. Funktionsweisen sollten nie isoliert voneinander analysiert werden, denn es gibt viele Zusammenhänge und Wechselwirkungen zwischen ihnen. Insbesondere gibt es solche, die sich positiv auf viele andere wertvolle Funktionsweisen und Fähigkeiten auswirken und in diesem Sinne „fruchtbar" sind. Gelingt es, diese fruchtbaren Funktionsweisen zu stärken, ist somit viel mehr erreicht, als eine Verbesserung der Situation eines Menschen bloß hinsichtlich eines einzigen Aspektes. Sie breiten sich vielmehr auf eine Vielzahl an Dimensionen menschlichen Wohlergehens aus. Ein Fokus auf fruchtbare Funktionsweisen ist in jeder Lebensphase wichtig, da damit die Lebenssituation eines Menschen nachhaltig und effizient verbessert werden kann. In der Phase der Kindheit, die durch fundamentale Entwicklungsprozesse gekennzeichnet ist, nimmt sie aber sogar noch einen größeren Stellenwert ein, der für die Selektion von Funktionsweisen als Währung der Gerechtigkeit relevant ist. Denn fruchtbare Funktionsweisen wirken sich nicht nur darauf aus, dass das kindliche Wohlergehen in verschiedenen Dimensionen gesichert ist, sondern auch, dass das Wohlergehen des/der Erwachsenen, der/die das Kind werden wird, gesichert ist. Die Fruchtbarkeit von Funktionsweisen zeigt sich somit sowohl in einer horizontalen als auch in einer vertikalen Perspektive, was zwar für Erwachsene ebenso eine Rolle spielt, im Falle von Kindern jedoch mit fundamentaleren Veränderungen verbunden ist. Werden fruchtbare Funktionsweisen im Kindesalter gestärkt, ist dies ein wesentlicher Beitrag zu einem gelingenden Leben. Werden sie aber vernachlässigt oder ihnen entgegengewirkt, entstehen Nachteile, die im Lebenslauf in vielen Fällen nicht mehr ausgeglichen werden können. Ein Beispiel für eine solche fruchtbare Funktionsweise kann aus der Bindungstheorie abgeleitet werden (Bowlby 1988; Ahnert und Maywald 2004). Gelingt es einem Kind, in den ersten Lebensmonaten und Jahren eine sichere Bindung zu seiner Bezugsperson aufzubauen, ist dies ein wesentlicher Faktor dafür, dass es später in der Lage ist, gelingende Beziehungen zu seinen Peers zu leben, die einerseits nicht zu distanziert, andererseits nicht durch allzu starke Abhängigkeiten geprägt sind. Darüber hinaus sind Kinder mit sicherer Bindung im Schnitt besser in der Lage, positive Problemlösungsstrategien zu entwickeln, und sie sind sozial kompetenter, resilienter und mit mehr Selbstvertrauen ausgestattet als ihre Peers, die keine sichere Bindung aufbauen konnten (Pearce und Pezzot-Pearce 2007). All diese Faktoren wirken sich auf das Wohlergehen dieser Kinder aus. Sie erhöhen aber auch die Chancen, dass sie später als Erwachsene:r ein Leben führen können, das sie aus guten Gründen wertschätzen. Verfügt man schon als Kind über die Funktionsweise der sicheren Bindung, erhöht sich etwa die Wahrscheinlichkeit, (physisch) gesund zu sein und zu bleiben (Puig et al. 2013), was generell positiv für das Leben eines Erwachsenen zu bewerten ist. Die Fruchtbarkeit einer Funktionsweise im Kindesalter wird somit im Lebenslauf erst so richtig deutlich und enthält eine wichtige temporale Komponente, die bei der Konzeptualisierung der Währung der Gerechtigkeit zu beachten ist.

Schluss: Gerechtigkeit in der Dynamik des Lebenslaufs

In diesem Beitrag haben wir versucht, einige Fragen, die sich für eine Theorie der Gerechtigkeit für Kinder innerhalb des Fähigkeitenansatzes stellen, zu spezifizieren und zu beantworten. Insbesondere haben wir dafür argumentiert, dass die Realisierung von Funktionsweisen im Falle von Kindern gegenüber der Bereitstellung von Fähigkeiten Priorität besitzen. Dabei sind jedoch zwei Punkte zu beachten. Erstens ändern sich die gerechtigkeitsrelevanten Funktionsweisen im Laufe der Entwicklung ständig und auf eine dynamische Art und Weise; was für ein zweijähriges Kind in diesem Sinne relevant ist, unterscheidet sich maßgeblich von dem, was eine zehn- oder siebzehnjährige Person braucht und somit sind auch die Gerechtigkeitsansprüche anzupassen. Den empirischen Wissenschaften kommt in diesem Prozess eine äußerst wichtige Rolle zu. Zweitens nehmen im Laufe der Kindheit die Autonomiekompetenzen des Kindes zu, weshalb es eine graduelle Verschiebung von Funktionsweisen in Richtung Fähigkeiten als Währung der Gerechtigkeit für Kinder gibt. Allerdings kommt es erst am Ende der Kindheit dazu, dass man Kindern ein Recht auf Selbstbestimmung zuspricht, was damit verbunden ist, dass Fähigkeiten für die allermeisten Kontexte die wichtigste Bezugsgröße für Fragen der Gerechtigkeit werden. Die nächsten nötigen Schritte für eine weitere Ausarbeitung sind einerseits die Klärung der entsprechenden Funktionsweisen und Fähigkeiten, die Kindern zustehen, was verlangt, diese sowohl mit Blick auf wissenschaftliche Kenntnisse als auch hinsichtlich des Anwendungskontextes zu bestimmen. Die von uns diskutierten Kriterien geben nur Richtlinien ab, wobei einzelne Funktionsweisen und Fähigkeiten, die auf ihrer Basis ausgewählt werden, sicherlich kontrovers diskutiert werden können. Ein mögliches Beispiel wäre die Forderung, dass Kinder ein Recht auf Liebe haben – eine Funktionsweise, die sicherlich bedeutend für das Kindeswohl ist, jedoch hinsichtlich ihrer konkreten Ausgestaltung und auch der Schwierigkeit, diese objektiv zu messen und zu realisieren, umstritten ist. Für die konkrete Praxis gilt es aber, auf solche und ähnlich schwierige Fragen Antworten zu finden. Andererseits ist die zweite von uns eingangs erwähnte Frage nach den Prinzipien der Verteilung dieser Währung der Gerechtigkeit virulent. Innerhalb des Fähigkeitenansatzes gibt es eine Tendenz dazu, die Verteilung gemäß eines Suffizienzprinzipes als die richtige Antwort anzusehen, wobei das Verhältnis zu egalitaristischen Konzepten differenziert zu betrachten ist (Kaufman 2006). In dieser Debatte um die Verteilung der Kindern zustehenden Funktionsweisen und Fähigkeiten sind dann auch solche Fragen enthalten, die das Verhältnis von Familie und Staat und von Kinder- und Elternrechten betreffen.

Literatur

Ahnert, Lieselotte, und Jörg. Maywald, Hrsg. 2004. *Frühe Bindung: Entstehung und Entwicklung*. München: Reinhardt.

Amerijckx, Gaëlle, und Perrine Claire Humblet. 2014. Child Well-Being: What Does It Mean? *Children & Society* 28(5):404–415. https://doi.org/10.1111/chso.12003.

Anderson, Elizabeth. 2010. Justifying the capability approach to justice. In *Measuring justice: primary goods and capabilities*, 1. Aufl., Hrsg. Harry Brighouse und Ingrid Robeyns, 81–100. Cambridge/New York: Cambridge University Press.

Archard, David, und Marit Skivenes. 2009. Balancing a Child's Best Interests and a Child's Views. *The International Journal of Children's Rights* 17(1):1–21. https://doi.org/10.1163/157181808X358276.

Bagattini, Alexander, und Colin M. Macleod, Hrsg. 2014. *The Nature of Children's Well-Being: Theory and Practice*, 1. Aufl. New York: Springer.

Betzler, Monika. 2011. Erziehung zur Autonomie als Elternpflicht. *Deutsche Zeitschrift für Philosophie* 59(6):937–953. https://doi.org/10.1524/dzph.2011.0074.

Biggeri, Mario, und Santosh Mehrotra. 2011. Child Poverty as Capability Deprivation: How to Choose Domains of Child Well-being and Poverty. In *Children and the capability approach*,

1. Aufl., Hrsg. Mario Biggeri, Jérôme Ballet, und Flavio Comim, 46–75. Basingstoke/New York: Palgrave Macmillan.
Bowlby, John. 1988. *A Secure Base: Clinical Applications of Attachment Theory*. London: Routledge.
Brighouse, Harry. 2003. How Should Children Be Heard? *Arizona Law Review* 45(3):691–711.
Brighouse, Harry, und Ingrid Robeyns, Hrsg. 2010. *Measuring justice: Primary goods and capabilities*, 1. Aufl. Cambridge/New York: Cambridge University Press.
Dixon, Rosalind, und Martha Nussbaum. 2012. Children's Rights and a Capabilities Approach: The Question of Special Priority. *Chicago Public Law & Legal Theory Working Paper*, Nr. 384. http://papers.ssrn.com/sol3/papers.cfm?abstract_id=2060614.
Franklin-Hall, Andrew. 2013. On Becoming an Adult: Autonomy and the Moral Relevance of Life's Stages. *The Philosophical Quarterly* 63(251):223–247. https://doi.org/10.1111/1467-9213.12014.
Kaufman, Alexander, Hrsg. 2006. *Capabilities equality: Basic issues and problems*, 1. Aufl. Routledge Innovations in Political Theory 18. London/New York: Routledge.
Macleod, Colin M. 2010. Primary Goods, Capabilities and Children. In *Measuring Justice – Primary Goods and Capabilities*, Hrsg. Harry Brighouse und Ingrid Robeyns, 174–92. Cambridge/New York: Cambridge University Press.
Nussbaum, Martha. 2006. *Frontiers of Justice: Disability, Nationality, Species Membership*. Cambridge, MA/London: The Belknap Press of Harvard University Press.
Nussbaum, Martha. 2011. *Creating capabilities : The human development approach*, 1. Aufl. Cambridge/London: Belknap Press of Harvard University Press.
Pearce, John W., und Terry D. Pezzot-Pearce. 2007. *Psychotherapy of abused and neglected children*, 2. Aufl. New York: Guilford Press.
Puig, Jennifer, Michelle M. Englund, Jeffry A. Simpson, und W. Andrew Collins. 2013. Predicting Adult Physical Illness from Infant Attachment: A Prospective Longitudinal Study. *Health Psychology* 32(4):409–417. https://doi.org/10.1037/a0028889.
Robeyns, Ingrid. 2003. Sen's capability approach and gender inequality: Selecting relevant capabilities. *Feminist Economics* 9(2–3):61–92. https://doi.org/10.1080/1354570022000078024.
Robeyns, Ingrid. 2005. The Capability Approach: A theoretical survey. *Journal of Human Development* 6(1):93–114. https://doi.org/10.1080/146498805200034266.
Robeyns, Ingrid. 2006. The Capability Approach in Practice. *The Journal of Political Philosophy* 14(3):351–376. https://doi.org/10.1111/j.1467-9760.2006.00263.x.
Schweiger, Gottfried, und Gunter Graf. 2015. *A Philosophical Examination of Social Justice and Child Poverty*, 1. Aufl. Basingstoke: Palgrave Macmillan.
Sen, Amartya. 1980. Equality of What?. In *The Tanner Lectures on Human Value*, 1. Aufl., Hrsg. Sterling M McMurrin, 195–220. Salt Lake City: University of Utah Press.
Sen, Amartya. 1992. *Inequality Reexamined*, 1. Aufl. Cambridge/London: Harvard University Press.
Sen, Amartya. 1999. *Development as Freedom*, 1. Aufl. New York: Anchor Books.
Sen, Amartya. 2004. Capabilities, Lists, and Public Reason: Continuing the Conversation. *Feminist Economics* 10(3):77–80. https://doi.org/10.1080/1354570042000315163.
Sen, Amartya. 2009. *The Idea of Justice*. 1. Aufl. London/New York: Allen Lane.
Teschl, Miriam, und Flavio Comim. 2005. Adaptive Preferences and Capabilities: Some Preliminary Conceptual Explorations. *Review of Social Economy* 63(2):229–247. https://doi.org/10.1080/00346760500130374.
UN. 1989. Convention on the Rights of the Child. http://www2.ohchr.org/english/law/crc.htm.
Wolff, Jonathan, und Avner de-Shalit. 2007. *Disadvantage*, 1. Aufl. Oxford Political Theory. Oxford/New York: Oxford University Press.

Funktionsweisen als „Währung" der globalen Gerechtigkeit für Kinder

Einleitung

Der Fähigkeitenansatz hat sich als wichtige Theorie in der globalen Gerechtigkeitsdebatte etabliert, und er scheint auch gut geeignet zu sein, einen Rahmen für die Diskussion über globale Gerechtigkeit für Kinder zu bieten. Doch obwohl es immer mehr empirische und theoretische Literatur gibt, die den Fähigkeitenansatz auf Kinder und die Phase der Kindheit anwendet (Biggeri et al. 2011; Hart et al. 2014; Dixon und Nussbaum 2012), gibt es immer noch nur sehr wenige Arbeiten über dessen philosophische Konzeption von (globaler) Gerechtigkeit für Kinder (Schweiger und Graf 2015). Der vorliegende Beitrag möchte diesbezüglich einige Lücken füllen, indem er die Rolle von Funktionsweisen (functionings) als Währung globaler Gerechtigkeit für Kinder hinterfragt. Dieser Beitrag zielt jedoch nicht darauf ab, die Plausibilität des Fähigkeitenansatzes oder einer spezifischen fähigkeitenbasierten Auffassung von globaler Gerechtigkeit gegen konkurrierende Ansätze wie jene von Rawls oder den Utilitarismus zu verteidigen. Dieses Thema ist bereits an anderer Stelle behandelt worden (Kelleher 2015; Oosterlaken 2012; E. Anderson 2010). Darüber hinaus kann dieser Beitrag nicht hoffen, eine Theorie der globalen Gerechtigkeit für Kinder, die den Fähigkeitenansatz anwendet, in ihrer ganzen Komplexität zu entwickeln und angemessen zu verteidigen. Vielmehr hoffe ich, einige kleinere, aber wichtige Fragen zu klären, die sich innerhalb eines solchen breiteren Projekts ergeben und die sich um die Rolle von Fähigkeiten und Funktionsweisen als Währung globaler Gerechtigkeit drehen. Ich beschäftige mich auch nicht spezifisch mit Martha Nussbaums oder Amartya Sens Version des Fähigkeitenansatzes und ihren Schriften über globale Gerechtigkeit oder Kinder, sondern verfolge eher einen systematischen als einen hagiographischen Ansatz. Die Breite des Fähigkeitenansatzes, die vielleicht eine seiner großen Stärken ist und für seine Anziehungskraft auf so viele verschiedene Disziplinen verantwortlich ist, macht es auch ziemlich schwer, wenn nicht unmöglich, für ihn

G. Schweiger, *Essays zur Philosophie der Kindheit,* Kindheit – Bildung – Erziehung. Philosophische Perspektiven, https://doi.org/10.1007/978-3-662-66692-0_6

in seiner Gesamtheit zu sprechen, und dieser Aufsatz möchte das auch nicht tun. Schließlich sagen meine Argumente hier nicht viel, wenn überhaupt, über zwei andere wichtige Fragen in Bezug auf globale Gerechtigkeit für Kinder aus, nämlich wie Funktionsweisen oder Fähigkeiten im globalen Maßstab verteilt werden sollten und wer für eine solche gerechte Verteilung verantwortlich wäre.

Nichtsdestotrotz möchte ich ein paar Worte darüber verlieren, was ich unter globaler Gerechtigkeit für Kinder verstehe, was hilft, die Diskussion in diesem Aufsatz zu rahmen. Danach werde ich einen kurzen Überblick über den Aufsatz und seine Struktur geben. Es gibt viele unterschiedliche Auffassungen von globaler Gerechtigkeit und davon, worauf sich die beiden Komponenten „global" und „Gerechtigkeit" beziehen sollen. Ich räume ein, dass es keine eindeutigen Definitionen gibt, aber die folgende Arbeitsdefinition scheint hilfreich zu sein. Eine Theorie der globalen Gerechtigkeit für Kinder sollte in der Lage sein, zu bestimmen, worauf alle Kinder, wo auch immer sie leben, im Sinne der Gerechtigkeit ein Anrecht haben, was bedeutet, dass bestimmt werden muss, auf welche Art von Gütern sie ein Anrecht haben und in welchem Umfang sie ein Anrecht auf diese haben. Wir können das einen positiven Ansatz zur Bestimmung der globalen Gerechtigkeit nennen. Darüber hinaus sollte ein Konzept globaler Gerechtigkeit in der Lage sein zu bestimmen, was eine globale Ungerechtigkeit für Kinder darstellt. Hier schlage ich in Anlehnung an einen Vorschlag von Gillian Brock (Brock 2017) vor, dass globale Ungerechtigkeit eine Ungerechtigkeit ist, die eine große Anzahl von Kindern in verschiedenen Ländern betrifft, und dass ihre Lösung die Koordination oder Kooperation vieler verschiedener Staaten (direkt oder durch etablierte globale Institutionen) erfordert. Wir können das einen negativen Ansatz zur Bestimmung der globalen Gerechtigkeit nennen, weil er von der globalen Ungerechtigkeit ausgeht. Der positive und der negative Ansatz überschneiden sich nicht vollständig. Zum Beispiel sind einige soziale Ungerechtigkeiten (wie relative Armut in einem reichen Land) keine globalen Ungerechtigkeiten (weil sie nur Kinder in einem Land betreffen und keine Zusammenarbeit zwischen den Ländern, sondern nur Umverteilung innerhalb dieses einen Landes fordern), aber sie könnten vom positiven Ansatz zur globalen Gerechtigkeit abgedeckt werden (weil dieser fordern würde, dass kein Kind im Vergleich zu relativen Armutsstandards arm sein sollte). Die in diesem Beitrag vorgenommenen Klarstellungen könnten sich sowohl für den positiven als auch für den negativen Ansatz als hilfreich erweisen, weil sie helfen können, was globale Gerechtigkeit für Kinder meint und globale Ungerechtigkeiten zu erkennen.

Fähigkeiten oder Funktionsweisen

Fähigkeiten (capabilites) und Funktionsweisen (functionings) sind zwei Schlüsselbegriffe des Fähigkeitenansatzes und sie spielen eine besondere Rolle für das Verständnis globaler Gerechtigkeit für Kinder. Ich werde damit beginnen, sie kurz zu klären (Nussbaum 2011; Robeyns 2005). Funktionsweisen sind Aktivitäten (doings) und Zustände (beings) des Menschen. Und da die menschliche Existenz aus vielen verschiedenen Aktivitäten und Zustände besteht, ist die Kategorie der Funktionsweise sehr weit gefasst. Beispiele dafür sind, gesund und gebildet zu sein, ein Dach über dem Kopf zu haben, am Leben der Gemeinschaft teilzunehmen oder unterernährt zu sein, ebenso wie Fahrrad oder Auto zu fahren oder emotionalen Kummer zu empfinden. Fähigkeiten hingegen sind definiert als Möglichkeiten oder Freiheiten, bestimmte Funktionsweisen zu realisieren. Ein Beispiel: Essen ist eine Funktionsweise, während die reale Möglichkeit zu essen, wenn man dies tun will, die entsprechende Fähigkeit ist. Der Fähigkeitenansatz sieht Fähigkeiten als normativ wertvoller als Funktionsweisen an, wenn es darum geht, das Leben einer Person zu bewerten. Auch für die Frage der globale Gerechtigkeit argumentiert er, dass wir eher Fähigkeiten als Funktionsweisen fördern sollten und dass eine Gesellschaft dann gerecht ist, wenn sie den Menschen die Möglichkeit gibt, ein Leben zu führen, das sie zu Recht schätzen, was bedeutet, sie mit Fähigkeiten auszustatten, die sie, wenn sie wollen, in Funktionsweisen umwandeln können. Autonomie und persönliche Freiheit stehen also im Mittelpunkt des Fähigkeitenansatzes.

Bevor ich mich den Kindern zuwende, ist es sinnvoll, noch eine terminologische Klärung vorzunehmen. Fähigkeiten hängen von Konversionsfaktoren ab, die notwendig sind, damit eine Person die jeweiligen Funktionsweisen tatsächlich erreichen kann. Konversionsfaktoren können von unterschiedlicher Natur sein. Es gibt angeborene persönliche Konversionsfaktoren, wie den Körper und das Gehirn, und erworbene persönliche Konversionsfaktoren, wie die Ausbildung, das Wissen und die Fertigkeiten einer Person. Es gibt natürliche Konversionsfaktoren, wie das Klima, und es gibt soziale Konversionsfaktoren, wie Technologien oder gesellschaftliche Normen und Praktiken. Konversionsfaktoren können also materiell oder immateriell sein, und sie variieren erheblich über Zeit und Ort. Schauen wir uns noch einmal das Beispiel des Essens an. Dass eine Person die Fähigkeit zu essen hat, oder, wie ich es oben genannt habe, die reale Möglichkeit zu essen, hängt von vielen verschiedenen Dingen ab: dass die Person in der Lage ist zu essen oder, wenn nicht, die entsprechende Unterstützung hat, dass ausreichend und bekömmliche Nahrung verfügbar ist und dass die Person Zugang zu dieser hat. Je nach sozialem Umfeld können auch andere Konversionsfaktoren eine wichtige Rolle spielen: Ist das verfügbare Essen durch ein Nahrungstabu aus religiösen oder kulturellen Gründen verboten, ist das entsprechende Besteck vorhanden, wenn das Essen nicht gekocht wird, ist es notwendig, dass die Person Zugang zu Geschirr, einer Küche sowie Energie hat und weiß, wie man kocht. Erweitert man die Fähigkeit zu essen dahingehend, dass die Nahrung für die Person auch ausreichend und gesund sein soll, können weitere angeborene persönliche Konversionsfaktoren ins Spiel kommen, wie z. B. der Gesundheitszustand und die Ernährungsbedürfnisse und welche Art von Nahrung verfügbar ist. Nur wenn diese Konversionsfaktoren vorhanden sind, kann gesagt werden, ein Mensch hat die Fähigkeit, zu essen oder gut genährt zu sein. Dieses Beispiel zeigt auch, dass die verschiedenen Konversionsfaktoren (persönliche und umweltbedingte) tief miteinander verwoben sind. Das soziale Umfeld prägt sowohl die natürliche Umwelt als auch die Art und Weise, wie Fähigkeiten in Funktionsweisen verwandelt werden können. Das Gleiche gilt für die persönlichen Konversionsfaktoren, von denen einige in sozialen Prozessen erworben und andere durch natürliche Einflüsse geprägt werden. Die Kernaussage ist, dass es ohne ausreichende Konversionsfaktoren keine Fähigkeiten gibt und dass Konversionsfaktoren, auch die persönlichen wie körperliche Fähigkeiten, Wissen oder Fertigkeiten, zutiefst sozial geprägt sind.

Was bedeutet das alles für ein fähigkeitenbasiertes Verständnis von globaler Gerechtigkeit für Kinder? Ein fähigkeitenbasierter Ansatz für globale Gerechtigkeit für Kinder muss klären, ob Fähigkeiten oder Funktionsweisen Güter sind, auf die Kinder im Sinne der Gerechtigkeit ein Anrecht haben. Nur dann können wir klären, welche Arten von Fähigkeiten oder Funktionsweisen in dieser Hinsicht von Bedeutung sind. Der Mainstream des Fähigkeitenansatzes, u. a. der von Nussbaum und Sen, spricht sich klar für Fähigkeiten als Währung der Gerechtigkeit für Erwachsene aus und ist sehr zurückhaltend, wenn es um Funktionsweisen für Erwachsene geht, weil damit das Problem eines Paternalismus und Antiliberalismus verbunden wäre (Nussbaum 2011; Sen 2009; Robeyns 2005). Erwachsene sollten wählen dürfen, welche Funktionsweisen sie aus einem breiten Spektrum von Fähigkeiten realisieren wollen. Es gibt aber auch Ausnahmen wie Jonathan Wolff und Avner de-Shalit (Wolff und de-Shalit 2007, 2013), die für die Bedeutung sogenannter „fruchtbarer" Funktionsweisen anstelle von Fähigkeiten argumentieren. Die Fokussierung des Fähigkeitenansatzes auf Fähigkeiten und die Entscheidung, diese höher zu bewerten als Funktionsweisen, beruht auf Annahmen darüber, welche Eigenschaften eine Person hat, was im Leben einer Person wichtig ist, was die Ziele der Gerechtigkeit sein sollten und in welcher Beziehung die Akteur:innen der Gerechtigkeit zu diesen Subjekten der Gerechtigkeit stehen. Mit Akteur:innen der Gerechtigkeit meine ich die Personen, Institutionen oder Systeme, die Gerechtigkeit ermöglichen sollen, und mit Subjekten der Gerechtigkeit meine ich diejenigen, für die Gerechtigkeit hergestellt werden soll. Die Subjekte der Gerechtigkeit werden oft als autonome und rationale Akteur:innen betrachtet, die ein Interesse daran haben, ein Leben zu führen, das sie aus guten Gründen wertschätzen, und die über diese Gründe und diese Werte reflektieren. Weitere Annahmen, die manchmal gemacht werden, wie zum Beispiel, dass die Subjekte der Gerechtigkeit Mitglieder einer arbeitsteiligen Gesellschaft sind, in der jeder nicht nur für sich selbst arbeitet, sondern gemeinsam das Gemeinwohl produziert, will ich hier weitgehend ignorieren. Eine weiter Annahme, die manchmal gemacht wird, ist, dass die Subjekte der Gerechtigkeit einen Sinn für Gerechtigkeit teilen und ein gegenseitiges Interesse am Wohlergehen der anderen haben. Die Frage ist dann, ob und inwieweit solche Annahmen über die Subjekte der Gerechtigkeit auch für Kinder gelten und wenn nicht, was das für die Frage nach der adäquaten Währung der Gerechtigkeit für sie bedeuten würde, mit anderen Worten, ob man sich in dieser Hinsicht für Fähigkeiten oder Funktionsweisen entscheiden sollte.

Überraschenderweise hat diese Frage bisher innerhalb des Fähigkeitenansatzes nur wenig Beachtung gefunden. Einige sprechen weiterhin von den Fähigkeiten von Kindern, ohne die Angemessenheit des Begriffs zu hinterfragen (Biggeri et al.

2011). Nussbaum und Dixon (Dixon und Nussbaum 2012) argumentieren für Funktionsweisen, weil Kinder nicht (hinreichend) autonom sind, und andere sind diesem Weg ebenfalls gefolgt (Schweiger und Graf 2015). Ich möchte hier versuchen, eine differenziertere Antwort zu geben, was mit dem Nachteil verbunden ist, dass ich keine endgültige Antwort geben kann, sondern mehrere Kriterien vorschlagen werde, die dann erst ihrer Anwendung auf bestimmte Fragen der globalen oder sozialen Gerechtigkeit bedürfen. Folglich wäre es verkürzt zu sagen, dass wir im Fall einer unreifen und nicht autonomen Person wie es die meisten Kinder typischerweise sind immer Funktionsweisen wählen sollten und im Fall, dass wir es mit einer autonomen Person zu tun haben, Fähigkeiten als adäquate Währung der Gerechtigkeit wählen sollten. Es gibt Fälle, in denen dies ungerecht wäre. Ein alleinige Fokus auf die Kompetenz der betreffenden Personen, autonom oder rational zu entscheiden und zu handeln, kann irreführend sein, und der Fall von Kindern illustriert das.

Erstens ist Autonomie, ebenso wie andere Eigenschaften und Kompetenzen, nicht etwas, das auf einmal entsteht und ohne Abstufungen oder Variationen ist. Die Kindheit ist die Phase, in der Autonomie entwickelt, ausgeübt und trainiert wird. Kinder – wie auch Erwachsene übrigens – können in einigen Bereichen ihres Lebens Autonomie zeigen, während sie in anderen Bereichen ihres Lebens nur eingeschränkt oder gar nicht autonom sind. Die Unterscheidung zwischen lokaler und globaler Autonomie, die ich von Andrew Franklin-Hall entlehne (Franklin-Hall 2013), ist hier hilfreich. Sie meint, dass lokale Autonomie als die Fähigkeit angesehen werden kann, kleine Entscheidungen für sich selbst zu treffen, wie zum Beispiel, was man heute anzieht oder welche Art von Hobbys man bevorzugt. Diese kleinen Entscheidungen sind wichtig, weil sie beeinflussen, wer wir sind, und Kinder sind schon früh in der Lage, sie zu treffen. Damit solche Entscheidungen autonom sind, meine ich, dass es nicht ausreicht, wenn ein Kind einfach nur sagt, was es anziehen möchte, sondern dass es auch darüber nachdenkt und ein zumindest rudimentäres Selbstverständnis entwickelt hat. Auch diesbezügliche Vorlieben sind in Entwicklung begriffen, und die Kindheit ist eine Phase, in der die meisten Menschen diesbezügliche Veränderungen erleben und verschiedene Stile ausprobieren, die zu ihnen passen könnten. Das ist also lokale Autonomie, während globale Autonomie jene Entscheidungen beschreibt, die das eigene Leben tiefer und dauerhafter betreffen. Franklin-Hall nennt dies „Lebensautorschaft“ und wir könnten sagen, dass Entscheidungen der globalen Autonomie die Geschichte des eigenen Lebens schreiben und uns in unserer Identität nachhaltig prägen. Solche Entscheidungen stellen in der Regel höhere Anforderungen an die Selbstreflexion und Reife. Sie sind z. B. die Wahl des Berufes, zu heiraten oder Kinder zu erziehen. Kindern fehlen oft die Fähigkeiten, solche wichtigen Entscheidungen zu treffen, und viele Gesellschaften sind so gestaltet, dass sie diese nicht treffen müssen oder dass Erziehungsberechtigte sie für sie treffen. Lokale und globale Autonomie sind weit gefasste Kategorien mit Überschneidungen, und es ist durchaus so, dass auch Erwachsene oft irrationale und schlecht reflektierte Entscheidungen in beiden Bereichen treffen. Dennoch fehlt

Kindern typischerweise die Kompetenz der globalen Autonomie. Wenn also Autonomie kein monolithischer Block ist, sondern sich in verschiedenen Graden und Teilen entwickelt und zeigt, dann sollten in einigen Stadien der Kindheit und in Bezug auf einige Bereiche des Lebens eines Kindes die Fähigkeiten als Währung der Gerechtigkeit angesehen werden, während zu anderen Zeiten Funktionsweisen Vorrang haben sollten.

Zweitens ist die Autonomie nicht der einzige Aspekt, der eine Rolle spielen sollte, wenn es darum geht, ob wir uns im Fall von Kindern für Fähigkeiten oder Funktionsweisen entscheiden sollten. So haben Joel Anderson und Rutger Claassen (J. Anderson und Claassen 2012) für ein „Regime der Kindheit" argumentiert, das auf anderen wichtigen Überlegungen wie der begrenzten Haftung von Kindern, der elterlichen Verantwortung und der Phase der Kindheit als einer des besonderen Schutzes beruht. Im Rahmen eines solchen Regimes der Kindheit ist Autonomie nicht der einzige Maßstab, um zu entscheiden, was Kinder tun und für sich selbst entscheiden dürfen sollten. Ebenso lehnt Andrew Franklin-Hall (Franklin-Hall 2013) die Idee ab, dass Kinder ähnlich wie Erwachsene behandelt werden sollten, sobald sie eine ähnliche Autonomie aufweisen. Basierend auf seiner Unterscheidung von lokaler und globaler Autonomie argumentiert er, dass Kindheit und Lebensabschnitte im Allgemeinen einen bedeutenden und ausgeprägten moralischen Wert haben, der respektiert werden sollte, und dass es notwendig ist, gegenüber Kindern, die autonomen Erwachsenen ähnlich sind, paternalistisch zu handeln, weil ein Moratorium der Jugend es ihnen ermöglicht, die Kompetenzen, Erfahrungen und das Wissen zu erwerben, um Autor:innen ihres Lebens zu werden. Ich glaube, dass diese Argumente eine gewisse normative Kraft haben, um die autonomen Entscheidungen von Kindern zu überschreiben, und dass dies eine gewisse Rückendeckung dafür bietet, sich für Funktionsweisen anstelle von Fähigkeiten als Währung der Gerechtigkeit zu entscheiden. Es ist jedoch wichtig, darauf hinzuweisen, dass innerhalb der zu schützenden Phase der Kindheit immer noch viel Raum dafür sein sollte, Kindern einige autonome Entscheidungen zuzugestehen und sie somit mit Fähigkeiten auszustatten, anstatt nur auf Funktionsweisen zu schauen. Franklin-Hall argumentiert dafür, Raum für Autonomie in der Kindheit zu schaffen, indem er auf die lokale Autonomie verweist, obwohl ich glaube, dass er den Wert dieser Form der Autonomie etwas unterschätzt, weil für ihn vor allem globale Autonomie wertvoll ist. Wie ich oben argumentiert habe, gehen beide Formen der Autonomie aber ineinander über und lokale Autonomie ist in sich schon eine wertvolle Kompetenz. Hier leihe ich mir ein Argument von Monika Betzler (Betzler 2011), die gezeigt hat, dass die Ausübung von Autonomie in der Kindheit wertvoll ist und dass Kinder dabei unterstützt werden sollten, einige Entscheidungen zu treffen (wenn auch unter der Anleitung ihrer Erziehungsberechtigten und mit einem gewissen Schutz vor den Konsequenzen). Betzler versteht dieses Einüben von Autonomie während der Kindheit als notwendige Voraussetzung dafür, dass Menschen als Erwachsene ausreichend autonom sein können. Die Aus- und Einübung von Autonomie während der Kindheit impliziert, dass Kinder auch das Recht auf Fähigkeiten haben, wenn man davon ausgeht, dass Autonomie ein wertvolles Ziel der

Gerechtigkeit ist. Dieses Argument kann mit Blick auf die Forschung weiter gestärkt werden, die zeigt, dass das Treffen von Entscheidungen nicht nur als eine Art von Training wertvoll ist, sondern intrinsisch wertvoll für das Wohlbefinden von Kindern (insbesondere für ältere Kinder) ist (Tisdall et al. 2006).

Drittens muss bei der Frage, ob Fähigkeiten oder Funktionsweisen für Kinder wichtiger sind, die Tatsache berücksichtigt werden, dass die Kindheit eine bestimmte Phase ist, die aber irgendwann im Leben endet und die meisten Kinder ins Erwachsenenleben übertreten. Globale Gerechtigkeit für Kinder hat also sowohl das Leben von Kindern als Kinder zum Gegenstand, und was sie während ihrer Kindheit tun können oder sollen, und sie hat Kinder auch als zukünftige Erwachsene in den Blick zu nehmen (Bagattini und Macleod 2014; Graf und Schweiger 2015). Beide Aspekte zusammenzubringen bedeutet, anzuerkennen, dass Funktionsweisen zwar für Kinder als Kinder oftmals die adäquate Währung der Gerechtigkeit ist, globale Gerechtigkeit für diese Kinder aber auch das Ziel hat, dass diese als (spätere) Erwachsene einen moralischen Anspruch auf ausreichend Fähigkeiten besitzen. Dasjenige, was globale Gerechtigkeit zu leisten hat, ist also auch, die Voraussetzungen zu schaffen, dass Erwachsene als Erwachsene auf die für sie adäquate Währung der Gerechtigkeit Zugriff haben und das sind in den meisten Fällen Fähigkeiten und nicht Funktionsweisen. Ich werde hier nicht für den Wert der Autonomie für Erwachsene argumentieren, der im Hintergrund der Annahme, dass Fähigkeiten für Erwachsene wertvoller sind als Funktionsweisen steht, weil andere das ausführlich getan haben (Adams 2008; Mullin 2014; Betzler 2011).

Viertens sollte man berücksichtigen, welche Rollen Fähigkeiten und Funktionsweisen im Leben eines Menschen spielen können. Fähigkeiten sind wertvoll, weil sie Autonomie, Wahlmöglichkeiten und Handlungsfähigkeit widerspiegeln, aber sind sie nur Möglichkeiten. Sie sind also in einem anderen Sinne wirklich als es Funktionsweisen sind. Dieser unterschiedliche ontologische Status von Fähigkeiten und Funktionsweisen erlaubt es letzteren, eine besondere Rolle zu spielen: Sie können die Basis für andere Fähigkeiten und Funktionsweisen sein. Dieser Einfluss kann in beide Richtungen gehen, hängt aber davon ab, dass die Funktionsweisen eine tatsächliche Eigenschaft (ein Sein oder Tun) des Kindes oder Erwachsenen sind und nicht nur eine Möglichkeit, etwas, das sie tun oder sein könnten. Während zum Beispiel die Funktionsweise von Krankheit verschiedene Fähigkeiten und Funktionsweisen negativ beeinflusst, hat die Funktionsweise von guter Gesundheit positive Auswirkungen. Fähigkeiten, die nicht als Funktionsweisen wirklich werden, haben als reine Möglichkeiten keine solchen Auswirkungen. In Anlehnung an die Konzepte von Jonathan Wolff und Avner De-Shalit (Wolff und De-Shalit 2007) möchte ich die Funktionsweisen mit positiven Auswirkungen „fruchtbar" und die mit negativen Auswirkungen „korrosiv" nennen. Für Kinder sind manche Funktionsweisen besonders wichtig, weil sie notwendige Voraussetzungen für ihre positive Entwicklung sind. Dazu werde ich aber im nächsten Abschnitt mehr sagen.

Aus diesen Beobachtungen würde ich den Schluss ziehen, dass Funktionsweisen für Kinder eine größere Rolle in der globalen Gerechtigkeit spielen sollten als für Erwachsene. Kinder sind im Durchschnitt nicht nur weniger autonom und ihre Entwicklung hängt vom Erreichen wichtiger Funktionsweisen ab, sondern sie haben auch das moralische Recht, die Kindheit als eine schützende Phase mit Anleitung durch Erziehungsberechtigte zu erleben. Das heißt, Fähigkeiten spielen für sie durchaus eine wichtige Rolle, sowohl als Ziel als auch als Mittel der Gerechtigkeit, aber im Allgemeinen sind Funktionsweisen wichtiger. Es bedarf der Abwägung für konkrete Fragen, um zu entscheiden wann Kinder auf Fähigkeiten und wann sie auf Funktionsweisen als Güter der Gerechtigkeit einen Anspruch haben. Ich möchte hier ein paar Aspekte vorschlagen, auf die man achten sollte, um diese Entscheidung zu treffen: die Autonomiekompetenz des Kindes (ist es in der Lage, selbst zu entscheiden?), die soziale Einbettung der fraglichen Fähigkeit oder Funktionsweise (sind andere Menschen von dieser Fähigkeit/Funktionsweise betroffen? Gibt es soziale Normen und Praktiken, die diese Fähigkeit oder Funktionsweise beeinflussen?), den Status des Kindes innerhalb seiner Entwicklung (was braucht das Kind für seine positive Entwicklung?), die Auswirkungen auf das Kind (würde eine „falsche" Entscheidung schwerwiegende Auswirkungen haben? Sind die Auswirkungen kurz- oder langfristig? Wären sie reversibel?), die benötigten Konversionsfaktoren (was ist notwendig, damit das Kind diese Funktionsweise erreicht? Gibt es Risiken?), das persönliche und soziale Umfeld (gibt es Unterstützung, um die Entscheidung zu reflektieren und mit der erreichten Funktionsweise umzugehen? Gibt es Unterstützung, falls etwas nicht klappt?). Diese Aspekte sind zu berücksichtigen, hängen aber jeweils von der konkreten Situation und der Fähigkeit und Funktionsweise ab, die zur Disposition steht. Auf Ebene einer Theorie der globalen Gerechtigkeit geht es aber nicht primär um Einzelfallentscheidungen, sondern darum, Grundpfeiler für die gesellschaftliche und politische Ordnung zu entwickeln. Das bedeutet auch, dass die eben genannten Aspekte nicht für ein einzelnes Kind oder eine kleine Gruppe von Kindern, sondern für alle Kinder reflektiert werden müssen.

Zeitlichkeit und globale Gerechtigkeit für Kinder

Die Frage, ob wir Fähigkeiten oder Funktionsweisen als Währung der globalen Gerechtigkeit für Kinder bevorzugen sollten, ist nur eine von vielen, die geklärt werden muss. Sie ist auch sehr weit gefasst, denn sie geht nicht sehr tief auf die Frage ein, welche Arten von Fähigkeiten oder Funktionsweisen für Kinder wichtig sein sollten, geschweige denn zu klären, welche konkreten Fähigkeiten oder Funktionsweisen für die globale Gerechtigkeit wichtig sind oder wie man sie auswählt. In diesem Abschnitt werde ich mich auf Funktionsweisen konzentrieren und damit dem oben dargelegten Weg folgen. Das bedeutet nicht, dass Fähigkeiten für Kinder nicht wichtig sind. Das sind sie, wie ich zuvor argumentiert habe. Es ist hauptsächlich aus Gründen der Einfachheit meiner Argumentation und um sie in den Raum eines Aufsatzes zu fassen, dass ich von nun an hauptsächlich von Funktionsweisen spreche. Ich glaube jedoch, dass diese einen besonderen Platz in der globalen Gerechtigkeit für Kinder einnehmen, und ich hoffe, dass meine

Argumente im vorigen Abschnitt das ausreichend gezeigt haben. Was ich also in diesem Abschnitt untersuchen werde, ist die Zeitlichkeit von Funktionsweisen, insbesondere die Bedeutung ihres Zeitpunkts und ihrer Dauer, um zu verstehen, was Kindern in Bezug auf globale Gerechtigkeit geschuldet wird.

Der Fähigkeitenansatz hat im Allgemeinen eine recht statische Sicht auf die Welt (Robeyns 2005, 2006). Er konzentriert sich, sowohl in seiner theoretischen als auch in seiner empirisch orientierten Anwendung, auf das, was Menschen zu einem bestimmten Zeitpunkt sind oder tun. Dieses Manko ist bekannt, ebenso wie die Ansätze, es zu überwinden. Für Kinder ist es von besonderer Bedeutung, weil Kinder, wie ich schon mehr als einmal in diesem Beitrag gesagt habe, sich entwickelnde Wesen sind und Zeit für sie eine große Rolle spielt. Kindheit wird in der Regel dadurch bestimmt, dass man ein bestimmtes Alter hat, und Entwicklung ist ein zeitlicher Begriff. Obwohl Zeit also sicherlich auch für Erwachsene und ihr Leben wichtig ist, spielt diese für Kinder eine besondere Rolle. Ihr Leben ist zeitsensibler und das hat normative Bedeutung. Auch aus diesen Gründen haben Forscher:innen wie Jérôme Ballet, Mario Biggeri und Flavio Comim (Ballet et al. 2011) versucht, den Fähigkeitenansatz für Kinder besser anzupassen, und zwar in einer Weise, dass er die Konzepte der Entwicklung oder Evolution, wie sie es nennen, einbezieht. Sie argumentieren, das sogenannte evolvierende Fähigkeiten – inspiriert durch das Konzept der evolvierenden Kapazitäten (Lansdown 2005) – eine entscheidende Rolle bei der Erforschung und Bestimmung des Wohlbefindens und der Entwicklung von Kindern spielen. Evolvierende Fähigkeiten haben einen Pfad und eine gewisse Richtung und ihre Entwicklung beeinflusst die Entwicklung anderer Fähigkeiten. Hier möchte ich dieses Vorhaben der Dynamisierung des Fähigkeitenansatzes noch ein bisschen weiter treiben und ein nuancierteres Verständnis von Zeitlichkeit in der globalen Gerechtigkeit für Kinder einführen.

Funktionsweisen, als Zustände und Aktivitäten, sind in mindestens zweierlei Hinsicht zeitlich. Sie haben eine zeitliche Ausdehnung, z. B. die Zeit, die es braucht, um zu frühstücken, und sie treten zu einer bestimmten Zeit auf, z. B. könnte ein Kind um sieben Uhr morgens frühstücken. Beide Aspekte der Zeitlichkeit sind für die globale Gerechtigkeit von Bedeutung, und das gilt sowohl für Erwachsene als auch für Kinder. Es macht zum Beispiel einen erheblichen Unterschied, wie lang Phasen des Hungerns und des Nicht-Hungerns sind. Abgesehen von der Frage der Freiwilligkeit scheint es ganz normal zu sein, dass fast jeder Mensch von Zeit zu Zeit kurze Hungerphasen erlebt (weil andere Dinge wichtiger zu tun sind oder weil man vergessen hat, Essen für einen Ausflug einzupacken), problematisch werden Hungerphasen aber, wenn sie über einen längeren Zeitraum andauern (und auch, wenn das im Laufe des Lebens öfter vorkommt). Für manche Zustände und Aktivitäten ist eine bestimmte zeitliche Ausdehnung konstitutiv, weil sie nicht beliebig verkürzt oder verlängert werden können. Für andere Zustände und Aktivitäten ist ihre zeitliche Ausdehnung wichtig, um ihren Wert zu bestimmen. Manche Zustände und Aktivitäten sind wertvoller, wenn sie verlängert werden, andere können ihren Wert verlieren, wenn sie übermäßig lang sind. Aber ich bin hier nicht nur und nicht einmal in erster Linie am subjektiven Wohlergehen interessiert, die manche Zustände und Aktivitäten Erwachsenen oder

Kindern bringen, sondern an ihrem objektiven Wert für die globale Gerechtigkeit (das subjektive Wohlergehen ist ein Teil davon). Gesundheit, Ernährung, Bildung, körperliche Integrität und andere wichtige Funktionsweisen haben alle eine zeitliche Ausdehnung und auch ein bestimmtes Timing im Leben von Kindern (also Zeitpunkte an denen sie sind bzw. durch das Kind verwirklicht werden und Zeitpunkte an denen sie nicht (mehr) sind), über das ich später mehr sagen werde.

Ich werde das am Beispiel der Bildung erläutern, von der ich ausgehe, dass sie ein plausibles Gut der globalen Gerechtigkeit ist, also eine Funktionsweise auf die Kinder einen Anspruch haben (Unterhalter 2005; Walker und Unterhalter 2010). Eine Möglichkeit diesen Anspruch zu verstehen, ist, zu fragen, wie lange Kinder aus Gründen der globalen Gerechtigkeit gebildet werden sollten. Abgesehen von Fragen über die Art, den Umfang und die Ziele von Bildung wäre es für die globale Gerechtigkeit nicht ausreichend, wenn Kinder nur für eine kurze Zeit, sagen wir für ein paar Monate, gebildet werden. Kinder brauchen informelle und formale Bildung über einen längeren Zeitraum, vielleicht für den Großteil oder die gesamte Kindheit. Das liegt einfach daran, dass es viele Dinge zu lernen gibt und dass sie viele Dinge lernen sollten, um autonome Erwachsene zu werden, mit ausreichend vielen und guten Optionen in ihrem Leben und ausgestattet mit den Kompetenzen und dem Wissen, um ein Leben zu führen, das sie schätzen. Obwohl also eine kurze Zeit der Bildung besser ist als gar keine Bildung, wäre eine zu kurze Bildung nicht ausreichend, um die kindlichen Ansprüche der globalen Gerechtigkeit zu erfüllen. Es ist ungerecht, dass manche Kinder nur wenige Monate gebildet werden, zum Beispiel in der Schule, und dadurch Bildungsdefizite aufweisen – und ich glaube, dass diese Behauptung unabhängig davon gilt, welches Prinzip der globalen Gerechtigkeit man nun für richtig hält. Die zeitliche Ausdehnung ist also ein wichtiger Schlüssel zum Verständnis dessen, was Kindern im Sinne globaler Gerechtigkeit zusteht, wenn es um Bildung geht. Dass Kinder einen auf Gerechtigkeit basierenden Anspruch auf Bildung haben, sagt noch nicht viel darüber, wann und wie lange ihnen welche Bildung zusteht (und auch nicht wer dafür verantwortlich ist, dass Kinder diese Bildung bekommen). Dies hat einige wichtige Implikationen, die durchaus bekannt sind, aber in der philosophischen Literatur zu Fragen der globalen Gerechtigkeit manchmal übersehen werden. Viele Funktionsweisen, wie etwa Bildung, verlangen von den Akteur:innen der Gerechtigkeit Engagement über einen längeren Zeitraum, damit sie überhaupt oder auf angemessenem Niveau erreicht werden können. Linda Alstott schlussfolgert, basierend auf einem ähnlichen Gedanken über das langwierige Engagement, das nötig ist, um das Heranwachsen eines Kindes zu unterstützen, dass Eltern die Pflicht haben, zu bleiben und moralisch verpflichtet sind, ihre Kinder oder die Eltern-Kind-Beziehung nicht (ohne sehr gute Gründe) zu verlassen (Alstott 2004).

Die zeitliche Ausdehnung einer Funktion ist auch wichtig, um ihre innere Entwicklung und ihre Verbindung zu anderen Funktionsweisen und Fähigkeiten zu begreifen. So wie ich es verstehe, führen Wolff und de-Shalit (Wolff und de-Shalit 2007) die Konzepte der Korrosivität und Fruchtbarkeit ein, ohne viel darüber nachzudenken, dass sie eine zeitliche Dimension haben oder welche Rolle Zeit dafür spielt, dass und ob eine Funktionsweise fruchtbar oder korrosiv ist. Diese Eigenschaften von Funktionsweisen können also statisch interpretiert werden, was bedeutet, dass ein Kind zu einem bestimmten Zeitpunkt eine bestimmte korrosive oder fruchtbare Funktionsweise hat und dass diese sich negativ (korrosiv) oder positiv (fruchtbar) auf andere Funktionsweisen auswirkt. Zum Beispiel, wenn ein Kind krank ist und deshalb sozial ausgegrenzt wird. Diese statische Sichtweise ist aber noch nicht ausreichend. Korrosive und fruchtbare Funktionsweisen treten oft nicht sofort auf, sondern entwickeln sich im Laufe der Zeit. Zum Beispiel wird das Kind erst dann sozial ausgegrenzt, wenn es längere Zeit krank ist; ein:e Erwachsene:r, der/die arbeitslos ist, wird nicht sofort, aber mit der Zeit ärmer, kränker und einsamer, und dann erst kann man feststellen, dass Arbeitslosigkeit eine korrosive Funktionsweise ist. Korrosive und fruchtbare Funktionsweisen entfalten also ihre Wirkung oft erst im Laufe der Zeit, und manche führen zu einer stetigen Verschlechterung bzw. zu einer stetigen Verbesserung anderer Funktionsweisen und Fähigkeiten. Das hat wichtige Implikationen für unser Verständnis von globaler Gerechtigkeit, insbesondere auch für die Fragilität solcher Funktionsweisen und die Bedeutung von Resilienzfaktoren zum langfristigen Schutz fruchtbarer Funktionsweisen. Wenn wir wissen, dass korrosive Funktionsweisen ihre negativen Auswirkungen erst mit der Zeit entfalten oder mit der Zeit immer schwerwiegendere Folgen haben, dann hat dies Implikationen für das Timing von Interventionen und möglicherweise die Priorisierung von Ressourcen.

Der zweite Aspekt der Zeitlichkeit bezieht sich auf das Timing oder den Zeitpunkt von Funktionsweisen. Dass die Funktionsweise, sich medizinisch behandeln zu lassen, zum richtigen Zeitpunkt erfolgen muss, ist offensichtlich, und auch für eine Bewerbung um einen Arbeitsplatz ist es oft entscheidend, die benötigten Kompetenzen und die formale Ausbildung tatsächlich zu haben und nicht nur dabei zu sein, sie irgendwann in der Zukunft zu erwerben. Für Kinder und globale Gerechtigkeit möchte ich auf drei Dinge hinweisen, die zeigen, wie wichtig hier das Timing ist.

Erstens kann die Kindheit als Entwicklungsphase konzeptualisiert werden, in der sich das Kind von einer Stufe zur nächsten entwickelt und dabei jeweils neue Eigenschaften, Kompetenzen oder Wissen erwirbt (die dann als Funktionsweisen und Fähigkeiten konzeptualisiert werden können). Zum Beispiel sind das Gewicht und die Größe eines Kindes in einem bestimmten Alter wichtige Indikatoren in der Pädiatrie, um festzustellen, dass sich ein Kind gesund entwickelt, denn Entwicklungsverzögerungen sind ein ernstes Gesundheitsproblem (Yousefzadeh et al. 2018). Die Kindheit ist voll von solchen Meilensteinen an körperlichen, kognitiven, seelischen und sozialen Entwicklungsstufen, die erreicht werden sollen, und die es erlauben, festzustellen, ob ein Kind bekommt, was es für seine gesunde Entwicklung braucht und nicht geschädigt , vernachlässigt oder auf andere Art und Weise benachteiligt wird (Gardner 2013). Für eine globale Gerechtigkeit für Kinder ist es also entscheidend, dass diese bestimmte Funktionsweisen innerhalb eines bestimmten Zeitrahmens in der Kindheit erreichen. Auch hier ist anzumerken, dass es oft auf die Funktionsweisen ankommt und nicht auf die Fähigkeiten. Ein Kind sollte tatsächlich gut ernährt sein (gemessen an Größe und Gewicht und anderen Indikatoren zu einem bestimmten Zeitpunkt in seinem Leben und verglichen mit dem, was biostatistisch normal ist) und nicht nur die Fähigkeit dazu haben. Ein Kind sollte tatsächlich in der Lage sein, gemäß seinem Alter und Entwicklungsstand selbständig zu laufen, zu sprechen und zu essen, und nicht nur die Fähigkeit dazu zu haben. Es macht bei jüngeren Kindern auch gar keinen Sinn, hier von Fähigkeiten zu sprechen, da diese nicht kompetent sind, um zu entscheiden, ob sie laufen, sprechen, gut ernährt, gesund oder sozial kompetent sein wollen oder nicht. Erst bei älteren Kindern und Jugendlichen sind gewisse Freiheitsspielräume und Fähigkeiten relevant, die eigene Entwicklung, etwa im Bereich der Bildung, zu beeinflussen und zu steuern.

Zweitens hängt es von der Reife, den Kompetenzen und dem Alter des Kindes ab, welche Funktionsweisen ihm im Rahmen der Gerechtigkeit geschuldet sind. Der Zeitpunkt ist also auch hier entscheidend, denn für manche Funktionsweisen (wie auch Fähigkeiten) ist das Kind vielleicht zu jung, für andere zu alt – um es stark vereinfacht auszudrücken. Im letzteren Fall haben die Funktionsweisen ihren Wert verloren, im ersteren haben sie noch keinen Wert. Im ersten Abschnitt habe ich kurz gesagt, dass sich Autonomie entwickelt und zwar stufenweise. Das spielt auch hier wieder eine große Rolle und kann weiter differenziert werden. Die Entwicklung von Autonomie bedeutet nicht nur, dass Fähigkeiten wichtiger werden, sondern dass neue und andere Fähigkeiten (und Funktionsweisen) wichtig werden. Die Funktionsweise der sexuellen Gesundheit ist für Kinder in jedem Alter wichtig, aber sie hat je nach Alter und Fähigkeiten des Kindes eine andere Bedeutung und einen anderen Inhalt. Sexuelle Gesundheit besteht für einen Teenager nicht nur darin, körperlich gesund zu sein, sondern auch ein bestimmtes Wissen über Sexualität und über den eigenen Körper und die eigene Sexualität zu haben (Graf und Schweiger 2017). Es handelt sich bei sexueller Gesundheit wie auch bei körperlicher Integrität um multidimensionale und komplexe Konzepte, die körperliche, psychische und soziale Dimensionen und auch Beziehungen zu anderen Menschen umfassen (etwa in sexuellen Beziehungen, aber zumindest im Sinne der Reflexion über die eigenen Wünsche gegenüber anderen Menschen). Die Botschaft, die mir wichtig ist, ist, dass die Funktionsweise der sexuellen Gesundheit – die sicherlich für die globale Gerechtigkeit für Kinder entscheidend ist und insbesondere bei Mädchen so oft verletzt und geschädigt wird (Bang et al. 2014; Barth et al. 2013) – sich aus verschiedenen Funktionsweisen und Fähigkeiten zusammensetzt, die je nach Alter, Reife und Kompetenzen der Kinder erheblich variieren.

Basierend auf diesen Beobachtungen möchte ich dafür argumentieren, dass es für ein besseres Verständnis von globaler Gerechtigkeit für Kinder nicht ausreicht, wichtige Funktionsweisen (oder Fähigkeiten) auszuwählen. Vielmehr muss darüber nachgedacht werden, welche Funktionsweisen wichtig sind und wie Kinder diese zum richtigen Zeitpunkt und für die ausreichende Dauer verwirklichen können. Das heißt auch, dass die Konversionsfaktoren für diese Funktionsweisen zum richtigen Zeitpunkt und über die richtige Dauer bereitgestellt werden müssen. Es könnte sein, dass die spezifische Zeitlichkeit von Funktionsweisen (wann und wie lange sie wichtig sind) auch von anderen externen sozialen, kulturellen oder Umweltfaktoren abhängt, die sich zwischen Gesellschaften und lokalen Kontexten, in denen Kinder aufwachsen, unterscheiden. Ob eine solche Kontextsensitivität existiert und welchen Einfluss sie auf bestimmte Funktionalisierungen hat, steht zur Debatte und kann hier aus Platzgründen leider nicht weiter diskutiert werden.

Kindergüter und globale Gerechtigkeit

In der Diskussion über Gerechtigkeit und Kindheit sind Argumente vorgebracht worden, dass für Kinder andere Arten von Gütern von Bedeutung sind als für Erwachsene. Einige Autor:innen haben diese als „Kindergüter" oder „intrinsische Güter der Kindheit" bezeichnet (Macleod 2010; Gheaus 2015; Brennan 2014; Hannan 2017). Ich glaube, dass es mehrere mögliche Interpretationen für diese Annahmen gibt, aber die prominenteste ist, dass solche „intrinsischen Güter der Kindheit" nur für Kinder wertvoll sind und dass sie deshalb einen moralischen Anspruch darauf haben. Beispiele für solche Güter könnten Unschuld oder Phantasie sein. Soweit ich weiß, wurde diese Debatte noch nicht aus der Perspektive des Fähigkeitenansatzes aufgegriffen, obwohl sie dafür sicherlich wichtig wäre. Theoretiker:innen innerhalb des Fähigkeitenansatzes versuchen seit langem, kindliche oder kinderspezifische Fähigkeiten und Funktionsweisen zu unterscheiden, um kindliches Wohlbefinden und Armut oder Deprivation zu messen (Biggeri et al. 2011). Es wäre also auch für sie von Interesse, der Frage nachzugehen, ob und welche Güter (nur) für Kinder von Bedeutung sind. Mein Beitrag in diesem Abschnitt ist von begrenztem Umfang mit dem Ziel, einige Differenzierungen vorzunehmen, die sich für ein Konzept globaler Gerechtigkeit für Kinder auf der Grundlage des Fähigkeitenansatzes als hilfreich erweisen könnten. Ich werde also nicht die ganze Debatte über den Wert der Kindheit neu aufrollen, welche Rolle „intrinsische Güter der Kindheit" hier spielen könnten und wie sie sich auf die Frage nach der globalen Gerechtigkeit für Kinder im Allgemeinen beziehen. Ich glaube, dass es sich lohnt, in dieser Hinsicht einige Unterscheidungen zu treffen. Insbesondere ist zu klären, was mit „wertvoll", mit „nur" und mit „Funktionsweisen" (oder Fähigkeiten oder Gütern) in der Behauptung gemeint ist, dass manche Funktionsweisen nur für Kinder wertvoll sind. Ich interpretiere die Debatte über Kindergüter als eine, in der es um die richtige Währung der Gerechtigkeit für eine bestimmte Lebensphase – die Kindheit – geht, und sie beinhaltet daher, wenn auch meist implizit, Überlegungen zur Zeitlichkeit der Güter, die Kindern als eine Frage der Gerechtigkeit geschuldet sind.

Erstens scheint es plausibel, anzunehmen, dass es Funktionsweisen (und Fähigkeiten) gibt, die nur Kinder haben können. Funktionsweisen beschreiben alle verschiedenen Zustände und Aktivitäten, die eine Person haben kann, und da sich Kinder und Erwachsene in einigen bestimmten Aspekten unterscheiden, kann es Funktionsweisen geben, die auf diesen Unterschieden beruhen. Ich möchte mich hier nicht auf die Klärung des ontologischen Status von Kindheit einlassen, also ob Kindheit und Erwachsenenalter vor allem auf natürlichen oder sozial konstruierten Eigenschaften beruhen, aber es scheint plausibel, anzunehmen, dass die Unterschiede zwischen Kindern und Erwachsenen nicht nur sozial konstruiert sind, obwohl diese Konstruktion sehr wichtig ist im Hinblick darauf, wie natürliche Unterschiede interpretiert werden und soziale Normen und Praktiken gegenüber Kindern prägen. Johannes Giesinger (Giesinger 2017) hat gezeigt, dass die These der „sozialen Konstruktion", auch für die Debatte um „intrinsische Güter der Kindheit" von Bedeutung ist, weil sie auf Annahmen darüber beruht, was Kindheit und was Kinder sind. Solche Behauptungen über die „Natur" von Kindheit und Kindern sind sowohl im Hinblick auf die Behauptung, dass es kinderspezifische Funktionsweisen gibt, als auch für die Diskussion, ob sie für Kinder wertvoll sind, wichtig. Ist Kindheit auch sozial konstruiert, dann können auch Menschen, die biologisch keine Kinder mehr sind, also Erwachsene, jene sozialen Eigenschaften von Kindern haben und hätten dadurch Zugang zu bestimmten kindspezifischen Funktionsweisen. Andere kindspezifische Funktionsweisen, die auf natürlichen Unterschieden zwischen Kindern und Erwachsenen beruhen, wären dagegen für Erwachsene nicht mehr erreichbar. Das hat insofern Auswirkungen auf die Frage der globalen Gerechtigkeit, weil jene Güter, auf die Kinder einen gerechten Anspruch haben, die ihnen aber nur während der Kindheit zugänglich sind, besondere Beachtung finden sollten.

Zweitens können Funktionsweisen (und Fähigkeiten) eine ganz unterschiedliche Tiefe und Breite haben. Gesundheit zum Beispiel beinhaltet viele weiter spezifische Funktionsweisen und Fähigkeiten, ebenso wie Bildung. Das macht es kompliziert, die Frage zu beantworten, ob eine bestimmte Funktionsweise nur Kinder haben können und ob sie nur für diese wertvoll ist. Zum Beispiel würde niemand bestreiten, dass Bildung für Kinder und für Erwachsene wichtig ist, aber was damit für diese beiden Gruppen gemeint ist, unterscheidet sich (Walker und Unterhalter 2010). Wenn eine Gruppe Erwachsener, zum Beispiel Menschen in Armut oder ein großer Teil jener, die in Ländern des Globalen Süden leben, nur das gleiche Bildungsniveau hätte wie die Gruppe der Vorschulkinder, die reiche Eltern haben oder die im Globalen Norden leben, würde dies unter dem Gesichtspunkt der globalen Gerechtigkeit ungerecht sein und es wäre falsch zu behaupten, dass jene:r Erwachsene:r, die deutlich zu wenig Bildung haben, nicht benachteiligt wären. Während also Bildung sowohl für Erwachsene als auch für Kinder wertvoll ist und nicht etwas ist, das nur Kinder oder Erwachsene haben können, könnten bestimmte wichtige Funktionsweisen oder Fähigkeiten innerhalb dieses Bündels, das „Bildung" genannt wird, durchaus nur für Kinder oder Erwachsene verfügbar oder wertvoll sein. Zum Beispiel fällt es Kindern leichter, Sprachen ohne Lehrbücher oder viel Aufwand zu lernen – eine Funktion, die den meisten Erwachsenen im späteren Leben fast vollständig verloren geht (DeKeyser 2000). Es wäre wohl für Erwachsene wertvoll, wenn sie diese Kompetenz zum leichten Spracherwerb behalten könnten, aber das ist unmöglich; es handelt sich hier um eine Funktionsweise, die Kindern vorbehalten ist, die aber nur ein Teil der größeren Funktionsweise „Bildung" ist. Darüber hinaus sei noch einmal darauf hingewiesen, dass die zeitliche Dimension, die im vorigen Abschnitt dieser Arbeit besprochen wurde, hier eine entscheidende Rolle spielt. Die Bildung, lesen, schreiben und die Grundrechenarten beherrschen zu können, hat sicherlich einen anderen Wert und einen positiveren Einfluss auf die weiteren Lebenschancen, wenn sie im Alter von fünf Jahren erworben wird als wenn sie erst im Alter von 25 oder 85 Jahren erworben wird. Die Fruchtbarkeit der Funktionsweise der Bildung, um andere Fähigkeiten und Funktionsweisen zu erwerben, nimmt mit der Zeit ab.

Drittens ist es umstritten, ob es Funktionsweisen (oder Fähigkeiten) gibt, die nur für Kinder wertvoll sind. Eine Interpretation wäre, dass es bestimmte Funktionsweisen gibt, die nur für Kinder wertvoll sind, weil Kinder sie nur in der Kindheit haben können. Das habe ich oben mit dem Hinweis auf die Natürlichkeit der Unterschiede zwischen Kindern und Erwachsenen schon angedeutet. Zum Beispiel, eine gute Kindheit zu haben ist nur für Kinder wertvoll, weil nur sie sie erleben können (und es ist etwas Wertvolles für sie). Erwachsene können als Erwachsene keine gute Kindheit erleben, weil ihre Kindheit schon vorbei ist. Sie können eine gute Kindheit nur als Teil ihrer Vergangenheit haben und diese nicht mehr ändern. Man könnte sagen, dass eine gute Kindheit trotzdem nicht „nur" für Kinder wichtig ist, denn auch Eltern und andere Personen oder Institutionen oder auch die Gesellschaft als solche schätzen die Tatsache, dass Kinder eine gute Kindheit erleben. Ich glaube aber, das ist hier nicht mit „nur" gemeint, sondern es sollen damit Funktionsweisen gemeint sein, die für Erwachsene als Erwachsene ohne Bezug auf Kinder nicht wertvoll sein können. Für eine Welt, in der nur Erwachsene existieren oder jemals existiert haben, kann eine gute Kindheit also nicht wertvoll sein. Das bedeutet, dass die Funktionsweise einer guten Kindheit (die eigentlich ein Bündel von Funktionsweisen und Fähigkeiten ist) nur für Kinder wertvoll ist, weil sie für diese einerseits wertvoll ist und andererseits nur Kinder diese Funktionsweise als eine eigene haben können.

Viertens können Funktionsweisen auf zwei verschiedene Arten (nur) für Kinder wertvoll sein. Wir können sie als Funktionsweisen der Entwicklung betrachten, die (nur) für Kinder wertvoll sind, weil sie in der Kindheit benötigt werden, um als Erwachsene:r etwas anderes Wertvolles zu erreichen, z. B. um ein:e autonome:r Erwachsene:r zu werden oder ein ausreichend hohes Wohlergehen zu haben. Oder Funktionsweisen können (nur) für Kinder wertvoll sein, weil es ihr Leben als Kind besser macht. Beides ist für die globale Gerechtigkeit für Kinder wichtig, da es darum geht, Gerechtigkeit für Kinder als Kinder (gegenwartsorientierte globale Gerechtigkeit) und für Kinder als zukünftige:r Erwachsene:r (zukunftsorientierte globale Gerechtigkeit) herzustellen. Das bedeutet auch, dass manche Funktionsweisen, die auch Erwachsene haben können, nur für Kinder wertvoll sind, und manche Funktionsweisen, die auch Kinder haben können, nur für Erwachsene wertvoll sind. Ein mögliches Beispiel wäre Erwerbsarbeit (innerhalb eines kapitalistischen Systems, möchte ich hinzufügen), die für Erwachsene als wertvoll erachtet wird und die auch Kinder übernehmen können. Kinderarbeit wird jedoch zurecht als ungerecht kritisiert (Satz 2010) und Kinder können zwar die Funktionsweise der Erwerbsarbeit verwirklichen, sie sollen dies aber aus moralischen Gründen nicht tun, weil es sie schädigt. Dieser Aspekt hängt auch mit dem vorhergehenden zusammen, den ich über das richtige Timing von Funktionsweisen vorgebracht habe – Erwerbsarbeit ist für Kinder insofern wichtig, als dass sie im Laufe der Kindheit jene Funktionsweisen entwickeln sollen – und darauf einen Anspruch haben, dass ihnen dabei geholfen wird – dass sie als Erwachsene Zugang zu einer erfüllenden Erwerbsarbeit haben und so an der Gesellschaft partizipieren können. Eine Funktionsweise, die hier eine große Rolle spielt, ist die ausreichende Bildung.

Fünftens: Was eine Funktionsweise für Kinder wertvoll macht, kann aus einer Vielzahl von normativen Perspektiven erörtert werden. Der Fähigkeitenansatz ist hier nur einer unter vielen, und innerhalb dieses Ansatzes gibt es eine Fülle von theoretischen und empirischen Zugängen, warum einige Funktionsweisen wertvoll sind und andere nicht. Nussbaum und Dixon (Dixon und Nussbaum 2012) verweisen auf die Würde, während andere es vorziehen, sich an Kinderrechten zu orientieren, die in der UNO Konvention über die Rechte des Kindes festgelegt sind (Stoecklin und Bonvin 2014), und eine dritte Option wäre es, das Wohlergehen und Wohlentwickeln von Kindern als Maßstab und leitenden Gesichtspunkt für die Bewertung von Funktionsweisen heranzuziehen (Schweiger und Graf 2015). Für die Bewertung von Funktionsweisen als wertvoll für Kinder und dass diese einen Anspruch der globalen Gerechtigkeit darauf haben, spielen immer auch Vorstellungen über die Natur der Kindheit eine Rolle und was Kinder im Unterschied zu Erwachsenen ausmacht. Radikal unterschiedliche Konzepte von Kindheit und Kindeswohl, sowohl zeitgenössische als auch historische (Gittins 2009), werfen hier ernsthafte Fragen darüber auf, wie viel Objektivität bei der Bestimmung dessen möglich ist, was für Kinder wertvoll ist und worauf sie im Sinne einer globalen Gerechtigkeit Anspruch haben. In der Philosophie gibt es einen westlichen Mainstream, der auch einen Einfluss darauf hat, was als gerecht für Kinder angesehen wird, während andere Kulturen und Gesellschaften, die Kindheit anders verstehen, zu anderen Ansichten über eine gute und gerechte Kindheit gelangen können. Neben der Frage, wie mit dieser Pluralität umzugehen ist und wie diese adäquat in einer Theorie der globalen Gerechtigkeit berücksichtigt werden kann ohne in einen Kulturrelativismus zu verfallen, der Ungerechtigkeiten als kulturelle Eigenheiten kaschiert oder gar legitimiert, stellt sich hier auch die Frage, welche Rolle und welche Stimme Kindern selbst eingeräumt wird, um festzustellen, welche Funktionsweisen wertvoll sind und ob es spezifische Kindergüter gibt. Schließlich wären Kinder so etwas wie Expert:innen in eigener Sache. Der Fähigkeitenansatz bildet den Rahmen für viele empirische Studien mit Kindern und für die Frage, wie man ihnen angemessenen Raum und Zeit geben kann, um ihre Gedanken und Präferenzen zu äußern (Domínguez-Serrano et al. 2018). Einerseits ist das normative Gewicht der Ansichten von Kindern in diesen Fragen immer noch umstritten. Einige haben argumentiert, dass die Meinungen von Kindern nicht autoritativ, sondern nur beratend sein sollten (Brighouse 2003; Archard und Skivenes 2009), andere befassen sich mit den epistemischen Ungerechtigkeiten, wenn die Ansichten von Kindern zu Unrecht von Erwachsenen ignoriert oder heruntergespielt werden (Carel und Györffy 2014). Andererseits können sich die Sichtweisen von Kindern selbst nach Alter, Geschlecht, Sozialisation, Erfahrungen oder Kompetenzen unterscheiden. Das ist ein Problem, insbesondere für das Projekt der globalen Gerechtigkeit für Kinder, das eine universalistische Reichweite hat und diesen Universalismus mit der Notwendigkeit eines Lokalismus, also einer Berücksichtigung lokaler Interessen, Bedürfnisse und Unterschiede zwischen Kindern und den Gesellschaften, in denen sie leben, ausbalancieren will, ohne relativistisch zu werden. Diese Frage stellt sich nicht nur hinsichtlich der Frage, welche Funktionsweisen (oder Fähigkeiten) die Währung der Gerechtigkeit sind, sondern auch, wie sie unter den Kindern, die in so unterschiedlichen Kontexten leben, verteilt werden sollen.

Ausgehend von diesen Überlegungen möchte ich zwischen kinderspezifischen, kindersensiblen, kinderähnlichen, kinderorientierten und kinderneutralen Funktionsweisen unterscheiden. Diese Kategorisierung ist neutral und schreibt keiner von ihnen einen bestimmten moralischen Wert für die globale Gerechtigkeit für Kinder zu. Kinderspezifische Funktionsweisen sind solche, die nur Kinder haben können. Kindersensible Funktionsweisen sind solche, die sowohl Kinder als auch Erwachsene haben können, aber ihre Ausprägung, Form und Inhalt ist für Kinder und Erwachsene unterschiedlich. Kinderähnliche Funktionsweisen sind solche, die Kinder und Erwachsene haben können, die aber bei Kindern häufiger vorkommen und die mit dem verbunden sind, was als die „Natur der Kindheit" beschrieben werden kann (basierend sowohl auf ihren natürlichen als auch sozial konstruierten Eigenschaften, die Kinder von Erwachsenen unterscheidet). Kinderorientierte Funktionsweisen sind solche, die sowohl Kinder als auch Erwachsene haben können, die aber für Kinder besonders wichtig sind (entweder weil sie besonders positive oder negative Auswirkungen auf Kinder haben) und für Erwachsene nicht so. Kinderneutrale Funktionsweisen sind solche, die sowohl Kinder als auch Erwachsene haben können und die entweder für beide gleich häufig oder für beide gleich wichtig sind.

Offensichtlich sind die Grenzen zwischen diesen Funktionsweisen unscharf und es ist sowohl eine empirische als auch normative Frage, welche Funktionsweisen in welche Kategorie gehören. Die obige Kategorisierung kann dann bei der Entwicklung einer Theorie der globalen Gerechtigkeit für Kinder dennoch eine wichtige Rolle spielen. Zum einen lässt sie uns etwas besser unterscheiden, welcher Wert bestimmten Funktionsweisen zugeschrieben wird und wie sie sich auf die „Natur der Kindheit" beziehen. Man kann und sollte zum Beispiel nicht davon ausgehen, dass eine Funktionsweise nur deshalb wertvoll ist, weil sie kinderspezifisch ist. Dennoch ist es plausibel anzunehmen, dass, wenn einige kinderspezifische Funktionsweisen für Kinder besonders wertvoll sind, dies wichtige Konsequenzen für das richtige Verständnis von globaler Gerechtigkeit für Kinder hat, weil das zeigt, dass eine Theorie globaler Gerechtigkeit für Kinder nicht deckungsgleich mit einer Theorie der globalen Gerechtigkeit für Erwachsene sein kann, da die Funktionsweisen bzw. Fähigkeiten, die sie beinhalten, andere sind (zumindest wenn es um die Währung der Gerechtigkeit geht). Andererseits scheint es sehr plausibel, dass die Kategorisierung von Funktionsweisen nach ihrem Status als kinderspezifisch, kindersensibel, kinderähnlich, kinderorientiert oder kinderneutral bei Kindern je nach Alter, Reife oder Fähigkeiten variieren könnte, also dass zum Beispiel manche Funktionsweise, die kinderorientiert ist, weil sie für Kinder besonders wertvoll ist, nur für Kinder eines bestimmten Alters diese Eigenschaft hat und für ältere oder jüngere Kinder nicht. Dann macht es auch keinen Sinn, diese Funktionsweise als Anspruch der Gerechtigkeit für alle Kinder zu verlangen, sondern eben nur für Kinder eines bestimmten Alters. Um solche wichtigen Klärungen vorzunehmen, bedarf es noch einmal die zeitliche Dimension dieser Funktionsweisen in den Blick zu nehmen. Das ist wichtig für die Frage, welchen Stellenwert sie für bestimmte Kinder haben und wie sich das in Maßnahmen niederschlägt, die darauf abzielen, Kinder mit den richtigen Maßnahmen zum richtigen Zeitpunkt und über die richtige Zeitdauer zu erreichen und ihnen dabei zu helfen, eine gerechte Kindheit zu haben.

Schlussfolgerungen

Dieser Beitrag untersuchte einige Fragen zu Fähigkeiten und Funktionsweisen als Währung der globalen Gerechtigkeit für Kinder. Ich habe argumentiert, dass es plausibel ist, Funktionsweisen gegenüber Fähigkeiten für Kinder zu priorisieren, aber dass diese Antwort von mehreren Bedingungen abhängt, die wir berücksichtigen müssen, wenn wir sagen wollen, was für bestimmte Kinder in bestimmten Situationen gerecht ist. Das sagt uns aber nicht, welche Funktionsweisen oder Fähigkeiten für eine globale Gerechtigkeit für Kinder wichtig sein sollten oder wie wir sie auswählen sollen. Ingrid Robeyns (Robeyns 2003) hat einen Vorschlag gemacht, wie man Fähigkeiten auswählen kann, die besonders für Frauen wichtig sind, und vielleicht könnte man ihre Methodik auf den Fall von Kindern übertragen. Mario Biggeri und Santosh Mehrotra (Biggeri und Mehrotra 2011) und Gottfried Schweiger und Gunter Graf (Schweiger und Graf 2015) machten Vorschläge, wie man Fähigkeiten Biggeri (2011) und Funktionsweisen (Graf und Schweiger 2017) für Kinder auswählen kann. Diese können als Ausgangspunkte dienen, aber ein besseres und umfassenderes Verständnis darüber, welche Funktionsweisen für globale Gerechtigkeit für Kinder wichtig sind, ist angesichts der Überlegungen in diesem Aufsatz angebracht. Dies muss geschehen, damit wir von allzu oberflächlichen Annahmen über globale Gerechtigkeit für Kinder zu einem verfeinerten und „dichteren" Verständnis übergehen können.

Literatur

Adams, Harry William. 2008. *Justice for Children: Autonomy Development and the State*, 1. Aufl. Albany: State University of New York Press.

Alstott, Anne. 2004. *No Exit: What Parents Owe Their Children and What Society Owes Parents*, 1. Aufl. Oxford/New York: Oxford University Press.

Anderson, Elizabeth. 2010. Justifying the Capability Approach to Justice. In *Measuring Justice: Primary Goods and Capabilities*, 1. Aufl., Hrsg. Harry Brighouse und Ingrid Robeyns, 81–100. Cambridge/New York: Cambridge University Press.

Anderson, Joel, und Rutger Claassen. 2012. Sailing Alone: Teenage Autonomy and Regimes of Childhood. *Law and Philosophy* 31(5):495–522. https://doi.org/10.1007/s10982-012-9130-9.

Archard, David, und Marit Skivenes. 2009. Balancing a Child's Best Interests and a Child's Views. *The International Journal of Children's Rights* 17(1):1–21. https://doi.org/10.1163/157181808X358276.

Bagattini, Alexander, und Colin M. Macleod, Hrsg. 2014. *The Nature of Children's Well-Being: Theory and Practice*, 1. Aufl. New York: Springer.

Ballet, Jérôme, Mario Biggeri, und Flavio Comim. 2011. Children's Agency and the Capability Approach: A Conceptual Framework. In *Children and the Capability Approach*, 1. Aufl., Hrsg. Mario Biggeri, Jérôme Ballet, und Flavio Comim, 22–45. Basingstoke/New York: Palgrave Macmillan.

Bang, Brandy, Paige L. Baker, Alexis Carpinteri, und Vincent B. Van Hasselt. 2014. *Commercial Sexual Exploitation of Children*, 1. Aufl. New York: Springer. https://doi.org/10.1007/978-3-319-01878-2.

Barth, J., L. Bermetz, E. Heim, S. Trelle, und T. Tonia. 2013. The Current Prevalence of Child Sexual Abuse Worldwide: A Systematic Review and Meta-Analysis. *International Journal of Public Health* 58(3):469–483. https://doi.org/10.1007/s00038-012-0426-1.

Betzler, Monika. 2011. Erziehung Zur Autonomie Als Elternpflicht. *Deutsche Zeitschrift Für Philosophie* 59(6):937–953. https://doi.org/10.1524/dzph.2011.0074.

Biggeri, Mario, Jérôme. Ballet, und Flavio Comim, Hrsg. 2011. *Children and the Capability Approach*, 1. Aufl. Basingstoke/New York: Palgrave Macmillan.

Biggeri, Mario, und Santosh Mehrotra. 2011. Child Poverty as Capability Deprivation: How to Choose Domains of Child Well-Being and Poverty. In *Children and the Capability Approach*, 1. Aufl., Hrsg. Mario Biggeri, Jérôme Ballet, und Flavio Comim, 46–75. Basingstoke/New York: Palgrave Macmillan.

Brennan, Samantha. 2014. The Goods of Childhood, Children's Rights, and the Role of Parents as Advocates and Interpreters. In *Family-Making: Contemporary Ethical Challenges*, Hrsg. Françoise Baylis und Carolyn Macleod. Oxford: Oxford University Press.

Brighouse, Harry. 2003. How Should Children Be Heard? *Arizona Law Review* 45(3):691–711.

Brock, Gillian. 2017. Global Justice. In *The Stanford Encyclopedia of Philosophy (Spring 2017 Edition)*, Hrsg. Edward Zalta. Metaphysics Research Lab, Stanford University. https://plato.stanford.edu/archives/spr2017/entries/justice-global/.

Carel, Havi, und Gita Györffy. 2014. Seen but Not Heard: Children and Epistemic Injustice. *The Lancet* 384(9950):1256–1257. https://doi.org/10.1016/S0140-6736(14)61759-1.

DeKeyser, Robert M. 2000. THE ROBUSTNESS OF CRITICAL PERIOD EFFECTS IN SECOND LANGUAGE ACQUISITION. *Studies in Second Language Acquisition* 22(4):499–533.

Dixon, Rosalind, und Martha Nussbaum. 2012. Children's Rights and a Capabilities Approach: The Question of Special Priority. *Cornell Law Review* 97:549–593.

Domínguez-Serrano, Mónica, Lucía del Moral-Espín, und Lina Gálvez Muñoz. 2018. A Well-Being of Their Own: Children's Perspectives of Well-Being from the Capabilities Approach. *Childhood* October. https://doi.org/10.1177/0907568218804872.

Franklin-Hall, Andrew. 2013. On Becoming an Adult: Autonomy and the Moral Relevance of Life's Stages. *The Philosophical Quarterly* 63(251):223–247. https://doi.org/10.1111/1467-9213.12014.

Gardner, William. 2015. The Developmental Capability Model of Child Well-Being. In *The Well-Being of Children: Philosophical and Social Scientific Approaches*, 1. Aufl., Hrsg. Gunter Graf und Gottfried Schweiger, 68–83. Berlin: DeGruyter Open.

Gheaus, Anca. 2015. The Intrinsic Goods of Childhood and the Just Society. In *The Nature of Children's Well-Being*, 1. Aufl., Hrsg. Alexander Bagattini und Colin M. Macleod, 35–52. 9. Dordrecht: Springer.

Giesinger, Johannes. 2017. The Special Goods of Childhood: Lessons from Social Constructionism. *Ethics and Education* 12(2):201–217. https://doi.org/10.1080/17449642.2017.1314168.

Gittins, Diana. 2009. *The Historical Construction of Childhood". In An Introduction to Childhood Studies*, 2. Aufl., Hrsg. Mary Jane Kehily. Maidenhead: MacGraw-Hill Open Universtiy Press.

Graf, Gunter, und Gottfried Schweiger, Hrsg. 2015. *The Well-Being of Children: Philosophical and Social Scientific Approaches*, 1. Aufl. Berlin: DeGruyter Open.
Graf, Gunter, und Gottfried Schweiger, Hrsg. 2017. *Ethics and the Endangerment of Children's Bodies*. Basingstoke: Palgrave Macmillan.
Hannan, Sarah. 2017. Why Childhood Is Bad for Children. *Journal of Applied Philosophy, January*. https://doi.org/10.1111/japp.12256.
Hart, Caroline, Bernhard Babic, und Mario Biggeri, Hrsg. 2014. *Agency and Participation in Childhood and Youth: International Applications of the Capability Approach in Schools and Beyond*, 1. Aufl. New York: Bloomsbury Academic.
Kelleher, J. Paul. 2015. Capabilities versus Resources. *Journal of Moral Philosophy* 12:151–171.
Lansdown, Gerison. 2005. The Evolving Capacities of the Child. 11. Innocenti Insight. Florence: UNICEF International Child Development Centre. https://www.unicef-irc.org/publications/384-the-evolving-capacities-of-the-child.html.
Macleod, Colin M. 2010. Primary Goods, Capabilities and Children. In *Measuring Justice – Primary Goods and Capabilities*, Hrsg. Harry Brighouse und Ingrid Robeyns, 174–192. Cambridge/New York: Cambridge University Press.
Mullin, Amy. 2014. Children, Paternalism and the Development of Autonomy. *Ethical Theory and Moral Practice* 17(3):413–426. https://doi.org/10.1007/s10677-013-9453-0.
Nussbaum, Martha. 2011. *Creating Capabilities : The Human Development Approach*, 1. Aufl. Cambridge/London: Belknap Press of Harvard University Press.
Oosterlaken, Ilse. 2012. Is Pogge a Capability Theorist in Disguise? A Critical Examination of Thomas Pogge's Defence of Rawlsian Resourcism. *Ethical Theory and Moral Practice* 16(1):205–215. https://doi.org/10.1007/s10677-012-9344-9.
Robeyns, Ingrid. 2003. Sen's Capability Approach and Gender Inequality: Selecting Relevant Capabilities. *Feminist Economics* 9(2–3):61–92. https://doi.org/10.1080/1354570022000078024.
Robeyns, Ingrid. 2005. The Capability Approach: A Theoretical Survey. *Journal of Human Development* 6(1):93–114. https://doi.org/10.1080/146498805200034266.
Robeyns, Ingrid. 2006. The Capability Approach in Practice. *The Journal of Political Philosophy* 14(3):351–376. https://doi.org/10.1111/j.1467-9760.2006.00263.x.
Satz, Debra. 2010. *Why Some Things Should Not Be for Sale: The Moral Limits of Markets*, 1. Aufl. Oxford Political Philosophy. New York: Oxford University Press.
Schweiger, Gottfried, und Gunter Graf. 2015. *A Philosophical Examination of Social Justice and Child Poverty*, 1. Aufl. Basingstoke: Palgrave Macmillan. http://www.palgraveconnect.com/doifinder/10.1057/9781137426024.
Sen, Amartya. 2009. *The Idea of Justice*, 1. Aufl. London/New York: Lane.
Stoecklin, Daniel, und Jean-Michel. Bonvin, Hrsg. 2014. *Children's Rights and the Capability Approach: Challenges and Prospects*, 1. Aufl. New York: Springer.
Tisdall, E. Kay M., John M Davis, Alan Prout, und Malcolm Hill, Hrsg. 2006. *Children, Young People and Social Inclusion: Participation for What?*, 1. Aufl. Bristol: Policy Press.
Unterhalter, Elaine. 2005. Global Inequality, Capabilities, Social Justice: The Millennium Development Goal for Gender Equality in Education. *International Journal of Educational Development* 25(2):111–122. https://doi.org/10.1016/j.ijedudev.2004.11.015.
Walker, Melanie, und Elaine Unterhalter, Hrsg. 2010. *Amartya Sen's Capability Approach and Social Justice in Education*, 1. Aufl. Basingstoke: Palgrave Macmillan.
Wolff, Jonathan, und Avner de-Shalit. 2007. *Disadvantage*, 1. Aufl. Oxford Political Theory. Oxford/New York: Oxford University Press.
Wolff, Jonathan, und Avner de-Shalit. 2013. On Fertile Functionings: A Response to Martha Nussbaum. *Journal of Human Development and Capabilities* 14(1):161–165. https://doi.org/10.1080/19452829.2013.762177.
Yousefzadeh, Sepideh, Mario Biggeri, Caterina Arciprete, und Hinke Haisma. 2018. A Capability Approach to Child Growth. *Child Indicators Research, April*. https://doi.org/10.1007/s12187-018-9548-1.

Sektion II: Verletzlichkeit und Kindheit

Ethik und die körperliche Integrität von Mädchen

Einleitung

Eine Ethik, die für die besondere Situation von Mädchen sensibel ist, ist ein viel zu wenig untersuchter Bereich in der feministischen Forschung und einer, der sowohl einen theoretischen Rahmen als auch praktische Anwendbarkeit erfordert. Wir glauben, dass es wichtig ist, sich der körperlichen Integrität von Mädchen aus Perspektive einer ethischen Theorie zu nähern, daher greifen wir auf den Fähigkeitenansatz zurück, den der Ökonom Amartya Sen (1993, 1997, 2005) wesentlich entwickelt hat, und versuchen auf seiner Basis eine Bestimmung der Konzepte der körperlichen Integrität, des Wohlergehens und Wohlentwickelns von Mädchen. Der Fähigkeitsansatz kann als eine nicht-ideale normative Theorie der Gerechtigkeit und Freiheit interpretiert werden und daher als ein Rahmen, in dem ethische und politische Herausforderungen, die Mädchen betreffen, analysiert werden können, da er bottom-up auf reale Probleme eingeht und sich darauf konzentriert, wie „der soziale Kontext die Bedingungen für individuelle Freiheiten setzt" (Unterhalter et al. 2007, S. 13). Martha Nussbaum hat die Idee, dass verschiedene Fähigkeiten eng mit der körperlichen Integrität verbunden sind, entwickelt. Diese Fähigkeiten reichen von der Möglichkeit, ein Leben zu führen, in dem Gesundheit, Ernährung, Unterkunft, Mobilität, reproduktive Rechte usw. gewährleistet sind, bis hin zur Möglichkeit, zu spielen und Spaß zu haben, und von der Möglichkeit, in den Genuss von Bildung zu kommen, bis hin zur Möglichkeit, frei von Schmerzen zu leben. Für Nussbaum dürfen diese Fähigkeiten nicht vom sozialen Kontext abhängen, sondern sollen universell zugänglich sein. In ihren eigenen Worten ist die körperliche Unversehrtheit eine zentrale Fähigkeit des Menschen und besteht darin, „Being able to move freely

Gemeinsam mit Mar Cabezas

G. Schweiger, *Essays zur Philosophie der Kindheit,* Kindheit – Bildung – Erziehung. Philosophische Perspektiven, https://doi.org/10.1007/978-3-662-66692-0_7

from place to place; to besecure against violent assault, including sexual assault and domestic violence; having opportunities for sexual satisfaction and forchoice in matters of reproduction“ (2011, S. 33). Funktionsweisen sind in diesem Konzept nicht nur das, was Menschen tun, sondern das, was sie bereits vollbracht haben.

Ein ganzheitliches Konzept der körperlichen Integrität von Mädchen sollte jene Aspekte der sozialen Kontrolle explizit machen, die die Selbstbestimmung der Mädchen über ihren Körper einschränken. Hierfür gibt es mehrere Gründe. Erstens ist körperliche Integrität selbst eine multidimensionale Funktionsweise und Fähigkeit; sie umfasst körperliche und geistige Gesundheit, positive Selbstbeziehungen und Handlungsfähigkeit. Mit anderen Worten: Nur wenn ein Mädchen hinreichend gesund ist, Handlungsfähigkeit besitzt und eine positive Beziehung zu ihrem eigenen Körper und ihrer Persönlichkeit hat, ist ihr moralisches Recht auf körperliche Integrität erfüllt. Zweitens ist körperliche Integrität kein passives oder negatives Konzept, das sich auf den Schutz vor verschiedenen Schäden beschränkt, sondern ein aktives und positives Konzept, das voraussetzt, dass Mädchen aktive Akteur:inne ihres eigenen Lebens sind, dass sie ihren eigenen Körper zum Leben brauchen und dass sie Kontrolle über ihn haben sollen. Drittens ist die körperliche Integrität von Mädchen nicht statisch, sondern dynamisch und in Entwicklung begriffen. Eine erwachsene Frau kann zum Beispiel die Fähigkeit haben, ein gesundes Leben zu führen und sich dennoch autonom für eine ungesunde Ernährung entscheiden, ohne dass dies ein Symptom einer Krankheit wie z. B. Magersucht ist, sondern einfach als freie Entscheidung, wie sie ihr eigenes Leben führen will. Die körperliche Entwicklung von Mädchen braucht eine Balance zwischen Schutz und persönlicher Handlungsfähigkeit. Der Begriff der Handlungsfähigkeit bezieht sich hier auf bestimmte kognitive, emotionale und psychologische Eigenschaften, über die das Mädchen verfügt, sowie auf ihre Fähigkeit, ihre Umwelt und die sie umgebenden Menschen zu beeinflussen. Unsere Betonung der Notwendigkeit eines besonderen Schutzes für Mädchen bedeutet auf keinen Fall, ihre Handlungsfähigkeit unsichtbar machen zu wollen. Im Gegenteil, das Ziel eines solchen Schutzes ist es, ihre Handlungsfähigkeit durch die Fähigkeit der körperlichen Integrität zu gewährleisten.

Trotz der Forderungen der UN-Kinderrechtskonvention (KRK) (UN 1989) in Verbindung mit der Pekinger Frauenrechtskonvention (UN 1995) gibt es immer noch eine Lücke im Bewusstsein für die subtilen und spezifischen Bedrohungen und Herausforderungen, die Mädchen betreffen, weil hier zwei (potenzielle oder tatsächliche) Vorurteile zusammenwirken – die geschlechtsspezifischen und die kindheitsbezogenen. Nura Taefi (2009) hat dies als die Intersektionalität von Alter und Geschlecht bezeichnet, da Mädchen in einer fragmentarischen Weise entweder als Kinder oder als Frauen geschützt werden und ihre Identität dadurch aufgespalten wird. Die UN-Initiative zur Bildung von Mädchen (http://www.ungei.org/) ist ein wertvoller Schritt, um die Rechte von Mädchen durch konkrete Maßnahmen zu verwirklichen. Es fehlt jedoch noch ein ganzheitlicher Ansatz, der die verschiedenen Aspekte des Lebens von Mädchen einbezieht. Ein solcher Ansatz könnte die Bemühungen zum Schutz der körperlichen Integrität von

Mädchen besser aufeinander abstimmen und Re-Viktimisierungen sowie mögliche Widersprüche zwischen verschiedenen Bereichen der feministischen Arbeit, nämlich denen, die sich mit Kinderrechten und denen, die sich mit Frauenrechten und Geschlechterungleichheit beschäftigen, vermeiden. Die Allgemeine Erklärung der Menschenrechte und die in der KRK formulierten Rechte sind wegen ihres Anspruchs auf Universalität als eurozentristisch kritisiert worden (Ignatieff 2001). Trotz ihres Erfolges auf dem Papier, was die Ratifizierung betrifft, bleiben viele alltägliche ethische Fragen, die Mädchen betreffen, unberücksichtigt oder von denen, die Frauen betreffen, entkoppelt.

Vor diesem Hintergrund diskutieren wir den Fähigkeitsansatz als einen philosophisch-normativen Ansatz, der einen Weg bieten könnte, die ethischen Forderungen nach Gerechtigkeit für Mädchen zu konkretisieren. Wir konzentrieren uns auf die Fähigkeit und Funktionsweise der körperlichen Integrität, die körperliche und geistige Gesundheit, positive Selbstbeziehungen und Handlungsfähigkeit miteinander verbindet. Die Fähigkeit der körperlichen Integrität kann uns helfen zu veranschaulichen, wie verschiedene Bereiche des Lebens miteinander verbunden sind; dies ist besonders relevant für das Thema der moralischen Verletzungen und Verletzlichkeit von Mädchen.

Ausgehend von der Perspektive von Dixon und Nussbaum (2012) plädieren wir für eine Verknüpfung ihres Ansatzes der Kinderrechte mit der KRK. Nussbaum hat auch gezeigt, dass der Fähigkeitsansatz sensibel für geschlechtsspezifische Ungleichheiten ist und daher ein ethischer Rahmen sein kann, der marginalisierten und diskriminierten Frauen gerecht werden kann. Allerdings hat sich Nussbaum (2000, 2003, 2005) mit der spezifischen Frage der Rechte von Mädchen als Teil der Kinderrechte nicht in derselben gründlichen Weise auseinandergesetzt und die Relevanz der Unterscheidung zwischen Handlungsfähigkeit und Wohlergehen für Mädchen nicht berücksichtigt. Der Fähigkeitsansatz basiert auf drei grundlegenden Konzepten – Fähigkeiten, Funktionsweisen und Konversionsfaktoren -, die diesen Ansatz zu einem geeigneten Werkzeug für den Entwurf einer flexiblen und offenen ethischen Theorie machen.

Fähigkeiten, Funktionsweisen und Konversionsfaktoren

Wie wir erläutert haben, sind Fähigkeiten Freiheiten einer Person, etwas zu tun oder zu sein, das für sie wertvoll ist. Funktionsweisen sind verwirklichte Fähigkeiten. Fähigkeiten beschreiben Möglichkeiten, während Funktionsweisen tatsächliche Zustände des Tuns oder Seins beschreiben. Konversionsfaktoren beziehen sich auf die Mittel, die notwendig sind, um eine bestimmte Fähigkeit zu erlangen, die dann in eine Funktionsweise umgewandelt werden kann, wenn die Person dies wünscht. Zum Beispiel hat ein Mädchen die Fähigkeit, einen Fußball zu treten, wenn sie weiß, wie es geht, sich in der körperlichen und geistigen Verfassung dazu befindet, von niemandem daran gehindert wird, Zugang zu einem Fußball hat und schließlich, wenn die Umgebung ihr dies erlaubt. Das einzige Hindernis, das zwischen ihr und dem Treten eines Fußballs – also dem Erreichen dieser bestimmten Funktionsweise – steht, ist ihr eigener Wille bzw. ihre Präferenzen. Diese genannten Bedingungen sind in diesem Fall die Konversionsfaktoren. Fehlt einer von ihnen, fehlt diesem Mädchen die Fähigkeit, einen Fußball zu treten, und sie kann daher diese Funktionsweise nicht erreichen. Ob sie jedoch denkt, dass sie es verdient, Zugang zu einem Fußball zu haben, und ob sie denkt, dass sie die Ressourcen und die Kraft hat, etwaige gegenwärtige Umstände zu ändern, die sie daran hindern, Zugang zu dieser Erfahrung des Fußballtretens zu bekommen, hängt direkt von ihren Fähigkeiten ab, die wiederum eng mit ihrer körperlichen Integrität in Form ihrer Handlungsfähigkeit verbunden sind.

Der Fähigkeitenansatz fordert, dass Menschen mit den notwendigen Mitteln und Fähigkeiten ausgestattet werden, um frei das Leben zu leben, das sie für lebenswert halten; Menschen sollten wählen können, was sie in ihrem Leben erreichen wollen. Da die körperliche Integrität von Mädchen ein bislang wenig beachteter Begriff ist, der jedoch für ihr Wohlergehen und ihr Wohlentwickeln von großer Bedeutung ist, werden wir unsere Ausführungen auf diese Fähigkeit konzentrieren.

Wohlergehen und Wohlentwickeln von Mädchen

Das Wohlergehen und Wohlentwickeln von Mädchen sollte durch die Rechte von Mädchen sichergestellt werden. Wohlergehen und Wohlentwickeln sind offensichtlich mehrdimensionale und komplexe Konzepte, die nicht nur auf ethischen Annahmen über den moralischen Status, die Verletzlichkeit, die Würde und die Bedürfnisse nach Respekt und Anerkennung beruhen, sondern auch auf empirischem Wissen über das Leben von Mädchen (Bagattini und Macleod 2014). Wohlergehen beschreibt die Fähigkeiten und Funktionsweisen, die ein Mädchen als Kind gerade jetzt braucht, um ein gutes und gesundes Leben zu führen. Wohlentwickeln beschreibt, was Mädchen brauchen, um ein gutes Leben zu führen, während sie heranwachsen und zu Frauen werden. Wohlergehen und Wohlentwickeln sind keine rein deskriptiven, sondern normative Konzepte, da sie eine Vorstellung davon beinhalten, was einem aus moralischen Gründen zusteht und was gut für einen wäre.

Soziale Rahmenbedingungen, wie z. B. die Ungleichheit zwischen den Geschlechtern, können zu einer Bedrohung für das Wohlergehen und Wohlentwickeln von Mädchen werden. Insofern sie die körperliche Integrität von Mädchen gefährden und ihre Chancen, ihre grundlegenden Freiheiten zu verwirklichen, einschränken, können diese als ungerecht kritisiert werden, wenn sie das Wohlergehen und Wohlentwickeln von Mädchen verunmöglichen, beeinträchtigen oder aufs Spiel setzen. Ein Beispiel ist die gesellschaftliche Doppelmoral bei der Beurteilung von männlicher und weiblicher Promiskuität, die Mädchen als Schlampen und Jungen als Aufreißer etikettiert. Fast alle Aspekte, die für das Leben von Mädchen wichtig sind, haben einen gewissen Einfluss auf das spätere Leben, und fast alle Aspekte des Frauseins werden bis zu einem gewissen Grad vom früheren Mädchensein beeinflusst (Conroy et al. 2010;

Landry und Cooper 2014). Wohlergehen und Wohlentwickeln sollten nicht als rein subjektive Konzepte verstanden werden, die nur widerspiegeln, wie Mädchen über sich selbst denken und wie sie ihr Leben bewerten. Vielmehr vereinen Wohlergehen und Wohlentwickeln objektive und subjektive Aspekte. Es besteht ein Bedarf an messbaren Kriterien, um den Grad der Gerechtigkeit einer Gesellschaft gegenüber Mädchen objektiv einzuschätzen und um zu zeigen, wie sich eine ungerechte Situation nach der Umsetzung bestimmter politischer Maßnahmen oder sozialer Veränderungen entwickelt oder verbessert hat. Eine solche Objektivität ist besonders hilfreich, um ideologische Vorurteile zu benennen und zu vermeiden, die die Freiheiten von Mädchen einschränken können. Daher könnte die Verwendung eines solchen Konzepts der körperlichen Integrität, welches die Fähigkeiten und Funktionsweisen von Handlungsfähigkeit, Selbstbeziehungen und Gesundheit umfasst, geeignet sein, einen solchen Maßstab für eine gerechte Gesellschaft für Mädchen abzugeben. Demnach wäre eine Gesellschaft gerechter, wenn die grundlegenden Fähigkeiten ihrer Bürger:innen zumindest bis zu der Schwelle gewährleistet wären, an der genügend Ressourcen für ein gutes Leben und Wohlergehen und Wohlentwickeln vorhanden sind.

In Bezug auf die möglichen Konflikte zwischen dem Wohlergehen von Mädchen und den persönlichen, religiösen oder anderen kulturellen Überzeugungen ihrer Eltern ist das Individuum des Mädchens letztlich das Subjekt der Rechte. Anders ausgedrückt: Das Mädchen, und nicht eine bestimmte Religion oder Tradition, ist das Subjekt, das Rechte hat. Dies ist gerade in Bezug auf Mädchen extrem wichtig: Ihre körperliche Integrität und damit ihre individuellen Rechte werden oft durch bestimmte kulturelle oder religiöse Traditionen verletzt. Praktiken wie die Genitalverstümmelung, die Zwangsverheiratung von Mädchen oder das von heranwachsenden Mädchen in einer bestimmten Gesellschaft unter Androhung von Strafe erwartete Verhalten, wie die Einhaltung dessen, was als angemessenes Sexualverhalten angesehen wird oder ihre Rolle im Haushalt, sind einige Beispiele dafür (Aggleton und Parker 2012). Daher ist der Respekt vor der körperlichen Integrität ein sinnvolles moralisches Kriterium, wenn droht, dem Respekt vor kulturellen Traditionen Vorrang vor dem Respekt für das einzelne Mädchen und ihre Rechte einzuräumen. Mit anderen Worten: Kulturelle Unterschiede sollten so lange respektiert werden, wie sie nicht die körperliche Integrität zu verletzen drohen, denn die kulturellen Unterschiede im Leben von Mädchen dürfen nicht zu fehlgeleiteten Argumenten werden, um Verletzungen ihrer Rechte zu rechtfertigen.

Zur körperlichen Integrität von Mädchen

Wie bereits erwähnt, plädieren wir dafür, dass der Begriff der Fähigkeit der körperlichen Integrität zu einem kritischen Werkzeug werden sollte, um spezifische Verletzlichkeiten zu verdeutlichen, die bei der Anwendung anderer Theorien der Gerechtigkeit unbemerkt bleiben können. Ohne die Erfahrungen von Jungen zu ignorieren, ist festzustellen, dass Mädchen spezifischen Bedrohungen wie sexuellem Missbrauch, einschließlich Zwangsprostitution, sowie innerfamiliärer und äußerer Gewalt auf radikal andere Weise ausgesetzt sind als Jungen (Melrose und Pearce 2013; Upmark et al. 2007). Eindeutige Fälle der Gefährdung der körperlichen Integrität zeigen eindrucksvoll, wie das Wohlergehen und Wohlentwickeln von Mädchen geschädigt und ihre langfristige körperliche und psychische Gesundheit, ihre Handlungsfähigkeit und schließlich ihre Selbstverwirklichung gestört werden (Rafferty 2013; McKenney und Bigler 2016; Shute et al. 2008). Beispielsweise sind Mädchen und Frauen häufiger Opfer sexueller Aggression von Männern, wenn sie nachts allein unterwegs sind. Gewalt gegen Mädchen und Frauen ist in vielen Gesellschaften nach wie vor salonfähig und manifestiert sich in Form einer Vergewaltigungskultur und der Kontrolle über den weiblichen Körper. Als Teil der kulturellen Rahmenbedingungen manifestiert sich weltweit eine Logik der Herrschaft (Warren 1990), die zu einer doppelten Viktimisierung von Mädchen führt. Frauen sind nicht nur häufiger Opfer (sexueller) Gewalt, sondern haben auch ein Bewusstsein für diese Gefahren in ihrem Leben, denen sie nur wegen ihres Frauseins ausgesetzt sind (Finkelhor 1993; DeGue et al. 2012). Mädchen, die Opfer von Missbrauch und Gewalt wurden, und sich im Laufe ihres Erwachsenwerdens mit den kulturellen und sozialen Annahmen über ihre Sexualität und ihr Verhalten, ihre Rolle in der Gesellschaft und in der Familie auseinandersetzen müssen (Felix und MacMahon 2006), verändern und adaptieren oftmals ihr Selbstbild, ihr Verhalten und ihre Wünsche und Vorstellungen eines guten Lebens, um mit ihren Erfahren und den sozialen Erwartungen zurecht zu kommen. Der Schutz der körperlichen Integrität ist sicherlich für alle Geschlechter zentral, spielt für Mädchen aber eine herausragende Rolle, angesichts der Tatsache, dass Mädchen immer noch häufiger als Jungen in ihrer körperlichen Integrität gefährdet sind und ihre Körperlichkeit auf besondere Art und Weise und umfangreich durch soziale Normen und Praktiken reguliert und beeinflusst wird.

Wenn die Fähigkeit der körperliche Integrität von Mädchen als ein wichtiges moralisches Recht in der Konzeption von Politiken ernst genommen werden würde, würden viele geschlechtsspezifische Verletzungen und Bedrohungen von Mädchen sichtbar, die bei einer geschlechterblinden Herangehensweise an die Rechte von Kindern, sei es das Recht auf Gesundheit, Bildung oder Wohnen, nicht ausreichend berücksichtigt werden. Dann könnten Fälle von geschlechtsspezifischer Ungerechtigkeit besser erkannt und bewältigt werden. Es ist wichtig, die Bestandteile zu vertiefen, die unser Konzept der körperlichen Integrität ausmachen, und gleichzeitig einige Beispiele zu nennen, wie diese Fähigkeit dabei helfen könnte, geschlechtsspezifische Vorurteile sichtbar zu machen, die die Fähigkeiten und Funktionsweisen von Mädchen beeinträchtigen.

Es ist wichtig zu sehen, dass eine ausreichend verwirklichte Fähigkeit der körperlichen Integrität andere Fähigkeiten und Funktionsweisen positiv beeinflussen kann. Umgekehrt ist es so, wenn die Fähigkeit der körperlichen Integrität verletzt oder beschnitten wird, sind viele andere Bereiche des Wohlergehens und Wohlentwickelns betroffen (Wolff und de-Shalit 2007). Verletzungen der körperlichen Integrität, die bei Mädchen sehr häufig vorkommen, sind korrosiv, da sie die Handlungsfähigkeit, die Selbstbeziehung und die Gesundheit von Mädchen negativ beeinflussen können. Zum Beispiel verletzen Artikel in Modezeitschriften, in denen Frauen als Opfer kollektiver Vergewaltigung oder als krank, zerbrechlich, entführt oder objektiviert dargestellt werden, vielleicht nicht direkt die Rechte von Mädchen, aber sie können die Selbstbeziehung und Handlungsfähigkeit von Mädchen sowie ihre physische und psychische Gesundheit gefährden und beeinflussen. Wenn man sich darauf beruft, dass die Fähigkeit der körperlichen Integrität für alle Mädchen gewährleistet werden muss, werden subtile, aber langfristige Bedrohungen für das Wohlergehen und Wohlentwickeln von Mädchen sichtbar, die die Entwicklung anderer Fähigkeiten und Funktionsweisen von Mädchen negativ beeinflussen können. Solche Gefährdungen, wenn sie sichtbar gemacht werden, beeinträchtigen die Fähigkeit von Mädchen, das Leben zu leben, das sie gerne leben möchten. Das Kriterium sozialer und globaler Gerechtigkeit, das wir hier zugrunde legen, bezieht sich auf das Erreichen einer Schwelle an Fähigkeiten und Funktionsweisen, die allen Mädchen zustehen und die es ihnen erlauben, ein ausreichend gutes Leben mit ausreichend Wohlergehen und Wohlentwickeln zu haben. Dieser Maßstab ist universal, auch wenn anzuerkennen ist, dass das Verständnis davon, wer und wie Mädchen sein wollen, sozial ko-konstruiert ist und es nicht so etwas wie eine totale Freiheit oder Autonomie geben kann (Deneulin und McGregor 2010). Eine solche Idee der Gerechtigkeit macht Verletzungen der körperlichen Integrität, die das ausreichende Maß an Wohlergehen und Wohlentwickeln gefährden, sichtbar, lässt aber Raum für individuelle Entscheidungen, Wünsche und Präferenzen sowie auch kulturelle Unterschiede, die unterschiedliche Vorstellungen eines guten Lebens oder einer guten Kindheit als Mädchen haben.

Wenn körperliche Integrität als eine Kombination mehrerer Fähigkeiten und Funktionsweisen verstanden wird, wird klar, warum ein Recht auf körperliche Integrität gerade für Mädchen von so großer Bedeutung ist, nicht nur in Bezug auf die körperliche und geistige Gesundheit, sondern auch im Hinblick auf eine positive Selbstbeziehung und die Entwicklung ausreichender Handlungsfähigkeit. Positive Selbstbeziehungen sind für ein gutes Wohlentwickeln von Mädchen wichtig, denn sie ermöglichen es, sich zu einer autonomen, unabhängigen Frau mit Selbstwertgefühl und Selbstrespekt zu entwickeln (Honneth 2004). Ohne Selbstvertrauen, Selbstachtung und Selbstwertgefühl ist die Entwicklung eines eigenständigen Selbst, das in der Lage ist, wichtige Entscheidungen für sich selbst zu treffen, sehr unwahrscheinlich. Darüber hinaus sind solche positiven Selbstbeziehungen auch förderlich für das gegenwärtige Wohlergehen von Mädchen und das Erreichen anderer Fähigkeiten und Funktionsweisen, die während der Kindheit eines Mädchens wichtig sind. Zum Beispiel sind Selbstvertrauen, Selbstachtung und Selbstwertgefühl verbunden mit (körperlicher und geistiger) Gesundheit, mit der Fähigkeit, an sozialen Aktivitäten teilzunehmen und sich in sozialen Beziehungen, beim Lernen und Spielen zu beteiligen. All dies sind wertvolle Funktionsweisen und helfen dabei, unsichtbare und subtile Verletzungen der Rechte von Mädchen aufzudecken, da sie den Fokus auf das lenken, worauf im Rahmen der Gerechtigkeit alle Mädchen einen moralischen Anspruch haben, nämlich eine ausreichend gute Kindheit als Mädchen ohne strukturelle

Benachteiligung, Ausgrenzung oder Gefährdung ihrer körperlichen Integrität. Positive Selbstbeziehungen des Selbstvertrauens, der Selbstachtung und des Selbstwertgefühls sind nicht nur für sich selbst wertvoll und wichtig, sie beeinflussen auch, ob und inwieweit andere Dimensionen des Wohlergehen und Wohlentwickeln von Mädchen erreicht und verwirklicht werden können.

Kindheit und Weiblichkeit sind in hohem Maße sozial konstruierte Konzepte (Appell 2009; Plumwood 1993), die eine Reihe an sozialen Normen und Praktiken sowohl der Mädchen selbst als auch aller anderen Menschen in ihrer Umgebung involvieren. Da Mädchen eben noch keine vollständig autonomen Frauen sind, sondern auch Kinder mit besonderen Bedürfnissen und Interessen, braucht es einer Balance zwischen den Polen der Autonomie von Mädchen und dem Schutz durch andere Menschen und Institutionen, die ihr Wohlergehen und Wohlentwickeln gewährleisten. Dafür ist es auch nötig, bestimmte Aspekte des Handelns und Wünschens von Mädchen zu beschneiden und ihre Autonomie einzuschränken, insofern sie noch nicht reif genug sind oder sich und ihr Wohlergehen und Wohlentwickeln übermäßig gefährden würden. Aus diesem Grund ist es für Mädchen nicht ausreichend zu sagen, dass Frauen „die Kontrolle über alle Aspekte ihrer Gesundheit, insbesondere über ihre eigene Fruchtbarkeit“ haben sollten (UN 1995), da hier noch eine ganze Reihe an ethischen Frage zu klären wären. Wir betonen vielmehr die entscheidende Bedeutung des Rechts von Mädchen auf körperliche Integrität, welches den Entwicklungscharakter der Kindheit berücksichtigen muss. Die Berücksichtigung des Faktums, dass Mädchen als wichtige Dimension ihrer körperlichen Integrität sowohl Recht auf Selbstbestimmung haben, diese Selbstbestimmung sich aber erst im Laufe der Kindheit entwickelt und das Recht auf Selbstbestimmung gegenüber anderen Rechten mit Blick auf ihr Wohlergehen und Wohlentwickeln abgewogen werden sollen, erlaubt es, einerseits repressive paternalistische Maßnahmen zu kritisieren, die Mädchen in ihrer körperlichen Integrität gefährden und unterordnen, aber andererseits die Rechte von Mädchen auf Schutz und Unterstützung zu betonen. Mit anderen Worten: Die Fähigkeit zur körperlichen Integrität als normative Richtschnur wendet sich gegen die willkürliche und unterdrückerische Kontrolle von Mädchen und ihren Körpern, die nur oberflächlich deren Schutz dienen und ihnen keine Mitsprache einräumen. Das, was man als sanften Paternalismus bezeichnet, der die Mitspracherechte von Mädchen betont, ihnen soweit Kontrolle über ihr eigenes Leben und ihren Körper gibt als sie dazu reif und in der Lage sind, und sich an objektiven Kriterien ihres Wohlergehens und Wohlentwickelns orientiert, scheint hilfreich zu sein, um die beiden Aspekte der körperlichen Integrität – Selbstbestimmung und Schutz – miteinander in Einklang bringen zu können. Obwohl Nussbaums Fähigkeitsansatz einige Kritik erhalten hat, weil er nicht ausreichend neutral ist und manche Konzeptionen des guten Lebens bevorzugt (Claassen 2014), verstehen wir das als einen möglichen Vorteil des Fähigkeitsansatzes im Vergleich zu formalen oder deontologischen ethischen Theorien. Die Tatsache, dass er nicht völlig neutral ist, vermeidet die Annahme eines moralischen Relativismus, und so kann die Bestimmung minimaler ethischer Standards darüber, was ein gutes Leben erfordert, tatsächlich der Verwirklichung der Rechte von Mädchen zugutekommen.

Die Integration von psychischer und physischer Gesundheit, Handlungsfähigkeit und positiven Selbstbeziehungen in ein Konzept der körperlichen Integrität kann besonders für Mädchen von Vorteil sein, deren Rechte und Verletzlichkeiten oft übersehen werden und durchaus subtil in die sozialen Normen und Praktiken eingewoben sein können. Zum Beispiel müssen Romamädchen in Spanien, die sich (freiwillig) der von ihnen erwarteten sozialen Rolle unterwerfen und als Teenager heiraten, oft einen inneren Konflikt bewältigen, da sie gerne auch weiter zur Schule gehen würden und spüren, dass sie ihre eigenen Träume auf ein gutes Leben aufgeben müssen (Pitillas und Gómez 2014). Offensichtliche und schwerwiegende Formen der Verletzung der Fähigkeit der körperlichen Integrität sind leider auch häufig und global zu finden. Zum Beispiel, dass „eine von fünf Frauen und einer von 71 Männern in den Vereinigten Staaten in ihrem Leben eine Vergewaltigung oder einen Vergewaltigungsversuch erlebt haben“ (DeGue et al. 2012, S. 1211) und fast die Hälfte aller Frauen und ein Fünftel aller Männer Opfer anderer Formen sexueller Gewalt wurden. Mädchen wachsen also in einer Welt auf, die für sie bedrohlich ist und deren Bedrohlichkeit sie sich im Laufe ihrer Kindheit immer mehr bewusst werden. Die Ausbildung der Fähigkeit, zwischen verschiedenen Bedrohungen, die einen umgeben, unterscheiden und diese einordnen zu können, ist maßgeblich dafür, wie Kinder eine bestimmte Erfahrung interpretieren und bewerten und wie sie ihr Verhalten daran orientieren, um Gefahren zu vermeiden (Garbarino 2000). Entsprechende Entwicklungen finden auch im Hinblick auf die gesellschaftlichen Erwartungen statt, wie sich ein Mädchen verhalten sollte. Folglich kann es Mädchen in ihrem Selbstbild, in ihrem Verhalten und, was sie von anderen erwarten, prägen, dass sie in einem Kontext aufwachsen, in dem Frauen mit größerer Wahrscheinlichkeit Opfer von Gewalt werden (Pinheiro 2006). Zusammen mit anderen spezifischen kulturellen und sozialen Hindernissen und Erwartungen und Vorurteilen über weibliche Sexualität, macht die Entwicklung der positiven und handlungsbezogenen Aspekte von körperliche Integrität von Mädchen besonders angreifbar (Cook und Dickens 2000).

Da der Begriff der körperlichen Integrität darauf basiert, den ganzen Menschen in seinen vielen Eigenschaften zu sehen, ist es nötig, den Fähigkeitsansatz explizit geschlechtersensibel zu konzipieren (Robeyns 2003), anstatt davon auszugehen, dass das, was für Jungen passt, auch für Mädchen passend ist (Greene 2015; Cowie 2012). Genauso ist es aber wichtig, zu erkennen, das, was für einige Mädchen gut ist, für andere Mädchen, die in einem anderen Kontext oder mit anderen Bedürfnissen aufwachsen, nicht geeignet ist. Daher könnte die Perspektive des Fähigkeitsansatzes und der Fokus auf die körperliche Integrität von Mädchen hilfreich sein, um die universellen moralischen Ansprüche von Kinderrechten (und Menschenrechten) und die Notwendigkeit, sich mit konkreten Unterschieden im Leben von Mädchen auf Basis ihrer Herkunft, Kultur, Alter, Reife oder sexuellen Orientierung auseinanderzusetzen, zusammenzubringen. Daraus ergeben sich Fragen nach der Möglichkeit, wirksam die mannigfaltigen Verletzungen der Rechte von Mädchen zu erkennen, zu kritisieren und zu bestimmen, wie sie unterbunden werden können. Manche Mädchen sind auf Basis dieser und anderer Faktoren und Eigenschaften in ihrer körperlichen Integrität stärker gefährdet als andere.

Alle Rechte werden in einem bestimmten sozialen Kontext umgesetzt und dieser ist auch von Vorstellungen über die Geschlechter und ihre Differenzen geprägt (Croll 2006). Das bedeutet, dass sich jede Politik, die die Umsetzung der Rechte von Mädchen zum Ziel hat, mit solchen Geschlechterrollen auseinandersetzen muss, wobei das Empowerment von Mädchen und die Umsetzung ihrer Rechte nicht ohne Veränderungen in vielen gesellschaftlichen Kontexten funktionieren wird. Indem es einen normativen Rahmen für die Analyse der Lebensbedingungen, des Wohlergehens und Wohlentwickelns von Mädchen bietet, ist das Konzept der Fähigkeit der körperlichen Integrität gut geeignet, um Fragen der Implementierung von Politiken anzugehen, die helfen, Ungerechtigkeiten in Bezug auf die Rechte von Mädchen zu überwinden und gleichzeitig Raum für ihre eigene Handlungsfähigkeit zu schaffen. Da der Schwerpunkt auf der Verwirklichung dieser Fähigkeiten liegt, könnte sich ein weiterentwickelter Fähigkeitsansatz, der sensibel für die besonderen Bedrohungen ist, denen Mädchen in der heutigen Welt ausgesetzt sind (Rafferty 2013; Sauer und Neubauer 2014; Bunting 2005), als geeigneter Ansatz erweisen, um diese Anforderungen zu erfüllen, geschlechtersensibel zu sein und konkrete Vorschläge für die politische Praxis zu entwickeln. Darüber hinaus würde ein solcher Ansatz betonen, dass die Rechte von Mädchen nicht paternalistisch missverstanden werden sollten, sondern, dass Mädchen ein Recht auf Mitsprache und Empowerment entsprechend ihrer Reife haben. Die Befähigung, die eigenen Rechte und insbesondere das Recht auf körperliche Integrität wahrnehmen zu können, sollte ein kritischer Bestandteil des Diskurses um Kinderrechte sein. Ein solcher Ansatz betont auch, dass Mädchen als aktive Subjekte und Akteur:innen mit einem eigenen, wertvollen und gleichberechtigten moralischem Status anerkannt werden sollen und er würde ihre Rolle in der Politikgestaltung betonen. Mit anderen Worten, ein solcher Fähigkeitsansatz, der sensibel für die Besonderheiten der Bedürfnisse, Interessen und Lebenswelten von Mädchen ist, stellt klar, dass es ungerecht wäre, nur die Rechte von Mädchen zu betonen, ohne diese als Subjekte ernst zu nehmen und ihnen eine Stimme und Gehör zu geben. Die körperliche Integrität von Mädchen braucht Schutz, aber nicht um Mädchen als hilflose und passive Opfer zu positionieren und zu sozialisieren, sondern um sie zu ermächtigen, als Frauen ein freies und selbstbestimmtes Leben zu führen.

Das Recht auf körperliche Integrität in der Gestaltung von politischen Maßnahmen

Wenn man die Rechte auf Gesundheit, Bildung oder Autonomie als abgegrenzte Bereiche des Lebens eines Menschen versteht, ohne darauf zu achten, wie sie miteinander zusammenhängen und wie Mädchen mit unterschiedlichen Herausforderungen konfrontiert sind und spezifische Bedürfnisse haben, kann dies Ungerechtigkeit erzeugen. Viele feministische Stimmen (Held 1995; Tong et al. 2004) und solche aus der feministischen Care-Ethik (Gilligan 1993), die bottom-up, kontextspezifische Ansätze verfolgen, sind sich einig, dass universelle Gerechtigkeitskonzepte, die Unterschiede zwischen Menschen und ihren Lebenswelten und deren Erfahrungen, insbesondere der Opfer von Ungerechtigkeiten nicht ausreichend beachten, selbst ungerecht werden können. Für das Thema unserer Aufsatzes bedeutet dies, die spezifischen Interessen und Bedürfnisse von Mädchen sowohl in der ethischen Theorie als auch in der politischen Praxis ernst zu nehmen. Das könnte geschehen, indem die Fähigkeit der körperlichen Integrität in die Politik für die Rechte von Mädchen einbezogen wird, insofern der Fähigkeitenansatz postuliert, dass Fähigkeiten und Funktionsweisen den Inhalt von Rechten (Menschenrechten und Kinderrechten) ausmachen. Körperliche Integrität von Mädchen in ihrer Multidimensionalität und auch inklusiver ihrer Betonung der Handlungsfähigkeit von Mädchen bei der Gestaltung einer besseren Politik für Mädchen ausreichend zu berücksichtigen, würde dazu beitragen, geschlechtsspezifische Vorurteile während der Kindheit abzuschaffen oder zumindest abzuschwächen.

Aufgrund verinnerlichter sozialer Codes, die Passivität bei Frauen und Aggressivität bei Männern verstärken (Gilligan 1993; Worell und Goodheart 2006), sind die Perspektiven von Mädchen in der Öffentlichkeit eher unsichtbar. Mädchen sind oft auch dann wirtschaftlich von der Familie oder ihren männlichen Lebenspartnern abhängig, wenn sie einen Beitrag zur Haushalts- oder Fürsorgearbeit leisten oder sogar wenn sie einer Erwerbsarbeit nachgehen. Die Tatsache, einer Erwerbsarbeit nachzugehen, oder sogar die Hauptverdienerin der Familie zu sein, ist oft nicht mit einem Empowerment in anderen sozialen Bereichen verbunden (Faizi und Shah 2014). Das Fehlen von Autonomie und die Einengung auf eine bestimmte soziale Rolle führt auch bei erwerbstätigen Frauen, insbesondere in den Ländern des Globalen Südens, oft zu einem tiefen Gefühl der Hilflosigkeit und einer Resignation hinsichtlich der Optionen in ihrem aktuellen und weiteren Leben. Die Notwendigkeit, als Kind arbeiten zu müssen, kann ein Mädchen anderer Chancen berauben. Außerdem leiden Mädchen, und zwar besonders jugendliche Mädchen, wie bereits diskutiert, unter einem spezifischen geschlechtsspezifischen Zwang, sozialen Erwartungen gerecht zu werden (LeMaire et al. 2016), und sich hinsichtlich ihres Körperbildes, ihrer Umgangsformen und Gewohnheiten an diese anzupassen (Hayes und Tantleff-Dunn 2010). Das führt oftmals dazu, dass die Fähigkeit der körperlichen Integrität, die Entwicklung positiver Selbstbeziehungen und Handlungsfähigkeit nicht ausreichend gegeben sind, da die soziale Umwelt, Institutionen und wichtige Bezugspersonen von Mädchen vor allem Konformität verlangen und erwarten.

Obwohl die Zusage der Vereinten Nationen, „die volle Verwirklichung der Menschenrechte der Frau und des Mädchens als unveräußerlichen, integralen und unteilbaren Bestandteil aller Menschenrechte und Grundfreiheiten zu gewährleisten“ (UN 1995: Artikel 9), als ein Meilenstein in der gesellschaftlichen und politischen Anerkennung von Mädchen als Subjekte von Rechten angesehen werden kann, könnte die stärkere Berücksichtigung des Begriffs der körperlichen Integrität dazu beitragen, diese allgemeine Aussage zu konkretisieren und

Mädchen durch Maßnahmen, die ihre Rechte respektieren und garantieren, zu stärken.

Die Notwendigkeit, die körperliche Integrität von Mädchen zu gewährleisten und zu schützen, kann eine doppelte Funktion bei der Gestaltung von politischen Maßnahmen haben. Erstens kann es als theoretisches Werkzeug genutzt werden, um unbeachtete Fälle von Ungerechtigkeit aufzudecken und festzustellen, ob das Wohlergehen und Wohlentwickeln von Mädchen im Rahmen einer bestimmten politischen Maßnahme oder einem Gesetz ausreichend implementiert ist bzw. ob diese Maßnahme oder dieses Gesetzes auf die körperliche Integrität von Mädchen einen (unbeabsichtigten) Einfluss hat. Zweitens kann die Fähigkeit der körperlichen Integrität als ein wichtiger Indikator dazu beitragen, die moralische Qualität von politischen Vorschlägen zu überprüfen, also ob ein bestimmter Vorschlag die drei Bereiche der körperlichen Integrität von Mädchen sowohl kurz- als auch langfristig respektiert, nicht nur in finanzieller und physischer Hinsicht, sondern auch in Bezug auf ihre psychologische Entwicklung und ihre Handlungsfähigkeit. Die körperliche Integrität von Mädchen ist ein Querschnittsthema, welches nicht auf spezifische mädchen- oder frauenpolitische Maßnahmen reduziert werden darf, sondern fast überall relevant ist. In der Gesundheits-, Sozial- und Wirtschaftspolitik genauso wie in der Entwicklungspolitik oder der Verkehrspolitik. Körperliche Integrität nicht nur als negatives Konzept der Abwehr von Schäden zu verstehen, sondern als eine positive Fähigkeit, die Handlungsfähigkeit, Selbstbeziehung und Gesundheit umfasst, verlangt es, Mädchen als aktive Subjekte und Akteur:innen nicht nur in ihrem Leben, sondern auch in der Politik und im politischen Diskurs zu respektieren und ihnen dort Raum zu geben. Das kann helfen, Maßnahmen zu entwickeln, die mehr mit der Realität und den Bedürfnissen der Mädchen in Verbindung stehen. Eine Diskussion darüber, wie diese beiden Forderungen in konkreten Politiken umgesetzt werden können, würde den Rahmen dieses Artikels sprengen, aber eine Verpflichtung, auf institutioneller Ebene alle politischen Maßnahmen dahingehend zu prüfen, ob und wie diese die körperliche Integrität von Mädchen betreffen (negativ oder positiv), wäre begrüßenswert. Das würde auch dazu beitragen, ein angemessenes gesellschaftliche Bewusstsein für die Schwierigkeiten und Verletzlichkeiten, mit denen Mädchen als Mädchen konfrontiert sind, zu schaffen.

Die Einführung eines Rechts auf körperliche Unversehrtheit für Mädchen ist nicht mit positiven Diskriminierungsmaßnahmen gleichzusetzen, die darauf abzielen, eine asymmetrische Situation auszugleichen und diejenigen zu begünstigen, die sich in einer benachteiligten Lage befinden. Vielmehr verlangt die Durchsetzung des Rechts auf körperliche Integrität von Mädchen alle solche benachteiligenden Strukturen zu beseitigen und sicherzustellen, dass gesellschaftlich akzeptierte, aber sexistische, die körperliche Integrität von Mädchen nicht ernst nehmende und voreingenommene Annahmen nicht in die Gestaltung politischer Maßnahmen einfließen dürfen. Sowohl gut gemeinte Politiken der Bevormundung können ungerecht werden, vor allem, wenn sie spezifisch Mädchen gegenüber Jungen benachteiligen, als auch gut gemeinte Politiken der neoliberalen Selbstermächtigung, die Mädchen damit überfordern, strukturelle Ungleichheiten und Verletzlichkeiten auszugleichen und diese etwa für Benachteiligungen und Übergriffe selbst verantwortlich machen. Es ist wichtig zu beachten, dass mediale Bilder, Texte und Filme das Selbstbild prägen und damit auch, wie Mädchen mit ihren Körpern umgehen, diese positionieren und welche Übergriffe sie überhaupt als solche wahrnehmen. Die körperliche Integrität von Mädchen ist nämlich nicht nur durch andere direkt gefährdet, sondern auch durch Mädchen selbst, die, um falschen und sexistischen Idealen von Schönheit, Körperlichkeit oder Sexualität nachzukommen, sich selbst und ihre Körper modifizieren, gefährden und verletzen. Der Fokus auf das Recht von Mädchen auf körperliche Integrität scheint in einen Konflikt mit den elterlichen Rechten zu führen. Sicherlich sind die Eltern nicht nur Beschützer:innen der körperlichen Integrität, sondern gefährden diese mitunter selbst, entweder durch ihr eigenes Handeln oder weil sie ihre Töchter zu wenig schützen oder unterstützen. Hier hat der Staat eine Verantwortung, alle Eltern dabei zu unterstützen, dass diese ausreichend gut Eltern sein können, die die körperliche Integrität ihrer Töchter, und zwar in all ihren Dimensionen inklusive der Handlungsfähigkeit und Selbstbestimmung, respektieren, schützen und ihren Töchtern dabei helfen, eine gute Kindheit zu haben. Eltern oder andere Erziehungsberechtigte sind Subjekte mit Rechten, die sich aus den Rechten ihrer Kinder ableiten und die daher verantwortlich sind, die körperliche Integrität ihrer Töchter, ausreichend zu gewährleisten. Insofern sie das auch bei adäquater Unterstützung durch den Staat und seinen Institutionen nicht tun können oder wollen, verwirken sie (teilweise) ihre elterlichen Rechte und der Staat hat dann einzuschreiten und für diese Mädchen zu sorgen.

Schließlich kann dies zu Spannungen zwischen einer universellen Theorie der Gerechtigkeit und dem Respekt für kulturelle Unterschiede führen. Wie bereits erwähnt, sind die Dimensionen der körperlichen Unversehrtheit jedoch gleichzeitig konkret und flexibel genug, um kontextsensitiv sowohl in Bezug auf die Reife eines Mädchens als auch auf das soziale und kulturelle Umfeld eines Mädchens angewandt zu werden, wobei keine Religion, Tradition oder Kultur dazu legitimiert, diese Rechte von Mädchen außer Kraft zu setzen oder zu verletzen. Traditionelle Normen und Praktiken können zu massiven Verletzungen der körperlichen Integrität von Mädchen führen, während andere diesbezüglich neutral sind oder die hier beschriebene Fähigkeit der körperlichen Integrität sogar fördern und unterstützen. Kulturelle Normen und Praktiken können die körperliche Integrität von Mädchen vielfach auf subtile Weise verletzen, die von den Täter:innen (es sind zumeist Männer) oder der sozialen Umwelt und den Institutionen gar nicht oder nur unzureichend wahrgenommen werden, wie z. B. sexuelle Belästigung auf der Straße, auch bekannt als „Catcalling", das immer noch eine gängige Praxis ist und häufig als bloßes Kompliment für die körperliche Erscheinung eines Mädchen ausgegeben wird, bei der es aber tatsächlich vor allem um (männliche) Macht und Dominanz geht. Die Fähigkeit der körperlichen Integrität ist für die Kritik solcher, subtiler und in die Gesellschaft eingewobenen Praktiken gut geeignet, erstens, weil selbst westliche Gesellschaften dazu neigen, nur auf schwere Fälle von Gewalt und Verbrechen zu reagieren, aber die alltägliche sanfte Gewalt des Sexismus kaum als Ungerechtigkeit anzuerkennen, und zweitens, weil das Recht auf körperliche Integrität das Potenzial hat, die Verbindungen zwischen verschiedenen Rechten von Mädchen explizit und sichtbar zu machen.

Literatur

Aggleton, Peter, und Richard Guy Parker, Hrsg. 2012. *Routledge Handbook of Sexuality, Health and Rights*. London: Routledge.

Appell, Annette. 2009. The Pre-Political Child of Child-Centered Jurisprudence. *Houston Law Review* 46(3):703–757.

Bagattini, Alexander, und Colin M. Macleod, Hrsg. 2014. *The Nature of Children's Well-Being: Theory and Practice*. New York: Springer.

Bunting, Annie. 2005. Stages of Development: Marriage of Girls and Teens as an International Human Rights Issue. *Social & Legal Studies* 14(1):17–38. https://doi.org/10.1177/0964663905049524.

Claassen, Rutger. 2014. Capability Paternalism. *Economics and Philosophy* 30(1):57–73. https://doi.org/10.1017/S0266267114000042.

Conroy, Kathleen, Megan Sandel, und Barry Zuckerman. 2010. Poverty Grown Up: How Childhood Socioeconomic Status Impacts Adult Health. *Journal of Developmental & Behavioral Pediatrics* 31(2):154–160. https://doi.org/10.1097/DBP.0b013e3181c21a1b.

Cook, R., und B.M. Dickens. 2000. Recognizing Adolescents' 'Evolving Capacities' to Exercise Choice in Reproductive Healthcare. *International Journal of Gynecology & Obstetrics* 70(1):13–21. https://doi.org/10.1016/S0020-7292(00)00220-4.

Cowie, Helen. 2012. *From Birth to Sixteen Years: Children's Health, Social, Emotional, and Cognitive Development*. New York: Routledge.

Croll, Elisabeth J. 2006. From the Girl Child to Girls' Rights. *Third World Quarterly* 27(7):1285–1297. https://doi.org/10.1080/01436590600933669.

DeGue, Sarah, Thomas R. Simon, Kathleen C. Basile, Sue Lin Yee, Karen Lang, und Howard Spivak. 2012. Moving Forward by Looking Back: Reflecting on a Decade of CDC's Work in Sexual Violence Prevention, 2000–2010. *Journal of Women's Health* 21(12):1211–1218. https://doi.org/10.1089/jwh.2012.3973.

Deneulin, Séverine., und J. Allister McGregor. 2010. The Capability Approach and the Politics of a Social Conception of Wellbeing. *European Journal of Social Theory* 13(4):501–519. https://doi.org/10.1177/1368431010382762.

Dixon, Rosalind, und Martha Nussbaum. 2012. Children's Rights and a Capabilities Approach: The Question of Special Priority. *Cornell Law Review* 97:549–593.

Faizi, A.A.A., und T.M. Shah. 2014. Contract Farming and Gender Relations in India. *Journal of Land and Rural Studies* 2(2):191–214. https://doi.org/10.1177/2321024914534041.

Felix, Erika D., und Susan D. MacMahon. 2006. Gender and Multiple Forms of Peer Victimization: How Do They Influence Adolescent Psychosocial Adjustment? *Violence and Victims* 21(6):707–724.

Finkelhor, David. 1993. Epidemiological Factors in the Clinical Identification of Child Sexual Abuse. *Child Abuse & Neglect* 17(1):67–70. https://doi.org/10.1016/0145-2134(93)90009-T.

Garbarino, James. 2000. *Lost Boys: Why Our Sons Turn Violent and How We Can Save Them*. New York: Anchor Books.

Gilligan, Carol. 1993. *In a Different Voice: Psychological Theory and Women's Development*. Cambridge, Mass: Harvard University Press.

Greene, Sheila. 2015. *The Psychological Development of Girls and Women: Rethinking Change in Time*. Women and Psychology. East Sussex: Routledge.

Hayes, Sharon, und Stacey Tantleff-Dunn. 2010. Am I Too Fat to Be a Princess? Examining the Effects of Popular Children's Media on Young Girls' Body Image. *British Journal of Developmental Psychology* 28(2):413–426. https://doi.org/10.1348/026151009X424240.

Held, Virginia, Hrsg. 1995. *Justice and Care: Essential*. Boulder, Colo: Westview.

Honneth, Axel. 2004. Recognition and Justice: Outline of a Plural Theory of Justice. *Acta Sociologica* 47(4):351–364. https://doi.org/10.1177/0001699304048668.

Ignatieff, Michael. 2001. *Human Rights as Politics and Idolatry*. University Center for Human Values Series. Princeton: Princeton University Press.

Landry, Susan H., und Cary L. Cooper, Hrsg. 2014. *Wellbeing in Children and Families. Wellbeing : A Complete Reference Guide*, Bd. I. Chichester, West Sussex: Wiley.

LeMaire, Kelly L., Debra L. Oswald, und Brenda L. Russell. 2016. Labeling Sexual Victimization Experiences: The Role of Sexism, Rape Myth Acceptance, and Tolerance for Sexual Harassment. *Violence and Victims* 31(2):332–346. https://doi.org/10.1891/0886-6708.VV-D-13-00148.

McKenney, S.J., und R.S. Bigler. 2016. Internalized Sexualization and Its Relation to Sexualized Appearance, Body Surveillance, and Body Shame Among Early Adolescent Girls. *The Journal of Early Adolescence* 36(2):171–197. https://doi.org/10.1177/0272431614556889.

Melrose, Margaret, und Jenny Pearce, Hrsg. 2013. *Critical Perspectives on Child Sexual Exploitation and Related Trafficking*. Basingstoke: Palgrave Macmillan.

Nussbaum, Martha. 2000. *Women and Human Development – The Capabilities Approach*. Cambridge/New York: Cambridge University Press.

Nussbaum, Martha. 2003. Capabilities as Fundamental Entitlements: Sen and Social Justice. *Feminist Economics* 9(2/3):33–59. https://doi.org/10.1080/1354570022000077926.

Nussbaum, Martha. 2005. Women's Bodies: Violence, Security, Capabilities. *Journal of Human Development* 6(2):167–183. https://doi.org/10.1080/14649880500120509.

Nussbaum, Martha. 2011. *Creating Capabilities : The Human Development Approach*. Cambridge/London: Belknap Press of Harvard University Press.

Pinheiro, Paulo Sérgio. 2006. *World Report on Violence against Children*. Geneva: United Nations Publ.

Pitillas, Carlos, and Blanca Gómez. 2014. "La Situación de La Infancia En 'El Gallinero' Los Derechos Humanos También Son Cosa de Niños." [The situation of children in the "Gallinero." Human rights are also kids' stuff]. Save the Children/Universidad de Comillas: Madrid.

Plumwood, Val. 1993. *Feminism and the Mastery of Nature*. London, New York: Routledge. http://site.ebrary.com/id/10058322.

Rafferty, Yvonne. 2013. International Dimensions of Discrimination and Violence against Girls: A Human Rights Perspective. *Journal of International Women's Studies* 14(1):1–23.

Robeyns, Ingrid. 2003. Sen's Capability Approach and Gender Inequality: Selecting Relevant Capabilities. *Feminist Economics* 9(2/3):61–92. https://doi.org/10.1080/1354570022000078024.

Sauer, Pieter J. J., und David Neubauer. 2014. Female Genital Mutilation: A Hidden Epidemic (Statement from the European Academy of Paediatrics). *European Journal of Pediatrics* 173(2):237–238. https://doi.org/10.1007/s00431-013-2126-0.

Sen, Amartya. 1993. Capability and Well-Being. In *The Quality und of Life*, Hrsg. Martha Nussbaum und Amartya Sen, 30–53. Oxford: Clarendon.

Sen, Amartya. 1997. Rights and Capabilities. In *Values Resources und Development : Expanded Edition*, Hrsg. Amartya Sen, 307–324. Cambridge: Harvard University Press.

Sen, Amartya. 2005. Human Rights and Capabilities. *Journal of Human Development* 6(2):151–166. https://doi.org/10.1080/14649880500120491.

Shute, Rosalyn, Larry Owens, und Phillip Slee. 2008. Everyday Victimization of Adolescent Girls by Boys: Sexual Harassment, Bullying or Aggression? *Sex Roles* 58(7–8):477–489. https://doi.org/10.1007/s11199-007-9363-5.

Taefi, Nura. 2009. The Synthesis of Age and Gender: Intersectionality, International Human Rights Law and the Marginalisation of the Girl-Child. *The International Journal of Children's Rights* 17(3):345–376. https://doi.org/10.1163/157181809X458049.

Tong, Rosemarie, Anne Donchin, und Susan Dodds, Hrsg. 2004. *Linking Visions: Feminist Bioethics, Human Rights, and the Developing World*. Lanham: Rowman & Littlefield.

United Nations General Assembly, *Convention on the Rights of the Child*, 20. November 1989, United Nations. *Treaty Series* 1577:3. http://www.ohchr.org/Documents/ProfessionalInterest/crc.pdf. Zugegriffen: 04. Jul. 2016.

United Nations General Assembly. 1995. *Report of the Fourth World Conference on Women*. http://www.un.org/womenwatch/daw/beijing/pdf/Beijing%20full%20report%20E.pdf. Zugegriffen: 04. Jul. 2016.

Unterhalter, Elaine, Rosie Vaughan, und Melanie Walker. 2007. The Capability Approach and Education. *Prospero* 13(3):13–21.

Upmark, Marianne, Karin Borg, und Kristina Alexanderson. 2007. Gender Differences in Experiencing Negative Encounters with Healthcare: A Study of Long-Term Sickness Absentees. *Scandinavian Journal of Public Health* 35(6):577–584. https://doi.org/10.1080/14034940701362194.

Warren, Karen. 1990. The Power and the Promise of Ecological Feminism. *Environmental Ethics* 12(2):125–146.

Wolff, Jonathan, und Avner de-Shalit. 2007. *Disadvantage*. Oxford and New York: Oxford University Press.

Worell, Judith, und Carol D. Goodheart, Hrsg. 2006. *Handbook of Girls' and Women's Psychological Health. Oxford Series in Clinical Psychology*. New York: Oxford University Press.

Die dynamische Verletzlichkeit von Kindern und Jugendlichen als ethische Kategorie

Einleitung

Verletzlichkeit ist ein Schlüsselbegriff in der Ethik der Kindheit. Viele Autor:innen betrachten ihn als ein wichtiges Merkmal, das für das Verständnis des besonderen moralischen Status von Kindern notwendig ist, um zu klären, worin ihr Wohlergehen besteht, und um spezifische Gefährdungen von Kindern zu identifizieren und zu beseitigen (Mullin 2014a; Benporath 2003; Macleod 2015). Während wir der Bedeutung, die dem Konzept der Verletzlichkeit zugeschrieben wird, voll und ganz zustimmen, sind wir der Meinung, dass einige Merkmale, die die besondere Verletzlichkeit von Kindern betreffen, bisher nicht ausreichend berücksichtigt wurden – insbesondere fehlt es bisher an einer systematischen Differenzierung der verschiedenen Quellen der Verletzlichkeit von Kindern, ebenso wie an einer Anerkennung der Bedeutung der kindlichen Entwicklung. In diesem Beitrag möchten wir einige dieser Aspekte ansprechen und wichtige Merkmale und Quellen der Verletzlichkeit von Kindern identifizieren und ihren ethischen Gehalt reflektieren.

Im ersten Teil werden wir das Augenmerk darauf legen, dass die Verletzlichkeit von Kindern am besten als eine dynamische Eigenschaft zu verstehen ist, was bedeutet, dass mit der Entwicklung von Kindern in der Kindheit auch ihre Verletzlichkeit besonderen Veränderungen unterliegt. Kinder als sich entwickelnde Wesen besitzen nicht eine pauschale oder homogene Art der Verletzlichkeit; vielmehr gibt es viele verschiedene Formen der Verletzlichkeit, die sowohl von Eigenschaften der Kinder als auch von den Kontexten, in denen sie leben, abhängen. Um das Konzept der kindlichen Verletzlichkeit besser zu erfassen, wollen wir zwischen physischer, psychischer, sozialer und symbolischer Verletzlichkeit unterscheiden,

Gemeinsam mit Gunter Graf

G. Schweiger, *Essays zur Philosophie der Kindheit,* Kindheit – Bildung – Erziehung. Philosophische Perspektiven, https://doi.org/10.1007/978-3-662-66692-0_8

die nicht nur nach dem Alter, sondern auch nach Merkmalen wie Geschlecht, Ethnie oder sozioökonomischer Position variieren. Im zweiten Teil werden wir auf die ethische Bedeutung der besonderen Verletzlichkeit von Kindern reflektieren. Unter der Annahme, dass a) Kinder moralische Ansprüche haben, b) ihre Verletzlichkeit nicht missbraucht werden darf und c) sie vor Schäden und Verletzungen geschützt werden sollen, werden wir argumentieren, dass eine Reflexion auf die kindliche Verletzlichkeit zentral ist, um den Inhalt der moralischen Ansprüche von Kindern im Detail zu explizieren und um zu verdeutlichen, dass das, was als eine moralisch falsche Handlung gegenüber Kindern zu gelten hat, eng mit ihrer dynamischen Verletzlichkeit verwoben ist. Im dritten Teil wenden wir uns der Beziehung zwischen der Autonomie von Kindern und ihrer Verletzlichkeit zu. Die Autonomie von Kindern kann sowohl als „Verstärker" als auch als „Verminderer" ihrer Verletzlichkeit betrachtet werden, die Fähigkeit der Autonomie kann die kindliche Verletzlichkeit also erhöhen oder verringern, sie kann dazu beitragen, dass Kinder verletzlicher werden, aber auch dass diese besser vor Verletzungen geschützt sind. Da es eine Forderung einer Ethik der Kindheit ist, Kinder vor Verletzungen zu schützen, ist es geboten, diese beiden Aspekte der kindlichen Autonomie abzuwägen, um festlegen zu können, welche und wie viele Freiheiten Kindern, die (partiell) zur Autonomie fähig sind, gewährt werden sollten.

Die dynamische Verletzlichkeit von Kindern

Verletzlichkeit ist ein viel diskutiertes Konzept und es gibt unterschiedliche Ansätze und Definitionen. In diesem Beitrag wollen wir uns der besonderen Verletzlichkeit von Kindern über die weit gefasste Definition von Mackenzie und Kolleg:innen nähern, die Verletzlichkeit „as being at increased risk of suffering harm and/or having diminished capacity to meet one's needs, safeguard one's interests or protect oneself from harm" definieren (Mackenzie 2017, S. 88; Mackenzie et al. 2014). Während dieses Konzept für alle Menschen aufgrund ihrer körperlichen Bedürftigkeit, ihrer Abhängigkeit von anderen, ihrer Endlichkeit und Zerbrechlichkeit zweifellos relevant ist, haben Kinder Eigenschaften, die sie besonders verletzlich machen.

Aber was sind die Faktoren, die dazu beitragen, dass Kinder ein erhöhtes Risiko haben, Schaden zu erleiden oder dass ihre Fähigkeit, ihre Bedürfnisse zu befriedigen, beeinträchtigt wird? Bevor wir beginnen, eine Antwort auf diese Frage zu formulieren, indem wir verschiedene Dimensionen der besonderen Verletzlichkeit von Kindern unterscheiden, müssen wir vier allgemeine Bemerkungen machen, die für unsere Ausführungen entscheidend sind. Erstens wählen wir einen pragmatischen Ansatz, indem wir die Definition aus der Kinderrechtskonvention der Vereinten Nationen übernehmen, wonach ein Kind jedes menschliche Wesen von der Geburt bis zum Alter von 18 Jahren ist (UN 1989), um die Gruppe von Personen zu bestimmen, die wir als „Kinder" bezeichnen. Es handelt sich also um eine sehr heterogene Gruppe, und innerhalb dieser Gruppe gibt es verschiedene und unterschiedliche Verletzlichkeiten. Neugeborene sind ganz anders als Teenager, und die Risiken, denen sie ausgesetzt sind, variieren enorm, was uns zur zweiten Bemerkung bringt: Ein entscheidender Teil der Verletzlichkeit von Kindern hängt eng damit zusammen, wie Kinder sind – ihre „Natur" sozusagen – und ein auffälliges Merkmal davon ist ihre Entwicklungsfähigkeit. Die Kindheit ist die Periode im menschlichen Leben, in der sich die radikalsten und dynamischsten Veränderungen vollziehen. Besonders deutlich wird dies in den ersten Lebensjahren, in denen eine rasante Entwicklung von einem Zustand völliger Abhängigkeit zu einem Zustand stattfindet, in dem viele Fähigkeiten wie Sprechen und Laufen erlernt wurden und in dem sich die Handlungsfähigkeit eines Kindes in erheblichem Maße herausgebildet hat. Ein wichtiger Aspekt der Verletzlichkeit von Kindern muss daher in diesem dynamischen Entwicklungsprozess und in Bezug auf ihre wachsende Handlungsfähigkeit und Autonomie gesehen werden, die neue Risiken mit sich bringen. Damit wollen wir nicht sagen, dass jedes Merkmal der Verletzlichkeit von Kindern mit ihrer Entwicklungsfähigkeit zusammenhängt; es gibt sicherlich Aspekte, die sie mit anderen Menschen teilen, die sie verletzlich machen – z. B. die Tatsache, dass sie Körper haben. Wir möchten uns hier jedoch darauf konzentrieren, was Kinder von anderen Personen in Bezug auf ihre Verletzlichkeit unterscheidet. Die dritte Bemerkung betrifft die Beziehung zwischen der Verletzlichkeit eines Kindes und seinem sozialen, kulturellen und wirtschaftlichen Kontext. Wir haben argumentiert, dass ein erheblicher Teil der kindlichen Verletzlichkeit damit verknüpft ist, wie Kinder sind. Dies sollte jedoch nicht als eine rein naturalistische oder biologische Behauptung verstanden werden. Obwohl wir glauben, dass solche inhärenten Merkmale eine wichtige Rolle spielen, wenn wir die Verletzlichkeit von Kindern verstehen wollen, sind kontextuelle Faktoren ebenso wichtig. Es gibt eine bestimmte inhärente Verletzlichkeit von Kindern, die sich auf Merkmale ihres Körpers, ihrer Psyche und ihrer emotionalen Fähigkeiten in Kombination mit ihrem Entwicklungspotenzial bezieht. Aber wie sich diese inhärente Verletzlichkeit im Leben von Kindern manifestiert, hängt davon ab, wie die Institution der Kindheit sozial und kulturell geprägt wird – die kindliche Verletzlichkeit ist immer auch situativ, da die konkreten Umstände darüber entscheiden, welchen Risiken ein Kind ausgesetzt ist (Mackenzie 2017, S. 89). Und in diesem Zusammenhang sind Faktoren wie Geschlecht, Ethnie, Hautfarbe oder sozioökonomischer Status für die jeweilige Verletzlichkeit von Kindern mitentscheidend, wie wir später noch genauer zeigen werden. Viertens sind wir uns der Tatsache bewusst, dass einige Aspekte der Verletzlichkeit von Kindern, die wir diskutieren werden, auch bei anderen Gruppen zu finden sind – z. B. bei (erwachsenen) Menschen mit Behinderungen oder gesundheitlichen Problemen oder bei älteren Menschen, die dement sind. Aus diesem Grund kann argumentiert werden, dass wir unser Ziel, eine „besondere" Verletzlichkeit von Kindern zu charakterisieren, verfehlen, weil wir Aspekte ansprechen, die auch in anderen Gruppen vorkommen. Unsere Antwort auf diese Herausforderung ist, dass wir uns in diesem Aufsatz auf die typische Verletzlichkeit von Kindern und Erwachsenen konzentrieren. Unser Fokus auf die (biostatistische) „Normalität" der kindlichen Verletzlichkeit soll die nochmals besondere Verletzlichkeit von Kindern und Erwachsenen mit Behinderung oder schweren gesundheitlichen Problemen nicht unterschlagen oder negieren, aber diese verdient eigene Aufmerksamkeit, die wir an dieser Stelle nicht leisten können. Unsere These ist also, dass sich Kinder typischerweise von Erwachsenen in ihrer Verletzlichkeit unterscheiden, und ein Grund dafür ist, dass sie sich entwickelnde Wesen sind. Einerseits ist die kindliche Entwicklung sehr sensibel und sie kann gestört werden, was schwerwiegende Auswirkungen haben kann, andererseits bringt die kindliche Entwicklung bestimmte Bedürfnisse mit sich, die von anderen berücksichtigt werden müssen. Jedenfalls bedürfen Fälle von schweren Behinderungen oder Krankheiten – sowohl im Kindes- als auch im Erwachsenenalter – einer gesonderten Würdigung, die wir in diesem Aufsatz nur andeuten können.

Mit diesen grundlegenden Überlegungen im Hintergrund wollen wir nun tiefer einsteigen und zwischen verschiedenen – wenn auch in vielerlei Hinsicht verwandten – Dimensionen der dynamischen Verletzlichkeit von Kindern unterscheiden: körperliche, geistige, soziale und symbolische Verletzlichkeit. Die Charakterisierungen, die wir geben, sind nicht erschöpfend, sollten aber ausreichen, um unsere Behauptung zu unterstreichen, dass es in diesen Dimensionen eine besondere Verletzlichkeit von Kindern gibt.

Die physische Verwundbarkeit bezieht sich auf den Körper von Kindern und die möglichen Schäden, die sie in dieser Hinsicht erleiden können. Der Körper von Kindern ist – vor allem in den ersten Lebensjahren – kleiner und schwächer als der von Erwachsenen, und dies impliziert bereits, dass sie ein erhöhtes Risiko haben, geschädigt oder verletzt zu werden. Ein körperlicher Eingriff, der für eine:n Erwachsene:n harmlos ist, kann für ein kleines Kind eine ernsthafte Gefahr darstellen. Zwei Beispiele können dies verdeutlichen. Das erste ist das „Shaken-Baby-Syndrom", das auch als „missbräuchliches Kopftrauma" bezeichnet wird (Mian et al. 2015). Das gewaltsame Schütteln von Säuglingen und Kleinkindern kann zu schweren Hirnschäden führen. Die im Vergleich zum Rest des Körpers schweren und großen Köpfe von Kleinkindern, ihre schwache Nackenmuskulatur und die empfindlichen Blutgefäße in ihrem Gehirn stellen eine besondere physische Verletzlichkeit für sie dar. Die Entwicklungsdimension ist hier von entscheidender Bedeutung, da die im Gehirn verursachten Schäden zu lebenslangen Behinderungen führen und den normalen Entwicklungsfortschritt in verschiedenen Dimensionen behindern können. Das andere Beispiel stammt aus der Forschung zu Umweltbelastungen. Die Forschung zeigt, dass die Belastung mit Umweltschadstoffen im frühen Leben das Wohlergehen und Wohlentwickeln der betroffenen Kinder gefährden kann. Es besteht ein erhöhtes Krankheits- und Sterberisiko im Säuglingsalter, aber auch die Gefahr, dass es zu chronischen Krankheiten kommt, die sich (teilweise erst) zu einem späteren Zeitpunkt im Leben manifestieren (Suk et al. 2016). Einige der Gründe für diese besonderen Verletzlichkeiten von Kindern hängen mit physiologischen Prozessen zusammen, die in der Kindheit ablaufen. Es gibt Entwicklungsfenster, in denen äußere Einflüsse, wie z. B. Pestizide oder andere Chemikalien, die gravierendsten Auswirkungen haben, da die Stoffwechselprozesse noch nicht ausgereift sind (Landrigan und Goldman 2011). Wenn Kinder älter werden, nehmen die offensichtlichen Unterschiede in der Belastbarkeit ihrer Körper im Vergleich zu denen von Erwachsenen ab. Dennoch bleibt die körperliche Verletzlichkeit ein zentrales Thema, wenn auch in unterschiedlichen Variationen. Teenager zum Beispiel verfügen bereits über eine starke Handlungsfähigkeit und eine große Auswahl an Optionen, aus denen sie wählen können. Doch mit diesen Entwicklungen entstehen neue körperliche Verletzlichkeiten. Sie probieren viele neue Dinge aus, oft ohne vorherige Erfahrungen und Kenntnisse, und setzen ihren Körper Risiken aus – z. B. im Bereich der Sexualität, des Experimentierens mit Drogen oder durch riskantes Verhalten im Sport oder im Verkehr. Hier sehen wir, dass im Prozess des Heranwachsens neue Verletzlichkeiten entstehen, Verletzlichkeiten, die mit der zunehmenden Autonomie der Kinder zusammenhängen, aufgrund derer ihnen neue Rechte zustehen, wie wir in Abschn. 4 ausführlicher darlegen werden.

Die nächste Dimension, der wir uns zuwenden möchten, ist die psychische Verletzlichkeit. Es existieren viele verschiedene Ansätze und Definitionen von psychischer Gesundheit, aber sie ist unbestreitbar ein sehr grundlegendes Element des Wohlergehens. Laut WHO umfasst psychische Gesundheit sowohl subjektives Wohlergehen, eine wahrgenommene Selbstwirksamkeit als auch die Selbstverwirklichung des eigenen intellektuellen und emotionalen Potenzials und ist somit mit den Ideen eines stabilen Identitäts- und Selbstwertgefühls verbunden. Darüber hinaus steht sie auch mit sozialen und verhaltensbezogenen Fähigkeiten in Verbindung (WHO 2001, S. 5). Für Kinder und Jugendliche umfassen Merkmale psychischer Gesundheit typischerweise auch gesunde Familien- und Peer-Beziehungen, die Fähigkeit, produktiv zu sein und zu lernen, sowie die Fähigkeit, Entwicklungsherausforderungen zu meistern und kulturelle Ressourcen zu nutzen, um sich adäquat zu entwickeln (Centers for Disease Control and Prevention 2013). Die Kindheit ist entscheidend für die Entwicklung des Selbsts und der Persönlichkeit, während negative Erfahrungen in dieser Phase die Gefahr bergen, langfristige Schäden zu verursachen. Vor allem in den ersten Jahren sind Kinder auch in ihrer psychischen, also kognitiven, emotionalen und seelischen Entwicklung völlig abhängig von anderen Menschen in ihrer Umgebung. Und wenn es keine Menschen gibt, auf die sich Kinder verlassen können und die sie umsorgen und in ihrer psychischen Entwicklung fördern, sind die negativen Auswirkungen später oft nur schwer und in langwierigen Prozessen bewältigbar. Es gibt zum Beispiel gute empirische Belege dafür, dass frühe Bindungssicherheit einen positiven Einfluss auf emotionale Gesundheit, Selbstwertgefühl, Handlungsfähigkeit und Selbstvertrauen, positive Affekte, eine gesunden Ego-Resilienz und soziale Kompetenz in Interaktionen mit Gleichaltrigen, Lehrer:innen, anderen Erwachsenen oder auch mit romantischen Partner:innen hat (Thompson 2007). Kinder, die nicht in der Lage sind, sichere Bindungen zu entwickeln, sind daher oft in wichtigen Bereichen des mentalen und emotionalen Wohlbefindens benachteiligt und in dieser Hinsicht besonders verletzlich. Ein Element der psychischen Verletzlichkeit von Kindern hängt mit ihrem sich entwickelnden Gehirn zusammen, das während der gesamten Kindheit weiter wächst, einschließlich der Adoleszenz, die eine kritische Phase für die Entwicklung psychischer Erkrankungen darstellt. Tatsächlich ist das Jugendalter die wichtigste Zeit für den klinischen Beginn der meisten psychischen Erkrankungen, und es wird geschätzt, dass eine:r von fünf Jugendlichen eine psychische Erkrankung hat, die bis ins Erwachsenenalter besteht (Lee et al. 2014; Kessler et al. 2005).

Wichtige Aspekte der körperlichen und psychischen Verletzlichkeit ergeben sich aus Merkmalen von Kindern, die sie universell teilen: Ihre Körper sind zu Beginn klein und schwach, während sich ihre geistigen und emotionalen Kompetenzen erst allmählich entwickeln. Allerdings muss man auch betonen, dass Kindheit eine soziale Institution ist, in der soziale Verletzlichkeiten entstehen (James und Prout 2005; Andresen 2014). Es gibt viele verschiedene Möglichkeiten, wie eine Gesellschaft diese Lebensphase strukturieren kann – zum Beispiel in Bezug darauf, welche Rechte Kinder besitzen, wie Bildungseinrichtungen organisiert sind und welche Phasen der Kindheit erkannt werden, aber auch in Bezug auf den Beginn und das Ende der Kindheit. Wie diese und ähnliche Aspekte der Kindheit in einer Gesellschaft gestaltet werden, erzeugt oder beeinflusst Verletzlichkeiten. Wir wollen kurz auf zwei solcher Verletzlichkeiten eingehen, die in vielen Ländern sehr verbreitet sind. Erstens gewähren die meisten Gesellschaften der Sphäre der Familie einen besonderen Stellenwert an Schutz, Privatsphäre und Autonomie. Es gibt gute Gründe für einige Privilegien von Familien und Eltern, wie Harry Brighouse und Adam Swift (Brighouse und Swift 2014) oder David Archard (Archard 2010) argumentiert haben. Aber man muss darauf hinweisen, dass Privatsphäre und starke Familienautonomie auch zur Verletzlichkeit von Kindern beitragen und dass daher jede Verteidigung der Familie gewisse Kompromisse eingeht. Einerseits ereignen sich viele Fälle von körperlichem und sexuellem Missbrauch innerhalb der Familie, und es dauert oft sehr lange, bis sie, wenn überhaupt, entdeckt werden. Viele Kinder leiden also „im Verborgenen" und haben keine Möglichkeit, Hilfe zu suchen. Oder sie begreifen – gerade bei kleinen Kindern – gar nicht, was ihnen widerfährt und dass sie ein Recht auf Schutz haben (Graf und Schweiger 2017). Andererseits ist die sich entwickelnde Autonomie und Handlungsfähigkeit von Kindern in hohem Maße von ihren Bezugspersonen abhängig, die sich in einer äußerst mächtigen Position befinden, um ihre Kinder indoktrinieren und ihre Identitätsressourcen einzuschränken (Macleod 2017). Die Struktur der Gesellschaft, die die Autonomie der Familie hochhält, ermöglicht es, dass Eltern ihre Kinder kontrollieren und ihnen Schaden zufügen können. Natürlich tun das nur wenige Eltern, aber die situative Verletzlichkeit von Kindern, die sich aus der sozialen Struktur der Familie ergibt, ist dennoch gesellschaftlich erzeugt und stabilisiert. Das heißt auch nicht, dass die Familie nicht auch bestimmte Formen der Verletzlichkeit reduziert und viele Kinder durch ihre Eltern gut versorgt und geschützt werden. Zweitens sind Kinder anfällig für wirtschaftliche Ausbeutung in verschiedenen Formen. Wenn es in einem Land keine Maßnahmen zur sozialen Absicherung oder zur Einhaltung der Kinderrechte gibt oder diese nicht angemessen umgesetzt werden, kann es dazu kommen, dass eine große Zahl von Kindern unter oft unerträglichen Bedingungen arbeiten gehen muss. Wirtschaftliche Ausbeutung findet aber auch statt, wenn Kinder zur Zielscheibe der kommerziellen Interessen von Großkonzernen werden, wie es in der modernen Konsumkultur üblich ist (Wild 2014). Schließlich trägt der Schutz der Familie auch zur intergenerationellen Weitergabe von Ungleichheiten bei (Archard 2010; Schweiger und Graf 2015). Trotz dieser Vorbehalte sind wir der Ansicht, dass eine Verteidigung der elterlichen Privilegien und der familiären Autonomie möglich ist und die beste verfügbare Option zum Schutz und zur Fürsorge für Kinder darstellt (Graf und Schweiger 2017).

Die letzte Dimension der besonderen Verletzlichkeit ist symbolischer Natur. Damit ist gemeint, dass der Status des „Kindseins" in der Regel mit weniger Prestige und weniger Respekt verbunden ist als der von Erwachsenen, was zu einer mangelnden Aufmerksamkeit auf Kinder, ihrer Interessen und Bedürfnisse beiträgt. Kinder werden mitunter auch einfach nicht ernst genommen und ihre Anliegen abgetan oder ignoriert. Zwei verwandte Phänomene veranschaulichen diese symbolischen Verwundbarkeiten: Diskriminierung und epistemische Ungerechtigkeiten. In Bezug auf Diskriminierung kann man feststellen, dass viele, wahrscheinlich die meisten, Gesellschaften erwachsenenorientiert sind, was bedeutet, dass die Bedürfnisse und Interessen von Erwachsenen gegenüber denen von Kindern Vorrang haben und dass die spezifischen Interessen von Kindern nicht ausreichend berücksichtigt werden. Um einige Beispiele zu nennen: Kinder werden häufig aus den Räumen der Erwachsenen ausgeschlossen, nicht zu ihrer Sicherheit oder ihrem Wohlbefinden, sondern aus Bequemlichkeit der Erwachsenen; die soziale Umwelt und Infrastruktur ist auf Erwachsene ausgerichtet; Anliegen von Erwachsenen werden mit erheblich mehr finanziellen Mitteln ausgestattet; Kinder sind häufiger von Armut betroffen als Erwachsene (Webb 2004; Schweiger und Graf 2015). Darüber hinaus ist die Praxis der körperlichen Züchtigung von Kindern, die in vielen Ländern, die sie für Erwachsene verboten haben – wie z. B. in den USA – immer noch legal ist, eine zutiefst diskriminierende Praxis gegenüber Kindern, da sie ihnen als Gruppe ein Grundrecht – nämlich der unbedingte Schutz der körperlichen Integrität – verweigert wird, das allen anderen Mitgliedern der Gesellschaft gewährt wird (Lenta 2012). In den letzten Jahren wurde sogar der Begriff des „Childism" in die Literatur eingebracht, um die vielen Vorurteile und die Diskriminierung von Kindern in modernen Gesellschaften zu erfassen (Young-Bruehl 2012). Mit dem Begriff der epistemischen Ungerechtigkeit stützen wir uns auf die Arbeit von Miranda Fricker, die argumentiert hat, dass es spezifische Ungerechtigkeiten gegenüber Menschen in ihrer Eigenschaft als Wissende gibt, wenn es eine Voreingenommenheit gegenüber der Glaubwürdigkeit des Berichts oder der Aussage einer Sprecherin oder eines Sprechers gibt oder wenn eine Ungleichheit in den kollektiven Interpretationsressourcen eine:n Sprecher:in benachteiligt – zum Beispiel, wenn ein Mitglied einer Minderheit Begriffe verwendet, um moralisches Unrecht zu beschreiben, die der (mächtigen) Mehrheit einer Gesellschaft nicht bekannt sind (Fricker 2007). Wie von Havi Carel und Gita Györffy aufgezeigt wurde, werden Kinder insbesondere im Gesundheitsbereich oft zu Unrecht in ihren Fähigkeiten als epistemische Subjekte angezweifelt und nicht ernst genommen, was eine Form der Verachtung und damit in unserer Terminologie eine Form der symbolischen Vulnerabilität darstellt (Carel und Györffy 2014).

Epistemische Ungerechtigkeit liegt nicht dann vor, wenn Kinder nicht in der Lage sind, sich zu artikulieren oder Sachverhalte zu erfassen, sondern vielmehr, wenn ihre Erfahrungen und Ansichten ohne gute Gründe ignoriert oder als falsch oder nicht wichtig abgetan werden.

Die Differenzierung zwischen physischer, psychischer, sozialer und symbolischer Verletzlichkeit von Kindern ermöglicht es, ihre Besonderheiten deutlicher zu konzeptualisieren, als es in der Debatte üblicherweise geschieht, und sie betont auch die Notwendigkeit, eine Entwicklungsperspektive einzubeziehen. Kinder verändern sich im Laufe der Zeit erheblich, und daher gibt es eine große Vielfalt an Verletzlichkeiten in dieser Gruppe. Man muss jedoch betonen, dass die Verletzlichkeiten von Kindern nicht nur vertikal (unter Kindern unterschiedlichen Alters), sondern auch horizontal (unter Kindern gleichen Alters) immens variieren. Faktoren wie Geschlecht, Hautfarbe und sozioökonomische Position haben einen erheblichen Einfluss auf die Art und Weise, wie Kindheit erlebt wird, auf die Optionen, die Kindern zur Verfügung stehen, auf die Risiken, denen Kinder ausgesetzt sind, und somit auf die Art und Weise, wie ihre Verletzlichkeit ausgenutzt oder geschützt wird. Arme Kinder sind zum Beispiel oft mit Problemen konfrontiert, die nicht-arme Kinder nicht haben oder die sie in einem viel geringeren Ausmaß erleben (Felner und DeVries 2013). Auch das Geschlecht, um ein weiteres Beispiel zu nennen, ist eine wesentliche Kategorie für die Analyse von Kindheit (Bhana 2016). Jungen und Mädchen sind nach wie vor mit unterschiedlichen Erwartungen konfrontiert, sie werden unterschiedlich sozialisiert und sind daher auch unterschiedlich verletzlich, was maßgeblich von den gesellschaftlichen und kulturellen Normen abhängt. Und natürlich stehen transgender oder intersexuelle Kinder immer noch vor zusätzlichen Herausforderungen und sind verletzlicher – zum Beispiel in Bezug auf Stigmatisierung, soziale Ausgrenzung und die Entwicklung einer gesunden und stabilen Identität. Zusammenfassend lässt sich sagen, dass der Rahmen, den wir in diesem Artikel zur Diskussion stellen, auf besondere Verletzlichkeiten von Kindern hinweist, aber diese müssen mit anderen Variablen der sozialen Analyse kombiniert werden, um der Vielfalt der Kontexte gerecht zu werden, in denen Kinder aufwachsen.

Die moralischen Ansprüche von Kindern und ihre Verletzlichkeit

Im vorangegangenen Abschnitt haben wir bestimmte Merkmale der Verletzlichkeit von Kindern beleuchtet, wobei der Schwerpunkt auf den verschiedenen Formen der Verletzlichkeit lag. Nun wollen wir ihre ethische Bedeutung sondieren. Die meisten Theoretiker:innen gehen davon aus, dass die Verletzlichkeit von Kindern und ihre besonderen moralischen Ansprüche irgendwie miteinander verbunden sind und dass eine Ethik der Kindheit die Verletzlichkeit als einen Hauptbezugspunkt berücksichtigen muss (siehe zum Beispiel Mullin 2014a). Dennoch ist die ethische Bedeutung der Verletzlichkeit von Kindern etwas unklar, weil viele unterschiedliche Verständnisse von Verletzlichkeit und von Ethik existieren. Unser

Ausgangspunkt ist, dass Kinder einen moralischen Anspruch darauf haben, dass ihre Verletzlichkeit nicht von anderen missbraucht wird und dass sie vor Schaden geschützt werden sollten. Wir wollen ein breites Verständnis von Schaden bzw. Verletzung zugrunde legen, das von körperlichen Verletzungen bis zu emotionalem Leid und von sozialer Ausgrenzung bis zu mangelndem Respekt reicht. Kurz gesagt kann alles, was das objektive Wohlergehen (das Niveau ihres Wohlergehens) und Wohlentwickeln (die gesunde Entwicklung zu einem zukünftigen Niveau von Wohlergehen) von Kindern mindert, als eine Form von Schaden verstanden werden, unabhängig davon, ob die Kinder dies tatsächlich als verletzend erleben oder nicht (Bagattini 2014). Darüber hinaus bietet unsere Unterscheidung von physischen, psychischen, sozialen und symbolischen Formen der Verletzlichkeit einen Rahmen, um diese Schäden zu verstehen – die von uns unterschiedenen Formen der Verletzlichkeit erklären, welche Arten von Unwohlsein (ill-being) und negativer Entwicklung (ill-becoming), als zwei wesentliche Formen von Schaden, Kinder erleiden können. Unser Ziel ist es nicht zu zeigen, dass Verletzlichkeit (irgendwelche, einige oder alle) die moralischen Ansprüche von Kindern begründet, sondern wir sind agnostisch gegenüber solchen Begründungen. Vielmehr gehen wir nur davon aus, dass Kinder einen solchen moralischen Anspruch haben, nicht geschädigt zu werden, und dass dieser Anspruch durch die Exploration ihrer Verletzlichkeit eingehender erörtert werden kann. Oder anders ausgedrückt: Der Inhalt des moralischen Anspruchs von Kindern, nicht geschädigt zu werden, bezieht sich auf ihre Verletzlichkeit und unterscheidet sich daher von dem von Erwachsenen und verändert sich mit der Zeit, während sie sich entwickeln. Die Begründung dieses Anspruchs selbst – und damit zusammenhängende Fragen wie jene, ob und warum Kinder einen stärkeren moralischen Anspruch haben als Erwachsene – sind hier nicht unser Anliegen.

Wichtig für unser Verständnis ist nun, dass sich die moralischen Ansprüche von Kindern sowohl auf Handlungen der Schädigung als auch auf Handlungen des Schutzes beziehen. Um das zu verstehen, müssen wir berücksichtigen, dass die Verletzlichkeit von Kindern, wie wir gezeigt haben, sowohl inhärent als auch situationsbedingt ist. Sie sind in Gefahr, von anderen geschädigt zu werden, weil sie geringere Fähigkeiten haben als Erwachsene (oder ältere Kinder) und weil die Institution der Kindheit in der Gesellschaft auf eine bestimmte Weise gerahmt ist. Ein paradigmatischer Fall dafür ist Kindesmissbrauch. Jeder Mensch ist anfällig dafür, missbraucht zu werden, aber für Kinder ist dies eindeutig eine größere Gefahr, weil sie körperlich, geistig, sozial und symbolisch anfälliger für Missbrauch sind. Sie sind weniger in der Lage, sich gegen eine:n Täter:in (es sind vor allem Männer) zu schützen, weil sie körperlich und emotional schwächer sind. Die meisten Missbrauchsfälle geschehen zudem innerhalb eines bestimmten sozialen Umfelds – der Familie – was Kinder noch verletzlicher macht, weil der/die Täter:in Macht über sie hat und mit ihrer Betreuung betraut ist (Graf und Schweiger 2017). Während sich der erste Aspekt auf inhärente Aspekte der Verletzlichkeit von Kindern bezieht, hat der zweite eine spezifische situative Dimension und wird durch soziale Normen und Praktiken verstärkt. Bestimmte Formen des Kindesmissbrauchs sind sogar legalisiert und gesellschaftlich akzeptiert, wie z. B. der Fall der körperlichen Züchtigung in einigen Ländern, was die Verletzlichkeit von Kindern noch verstärkt und es den Täter:innen leichter macht, ihnen zu schaden, weil sie keine Bestrafung oder Beschämung fürchten müssen (für eine starke Kritik an körperlicher Züchtigung siehe Lenta (2012)).

Die Verletzlichkeit von Kindern bestimmt also ihre moralischen Ansprüche, denn um zu verstehen, was ihnen schaden kann, müssen wir die Arten von Bedrohungen ermitteln, für die sie besonders anfällig sind. Wir haben bereits das „Shaken-Baby-Syndrom" als eine schwere Form der Misshandlung erwähnt. Offensichtlich ist das Schütteln eines Babys eine Verletzung seines moralischen Anspruchs, nicht geschädigt zu werden, und führt sowohl zu einer akuten Verletzung als auch zu einer Schädigung seiner Entwicklung. Das Schütteln missbraucht eine besondere Verletzlichkeit des Säuglings, die der Säugling mit anderen Säuglingen, nicht aber mit älteren Kindern oder Erwachsenen teilt. Wenn wir also davon ausgehen, dass sowohl Erwachsene als auch Kinder einen moralischen Anspruch darauf haben, nicht geschädigt zu werden, fügt ein solches Schütteln vor allem (wenn nicht sogar ausschließlich) Säuglingen ernsthaften Schaden zu. Ältere Kinder oder Erwachsene können durch Schütteln nicht auf dieselbe Art und Weise verletzt werden (obwohl natürlich auch diese durch Traumata verletzt werden können, aber dafür ist ein wesentlich größer Kraftaufwand nötig und die Gehirne von älteren Kindern und Erwachsenen sind viel robuster). Das sagt nichts darüber aus, auf Basis welcher ethischen Theorie Babys einen solchen moralischen Anspruch haben, nicht geschüttelt zu werden, aber sobald ein solcher moralischer Anspruch angenommen wird, heißt es, dass Babys einen besonderen Schutz davor verdienen, geschüttelt zu werden, und dass Erwachsene eine moralische Pflicht haben, Babys nicht zu schütteln, weil die Gehirne und ihre Entwicklung von Babys und nur Babys gegenüber dem Schütteln in dieser besonderen Weise verletzlich sind. In ähnlicher Weise nutzt ein:e missbrauchende:r Vater/Mutter oder ein:e missbrauchende:r Trainer:in die besondere Verletzlichkeit eines Kindes aus, das seiner/ihrer Obhut anvertraut ist, da er/sie sowohl physisch als auch sozial mächtiger ist als das Kind. Sowohl Erwachsene als auch Kinder haben einen moralischen Anspruch darauf, nicht missbraucht zu werden, aber die Verletzlichkeit von Kindern ist in dieser Hinsicht größer und hängt von einigen ihrer bestimmten Eigenschaften und von ihrer sozialen Umgebung ab, und daraus können wir schließen, dass sie besonderen Schutz verdienen oder dass wir ihre Umgebung entsprechend anpassen sollten, um sie vor Missbrauch zu schützen. Eine andere Möglichkeit, diesen Punkt zu formulieren, ist zu sagen, dass die moralischen Ansprüche von Kindern und Erwachsenen zwar nicht allein in ihrer Verletzlichkeit begründet sind, aber um zu wissen, was angemessene Schutzmaßnahmen sind und worin die Inhalte erlaubter, verbotener oder gebotener Handlungen bestehen, ist es nötig, sich mit der jeweiligen Verletzlichkeit auseinanderzusetzen und diese hinreichend zu verstehen. Wie wir im vorigen Abschnitt argumentiert haben, ist die Verletzlichkeit von Kindern dynamisch; sie werden weniger verletzlich gegenüber einigen Gefährdungen, aber andere entstehen und werden präsenter, und die moralischen Ansprüche von Kindern entwickeln und verändern sich daher zusammen mit den Kindern selbst. Ein Kopfverletzung, mit oder ohne verheerenden Folgen für die Zukunft, ist immer eine Verletzung, aber die Verletzlichkeit eines Babys gegenüber dieser Form der Verletzung ist, wie gesagt, viel höher, daher ist der Schutz vor Kopfverletzungen bei Kindern besonders dringlich und geboten. Das hat Auswirkungen darauf, welche Verantwortung Menschen und Institutionen Babys gegenüber haben. Nicht durch die Ausnutzung bestimmter Verletzlichkeiten geschädigt zu werden, bedeutet im konkreten Fall also für ein Baby etwas anderes als für einen Teenager, und das Konzept der Verletzlichkeit von Kindern hilft uns, das zu verstehen.

Ein weiterer Aspekt, der über die besondere Verletzlichkeit von Kindern expliziert werden kann, ist der moralische Anspruch von Kindern, geschützt zu werden. Dieser geht weiter als der Anspruch, nicht durch die Ausnutzung ihrer Verletzlichkeit geschädigt zu werden. Kinder sind nicht in der Lage, sich selbst zu schützen, nicht nur in dem Sinne, dass sie sich nicht gegen Täter:innen wehren können, sondern auch in dem grundsätzlichen Sinne, dass sie von anderen abhängig sind. Kleine Kinder werden nicht nur dadurch schwer geschädigt, dass ihnen Misshandlungen oder andere Formen der aktiven Verletzung ihrer körperlichen Integrität angetan werden, sondern auch dadurch, dass sie einfach allein gelassen und nicht umsorgt werden. Diese Eigenschaft trifft auch auf einige Erwachsene zu, z. B. auf Menschen, die chronisch krank, behindert oder schwer verletzt sind. Und obwohl wir anerkennen, dass Autonomie relational ist und wir immer in soziale Beziehungen eingebunden sind, denken wir, dass die Abhängigkeit von Kindern, insbesondere von jüngeren Kindern, kategorisch anders ist. Sie brauchen Bezugspersonen, um zu überleben und sich gut zu entwickeln, und sie können deren Abwesenheit nicht ersetzen, während typische Erwachsene, für die es auch schmerzhaft sein kann, allein und auf sich gestellt zu sein (siehe z. B. Brownlee 2013), fähig sind, zu überleben und für sich selbst zu sorgen – man kann sagen, dass Autonomie und die Fähigkeit, für sich selbst sorgen zu können, eine wichtige Dimension des modernen Selbstverständnisses ist. Der paradigmatische Fall, der diese Dimension der moralischen Ansprüche von Kindern illustriert, ist die Vernachlässigung von Kindern. Auch in diesem Fall finden wir inhärente und situative Aspekte. Die grundsätzliche Abhängigkeit von Kindern beruht auf dem Mangel oder der Unreife ihrer körperlichen und geistigen Fähigkeiten sowie auf ihrer sozialen und symbolischen Position. Eine Vernachlässigung von Kindern liegt vor, wenn die besonderen Bedürfnisse von Kindern nicht erfüllt werden und diese Kinder zur Erfüllung ihrer Bedürfnisse aufgrund ihres Kindseins auf andere Menschen angewiesen sind. Kinder sind also verletzlich, von anderen durch aktive Handlungen als auch durch die Unterlassung von Handlungen der Fürsorge geschädigt zu werden. Auch hier spielt die situative Verletzlichkeit eine Rolle, also wie soziale Strukturen die Abhängigkeit von Fürsorge bzw. das Vorliegen von Vernachlässigung beeinflusst. Einen Einfluss darauf haben auch wieder solche Faktoren wie das Geschlecht, die sozial überformt werden. Zum Beispiel unterscheiden sich die Bedürfnisse eines Mädchens im Teenageralter von denen eines Jungen (z. B. bekommen Mädchen anders als Jungen eine Regelblutung und können schwanger werden), aber Mädchen und Jungen unterscheiden sich auch, basierend auf sozialen Strukturen, Normen und Praktiken (z. B. geschlechtsspezifische Normen über Sexualität, Zugang zu Gesundheitsversorgung und Wissen), in ihrer Fähigkeit, mit diesen geschlechtsspezifischen Bedürfnissen und Interessen umzugehen und in dieser Hinsicht für sich selbst zu sorgen und Verantwortung übernehmen zu können. Ohne ein Verständnis der besonderen Verletzlichkeit von Mädchen im Unterschied zu Jungen, wird man die Inhalte der moralischen Verantwortung ihnen gegenüber nicht ausbuchstabieren können und die Akteur:innen werden nicht wissen, was sie tun sollen.

Außerdem ist das, was als Vernachlässigung, aber auch als Missbrauch wahrgenommen wird, von sozialen Normen und Praktiken abhängig, die sehr unterschiedlich sind. Damit dies nicht in einen moralischen Kulturrelativismus mündet, bedarf es der ethischen Klärung, wann Missbrauch und Vernachlässigung vorliegen. Die inhaltliche Bestimmung des moralischen Anspruchs von Kindern, geschützt und nicht verletzt zu werden, ist immer auch auf empirisches Wissen angewiesen. So ist beispielsweise der moralische Anspruch von Kindern auf Bildung gut begründet (McCowan 2010), aber seine konkrete Bedeutung hängt wiederum auch von einem substanziellen Verständnis ihrer Verletzlichkeit ab. Kinder werden vernachlässigt, wenn ihnen Bildung vorenthalten wird, aber das reicht von der Grundbildung für kleine Kinder, damit sie lesen und schreiben lernen und Wissen über Körperhygiene, bis hin zu den Ansprüchen älterer Kinder, eine solche Bildung zu erhalten, die sie befähigt, ökonomisch und gesellschaftlich gut integrierte Bürger:innen werden zu können. Das Risiko der Vernachlässigung von Bildung ist dabei nicht für alle Kinder gleich groß und diese differenzierte Verletzlichkeit, gemäß sozialer Strukturen, die manche Kinder benachteiligen, gilt es zunächst einmal zur Kenntnis zu nehmen, damit sie als ungerecht kritisiert und später beseitigt werden können.

Eine weitere wichtige ethische Schlussfolgerung lässt sich aus unseren Ausführungen zu bestimmten Merkmalen der dynamischen Verletzlichkeit von Kindern und ihrer Differenzierung in physische, psychische, soziale und symbolische Dimensionen ziehen. Die Verletzlichkeiten in diesen Dimensionen entwickeln sich nicht von alleine, sondern sind auf bestimmte Voraussetzungen wie Fürsorge, Ressourcen, Schutz und angeborene Anlagen angewiesen. Außerdem entwickeln sie sich auch nicht unabhängig voneinander oder im gleichen Tempo. Kinder sind besonders verletzlich und haben einen moralischen Anspruch darauf, nicht geschädigt und entsprechend geschützt zu werden, aber sie haben auch einen moralischen Anspruch darauf, im Laufe der Kindheit weniger verletzlich zu werden und weniger Schutz durch andere zu benötigen. Anders ausgedrückt: Ein zentraler Punkt des moralischen Anspruchs von Kindern, geschützt und umsorgt zu werden, ist, dass sie sich so entwickeln sollen, dass sie weniger verletzlich werden, und das können sie nicht allein. Sie können also auch dahingehend vernachlässigt werden, dass sie neue Verletzlichkeiten entwickeln oder Verletzlichkeiten, die sie überwinden könnten – durch Wissen, Fertigkeiten oder robuste emotionale Ressourcen – nicht überwinden.

Zur Balance von Verletzlichkeit und Autonomie in der Kindheit

Wir haben argumentiert, dass die Verletzlichkeit von Kindern dynamisch ist und die verschiedenen Dimensionen physischer, psychischer, sozialer und symbolischer Verletzlichkeit umfasst, und dass uns dieses Konzept helfen kann, die moralischen Ansprüche von Kindern genauer unter die Lupe zu nehmen. Nun wollen wir die besonderen Beziehungen zwischen Verletzlichkeit, moralischen Schutzansprüchen und der Autonomie von Kindern untersuchen. Autonomie, verstanden als Fähigkeit, hat nicht nur eine kognitive Dimension, sondern beinhaltet die Fähigkeit, eigene bewusste Entscheidungen zu treffen und danach zu handeln, und umfasst somit ausreichende Handlungsfähigkeit, Gesundheit sowie Ressourcen und Wissen, um nur einige Bedingungen der Autonomie zu nennen.

Dies bringt uns zu einer wichtigen Frage bezüglich der moralischen Ansprüche von Kindern. Wie sollten wir das Verhältnis von Verletzlichkeit und Autonomie in der Kindheit verstehen? Der wichtigste Punkt, den wir in diesem Zusammenhang anführen möchten, ist, dass Kinder einen moralischen Anspruch darauf haben, ihre Autonomie entsprechend ihrem Entwicklungs- und Reifegrad zu praktizieren und zu entwickeln, dass dieser Anspruch aber ihre Autonomie als Erwachsene und ihr Wohlergehen als Kinder nicht wesentlich gefährden darf. In diesem Zusammenhang ist also auch ihre besondere Verletzlichkeit zu berücksichtigen, um zu verstehen, wie Kinder ihre Autonomie ausüben dürfen. Einerseits können Überlegungen zur Verletzlichkeit die Risiken verdeutlichen, die mit den Entscheidungen von Kindern verbunden sind, und damit Anhaltspunkte liefern, inwiefern bestimmte Freiheiten eingeschränkt werden sollten. Andererseits verweist das Konzept der Verletzlichkeit auf Lebensbereiche von Kindern, die erst durch ihre zunehmende Autonomie von ihnen erschlossen werden, was auch wichtige normative Implikationen hat, da die Notwendigkeit ihrer Fremdbestimmung wie auch Fürsorge durch andere abnimmt und damit die Rechtfertigungsbasis für bestimmte Formen der Bevormundung entfällt.

Wir sagten, dass Kinder in unserem Verständnis ein (begrenztes) moralisches Recht haben, ihre Autonomie auszuüben. Es gibt verschiedene Argumente, die dieses Recht begründen, die wir aber hier nur kurz erwähnen können. Autonomie ist sowohl eine Fähigkeit, die zu haben als wertvoll angesehen wird, als auch ein Wert, wer autonom ist, genießt bestimmte moralische Rechte, dass seine Autonomie respektiert wird. Erstens wird Autonomie als ein zentraler Wert für Erwachsene angesehen . Aber Autonomie entwickelt sich während der Kindheit und ist nicht von Geburt an vorhanden, was zwei Implikationen hat – nämlich, dass Kinder im Großen und Ganzen die meiste Zeit ihrer Kindheit weniger autonom sind als Erwachsene (dies ist eine relationale Behauptung, die Kinder mit Erwachsenen vergleicht) und dass Kinder nicht autonom genug sind, um einen Anspruch auf den Respekt und Schutz ihrer Autonomie erheben zu können (dies ist eine nicht-relationale Behauptung, da auch Erwachsene hinter dieser Schwelle zurückbleiben und somit ebenso keinen Anspruch auf Autonomie haben). Wir folgen hier insbesondere einem von Monika Betzler (2011) und anderen vorgebrachten Argument, wonach Kinder so erzogen werden sollen, dass sie autonom werden können (Feinberg 1980). Zweitens ist Autonomie nicht nur ein Ziel kindlicher Entwicklung, sondern sie ist sowohl intrinsisch als auch instrumentell wertvoll für Kinder, insbesondere für ältere Kinder. Der intrinsische Wert der Autonomie für Kinder verlangt auch den Respekt, den wir ihnen als moralische Subjekte schulden, die einen Willen und die Fähigkeit haben, ihre Wünsche, Vorlieben und Standpunkte zu äußern und danach zu handeln (Archard und Skivenes 2009). Da diese Fähigkeiten der Autonomie zu Beginn des Lebens nur in sehr geringem Maße vorhanden sind und im Laufe der Kindheit zunehmen, wird der Grund für ein Recht auf Autonomie mit der Zeit stärker. Die Fähigkeit der Autonomie und das Recht, autonom handeln zu dürfen und diese Handlungen durch andere respektiert zu wissen, ist für ein Kleinkind nur von minimaler Bedeutung, während diese Aspekte im Leben von Teenagern viel gewichtiger sind und auch von diesen selbst reklamiert werden. Ein weiterer Grund für die Gewährung eines solchen moralischen Rechts, autonom handeln zu können, hängt mit der These zusammen, dass Kinder ein Recht auf die Entwicklung ihrer Autonomie während der Kindheit haben. Denn diese Entwicklung geschieht nicht von alleine, sondern ist notwendigerweise mit der Aus- und Einübung von Autonomie verwoben (Betzler 2011); die Fähigkeit, ein unabhängiges Leben zu führen und die mit dem Erwachsensein verbundenen Freiheiten zu genießen, setzt voraus, dass in der Kindheit Erfahrungen mit autonomen Handeln gemacht werden. In diesem Sinne begründet der hohe Wert, der der Autonomie im Erwachsenenalter beigemessen wird, auch das Recht der Kinder, ihre Autonomie ein- und auszuüben, denn ohne diese Möglichkeiten werden sie später (wahrscheinlich) nicht zu ausreichend autonomen Personen werden können. Dieser Blick auf die spätere Autonomie als Erwachsene:r ist aber, wie gesagt, nur ein Aspekt, und sollte nicht so missverstanden werden, dass kindliche Autonomie nur diesen instrumentellen Wert besitzt. Schließlich – ein weiteres Argument, das wir bereits oben angeführt haben – macht Autonomie, also selbstbestimmtes Handeln, Kinder in bedeutender Hinsicht weniger verletzlich, da sie weniger anfällig für Missbrauch und Vernachlässigung werden, wenn sie anfangen, für sich selbst sorgen zu können. Schließlich ist es eine Dimension der Autonomie, darauf reflektieren zu können, was einem schadet und wie man durch die Gefahren der sozialen Umwelt navigiert. Da Kinder einen moralischen Anspruch haben, nicht geschädigt, sondern beschützt zu werden, folgt auch aus dieser Überlegung ein (begrenztes) Recht, ihre Autonomie auszuüben. Obwohl also Autonomie für Kinder wertvoll ist, gibt es auch gute Argumente für ein hohes Maß an Paternalismus ihnen gegenüber (Adams 2008). Das bedeutet, dass ihre Autonomie mit Rücksicht auf ihr Wohlergehen und Wohlentwickeln, und das umfasst ihre zukünftige Autonomie – zwei relevante Bedingungen aus einer normativen Perspektive – eingeschränkt werden sollte, insofern sich Kinder durch falsche Entscheidungen und Handlungen selbst erheblich gefährden oder verletzen. Einerseits ist die Autonomie bei Kindern noch in der Entwicklung und ihre Fähigkeiten, Entscheidungen zu treffen, sind begrenzt. Sie brauchen Erziehung, Schutz und Fürsorge von anderen.

Dieser Grund für Paternalismus wird aber schwächer, wenn Kinder älter und reifer werden. Andererseits haben Philosoph:innen wie Joel Anderson und Rutger Claasen (2012) sowie Andrew Franklin-Hall (2013) argumentiert, dass Paternalismus gegenüber Kindern nicht nur als kompetenzorientiert verstanden werden sollte, was bedeutet, dass es Gründe gibt, Paternalismus gegenüber Kindern auch in Fällen zu rechtfertigen, in denen sie reif genug sind, um selbst Entscheidungen zu treffen, wenn auch nicht in allen Aspekten ihres Lebens. Oder anders ausgedrückt: Manchmal ist Paternalismus gerechtfertigt, obwohl Kinder genauso kompetent sind wie Erwachsene. Die Gründe dafür liegen im richtigen Verständnis davon, was die Institutionalisierung von Kindheit in einer Gesellschaft leisten soll. Sie soll einen sicheren sozialen und rechtlichen (Zeit-)Raum mit begrenzter Verantwortung schaffen, in dem alle gleichaltrigen Kinder, unabhängig von ihren Kompetenzen, die gleichen Rechte und Pflichten haben, auch um Ungleichheiten auf Basis sozialer Voraussetzungen (Investment der Eltern, Bildungsförderung, materielle Ressourcen etc.) zu vermeiden. Wir wollen diese Argumente hier nicht vertiefen, aber gehen davon aus, dass die Autonomie von Kindern zwar wichtig für sie ist, aber aus paternalistischen Gründen auch begrenzt werden darf und sollte, um einen Schutzraum der Kindheit für alle Kinder zu gewährleisten.

Nun kann die besondere Verletzlichkeit von Kindern als Anhaltspunkt dafür dienen, welche Beschränkungen der kindlichen Autonomie gerechtfertigt werden können. Wenn wir zum Beispiel wissen, dass Bildung eine fundamentale Rolle bei der Vorbereitung auf ein gelungenes und autonomes Leben als Erwachsene:r (und bereits als älteres Kind) spielt, kann der Wunsch eines Kindes, nicht zur Schule zu gehen, im Lichte dieser Überlegungen überstimmt werden. Nehmen wir ein anderes Beispiel aus dem Bereich der Gesundheitsfürsorge. Wenn wir wissen, dass Kinder durch bestimmte Krankheiten gefährdet sind, die oft sowohl das aktuelle Wohlergehen als auch ihre Entwicklung beeinträchtigen, sollte der Wille des Kindes nur eine untergeordnete Rolle bei der Entscheidung spielen, wenn z. B. bestimmte präventive Maßnahmen zur Vermeidung von Krankheiten ergriffen werden – wie z. B. regelmäßige Kontrolluntersuchungen und Impfungen.

Der moralische Anspruch eines Kindes, seine Autonomie auszuüben und unabhängig von anderen Personen (insbesondere von seinen Erziehungsberechtigten) zu entscheiden und zu handeln, wächst mit dem Alter und der Reife. Bisher haben wir betont, dass die besondere Verletzlichkeit von Kindern impliziert, dass ein Fokus auf Paternalismus gerechtfertigt ist, um das kindliche Wohlergehen und ihr Wohlentwickeln, inklusive ihrer zukünftigen Autonomie, zu gewährleisten. Mit zunehmenden Fähigkeiten der Kinder wächst jedoch auch deren Verantwortung. Insbesondere bei Jugendlichen stellen sich hier komplexe Fragen nach dem Ausmaß der Autonomie, das ihnen in verschiedenen Lebensbereichen zusteht. Dennoch ist das Konzept der Verletzlichkeit von Kindern hilfreich, um einige dieser Herausforderungen zu artikulieren und um zu begründen, dass ein bestimmtes Maß an Wohlergehen und Schutz vor Verletzungen gesichert sein muss ebenso wie die Unterstützung, dass sie sich zu ausreichend gesunden und autonomen Erwachsenen entwickeln. Während manche Aspekte der Autonomie in der Jugend bereits stark ausgeprägt sind (z. B. ist die kognitive Entwicklung schon weit gediehen), Jugendliche auch über viel Wissen und Können verfügen, sind gleichzeitig viele, für diese Lebensphase typische Faktoren bekannt, die Jugendliche sehr verletzlich machen. Jugendliche verfügen oft noch über keine gefestigten Identitäten, sie sind noch körperlich und seelisch in Entwicklung begriffen.

Ein wesentlicher Grund, warum die Beziehung zwischen Verletzlichkeit und Autonomie knifflig ist, liegt darin, dass – wie wir bereits kurz angedeutet haben – Autonomie sowohl die Verletzlichkeit vermindern als auch die Verletzlichkeit erhöhen kann. Das verkompliziert die moralischen Ansprüche von Kindern. Einerseits vermindert Autonomie die Verletzlichkeit, weil sie Kinder weniger abhängig macht, und sie impliziert, dass das Kind bestimmte körperliche und geistige Fähigkeiten entwickelt hat. Um als autonom bezeichnet zu werden, muss das Kind zum Beispiel in der Lage sein, über Risiken nachzudenken und auch darüber, wie es Ziele erreichen kann, ohne sich selbst zu schaden. Autonom sind Kinder nur dann, wenn sie sich zumindest ansatzweise selbst versorgen können – also zum Beispiel selbstständig essen, trinken und sich bewegen können. Das macht bestimmte Formen der Schädigung weniger wahrscheinlich und bestimmte Formen des Schutzes und der Fürsorge weniger notwendig. Andererseits erhöht Autonomie auch die Verletzlichkeit, weil bestimmte Verletzlichkeiten überhaupt erst möglich werden, wenn das Kind bis zu einem gewissen Grad selbständig ist. Zwei Beispiele mögen diesen Punkt erhellen. Ein Baby kann manche gefährlichen Dinge einfach nicht selbstständig tun, wie z. B. rauchen oder ohne Helm Fahrrad fahren – aber ältere Kinder können das sehr wohl. Ihre zunehmenden Fähigkeiten erlauben es ihnen, und ihre sich entwickelnde Autonomie ermöglicht es ihnen, sich freiwillig für solche Aktivitäten zu entscheiden und sich gegebenenfalls der elterlichen Aufsicht zu entziehen. Kinder können nicht vierundzwanzig Stunden am Tag kontrolliert werden, und das sollten sie auch nicht, denn, wie bereits erwähnt, müssen sie ihre Autonomie zumindest bis zu einem gewissen Grad aus- und einüben, um sich gut zu entwickeln. Außerdem erfordert der Respekt, den wir ihnen schulden, dass wir ihnen gewisse Freiheiten und eine gewisse Privatsphäre zugestehen, die sie der elterlichen Kontrolle entzieht. Das ist riskant und macht sie verletzlich. Sie werden anfällig für Risiken, die ihr Wohlergehen und ihr Wohlentwickeln schädigen können, denen jüngere Kinder nicht ausgesetzt sind, weil sie diese riskanten Aktivitäten gar nicht erst durchführen können. Die bisher genannten Beispiele für riskantes Verhalten beziehen sich auf Entscheidungen, die unter die Kategorie der lokalen Autonomie fallen (Franklin-Hall 2013). Aber wenn Kinder aufwachsen, werden sie auch verletzlich in Bezug auf das, was man ihre globale Autonomie nennen kann. Globale Autonomie bedeutet, dass Kinder immer mehr zu Autor:innen ihrer eigenen Biografien werden, dass sie Entscheidungen treffen, die ihr Leben maßgeblich verändern, weil sie anfangen darüber zu bestimmen, wer sie sein wollen und welche Art von Leben sie leben wollen. Auch diese Art von globaler Autonomie – man könnte auch sagen, dass diese reife Autonomie ist – ist in der Kindheit bereits vorhanden, wenn auch oft in einer eingeschränkten und sich noch entwickelnden Form. Bestimmte Entscheidungen und Handlungen sind Kindern in modernen westlichen Demokratien ausdrücklich gesetzlich verboten. Sie dürfen zum Beispiel nicht heiraten und gelten generell nicht als voll geschäftsfähig. Andere Entscheidungen sind nicht erwünscht, aber möglich, wie zum Beispiel, ein Kind zu bekommen oder die Schule abzubrechen. Welche Optionen Kindern zur Verfügung stehen, hängt von vielen individuellen und sozialen Faktoren ab, wie die beiden vorangegangenen Beispiele zeigen – Faktoren, die sich auch auf die verschiedenen Dimensionen der Verletzlichkeit, die wir in Abschn. 1 identifiziert haben, also die Körperlichkeit, psychische Verfassung, die soziale und symbolische Einbettung von Kindheit beziehen, und die sich entwickeln und verändern, wenn Kinder reifer und autonomer werden. Babys oder vorpubertäre Kinder können zum Beispiel nicht selbst Vater oder Mutter werden – das ist physiologisch unmöglich; die Möglichkeit, die Schule abzubrechen, wird typischerweise bis zu einem bestimmten Alter durch Rechtssysteme stark eingeschränkt und wird zumeist auch erst bei älteren Kindern und Jugendlichen ein Thema. Hier wird deutlich, dass kleine Kinder in mancher Hinsicht weniger verletzlich sind als ältere Jugendliche.

Im Hinblick auf den moralischen Anspruch von Kindern ist diese Doppelrolle der Autonomie von großer Bedeutung. Wenn Kinder moralische Ansprüche haben, nicht geschädigt zu werden und geschützt zu werden, wie wir im vorigen Abschnitt dargelegt haben, und der Inhalt dieser Ansprüche durch die Dimensionen der Verletzlichkeit genauer eruiert werden kann, dann sollten wir auch anerkennen, dass diese Ansprüche autonomiesensibel sind. Autonomiesensibilität bedeutet, dass die moralischen Ansprüche von Kindern, nicht geschädigt zu werden (das paradigmatische Beispiel dafür ist die Misshandlung) und geschützt zu werden (das paradigmatische Beispiel dafür ist die Vernachlässigung), (teilweise) durch das Niveau ihrer Autonomiekapazitäten bestimmt werden. Diese Autonomiesensibilität meint nicht einfach, dass größere Autonomie die moralischen Ansprüche von Kindern auf Selbstbestimmung erweitert; sie verändert auch, wovor Kinder geschützt werden dürfen und welche Arten von Schaden sie durch andere erleiden können. Dies führt zu einer Abwägung zwischen den moralischen Ansprüchen, die auf Autonomie beruhen, um die Autonomie der Kinder zu bewahren, und den moralischen Ansprüchen, die auf Autonomie beruhen, um die Kinder vor jenen Bedrohungen zu schützen, die in ihr Leben treten, weil sie autonomer sind. Diese Abwägung wird in vielen konkreten Fällen schwierig sein, weil die Risiken – bzw. die Erhöhung der Verletzlichkeit – und der Nutzen, die beide durch das autonome Handeln entstehen, nicht leicht zu bestimmen und moralisch zu bewerten sind. Es handelt sich hierbei ja nicht nur um die Abwägung von Wohlergehen, sondern auch um die Bestimmung des Werts autonomen Handelns für Kinder.

Nehmen wir das Beispiel von vorhin: eine Jugendliche, die sexuell aktiv ist. Die mit dieser Situation verbundene Verletzlichkeit – Verletzlichkeit in jeder ihrer physischen, psychischen, sozialen und symbolischen Dimensionen – ist nicht so einfach zu bestimmen und basiert teilweise auch auf sozialen Normen und Praktiken. In patriarchalischen Gesellschaften sind Mädchen im Vergleich zu Jungen anderen Risiken ausgesetzt, und diese Risiken werden unterschiedlich interpretiert. Die Risiken einer ungeplanten Schwangerschaft, des Missbrauchs oder der Nötigung sind real, aber eine normative Bewertung dieser

Risiken und ihrer Wahrscheinlichkeit ist nicht so einfach zu ermitteln. Nur in der abstrakten Theorie ist es einfach zu behaupten, dass Kinder – in diesem Fall Jugendliche – in dem Maße sexuelle Akteur:innen sein dürfen, wie ihre Handlungen und Interaktionen für sie selbst harmlos sind; es ist nicht von vornherein klar, was als Schaden zählt und wie man das Risiko, geschädigt zu werden, mit dem Anspruch auf Autonomie in diesem entscheidenden Bereich des Privatlebens abwägt. Manche Risiken scheinen unausweichlich, wie z. B. das Ende einer Beziehung, die Konfrontation mit Wünschen, die man nicht erfüllen will, oder die Konfrontation mit fremden Normen der Sexualität, die nicht die eigenen sind und die verstörend und beängstigend sein können. Das Erwachen und die Erkundung sexueller Wünsche sind an sich schon potenziell beunruhigende und aufwühlende Abenteuer, bei denen Kinder mit sich selbst und anderen konfrontiert werden und vor der Aufgabe stehen, ihre eigenen Wünsche von den Wünschen abzugrenzen, mit denen sie von außen konfrontiert werden (z. B. diejenigen Erwartungen, Bilder und Rollen, die Medien, andere Jugendliche, Partner:innen, Eltern usw. an die Jugendlichen herantragen). Das Konzept der Autonomiesensibilität, angewandt auf Verletzlichkeit, ist in diesem Zusammenhang hilfreich. Es verdeutlicht nicht nur, dass Kindheit nie eine Phase des totalen Schutzes sein kann, sondern auch, dass Kindheit von Natur aus riskant ist – nicht nur, weil Kinder in einer riskanten Welt aufwachsen, sondern auch, weil das Erwachsenwerden und die Autonomie selbst riskant sind. Die Autonomie, die so hoch geschätzt wird und die Kinder erkunden sollen, macht sie verletzlicher. Die völlige Einschränkung der Autonomie kann und darf nicht die Antwort hierauf sein, denn Autonomiesensibilität wirkt in beide Richtungen. Es schützt Kinder, auch wenn sie autonomer und kompetenter sind, und deshalb ist es sinnvoll, ihnen mehr Raum zu geben und ihre Fähigkeiten und Kompetenzen zu fördern. Bezogen auf das Beispiel der sexuellen Handlungsfähigkeit impliziert diese Konzeption der Balance zwischen Autonomie und Verletzlichkeit, dass Kinder nur dann zu verantwortungsvollen, authentischen und unbelasteten sexuellen Akteur:innen werden können, wenn man ihnen auch den Raum, die Zeit und die Privatsphäre gibt, ihre Sexualität (allein und mit anderen) zu erkunden, was bedeutet, ihnen genau das zu geben, was sie auch verletzlicher macht. Das soll nicht heißen, dass keine Einschränkungen der Autonomie von Jugendlichen gerechtfertigt sind, wenn es um riskante Aktivitäten wie Trinken oder sexuelle Handlungen geht. Aber gerade wenn sie älter werden, sind ihre Autonomieansprüche mit einigen Gefahren verbunden und können und sollen nicht aus Schutzgründen ganz unterbunden werden.

Schluss

Kinder sind besonders verletzliche Wesen – körperlich, geistig, sozial und symbolisch. In diesem Artikel haben wir diese verschiedenen Dimensionen beleuchtet und argumentiert, dass sie einen hilfreichen Rahmen für die Konzeptualisierung der Verletzlichkeit von Kindern bieten. Aber die Dimensionen sind nicht nur konzeptionell und deskriptiv wichtig. Im Gegenteil, sie bieten auch eine unverzichtbare Grundlage für die Explikation der moralischen Ansprüche von Kindern. Kinder haben moralische Ansprüche, nicht geschädigt zu werden und geschützt zu werden, und diese können nur dann im Detail verstanden und mit konkreten Ansprüchen verbunden werden, wenn wir verstehen, welche Arten von Wesen Kinder sind und welche Arten von Schaden für sie, ihr Wohlbefinden und ihre Entwicklung gefährlich sind. Kinder haben aber nicht nur moralische Ansprüche darauf, nicht geschädigt zu werden und geschützt zu werden. Sie haben auch ein Recht darauf, sich zu autonomen Erwachsenen zu entwickeln und Autonomie in der Kindheit in einer Weise auszuüben, die mit ihrer Verletzlichkeit vereinbar ist, da Autonomie sowohl die Verletzlichkeit verringert als auch die Verletzlichkeit erhöht. In diesem Artikel war unser Anliegen in erster Linie ein konzeptionelles und normatives. Wir wollten eine umfassendere Analyse der besonderen Verletzlichkeit von Kindern liefern, als dies in der Philosophie üblicherweise der Fall ist, und erklären, wie diese Verletzlichkeit mit den moralischen Ansprüchen von Kindern und ihrer Autonomie zusammenhängt. Wir haben aber auch aufgezeigt, wie wichtig die Beziehung zwischen ethischer Argumentation und empirischen Fakten ist. Verschiedene Disziplinen müssen zusammenarbeiten, um eine umfassende Analyse der inhärenten und situativen Verletzlichkeiten zu liefern, um zu verstehen, was Kindern aus moralischen Gründen zusteht.

Anmerkungen

1. Sarah Hannan (2017) hat kürzlich argumentiert, dass diese radikale Abhängigkeit, die sowohl mit Verletzlichkeit als auch mit Herrschaft zusammenhängt, ein Grund dafür ist, dass die Phase der Kindheit insgesamt schlecht ist.
2. Es ist nicht unser Ziel, tiefer in die Diskussion um (Kinder-)Autonomie und deren Definition einzutauchen. Siehe z. B. (Mullin 2014b; Noggle 2002).

Literatur

Anderson, Joel, und Rutger Claassen. 2012. Sailing Alone: Teenage Autonomy and Regimes of Childhood. *Law and Philosophy* 31(5):495–522.

Andresen, Sabine. 2014. Childhood Vulnerability: Systematic, Structural, and Individual Dimensions. *Child Indicators Research* 7(4):699–713.

Archard, David. 2010. *The Family: A Liberal Defence*, 1. Aufl., Basingstoke/New York: Palgrave Macmillan.

Archard, David, und Marit Skivenes. 2009. Balancing a Child's Best Interests and a Child's Views. *The International Journal of Children's Rights* 17(1):1–21.

Bagattini, Alexander. 2014. Child Well-Being: A Philosophical Perspective. In *Handbook of Child Well-Being: Theory, Indicators, Measures and Policies*, 1. Aufl., Hrsg. Asher Ben-Arieh, Ferran Casas, Ivar Frønes, und Jill E. Korbin, 163–186. Dordrecht/New York: Springer.

Benporath, Sigal R. 2003. Autonomy and Vulnerability: On Just Relations Between Adults and Children. *Journal of Philosophy of Education* 37(1):127–145.

Betzler, Monika. 2011. Erziehung Zur Autonomie Als Elternpflicht. *Deutsche Zeitschrift Für Philosophie* 59(6):937–953.

Bhana, Deevia. 2016. *Gender and Childhood Sexuality in Primary School, Perspectives on Children and Young People*. Singapore: Springer Singapore.

Brighouse, Harry, und Adam Swift. 2014. *Family Values: The Ethics of Parent-Child Relationships*, 1. Aufl. Princeton University Press: Princeton.

Brownlee, Kimberley. 2013. A Human Right Against Social Deprivation. *The Philosophical Quarterly* 63(251):199–222.

Carel, Havi, und Gita Györffy. 2014. Seen but Not Heard: Children and Epistemic Injustice. *The Lance* 384(9950):1256–1257.

Centers for Disease Control and Prevention. 2013. Mental Health Surveillance Among Children—United States, 2005–2011. *Morbidity and Mortality Weekly Report* 62(2).

Feinberg, Joel. 1980. A Child's Right to an Open Future. In *Whose Child? Parental Rights, Parental Authority and State Power*, 1. Aufl., Hrsg. Hugh LaFollette und William Aiken, 124–153. Totowa: Littlefield, Adams, and Co.

Felner, Robert D, und Melissa L. DeVries. 2013. Poverty in Childhood and Adolescence: A Transactional–Ecological Approach to Understanding and Enhancing Resilience in Contexts of Disadvantage and Developmental Risk. In *Handbook of Resilience in Children*, 1. Aufl., Hrsg. Sam Goldstein und Robert B, 105–126. Boston: Springer.

Franklin-Hall, Andrew. 2013. On Becoming an Adult: Autonomy and the Moral Relevance of Life's Stages. *The Philosophical Quarterly* 63(251):223–247.

Fricker, Miranda. 2007. *Epistemic Injustice: Power and the Ethics of Knowing*, 1. Aufl. Oxford/New York: Oxford University Press.

Graf, Gunter, und Gottfried Schweiger. 2017. *Ethics and the Endangerment of Children's Bodies*. Basingstoke: Palgrave Macmillan.

James, Allison, und Alan Prout, Hrsg. 2005. *Constructing and Reconstructing Childhood: Contemporary Issues in the Sociological Study of Childhood*, 2. Aufl. London/Washington: Falmer Press.

Kessler, Ronald C., Patricia Berglund, Olga Demler, Robert Jin, Kathleen R. Merikangas, und Ellen E. Walters. 2005. Lifetime Prevalence and Age-of-Onset Distributions of DSM-IV Disorders in the National Comorbidity Survey Replication. *Archives of General Psychiatry* 62(6):593.

Landrigan, Philip J., und Lynn R. Goldman. 2011. Children's Vulnerability to Toxic Chemicals: A Challenge and Opportunity To Strengthen Health and Environmental Policy. *Health Affairs* 30(5):842–850.

Lee, Francis S, Hakon Heimer, Jay N. Giedd, Edward S. Lein, Nenad Šestan, Daniel R. Weinberger, und B. J. Casey. 2014. Adolescent Mental Health—Opportunity and Obligation. *Science* 346(6209):547–549.

Lenta, Patrick. 2012. Corporal Punishment of Children. *Social Theory and Practice* 38(4):689–716.

Mackenzie, Catriona. 2017. Vulnerability, Needs and Moral Obligation. In *Vulnerability, Autonomy and Applied Ethics*, 1. Aufl., Hrsg. Christine Straehle, 83–100. New York: Routledge.

Mackenzie, Catriona, Wendy Rogers, und Susan Dodds. 2014. Introduction: What Is Vulnerability and Why Does It Matter for Moral Theory? In *Vulnerability: New Essays in Ethics and Feminist Philosophy*, Hrsg. Catriona Mackenzie, Wendy Rogers, und Susan Dodds, 1–29. New York: Oxford University Press.

Macleod, Colin. 2015. Agency, Authority and the Vulnerability of Children. In *The Nature of Children's Well-Being*, Bd. 9, 1. Aufl., Hrsg. Alexander Bagattini und Colin Macleod, 53–64. Dordrecht: Springer.

Macleod, Colin 2017. Doctrinal Vulnerability and the Authority of Children's Voices. In *Vulnerability, Autonomy and Applied Ethics*, Hrsg. Christine Straehle, 171–184. New York: Routledge.

McCowan, Tristan. 2010. Reframing the Universal Right to Education. *Comparative Education* 46(4):509–525.

Mian, Maha, Janki Shah, Amanda Dalpiaz, Richard Schwamb, Yimei Miao, Kelly Warren, und Sardar Khan. 2015. Shaken Baby Syndrome: A Review. *Fetal and Pediatric Pathology* 34(3):169–175.

Mullin, Amy. 2014a. Children, Vulnerability, and Emotional Harm. In *Vulnerability*, 1. Aufl., Hrsg. Catriona Mackenzie, Wendy Rogers, und Susan Dodds, 266–287. New York: Oxford University Press.

Mullin, Amy. 2014b. Children, Paternalism and the Development of Autonomy. *Ethical Theory and Moral Practice* 17(3):413–426.

Noggle, Robert. 2002. Special Agents: Children's Autonomy and Parental Authority. In *The Moral and Political Status of Children*, 1. Aufl., Hrsg. David Archard und Colin M, Macleod, 97–117. Oxford/New York: Oxford University Press.

Schweiger, Gottfried, und Gunter Graf. 2015. *A Philosophical Examination of Social Justice and Child Poverty*, 1. Aufl. Basingstoke: Palgrave Macmillan.

Suk, William A, Hamid Ahanchian, Kwadwo Ansong Asante, David O, Carpenter, Fernando Diaz-Barriga, Eun-Hee Ha, Xia Huo, et al. 2016. Environmental Pollution: An Under-Recognized Threat to Children's Health, Especially in Low- and Middle-Income Countries. *Environmental Health Perspectives* 124:3.

Thompson, Ross A. 2007. The Development of the Person: Social Understanding, Relationships, Conscience, Self. In *Handbook of Child Psychology, Volume Three: Social, Emotional, and Personality Development*, 6. Aufl., Hrsg. William Damon und Richard M, Lerner, 24–98. Hoboken: John Wiley & Sons.

The United Nations. 1989. Convention on the Rights of the Child. *Treaty Series* 1577.

Webb, E. 2004. Discrimination against Children. *Archives of Disease in Childhood* 89(9):804–808.

World Health Organization. 2001. Mental Health: New Understanding, New Hope, The World Health Report.

Wild, Jim, Hrsg. 2014. *Exploiting Childhood: How Fast Food, Material Obsession and Porn Culture Are Creating New Forms of Child Abuse*, 1. Aufl. London: Jessica Kingsley Publishers.

Young Bruehl, Elisabeth. 2012. *Childism: Confronting Prejudice against Children*. New Haven: Yale University Press.

Körperstrafen an Kindern als moralisches Übel

Einleitung

Die Frage, ob Körperstrafen rechtlich zulässige Mittel in der Erziehung von Kindern sind, ist umstritten. Jurisdiktionen, die sie ausdrücklich verbieten, stehen solchen gegenüber, in denen sie erlaubt sind und die vor allem Eltern das Recht einräumen, ihre Kinder auf diese Weise zu bestrafen (Zolotor und Puzia 2010).

In diesem Beitrag wenden wir uns aus ethischer Perspektive diesem Thema zu, und wir zeigen, dass es moralisch verwerflich ist, Kinder mit Körperstrafen jeglicher Form zu züchtigen, was ein starker Grund dafür ist, sie in allen Staaten auch rechtlich zu verbieten. Unsere ethische Argumentation fußt also nicht schon selbst auf rechtlichen Vorgaben oder Traditionen in bestimmten Staaten wie Deutschland oder Österreich, die die Körperstrafe verboten haben, sondern ist eine Argumentationsebene tiefer angesiedelt und kann in diesem Sinne auch eine außerlegistische Begründung für legistische Verbote abgeben.

Wir werden vier Argumente vorbringen, die unsere Konklusion untermauern. Drei dieser Argumente beziehen sich spezifisch auf moralische Ansprüche von Kindern, ein Argument bezieht sich auf gesellschaftliche Folgen der Körperstrafe (hier geht es also vor allem um unerwünschte Nebeneffekte). Körperstrafen verletzen die moralischen Ansprüche von Kindern auf a) die Unversehrtheit ihrer körperlichen Integrität, b) auf Wohlergehen und Wohlentwickeln und c) darauf, nicht erniedrigt zu werden. Körperstrafen schaffen d) ein Klima der Gewalt in einer Gesellschaft, welches für alle Gesellschaftsmitglieder – Kinder wie Erwachsene – moralisch schlecht ist. Wir werden weiterhin bewusst von moralischen Ansprüchen sprechen und den Begriff des Rechts, obwohl dieser vielerorts synonym dazu verstanden wird, nicht verwenden. Damit wollen wir

Gemeinsam mit Gunter Graf

G. Schweiger, *Essays zur Philosophie der Kindheit,* Kindheit – Bildung – Erziehung. Philosophische Perspektiven, https://doi.org/10.1007/978-3-662-66692-0_9

auch der Verwechslung mit positiven Rechten, also gesetzlich abgesicherten Rechten, vorbeugen. Diese Ebene ist, wie erwähnt, nicht die unsere hier.

Obwohl wir der Meinung sind, dass manche Moraltheorien – wie etwa der Fähigkeitenansatz (Graf und Schweiger 2017) – besonders gut geeignet sind, diese moralischen Ansprüche zu begründen, verzichten wir in diesem Aufsatz darauf, uns diesbezüglich festzulegen. Vielmehr gehen wir von einem begründungspluralistischen Paradigma aus, also davon, dass die von uns genannten moralischen Gründe (moralische Ansprüche von Kindern und Erwachsenen), aus der Perspektive unterschiedlicher Moraltheorien einsichtig sind. Dieser bewusste Verzicht auf eine bestimmte moraltheoretische Perspektive verleiht unserer Argumentation breitere Zustimmungskraft.

Zunächst noch zwei kurze Bemerkungen vorweg zur Einschränkung unseres Themas: wir legen keine Theorie der Strafe zugrunde, also weder definieren wir Strafe noch fragen wir, ob Strafen allgemein legitim sind noch unter welchen Umständen, eine bestimmte Strafe legitim ist. Vielmehr gehen wir von einem alltagsgeprägten Verständnis von Körperstrafe aus, als der Handlung einererwachsenen und erziehungsberechtigten Person, die ein Kind körperlich züchtigt, mit oder ohne Hilfsmitteln.[1] Das erscheint uns auch deshalb eine plausible Vorgehensweise zu sein, weil es erhebliche kulturelle Unterschiede im Verständnis davon gibt, welche Handlungen als Körperstrafen anzusehen sind, in welchen Situationen diese angebracht sind und wer dazu berechtigt ist (Ember und Ember 2005; Lansford und Dodge 2008). Wir interessieren uns also nicht für die Frage, unter welchen Umständen hier im Rahmen einer bestimmten Theorie der Strafe von einer Strafe oder auch von einer legitimen Strafe gesprochen werden kann. Uns ist bewusst, dass damit der Unterschied zwischen Körperstrafen und sonstigen Körperverletzungen (wie auch der körperlichen Misshandlung) verschwimmt[2], da wir ihn nicht aus einer spezifischen Theorie heraus bestimmen wollen, sondern in das strafende Subjekt bzw. seinen sozio-kulturellen Hintergrund verlegen. Für ein allgemeines, also transkulturelles, moralisches Verbot der Körperstrafe wie es Gegenstand dieses Beitrags ist, erscheint uns aber genau das als die adäquate Herangehensweise. Wir interessieren uns des Weiteren nicht für Fälle, die außerhalb der Familie stattfinden. Damit wären weitere Fragen, zum Beispiel der

---

[1] Das entspricht auch dem Verständnis des Committee on the Rights of the Child: "The Committee defines "corporal" or "physical" punishment as any punishment in which physical force is used and intended to cause some degree of pain or discomfort, however light. Most involves hitting ("smacking", "slapping", "spanking") children, with the hand or with an implement – a whip, stick, belt, shoe, wooden spoon, etc. But it can also involve, for example, kicking, shaking or throwing children, scratching, pinching, biting, pulling hair or boxing ears, forcing children to stay in uncomfortable positions, burning, scalding or forced ingestion (for example, washing children's mouths out with soap or forcing them to swallow hot spices)." http://hrlibrary.umn.edu/crc/comment8.html

[2] Das ist auch keineswegs unüblich. Die U.S. National Library of Medicine definiert Kindesmisshandlung so: "Physical child abuse is when a person physically hurts a child. The abuse is not an accident." https://www.nlm.nih.gov/medlineplus/ency/article/001552.htm

staatlichen Autorität angesprochen, die wir außen vor lassen wollen. Wir glauben dennoch, dass unsere Argumente auch auf solche Fälle übertragbar sind.

Körperliche Integrität

Wir wollen dafür argumentieren, dass Kinder, ebenso wie Erwachsene, einen fundamentalen moralischen Anspruch auf körperliche Integrität besitzen. Verletzungen dieser Integrität bedürfen einer soliden Begründung (wie sie etwa im Fall von medizinischen Eingriffen gegeben werden kann), die bei Körperstrafen nicht vorhanden ist. Eine solche Begründung fehlt deshalb, weil Körperstrafen weder dem Wohlergehen noch Wohlentwickeln des Kindes dienen, sie also nicht paternalistisch rechtfertigbar sind und weil Kinder ihrer körperlichen Züchtigung nicht zustimmen können, also ihre Autonomie nicht zur Rechtfertigung dieser ihnen schädlichen Handlung herangezogen werden kann. Körperstrafen sind daher als moralisch nicht gerechtfertigte Verletzungen der körperlichen Integrität zu beschreiben und zu bewerten. Wir wollen hier also kurz abklären, was körperliche Integrität ausmacht, wieso sie geschützt werden sollte und inwiefern Körperstrafen diese illegitimerweise verletzen.

Körperliche Integrität ist ein durchaus vager Begriff, der ähnlich jenem der Gesundheit weit oder eng verstanden werden kann. Wir haben an anderer Stelle für einen weiten Begriff argumentiert, der multidimensional physische, psychische und soziale Komponenten aufweist (Graf und Schweiger 2017). In dem Zusammenhang dieses Aufsatzes erscheint es aber ausreichend, ein enges und damit auch breiter zustimmungsfähiges Konzept zu verwenden. Körperliche Integritat meint dann das ungestörte oder biomedizinisch „normale" Funktionieren des physischen Körpers einer Person (Dekkers et al. 2005). Auch hier sind einige Unschärfen eingebaut, die sich aus der Varianz der menschlichen Körperlichkeit ergeben – wie also ein „normales" oder „natürliches" Funktionieren zu verstehen ist. Der Schutz der körperlichen Integrität besagt dann, dass keine Eingriffe in den Körper und sein Funktionieren vorgenommen werden dürfen ohne die Zustimmung durch die betroffene Person. Der moralische Anspruch auf diesen Schutz kann unterschiedlich abgeleitet werden, so zum Beispiel, weil es die Würde des Menschen ausmacht, über den eigenen Körper selbst verfügen zu können oder weil der Schutz der körperlichen Integrität ein notwendiger Bestandteil eines autonomen und selbstbestimmten Lebens ist (zum Beispiel hier: Herring und Wall 2017). Von solchen Überlegungen ausgehend hat der Anspruch auf einen Schutz der körperlichen Integrität auch Eingang in viele Rechtstexte gefunden.

Für Kinder ist dieser Anspruch auf den Schutz körperlicher Integrität mit einigen Komplikationen behaftet, die sich aus der spezifischen Verfasstheit des Kindes und seiner Stellung in Familie und Gesellschaft ergeben. Zunächst sei hier genannt, dass Kinder, insbesondere jüngere, als zumindest nur teilweise zustimmungsfähig angesehen werden können: das unterläuft den moralischen Anspruch auf einen Schutz der körperlichen Integrität, da es doch bei Erwachsenen eben die Zustimmung ist, die moralisch ungerechtfertigte und gerechtfertigte Eingriffen unterscheidet. Die Konsequenz, dass es somit nur gerechtfertigte Eingriffe geben würde (also Kinder den Anspruch auf körperliche Integrität verlieren), ist ebenso wenig plausibel, wie jene, dass es gar keine gerechtfertigten Eingriffe geben könnte (also der moralische Anspruch solange absolut gilt, bis Kinder zustimmungsfähig werden). In beiden Fällen ist eine massive Schädigung von Kindern zu erwarten.

Der Anspruch ist also wohl so zu verstehen, dass er paternalistisch delegiert wird und sich erst im Laufe der Kindheit voll ausbildet. Das ist in Bezug auf viele moralische Ansprüche von Kindern, wie etwa auf Selbstbestimmung, auf Bewegungsfreiheit, auf Bildung etc. der Fall (Giesinger 2007; Archard und Macleod 2002; Drerup 2013). Der Anspruch auf einen Schutz der kindlichen körperlichen Integrität ist dabei ausgewogen einzubetten in das Set ihrer anderen Ansprüche und die Entscheidung darüber wird an Stellvertreter:innen, die das beste Interesse des Kindes im Blick haben sollten, delegiert. Zumeist sind das die Eltern. Diese haben damit eine doppelte Funktion, die man auch als ihre moralische Verantwortung spezifizieren kann: einerseits das Kind vor Eingriffen in seine körperliche Integrität zu schützen (durch sie selbst, aber vor allem auch durch andere), andererseits selbst so in diese Integrität einzugreifen oder solche Eingriffe zu erlauben und deren Durchführung herbeizuführen, dass es dem Wohlergehen und Wohlentwickeln dienlich ist. Solche Eingriffe sind vielfältiger Natur: etwa die Durchführung von ärztlichen Untersuchungen und Impfungen, die die Eltern zu veranlassen und zu erlauben haben. Damit wollen wir keineswegs eine einseitig individualistischen Verantwortungszuschreibung voraussetzen (zum Beispiel in Bezug auf kindliche Adipositas: Friedman 2015; Graf und Schweiger 2016) – vielmehr sind elterliche Rechte und Pflichten eingebunden in soziale wie auch rechtliche Zusammenhänge, die „gute“ Elternschaft entweder fördern oder auch behindern können. Dahingehend ist auch der Staat in die Pflicht zu nehmen (Archard 2003). Auch im Alltag der Erziehung wird es viele Situationen geben, wo Eltern in die körperliche Integrität ihrer Kinder in einer Weise eingreifen, die bei Erwachsenen moralisch problematisch wären (so etwa ist schon das zustimmungsfreie Aus- und Anziehen einer erwachsenen Person höchst problematisch).

Ersichtlich weist der moralische Anspruch auf den Schutz der körperlichen Integrität somit eine Entwicklungsperspektive auf: je älter und reifer das Kind wird, desto mehr Kontrolle kann und soll es übernehmen bis es schließlich vollumfänglich als zustimmungsfähig und damit auch verfügungsfähig anzusehen ist. Wann dieser Punkt erreicht ist, ob er pragmatisch mit einem Alterslimit oder von Fall zu Fall festzulegen ist, können wir hier leider nicht diskutieren (Archard 2004; Giesinger 2017).

Die Frage, die uns interessiert, ist also, ob Erwachsene – in den meisten Fällen die Eltern – für ihre Kinder der Körperstrafe zu Lasten ihrer Kinder zustimmen können bzw. dürfen (wobei sie sich diese Zustimmung in den allermeisten

Fällen selbst geben würden, sie also auch die Körperstrafe ausführen). Der paradigmatische Fall der Ohrfeige macht dies klar: Erwachsene dürfen Erwachsene nicht ohrfeigen ohne deren Zustimmung. Das wäre ein moralisch ungerechtfertigter Eingriff in die körperliche Integrität – sofern nicht sehr besondere Umstände vorliegen, wie zum Beispiel, dass mit dieser Ohrfeige eine giftige Spinne getötet wird, welche von der geohrfeigten Person nicht bemerkt wurde. In diesem Fall ist einerseits wohl von einer nachträglichen Zustimmung auszugehen und selbst falls es diese nicht gäbe, wäre der Eingriff moralisch entschuldbar, da die ohrfeigende Person gute Gründe für sich beanspruchen kann, dass sie von einer nachträglichen Zustimmung ausgehen konnte. Wenn die erwachsene Person jedoch autonom einen medizinischen Eingriff, selbst einen, der ihr Leben retten würde, ablehnt, so ist dies legitim und zu respektieren.

Eine Zustimmung durch die Eltern in die Verletzung der körperlichen Integrität kann also durchaus legitim sein, wie eben im Fall einer medizinischen Behandlung. Dabei sind zwei Bedingungen zu beachten: der Eingriff in die körperliche Integrität dient dem Wohlergehen und Wohlentwickeln des Kindes (Behandlung einer Krankheit, Schutz vor zukünftigen Krankheiten etc.). Das ist sozusagen die Paternalismusklausel (Brighouse 2003). Wir wollen dieses Wohl durchaus nicht nur physisch verstehen, sondern in einem weiterem Sinne, der auch psychisches Wohl oder die Erreichung objektiv wertvoller Güter wie Bildung und anderer Fähigkeiten umfasst. Zudem ist ein Eingriff in die körperliche Integrität aber auch in solchen Fällen nur dann gerechtfertigt, wenn der gleiche Nutzen nicht auch anders erreicht werden kann. Das bedeutet, eine Orientierung hin zu weniger invasiven Eingriffen, wenn dies möglich ist. Darunter kann auch fallen, präventive Maßnahmen zu setzen, die weniger schmerzhaft, anstrengend oder belastend sind als wenn bei einem späteren Eintreten des Leidens eine Behandlung notwendig wird (das ist mitunter ein Argument für Impfungen, die weitaus weniger invasiv sind als nachträgliche Behandlungen).

Was kann auf Basis dieser beiden Bedingungen über die Körperstrafe bei Kindern gesagt werden? Zunächst sei gesagt, dass wir davon ausgehen, dass die allermeisten Eltern, die ihre Kinder körperlich züchtigen, auch das Wohlergehen derselben im Blick haben – sie wollen ihrer Kinder also nicht nutz- und grundlos verletzen. Diesem subjektiven Eindruck steht allerdings gegenüber, dass Körperstrafen durchaus negative Auswirkungen haben. Zunächst die Strafe selbst aber auch mögliche Folgeerscheinungen, die mitunter erst im Nachhinein sichtbar werden und nicht notwendig physischer Natur sein müssen (Paolucci und Violato 2004). Wir werden uns diesen Folgen für das Wohlergehen und Wohlentwickeln noch ausführlich im nächsten Abschnitt widmen. Hier genügt es darauf zu verweisen, dass der Eingriff in die körperliche Integrität des Kindes, der durch die körperliche Bestrafung erfolgt, bei Kindern, immer dann ungerechtfertigt ist, wenn dieses nicht dem Wohlergehen oder Wohlentwickeln dient bzw. diesem förderlich ist. Oder, um die Formulierung des Kinderrechtskonvention aufzunehmen: eine körperliche Bestrafung ist moralisch nicht legitim, wenn sie nicht dem besten

Interesse des Kindes dient, dem die Eltern bzw. alle Erziehungsberechtigten verpflichtet sind.[3]

Doch selbst wenn angenommen wird, dass Körperstrafen das Wohlergehen und Wohlentwickeln nicht schädigen oder gar diesem förderlich sind, kann es Gründe geben, dass eine Zustimmung hierzu durch die Eltern moralisch nicht gerechtfertigt ist. Das bezieht sich einerseits auf die Ziele, die durch die Körperstrafe erreicht werden sollen. Es gibt nämlich eine Reihe an empirischen Belegen (etwa Gershoff und Grogan-Kaylor 2016), auf die wir weiter unten ausführlicher eingehen werden, dass die Ziele, die durch die Körperstrafe erreicht werden sollen, zumeist verfehlt und könnten leichter und weniger invasiv und schädlich erreicht werden. Wir haben weiter oben schon argumentiert, dass Eingriffe in die körperliche Integrität möglichst vermieden werden sollten, wenn die Ziele auch anders erreicht werden können. Das gilt umso mehr, wenn sie sogar besser erreicht werden können, wie es die Empirie für den Verzicht der Körperstrafe nahelegt. Daraus und aus anderen empirischen Belegen (Fréchette et al. 2015) könnte schließlich ein slippery slope-Argument gefolgert werden: Körperstrafen, sogar sehr leichte, deren Folgen im Einzelfall wenig invasiv und schädlich sein können, bergen immer das Risiko der Eskalation in sich (Bartlett 2010).

Dass jüngere Kinder nicht in ihre körperliche Bestrafung zustimmen können, genauso wenig wie sie in medizinische Behandlungen zustimmen können, ist bereits ausgeführt worden. Ihre autonome Entscheidung kann somit nicht als Rechtfertigung dienen, wie im Falle eines Erwachsenen, der sich gegen eine medizinische Behandlung oder auch für eine körperliche Verletzung entscheiden kann (etwa im Rahmen von sexuellen Praktiken). Ob es auch für Erwachsene Grenzen dieser Selbstbestimmung gibt bzw. wo diese moralisch festzulegen sind, ist hier nicht unser Thema. Eine mögliche Argumentation könnte jedoch lauten, dass Erwachsene ihrer körperlichen Bestrafung nachträglich zustimmen, und damit, zumindest nachträglich, aus einer illegitimen eine moralisch legitime Handlung machen. Das ist jedoch nicht plausibel: in einem solchen Falle ist allenfalls von einer Entschuldigung und einem Vergeben durch die geschädigte Person auszugehen, welches die moralische Bewertung der Handlung nicht ausreichend affiziert. Insbesondere haben Eltern, die ihre Kinder körperlich bestrafen wollen, keine guten Gründe von einer solchen späteren Bewertung auszugehen. Das ist auch der Unterschied zu einer Handlung, wie der obigen lebensrettenden Ohrfeige, um eine giftige Spinne zu töten oder auch der Reanimation eines Schwerverletzten durch eine Nothelferin, bei der diesem einige Rippen gebrochen werden. Vielmehr sollten Eltern darüber aufgeklärt sein, dass ihre Körperstrafen schädlich sind – genauso wie sie sich darüber informieren sollten, wie sie eine gute Entwicklung ihrer Kinder unterstützen können und was diese hierfür benötigen. Den Fall von älteren Kindern, die ausreichende Autonomiefähigkeiten besitzen, und die eine körperliche Bestrafung ihrer Eltern befürworten, können wir hier nur

[3] Wir können hier nur andeuten, dass Elternrechte auf Elternpflichten, wie eben jener, das beste Interesse ihrer Kinder zu schützen, beruhen und nicht umgekehrt (Brighouse und Swift 2014).

erwähnen. Drei Argumentationslinien könnten auf diesen, wohl sehr seltenen Fall, angewendet werden: Zum Ersten dass der soziale Schutzraum „Kindheit" (Anderson und Claassen 2012), der frei von Gewalt sein soll, diese Autonomie überschreibt und paternalistisch rechtfertigt, dass Kinder solchen Körperstrafen nicht zustimmen dürfen. Zum Zweiten könnte die besondere Beziehung zwischen Eltern und Kindern angeführt werden, die durch solche Handlungen moralisch korrumpiert wird – Jugendliche könnten somit berechtigt sein, der körperlichen Bestrafung durch andere Personen zuzustimmen, nicht jedoch der durch ihre Erziehungsberechtigten – und dass, zum Dritten, Eltern eine Pflicht haben, eine solcher Korrumpierung und der Schädigung des Wohlergehens und Wohlentwickelns durch Körperstrafen nicht zuzustimmen.

Wohlergehen und Wohlentwickeln

Will man Körperstrafen von Kindern rechtfertigen, scheint eine Möglichkeit zu sein, zu zeigen, dass sie sich auf das Wohlergehen und Wohlentwickeln von Kindern positiv auswirken, zwei Kategorien, denen in der ethischen Literatur eine starke normative Funktion zugeschrieben wird (Bagattini und Macleod 2014; Graf und Schweiger 2017). Natürlich wird man dabei in Kauf nehmen müssen, dass das Wohlergehen in der Strafsituation eingeschränkt wird, da es ja zu einer Schmerzzufügung kommt, die unangenehm ist und es wohl auch sein muss, dass die Strafen effektiv sein können. Doch könnte es ja durchaus sein, dass die Körperstrafen so wirken, dass es in der Folge zu positiven Veränderungen im Wohlergehen und Wohlentwickeln von Kindern kommt, etwa, indem sie lernen, risikoreiche Handlungen zu unterlassen. Bei diesem Argument handelt es sich also um ein konsequentialistisches, wobei Körperstrafen so gerechtfertigt werden, dass es ja im Eigeninteresse des Kindes sei, auf diese Weise gezüchtigt zu werden.

Wir wollen an dieser Stelle den Gedankengang aufgreifen, dass es einen Unterschied für die moralische Bewertung der Körperstrafe macht, welche Effekte sie haben und dass zumindest die Möglichkeit besteht, sie auf Grundlage von positiven Auswirkungen auf das Kindeswohl und die kindliche Entwicklung zu verteidigen. Damit wäre auch eines unserer Argument für das Verbot, durch Körperstrafen in die kindliche körperliche Integrität einzugreifen, geschwächt. Es könnte sein, dass Körperstrafen dann eher wie gerechtfertigte medizinische Eingriffe zu bewerten wären, also paternalistisch rechtfertigbar gegenüber Kindern, die noch nicht zustimmungsfähig sind.

Doch was sagt uns die empirische Forschung zu diesen Fragen bzw. gibt es tatsächlich Hinweise darauf, dass Strafen für das Kindeswohl und der kindlichen Entwicklung zuträglich sind? Mittlerweile gibt es eine sehr umfassende Forschungsliteratur zu diesem Thema. In den letzten Jahren und Jahrzehnten entstanden hunderte Studien, die untersuchten, welche positiven und negativen Wirkungen mit Körperstrafen einhergehen. Wenn es um eine systematische Aufarbeitung dieser Vielzahl an Studien geht, sind vor allem vier Metastudien zu nennen, die die Debatte der letzten Jahre geprägt haben. Ihre Ergebnisse und die

Konklusionen, die von den Autor:innen daraus gezogen werden, gehen dabei in unterschiedliche Richtungen. So sieht Elizabeth Gershoff (Gershoff 2002) ihre Studie als Beleg dafür, dass Körperstrafen weitgehend ineffektiv und sogar schädlich sind, Robert Larzelere und Brett Kuhn sehen in ihrer Analyse Belege dafür, dass Körperstrafen bei richtiger Anwendung effektiv wirken und keine negativeren Effekte haben als andere Disziplinierungsmaßnahmen (einschließlich Argumentieren, „Auszeit" oder Entzug von Privilegien) (Larzelere und Kuhn 2005), und die Studien von Christopher J.Ferguson sowie von Elizabeth Paolucci und Claudio Violato weisen darauf hin, dass es einen leichten Zusammenhang zwischen Körperstrafen und kognitiven, emotionalen und Verhaltensproblemen bei Kindern gibt (Ferguson 2013; Paolucci und Violato 2004). Zusammengenommen geht die Evidenz somit in die Richtung, dass Körperstrafen tendenziell negative Auswirkungen haben, wobei es jedoch einige umstrittene Punkte gibt.

Skeptiker:innen gegenüber den Studien, die negative Effekte von Körperstrafen belegen, weisen vor allem auf zwei Aspekte hin, die ihrer Ansicht nach zu wenig in der Forschung berücksichtigt wurden (Baumrind et al. 2002; Benjet und Kazdin 2003). Erstens wird argumentiert, dass in entsprechenden Metastudien nicht sauber zwischen milden (ohne Verletzungsfolgen, durchgeführt mit der geöffneten Hand) und harten (beinhalten große Verletzungsrisiken, werden z. T. mit Gegenständen durchgeführt) Körperstrafen differenziert wird. Dass harte Körperstrafen negative Auswirkungen hätten, sei unstrittig und empirisch gut belegt. Doch daraus dürfe man nicht einfach folgern, dass auch milde Körperstrafen ähnliche Effekte hätten. So bewerteten z. B. Baumrind et al. (Baumrind et al. 2002) die Daten aus (Gershoff 2002) neu, indem sie die Informationen bezüglich harter Körperstrafen getrennt berücksichtigten. Daraus folgerten sie, dass nur für diese zu belegen sei, dass sie schädlich sind. Der zweite Aspekt, der kritisch diskutiert wird, bezieht sich auf ein anderes methodisches Problem. Die meisten Untersuchungen zu Körperstrafen beruhen auf einem Querschnittdesign. Randomisierte kontrollierte Studien sind aus praktischen und ethischen Gründen kaum durchzuführen, und auch prospektive Längsschnittstudien in der Literatur selten anzutreffen. Dadurch kann passieren, dass man den Zusammenhang zwischen Körperstrafen und problematischem Verhalten von Kindern falsch interpretiert. So könnte es sein, dass es vor allem „schwierige" Kinder sind, denen Körperstrafen widerfahren und diese gewissermaßen provozieren. Dann wäre es irreführend, so die Kritiker, die Körperstrafen für negative Effekte verantwortlich zu machen, da diese den Körperstrafen schon vorausgehen.

Um auf diesen Kritikpunkt zu reagieren, führten Gershoff und Grogan-Kaylor kürzlich eine weitere Metaanalyse durch (Gershoff und Grogan-Kaylor 2016), in der sie vor allem Wert auf die Unterscheidung zwischen milden und harten Körperstrafen legten, die Ergebnisse von Studien mit unterschiedlichen Forschungsdesigns verglichen und viele neue Studien miteinbezogen. Generell zeigte sich in dieser wohl aktuellsten Metastudie eine starke Verbindung von Körperstrafen und negativen Aspekten des Kindeswohls. Sie standen in Verbindung mit stärkerer Aggression und antisozialem Verhalten der Kinder, mehr Externalisierungs- und Internalisierungsproblemen, mehr Problemen der psychischen Gesundheit und Beziehungsschwierigkeiten mit den Eltern. Auch geringere Internalisierung moralischer Regeln, geringere kognitive Fähigkeiten und geringeres Selbstvertrauen konnten mit Körperstrafen in Verbindung gebracht werden. Darüber hinaus zeigten sich auch Effekte auf das Leben als Erwachsene:r, wobei vor allem antisoziales Verhalten und psychische Probleme hervorzuheben sind. Dabei ist allerdings festzuhalten, dass kausale Zusammenhänge zwischen Körperstrafen und solchen Schwierigkeiten von Erwachsenen auf Grundlage der aktuellen Studienlage nicht zu begründen sind.

Was den ersten angesprochenen Kritikpunkt angeht, dass bisher nicht gezeigt werden konnte, dass milde Körperstrafen negative Effekte hätten, ergab sich ein klares Bild: Auch wenn harte Körperstrafen exkludiert werden, blieben negative, statistisch signifikante Effekte in den oben genannten Dimensionen bestehen, auch wenn sie geringer ausfielen. Dieses Ergebnis spricht deutlich gegen die Behauptung, dass milde Körperstrafen harmlos seien. Vielmehr gibt es Grund zur Annahme, dass sie in eine ähnlich negative Richtung wirken, auch wenn deren Stärke nicht ganz so gravierend ausfällt. Und nicht zuletzt zeigte sich in den Daten, dass es ein immer wieder anzutreffendes Phänomen ist, dass milde Körperstrafen im Verlauf der Zeit intensiviert werden und in Misshandlungen umschlagen.

Auch der zweite Kritikpunkt konnte in der Metaanalyse entkräftet werden. Die verfügbaren Längsschnittstudien und solche mit experimentellem Design waren zwar im Vergleich mit Querschnittstudien und solchen mit retrospektiven Ansätzen in der Minderheit (30 % zu 70 %), doch die Ergebnisse der unterschiedlichen methodischen Zugänge unterschieden sich nicht wesentlich voneinander, was ein starkes Indiz dafür ist, dass Körperstrafen tatsächlich negative Folgen nach sich ziehen und dass das oben geäußerte Bedenken nicht gerechtfertigt ist. Darüber hinaus ergab die Metaanalyse, dass es für den Zusammenhang von Körperstrafen und negativen Auswirkungen auf das Wohlergehen und Wohlentwickeln von Kindern keinen Unterschied machte, wie sie definiert wurden, wer sie meldete, in welchem Land die Studie durchgeführt wurde und Kinder welchen Alters im Fokus standen.

Zusammenfassend lässt sich festhalten, dass die gegenwärtige Datenlage darauf hinweist, dass es sehr wahrscheinlich ist, dass auch milde Körperstrafen ein ernstzunehmendes Risiko für das Wohlergehen und Wohlentwickeln darstellen. Hinzu kommt eine Schwierigkeit, die wir „Intensitätsproblem“ nennen wollen. Verteidiger:innen von Körperstrafen müssen wohl davon ausgehen, dass sie, auch in einer milden Version, mit einer gewissen Intensität durchgeführt werden müssen, um ihre intendierten Wirkungen zu erzielen – nur von einem Schmerz, der ausreichend unangenehm ist, lässt sich annehmen, dass er zu Verhaltensänderungen führt. Dabei besteht das Risiko, diese – auch theoretisch schwer zu ziehende – Linie in der praktischen Durchführung einer Körperstrafe zu überschreiten und in Richtung Misshandlung abzudriften, die ja eindeutig negative Auswirkungen auf Wohlergehen und Wohlentwickeln hat. Es gibt daher auch aus einer konsequentialistischen Perspektive, die das Wohlergehen und Wohlentwickeln ins Zentrum rückt, gute Gründe, Körperstrafen abzulehnen.

Drittens zeigt die empirische Forschung, dass mit Körperstrafen große Risiken für das Wohlergehen (well-being) und Wohlentwickeln (well-becoming) von Kindern in verschiedenen Dimensionen (psychisch, physisch, sozial etc.) verbunden sind. Die Hinweise, dass Körperstrafen positive Effekte haben, sind dagegen spärlich, umstritten und treffen bestenfalls auf manche Arten und Einsatzweisen dieser Strafen zu. Erkennt man, wie es allgemein üblich ist, das Wohlergehen und Wohlentwickeln von Kindern als normativ relevante Größe an, ergibt sich aus dieser Risikobehaftetheit von Körperstrafen somit ein weiterer Grund, sie grundsätzlich abzulehnen.

Erniedrigung

Körperstrafen sind also ein ungerechtfertigter Eingriff in die körperliche Integrität von Kindern und sie schaden deren Wohlergehen und Wohlentwickeln. Doch wir möchten auch argumentieren, dass sie mit einer Erniedrigung des Kindes einhergehen, die sie besonders problematisch aus einer ethischen Perspektive machen. Natürlich gibt es auch andere, nichtkörperliche Strafen, die erniedrigend und deshalb abzulehnen sind. Wir behaupten auch nicht, dass körperliche Strafen immer erniedrigender sind als nichtkörperliche. Dennoch sehen wir gute Gründe dafür, zu behaupten, dass Körperstrafen in jedem Fall ein Element der Erniedrigung beinhalten, das sie moralisch verwerflich macht. Genau diese Verbindung zwischen milderen Formen der Körperstrafe (solche, die Schmerz, aber keine Verletzungen zufügen) und Erniedrigung wurde in der ethischen Literatur bestritten (Benatar 1998) und liegt wohl auch der auf viel öffentliche Aufmerksamkeit gestoßenen Äußerung von Papst Franziskus zu Grunde, dass es möglich sei, „Kinder in Würde zu schlagen“. Es scheint daher angebracht zu sein, einen genaueren Blick darauf zu werfen, was Körperstrafen erniedrigend macht.

Beginnen wir zunächst mit einigen Erläuterungen zum Begriff der Erniedrigung. Aus einer ethischen Perspektive ist es wichtig, auf zwei Dimensionen der Erniedrigung hinzuweisen, die in der Praxis sehr oft, aber keineswegs immer zusammen vorkommen. Erstens kann sie als ein bestimmtes *Gefühl,* also etwas sehr Subjektives, beschrieben werden. In bestimmten Situationen fühlt man sich erniedrigt, was in der Regel als ein äußerst negativer emotionaler Zustand beschrieben werden kann, der beinhaltet, dass man sich anderen gegenüber in seinem Wert herabgesetzt und in seiner Selbstachtung verletzt fühlt. Zweitens kann man jedoch auch Akte, Handlungen oder Situationen als erniedrigend charakterisieren, selbst wenn die Person, auf die sie angewendet werden oder die sich darin befindet, keine Gefühle der Erniedrigung empfindet (etwa dann, wenn sie die Situation falsch einschätzt oder nicht erfassen kann). Bei diesem Aspekt der Erniedrigung geht es darum, erniedrigende Umstände oder Faktoren auszuzeichnen, die unabhängig von der tatsächlichen Wahrnehmung eines Menschen einen Akt, eine Handlung oder Situation erniedrigend machen. Im Kern geht es dabei um die Einsicht, dass es zu einer Herabsetzung, Würdeverletzung und einem Angriff auf den Selbstwert der betroffenen Menschen kommt. Oder um es anders auszudrücken sind erniedrigende Handlungen, Akte oder Situationen solche, die nicht mit dem Respekt vereinbar sind, den man als menschliche Person verdient (Lindner 2007).

Für die ethische Bewertung von Körperstrafen in Hinblick auf die Erniedrigung, die Kinder dadurch erfahren, sind beide der angesprochenen Aspekte – subjektives Gefühl und objektiver Akt bzw. objektive Situation – relevant, wobei wir betonen wollen, dass ein größeres Gewicht auf die zweite, objektivistische Leseart von Erniedrigung gelegt werden sollte. Ob sich Kinder durch Körperstrafen erniedrigt oder gedemütigt fühlen, ist nämlich eine Frage, die in erster Linie empirisch untersucht werden muss und die wohl kaum so beantwortet werden kann, dass sich tatsächlich jedes Kind, dem Körperstrafen widerfährt, erniedrigt und in seiner Würde verletzt *fühlt*. Die verfügbaren wissenschaftlichen Studien über Körperstrafen gehen nur selten bzw. nur indirekt auf die Kategorie der Erniedrigung ein. Zwar deuten verschiedene Metastudien darauf hin, dass sich Körperstrafen – auch milde – tendenziell negativ auf empirisch gut zugängliche Größen auswirken, die mit der Erniedrigung von Kindern in Verbindung stehen, wie etwa Selbstvertrauen oder psychische Gesundheit (Gershoff und Grogan-Kaylor 2016). Die Betonung liegt dabei aber auf *tendenziell* und es wäre eine Fehlinterpretation, aus der Datenlage mehr hinsichtlich Gefühlen der Erniedrigung abzuleiten, was die Wahrnehmungen der Kinder und Jugendlichen betrifft. Qualitative Studien, die versuchen, die Sichtweise von Kindern in Bezug zu Körperstrafen abzubilden, weisen darauf hin, dass Körperstrafen sowohl physisch als auch emotional weh tun und mit Gefühlen von Traurigkeit, Angst und Wut einhergehen können, was ebenso eine Verbindung zur Kategorie der Erniedrigung vermuten lässt (Breen, Daniels, und Tomlinson 2015; Dobbs und Duncan 2004). Doch auch in ihnen wird deutlich, dass Körperstrafen von Kindern unterschiedlich wahrgenommen werden können und dass es sicher falsch ist, zu behaupten, dass sie immer mit einem *Gefühl* der Erniedrigung verbunden sind.

Dennoch wollen wir argumentieren, dass Körperstrafen prima facie systematisch als Erniedrigung verstanden werden sollten und dass die Frage, ob sie erniedrigend sind, nicht nur vom Empfinden des jeweiligen Kindes abhängig gemacht werden sollte. Wir sehen vor allem drei Aspekte, die diese Einschätzung stützen. Sie gehen über die subjektiven Erfahrungen der Kinder hinaus und legen nahe, dass es eine objektive Verankerung der Erniedrigung von Körperstrafen von Kindern gibt. Oder anders ausgedrückt: Sie liefern Gründe, warum es berechtigt ist, dass sich Kinder durch Körperstrafen erniedrigt fühlen, auch wenn sich dieses Gefühl gar nicht – aus welchem Grund auch immer – einstellen sollte.

Erstens stimmen wir der Einschätzung von Patrick Lenta zu, dass physische Schmerzen, wie sie unweigerlich mit Körperstrafen verbunden sind, eine besondere Qualität aufweisen (Lenta 2012; Sussman 2005). Sie werden als ein Eindringen von außen wahrgenommen, dem man passiv gegenübersteht. Oftmals reagiert man dann darauf gegen seinen Willen mit Weinen oder Stöhnen und erleidet somit einen Kontrollverlust über seinen eigenen Körper oder seine Gefühle. Gerade wenn Kinder danach trachten, Selbstkontrolle aufzubauen, die als wichtige Norm in den meisten Gesellschaften gilt, kann dies zu Verletzungen im Selbstbild und Selbstwert führen, da man den angestrebten Status nicht aufrechterhalten kann. Nun ist es zwar nicht zwangsläufig der Fall, dass Kinder auf Körperstrafen so reagieren und dass ihre positiven Selbstbeziehungen darunter leiden, doch deuten die angesprochenen Qualitäten von physischen Schmerzen darauf hin, dass sie bei intentionaler Zufügung jedenfalls einen *schweren Angriff* auf Selbstbild und Selbstwert von Kindern darstellen. Dass es immer wieder Kinder gibt, die diesen Angriff abwehren können, fällt hier nicht so schwer ins Gewicht. Darüber hinaus weist Lenta auf eine weitere Konsequenz hin, die der physische Schmerz von Körperstrafen hat: er unterbindet die Autonomiefähigkeit von Kindern bzw. er schränkt diese ein. Erleidet man physischen Schmerz, so schränkt das rigide die Möglichkeit ein, zu reflektieren und überlegten Handlungen nachzugehen. Dies ist zwar im Fall von milden Körperstrafen nur zeitlich sehr begrenzt der Fall, dennoch handelt es sich um einen ernstzunehmenden Eingriff in eine Fähigkeit, die schon bei Kindern zentral für ihren moralischen Status ist. Kinder sind schon sehr früh in der Lage, Ziele zu verfolgen, Handlungen zu setzen und diese auch zu reflektieren. Eine Blockade der Autonomiefähigkeit, wie sie durch Körperstrafen erfolgt, ist folglich mit einem Mangel an Respekt vor Kindern verbunden, der einer Würdeverletzung und einer Herabsetzung gleichkommt.

Zweitens werden durch Körperstrafen die besonderen Verletzlichkeiten von Kindern ausgebeutet und verstärkt. Kinder sind im Vergleich zu Erwachsenen in vielerlei Hinsicht verletzbarer – in physischer, psychischer und sozialer Hinsicht. Gleichzeitig verdienen sie den gleichen Respekt wie alle anderen Mitglieder der Gesellschaft, was aus moralischer Sicht dazu führen sollte, dass sie besonderen Schutz und besondere Unterstützung erfahren. Zwar sind manche paternalistisch begründeten Handlungen gegenüber Kindern gerechtfertigt und mit dem ihnen geschuldeten gleichen Respekt vereinbar, doch gilt es, dabei äußerst behutsam und vorsichtig vorzugehen. Körperstrafen sind nun ein Paradebeispiel dafür, dass Kinder ihrem/ihrer Bestrafer:in vollkommen ausgeliefert sind. Sie werden in Situationen der totalen Machtasymmetrie durchgeführt, verletzen, wie wir weiter oben gezeigt haben, das Gut der körperlichen Integrität und demonstrieren den Kindern, dass sie den/die Bestrafende:n gerade nicht ebenbürtig sind und dass es scheinbar in Ordnung ist, ihre Verletzlichkeiten auszubeuten. Das ist erniedrigend.

Drittens wollen wir auf eine wichtige sozialethische Dimension hinweisen, die Körperstrafen von Kindern erniedrigend macht. In den meisten Ländern, in denen Körperstrafen von Kindern erlaubt sind, sind sie Erwachsenen gegenüber verboten. Erwachsene sind durch das Rechtssystem geschützt und haben entsprechende Mittel gegen körperliche Übergriffe rechtlich vorzugehen. Kinder dagegen sind Erwachsenen hilflos ausgeliefert und müssen ihre Bestrafungen ohne Aussicht auf Unterstützung oder Schutz ertragen. Diese Praxis diskriminiert Kinder als Gruppe und kommt einer kollektiven Abwertung gleich. Es erscheint zutiefst willkürlich, dass man sich bei allen anderen Mitgliedern der Gesellschaft einig ist, dass der Einsatz von Körperstrafen abzulehnen ist, einer Würdeverletzung gleichkommt und entsprechende, rechtliche durchsetzbare Schutzmaßnahmen einführt, während man bei Kindern aber einen anderen Maßstab ansetzt. Sie werden somit zu Bürger:innen zweiter Klasse degradiert oder anders formuliert: kollektiv erniedrigt.

Schlussüberlegung: Gewaltfreie Gesellschaft

Viertens bringen wir nun das Argument vor, dass es ein allgemein anerkannter Wert in einer Gesellschaft sein sollte, Konflikte gewaltfrei zu lösen und körperliche Gewalt nur in Ausnahmesituationen anzuwenden. Dieser Wert sollte ebenso für die Kindheit Gültigkeit besitzen und dort sogar in besonderem Ausmaß kultiviert werden, sowohl im Umgang von Kindern untereinander als auch in der Erwachsenen-Kind-Beziehung. Schließlich ist sie die Phase, in der Menschen in ihren Werten und Verhaltensweisen am nachhaltigsten geprägt werden. Dieses Argument ist daher anders gelagert als die drei vorausgegangenen, die sich auf die Auswirkungen auf das individuelle Kind beziehen, das körperliche Gewalt erfährt.

Wir wollen hier einem Argument von Debra Satz folgen, welches sie in der Auseinandersetzung mit der Legitimität von Prostitution und Organhandel entwickelt hat (Satz 2010, 1995). Satz geht dabei davon aus, dass solche Handlungen zwischen zwei Personen legitim sein könnten – also wenn eine Person ihren Körper als sexuelle Dienstleistung oder eines ihrer Organe an jemand anderen verkauft. Solche Handlungen könnten unter der Perspektive der Willens- und darauf aufbauend der Vertragsfreiheit legitim sein, solange kein Zwang vorherrscht und beide darin einwilligen. Satz versucht zu zeigen, dass auch in diesem Fall, also bei moralischer Unbedenklichkeit der einzelnen Handlung, ihre gesellschaftliche Akzeptanz (und damit Legalität) moralisch abzulehnen ist. Obwohl also Prostitution im Einzelfall legitim ist – eine These, die durchaus umstritten ist (Kissil und Davey 2010) –, sollte sie verboten werden, weil sie gesellschaftlich schädlich ist.

In dem Fall, der uns interessiert, ist diese Vorbedingung, wie wir versucht haben zu zeigen, nicht gegeben. Körperstrafen an Kindern sind also schon als individuelle Handlungen moralisch abzulehnen. Dennoch kann uns Satz hier weiterhelfen, die gesellschaftliche Perspektive aus einem moralischen Gesichtspunkt in den Blick zu nehmen. Warum können wir nun von einer gesellschaftlichen Schädlichkeit der Körperstrafe bei Kindern ausgehen? Uns interessieren hier drei Gesichtspunkte:

Gewaltfreiheit ist ein moralischer Wert. Gerade weil der Anspruch auf Schutz der körperlichen Integrität für alle gilt und einen besonders hohen Stellenwert einnimmt, sollte eine Gesellschaft danach trachten, mögliche Quellen der körperlichen Gewalt einzudämmen. Das lässt sich aber nicht nur durch Gesetze und Polizei erreichen, sondern muss auch in das soziale und kulturelle Gewebe einer Gesellschaft eingeflochten sein (Van Lange et al. 2017). Für diese Bedeutung von kulturellen Faktoren – soft factors, könnte man sagen – gibt es durchaus auch empirische Hinweise (in Bezug auf Körperstrafen: Lansford und Dodge 2008; in Bezug auf Gewalt gegen Frauen: Brown et al. 2017).

Wenn es so ist, dass Gewaltfreiheit in einer Gesellschaft eher zu erreichen und zu erhalten ist, wenn sie eingeübt, geschätzt und auch diskutiert wird, dann liegt es nahe, hier eine Verbindung zur Erziehung zu ziehen (Gugel 2011). Diese Verbindung weist mehrere Stränge auf: gewaltfreie Konfliktlösung als Erziehungsstil und Erziehungsinhalt, sowohl im privaten wie auch im öffentlichen Bereich (Schulen). Da die Prägung durch die Eltern ein sehr bedeutsamer Einfluss ist, und diese Prägung durch Worte aber auch Taten erfolgt, also vor allem durch die Imitation der Handlungen der Eltern, ist es für uns offensichtlich, dass eine gewaltfreie Erziehung, eine Erziehung ohne Körperstrafen, hier einen prägenden Einfluss haben kann (Kim 2009). Und zwar nicht nur darauf, wie die eigenen Kinder später erzogen werden, sondern auch darauf, wie körperliche Gewalt als Mittel der Kommunikation, Konfliktlösung und Verarbeitung (etwa von Stress) insgesamt im privaten und öffentlichen Leben gehandhabt wird.

Von besonderer Bedeutung ist nun nochmals die Körperstrafe als privates Geschehen von Erziehungsberechtigten, Vertrauenspersonen gegenüber Kindern ein, die sich gegen diese Übergriffe nicht wehren können, wenn sie vom Staat oder der Gesellschaft ignoriert oder gar als legitim angesehen wird. Das sagt nämlich nicht nur etwas über das Verhältnis zur Gewalt aus, sondern insbesondere auch etwas über das Verständnis von Autorität, Macht und Verfügungsgewalt von Stärkeren. Körperstrafen gegenüber Kindern sind dann ein Indikator dafür, wie Autoritätsverhältnisse und wie Verhältnisse zwischen Stärkeren und Schwächeren wahrgenommen werden. Nämlich in einer Weise, dass Gewalt hier ein legitimes Mittel sein kann. Das kann, so vermuten wir, dann leicht übertragen werden: wie der Umgang mit anderen schwachen und infantilisierten Mitgliedern der Gesellschaft ausgestaltet werden kann. Da die Körperstrafe von Kindern eingebunden ist in solche eklatanten Machtasymmetrien von Stärke, Abhängigkeit und Kompetenz stellen sie ein besonders problematisches Vorbild dar, wie in solchen asymmetrischen Verhältnissen vom mächtigeren Part gehandelt werden sollte. Es ist daher auch nicht verwunderlich, dass Körperstrafen von Kindern nicht selten mit Mustern der Gewalt gegenüber Frauen und anderen schwachen Mitgliedern der Familie und Gesellschaft einhergehen (Afifi et al. 2017).

Literatur

Afifi, Tracie O., Natalie Mota, Jitender Sareen, und Harriet L. MacMillan. 2017. The Relationships between Harsh Physical Punishment and Child Maltreatment in Childhood and Intimate Partner Violence in Adulthood. *BMC Public Health* 17(1). https://doi.org/10.1186/s12889-017-4359-8.

Anderson, Joel, und Rutger Claassen. 2012. Sailing Alone: Teenage Autonomy and Regimes of Childhood. *Law and Philosophy* 31(5):495–522. https://doi.org/10.1007/s10982-012-9130-9.

Archard, David. 2003. *Children, family, and the state*, 1. Aufl. Live questions in ethics and moral philosophy. Aldershot/Burlington: Ashgate.

Archard, David. 2004. *Children: Rights and childhood*, 2. Aufl. London/New York: Routledge.

Archard, David, und Colin M. Macleod, Hrsg. 2002. *The moral and political status of children*, 1. Aufl. Oxford/New York: Oxford University Press.

Bagattini, Alexander, und Colin M. Macleod, Hrsg. 2014. *The Nature of Children's Well-Being: Theory and Practice*, 1. Aufl. New York: Springer.

Bartlett, Gary. 2010. An Argument against Spanking. *Public Affairs Quarterly* 24(1):65–77.

Baumrind, Diana, Robert E. Larzelere, und Philip A. Cowan. 2002. Ordinary Physical Punishment: Is It Harmful? Comment on Gershoff (2002). *Psychological Bulletin* 128(4):580–589. https://doi.org/10.1037/0033-2909.128.4.580.

Benatar, David. 1998. Corporal Punishment. *Social Theory and Practice* 24(2):237–260. https://doi.org/10.5840/soctheorpract19982423.

Benjet, Corina, und Alan E. Kazdin. 2003. Spanking Children: The Controversies, Findings, and New Directions. *Clinical Psychology Review* 23(2):197–224. https://doi.org/10.1016/S0272-7358(02)00206-4.

Breen, Alison, Karen Daniels, und Mark Tomlinson. 2015. Children's Experiences of Corporal Punishment: A Qualitative Study in an Urban Township of South Africa. *Child Abuse & Neglect* 48(Oktober):131–39. https://doi.org/10.1016/j.chiabu.2015.04.022.

Brighouse, Harry. 2003. How Should Children Be Heard? *Arizona Law Review* 45(3):691–711.

Brighouse, Harry, und Adam Swift. 2014. *Family values: The ethics of parent-child relationships*, 1. Aufl. Princeton: Princeton University Press.

Brown, Ryan P., Kiersten Baughman, und Mauricio Carvallo. 2017. Culture, Masculine Honor, and Violence Toward Women. *Personality and Social Psychology Bulletin, Dezember*. https://doi.org/10.1177/0146167217744195.

Dekkers, Wim, Cor Hoffer, und Jean-Pierre. Wils. 2005. Bodily Integrity and Male and Female Circumcision. *Medicine, Health Care and Philosophy* 8(2):179–191. https://doi.org/10.1007/s11019-004-3530-z.

Dobbs, Terry, und Judith Duncan. 2004. Children's Perspectives on Physical Discipline: A New Zealand Example. *Child Care in Practice* 10(4):367–379. https://doi.org/10.1080/135752704 2000285547.

Drerup, Johannes. 2013. *Paternalismus, Perfektionismus und die Grenzen der Freiheit*, 1. Aufl. Paderborn: Ferdinand Schöningh.

Ember, Carol R., und Melvin Ember. 2005. Explaining Corporal Punishment of Children: A Cross-Cultural Study. *American Anthropologist* 107(4):609–619. https://doi.org/10.1525/aa.2005.107.4.609.

Ferguson, Christopher J. 2013. Spanking, Corporal Punishment and Negative Long-Term Outcomes: A Meta-Analytic Review of Longitudinal Studies. *Clinical Psychology Review* 33(1):196–208. https://doi.org/10.1016/j.cpr.2012.11.002.

Fréchette, Sabrina, Michael Zoratti, und Elisa Romano. 2015. What Is the Link Between Corporal Punishment and Child Physical Abuse? *Journal of Family Violence* 30(2):135–148. https://doi.org/10.1007/s10896-014-9663-9.

Friedman, May. 2015. Mother Blame, Fat Shame, and Moral Panic: "Obesity" and Child Welfare. *Fat Studies* 4(1):14–27. https://doi.org/10.1080/21604851.2014.927209.

Gershoff, Elizabeth. 2002. Corporal Punishment by Parents and Associated Child Behaviors and Experiences: A Meta-Analytic and Theoretical Review. *Psychological Bulletin* 128(4):539–579. https://doi.org/10.1037//0033-2909.128.4.539.

Gershoff, Elizabeth, und Andrew Grogan-Kaylor. 2016. Spanking and Child Outcomes: Old Controversies and New Meta-Analyses. *Journal of Family Psychology* 30(4):453–469. https://doi.org/10.1037/fam0000191.

Giesinger, Johannes. 2007. *Autonomie und Verletzlichkeit: der moralische Status von Kindern und die Rechtfertigung von Erziehung*, 1. Aufl. Bielefeld: Transcript.

Giesinger, Johannes. 2017. „Kinder und Erwachsene". In *Kinderethik: aktuelle Perspektiven-klassische Problemvorgaben*, 1. Aufl., Hrsg. Johannes Drerup und Christoph Schickhardt, 21–32. Münster: Mentis.

Graf, Gunter, und Gottfried Schweiger. 2016. "Poor Fat Kids": Social Justice at the Intersection of Obesity and Poverty in Childhood. *Dilemata. International Journal of Applied Ethics* 21:53–70.

Graf, Gunter, und Gottfried Schweiger. 2017. *Ethics and the Endangerment of Children's Bodies*. Basingstoke: Palgrave Macmillan.

Gugel, Günther. 2011. „Friedenserziehung". In *Handbuch Frieden*, 1. Aufl., Hrsg. Hans J. Gießmann und Bernhard Rinke, 149–59. Wiesbaden: VS Verlag. https://doi.org/10.1007/978-3-531-92846-3_10.

Herring, Jonathan, und Jesse Wall. 2017. The Nature and Significance of the Right to Bodily Integrity. *The Cambridge Law Journal* 76(03):566–588. https://doi.org/10.1017/S0008197317000605.

Kim, Jinseok. 2009. Type-Specific Intergenerational Transmission of Neglectful and Physically Abusive Parenting Behaviors among Young Parents. *Children and Youth Services Review* 31(7):761–767. https://doi.org/10.1016/j.childyouth.2009.02.002.

Kissil, Karni, und Maureen Davey. 2010. The Prostitution Debate in Feminism: Current Trends, Policy and Clinical Issues Facing an Invisible Population. *Journal of Feminist Family Therapy* 22(1):1–21. https://doi.org/10.1080/08952830903453604.

Lansford, Jennifer E., und Kenneth A. Dodge. 2008. Cultural Norms for Adult Corporal Punishment of Children and Societal Rates of Endorsement and Use of Violence. *Parenting* 8(3):257–270. https://doi.org/10.1080/15295190802204843.

Larzelere, Robert E., und Brett R. Kuhn. 2005. Comparing Child Outcomes of Physical Punishment and Alternative Disciplinary Tactics: A Meta-Analysis. *Clinical Child and Family Psychology Review* 8(1):1–37. https://doi.org/10.1007/s10567-005-2340-z.

Lenta, Patrick. 2012. Corporal Punishment of Children. *Social Theory and Practice* 38(4):689–716. https://doi.org/10.5840/soctheorpract201238437.

Lindner, Evelin Gerda. 2007. In Times of Globalization and Human Rights: Does Humiliation Become the Most Disruptive Force? *Journal of Human Dignity and Humiliation Studies* 1(1):1–30.

Paolucci, Elizabeth Oddone, und Claudio Violato. 2004. A Meta-Analysis of the Published Research on the Affective, Cognitive, and Behavioral Effects of Corporal Punishment. *The Journal of Psychology* 138(3):197–222. https://doi.org/10.3200/JRLP.138.3.197-222.

Satz, Debra. 1995. Markets in Women's Sexual Labor. *Ethics* 106(1):63–85. https://doi.org/10.1086/293778.

Satz, Debra. 2010. *Why some things should not be for sale: the moral limits of markets*, 1. Aufl. Oxford political philosophy. New York: Oxford University Press.

Sussman, David. 2005. What's Wrong with Torture? *Philosophy & Public Affairs* 33(1):1–33. https://doi.org/10.1111/j.1088-4963.2005.00023.x.

Lange, Van, A.M. Paul, Maria I. Rinderu, und Brad J. Bushman. 2017. Aggression and Violence around the World: A Model of CLimate, Aggression, and Self-Control in Humans (CLASH). *Behavioral and Brain Sciences* 40. https://doi.org/10.1017/S0140525X16000406.

Zolotor, Adam J., und Megan E. Puzia. 2010. Bans against Corporal Punishment: A Systematic Review of the Laws, Changes in Attitudes and Behaviours. *Child Abuse Review* 19(4):229–247. https://doi.org/10.1002/car.1131.

Zwischen Empowerment und Schutz: zu den Rechten von Menschen mit Behinderung und Kindern

Einleitung

In den letzten Jahrzehnten wurden auf Ebene der Menschenrechte zahlreiche Dokumente veröffentlicht, die die Menschenrechte von spezifischen Personengruppen darlegen. Darunter auch jene von Kindern[1] und jüngst von Menschen mit Behinderung[2]. In meinem Beitrag will ich diese beiden Dokumente nicht als rechtliche, sondern als moralisch-philosophische lesen und ihre unterschiedlichen Stoßrichtungen interpretieren. Wie ich zeigen werde, geht es der Kinderrechtskonvention vor allem um den Schutz, ausgedrückt im Konzept des Kindeswohls, wohingegen die Behindertenrechtskonvention vor allem auf das Empowerment der Betroffenen abzielt, was auch unter dem Konzept der möglichst umfassenden Inklusion gefasst wird.

Zur Kinderrechtskonvention

Zunächst sei festgehalten, dass die Kinderrechtskonvention für alle Personen, die das 18. Lebensjahr noch nicht vollendet haben gilt (Artikel 1), wobei diese Altersgrenze durch nationale Bestimmungen über das Erreichen der Volljährigkeit abgeschwächt werden kann.[3] Der Begriff der Kindheit wird in diesem Dokument also relativ weit gefasst und es werden die spezifischen Rechte von Personen sehr

[1] Ich zitiere aus der Konvention, wie sie hier veröffentlicht wurde: http://www.kinderrechte.gv.at/kinderrechtekonvention/, zuletzt abgerufen am 05.12.2016.

[2] Ich zitiere aus der Konvention, wie sie hier veröffentlicht wurde: https://www.behindertenrechtskonvention.info/, zuletzt abgerufen am 05.12.2016.

[3] Inwieweit die Kinderrechtskonvention auch auf nicht-geborene Kinder anzuwenden ist, ist umstritten. Ich werde diesen Aspekt hier nicht behandeln.

G. Schweiger, *Essays zur Philosophie der Kindheit,* Kindheit – Bildung – Erziehung. Philosophische Perspektiven, https://doi.org/10.1007/978-3-662-66692-0_10

unterschiedlicher Entwicklung und Reife festgelegt. Es ist offensichtlich, dass ein Baby andere spezifische Bedürfnisse und Fähigkeiten aufweist als ein 16 jähriger Teenager.[4] Diesem Umstand wird an manchen Stellen der Konvention Rechnung getragen, etwa im Artikel 12 zur Berücksichtigung des Kindeswillens, der entsprechend der Reife des Kindes beachtet werden soll.[5] Insgesamt ist die Konvention aber trotz aller Vagheit der einzelnen Bestimmung *grosso modo* so zu lesen, dass sich alle Personen, die jünger als 18 Jahre alt sind, derart deutlich von allen Personen, die dieses Alter überschritten haben, unterscheiden, dass ihnen spezifische Recht zustehen, vor allem aber ihre allgemeinen Menschenrechte[6] entscheidend eingeschränkt werden können. Obwohl, dies sei ebenfalls festgehalten, eine solche Einschränkung der allgemeinen Menschenrechte nicht möglich sein sollte.[7] Die Stoßrichtung der Kinderrechtskonvention ist eine des Schutzes des Kindes auf Basis des Kindeswohl, und zu diesem Schutz dürfen, ja müssen, gemäß der Kinderrechtskonvention, die Rechte von Kindern einerseits dargelegt werden, andererseits ihre allgemeinem Menschenrechte eingeschränkt werden. Das Kind wird somit, und das betrifft eine sehr große und heterogene Gruppe an Personen, als eine von Erwachsenen in normativ relevanter Hinsicht unterschiedene Person interpretiert bzw. angenommen.

Worauf beruht nun diese Einschätzung der Kinderrechtskonvention bzw. wodurch kann sie gerechtfertigt werden? Und welche Folgen zeitigt diese spezifische Auslegung des Kindseins und der Kindern zugeschriebenen Rechte? In der Kinderrechtskonvention ist gar nicht sehr viel an philosophisch-normativer Begründung zu finden, was ihrer Textart geschuldet ist. Dort heißt es, etwa in der Präambel, dass das Kind „wegen seiner mangelnden körperlichen und geistigen Reife besonderen Schutzes und besonderer Fürsorge, insbesondere

---

[4] Die Problematik dieser Heterogenität der Gruppe von Kindern ist normativ herausfordernd, vor allem wenn die Rechte und Pflichten von Kindern mit strikten Altersgrenzen eingeschränkt werden. Siehe dazu etwa: Andrew Franklin-Hall, „On Becoming an Adult: Autonomy and the Moral Relevance of Life's Stages“, *The Philosophical Quarterly* 63, Nr. 251 (April 2013): 223–47, doi: 10.1111/1467-9213.12014; Joel Anderson und Rutger Claassen, „Sailing Alone: Teenage Autonomy and Regimes of Childhood“, *Law and Philosophy* 31, Nr. 5 (22. März 2012): 495–522, 10.1007/s10982-012-9130-9.

[5] Was das genau heißt, ist umstritten und kann und wird unterschiedlich interpretiert. Etwa, wenn ein Kind eine medizinische Behandlung verweigern (will). Siehe dazu die sehr hilfreiche Unterscheidung zwischen einem autoritativen und einem bloß konsultativen Willen: Harry Brighouse, „How Should Children Be Heard?“, *Arizona Law Review* 45, Nr. 3 (2003): 691–711; David Archard und Marit Skivenes, „Balancing a Child's Best Interests and a Child's Views“, *The International Journal of Children's Rights* 17, Nr. 1 (1. Jänner 2009): 1–21, doi: 10.1163/157181808X358276.

[6] Siehe hier: http://www.un.org/depts/german/menschenrechte/aemr.pdf, zuletzt abgerufen am 05.12.2016.

[7] Nicht nur heißt es in der Allgemeinen Erklärung der Menschenrechte, dass diese für alle gelten (z. B. Artikel 1), sondern auch in der Kinderrechtskonvention wird dies ausgedrückt (Präambel).

eines angemessenen rechtlichen Schutzes vor und nach der Geburt, bedarf"[8]. Diese Idee führt dann direkt zum zentralen Begriff der Konvention, in jenem des Kindeswohls, welches, wie es in Artikel 3 heißt, vorrangig zu berücksichtigen ist.[9] Diese Argumentation der Kinderrechtskonvention erscheint zunächst auch gar nicht unplausibel und findet auch in der philosophischen Literatur zu Kinderrechten, oder allgemeiner zum moralischen und politischen Status von Kindern, ihren Widerhall und ist dort sehr weit verbreitet.[10] Auf Basis der spezifischen Verwundbarkeit, so könnte man es interpretieren, bedürfen Kinder eines besonderen Schutzes. Diese Verwundbarkeit ist dabei sowohl natürlich (körperliche und geistige Schwäche und Unreife) als auch sozial (etwa durch Ausbeutung anderer) bedingt – sie ist jedenfalls mit einer Entwicklungsperspektive ausgestattet, was bedeutet, dass Kinder sich aus ihrer spezifischen Verwundbarkeit herausentwickeln. Sie werden weniger verwundbar und schließlich erreichen sie dieselbe Stufe der Verwundbarkeit wie Erwachsene.[11] Ebenfalls von Bedeutung ist, dass Kinder in ihrer Entwicklung verwundbar sind, also spezifische Bedürfnisse haben, die sie für eine gute Entwicklung benötigen, worunter sowohl körperliche als auch geistige und soziale Bedürfnisse fallen, die durch eine entsprechende Fürsorge, Erziehung aber auch staatliche Leistungen wie medizinische Versorgung und Bildung abgedeckt werden.[12] Die Konzepte des Wohlergehens als eines aktuellen Zustands und des Wohlentwickelns als der Entwicklung hin zu einem künftigen

[8] Wie gesagt, zur Relevanz der Kinderrechtskonvention für den vorgeburtlichen Schutz, insbesondere die heikle Frage der Abtreibung, werde ich mich hier nicht äußern.

[9] Dort heißt es im Wortlaut: „Bei allen Maßnahmen, die Kinder betreffen, gleichviel ob sie von öffentlichen oder privaten Einrichtungen der sozialen Fürsorge, Gerichten, Verwaltungsbehörden oder Gesetzgebungsorganen

getroffen werden, ist das Wohl des Kindes ein Gesichtspunkt, der vorrangig zu berücksichtigen ist." Das bedeutet auch, dass das Kindeswohl für den Staat bindend ist, vielleicht aber nicht für die Eltern.

[10] Siehe etwa: David Archard und Colin M. Macleod, Hrsg., *The moral and political status of children,* 1. Aufl. (Oxford/New York, NY: Oxford University Press, 2002); Rosalind Dixon und Martha Nussbaum, „Children's Rights and a Capabilities Approach: The Question of Special Priority", *Cornell Law Review,* Nr. 97 (2012): 549–93.

[11] Dieses Bild ist in mehrfacher Hinsicht zu differenzieren: Erstens führt die Überwindung spezifischer Formen der Verwundbarkeit oftmals zur Ausbildung neuer solcher Formen. Etwa, wenn ein Kind die Pubertät erreicht und damit in sexueller Hinsicht neu und anders verwundbar wird als zuvor (man denke nur an die öffentliche Panik hinsichtlich Teenagerschwangerschaften als einer der großen Gefahren für junge Mädchen). Zweitens ist die Verwundbarkeit nicht bloß eine Frage des Alters, (oder auch der körperlichen Konstitution), sondern bildet sich auch nach anderen Merkmalen wie Geschlecht, Rasse oder sozialer Zugehörigkeit aus. Mädchen sind anders verwundbar, nicht weil sie Mädchen sind, sondern weil sie Mädchen in einer patriarchalen Gesellschaft sind. Drittens sind natürlich auch viele Erwachsene verwundbar, darunter auch die Gruppe der Menschen mit Behinderung. Dazu später mehr.

[12] Schon in der Präambel der Kinderrechtskonvention wird dies angesprochen, wenn es heißt „daß das Kind zur vollen und harmonischen Entfaltung seiner Persönlichkeit in einer Familie und umgeben von Glück, Liebe und Verständnis aufwachsen sollte".

Zustand erlauben diese beiden Dimensionen zu erfassen, auch wenn die Kinderrechtskonvention beide nicht in dieser Deutlichkeit anspricht.[13]

Zu einer Einschränkung der allgemeinen Rechte von Kindern durch die Kinderrechte unter Bezugnahme auf das Kindeswohl kommt es nun einerseits dadurch, dass die Ausübung spezifischer allgemeiner Rechte als gefährlich und dem Kindeswohl abträglich verstanden wird. Ein Beispiel dafür wäre das Recht zu arbeiten. Hier kann es so interpretiert werden, dass Arbeit für Kinder potentiell zumindest sehr schädlich ist und sie davor geschützt werden müssen. Andererseits, und das scheint mir fast wichtiger, obwohl es durch den Begriff des Kindeswohls nicht gedeckt ist, werden die allgemeinen Recht von Kindern mit Verweis auf ihre mangelnde Reife eingeschränkt. Das kann zusammengedacht werden mit dem Kindeswohl, weil mangelnde Reife dazu führen kann, solche Entscheidungen zu treffen, die dem eigenen Wohl, also im Falle von Kindern ihrem Kindeswohl, widersprechen und sie schädigen. Ein Fall wäre hier derjenige, medizinische Behandlungen zu verweigern oder Drogen wie Alkohol und Zigaretten zu konsumieren. Diese Fälle sind nicht in der Kinderrechtskonvention genannt, sie ergeben sich aber aus dem bereits genannten Artikel 3, der das Kindeswohl für den Staat in den Mittelpunkt rückt. Die Entscheidung gegen eine medizinische Behandlung ist jedem/jeder Erwachsenen überlassen und zu respektieren, ebenso ist jeder erwachsene Mensch in seinem Recht, wenn er oder sie solche Drogen wie Zigaretten und Alkohol konsumieren will. Dabei ist klar, dass dies auch für Erwachsene schädlich ist, also nicht der Schutz des Wohls im Vordergrund steht und die normative Begründungsarbeit leistet, sondern die Autonomie des/der Einzelnen, seine oder ihre Freiheit. Für Kinder wird diese Autonomie eingeschränkt, ja als normativ eingeschränkt interpretiert, womit paternalistische Handlungen legitim werden.[14] Auch in diesem Falle, einer auf einem Mangel an Autonomie basierten Einschränkungen der allgemeinen Rechte von Kindern, werden sich gute Gründe dafür finden, warum das auf Kinder zutreffend ist.

Problematisch wird diese Stoßrichtung der Kinderrechtrechtskonvention, die den Fokus auf das Kind als schützenswertes und eingeschränktes Wesen legt, vor allem aus drei Gründen: Erstens sind, wie schon erwähnt, Kinder sehr unterschiedlich. Der Fokus auf das Kindeswohl und die spezifische Verletzbarkeit verliert an Gewicht je älter das Kind ist. Ein 16 jähriger Teenager ist in vielerlei Hinsicht einem/einer Erwachsenen (zumindest einem 19 Jährigen) gleich. Das eröffnet die Frage nach der Striktheit der Altersgrenzen. Zweitens ist gar nicht so klar, nach welchem Maßstab Kinder als besonders verletzlich oder in ihrer Autonomie ein-

[13] Siehe zu diesen beiden zentralen Konzepten etwa: Gunter Graf und Gottfried Schweiger, Hrsg., *The Well-Being of Children: Philosophical and Social Scientific Approaches,* 1. Aufl. (Berlin: DeGruyter, 2015); Alexander Bagattini und Colin M. Macleod, Hrsg., *The Nature of Children's Well-Being: Theory and Practice,* 1. Aufl. (New York, NY: Springer, 2014).

[14] Die Paternalismusdebatte ist groß. Siehe hierzu etwa aus jüngerer Zeit: Thomas Schramme, Hrsg., *New Perspectives on Paternalism and Health Care,* 1. Aufl. (Dordrecht/New York, NY: Springer, 2015), http://nbn-resolving.de/urn:nbn:de:1111-20150605244.

geschränkt angesehen werden. Denken wir nur an das Beispiel des Rauchens oder des Alkoholkonsums. Diese Handlungen sind wohl für alle Menschen als unvernünftig anzusehen, egal wie alt diese Personen sind. Es ist also in Bezug darauf auch nur schwer argumentierbar, warum Erwachsene hier unvernünftig handeln dürfen, Kinder aber nicht. Der verwendete Autonomiebegriff ist unklar, da er entweder bloß als Äußerung des Willens verstanden wird (wozu Kinder sicherlich auch fähig sind) oder als selbst schon vernünftig aufgeladen, was im Falle einer unvernünftigen Entscheidung ja kein Kriterium sein kann. Drittens, und das wird mich gleich näher beschäftigen, zeigen auch Erwachsene eine stark erhöhte Verletzbarkeit und eine Einschränkung ihrer Autonomie, trotzdem werden sie nicht in ähnlicher Weise in ihrer Autonomie eingeschränkt.

Zur Behindertenrechtskonvention

Die Behindertenrechtskonvention versteht sich auch als nähere Auseinanderlegung der Rechte einer spezifischen Personengruppe, der alle allgemeinen Menschenrechte vollumfänglich zustehen.[15] Anders als die Kinderrechtskonvention zielt diese aber eben gerade nicht auf eine Einschränkung dieser allgemeinen Menschenrechte, sondern auf deren bessere Verwirklichung. Die Stoßrichtung ist eine gänzlich andere, da Menschen mit Behinderung zwar als eine besondere Personengruppe ausgewiesen werden, die auch besondere Bedürfnisse und Einschränkungen hat, aber es gilt eben gerade trotzdem, die allgemeinen Menschenrechte vollumfänglich zu realisieren, wozu partikulare Rechte nötig sind. Im Fall der Kinderrechtskonvention wurde die besondere Bedürftigkeit und Verletzbarkeit von Kindern als Argument für die Einschränkung ihrer allgemeinen Menschenrechte gewertet, im Falle der Behindertenrechtskonvention ist eine geradezu gegenteilige Auffassung vorhanden.[16]

Das lässt sich an einigen Beispielen aus der Behindertenrechtskonvention sehr gut demonstrieren. So heißt es etwa im Artikel 27, dass Menschen mit Behinderung das Recht auf Arbeit nicht nur vollumfänglich zusteht – das ist ja schon noch in der Allgemeinen Erklärung der Menschenrechte der Fall – sondern auch, dass der Staat Maßnahmen zu ergreifen hat, dass dieses Recht verwirklicht werden kann.[17] Oder der Artikel 29, der auf die politische Inklusion

[15] Es heißt dazu in der Präambel der Behindertenrechtskonvention: „[D]ass alle Menschenrechte und Grundfreiheiten allgemein gültig und unteilbar sind, einander bedingen und miteinander verknüpft sind und dass Menschen mit Behinderungen der volle Genuss dieser Rechte und Freiheiten ohne Diskriminierung garantiert werden muss".

[16] Ich werde hier nichts dazu sagen können, dass die Behindertenrechtskonvention zunächst in der Präambel allen behinderten Kindern alle Menschenrechte vollumfänglich sichert und zuspricht, im Artikel 7 dann aber wieder das Kindeswohl in den Mittelpunkt rückt.

[17] Konkret heißt es dort: „Die Vertragsstaaten anerkennen das gleiche Recht von Menschen mit Behinderungen auf Arbeit; dies beinhaltet das Recht auf die Möglichkeit, den Lebensunterhalt durch Arbeit zu verdienen, die in einem offenen, integrativen und für Menschen mit Behinderungen zugänglichen Arbeitsmarkt und Arbeitsumfeld frei gewählt oder angenommen

und Partizipation von Menschen mit Behinderung Bezug nimmt und auch hier wiederum vom Staat verlangt, dass er entsprechende Maßnahmen zu ergreifen habe, dass dieses Recht auch tatsächlich in Anspruch genommen werden kann. Es wird somit in der Behindertenrechtskonvention vor allem mit Blick auf die besonderen Bedürfnisse argumentiert, die so zu berücksichtigen sind, dass sie einer Inanspruchnahme von Rechten – zunächst der Menschenrechte aber auch aller anderen Rechte, die in einem Staat allen Bürger:inne:n gewährt werden – nicht im Wege stehen. Diese Perspektive ist augenscheinlich einmal nachvollziehbar. Das Recht auf politische Partizipation ist für Menschen mit schweren Behinderungen des Bewegungsapparates nicht gewährleistet, wenn der Zugang zu Wahllokalen nicht möglich ist und für all jene, die unter einer Sehbehinderung leiden ist es nur schwer möglich zu wählen (insbesondere geheim und persönlich), wenn die Wahlzettel nicht entsprechend produziert werden. Menschen mit Behinderung erfahren vielfach Einschränkungen, die sich durch technische Mittel heutzutage lösen lassen. Ebenso ist es für viele Menschen mit Behinderung schwieriger einen Arbeitsplatz zu finden, wenn Unternehmen nicht gezwungen werden, diese entsprechend zu gestalten und auch etwaige anfallende Mehrkosten zu tragen.[18]

Das Beispiel des Wahlrechts und der Integration in den Arbeitsmarkt ist auch gut geeignet, um die wesentlichen Unterschiede zwischen den Stoßrichtungen der Kinderrechtskonvention und der Behindertenrechtskonvention zu problematisieren. Das Wahlrecht ist in den allermeisten Gesellschaften, so auch in Österreich oder Deutschland, explizit nicht an spezifische Fähigkeiten gebunden, sondern wird jedem ab einem bestimmten Alter zugestanden. Ja, die allermeisten fänden eine Einschränkung des Wahlrechts für Erwachsene aufgrund von Vorgaben hinsichtlich Gesundheit, Autonomie oder Ähnlichem äußerst bedenklich und rechtfertigungsbedürftig. Es wird auch keinerlei Maß an Information oder Reflexion auf eine Wahlentscheidung verlangt, sondern jede:r kann seine/ihre Stimme frei und nach Belieben abgeben. Das wird als ein ganz zentrales Recht verstanden. Die Behindertenrechtskonvention legt fest, dass dieses Recht auch für alle Menschen mit Behinderung gilt und zwar universal, und dass der Staat Mittel zu ergreifen hat, damit dieses Recht auch verwirklicht werden kann. Die Kinderrechtskonvention kennt keinen solchen Ansatz. Politik spielt in der Kinderrechtskonvention auf dieser Ebene der politischen Beteiligung von Kindern überhaupt keine Rolle und auch in den meisten Gesellschaften werden Kinder – in Österreich etwa unter 16 Jahren, in Deutschland unter 18 Jahren – von der Wahl ausgeschlossen. Es ist doch klar, dass, wenn es gar keine Anforderungen an das

wird. Die Vertragsstaaten sichern und fördern die Verwirklichung des Rechts auf Arbeit, einschließlich für Menschen, die während der Beschäftigung eine Behinderung erwerben, durch geeignete Schritte, einschließlich des Erlasses von Rechtsvorschriften".

[18] Siehe zur Problematik der Integration in den Arbeitsmarkt: Colin Barnes, „Re-Thinking Disability, Work and Welfare: Disability at Work", *Sociology Compass* 6, Nr. 6 (Juni 2012): 472–84, doi: 10.1111/j.1751-9020.2012.00464.x.

Wahlrecht gibt, auch Kinder diese erfüllen. So wie es Erwachsenen erlaubt ist, ohne jede Reflexion einfach irgendjemanden zu wählen, können das Kinder und zwar auch sehr junge ebenso.[19] Das kann als nichts anderes bezeichnet werden als eine eklatante Ungleichbehandlung, die sich aus den normativen Gründen nicht ergibt. Man könnte es auch eine Altersdiskriminierung nennen, die in einem solchen zentralen Bereich wie der politischen Partizipation besonders problematisch ist.[20] Im Bereich der Arbeitsmarktintegration ist der Fall anders gelagert. Einerseits liegt hier durchaus eine potentielle Gefährdung des Kindeswohls vor, wenn Kinder früh beginnen zu arbeiten, insbesondere, wenn sie schwere und gefährliche Tätigkeiten ausüben.[21] Ob eine solche Gefährdung des Wohl für alle Menschen mit Behinderung ausgeschlossen werden kann ist natürlich fraglich, aber wohl ein vernachlässigbarer Punkt. Andererseits zielt die Behindertenrechtskonvention ja gerade auch darauf, dass der Staat solche Maßnahmen zu ergreifen hat, die es Menschen mit Behinderung ermöglichen, Arbeit zu finden und aufzunehmen, selbst wenn diese unter „normalen" – sprich kapitalistischen und leistungsorientierten – Umständen nicht so einfach möglich wäre. Es mag also wohl ein Unterschied in der Verletzbarkeit vorliegen, hinsichtlich der Arbeitsmarktfähigkeit sind sich Kinder – insbesondere ältere – und Menschen mit Behinderung aber vielleicht sehr ähnlich. Es ist sicherlich denkbar, dass Arbeitsplätze so eingerichtet und gestaltet werden, dass sie für Kinder unschädlich sind, ja vielleicht sogar ihrer Entwicklung förderlich, und es ist ebenso auch nicht ganz abwegig, dass Kinder dies mitunter wollen.[22] Diese Option wird für Kinder jedoch ausgeschlossen.[23]

---

[19] Für eine detailliertere Auseinandersetzung, die meiner Meinung nach aber zum falschen Ergebnis kommt, nämlich ein Stellvertreter:innenwahlrecht für Eltern fordert, siehe hier: Christoph Schickhardt, „Kinder im Wahlrecht und in Demokratien. Für eine elterliche Stellvertreterwahlpflicht", *Zeitschrift für Praktische Philosophie* 2, Nr. 1 (2015): 191–248. Dazu auch: Johannes Giesinger, „Wahlrecht für Kinder? Politische Initiation und der Status der Kindheit", *Archiv für Rechts- und Sozialphilosophie,* Nr. 4 (2017).

[20] Es ist auch aus Perspektive der Kinderrechtskonvention, die sich auf mangelnde Autonomie und erhöhte Verletzbarkeit bezieht, nicht einsichtig zu machen, weshalb Kinder nicht wählen dürfen sollten. Die mangelnde Autonomie spielt offensichtlich keine Rolle, da sie auch für Erwachsene nicht eingefordert wird, und besonders gefährlich (für das Kindeswohl) ist der Akt des Wählens wohl auch nicht.

[21] Auch das ist natürlich nicht einheitlich so. Das Mithelfen im elterlichen Betrieb, sei es Gastronomie oder am Hof, wird vielfach akzeptiert und praktiziert, selbst wenn dafür große Teile der Freizeit aufgebraucht werden.

[22] Siehe zur Bedeutung von Arbeit für Kinder, insbesondere in anderen Gesellschaften als den westeuropäischen, die Arbeiten von Manfred Liebel:Manfred Liebel, *Kindheit und Arbeit* (Frankfurt am Main und London: Verlag für Interkulturelle Kommunikation, 2001); Beatrice Hungerland u. a., Hrsg., *Working to be someone: child focused research and practice with working children,* 1. Aufl. (London/Philadelphia, PA: Jessica Kingsley Publishers, 2007).

[23] Strikte Altersgrenzen und ein unscharfer Kindheitsbegriff werden hier problematisch. Für 15 jährige Kinder ist die Arbeitsmarktintegration in vielen Gesellschaften kein Problem, man denke nur an das duale Ausbildungssystem, welches sehr früh auf Arbeitsmarktinklusion setzt.

Die generelle Frage ist somit, worin sich Menschen mit Behinderung und Kindern normativ relevant unterscheiden, oder ob dies alleine an einer mehr oder weniger willkürlichen Altersgrenze festgemacht wird. Es hat den Anschein, dass zumindest auf eben der Konventionen die letztere Annahme zutrifft. So fallen, wie schon gesagt, unter die Behindertenrechtskonvention alle Menschen mit Behinderung und somit auch jene, die von den für Kinder als normativ relevant ausgezeichneten Eigenschaften der höheren Verletzbarkeit und der mangelnden Autonomie, diesen zumindest sehr ähnlich sind. Dafür genügt ein Blick ins „Internationale statistische Klassifikation der Krankheiten und verwandter Gesundheitsprobleme" (International Statistical Classification of Diseases and Related Health Problems, kurz ICD), dem wichtigsten Diagnosemanual der Medizin.[24] Dort wird etwa zur Diagnose und Beschreibung von geistigen Behinderungen (Intelligenzstörung F70-F79) immer wieder auf das vergleichbare Entwicklungsstadium von Kindern Bezug genommen. Menschen mit einer leichten geistigen Behinderung (ICD-10 F70) erreichen demnach ein Intelligenzalter von 9 bis unter 12 Jahren.[25] Vermerkt wird noch, interessanterweise, im ICD-10 dazu, dass diese Menschen, arbeiten, soziale Beziehungen und einen Beitrag zur Gesellschaft leisten können. Menschen mit einer schweren Intelligenzminderung (ICD-10 F72) benötigen laut ICD-10 hingegen, andauernde Unterstützung und weisen ein Intelligenzalter von 3 bis unter 6 Jahren auf. Auch für diese Personen gelten natürlich uneingeschränkt die allgemeinen Menschenrechte und die Behindertenrechtskonvention spricht ihnen auch zu, dass der Staat sie möglichst umfassend bei der Inklusion in die Gesellschaft unterstützen soll. Sie sollen ermächtigt werden (Empowerment)[26], ihr Leben trotz dieser Einschränkungen und besonderen Bedürfnisse möglichst autonom führen zu können.

Menschen mit schweren geistigen Behinderungen sind also gemäß ihrer medizinischen Klassifikation in ihrer Autonomiefähigkeit Kindern ähnlich, trotzdem sollen sie vorrangig ermächtigt und inkludiert werden, und nicht wie Kinder in ihrer erhöhten Verletzbarkeit paternalistisch geschützt werden. Es gibt kein spezifisches Behindertenwohl, welches eine ähnlich konzeptionelle und normative Kraft entfaltet wie das Kindeswohl. Das einzige, was diese beiden Gruppen jedoch

[24] Die Klassifikationen und Beschreibungen können hier abgefragt werden: http://www.icd-code.de/, zuletzt abgerufen am 05.12.2016

[25] Ich bin mir dessen bewusst, dass solche und andere Klassifikationen hoch umstritten sind. Darauf kann ich hier nicht näher eingehen, siehe daher z. B.: Niklas Altermark, „The Ideology of Neuroscience and Intellectual Disability: Reconstituting the 'disordered' Brain", *Disability & Society* 29, Nr. 9 (21. Oktober 2014): 1460–72, doi: 10.1080/09687599.2014.953244; Dimitris Anastasiou und James M Kauffman, „The Social Model of Disability: Dichotomy between Impairment and Disability", *Journal of Medicine and Philosophy* 38, Nr. 4 (1. August 2013): 441–59, doi:10.1093/jmp/jht026.

[26] Zum Konzept des Empowerments und seiner Anwendung im Bereich der Inklusion von Menschen mit Behinderung siehe u. a.: John Andersen und Siim Birte, Hrsg., *The politics of inclusion and empowerment,* 1. Aufl. (Basingstoke: Palgrave Macmillan, 2004).

unterscheidet ist das Alter, und eine Diskriminierung auf Basis des Alters ist auch aus menschenrechtlicher Sicht äußerst problematisch.

Lassen sich nun Gründe finden, warum wir eine solche unterschiedliche Behandlung von Kindern und Menschen mit schweren Behinderungen rechtfertigen können? Ich will zum Abschluss drei mögliche Gründe nennen: Erstens verfügen Kinder über eine Entwicklungsperspektive, die Menschen mit Behinderung (leider) oftmals nicht haben. Ihr Zustand wird sich nicht auf natürlich Weise verändern, wie das bei Kinder durch das Erwachsenwerden der Fall ist. Auch die medizinische Behandlung ist oftmals nicht möglich. Das Kindeswohl schützt also, wie schon bereits erwähnt, das Wohlergehen und das Wohlentwickeln des Kindes. Zweitens ist die soziale, also von natürlichen Faktoren relativ unabhängige, Konstruktion eines Schutzraums Kindheit nicht unplausibel.[27] Diese gewährt Kindern trotz ähnlicher Fähigkeiten wie sie Erwachsene (zumindest einige) aufweisen, einen Schutzraum, sich ausprobieren und entwickeln zu können. Dieser ist zumindest teilweise bewusst den Anforderungen des Erwachsenenalters enthoben, worunter auch die Entlastung, nicht arbeiten zu müssen, gehört. Drittens lässt sich argumentieren, dass die Inklusion in den Arbeitsmarkt und anderer Sphären der Gesellschaft für erwachsene Menschen mit Behinderung deshalb auch so zentral ist, weil sie ansonsten sozial exkludiert werden würden, ohne dass sie einen angemessenen sozialen Ort hätten, wie ihn Kinder vorfinden. Kinder haben solche sozial akzeptierten Orte, in denen ihnen spezifische Anerkennungsmuster und Lebensformen ausgeprägt sind: Familie, Schule, Spiel. Für Erwachsene sind der Arbeitsmarkt, aber auch die politische Partizipation, Kulturleben etc. solche spezifischen Orte, an denen teilzuhaben, für ein gelingendes Leben wichtig ist, gerade auch im Blick der Anderen. Daraus alleine lassen sich Ansprüche ableiten, diese Orte für alle so zu gestalten, dass eine möglichst breite Partizipation und Inklusion möglich ist.[28]

Schluss

Wie ich versucht habe zu zeigen, unterscheiden sich die Konvention über die Rechte von Kindern und von Menschen mit Behinderung in ihren Stoßrichtungen. Während erstere die Verletzbarkeit und das Wohl, welches es paternalistisch zu schützen gilt, in den Mittelpunkt rückt, versteht sich die zweite vor allem als Mittel, um die Inklusion und die volle Entfaltung der Autonomie der betroffenen Menschen zu gewährleisten. Damit sind einige spezifische Spannungen verbunden, die einer normativ-philosophischen Auflösung bedürfen. Kinder und

[27] Siehe dazu etwa: Anderson und Claassen, „Sailing Alone“; Gunter Graf und Gottfried Schweiger, *Ethics and the Endangerment of Children's Bodies.* (Palgrave Macmillan, 2016).

[28] Siehe zum Zusammenhang von sozialer Anerkennung und Behinderung: Markus Dederich und Wolfgang Jantzen, Hrsg., *Behinderung und Anerkennung,* 1. Aufl. (Stuttgart: Kohlhammer, 2009).

Menschen mit Behinderung unterscheiden sich in normativ relevanter Hinsicht, weshalb es auch sinnvoll ist, ihnen unterschiedliche Rechte zuzusprechen und die Gesellschaft entsprechend auszustatten, dabei darf jedoch nicht übersehen werden, dass diese Unterscheidung mit anderen konzeptionellen Begriffen operieren muss als es oftmals getan wird.

Sektion III: Flucht und Kindheit

Ethik und minderjährige Flüchtlinge

Einleitung

Minderjährige Flüchtlinge stehen aus mehreren Gründen im Fokus wissenschaftlicher, öffentlicher, politischer und rechtlicher Aufmerksamkeit. Einerseits werden Kinder als besonders verletzlich wahrgenommen und genießen dahingehend besonderen Schutz (UNICEF 2016). Andererseits gibt es einen Diskurs, der Kinder als Vehikel der Migration ihrer Eltern sieht – in dieser Vorstellung nutzen die Eltern oder andere Verwandte den besondere Schutz minderjähriger Flüchtlinge aus, um einen Aufenthaltsstatus zu bekommen, der ihnen sonst nicht zukommen würde (Hedlund und Cederborg 2015). In der genuin philosophischen Debatte gibt es – anders als erwachsene Flüchtlinge (Gibney 2018) – nahezu keine Literatur, die sich explizit mit minderjährigen Flüchtlingen auseinandersetzt (Schweiger 2019). Das ist bedauerlich, sind doch einige philosophisch-normative Fragen offensichtlich: Was ist der politische und moralische Status von minderjährigen Flüchtlingen im Unterschied zu erwachsenen oder zu anderen minderjährigen Migrant:inn:en? Wer hat welche speziellen Pflichten gegenüber diesen Kindern und wie können sie geschützt werden? Welche Rolle spielt die Familie und damit verbundene Rechte der Kinder und Eltern im Kontext der Flucht? Da es eben fast keine vorhandene Literatur zu diesen Fragen gibt, wird dieser Beitrag versuchen, eine systematische Skizze zu liefern, die einige wesentliche Forschungsdesiderata darstellt. Dabei ist zu beachten, dass ich nicht in der Lage sein werde, die vielen Differenzierungen, die in der empirischen Flüchtlingsforschung herausgearbeitet und gezeigt wurden, darzustellen. Es gibt nicht den „typischen" minderjährigen Flüchtling, da Kinder höchst unterschiedlich sind ebenso wie ihre Fluchtrouten und Fluchtmotive. Die Herkunftsländer, die Camps und die Aufnahmeländer unterscheiden sich erheblich. Es gibt sehr viele Binnenflüchtlinge und die meisten Flüchtlinge bewegen sich in benachbarte Länder, in denen die Situation oftmals prekär ist. Das trifft auch auf minderjährige Flücht-

G. Schweiger, *Essays zur Philosophie der Kindheit,* Kindheit – Bildung – Erziehung. Philosophische Perspektiven, https://doi.org/10.1007/978-3-662-66692-0_11

linge zu, sei es, dass sie alleine oder mit ihrer Familie reisen. Der Fokus dieses kurzen Kapitels liegt auf den philosophischen systematischen Fragen – spezifische Fragen, wie etwa die EU mit Bootsflüchtlingen oder wie die USA mit minderjährigen Flüchtlingen aus Lateinamerika umgehen soll, können im Detail natürlich nur beantwortet werden, wenn philosophische Reflexion und empirische Forschung kombiniert werden.

Im ersten Abschnitt dieses Kapitels werde ich einen sehr kurzen Überblick über die Probleme und Risiken, denen minderjährige Flüchtlinge ausgesetzt sind, geben. Im Anschluss unterscheide ich zwei Fragen: Was kann die Philosophie dazu beitragen, die Situation – und die moralischen Rechte und Pflichten – von minderjährigen Flüchtlingen besser zu verstehen? Auf diese Frage kann geantwortet werden, wenn die Philosophie die normativen Konzepte, die sie zur Verfügung hat, im Hinblick auf die empirische Realität der Situation von minderjährigen Flüchtlinge anwendet. Das sind unter anderem die Konzepte von Autonomie, Wohlergehen oder Verletzlichkeit. Diese beschreiben die Situation von minderjährigen Flüchtlingen nicht nur, sondern helfen zu verstehen, was an ihrer Lage ungerecht oder unmoralisch ist. Die zweite wichtige philosophische Frage betrifft die Verantwortung für minderjährige Flüchtlinge und wer diese zu tragen hat. Der Verweis darauf, dass die Situation von minderjährigen Flüchtlingen schlecht ist und ihre moralischen Rechte verletzt werden, sagt hier noch nicht genügend aus. Um zu zeigen, dass andere Staaten besondere Verantwortung tragen und welche Verantwortung die Eltern und andere Menschen und Institutionen haben, ist es nötig, philosophische Theorien der Ethik und Gerechtigkeit auf die Situation von minderjährigen Flüchtlingen anzuwenden, die deren besonderem Status Rechnung tragen. Im zweiten Abschnitt werde ich dann fünf Themenblöcke diskutieren, die mir für ein Verständnis der philosophischen Themen, die mit minderjährigen Flüchtlingen verbunden sind, wichtig erscheinen: wer ist ein Kind und was bedeutet es, ein Kind zu sein; wer ist ein Flüchtling und was unterscheidet Flüchtlinge von anderen Migrant:inn:en; was sind Kinderrechte; welchen Wert hat die Familie; welche Rolle hat Zeitlichkeit beim Verständnis der Situation von minderjährigen Flüchtlingen (also ihr Alter, die Dauer und der Zeitpunkt ihrer Flucht). Zum Schluss werde ich noch kurz auf Desiderata für die weitere philosophische Forschung erwähnen.

Was kann Philosophie leisten?

Für Kinder und Jugendliche ist eine Flucht immer mit großen Risiken verbunden und auch nach der Aufnahme in einem anderen Land, sind damit noch nicht alle Probleme beseitigt. Darüber scheint es wenig wissenschaftliche Kontroversen zu geben (UNICEF 2016; Carlson et al. 2012; Moinolnolki und Han 2017), genauso wie nur wenige bestreiten, dass minderjährige Flüchtlinge einen besonderen Schutz verdienen, der sie besser stellen sollte als erwachsene Flüchtlinge (Pobjoy 2017; Grover 2018). Doch welche Probleme sind es nun konkret, vor die minderjährige Flüchtlinge gestellt sind? Erstens ist die Situation der Flucht für minderjährige Flüchtlinge besonders belastend. Sie sind oftmals nicht in der Lage sich ausreichend zu schützen und für sich selbst zu sorgen. Die Gefahren, die mit der Flucht verbunden sind, sind auch nach anderen Eigenschaften wie Rasse, Geschlecht, Ethnie oder sozioökonomischen Status unterschiedlich verteilt. Minderjährige Mädchen zum Beispiel sind häufiger gefährdet, Opfer von sexuellem Missbrauch und Ausbeutung zu werden. Zweitens sind Kinder dann besonders gefährdet, wenn sie alleine und ohne die Begleitung erwachsener Familienangehöriger fliehen. Die Gründe, warum Kinder alleine die Flucht antreten sind vielfältig und dies kann auch eine bewusste Entscheidung der Kinder oder ihrer Familien sein. In den Fällen, in denen Kinder alleine auf der Flucht sind, sind sie gezwungen, Verantwortung zu übernehmen, die sie oft überfordert und sie aus der Phase der Kindheit radikal herausreißt wie dies auch bei Kindersoldat:innen der Fall ist. Drittens ist zu beachten, dass minderjährige Flüchtlinge auch nach ihrer Flucht, also sobald sie ein erstes sicheres Ziel erreicht haben, spezifischen Risiken ausgesetzt sind. Auf der einen Seite ist hier zu nennen, dass Kinder in Flüchtlingscamps oft nur unzureichend und nicht adäquat versorgt werden können. Auf der anderen Seite ist auch bei einer Ankunft in einem westlichen Land in Europa oder den USA die Versorgung oft nicht zufriedenstellend gewährleistet (Derluyn und Broekaert 2008). Die Traumata, die vor oder während der Flucht erlitten worden sind, haben sich tief in die Seele gegraben und bedürfen intensiver und langfristiger psychologischer Versorgung, die oft nicht gegeben ist. Minderjährige Flüchtlinge sind somit auch nach der Flucht Prozeduren ausgesetzt, die belastend und traumatisierend wirken können. Das betrifft zum Beispiel die Altersfeststellung oder Befragungen während ihrer Aufnahme im Asylverfahren.

Das kindliche Wohlergehen und Wohlentwickeln ist also während und nach der Flucht in mehrfacher Hinsicht gefährdet, was der spezifischen Verletzlichkeit von Kindern entspricht. Es geht hier um körperliche und psychische Unversehrtheit und medizinische Versorgung, aber auch um Fragen der materiellen Versorgung und der kindgerechten Ausstattung von Aufnahmezentren und Camps mit Spielzeug, Freiflächen, Beschäftigungsmöglichkeiten etc. Zentral für Kinder ist der Aspekt der Bildung und der Schule, die oft schon vor der Flucht nicht ausreichend gegeben war und durch die Flucht jedenfalls unterbrochen wurde (R. Hart 2009). Bildung ist jedoch ein zeitsensitives Gut, das heißt, sie hat kontinuierlich und entwicklungsgerecht zu erfolgen, da ansonsten Bildungsdefizite auftreten, die nur schwer und mühsam nachgeholt und kompensiert werden können. Hier sind vor allem längere Aufenthalte in Camps ohne Schulbildung problematisch, da diese Kinder dann im späteren Lebenslauf mit Defiziten zu kämpfen haben. Eine weitere zentrale Rolle spielt die Möglichkeit von minderjährigen Flüchtlingen, ihre Erlebnisse zu verarbeiten und wieder Vertrauen und Selbstbewusstsein aufzubauen. Die in der Philosophie oft unterschätzten Ressourcen der Hoffnung und der Aspiration sind hier als besonders gefährdete Güter zu nennen (Mullin 2019; C. S. Hart 2016), die minderjährige Flüchtlinge verloren haben und nur mühsam und in der richtigen Umgebung wiedererlangen können. Sie sind jedoch für das Gelingen eines guten Lebens als Kind und für die Vorbereitung eines gelingenden Erwachsenenlebens essentiell.

Für die Philosophie können zwei besonders wichtige Fragen herausgearbeitet werden: Was kann sie dazu beitragen, die Situation minderjähriger Flüchtlinge besser zu verstehen, insbesondere welche normativen und ethischen Fragen sind damit verbunden und welche Rechte und Pflichten haben minderjährige Flüchtlinge? Was kann die Philosophie dazu beitragen, die Situation minderjähriger Flüchtlinge zu verbessern, also zu fragen, welche Akteur:innen hier Verantwortung übernehmen sollten und wie die Strukturen hin zu mehr Gerechtigkeit verändert werden sollten? Diese beiden Fragen sind nicht spezifische für minderjährige Flüchtlinge, sondern stellen sich auch für erwachsene Flüchtlinge und Migrant:inn:en im Allgemeinen. Fraglich ist aber, ob die Antworten sich unterscheiden, wenn es um minderjährige Flüchtlinge geht, also ob diese einen anderen (höheren?) Status haben als erwachsene Flüchtlinge, ob sie spezielle moralische Rechte haben, bevorzugt behandelt werden sollten, ob sich die verantwortlichen Institutionen unterscheiden. Dahingehend ist es auch die Aufgabe der Philosophie, moralische Intuitionen, wie diejenige, dass minderjährige Flüchtlinge besonders verletzlich sind, zu reflektieren.

Hinsichtlich der ersten Frage wurde bereits einiges angedeutet. Es geht in der Situation minderjähriger Flüchtlinge um deren Wohlergehen und deren Wohlentwickeln und um die Frage, inwieweit hier gerechte Ansprüche dieser Kinder verletzt werden. Die Philosophie hat eine Reihe an normativen Begrifflichkeiten entwickelt, die hier hilfreich sein können. Man kann dies als Frage der globalen Gerechtigkeit stellen, also als die Frage, auf welche Güter alle Kinder Anspruch haben und inwieweit diese durch die Flucht gefährdet oder verletzt werden (Macleod 2010). Es scheint offensichtlich, dass minderjährige Flüchtlinge nicht nur weniger Bildung, Gesundheit und materielle Ressourcen haben als andere Kinder, sondern dass sie davon zu wenig haben, also ein ungerechter Mangel vorliegt. Man kann aber auch den Blickwinkel vom aktuellen Kindeswohl weglenken und auf die Frage nach den ungleichen Chancen richten, inwieweit minderjährige Flüchtlinge gegenüber anderen Kindern in ihren Entwicklungschancen benachteiligt sind. Neben lange anhaltenden Traumata, die oft noch im Erwachsenenleben die psychische Gesundheit beeinträchtigen, wäre hier wiederum der Bildungsbereich zu nennen, da minderjährige Flüchtlinge durch das Fehlen von Bildungschancen massiv benachteiligt sind und diese Nachteile nur schwer aufzuholen sind. Eine dritte Alternative, die Situation minderjähriger Flüchtlinge normativ zu begreifen, wäre es, auf den Begriff der Verletzlichkeit abzustellen. Verletzlichkeit ist insofern normativ relevant als manche Gruppen besonders schutzbedürftig sind und einen Anspruch auf Fürsorge haben (Andresen 2014; Schweiger und Graf 2017). Hier geht es um Unterschiede zwischen Menschen und Gruppen, die normative Ansprüche begründen können. Die Gruppe minderjähriger Flüchtlinge ist verletzlicher als die Gruppe der Kinder und als die Gruppe erwachsener Flüchtlinge, weil sie sich weniger gut schützen und für sich sorgen können. Man kann sagen, die Situation der Flucht ist eine Form der pathogenen Verletzlichkeit, also eine durch soziale Handlungen, Prozesse und Strukturen erzeugten Erhöhung der Verletzlichkeit einer bestimmten Gruppe ähnlich der Gewalt gegen Minderheiten in einer rassistischen Gesellschaft.

Wenden wir uns der zweiten Frage zu, also wer für minderjährige Flüchtlinge Verantwortung übernehmen sollte; wer sind also hier die agents of justice? Aus Perspektive der sozialen und globalen Gerechtigkeit kommen vor allem zwei Akteur:innen in den Blick, nämlich der Staat und die durch die Staatengemeinschaft gebildeten internationalen Institutionen und Strukturen. Mehrere Fragen stellen sich hier: Erstens geht es darum, worauf der Schutz als Flüchtling beruht: entspringt dieser politischen Übereinkünften oder geht es um den humanitären Schutz? Wie sind nationale Interessen gegenüber globalen Pflichten abzuwägen? Die Debatte ist hier sehr weit verzweigt und geht über den Status minderjähriger Flüchtlinge hinaus (Fine und Ypi 2016; Sager 2016). Viele mögen der Intuition folgen, dass Kinder im Rahmen von Flucht und Migration einen besonderen moralischen und politischen Status einnehmen, der dazu führt, sie bevorzugt zu behandeln (Schweiger 2019). Das wird auch im internationalen Recht so gesehen. Fraglich ist, wie weit die Bevorzugung von Kindern und Jugendlichen reicht: genügt es, innerhalb der Gruppe der Flüchtlinge Kinder besonders zu beschützen und zu versorgen oder haben Kinder, weil sie Kinder sind, eher Recht auf Asyl und Aufnahme (oder gar ein prinzipielles Recht auf Einwanderung)? Klar ist, dass Kinder nicht in der Lage sind, für sich selbst zu sorgen und daher der Staat und seine Institutionen besondere Pflichten ihnen gegenüber besitzen. Diese Pflichten können entweder als Pflichten der Gerechtigkeit oder als moralische Hilfspflichten verstanden werden, sie sind jedoch weiter gefasst als die Pflichten gegenüber Erwachsenen, von denen angenommen werden kann, dass sie zu einem gewissen Grad für sich selbst sorgen können. Die Pflichten gegenüber Kindern werden daher auch zumeist als einseitig verstanden, da Kinder nicht in den Leistungsaustausch einer Gesellschaft einbezogen sind: sie haben Rechte, aber viel weniger Pflichten gegenüber anderen. Zu unterscheiden ist hier auch, ob sich minderjährige Flüchtlinge an der Grenze oder bereits auf dem Gebiet eines anderen Staates befinden oder ob, sie noch auf der Flucht oder sich in einem Camp in einem anderen Land aufhalten. Es scheint plausibel zu sein, dass ein Staat Kinder, die sein Staatsgebiet bereits erreicht haben, jedenfalls aufnehmen sollte und für sie zu sorgen hat, während die Pflichten gegenüber Kindern in anderen Ländern und auf der Flucht tendenzielle schwächer sind (Schweiger 2016). Hier stellen sich dann auch Fragen der Aufteilung der Lasten zwischen Ländern, da die meisten Flüchtlinge in Nachbarländer fliehen und somit nur wenige reiche westliche Staaten erreichen und dort Aufnahme finden (Holtug 2016). Für Kinder und Jugendliche ist hier besonders zu beachten, dass diese in ihren Fähigkeiten, zu fliehen eingeschränkt sind: Babies können alleine gar nicht fliehen, auch wenn sie schutzbedürftig wären und auch für ältere Kinder ist die Flucht oft alleine nicht möglich.

Es sind aber wohl nicht nur Staaten und ihre Institutionen für das Wohlergehen minderjähriger Flüchtlinge verantwortlich. Die zweite zentrale Akteurin, die in der philosophischen Debatte über Gerechtigkeit für Kinder diskutiert wird, ist die Familie bzw. die Eltern. Eltern haben gegenüber ihren Kinder eine spezifische, sich aus dieser Nahebeziehung ergebende Verantwortung, die sie auch nicht so ohne weiteres ablegen dürfen. Im Falle minderjähriger Flüchtlinge sind zwei Dinge zu bedenken: Auf der einen Seite sind die Eltern, sofern sie mit auf der Flucht sind, selbst in einer schwachen Position und oft nur unzureichend in der Lage, für das Wohl ihrer Kinder zu sorgen. Das ist nicht nur eine Belastung für die Eltern, sondern erzeugt dann auch wieder auf Seiten anderer Akteur:innen der Gerechtigkeit Pflichten, die Eltern zu unterstützen oder ihre Verantwortung teilweise zu übernehmen. Manche Elternpflichten sind dabei nur schwer oder gar nicht substituierbar, obwohl sie für minderjährige Flüchtlinge auch zentral sind: Liebe, Vertrauen, emotionale Nähe. Diese Güter sind unter den Bedingungen der Flucht nur schwer aufrechtzuerhalten, da die Flucht als toxischer Stressor auch die Familienbeziehungen negativ beeinflusst und die Eltern oft selbst traumatisiert sind. Daher sind auch voreingenommene Urteile darüber, was Eltern für ihre Kinder auf der Flucht tun sollten, mit Vorsicht zu betrachten. Auf der anderen Seite ist zu beachten, dass die Familie eine komplexe soziale Institution ist, die nicht idealisiert werden sollte. Die Familie ist ein zentraler Mechanismus der intergenerationellen Weitergabe von Vorurteilen und Benachteiligungen, etwa von Geschlechterrollen und Stereotypen. Das macht es für den liberalen Staat zu einer delikaten Aufgabe, die Balance zwischen Intervention und Schutz der Familie und ihrer Privatsphäre zu finden. Diese Debatte betrifft sicher nicht nur minderjährige Flüchtlinge und ihre Familien, sondern geht weit darüber hinaus, aber im Falle von Migrationsbewegungen, die neue und differente kulturelle Normen und Praktiken in eine Gesellschaft bringt, werden diese Fragen virulent. Sie betreffen im Falle von Flüchtlingsfamilien dann auch die schwächsten Mitglieder einer Gesellschaft, die sowieso unter Traumatisierung der Entwurzelung des oftmals zwangsweisen Verlassens ihrer Heimat leiden. Eine Position, die Kinderrechte als zentral erachtet, wird die elterlichen Rechte beschneiden, wenn das Kindeswohl oder Chancengleichheit gefährdet sind und entsprechende staatliche Interventionen befürworten. Das Spektrum der Interventionen ist groß – und viele davon sind ethisch umstritten – und umfasst etwa Schulpflicht und die Vermittlung liberaler Werte in der Schule, das Verbot der Körperstrafe oder Verbote religiöser und ideologischer Praktiken (etwa ein Kopftuchverbot).

Neben dem Staat und der Familie sollte auch nicht vergessen werden, dass andere Agent:innen der Gerechtigkeit für minderjährige Flüchtlinge Verantwortung tragen: das sind etwa kollektive Akteur:innen der Zivilgesellschaft, die insbesondere politische Pflichten haben, auf den Staat so einzuwirken, dass dieser eine humane Flüchtlingspolitik betreibt oder auch Hilfspflichten im Falle eines Staatsversagens, wenn dieser bewusst seine Pflichten vernachlässigt. Inwieweit hier auch Unternehmen eine soziale Verantwortung haben – etwa jugendliche Flüchtlinge Ausbildungsplätze anzubieten – kann ich hier nicht weiter diskutieren, dies scheint aber plausibel.

Minderjährige Flüchtlinge: Kindsein, Flucht, Rechte, Familie und Zeitlichkeit

Ich möchte nun in fünf Themenblöcke diskutieren, die mir für ein Verständnis der philosophischen Themen, die mit minderjährigen Flüchtlingen verbunden sind, wichtig erscheinen: wer ist ein Kind und was bedeutet es eines zu sein; wer ist ein Flüchtling und was unterscheidet sie von anderen Migrant:inn:en; Kinderrechte; Familie; Zeitlichkeit. Zwischen diesen gibt es einige Überschneidungen.

Zunächst scheint die Frage nicht schwer zu beantworten, wer ein Kind ist. Es geht hier allerdings nicht nur um eine biologische oder medizinische Kategorie, sondern auch um normative Fragen, schließlich sind Kinder einerseits mit besonderen Rechten ausgestattet und andererseits sind sie stark in ihren Rechten gegenüber Erwachsenen beschnitten (Archard und Macleod 2002). Es macht also einen bedeutenden moralischen, rechtlichen und politischen Unterschied, ob jemand als Kind gilt oder nicht. Das ist auch für minderjährige Flüchtlinge relevant, da sich ihr Status daraus ableitet, dass sie eben beides sind: Kinder und Flüchtlinge. Einigkeit besteht weitestgehend darin, dass die Kategorie der Kindheit weit ist, also Menschen mit sehr unterschiedlichen Fähigkeiten und Wissen umfasst, und die Abgrenzung an beiden Enden schwierig ist: notorisch umstritten ist die Frage, ab wann ein Embryo ein Mensch und damit ein Kind ist, und notorisch umstritten ist auch die Frage, wann ein Mensch kein Kind mehr ist, sondern ein:e Erwachsene:r. Ähnliche Fragen stellen sich auf bei feineren Gliederungen wie Baby, Kleinkind, Jugendliche:r. Altersgrenzen sind hier immer ungenaue Hilfsmittel und an ihnen normative Forderungen festzumachen wird von vielen als unbefriedigend erachtet, schließlich gibt es immer auch Menschen, deren Entwicklung nicht in diese Kategorien passt (Franklin-Hall 2013). Für minderjährige Flüchtlinge ist ihr eigenes Kindsein auch von rechtlich-praktischer Bedeutung und die ethisch umstrittenen Methoden der Altersfeststellung sind auch davon Ausdruck, dass die Zugehörigkeit zur Kategorie der Kinder bedeutsam ist (Noll 2016). Alle besonderen Recht (und Pflichten), die minderjährigen Flüchtlingen zugesprochen werden, stehen letztlich in Bezug zur jeweils verwendeten Definition von Kindheit und was es normativ bedeutet, ein Kind zu sein. Daher ist hier auch relevant, ob spezielle Güter der Kindheit als natürlich gegeben oder bloß sozial konstruiert verstanden werden (Giesinger 2017).

In der Philosophie und außerhalb wird debattiert, wer als Flüchtling zu gelten hat und welche Bedeutung dieser Status haben sollte (Ferracioli 2014; Lister 2013; Cherem 2016). Während auf der einen Seite dafür argumentiert wird, den Flüchtlingsbegriff weit zu verstehen – zumindest weiter als die Genfer Flüchtlingskonvention – und auch Menschen, die aufgrund von Armut, Hunger, Krieg oder der klimatischen Veränderungen ihr Land verlassen, als Flüchtlinge anzuerkennen, werden auf der anderen Seite Argumente für einen engen Flüchtlingsbegriff vorgebracht. Für eine solche Beschränkung der Kategorie des Flüchtlings spricht etwa, dass damit Überforderungen der aufnehmenden Staaten vermieden werden können, die Zustimmungsbereitschaft und Legitimation in diesen Staaten dadurch sichergestellt werden kann und es auch ethisch Sinn macht, Menschen, die von ihrem eigenen Staat, der sie eigentlich beschützen sollte, verfolgt werden, mit dem besonderen Recht auszustatten, dass andere Staaten für sie Verantwortung übernehmen müssen. Diese Diskussionen drehen sich nicht speziell um Kinder und Jugendliche, sind aber natürlich für diese relevant.

Der dritte Themenblock fragt nach den spezifischen Rechten (und Pflichten) von minderjährigen Flüchtlingen. Hier kommen einige distinkte aber verbundene Debatten zusammen. Auf der einen Seite stehen vorhandene internationale Abkommen und die Kinderrechtskonvention (KRK) als politisch-rechtliches Instrumentarium (Grover 2018). Die KRK hantiert mit normativen Begriffen, die auch für minderjährige Flüchtlinge relevant sind, so zum Beispiel mit dem des „best interest" (Zermatten 2010). Auf der anderen Seite ist die ethische Diskussion um die Begründung von Kinderrechten zu nennen (Archard 2004). Kinderrechte haben – wie alle Menschenrechte – den doppelten Charakter, dass sie sowohl legale und politisch gesetzte Rechte sind, aber auch moralische Rechte. Inwieweit sich die legalen Rechte, etwa in der Kinderrechtskonvention mit den philosophisch begründbaren moralischen Rechten decken, ist dabei umstritten, ebenso wie es unklar ist, was der Wert moralischer Rechte gegenüber diesen positiv gesetzten Rechten sein kann. Da es in diesem Beitrag um eine ethische Fragestellung gehen soll und nicht um eine juristische, will ich mich auf die Diskussion der moralischen Rechte von Kindern und in abgeleiteter Folge von minderjährigen Flüchtlingen beschränken. Minderjährige Flüchtlinge haben spezifische Rechte als Kinder (z. B. auf Bildung und adäquate Versorgung) und als Flüchtlinge (z. B. auf Aufnahme durch einen anderen Staat und auf Schutz vor Verfolgung). Kinderrechte sind dabei davon gekennzeichnet, dass sie weniger auf die Autonomie Bezug nehmen als auf die Schutzbedürftigkeit und das Kindeswohl. Daraus ergibt sich eine Spannung zwischen der Rücksichtnahme auf kindliche Wünsche und dem Paternalismus (Bagattini und Macleod 2014), der gegenüber Kindern gerechtfertigt ist. Das ist auch bei minderjährigen Flüchtlingen der Fall, die ihrem Alter und ihrem Entwicklungsstadium gemäß, Fürsorge bedürfen. Die Rechte und Pflichten von jüngeren Kindern sind dabei eingeschränkter als jene von Jugendlichen, die bereits über semiautonome Fähigkeiten verfügen und dazu in der Lage sind, ihre eigenen Wünsche und Lebensziele zu artikulieren. Im Bereich der Versorgung minderjähriger Flüchtlinge wird das dann entscheidend, wenn es darum geht, wer für diese Kinder Entscheidungen treffen darf und inwieweit diese Kinder und Jugendlichen für sich selbst entscheiden sollen können (z. B. wo sie wohnen oder bei medizinischen Eingriffen). Daher stehen auch die Rechte und Pflichten minderjähriger Flüchtlinge in einem Spannungsfeld mit den Rechten und Pflichten ihrer Eltern oder Erziehungsberechtigter, sofern sie nicht alleine reisen. Minderjährige Flüchtlinge sind doppelt machtlos, wenn es um die Einforderung ihrer Rechte geht: Erstens sind sie als Kinder und Jugendliche zumeist nicht in der Lage, Rechte und Pflichten einzufordern, da sie auch nicht Teil der politischen Mitbestimmung sind. Von der politischen Mitbestimmung und Teilhabe sind sie auch ausgeschlossen, insofern sie Flüchtlinge sind und haben dahingehend im Rahmen der Asylverfahren und ihrer Versorgung durch den Staat zumeist keine

Stimme und kein Mitspracherecht. Das ist ethisch problematisch (Archard und Skivenes 2009).

Viertens ist die Situation von minderjährigen Flüchtlingen nicht ohne Bezug auf ihre Familien zu diskutieren. Das ist gerade in Zeiten, in denen Kinder von ihren Eltern und Verwandten im Rahmen von Migrationsprozessen bewusst getrennt werden, wichtig zu betonen (Ferguson 2018). Auf der einen Seite haben Kinder ein Recht auf ihre Familie und sind auf den Schutz und die Fürsorge durch Erwachsene angewiesen. Die frühkindliche Bindung an Familienangehörige macht Trennungen schmerzvoll und traumatisch. Für minderjährige Flüchtlinge ist die Familie eine wichtige Stütze im Rahmen der Flucht und nach der Aufnahme in einem anderen Staat. Umstritten ist aber auch, wie das Recht auf eine Familie genau begründet und eingegrenzt werden sollte: ist das westliche Bild der Kleinfamilie aus Eltern und Kindern hier ein legitimer Maßstab, was macht Familienbeziehungen so besonders, dass sie ein solches Recht begründen oder sollte dies auch auf andere Nahebeziehungen wie Freundschaften ausgedehnt werden (Lister 2010; 2018)? Zu bedenken ist auch, dass einige minderjährige Flüchtlinge alleine fliehen und um Aufnahme ansuchen. Hier stellen sich dann nicht nur Fragen des Familiennachzugs, sondern im Falle von Waisen oder anderen Hindernissen, die Familie nachzuholen, auch Fragen der Versorgung durch Pflegeeltern oder staatliche Institutionen. Welche Versorgungsansprüche können hier minderjährige Flüchtlinge legitim stellen: zielen diese auf eine Gleichstellung mit den anderen Kindern im Land oder ist eine minimale Versorgung ausreichend?

Fünftens spielt der Aspekt der Zeitlichkeit eine große Rolle. Zeit wurde bereits in den vier bisher diskutierten Punkten angesprochen: Zum Beispiel die Frage, ab welchem Zeitpunkt wird ein Kind zu einem/einer Erwachsenen oder wie lange dauert Kindheit? Wenn wir an die vielen Schwierigkeiten denken, mit denen minderjährige Flüchtlinge konfrontiert sind, wird die Bedeutung von Zeit nochmals deutlich. Erstens, geht es hier um die Zeitdauer. Es macht einen empirisch gut belegten Unterschied, wie lange bestimmte Nachteile vorliegen, also ob ein Kind nur einige wenige Wochen oder Monate nicht zur Schule gehen kann oder mehrere Jahre. Bedeutsam ist also die Dauer der Flucht und auch die Dauer des Aufenthalts in Lagern oder in Heimen und je länger diese andauert, desto schwerwiegender werden viele Probleme (Vitus 2010). Hinzu kommt, dass die Kindheit eine besonders sensible und vulnerable Phase ist, und viele Dinge, die hier versäumt werden, können nicht nachgeholt werden. Einem Kind, dem basale Schulkenntnisse fehlen, fällt es als Jugendlichem umso schwerer, diese aufzuholen. Gleiches gilt für eine ganze Reihe an Ungerechtigkeiten, die mit dem Status als minderjähriger Flüchtling verbunden sind: unzureichende medizinische Versorgung, traumatische Erlebnisse und fehlende emotionale Stabilität durch Vertrauenspersonen. Diese Dinge wirken sich auf die gesunde Entwicklung von Kindern schwerwiegend aus. Die normative Bedeutung von Zeitlichkeit im Kontext von minderjährigen Flüchtlingen kann auch so verstanden werden, dass ihnen eine besonders wichtige zeitliche Phase des Lebens, nämlich ihre Kindheit, genommen wird und sie nicht den Schutz und die Fürsorge erhalten, die sie benötigen würden. Die zeitliche Erstreckung ist dann auch für alles, was nach der Flucht geschieht relevant: wie lange dauern Asylverfahren, wie lange bleiben Kinder und Jugendliche in Aufnahmelagern und ab wann gibt es Schulbesuche, die Möglichkeit zu arbeiten, einen dauerhaften Aufenthaltsstatus oder die Möglichkeit der Beantragung einer Staatsbürger:innenschaft? Klar ist, dass nach der Flucht in ein westliches Land nicht automatisch alles gut oder auch nur besser für minderjährige Flüchtlinge wird.

Neben der zeitlichen Erstreckung spielen aber auch Zeitpunkte eine große Rolle: zum Beispiel der Zeitpunkt, ab dem ein minderjähriger Flüchtling als Erwachsene:r behandelt wird, nämlich der 18. Geburtstag. Die Festsetzung dieser willkürliche Altersgrenze, die nur sehr ungenau mit dem Entwicklungsstadium und den Bedürfnissen von Kindern und Jugendlichen korreliert, ist in mehrfacher Hinsicht ethisch problematisch und erzeugt Folgeprobleme (Anderson und Claassen 2012). Offensichtlich ist, dass sie einen guten Grund schafft, dass sich Menschen für jünger ausgeben als sie sind, also behaupten 16 oder 17 Jahre alt zu sein, obwohl sie bereits 19 oder 20 Jahre alt sind. Die Gründe sind dafür nur allzu gut nachvollziehbar, da der Status als minderjähriger Flüchtling, zumindest in westlichen Ländern und von ihnen betriebenen Camps, mit Vorteilen verbunden ist und es wahrscheinlicher macht, für eine längere Zeit Aufnahme zu finden und nicht abgeschoben zu werden. Der Schutz des Kindeswohls, der hier im Vordergrund steht, hört jedoch nicht schlagartig von einem Tag auf den anderen auf, da der Übergang vom Jugend- zum Erwachsenenalter eine Phase ist, die individuell unterschiedlich verläuft und die allermeisten dieser „Erwachsenen" sind mit 18, 19 oder 20 Jahren noch genauso verletzlich und bedürftig wie mit 17 Jahren. Ethisch problematisch ist aber nicht nur die Festsetzung einer Altersgrenze, sondern teilweise auch ihre Umsetzung. Genau weil die Jugendlichen und die Behörden um die Vorteile des Status eines minderjährigen Flüchtlings wissen, wenden die Staaten teils rigorose Methoden an, um das konkrete Alter festzustellen und es kann davon ausgegangen werden, dass in Zeiten restriktiver Einwanderungspolitiken sich hier eine Hermeneutik des Verdachts ausbreitet, die Jugendlichen tendenzielle unterstellt zu lügen und den Staat „ausnutzen" zu wollen (Allsopp und Chase 2019). Zum Teil mit Zwang oder unter Androhung falscher Vorgaben werden Knochen geröntgt und andere medizinische Tests durchgeführt, um das Alter bestimmen zu können. Ethische Fragen der Zustimmung und der Zustimmungsfähigkeit von Kindern und Jugendlichen sind hier genauso zu stellen (Alderson 2007), wie jene nach den legitimen Interessen von Staaten, sich vor „falschen" Jugendlichen zu „schützen" und diese auszuweisen.

Schluss

Zum Abschluss möchte ich zwei Punkte einbringen, in welche Richtung sich die philosophische und ethische Auseinandersetzung mit minderjährigen Flüchtlingen weiterentwickeln könnte. Dabei ist allgemein zu sagen, dass die Philosophie überhaupt erst einmal damit anfangen sollte, minderjährige Flüchtlinge als eigenständiges Forschungsgebiet zu entdecken. Erstens sollte die philosophische

Forschung kritisch prüfen, inwiefern Aussagen und Theorien aus anderen ihrer Wissensgebieten – etwa über erwachsene Flüchtlinge, über Güter der Kindheit oder familiären Pflichten – hier Anwendung finden können. Es wurde in diesem Beitrag bereits angedeutet, dass unterschiedliche normative Konzepte auf die Situation minderjähriger Flüchtlinge angewendet werden können. Das betrifft auch die Frage, inwieweit die Ethik der Migration und die Ethik der Flucht, wenn es um Kinder und Jugendliche geht, konvergieren. Die Ethik der Migration, insbesondere jene, die sich auf die Freiheit der Assoziation und Bewegungsfreiheit stützen, um für neue Grenzregime werben, können annehmen, einige Fragen, die sich für Flüchtlinge stellen, prinzipiell zu lösen. Offene Grenzen sind auch für Flüchtlinge offen. Andere Fragen bleiben aber unbeantwortet. Da ist zunächst einmal der rational agent bias zu nennen, der auch in den meisten Vorschlägen zur Ethik der Migration zu finden ist: es wird davon ausgegangen, dass Migrant:inn:en rationale und autonome Personen sind, die freiwillig migrieren und sich an politischen Prozessen beteiligen können. Kinder, insbesondere jüngere Kinder, sind in einer fundamental anderen Lage. Auch in einem liberaleren Grenzregime sind Flüchtlinge Menschen, die nicht freiwillig migrieren und die oftmals Traumatisierungen in ihrem Heimatland erfahren haben – das betrifft natürlich auch Kinder und manche Verletzungen und Schäden, wie der Verlust der Bildung sind nur schwer zu kompensieren und bedürfen der extensiven Unterstützung durch das Aufnahmeland. Kinder können auch bei offenen Grenzen nicht alleine migrieren bzw. sind an den Aufenthalt ihrer Familie gebunden. Sie sind auch nicht in der Lage, sich selbst zu versorgen oder sich politisches Gehör zu verschaffen. Zweitens wäre es sinnvoll, wenn die philosophische Forschung sich enger mit den empirischen Wissenschaften verzahnen würde, also die Erkenntnisse über die Fähigkeiten und Eigenschaften von minderjährigen Flüchtlingen in ihre Theoriebildung einfließen lassen würde. Dadurch käme es wahrscheinlich auch zu einer genaueren Analyse der feinen Unterschiede, die in dieser Gruppe vorhanden sind. Bisweilen wird in der Philosophie noch sehr unreflektiert über Kindheit gesprochen, als ob diese eine homogene Gruppe an Personen beschreiben würde. Im Gegenteil weisen Kinder und Jugendliche höchst unterschiedliche Formen der Agency und Autonomie auf, die auch bei minderjährigen Flüchtlingen sichtbar werden. Ansonsten droht die Philosophie auch im Bereich der Flüchtlingsforschung kein Gehör zu finden und abgeschnitten zu werden.

Literatur

Alderson, Priscilla. 2007. Competent Children? Minors' Consent to Health Care Treatment and Research. *Social Science & Medicine* 65(11):2272–2283. https://doi.org/10.1016/j.socscimed.2007.08.005.

Allsopp, Jennifer, und Elaine Chase. 2019. Best Interests, Durable Solutions and Belonging: Policy Discourses Shaping the Futures of Unaccompanied Migrant and Refugee Minors Coming of Age in Europe. *Journal of Ethnic and Migration Studies* 45(2):293–311. https://doi.org/10.1080/1369183X.2017.1404265.

Anderson, Joel, und Rutger Claassen. 2012. Sailing Alone: Teenage Autonomy and Regimes of Childhood. *Law and Philosophy* 31(5):495–522. https://doi.org/10.1007/s10982-012-9130-9.

Andresen, Sabine. 2014. Childhood Vulnerability: Systematic, Structural, and Individual Dimensions. *Child Indicators Research* 7(4):699–713. https://doi.org/10.1007/s12187-014-9248-4.

Archard, David. 2004. *Children: Rights and Childhood*, 2. Aufl. London/New York: Routledge.

Archard, David, und Colin Macleod, Hrsg. 2002. *The Moral and Political Status of Children*, 1. Aufl. Oxford/New York: Oxford University Press.

Archard, David, und Marit Skivenes. 2009. Balancing a Child's Best Interests and a Child's Views. *The International Journal of Children's Rights* 17(1):1–21. https://doi.org/10.1163/157181808X358276.

Bagattini, Alexander, und Colin Macleod, Hrsg. 2014. *The Nature of Children's Well-Being: Theory and Practice*, 1. Aufl. New York: Springer.

Carlson, B.E., J. Cacciatore, und B. Klimek. 2012. A Risk and Resilience Perspective on Unaccompanied Refugee Minors. *Social Work* 57(3):259–269. https://doi.org/10.1093/sw/sws003.

Cherem, Max. 2016. Refugee Rights: Against Expanding the Definition of a 'Refugee' and Unilateral Protection Elsewhere. *Journal of Political Philosophy* 24(2):183–205. https://doi.org/10.1111/jopp.12071.

Derluyn, Ilse, und Eric Broekaert. 2008. Unaccompanied Refugee Children and Adolescents: The Glaring Contrast between a Legal and a Psychological Perspective. *International Journal of Law and Psychiatry* 31(4):319–330. https://doi.org/10.1016/j.ijlp.2008.06.006.

Ferguson, Sarah. 2018. "Separating Migrant Children From Their Families Is Wrong." UNICEF USA. https://www.unicefusa.org/stories/separating-migrant-children-their-families-wrong/34425.

Ferracioli, Luara. 2014. The Appeal and Danger of a New Refugee Convention. *Social Theory and Practice* 40(1):123–144. https://doi.org/10.5840/soctheorpract20144016.

Fine, Sarah, und Lea Ypi, Hrsg. 2016. *Migration in Political Theory: The Ethics of Movement and Membership*, 1. Aufl. Oxford: Oxford University Press. https://doi.org/10.1093/acprof:oso/9780199676606.001.0001.

Franklin-Hall, Andrew. 2013. On Becoming an Adult: Autonomy and the Moral Relevance of Life's Stages. *The Philosophical Quarterly* 63(251):223–247. https://doi.org/10.1111/1467-9213.12014.

Gibney, Matthew J. 2018. "The Ethics of Refugees." *Philosophy Compass*, August, e12521. https://doi.org/10.1111/phc3.12521.

Giesinger, Johannes. 2017. The Special Goods of Childhood: Lessons from Social Constructionism. *Ethics and Education* 12(2):201–217. https://doi.org/10.1080/17449642.2017.1314168.

Grover, Sonja C. 2018. *Child Refugee Asylum as a Basic Human Right*, 1. Aufl. Cham: Springer. https://doi.org/10.1007/978-3-319-78013-9.

Hart, Caroline Sarojini. 2016. How Do Aspirations Matter? *Journal of Human Development and Capabilities* 17(3):324–341. https://doi.org/10.1080/19452829.2016.1199540.

Hart, Robert. 2009. Child Refugees, Trauma and Education: Interactionist Considerations on Social and Emotional Needs and Development. *Educational Psychology in Practice* 25(4):351–368. https://doi.org/10.1080/02667360903315172.

Hedlund, Daniel, und Ann-Christin. Cederborg. 2015. Legislators' Perceptions of Unaccompanied Children Seeking Asylum. *International Journal of Migration, Health and Social Care* 11(4):239–252. https://doi.org/10.1108/IJMHSC-08-2014-0033.

Holtug, Nils. 2016. A Fair Distribution of Refugees in the European Union. *Journal of Global Ethics* 12(3):279–288. https://doi.org/10.1080/17449626.2016.1251483.

Lister, Matthew J. 2010. Immigration, Association, and the Family. *Law and Philosophy* 29(6):717–745. https://doi.org/10.1007/s10982-010-9083-9.

Lister, Matthew. 2013. Who Are Refugees? *Law and Philosophy* 32(5):645–671. https://doi.org/10.1007/s10982-012-9169-7.

Lister, Matthew. 2018. "The Rights of Families and Children at the Border." In *Philosophical Foundations of Children's and Family Law*, 1. Aufl., Hrsg. Elizabeth Brake und Lucinda Ferguson, 153–70. Oxford: Oxford University Press.

Macleod, Colin. 2010. Primary Goods, Capabilities and Children. In *Measuring Justice – Primary Goods and Capabilities*, Hrsg. Harry Brighouse und Ingrid Robeyns, 174–192. Cambridge/New York: Cambridge University Press.

Moinolnolki, Neda, und Myae Han. 2017. No Child Left Behind: What About Refugees? *Childhood Education* 93(1):3–9. https://doi.org/10.1080/00094056.2017.1275231.

Mullin, Amy. 2019. Children's Hope, Resilience and Autonomy. *Ethics and Social Welfare* 13(3):230–243. https://doi.org/10.1080/17496535.2019.1588907.

Noll, Gregor. 2016. Junk Science? Four Arguments against the Radiological Age Assessment of Unaccompanied Minors Seeking Asylum. *International Journal of Refugee Law* 28(2):234–250. https://doi.org/10.1093/ijrl/eew020.

Pobjoy, Jason M. 2017. *The Child in International Refugee Law*, 1. Aufl. Cambridge: Cambridge University Press. https://doi.org/10.1017/9781316798430.

Sager, Alex, Hrsg. 2016. *The Ethics and Politics of Immigration: Core Issues and Emerging Trends*, 1. Aufl. London/New York: Rowman & Littlefield International.

Schweiger, Gottfried. 2016. The Duty to Bring Children Living in Conflict Zones to a Safe Haven. *Journal of Global Ethics* 12(3):380–397. https://doi.org/10.1080/17449626.2016.1247744.

Schweiger, Gottfried. 2019. Should States Prioritize Child Refugees? *Ethics & Global Politics* 12(2):46–61. https://doi.org/10.1080/16544951.2019.1649958.

Schweiger, Gottfried, und Gunter Graf. 2017. Ethics and the Dynamic Vulnerability of Children. *Les Ateliers de l'éthique/The Ethics Forum* 12(2–3):243–261. https://doi.org/10.7202/1051284ar.

UNICEF. 2016. *Uprooted: The Growing Crisis for Refugee and Migrant Children*. https://www.unicef.org/publications/index_92710.html.

Vitus, Kathrine. 2010. Waiting Time: The de-Subjectification of Children in Danish Asylum Centres. *Childhood* 17(1):26–42. https://doi.org/10.1177/0907568209351549.

Zermatten, Jean. 2010. The Best Interests of the Child Principle: Literal Analysis and Function. *The International Journal of Children's Rights* 18(4):483–499. https://doi.org/10.1163/157181810X537391.

Moralische Verantwortung für Kinder in Konfliktgebieten

Einleitung

In diesem Beitrag werde ich ein kinderrechtsbasiertes Argument für die Pflicht von Staaten erörtern, in gemeinsamer Anstrengung ein effektives Programm zu etablieren, das hilft, Kinder aus Konfliktgebieten, wie derzeit in Syrien, herauszuholen. Mein Argument werde ich in drei Schritten darlegen: Erstens, dass Kinder zu den verletzlichsten Subjekten in gewaltsamen Konflikten gehören und dass sie infolgedessen stark leiden. Zur Untermauerung dieser Behauptung werde ich einen kinderrechtlichen Rahmen verwenden. Darüber hinaus sind Kinder auch die Gruppe, deren Kapazitäten, sich selbst zu schützen, sehr begrenzt sind, während ihre Chance zu fliehen meist nur gering ist (und sie die Hilfe anderer benötigen). Kinder sind also eine Gruppe, die einerseits besondere Aufmerksamkeit verdient, andererseits aber nicht in der Lage ist, sich aus eigener Kraft aus der Gefahr zu befreien. Dies scheint eine ausreichende Grundlage zu sein, um eine Pflicht zu begründen, proaktiv zu handeln und Kinder in sichere Länder zu bringen. Kinder haben auch ein Recht auf eine Familie, und es ist belegt, dass der Verbleib bei ihren Bezugspersonen, zu denen sie eine enge Bindung haben, von entscheidender Bedeutung ist; daher sollte diese Pflicht auch Bezugspersonen und andere enge Familienmitglieder einschließen. Ich werde dann drittens drei Gegenargumente erörtern: Das erste Gegenargument wäre, dass es besser wäre, die Situation der Kinder in ihren Heimatländern zu verbessern, anstatt sie aus dem Konfliktland herauszuholen. Während ich zustimme, dass dies in der Tat ein besseres Ergebnis wäre, werde ich argumentieren, dass dies nicht sehr realistisch ist und wir in der Zwischenzeit die Kinder aus den Konfliktgebieten herausbringen sollten, möglicherweise mit der Option, sie zurückzubringen, sobald sich die Situation ausreichend verbessert hat. Ein zweites Gegenargument könnte sein, dass die Staaten, die eine solche Pflicht haben, Kinder an einen sicheren Ort zu bringen, damit überfordert wären. Ich werde argumentieren, dass die von mir vorgeschlagene Pflicht

G. Schweiger, *Essays zur Philosophie der Kindheit,* Kindheit – Bildung – Erziehung. Philosophische Perspektiven, https://doi.org/10.1007/978-3-662-66692-0_12

durch externe Faktoren begrenzt ist, dass es aber gute Gründe für die Annahme gibt, dass die hochentwickelten Länder in der Lage sind, sie zu erfüllen, ohne dadurch überfordert zu werden. Das dritte Gegenargument, das ich diskutieren möchte, besagt schließlich, dass eine solche Pflicht auch eine militärische Intervention erfordern würde, die die Situation verschlimmern könnte. Ich werde argumentieren, dass diese Gefahr besteht, dass sie aber begrenzt werden kann. Kinder aus Konfliktgebieten herauszuholen, erfordert nicht notwendigerweise ein hohes Maß an militärischem Engagement in diesen Ländern, und es bedeutet auch nicht, dass man Partei ergreifen muss.

Kinder in Konfliktzonen

Für die Zwecke dieses Beitrags gehe ich davon aus, dass Kinder Rechte haben und dass die UN-Kinderrechtskonvention (KRK) ein adäquater Ausdruck dieser Rechte im Kontext allgemeiner Menschenrechte ist, jedoch spezifiziert hinsichtlich der besonderen Bedürfnissen und Fähigkeiten von Kindern.[1] Ich betrachte diese Menschenrechte der Kinder sowohl als moralische als auch als legale Rechte[2], wobei ich davon ausgehe, dass sich ihre Reichweite in dieser Hinsicht überschneidet. Als moralische Rechte sind sie auch dann verbindlich, wenn Staaten sich entscheiden, sie zu ignorieren; als legale Rechte sind sie durch internationale Verträge festgelegt. Ich bin agnostisch gegenüber der Frage, warum genau Kinder diese Rechte haben und wie sie philosophisch begründet werden können (siehe z. B. Archard 2004; Dixon und Nussbaum 2012). Die KRK legt eine Reihe von Rechten fest, die sich aus dem übergreifenden Konzept des Kindeswohls ableiten lassen. Für meinen Zweck ist es nicht notwendig, jedes einzelne Recht zu analysieren, das Kinder unter der KRK haben, noch wie es durch das Leben in Konfliktzonen und die damit verbundenen Gefahren und Deprivationen verletzt wird. Es reicht aus, darauf hinzuweisen, dass die Situation so schlimm ist, dass sie eindeutig eine Menschenrechtsverletzung im Sinne der KRK darstellt. Die KRK besagt, dass jedes einzelne Kind zum Beispiel ein Recht auf Gesundheit, angemessene Lebensbedingungen, Bildung und Schutz vor Gewalt, Missbrauch und Vernachlässigung hat und es ist ausreichend zu zeigen, dass einige dieser Rechte durch das Leben in einem Konfliktgebiet verletzt werden.

[1] Siehe den Text der CRC: http://www.ohchr.org/en/professionalinterest/pages/crc.aspx.

[2] Ich gehe hier von Kinderrechten als sowohl rechtlichen als auch moralischen Rechten aus, und zwar aus zwei Gründen: Erstens ist die KRK zwar ein rechtliches Dokument, aber eines, das auch moralische Rechte artikuliert und, so nehme ich an, auch auf moralischen Gründen beruht. Zweitens schlage ich eine Lösung vor, die in erster Linie eine politische ist – eine Pflicht der Staaten und der internationalen Staatengemeinschaft – und dafür sind rechtliche Überlegungen auf der Ebene der Menschenrechte von größter Bedeutung. Das heißt, ich bin mir durchaus bewusst, dass ich vor allem von einem moralischen Standpunkt aus argumentiere, der aber hoffentlich mit der rechtlichen Dimension der Kinderrechte verbunden werden kann.

Wichtig ist auch, dass die Kinderrechte nach der KRK universell sind und jedes einzelne Kind den gleichen und universellen Anspruch auf den Schutz seiner Rechte hat. Das bedeutet, dass die Menschenrechtsansprüche von Kindern nicht an nationalen Grenzen Halt machen.[3] Dies liegt in der Natur der Menschenrechte selbst und hat moralische und rechtliche Bedeutung: Aus moralischer Sicht müssen wir klären, was vernünftige moralische Verpflichtungen sind, während wir aus rechtlicher Sicht fragen müssen, welche Arten von Verpflichtungen aus internationalen Menschenrechtsverträgen, wie der KRK oder anderen relevanten Gesetzen, folgen können oder müssen. Obwohl bisher noch nicht vorgeschlagen wurde, dass die KRK den rechtlichen Rahmen für eine Pflicht, Kinder in einen sicheren Hafen zu bringen, bietet, glaube ich, dass sowohl die moralischen als auch die rechtlichen Aspekte der Menschenrechte von Kindern in diese Richtung weisen. Staaten und die UNO sowie andere internationale Organisationen sanktionieren Menschenrechtsverletzungen bereits mit einer breiten Palette von Maßnahmen, einschließlich Interventionen und UN-geführten Militäroperationen. Mir geht es nicht um die Frage, wer für einen gewaltsamen Konflikt verantwortlich ist und wer dafür bestraft werden sollte. Ich bin auch sehr skeptisch, dass Sanktionen die Situation für Kinder in Konfliktgebieten tatsächlich verbessern können. Vielmehr ist es so, dass in Ländern wie Syrien oder dem Irak zum jetzigen Zeitpunkt diese Art von Sanktionen, die normalerweise zur Verbesserung der Situation der Kinderrechte eingesetzt werden, nicht überzeugen. Es ist sinnlos, die Regierung von Syrien daran zu erinnern, dass sie verpflichtet ist, die Rechte der Kinder zu schützen, weil sie nicht über die Mittel verfügt, dies effektiv zu tun. Daher ist die Intervention ausländischer Staaten zulässig und, wie ich später argumentieren werde, auch verpflichtend, aber so, dass sie das Ergebnis für die Kinder mit minimalen Risiken und diejenigen, die die Pflicht erfüllen, sie in einen sicheren Hafen zu bringen, maximiert.

Leider wissen wir nicht genau, wie viele Kinder derzeit in Konfliktgebieten wie Syrien und dem Irak leben.[4] Es gibt Schätzungen darüber, wie viele Kinder in der Europäischen Union angekommen sind, während man davon ausgehen kann, dass derzeit noch immer hunderttausende von Kindern in den genannten Konfliktgebieten leben; weltweit sind jedenfalls Millionen von Kindern betroffen. UNICEF schätzte im Februar 2016, dass etwa sechs Millionen Kinder vom anhaltenden Krieg in Syrien betroffen sind und dass fast 2,5 Millionen Kinder auf ihre Anerkennung als Flüchtlinge warten. UNICEF und andere humanitäre Organisationen haben von groben Verstößen gegen die Rechte dieser Kinder

[3] Auch dieser Anspruch scheint unumstritten, obwohl es erhebliche Kontroversen darüber gibt, was aus der Universalität der Menschenrechte folgt. Ein Argument für die Universalität der Menschenrechte als notwendiger Inhalt globaler Gerechtigkeit wurde von David Miller vorgebracht, der den weitreichenden Ansprüchen des Kosmopolitismus skeptisch gegenübersteht (Miller 2008).

[4] UNICEF hat eine Webseite zur Situation der Kinder in Syrien eingerichtet, auf der die neuesten Informationen zu finden sind: http://childrenofsyria.info.

berichtet. Die meisten von ihnen – ein Bericht der UN zählt etwa zwei Millionen, für die dies aktuell so ist – sind nicht in der Schule, und dass das zu einer „verlorenen Generation" führen könnte.[5] Im Oktober 2015 berichtete UNICEF, dass sie mehr als 430.000 Kinder unter fünf Jahren versorgten, schwangere und stillende Frauen sowie mehr als 500.000 Kinder im Alter von sechs bis 59 Monaten Nährstoffergänzungen erhielten und mehr als 8.000 Kinder im Alter von sechs bis 59 Monaten wegen akuter Unterernährung behandelt wurden.[6] Die psychologischen Auswirkungen sind noch schwerer abzuschätzen, aber ohne Zweifel sind die meisten dieser Kinder traumatisiert und das macht es wahrscheinlich, dass sie auch im späteren Leben Angst und Furcht erleben (eine frühe Studie dazu: Quosh et al. 2013). Auch der Zugang zur Gesundheitsversorgung in Syrien ist eingeschränkt und das Gesundheitssystem steht kurz vor dem Zusammenbruch (in vielen Gebieten ist es aufgrund fehlender Medikamente, Elektrizität etc. bereits zusammengebrochen), wodurch Millionen von Kindern keine Impfungen oder medizinische Behandlung von Krankheiten oder Verletzungen erhalten. Kinder leiden aufgrund des fehlenden Zugangs zu sauberem Wasser zunehmend an Durchfallerkrankungen wie Cholera, während das Risiko von Lungenentzündungen und anderen Atemwegsinfektionen aufgrund der niedrigen Temperaturen im Winter zusammen mit unzureichenden Unterkünften oder Heizungen steigt. UNICEF berichtet, dass allein in den ersten drei Monaten des Jahres 2016 Winterpakete an 152.000 Kinder verteilt wurden; 44.000 dieser Kinder lebten in schwer zugänglichen Gebieten. Die langfristigen gesundheitlichen Auswirkungen des Konflikts auf Kinder können und werden leider für viele schwerwiegend und irreversibel sein (Devakumar et al. 2015). Die Rate an Behinderungen, geistigen und körperlichen Beeinträchtigungen und chronischen Krankheiten wird besonders hoch sein. Die Situation für all diese Kinder, die vom gewaltsamen Konflikt betroffen sind, ist schlecht, aber für diejenigen, die in Konfliktgebieten gefangen sind und keine Chance auf Flucht haben, ist sie noch schlimmer:

> „The humanitarian consequences of the conflict in Syria has taken the toughest toll on communities, with children trapped in besieged locations where the most basic lifelines to the outside world have been cut off as a deliberate tactic of war. There are an estimated 486,000 people living in 18 locations designated as besieged with limited or no access to food, water, healthcare, electricity and fuel. UNICEF estimates half are children."[7]

Kinder in Konfliktgebieten sind für humanitäre Organisationen schwer zu erreichen; sie sind in akuter Gefahr, verletzt oder getötet zu werden, und oft in ihrer Situation gefangen. World Vision berichtete im März 2016, dass etwa 12.000

---

[5] http://www.un.org/apps/news/story.asp?NewsID=53145.

[6] http://reliefweb.int/report/syrian-arab-republic/unicef-syria-country-office-nutrition-facts-figures-september-2015.

[7] http://childrenofsyria.info/2016/03/31/syria-all-children-everywhere-now-urgent-funding-needs/.

Kinder in Syrien getötet[8], während viele weitere verletzt wurden. Seit Ausbruch des Konflikts wurden insgesamt über 250.000 Menschen getötet und über eine Million verletzt. Wie viele Kinder einen oder beide Elternteile verloren haben, was sie noch verletzlicher, hilfs- und pflegebedürftiger macht, kann nur geschätzt werden.

Diese Erkenntnisse geben nur einen kleinen Einblick in die Realität des Lebens dieser Kinder in Konfliktgebieten. Da die Hilfe für sie stark unterfinanziert ist und der Konflikt andauert, ist nicht zu erwarten, dass sich ihre Notlage in absehbarer Zeit verbessern wird. Es ist essentiell, dass Kinder ausreichend Fürsorge und Schutz bekommen, um sich gesund zu entwickeln, und dass ihre Grundbedürfnisse erfüllt werden, ansonsten ist das Risiko hoch, dass sie unter langanhaltenden negativen Folgen leiden. Es gibt einige beunruhigende Berichte über Kinder, die in Syrien zur Arbeit gezwungen werden, die nach ihrer Flucht sexuell missbraucht werden – vor allem Mädchen und junge Frauen[9] – oder sogar dazu gebracht werden, als Kindersoldat:innen oder menschliche Schutzschilde an den gewaltsamen Konflikten teilzunehmen.

Die Fähigkeiten von Kindern, sich selbst zu schützen und zu fliehen

Bisher habe ich gezeigt, dass Kinder zu den am meisten gefährdeten Personen in Konfliktgebieten gehören und dass sie unter solchen Umständen sehr leiden. Den hunderttausenden von Kindern, die tatsächlich in Bürgerkriegsgebieten wie Syrien leben, werden wesentliche Menschenrechte verweigert, die ihnen nach der KRK zustehen: nämlich das Recht auf Leben, Gesundheit, Bildung, Sicherheit, einen angemessenen Lebensstandard, um nur einige zu nennen. Obwohl Kinder eine heterogene Gruppe darstellen, zu der sowohl diejenigen gehören, die völlig von anderen Menschen abhängig sind, als auch diejenigen, die an der Grenze zum Erwachsensein stehen, ist die Gruppe der Kinder als solche verletzlich und schutzbedürftig.[10] Kinder gehören nicht nur zu den Verletzlichsten und am stärksten von Gewaltkonflikten Betroffenen, sondern sie haben auch nur eine geringe Chance, ihrer Situation zu entkommen und sie zu verändern.

Kinder stellen also offensichtlich eine sehr heterogene Gruppe dar, die von Neugeborenen bis zu Jugendlichen, die kurz vor dem Erwachsenenalter stehen, reicht. Das macht es etwas komplizierter, Schlussfolgerungen über Kinder als

[8] https://www.worldvision.org/wv/news/Syria-war-refugee-crisis-FAQ.

[9] http://www.aljazeera.com/news/2015/07/syrian-children-increasingly-exploited-labour-150702061339627.html.

[10] Es stimmt, dass nicht alle Kinder verletzlicher sind als alle Erwachsenen, zum Beispiel chronisch kranke oder behinderte Erwachsene, aber dass Kinder als Gruppe betrachtet verletzlicher sind als die Gruppe der Erwachsenen. Mehr über die Komplexität der Vulnerabilität von Kindern kann hier nachgelesen werden: Macleod 2015

Gruppe zu ziehen, während es den Rahmen dieses Beitrags sprengen würde, das Konzept der Kindheit im Detail zu diskutieren (siehe dazu z. B. Schapiro 1999). Trotzdem möchte ich dafür argumentieren, dass für alle Kinder, wenn wir sie als Gruppe und nicht als Individuen betrachten, bestimmte Merkmale wichtig sind, um die vorgeschlagene moralische Pflicht, sie an einen sicheren Ort zu bringen, zu begründen. Diese Eigenschaften von Kindern fanden auch in die KRK Eingang. Erstens sind Kinder physisch und psychisch noch nicht voll entwickelt, was es ihnen erschwert, vielleicht sogar unmöglich macht, sich vor den Gefahren gewaltsamer Konflikte zu schützen und ihre Menschenrechte zu verteidigen oder einzufordern. Für kleine Kinder ist diese Behauptung unstrittig, da sehr kleine Kinder sich noch nicht selbst versorgen können und ohne Fürsorge und Schutz durch andere nicht überleben können, auch jüngere Kinder sind verletzlich, durch Erwachsenen geschädigt und ausgebeutet zu werden. Kinder können weder alleine eine Schule leiten, noch können sie sich selbst medizinisch versorgen oder ihre Häuser wieder aufbauen. Vor allem, wenn ihre Eltern verwundet, tot oder gefangen genommen sind, sind sie sehr verwundbar. Ältere Teenager sind in dieser Hinsicht sicherlich weniger verletzlich, einige von ihnen beteiligen sich sogar aktiv an gewalttätigem Verhalten und werden selbst zu Kämpfer:innen oder nutzen auf andere Weise jüngere und schwächer Kinder aus.[11] Dennoch sind auch Teenager nicht erwachsen und verdienen immer noch Schutz. Joel Anderson und Rutger Claassen sprechen hier von einem „Regime der Kindheit" (Anderson und Claassen 2012).[12] Damit ist gemeint, dass für die Frage, wofür Kinder verantwortlich gemacht werden sollten und was sie tun dürfen, nicht nur ihre Kompetenzen und ihre Reife zählen, sondern auch andere Überlegungen. Ein Regime der Kindheit soll einen geschütztes Rahmen für das Aufwachsen bereitstellen und sicherstellen, dass auch Jugendliche ausreichend Fürsorge und Schutz erfahren. Ich möchte das hier so interpretieren, dass alle Kinder, auch jene, die bereits fast erwachsen sind oder sich so verhalten, unter den Schutz der KRK fallen sollen. Die KRK verlangt auch, dass die Meinung von Kindern miteinbezogen wird. Im Falle der Rettung aus Konfliktgebieten würde ich aber dafür argumentieren, dass – unter anderem wegen dem psychologischen Stress und der gebotenen Eile der Intervention – auch ältere Jugendliche nur in Ausnahmefällen selbst darüber entscheiden dürfen, ob sie gerettet werden wollen oder nicht. Ihre Meinung wäre

[11] Die KRK macht deutlich, dass die Beteiligung an militärischen Konflikten im Falle jüngere Kinder eine klare Verletzung der Kinderrechte darstellt: „States Parties shall take all feasible measures to ensure that persons who have not attained the age of fifteen years do not take a direct part in hostilities" (§ 38). Ich würde hier behaupten, dass die KRK in dieser Hinsicht zu lax ist und dass Kinder nicht vor dem Alter von 18 Jahren rekrutiert werden dürfen.

[12] Der Fall der Kindersoldat:innen zeigt, wie kompliziert die Dinge hier werden können. Kindersoldat:innen sind sicherlich Opfer, aber sie sind auch nicht frei von jeder Verantwortung für ihr Handeln. Für manche Kindersoldat:innen ist auch die Rückkehr in eine normale Kindheit schwierig, vielleicht sogar unmöglich, weil sie nicht mehr als Kinder behandelt werden wollen, da sie sich wie Erwachsene fühlen und verhalten. Siehe z. B. Özerdem und Podder 2011

hier zwar einzubeziehen, aber ihr käme keine Autorität in der Entscheidung zu (Archard und Skivenes 2009).

Zweitens sind die Möglichkeiten von Kindern, selbst zu fliehen und sich an einen sicheren Ort zu begeben, ebenfalls begrenzt. Die Bilder eines toten Jungen, der an einem türkischen Strand lag, waren vor einigen Monaten in den Nachrichten und können als markante Erinnerung für die Gefahren der Flucht dienen. Diese Gefahren bestehen sicherlich auch für Erwachsene, aber für Kinder sind die Gefahren einfach höher, vor allem wenn sie auf der Flucht alleine und dadurch anfälliger für Ausbeutung oder andere Verletzungen durch fremde Erwachsene sind und weil die institutionalisierten Schutzsysteme – wenn sie überhaupt existieren – unter solchen Umständen schwach sind (für weitere Details siehe Kanics et al. 2010). Jüngere Kinder können alleine überhaupt nicht fliehen und sie mitzunehmen erschwert die Flucht für die Familie, weshalb Familien Gründe haben, vor Ort zu bleiben. Es ist auch wichtig zu sehen, dass Mädchen auf der Flucht aufgrund ihres Geschlechts anfälliger für bestimmte Formen von Gewalt und Missbrauch sind. Alleine zu fliehen ist an sich schon eine traumatische Erfahrung, weil Kinder unter der Trennung von ihren Eltern leiden und ständig mit Erfahrungen von Einsamkeit und Unsicherheit konfrontiert sind (Berman 2001). Unter Berücksichtigung all dieser Dinge ist es verständlich, warum Kinder oft in Konfliktzonen festsitzen und nur sehr begrenzte oder gar keine Möglichkeiten haben, aus eigener Kraft an einen sicheren Ort zu gelangen. Gleichzeitig können sie sich nicht auf die Schutzsysteme des Staates verlassen, weil diese unter solchen Umständen versagen oder weil sich in Abwesenheit der staatlichen Autorität ein rechtsfreier Raum entwickelt hat.

Die Pflicht, Kinder in Sicherheit zu bringen

Ich habe dafür argumentiert, dass die Rechte von Kindern in Konfliktgebieten wie Syrien grob verletzt werden und dass sie dort nicht sicher sind. Ich habe außerdem aufgezeigt, dass Kindern die Kompetenzen fehlen, sich selbst zu schützen, während ihre Möglichkeiten, sich aus eigener Kraft an einen sicheren Ort zu begeben, sehr begrenzt sind. Ausgehend von diesen beiden Argumenten werde ich nun eine Pflicht, Kinder in Sicherheit zu bringen, herausarbeiten und argumentieren, dass diese Pflicht denjenigen Staaten obliegt, die in der Lage sind, sie zu erfüllen, und zwar nicht in erster Linie als Einzelstaaten, sondern als Gruppe unter dem Dach der UN. Außerdem umfasst diese Pflicht auch die Familien der betroffenen Kinder.

Zunächst möchte ich festhalten, dass die Pflicht zum Schutz der Kinderrechte in erster Linie dem Staat obliegt, in dem die Kinder leben. Dies ist ein moralischer und ein rechtlicher Anspruch in Bezug auf die KRK, unter der sich alle Staaten, die sie unterzeichnet haben, verpflichtet haben, die Rechte der Kinder zu schützen und zu fördern. Neben dieser legalen Verpflichtung gibt es auch die moralische Verpflichtung, die Rechte der Kinder, die auf dem eigenen Staatsgebiet leben, zu schützen. Unter bestimmten Umständen verletzten Staaten diese Pflicht oder können ihr nicht mehr nachkommen, zum Beispiel, weil der Staat die Kontrolle über ein Gebiet verloren hat oder die Infrastruktur und Ordnung zusammengebrochen ist. Gerade in solchen Momenten, wenn Kinder am gefährdetsten sind und den Schutz ihrer Rechte dringend benötigen, wird dieser also oft nicht mehr gewährt. In solchen Fällen des (teilweisen) Zusammenbruchs eines Staates ist eine eindeutige Zuordnung der Verantwortung für den Schutz der Kinderrechte nicht mehr möglich. Zwar sind auch alle beteiligten Personen verpflichtet, diese Rechte zu respektieren, so wie sie auch die Menschenrechte im Allgemeinen zu respektieren haben, dennoch ist unklar, wer genau im Rahmen eines Konflikts dafür verantwortlich ist, Kindern eine angemessene Gesundheitsversorgung, Bildung oder Unterkunft zu bieten. Die Realität von (Bürger-)Kriegen und Konflikten macht es oft unmöglich, solche Rechte durchzusetzen. Auch wenn die These, dass gewaltsame Konflikte tatsächlich die Rechte von Kindern in mehreren Dimensionen verletzen, wenig umstritten ist, ist weniger klar, warum andere Staaten die Pflicht haben könnten, diese Kinder und ihre Rechte zu schützen, selbst unter dem Szenario, dass der Staat, in dem diese Kinder leben, nicht in der Lage (oder nicht willens) ist, dies zu tun, oder dass der Staat in einer bestimmten Region effektiv nicht mehr existiert. Im folgenden Abschnitt möchte ich klären, warum es eine solche Pflicht anderer Staaten gibt, wie weit sie reicht, welche Verantwortung bestimmten Parteien zugeschrieben wird und ob sie damit überfordert sind.

Es ist weithin akzeptiert und anerkannt, dass Kinder, die in der Lage sind zu fliehen und an die Grenzen sicherer Länder, wie die der EU, zu kommen, Schutz verdienen und dass sie keinesfalls in die Konfliktgebiete zurückgeschickt werden dürfen, aus denen sie geflohen sind. Diese legitimen Ansprüche der Kinder sind nicht nur moralische Rechte, sondern auch in verschiedenen internationalen Übereinkommen und Verträgen festgeschrieben, wie z. B. in der Genfer Flüchtlingskonvention, der Europäischen Charta der Grundrechte oder der Rechtsprechung des Europäischen Gerichtshofs für Menschenrechte.[13] Für das Thema dieses Aufsatzes ist es nicht von entscheidender Bedeutung, ob diesen Kindern Asyl oder subsidiärer Schutz zuerkannt wird. Wichtig ist, dass die Kinder, sobald sie an einem sicheren Ort, z. B. innerhalb der EU, ankommen, einen legitimen Anspruch auf Schutz durch diesen Staat haben. Man kann darüber debattieren, wie dieser Schutz gewährt werden muss. Selbst ein Partikularist wie David Miller, der kein Menschenrecht auf Immigration anerkennt, plädiert dafür, dass Staaten Kinder oder andere Personen nicht in ein Konfliktgebiet zurückschicken dürfen, sondern ihnen Schutz gewähren müssen (Miller 2013). Es geht in meiner Argumentation also auch nicht um die Frage der Bevorzugung von Asylsuchenden gegenüber anderen Migrant:inn:en[14], sondern ich behaupte – und das erscheint

[13] Siehe den Bericht, „European Union: Status of Unaccompanied Children Arriving at the EU Borders“: https://www.loc.gov/law/help/unaccompanied-children/eu.php.

[14] Es gibt gute Gründe – vor allem politische -, Migrant:inn:en unterschiedlich zu behandeln, je nachdem, ob sie Asylbewerber:innen sind oder nicht, aber das hat keinen Einfluss auf mein Argument. Siehe Carens 1992.

mir sehr plausibel – dass Staaten die Pflicht haben, dafür zu sorgen, Kinder oder andere Personen nicht in ein Konfliktgebiet, indem ihre Menschenrechte stark gefährdet sind, zurückzuschicken. Wenn wir nun akzeptieren, dass Kinder, die an unsere Grenzen kommen, ein Recht auf Unterstützung und Schutz haben (ob das nun bedeutet, ihnen vor Ort Asyl zu gewähren oder sie in ein anderes sicheres Land zu überführen, ist nicht von entscheidender Bedeutung), dann müssen wir uns fragen, ob es nicht unfair ist, jene Kinder zu benachteiligen, die nicht fliehen konnten und in Konfliktzonen festsitzen. Wie ich gezeigt habe, können wir nicht erwarten, dass Kinder von alleine aus fliehen. Wenn sie allein oder mit ihren Familien fliehen, ist ihre Flucht gefährlich. Man kann daher nicht verlangen, dass Kinder fliehen müssen, um einen moralischen Anspruch auf Schutz und Versorgung zu begründen. Dafür möchte ich eine Analogie einbringen: Wenn eine Polizeibeamtin Zeugin wird, wie ein Kind geschlagen, am Boden festgehalten wird und in unmittelbarer Gefahr ist, missbraucht zu werden, hat sie die Pflicht einzugreifen und nicht darauf zu warten, dass sich das Kind selbst befreit und zu ihr läuft, bevor sie dem Kind hilft und es schützt.

Damit bin ich bei der entscheidenden Frage angelangt. Auch wenn die meisten zustimmen würden, dass die Menschenrechte von Kindern in Konfliktzonen verletzt werden und dass Staaten die Pflicht haben, sie zu schützen, sobald sie an ihren Grenzen sind, ist es nicht eindeutig klar, ob Staaten eine Verpflichtung haben, einzugreifen, und selbst wenn sie eine Verpflichtung zum Eingreifen haben, ist nicht klar, ob diese Verpflichtung darin besteht, diese Kinder an einen sicheren Ort zu bringen. Ich werde mich mit der ersten Frage befassen, ob es eine Pflicht zum Eingreifen gibt, wenn die Menschenrechte von Kindern verletzt werden oder nicht. Ich werde mich auf zwei verschiedene Quellen stützen, um mein Argument vorzubringen. Ich beziehe mich einerseits auf Kok-Chor Tans Argument für eine Schutzpflicht und zweitens auf Pablo Gilaberts Argument für eine positive Pflicht zur Beseitigung der globalen Armut. Beide befassen sich nicht speziell mit den Menschenrechten von Kindern oder der Situation von Kindern in Konfliktgebieten, aber wie ich zeigen werde, sind beide darauf anwendbar.

Ich beginne mit der Argumentation von Tan (Tan 2006). Tan geht zu Recht davon aus, dass eine Intervention durch andere Staaten in Fällen von schweren Menschenrechtsverletzungen zulässig ist.[15] Das Hauptargument gegen die Zulässigkeit einer solchen Intervention wäre das der staatlichen Souveränität, das in Fällen von Menschenrechtsverletzungen aber überschrieben werden darf, da die staatliche Souveränität ihre normative Kraft eben daraus bezieht, dass der Staat die Bürger:innen vor Menschenrechtsverletzungen schützt. Die von mir vorgeschlagene Intervention, wie auch jede andere Intervention, wäre aus Perspektive

---

[15] Die Literatur zu diesen Fragen ist umfangreich, und es ist nicht das Ziel dieses Artikels, der allgemeinen Debatte über humanitäre Interventionen zum Schutz der Menschenrechte etwas Neues hinzuzufügen, sondern eine spezifische Pflicht vorzuschlagen und zu diskutieren, die auf der Zulässigkeit humanitärer Interventionen, oder zumindest einiger von ihnen, beruht. Für einen Überblick siehe: Hehir 2013

der staatlichen Souveränität sicherlich unproblematisch, wenn der betreffende Staat die Intervention aktiv zuließe und erklären würde, dass er zustimmt, die auf seinem Territorium lebenden Kinder in Sicherheit bringen zu lassen. Leider zögern oder weigern sich Staaten, wie zum Beispiel Syrien, aus verschiedenen Gründen, einer solchen Zustimmung nachzukommen, weil sie befürchten, dass dies ihre Staatsgrenzen für eine viel weitreichendere militärische Intervention öffnen könnte, oder weil sie in den Augen der Öffentlichkeit oder anderer Staaten nicht als schwach erscheinen möchten. Wenn ein Staat sich also weigert, seine Kinder an einen sicheren Ort bringen zu lassen, müssen andere normative Argumente ins Feld geführt werden, um ein solches Eingreifen fremder Staaten zu legitimieren. Erstens: Da der Wert der staatlichen Souveränität nicht universell ist, würde ich insbesondere argumentieren, dass die Achtung der staatlichen Souveränität zumindest teilweise davon abhängt, dass der betreffende Staat seinen Verpflichtungen gegenüber seinen Bürger:innen nachkommt, indem er deren Menschenrechte schützt. Wenn ein Staat dies nicht tut, wird die Forderung nach Achtung seiner Souveränität geschwächt; in Fällen grober, anhaltender und weit verbreiteter Verletzungen, wie wir sie jetzt in Syrien erleben, wird dieses Argument stärker. Es basiert sowohl auf moralischen als auch auf rechtlichen Gründen, da die Menschenrechte von Kindern gleichermaßen moralisch bindend sind, selbst wenn die KRK von dem betreffenden Staat nicht unterzeichnet wurde, und weil die meisten Staaten – und Syrien ist einer von ihnen – die relevanten Menschenrechtsverträge unterzeichnet haben, einschließlich der KRK. Syrien hat also tatsächlich zugestimmt, die Rechte von Kindern zu schützen und anerkannt, dass Kinder diese Rechte bedingungslos haben. Anne Peters (Peters 2009) hat in ähnlicher Weise argumentiert, dass die staatliche Souveränität nicht durch die Menschenrechte eingeschränkt wird, sondern dass der normative Wert der Souveränität selbst aus dem Schutz der Menschenrechte abgeleitet und darauf ausgerichtet ist. Zweitens: Im Falle eines gewaltsamen Konflikts, der dazu führt, dass ein Staat tatsächlich die Kontrolle über Teile seines Territoriums verliert und deshalb seine dort lebenden Bürger:innen überhaupt nicht mehr schützen kann, ist es legitim, dass andere Staaten in der von mir vorgeschlagenen Weise intervenieren. Drittens kann die Legitimation einer Intervention gestärkt werden, wenn sie nicht von einem oder mehreren ausländischen Staaten, sondern als gemeinsame Anstrengung der UNO durchgeführt wird. Die UNO hat keine unbegrenzte Legitimation, die Souveränität von Staaten außer Kraft zu setzen, aber sie hat eine solche Legitimität auch gegen die Souveränität von Staaten zu agieren, die weithin anerkannt ist und in der Vergangenheit genutzt wurde. Da die UNO auch von partikularen Interessen mächtiger Staaten durchzogen ist, kann es leider dazu kommen, dass sie einer solchen Intervention nicht zustimmt, obwohl dies geboten wäre. In diesem Fall fällt die Pflicht sicherlich auf die Staaten als gemeinsame Anstrengung zurück, was zu einer Situation führen könnte, in der eine Koalition von Staaten ihre Pflicht erfüllt, Kinder aus Konfliktgebieten zu holen, ohne die Unterstützung der UN. Ein solches Unterfangen würde ich dann als legitim ansehen.

Tan argumentiert nun dafür, dass aus der Zulässigkeit einer Intervention eine Pflicht der Staaten zur Intervention folgt, oder anders ausgedrückt: im Falle von schweren Menschenrechtsverletzungen sind Legitimität und Pflicht miteinander verbunden. Er argumentiert, wenn so schwere Menschenrechtsverletzungen vorliegen, dass diese die Souveränität des verletzenden Staates delegitimieren, sie auf Seiten der anderen Staaten eine Pflicht erzeugen, einzugreifen. Menschenrechtsverletzungen erlauben keine Neutralität und erzeugen, wie Tan in Anlehnung an Henry Shue schreibt, Pflichten für alle Staaten, also auch für jene, die intervenieren können.[16]

Ein zweites Argument für die Pflicht zum Eingreifen lässt sich aus der Diskussion um positive Maßnahmen gegenüber den global Armen aufgrund ihrer Menschenrechtsverletzungen ableiten. Gilabert (Gilabert 2005) argumentiert in Opposition zu Thomas Pogge, der behauptet, dass unsere Pflicht gegenüber solchen Menschenrechtsverletzungen nur negativ sei, zugunsten einer positiven Pflicht zur Hilfe.[17] Gilaberts Argument umfasst vier Schritte: Erstens will er zeigen, dass positive Pflichten als Gerechtigkeitspflichten generell bestehen, etwa wenn eine Person Zeug:in eines Unfalls wird und helfen kann oder dass ein Staat verpflichtet ist, die Reichen zu besteuern, um den Armen zu helfen. Zweitens argumentiert er, dass wir positive Pflichten brauchen, um Armut effektiv zu beseitigen, weil diese verschiedene Ursachen hat und selbst wenn reiche Personen oder Staaten aufhören, armen Menschen oder Ländern zu schaden, also ihre negativen Pflichten wahrnehmen, kann es schwere Armut geben und auch diese armen Menschen haben legitime moralische Ansprüche auf Hilfe. Drittens unterscheidet Gilabert drei Arten von robuster globaler Solidarität: a) Wohltätigkeit, b) vernünftige Hilfe zur Sicherung der Bedingungen der Autonomie und c) Schadensvermeidung. Er vertritt die Auffassung, dass Kants Formel, alle Personen als Selbstzweck zu behandeln, nicht nur (c), sondern auch eine positive Pflicht zu (b) beinhaltet. Viertens geht er davon aus, dass die positive Pflicht, Menschen in Not zu helfen und ihre Menschenrechte zu sichern, nicht übermäßig anspruchsvoll ist, obwohl manche Menschen das so empfinden könnten. Er kritisiert solche vor-

[16] Nach Shue (Shue 1996) beinhalten Menschenrechte drei Arten von Pflichten: die Pflicht, Menschenrechtsverletzungen zu vermeiden, die Pflicht, Menschen vor Menschenrechtsverletzungen zu schützen und die Pflicht, Menschen, deren Menschenrechte verletzt wurden, zu helfen. Im Falle einer Konfliktzone versagt der jeweilige Staat bei allen drei Aufgaben, so dass ein:e externe:r Akteur:in einspringen muss.

[17] Gilabert ist sicher nicht der erste, der für eine solche positive Pflicht plädiert. Ein anderer Theoretiker wäre David Miller, der, wie gesagt, generell skeptisch gegenüber Pflichten der globalen Gerechtigkeit ist, aber auch er stellt fest, dass positive Pflichten in Fällen von Menschenrechtsverletzungen bestehen, zum Beispiel um eine:n Diktator:in zu stürzen (Miller 2007, S. 231–59). Aber auch hier möchte ich nicht viel zu den Grundlagen der Debatte über positive oder negative Pflichten beitragen, sondern mich darauf beschränken, dass, wenn eine positive Pflicht zum Schutz der Menschenrechte von Kindern besteht, diese dann die Form einer solchen Pflicht annehmen sollte, sie an einen sicheren Ort zu bringen, wenn diese Kinder in Konfliktgebieten festsitzen.

herrschenden Intuitionen als zu eng und dass sie nicht als Maßstab für moralische und politische Argumentation gelten dürfen, sondern dass wir sie kritisieren sollten.[18] Ein solches Argument für eine positive Pflicht, den Armen zu helfen und ihre Menschenrechte zu schützen, ist nun auch auf andere Menschenrechtsverletzungen anwendbar, wie eben z. B. die von Kindern in Konfliktgebieten. Insbesondere der zweite Schritt von Gilabert ist hier interessant. Auch im Fall der Verletzung von Menschenrechten in Konfliktzonen ist es unvernünftig zu erwarten, dass die Befolgung nur negativer Pflichten ausreichen würde, um den Schutz der Menschenrechte wiederherzustellen. Es gibt zwar Unterschiede darin, wie wir den Armen in der Welt und Menschen in Konfliktzonen helfen können und wahrscheinlich auch sollten, aber in beiden Fällen bestehen positive Pflichten, sie zu unterstützen, und sie zu einer Intervention zu verpflichten.

Die nächste entscheidende Frage ist, wer für den Schutz der Menschenrechte von Kindern in Konfliktzonen verantwortlich wäre, oder wenn die beste Lösung darin besteht, sie an einen sicheren Ort zu bringen, wer für eine solche Intervention verantwortlich wäre? Tan (2006) nennt dies die Frage der Akteur:innen. Dies impliziert auch die Notwendigkeit, die moralische Frage zu klären, ob eine solche Pflicht die verpflichteten Akteur:innen überfordern würde oder ob sie in der Lage sind, dieser Pflicht nachzukommen. Ich möchte vorschlagen, dass diese Pflicht den Staaten zufällt, die in der Lage sind, sie zu erfüllen; nicht als einzelne Staaten, sondern im Sinne einer gemeinsamen Anstrengung, die am besten der UNO zugewiesen wird. Dies steht auch im Einklang mit der Verpflichtung des Staates in anderen Menschenrechtsverträgen, wie z. B. in der Allgemeinen Erklärung der Menschenrechte: „[…] die Mitgliedstaaten haben sich verpflichtet, in Zusammenarbeit mit den Vereinten Nationen die Förderung der allgemeinen Achtung und Einhaltung der Menschenrechte und Grundfreiheiten zu erreichen“.

Ich will einige Aspekte dieser Verpflichtung aufdröseln. Erstens bin ich gegenüber der Frage, ob ein globaler Staat die beste Lösung wäre, um die Rechte der Kinder zu schützen, agnostisch. Jedenfalls sehe ich das im Moment nicht als eine machbare oder realistische Option an. Zweitens ist die Diskussion über offene Grenzen für das Thema dieses Aufsatzes nur von begrenzter Bedeutung, da ich mich auf Kinder konzentriere, die ohnehin keine oder nur sehr begrenzte Möglichkeiten haben zu fliehen; daher würde ihnen ein Regime offener Grenzen nicht viel nützen (siehe z. B. Higgins 2008). Sie sitzen in der Falle und brauchen Hilfe, um an einen sicheren Ort zu gelangen, an dem ihre Rechte effektiv geschützt werden können. Drittens stützt sich meine These, dass Staaten diese Pflicht haben und ihr nachkommen können, vor allem darauf, dass es gute Gründe gibt, anzunehmen, dass diese Staaten über ausreichend Macht, Ressourcen und Know-How verfügen und dass insbesondere eine gemeinsame Anstrengungen unter dem Dach der UNO sie durch eine solche Pflicht, Kinder zu retten, nicht überfordert wären. Diese Behauptung hat zwei Aspekte: Die erste Frage ist, ob eine solche Pflicht

[18] Eine detailliertere Kritik des Überforderungseinwandes gegen positive Pflichten wurde von Jorn Sonderholm ausgearbeitet (Sonderholm 2013).

erfüllt werden kann, was ich angesichts der beträchtlichen Ressourcen, über die entwickelte Staaten verfügen, für möglich halte (ein Argument, dass Macht die Grundlage für die Zuschreibung von Verantwortung ist, wurde in Young 2011 dargelegt). Sie verfügen über militärische Kräfte, aber auch über technische Hilfe und Know-how im Falle von Naturkatastrophen, was es sehr wahrscheinlich macht, dass sie eine humanitäre Intervention in einem fremden Konfliktgebiet effektiv planen und durchführen können. Das ist sicherlich nicht ohne Risiken; aber – und das ist der zweite Aspekt meiner These – diese Risiken können begrenzt werden und der Schutz der Menschenrechte dieser Kinder ist mit so geringem Aufwand möglich, dass dieser Aufwand kein legitimer Entschuldigungsgrund wäre. Ich räume ein, dass die von mir vorgeschlagene Pflicht Grenzen hat, die darauf beruhen, was ein Staat oder eine Koalition von Staaten erreichen kann, aber die Kosten für die Durchführung einer solchen Intervention sowie der anschließende Schutz und die Versorgung dieser Kinder, auch wenn wir davon ausgehen müssen, dass es sich um hunderttausende von ihnen handelt, sind höchstwahrscheinlich leicht zu stemmen, vor allem, wenn die Last nicht auf einen einzelnen Staat fällt. Viertens wird eine UN-geführte Intervention mit dem expliziten Ziel, die Kinder aus den Konfliktzonen herauszubringen, das Risiko begrenzen, dass ausländische Streitkräfte in Kämpfe verwickelt werden. Im besten Fall kann vorher ein vorübergehender Waffenstillstand ausgehandelt werden. Die Pflicht, die ich vorschlage, hat einen klaren und begrenzten Umfang und sie besteht nicht darin, den Konflikt zu lösen oder einer Seite zum Sieg zu verhelfen, sondern die Menschenrechte der Kinder zu sichern, indem diese an einen sicheren Ort gebracht und dort versorgt werden.

Schließlich haben einige Staaten noch eine besondere Pflicht, sich an einer solchen Intervention zu beteiligen, weil sie an den Ursachen oder dem Fortbestand des Konfliktes mitschuldig sind. An vielen heutigen Konflikte sind Staaten wie die USA, Russland oder Saudi-Arabien beteiligt, weil sie eigene Interessen in einer bestimmten Region haben. Ein solches Engagement kann viele Formen annehmen, von der Lieferung von Waffen, der zivilen oder militärischen Unterstützung bis hin zur aktiven Beteiligung oder der Durchführung von Spezialeinsätzen. Aufgrund dieser Art der Beteiligung sind Staaten mitschuldig und haftbar für die Folgen ihres Handelns und haben eine spezielle Pflicht, dass Kinder nicht darunter leiden oder dass deren Leid zumindest so gering wie möglich gehalten wird (dies wird bei Young 2011 als Haftungsmodell der Verantwortung bezeichnet). Da fast alle Staaten die KRK und andere Menschenrechtsverträge unterzeichnet und ratifiziert haben, haben sie sich damit verpflichtet, die Rechte der Kinder zu schützen und zu respektieren und solche Handlungen zu unterlassen, die dem widersprechen.

Wenn wir akzeptieren, dass Kinder in Konfliktgebieten ein Recht darauf haben, geschützt und an einen sicheren Ort gebracht zu werden, sollte dies auch ihre Eltern einschließen. Es ist bereits weithin anerkannt, dass Kinder ein Menschenrecht auf eine Familie und Identität haben, das den Anspruch aller Kinder auf Familienzusammenführung umfasst (Rohan 2015). Ein solches Recht basiert auf mehreren Gründen, darunter die Überwindung des Traumas der Trennung und der Schutz des Kindeswohls. Dies verkompliziert die von mir vorgeschlagene Pflicht, weil sie den Kreis derjenigen, die einen Anspruch auf einen sicheren Zufluchtsort geltend machen können, erheblich vergrößert und auch diejenigen einbezieht, die sich bewusst in Konfliktgebieten aufhalten und diese vielleicht nicht verlassen wollen. Meine Antwort auf dieses Problem beinhaltet zwei Überlegungen: Erstens übertrumpfen die Rechte der Kinder die Rechte der Eltern (für eine solche kindzentrierte Sichtweise siehe Archard 2004). Ein Elternteil kann nicht entscheiden, ob ein Kind in einer Konfliktzone bleiben soll; wenn er oder sie es tut, dann verwirkt er oder sie seine oder ihre elterlichen Rechte, in welchem Fall der Staat (oder ausländische Staaten und die UN) eine Verpflichtung hat, dieses Kind zu schützen. Zweitens wäre es unter bestimmten Umständen, wenn die Eltern nicht zu ihren Kindern an einen sicheren Ort mitgenommen werden können, gerechtfertigt, sie zurückzulassen. Mir geht es in diesem Zusammenhang um die Rechte der Kinder, und obwohl das Recht auf eine Familie ein wichtiges Kinderrecht ist, ist das Recht, davor geschützt zu werden, getötet, verwundet oder ausgebeutet zu werden, zu hungern oder ohne Obdach zu sein, grundlegender und sollte Priorität haben.

Schließlich unterscheidet sich die vorgeschlagene Pflicht, Kinder an einen sicheren Ort zu bringen, von anderen Verpflichtungen, die ausländische Staaten und die UNO in Bezug auf den Schutz von Kinderrechten im Allgemeinen haben, wie z. B. Verletzungen, die aus schwerer Armut resultieren, die in Entwicklungsländern weit verbreitet ist (für eine ausführliche Darstellung zu Armut und Menschenrechten siehe Pogge 2011). Es ist durchaus möglich, solche Armut zu lindern, ohne diejenigen zu gefährden, die diese Hilfe in Anspruch nehmen. Kinderarmut kann oft effektiv gelindert werden, ohne dass Kinder in ein anderes Land gebracht werden müssen, obwohl manchmal Migration notwendig ist und unter den Bedingungen des Klimawandels in Zukunft öfters notwendig sein wird, da manche Gebiete dieser Erde (fast) unbewohnbar werden. In Konfliktgebieten hingegen müssen Kinder an einen anderen Ort werden, um der Gefahr zu entgehen und um ihre Rechte zu schützen. Es ist möglich, Nahrung zu sichern, sanitäre Anlagen zu bauen und eine Schule in einem benachteiligten Gebiet zu betreiben, aber in einer Konfliktzone ist ein solches Unterfangen fast unmöglich.

Vorrang für die Menschenrechte von Kindern

Bis hierher habe ich dafür argumentiert, dass eine Intervention zum Schutz der Menschenrechte von Kindern in Konfliktzonen zulässig und verpflichtend ist und dass diese Pflicht prinzipiell der Staatengemeinschaft zufällt, obwohl einige Staaten aufgrund ihrer Verwicklung in den Konflikt besondere Pflichten haben können. Aber warum, so kann man sicherlich fragen, sollen die Menschenrechte von Kindern Vorrang vor denen von anderen haben? Ist es nicht so, dass auch die Menschenrechte anderer Gruppen in Konfliktgebieten ebenfalls verletzt werden? Was ist mit den alten oder behinderten Menschen, die ebenfalls festsitzen, oder was ist mit den Männern in den Foltergefängnissen? Ich möchte auf diese Fragen antworten und dabei zwei normative Quellen heranziehen, aber vorher möchte ich klarstellen, dass die moralische Pflicht, Kinder an einen sicheren Ort zu bringen, nicht ausschließt, dass es auch eine moralische Pflicht gibt, andere Personengruppen ebenfalls an einen sicheren Ort zu bringen. Alle Menschenrechtsverletzungen müssen eingestellt und wenn möglich allen Menschen, die darunter leiden, geholfen werden. Unter nicht idealen Umständen müssen jedoch Entscheidungen über Prioritäten getroffen werden, obwohl ich es nicht für vernünftig halte, zu glauben, dass die von mir vorgeschlagene Pflicht alle oder auch nur den größten Teil der Ressourcen der reichen Länder aufbrauchen wird. Es ist zum Beispiel sicherlich möglich, genügend Ressourcen in die Linderung der weltweiten Armut zu investieren und alle Kinder aus Konfliktgebieten herauszuholen und ihre Menschenrechte wirksam zu schützen.

Das erste Argument, auf das ich mich beziehen möchte, wurde von Rosalind Dixon und Martha Nussbaum entwickelt (Dixon und Nussbaum 2012). Sie argumentieren, dass die physische Verletzlichkeit von Kindern keine ausreichende Grundlage ist, um sie zu priorisieren, da sie dieses Merkmal mit anderen Gruppen wie Menschen mit Behinderung oder älteren Menschen teilen. Stattdessen sagen sie, dass die Priorisierung der Menschenrechte von Kindern auf der besonderen Verletzlichkeit von Kindern als sozial abhängige Wesen beruhen kann. Sie zeigen, dass die mangelnde Kontrolle, die die soziale Position der Kinder kennzeichnet (die sowohl auf natürlichen Merkmalen von Kindern als auch auf sozialen, einschließlich rechtlichen Normen beruht), ihnen einen stärkeren Anspruch auf den Schutz ihrer Menschenrechte verleiht. Dixon und Nussbaum argumentieren – so wie ich sie interpretiere – dass Kinder einen besonderen Schutz verdienen, da ihr Status als Kinder sie verletzlicher macht. Das zweite Argument von Nussbaum und Dixon lautet, dass die Priorisierung der Menschenrechte von Kindern auf einem Kosten-Nutzen-Prinzip beruht. Sie verwenden das Beispiel der Impfung, um ihren Standpunkt zu verdeutlichen. Es ist billiger, Kinder zu impfen, als sie später als Erwachsene zu heilen, wenn sie krank werden. Eine ähnliche Argumentation, so behaupten sie, lässt sich auf viele, wenn nicht sogar die meisten Menschenrechte von Kindern anwenden. Der Schutz der Menschenrechte von Kindern ist also effektiver als der Schutz der Menschenrechte von Erwachsenen.

Was sagt uns das über Kinder in Konfliktgebieten? Das Kosten-Nutzen-Argument hat einige Berechtigung und normative Plausibilität. In Syrien können hunderttausende Kinder nicht zur Schule gehen, und sie in einem höheren Alter zu unterrichten ist viel kostspieliger und ineffektiver, da Kinder schneller (und besser unter Umständen ohne Entbehrungen oder Krieg) lernen. Um es in der Sprache des Fähigkeitenansatzes zu sagen: Einige Fähigkeiten und Funktionsweisen müssen früh entwickelt werden, weil sie die Grundlage für andere sind. Das Prinzip der Verletzlichkeit ist hier schwieriger anzuwenden. In Konfliktgebieten ist fast jeder verwundbar und in unmittelbarer Gefahr, verletzt oder getötet zu werden oder andere Entbehrungen zu erleiden. Dennoch nehme ich an, dass auch dieses Argument eine gewisse Plausibilität hat. Es scheint, als ob die Unfähigkeit von Kindern, sich selbst zu schützen, zusammen mit dem Wissen, dass ihre

Entwicklung durch Deprivationen, die in Konfliktgebieten auftreten, oft – und manchmal irreversibel – gestört wird, für eine Bevorzugung spricht.[19]

Ein zweites Set an Argumenten, den Menschenrechten von Kindern Vorrang einzuräumen, ist in der Gesundheitspolitik und -ethik weithin akzeptiert. Das eine ist das Fair-Innings-Argument (Nord 2005), das besagt, dass die Gesundheitsbedürfnisse von Kindern vorrangig behandelt werden sollten, weil sie ihre faire Anzahl an Innings im Leben noch nicht hatten, während ältere Menschen ihre schon hatten. Ein Inning ist ein Abschnitt eines Baseballspiels und jedes Spiel umfasst neun Innings, in denen jeweils eine Mannschaft den Ball schlägt und die andere verteidigt. Ein Baseballspiel endet also nicht nach einer bestimmten Zeit, sondern, wenn beide Mannschaften gleich viele Innings gespielt haben, was bedeutet, dass sie gleich oft die Chance hatten, Punkte zu erzielen. Das Fair-Innings-Argument kann zwei Formen annehmen: Entweder es definiert einen Schwellenwert, z. B. 70 Jahre, und diskriminiert alle über diesem Schwellenwert, weil sie ihre faire Anzahl an Innings bereits hatten, oder es kann zur Diskriminierung in Fällen verwendet werden, in denen der Altersunterschied erheblich ist, z. B. bei einem/einer Zehnjährigen und einem/einer Vierzigjährigen. Die Befürworter:innen des Fair-Innings-Arguments würden nicht behaupten, dass der/die Vierzigjährige seine/ihre faire Anzahl an Innings bereits hinter sich hat, sondern dass er/sie sein/ihr Leben schon länger genossen hat als der/die Zehnjährige, was bedeutet, dass der/die Zehnjährige bevorzugt werden sollte, um ihm/ihr die Chance zu geben, auch noch weitere dreißig Jahre zu leben. Andere haben sich für ein Lebenszyklus-Argument ausgesprochen, das behauptet, dass jeder Mensch die Möglichkeit haben sollte, alle wichtigen Lebensabschnitte eines „normalen" Lebens zu durchleben, weil jeder Lebensabschnitt wertvoll ist und jeder Mensch die Möglichkeit haben sollte, ihn zu erleben (Emanuel und Wertheimer 2006). Weil das Fair-Innings-Argument nur die Länge des Lebens

[19] Colin Macleod hat vor einiger Zeit ein ähnliches Argument vorgebracht. Er schreibt (Macleod 2002, S. 224): „First, meeting children's claims to just treatment seems to enjoy a general priority over meeting the comparable claims of adults. Let me try to motivate this claim through an example. There is a sense in which children and adults have a similar interest in avoiding suffering severe pain that can give rise to a comparably strong entitlement to access to pain medication. Yet where circumstances force a choice between providing pain-relieving medication to a child and providing medication to adult suffering the same pain, we seem to have reason to give priority to recognition of the child's claim. I suspect that this general priority is grounded in various related factors. Children are vulnerable and dependent in many ways on adults for protection of their most basic interests. Because they cannot effectively represent and secure their own interests we naturally attach moral urgency to ensuring they receive fair treatment. The fact that children are developmentally fragile also seems significant. Children often seem to suffer more and are less able to recover from the ill effects of unjust treatment. So even when their moral claims seem comparable, caution suggests favouring the claims of children. More generally, children's status as innocents who can be assigned no responsibility for their plight or for ameliorating unjust treatment they face supports a general priority of children's claims. There seems to be an important difference in the relative urgency of the particular competing entitlements in this case. In sum, moral ties go to children."

betrachtet, wurde argumentiert, dass stattdessen qualitätsbereinigte Lebensjahre zur Bewertung herangezogen werden sollten (Ottersen 2013). Wenn man feststellt, dass der/die Vierzigjährige noch zehn Jahre lang ein qualitätsvolles Leben führen kann, während der/die Zehnjährige nur drei Jahre lang ein qualitätsvolles Leben führen wird, sollten wir dem/der Vierzigjährigen den Vorzug geben. Betrachtet man aber die Bevölkerungsebene, so begünstigt dies Kinder, weil Kinder im Allgemeinen eine größere Erwartung an verbleibenden qualitätsvollen Lebensjahren haben als Erwachsene. Da sich mein Argument auf die Population der Kinder bezieht, nehme ich an, dass sowohl das Fair-Innings- als auch das Quality-Life-Years-Argument meine Argumentation der Bevorzugung von Kindern im Konfliktfall und im Fall der Bedrohung ihrer Menschenrechte unterstützen. Es ist auch erwähnenswert, dass die Priorisierung von Kindern in der Gesundheitsversorgung aus der Perspektive des Fähigkeitenansatzes unterstützt wurde (Anand 2005), so dass es scheint, dass die Argumente von Nussbaum und Dixon sowie das Fair-Innings- und das Quality-of-Life-Years-Argument unter einem normativen Ansatz kombiniert werden könnten.

Solche Argumente für die Priorisierung von Kindern in der Gesundheitsversorgung können auf die Frage dieses Aufsatzes, was angesichts der Verletzung der Menschenrechte von Kindern in Konfliktgebieten getan werden sollte, übertragen werden. Erstens wirken sich viele dieser Verletzungen direkt auf die Gesundheit von Kindern aus (sie werden verwundet, getötet oder leiden an einem schlechten Gesundheitszustand, weil es an Nahrung, medizinischer Versorgung oder sanitären Einrichtungen mangelt). In dieser Hinsicht ist ein gewaltsamer Konflikt dem Ausbruch einer Epidemie ähnlich. Zweitens reflektiert der Lebenszyklus-Ansatz auch die Besonderheit von Lebensabschnitten und deren Wert. Einem Kind, dem Bildung vorenthalten wird – was eine Verletzung seiner Menschenrechte darstellt -, wird ein wichtiger Aspekt dieses Lebensabschnitts und auch eine Voraussetzung dafür genommen, die späteren Lebensabschnitte in angemessener Weise zu genießen. Das unterscheidet das Kind, das noch nicht gebildet wurde, von einem/einer Erwachsenen, der gebildet ist, aber diese Bildung wegen des Konflikts nicht nutzen kann. Erwachsene haben den Lebensabschnitt der Kindheit erlebt, während das Kind, das gerade in der Konfliktzone lebt, dies nicht getan hat. Dieses Argument könnte erweitert werden, um zu sagen, dass junge Erwachsene gegenüber älteren Erwachsenen bevorzugt werden sollten, aber ich gehe darauf hier nicht weiter ein, weil sich mein Argument auf Kinder konzentriert.

Mögliche Gegenargumente

Das erste Gegenargument, das ich erörtern möchte, lautet, dass man, anstatt Kinder aus ihren Heimatländern an sichere Orte zu bringen, Maßnahmen ergreifen sollte, um die Situation in den Heimatländern zu verbessern. Ich stimme zu, dass dieses Argument eine gewisse Plausibilität hat, aber ich möchte auf zwei Schwächen hinweisen. Erstens ist die Verbesserung der Situation für Kinder in Konfliktgebieten wie Syrien oder Irak ein langfristiges Projekt mit unklarer Aussicht auf Erfolg. Kinder brauchen aber so schnell wie möglich Hilfe und können nicht ein paar Jahre warten, bis sich die Lage stabilisiert hat und die Gesundheitsversorgung und die Schulen wieder in Ordnung sind. Ein Ende der unmittelbaren Gewalt ist sicherlich ein erster und notwendiger Schritt, aber Kinderrechte beinhalten mehr, als nur nicht von einer Granate getötet zu werden. Kinder haben als sich schnell entwickelnde Wesen nicht die Zeit, so lange zu warten, denn alles, was ihnen in ihrer Kindheit fehlt und versäumt wird (z. B. Ernährung, Bildung und Betreuung), kann Langzeitfolgen haben, die später oft nicht mehr zu beheben sind. Außerdem ist nicht absehbar, ob eine solche Befriedung überhaupt funktioniert oder ob sie scheitert und damit die Situation für die Kinder noch schlimmer macht. Solange es plausibel bleibt, dass die durch die Rettung dieser Kinder aus Konfliktgebieten deren Rechte auf Versorgung und Schutz wiederhergestellt werden können, sollten wir das Leben von Kindern nicht im Hinblick auf die bloße Hoffnung einer Verbesserung in einigen Jahren aufs Spiel setzen. Zweitens ist die Verbesserung der Rechte der Kinder in ihrem Heimatland sicherlich eine anspruchsvollere Aufgabe als die, sie an einen sicheren Ort zu bringen. Die Geschichte zeigt, dass eine nachhaltige Befriedung, gefolgt vom Wiederaufbau einer Gesellschaft und der nötigen Strukturen und Institutionen, ein kostspieliges, langwieriges und risikoreiches Abenteuer mit ungewissem Ausgang ist. Es würde wahrscheinlich viel mehr Engagement in diesen Staaten erfordern als die humanitären Missionen, die mit meinem Vorschlag verbunden sind. Kinder aus Konfliktgebieten herauszubringen ist ebenfalls gefährlich und wird wahrscheinlich auch Einsätze vor Ort erfordern, aber sie werden in einem viel kleineren Maßstab stattfinden als die, die für die Beendigung des gewaltsamen Konflikts und den Wiederaufbau eines funktionierenden Staates erforderlich sind, der die Rechte der Kinder garantieren kann. Außerdem greift die Evakuierung von Kindern, wie gesagt, nicht in den Konflikt selbst ein, so dass diejenigen, die in den Konflikt verwickelt sind, weniger Gründe haben, sich dagegen zu stellen oder sogar diejenigen zu bekämpfen, die die Kinder herausholen. Die Situation ist völlig anders, wenn es um die Befriedung und den Wiederaufbau des Staates geht, was mit ziemlicher Sicherheit impliziert, dass nicht alle Konfliktparteien gleichermaßen ihre Interessen durchsetzen können. Den Konflikt aber nachhaltig zu entscheiden, würde, wie in Syrien, eine umfangreiche militärische Intervention verlangen. Der track record ist hier nicht gut. Eine solche Pflicht der Befriedung und des Wiederaufbaus des Staates, damit die Rechte dieser Kinder in ihren Heimatländern geschützt werden, ist also mit einem viel höheren Risiko verbunden und würde ein viel größeres Engagement auf Seiten der pflichttragenden Staaten erfordern. Daher scheint es mir plausibel, dass aus einer Kinderrechtsperspektive die effektivere und erfolgsversprechendere Lösung, nämlich Kinder aus den Konfliktgebieten zu holen, priorisiert werden sollte. Meine These impliziert auch nicht unbedingt, dass alle Kinder aus Konfliktgebieten in die EU oder die USA gebracht werden müssen. Die Pflicht, für die ich plädiere, verlangt, sie an einen sicheren Ort zu bringen, wo ihre Rechte ausreichend geschützt sind. Das kann in einer sicheren Zone innerhalb des Landes oder in einem benachbarten Land sein. Nur wenn es gute Gründe für die Annahme und ausreichende Belege dafür gibt, dass ihre

Rechte nur geschützt werden können, indem man sie in die EU oder in ein anderes hoch entwickeltes Land bringt, muss dies getan werden.

Ein zweites Gegenargument könnte sein, dass die Staaten, die eine solche Pflicht haben, Kinder an einen sicheren Ort zu bringen, damit überfordert wären. Kann man davon ausgehen, dass die (westlichen) Staaten Millionen von Kindern (und deren Familien) aufnehmen können? Ohne der umfangreichen Literatur zur Frage der Überforderung gerecht werden zu wollen (siehe z. B. Sonderholm 2013), möchte ich hier nur wenige Punkte anführen. Erstens scheint es plausibel, anzunehmen, dass die hochentwickelten Staaten, die diese von mir vorgeschlagene Pflicht teilen, als Kollektiv in der Lage wären, Millionen von Kindern (und deren Familien) aufzunehmen und zu versorgen. Die entscheidende Frage ist hier, wie viel wir von ihnen verlangen können. Peter Singer folgend (Singer 2010) könnte man z. B. behaupten, dass solange der Wohlfahrtsverlust in den Ländern, die diese Kinder aufnehmen, diese nicht wesentlich beeinträchtigt, sie eine Verpflichtung dazu haben. Für überzeugender halte ich die Annahme, dass hochentwickelte Länder die Pflicht haben, die Rechte von Kindern (und ihren Familien) sowie anderen Menschen mit gleichen Ansprüchen ausreichend zu schützen, solange dies den Schutz der Rechte ihrer Bürger:innen nicht gefährdet, was ein gewisses Maß an Wohlfahrt einschließt und auch verlangt, dass der Staat nicht alle oder die meisten seiner Ressourcen aufbraucht, um Kinder aus den Konfliktgebieten zu holen und zu versorgen. Die Frage, wann diese Schwelle erreicht ist, ob es also möglich ist, zwei Millionen oder zwanzig Millionen Kinder an einen sicheren Ort zu bringen, oder ob die EU fünf oder fünfundzwanzig Millionen Flüchtlinge aufnehmen kann, bevor sie überfordert ist, ist eine empirische Frage, die ich hier nicht beantworten kann.[20] Die deutsche Regierung hat zum Beispiel ausgerechnet, dass sie für die zwei Millionen Flüchtlinge, die sie bis 2020 erwartet, insgesamt etwa 100 Milliarden Euro ausgeben wird.[21] Eine große Summe, aber dennoch nur ein kleiner Bruchteil des jährlichen BIP von 3,3 Billionen. Sicherlich wären die Kosten, die mit der Pflicht verbunden sind, Kinder an einen sicheren Ort zu bringen, geringer, wenn diese Kinder in sicheren Zonen in der Region leben könnten und dort mit allem, was sie brauchen, versorgt werden könnten.[22]

---

[20] Untersuchungen legen nahe, dass entgegen der öffentlichen Meinung und einiger Stimmen in der Politik die wirtschaftliche Belastung durch die Migrationsbewegung in die EU im Jahr 2015 tatsächlich gering ist. Die Situation für Kinder ist sicherlich etwas anders, aber langfristig sind ähnliche positive Effekte zu erwarten. Eine aktuelle ökonomische Simulation des Economics and Econometrics Research Institute kommt zu dem Schluss: „Our simulation results suggest that, although the refugee integration (e.g. by providing welfare benefits, language and professional training) is costly for public finances, in the medium – to long – run the socio – economic and fiscal benefits significantly outweigh the associated refugee integration costs." (Kancs und Lecca 2016, 26)

[21] http://www.reuters.com/article/us-europe-migrants-germany-costs-idUSKCN0Y50DY

[22] Ein Zeitungsartikel im The Independent rechnet vor, dass die Kosten für einen Flüchtling in einem Lager in Jordanien zehnmal niedriger sind. http://www.independent.co.uk/voices/syrian-refugees-will-cost-ten-times-more-to-care-for-in-europe-than-in-neighboring-countries-a6928676.html

Die Lösung, die ich vorschlage, ist sicherlich durch solche externen Faktoren begrenzt, aber das bedeutet nicht, dass die Pflicht als solche eine Überforderung darstellen würde und dass die hochentwickelten Länder nicht in der Lage wären, sie angemessen zu erfüllen. Zumindest aus wirtschaftlicher Sicht haben sie mehr als genug Ressourcen, um sich um Millionen von Kindern zu kümmern.

Das dritte und letzte Gegenargument, das ich erörtern möchte, ist die Frage, ob eine solche Pflicht auch eine militärische Intervention erfordern würde, die die Situation noch weiter verschlimmern könnte (für eine ausführliche Diskussion der potenziellen Gefahren einer Intervention siehe Kydd und Straus 2013). Ich räume ein, dass diese Gefahr besteht, aber sie kann sehr gut begrenzt werden. Der erste wichtige Faktor, ist die Frage, wer eine solche Intervention, um Kinder aus Konfliktgebieten zu holen, durchführt. Wenn sie von der UNO durchgeführt wird, wie ich vorschlage, ist zumindest sichergestellt, dass eine neutrale Kraft mit einer begrenzten Agenda intervenieren würde. Das macht es wahrscheinlicher, dass die beteiligten militärischen und zivilen Personen nicht zur Zielscheibe oder in den Konflikt verwickelt werden. Aber auch wenn die Intervention von einer Koalition ausländischer Staaten durchgeführt wird, kann das Risiko, in den Konflikt hineingezogen zu werden, begrenzt werden. Es muss deutlich gemacht werden, dass eine solche Intervention nicht dazu dient, eine Konfliktpartei gegenüber der anderen zu unterstützen oder andere Ziele zu erreichen, wie z. B. die Sicherung des Zugangs zu natürlichen Ressourcen. Zweitens muss die Intervention gut koordiniert und rasch durchgeführt werden. Wenn hunderttausende oder gar Millionen von Kindern betroffen sind, wird eine solche Rettungsaktion aber sicher einen längeren Einsatz erfordern und die Rettung von Kindern, die direkt in militärisch umkämpften Gebieten leben, ist kompliziert und mit Risiken verbunden. In solchen Fällen werden Verhandlungen mit den Konfliktparteien höchstwahrscheinlich der beste Ansatz sein, um zum Beispiel einen vorübergehenden Waffenstillstand zu erreichen, während dem Kinder evakuiert werden können. Es könnte aber natürlich auch sein, dass in konkreten Fällen das Risiko für die Rettungskräfte oder für andere unbeteiligte Personen in diesen Gebieten durch Kollateralschäden zu hoch sind und daher gute Gründe dafür sprechen, Kinder (noch) nicht zu retten. Solche Entscheidungen können nur für den jeweiligen konkreten Fall getroffen werden und bedürfen der sorgfältigen Abwägung ethischer Argumente, die ich hier nicht vornehmen kann. Die Staaten haben sicherlich auch die Pflicht, auf Frieden in Konfliktregionen hinzuarbeiten, insbesondere diejenigen Staaten, die aktiv in den laufenden Krieg verwickelt sind und ihn durch ihre Politik antreiben. In der Zwischenzeit sollten jedoch die Kinder, die unter dem Konflikt leiden, an einen sicheren Zufluchtsort gebracht werden, wo ihre Rechte ausreichend geschützt sind und sie in Ruhe auf das Ende des Konflikts warten können.

Schlussfolgerungen

Ich möchte meinen Beitrag mit einigen Gedanken zu strittigen Fragen abschließen. Viele Kinder haben die Konfliktzonen in Syrien bereits verlassen und sind innerhalb des Landes oder in den Nachbarländern, wie der Türkei, dem Libanon oder Jordanien, in Sicherheit gebracht worden. Viele andere Kinder leben in Flüchtlingslagern in Griechenland. Was ist mit diesen hunderttausenden von Kindern? Gilt meine Pflicht, Kinder in Sicherheit zu bringen, auch für sie? Es scheint plausibel, meine Argumentation zu erweitern und diese Kinder einzubeziehen, weil es sehr wahrscheinlich ist, dass auch einige ihrer Rechte grob verletzt werden. Das Leben in einem Flüchtlingslager ist mit vielen Entbehrungen und Einschränkungen verbunden, z. B. dem Fehlen von angemessener Ernährung oder dem Zugang zu medizinischer Versorgung, Bildung und Unterkunft. Kinder unter solchen Umständen sind zumeist nicht in unmittelbarer Gefahr zu sterben, aber es gibt überzeugende Argumente, dass sie berechtigte Ansprüche auf eine bessere Lebensqualität gemäß der KRK haben. Auch diese Kinder sitzen fest und haben wenig oder keine Chance, ihre Situation zu verbessern, zumindest nicht aus eigener Kraft und der Versuch, in ein europäisches Land wie Österreich oder Deutschland zu fliehen, ist entweder unmöglich oder mit vielen Hürden und Gefahren verbunden. Man darf auch nicht vergessen, dass es nicht unbedingt bedeutet, dass der Konflikt dort bleibt, wo er ist, wenn man sich jetzt in einer sichereren Zone in Syrien oder im Irak aufhält. Auch wenn ich davon überzeugt bin, dass Kinder in den Flüchtlingslagern in den Nachbarländern einen Anspruch darauf haben, in Sicherheit gebracht zu werden, denke ich dennoch, dass wir den Kindern, die direkt in Konfliktgebieten festsitzen, Priorität einräumen sollten. Die unmittelbare Gefahr für Kinder ist dort größer.

Danksagungen Ich danke Norbert Paulo, den Teilnehmer:innen des ifz-Forschungsseminars in Salzburg, den Teilnehmer:innen des Forschungskolloquiums Bochum/Dortmund an der Universität Bochum und zwei anonymen Gutachter:innen für ihre wertvollen Anmerkungen und Rückmeldungen.

Literatur

Anand, Paul. 2005. Capabilities and Health. *Journal of Medical Ethics* 31(5):299–303. https://doi.org/10.1136/jme.2004.008706.

Anderson, Joel, und Rutger Claassen. 2012. Sailing Alone: Teenage Autonomy and Regimes of Childhood. *Law and Philosophy* 31(5):495–522. https://doi.org/10.1007/s10982-012-9130-9.

Archard, David. 2004. *Children: Rights and Childhood*, 2. Aufl. London/New York: Routledge.

Archard, David, und Marit Skivenes. 2009. Balancing a Child's Best Interests and a Child's Views. *The International Journal of Children's Rights* 17(1):1–21. https://doi.org/10.1163/157181808X358276.

Berman, Helene. 2001. Children and War: Current Understandings and Future Directions. *Public Health Nursing* 18(4):243–252. https://doi.org/10.1046/j.1525-1446.2001.00243.x.

Carens, Joseph H. 1992. Refugees and the Limits of Obligation. *Public Affairs Quarterly* 6(1):31–44.

Devakumar, Delan, Marion Birch, Leonard S. Rubenstein, David Osrin, Egbert Sondorp, and Jonathan C. K. Wells. 2015. Child Health in Syria: Recognising the Lasting Effects of Warfare on Health. *Conflict and Health* 9(1). https://doi.org/10.1186/s13031-015-0061-6.

Dixon, Rosalind, und Martha Nussbaum. 2012. Children's Rights and a Capabilities Approach: The Question of Special Priority. *Cornell Law Review,* 97:549–593.

Emanuel, Ezekiel J., und Alan Wertheimer. 2006. Who Should Get Influenza Vaccine When Not All Can? *Science* 312(5775):854–855. https://doi.org/10.1126/science.1125347.

Gilabert, Pablo. 2005. The Duty to Eradicate Global Poverty: Positive or Negative? *Ethical Theory and Moral Practice* 7(5):537–550. https://doi.org/10.1007/s10677-005-6489-9.

Hehir, Aidan. 2013. *Humanitarian Intervention: An Introduction*, 2. Aufl. Basingstoke/New York: Palgrave Macmillan.

Higgins, Peter. 2008. Open Borders and the Right to Immigration. *Human Rights Review* 9(4):525–535. https://doi.org/10.1007/s12142-008-0068-0.

Kancs, d'Artis, and Patrizio Lecca. 2016. Long-Term Social, Economic and Fiscal Effects of Immigration into the EU: The Role of the Integration Policy. No EERI RP 2016/08. EERI Research Paper Series. Brussels: Economics and Econometrics Research Institute (EERI). http://www.eeri.eu/documents/wp/EERI_RP_2016_08.pdf.

Kanics, Jyothi, Daniel Senovilla Hernández, Kristina Touzenis, und Unesco, Hrsg. 2010. *Migrating Alone: Unaccompanied and Separated Children's Migration to Europe*, 1. Aufl. Paris: Unesco.

Kydd, Andrew H., und Scott Straus. 2013. The Road to Hell? Third-Party Intervention to Prevent Atrocities: THE ROAD TO HELL? *American Journal of Political Science* 57(3):673–684. https://doi.org/10.1111/ajps.12009.

Macleod, Colin. 2002. Liberal Equality and the Affective Family. In *The Moral and Political Status of Children*, Hrsg. David Archard und Colin Macleod, 212–30. Oxford/New York: Oxford University Press. http://www.oxfordscholarship.com/view/10.1093/0199242682.001.0001/acprof-9780199242689-chapter-12.

Macleod, Colin. 2015. Agency, Authority and the Vulnerability of Children. In *The Nature of Children's Well-Being*, 1. Aufl. Hrsg. Alexander Bagattini und Colin Macleod, 9:53–64. Dordrecht: Springer. http://link.springer.com/10.1007/978-94-017-9252-3_4.

Miller, David. 2007. *National Responsibility and Global Justice*, 1. Aufl. Oxford/New York: Oxford University Press.

Miller, David. 2008. "National Responsibility and Global Justice." Critical Review of International Social and Political Philosophy 11(4): 383–399. https://doi.org/10.1080/13698230802415862.

Miller, David. 2013. "Border Regimes and Human Rights." The Law & Ethics of Human Rights 7(1): 1–23. https://doi.org/10.1515/lehr-2013-0001.

Macleod, Colin. 2008. National Responsibility and Global Justice. *Critical Review of International Social and Political Philosophy* 11(4):383–399. https://doi.org/10.1080/13698230802415862.

Macleod, Colin. 2013. Border Regimes and Human Rights. *The Law & Ethics of Human Rights* 7(1):1–23. https://doi.org/10.1515/lehr-2013-0001.

Nord, Erik. 2005. Concerns for the Worse off: Fair Innings versus Severity. *Social Science & Medicine* 60(2):257–263. https://doi.org/10.1016/j.socscimed.2004.05.003.

Ottersen, Trygve. 2013. Lifetime QALY Prioritarianism in Priority Setting. *Journal of Medical Ethics* 39(3):175–180. https://doi.org/10.1136/medethics-2012-100740.

Özerdem, Alpaslan, und Sukanya Podder, Hrsg. 2011. *Child Soldiers: From Recruitment to Reintegration*, 1. Aufl. Basingstoke/New York: Palgrave Macmillan.

Peters, Anne. 2009. Humanity as the A and Ω of Sovereignty. *European Journal of International Law* 20(3):513–544. https://doi.org/10.1093/ejil/chp026.

Pogge, Thomas. 2011. Allowing the Poor to Share the Earth. *Journal of Moral Philosophy* 8(3):335–352. https://doi.org/10.1163/174552411X588982.

Quosh, Constanze, Liyam Eloul, und Rawan Ajlani. 2013. Mental Health of Refugees and Displaced Persons in Syria and Surrounding Countries: A Systematic Review. *Intervention* 11(3):276–294. https://doi.org/10.1097/WTF.0000000000000013.

Rohan, Mark. 2015. Refugee Family Reunification Rights: A Basis in the European Court of Human Rights' Family Reunification Jurisprudence. *Chicago Journal of International Law* 15(1):347–375.

Schapiro, Tamar. 1999. What Is a Child? *Ethics* 109(4):715–738. https://doi.org/10.1086/233943.

Shue, Henry. 1996. *Basic Rights. Subsistence, Affluence, and U.S. Foreign Policy*, 2. Aufl. Princeton: Princeton University Press.

Singer, Peter. 2010. *The Life You Can Save : How to Play Your Part in Ending World Poverty*, 1. Aufl. London: Picador.

Sonderholm, Jorn. 2013. World Poverty, Positive Duties, and the Overdemandingness Objection. *Politics, Philosophy & Economics* 12(3):308–327. https://doi.org/10.1177/1470594X12447779.

Tan, Kok-Chor. 2006. The Duty to Protect. *Nomos* 47:84–116.

Young, Iris Marion. 2011. *Responsibility for Justice*, 1. Aufl. Oxford Political Philosophy. Oxford/New York: Oxford University Press.

Sollen minderjährige Flüchtlinge bevorzugt aufgenommen werden?

Einleitung

Kinder machen einen großen und bedeutenden Teil der weltweiten Flüchtlinge aus. Zweifelsohne ist die Situation von minderjährigen Flüchtlingen prekär und sie sind auf ihrem Weg zu einem sicheren Zufluchtsort erheblichen Gefahren ausgesetzt (UNICEF 2016). Darüber hinaus sind viele weitere Kinder, die Hilfe und Schutz vor Krieg, Gewalt, Hunger und extremer Armut benötigen, gar nicht in der Lage zu fliehen und bleiben in ihrem Elend und ihrer Not gefangen. Das Gleiche gilt aber auch für viele Erwachsene. Nur ein Bruchteil derer, die mit schwerem Unrecht konfrontiert sind, machte sich bisher auf den Weg, um Sicherheit, Nahrung, Wasser, Unterkunft und ein besseres Leben für sich und ihre Familien zu finden. In diesem Beitrag möchte ich die Frage stellen, ob Staaten der Aufnahme von minderjährigen Flüchtlingen moralische Priorität einräumen sollten, wenn sie nicht über ausreichende Kapazitäten verfügen, um alle Flüchtlinge aufzunehmen. Ich stelle diese Frage im Kontext einer sogenannten nicht-idealen politischen Philosophie. Ich werde weiterhin von einigen Vereinfachungen, Voraussetzungen und Prämissen ausgehen, die die Komplexität der Lebenswirklichkeit von (minderjährigen) Flüchtlingen und des Handelns und der Politik von Staaten, die mit ihnen zu tun haben, nicht vollständig widerspiegeln, aber ich hoffe, dass meine Überlegungen tatsächlich so weiterentwickelt werden können, dass sie zu einer konkreten Politik im Interesse von Flüchtlingen in Not führen. Eine solche sorgfältige Reflexion auf die normative Theorie und die empirische Evidenz ist in meinem Verständnis die Hauptaufgabe der angewandten politischen Philosophie.

Ich möchte zunächst meine Annahmen und den Rahmen darlegen, innerhalb dessen ich meine Argumentation entwickeln werde. Erstens geht es mir hier um die Pflichten von Staaten als einzelne Rechtssubjekte und nicht um die globale Gemeinschaft der Staaten insgesamt oder die Gemeinschaft der reichen Staaten. Dennoch glaube ich, dass meine Überlegungen auch für eine solche Gemeinschaft

G. Schweiger, *Essays zur Philosophie der Kindheit,* Kindheit – Bildung – Erziehung. Philosophische Perspektiven, https://doi.org/10.1007/978-3-662-66692-0_13

aller oder weniger Staaten (wie die EU) gelten, aber einige wichtige Bedingungen und mögliche Schlussfolgerungen wären anders. Zum Beispiel befasse ich mich hier nicht mit Problemen kollektiven Handelns (Thielemann und El-Enany 2010) oder der gerechten Verteilung von Flüchtlingen unter den Staaten (Holtug 2016). Zweitens werde ich davon ausgehen, dass die Kapazität von Staaten, Flüchtlinge aufzunehmen, begrenzt ist und dass diese Begrenztheit der Kapazität auch entscheidend für die Bestimmung ihrer moralischen Verpflichtungen gegenüber Flüchtlingen ist. Obwohl ich glaube, dass es – in einer besseren Welt – möglich wäre, dass (fast) alle, die Zuflucht brauchen, Zuflucht erhalten könnten, wenn die globale Staatengemeinschaft zusammenarbeiten würde, ist das Szenario, das mir für diesen Beitrag vorschwebt, realistischer und ich gehe davon aus, dass einige Staaten mit viel mehr Flüchtlingen konfrontiert sind, als sie aufnehmen können, weil andere Staaten sich weigern, ihren Teil der Verantwortung zu tragen. Einige Staaten sind also mit der Notwendigkeit konfrontiert, eine Entscheidung zu treffen, welche Flüchtlinge sie aufnehmen, weil andere Staaten nicht bereit sind, diese aufzunehmen. Ich denke, das ist eine zutreffende Beschreibung der heutigen Situation, zum Beispiel in der EU, wo einige Staaten sich weigern, Flüchtlinge aufzunehmen. Obwohl alle Staaten der EU deutlich mehr tun könnten und keiner von ihnen derzeit mit der Zahl der aufgenommenen Flüchtlinge überfordert zu sein scheint, vermute ich, dass ein Staat allein, zum Beispiel Österreich, Schweden oder Lichtenstein, in vielerlei Hinsicht (wirtschaftlich, sozial, aber auch moralisch) überfordert wäre, wenn er versuchen würde, die Zahl aller Flüchtlinge, die einwandern wollen, zu schultern. Drittens: Einige Staaten wollen also das Richtige tun, können aber die mangelnden Anstrengungen der vielen anderen Staaten, die ihre moralischen Verpflichtungen gegenüber Flüchtlingen ignorieren, nicht (ausreichend) kompensieren. Daher müssen diese Staaten eine Auswahl treffen und einen Teil der Flüchtlinge abweisen. Ich denke nicht darüber nach, wie man festlegen kann, wie viele Flüchtlinge ein Staat aufnehmen sollte und auf welcher Grundlage ein Staat über diese Zahl entscheiden könnte. Radikale Lösungen schlagen vor, dass ein Staat die moralische Verpflichtung hat, so viele Flüchtlinge wie möglich aufzunehmen, und dass die Grenze erst dann erreicht ist, wenn das Wohlergehen der Bürger:innen dieses Staates genauso gering wird wie das Wohlergehen der Flüchtlinge, die außerhalb seiner Grenzen warten. Andere wie David Miller (Miller 2016) argumentieren, dass ein Staat und seine Bürger:innen ein politisches Recht auf Selbstbestimmung haben, das es ihnen erlaubt, ihre Grenzen zu schließen, nachdem eine recht kleine Anzahl von Flüchtlingen aufgenommen wurde. Ich bin diesbezüglich agnostisch, ich gehe in meinem Szenario einfach davon aus, dass mehr Flüchtlinge einreisen wollen, als der Staat moralisch verpflichtet ist, aufzunehmen. Viertens gehe ich davon aus, dass alle diese Flüchtlinge, die einreisen wollen, einen legitimen moralischen Anspruch haben, als Flüchtlinge aufgenommen zu werden. Obwohl ich diesen moralischen Anspruch nicht darauf beschränken möchte, dass er mit dem derzeit unter der Genfer Konvention gewährten Recht auf Asyl kongruent ist, ist diese These für mein Argument nicht entscheidend. Das Szenario, das mir vorschwebt, scheint sowohl unter einer breiteren als auch unter einer engeren Auslegung der Frage, wer einen legitimen moralischen Anspruch auf Zuflucht hat, plausibel zu sein. Davon abgesehen glaube ich, dass dieser moralische Anspruch in erster Linie ein Anspruch ist, den die Flüchtlinge gegenüber der globalen Staatengemeinschaft als kollektive moralische Verpflichtung haben, aber da nicht jeder Staat kooperationsbereit ist, stehen einige wenige Staaten vor der Situation, dass sie mit einer großen Anzahl von Menschen mit moralischem Anspruch auf Zuflucht konfrontiert sind. Fünftens wird hier eine alltägliche Definition von Kindheit verwendet, d. h. alle Menschen, die unter 18 Jahre alt sind. Die Verwendung dieser unspezifischen Kategorie von Kindheit ist deshalb relevant, weil sie in der Alltagssprache, in vielen wichtigen juristischen Dokumenten, in den Medien, in der Politik und auch in großen Teilen der Philosophie und der Migrationsforschung so verwendet wird. Dass eine weitere Differenzierung notwendig ist, um zu verstehen, was mit Bezug auf die Kategorie der Kindheit normativ gefordert werden kann, ist auch ein Anliegen dieses Artikels.

Dies ist also das Szenario, das ich analysieren werde, und wie gesagt interessiert mich eine bestimmte Frage: Sollte ein Staat bei der Auswahl der aufzunehmenden Flüchtlinge Kindern Vorrang einräumen? In den nächsten drei Abschnitten werde ich drei Argumente für eine solche Priorisierung skizzieren: a) Verletzlichkeit, b) Effizienz und c) Lebensphase und Lebensspanne. Das Argument der Verletzlichkeit verweist zum einen auf das größere Leid, das minderjährigen Flüchtlingen widerfährt, und zum anderen auf ihren erhöhten Bedarf an Schutz und Fürsorge. Das Effizienzargument verweist auf die Annahme, dass Kinder kostengünstiger und leichter in die Aufnahmegesellschaft integriert werden können, was u. a. die Zahl der aufnehmbaren Flüchtlinge erhöht. Schließlich hat es den Anschein, als sollten Staaten Kindern allein deshalb Vorrang einräumen, weil sie jünger sind, was bedeutet, dass sie im Vergleich zu Erwachsenen bisher weniger von ihrem Leben gehabt und daher einen moralischen Anspruch darauf haben, in den Genuss ihres eigenen „fairen Anteils“ an Lebensjahren zu kommen. Aus diesen Gründen ergibt sich ein prima-facie-Argument, Kinder zu bevorzugen. Wie ich in Abschnitt 4 zeigen werde, gelten diese Gründe in gewissem Maße auch für bestimmte Gruppen von Erwachsenen wie Frauen, ältere Menschen oder Menschen mit besonderen Bedürfnissen. Auf dieser Grundlage komme ich in Abschnitt 5 zu dem Schluss, dass die Staaten erhebliche Ressourcen investieren sollten, um diejenigen herauszufiltern, die am bedürftigsten und verletzlichsten sind, auch wenn dies nur mit einigen Einschränkungen möglich ist. Nur wenn ein solcher Auswahlprozess unmöglich oder so kostspielig und zeitaufwendig wäre, dass deutlich weniger Flüchtlinge aufgenommen werden könnten, hätten die Staaten gute moralische Gründe, Kinder ohne weitere Prüfung zu bevorzugen.

Zur Verletzlichkeit von minderjährigen Flüchtlinge

Ein erstes Argument für eine Priorisierung von minderjährigen Flüchtlingen lässt sich aus der besonderen Verletzlichkeit von Kindern ableiten. Die normative Bedeutung von Verletzlichkeit im Allgemeinen (Straehle 2017) und die von

Kindern im Vergleich zu Erwachsenen im Besonderen (Hurst 2015; Mullin 2014; Gheaus 2017) hat in den letzten Jahren einige Aufmerksamkeit erhalten. Der Verweis auf Verletzlichkeit ist auch in vielen öffentlichen und politischen Kontexten wie der Gesundheitsversorgung und den sozialen Diensten präsent und wird verwendet, um eine besondere Behandlung von Kindern und anderen als verletzlich geltenden Gruppen zu rechtfertigen. Er wird auch häufig in Gesetzestexten verwendet. Im Rahmen dieses Beitrags, der der Komplexität des Konzepts nicht gerecht werden kann, wird die Verletzlichkeit von Kindern als eine dynamische Eigenschaft verstanden, die eng mit den Entwicklungsprozessen verbunden ist, die die Kindheit sowohl als soziale als auch als biologische Phase kennzeichnen (Schweiger und Graf 2017).

Eine erste sinnvolle Unterscheidung ist die zwischen inhärenter und situativer Verletzlichkeit. Nach meinem Verständnis, das sich von dem von Carolyn Mackenzie, Wendy Rogers und Susan Dodds (Mackenzie et al. 2014) leicht unterscheidet, bezieht sich inhärente Verletzlichkeit auf die körperliche und seelische Verletzlichkeit von Kindern und ihrer Entwicklung. Ein gutes Beispiel ist das Risiko einer schweren und dauerhaften Hirnverletzung, wenn ein Baby geschüttelt wird. Situative Verletzlichkeit bezieht sich auf soziale Praktiken und Normen im Leben von Kindern, die Kinder verletzlich machen. Klassiker für eine situative Verletzlichkeit sind Kinderarbeit und wirtschaftliche Ausbeutung. Sowohl inhärente als auch situative Verletzlichkeit sind mit anderen Eigenschaften eines Kindes wie Geschlecht, sexueller Orientierung, Hautfarbe oder Klasse verwoben. Die inhärente und situative Verletzlichkeit von Mädchen und Jungen unterscheidet sich, basierend unter anderem auf biologischen Differenzen wie auch geschlechtsbezogenen sozialen Normen und Praktiken. Darüber hinaus ist sowohl die inhärente als auch die situative Verletzlichkeit von Kindern im Laufe der Kindheit dynamisch. Einige Verletzlichkeiten nehmen ab, wenn Kinder heranwachsen und reifer werden, andere treten in das Leben der Kinder ein, wenn sie älter werden. Ein Baby, das noch nicht krabbeln oder laufen kann, ist völlig auf die Fürsorge anderer angewiesen, aber es kann sich nicht selbst verletzen, indem es auf die Straße läuft oder den Herd anstellt. Außerdem impliziert die dynamische Verletzlichkeit von Kindern, dass sie in ihrer Entwicklung geschädigt werden können, mit manchmal dauerhaften Folgen. Ich habe bereits den Fall des geschüttelten Babys erwähnt, ein anderes Beispiel wäre Stunting oder Wasting, beides Folgen von Unterernährung. Wenn ein solcher Schaden nicht verhindert wird, kann er später oft nicht mehr rückgängig gemacht (oder geheilt) werden.

Das auf Verletzlichkeit basierende Argument für eine Priorisierung von minderjährigen Flüchtlingen lautet, dass sie verletzlicher sind als erwachsene Flüchtlinge, weil die inhärente und situative Verletzlichkeit von Kindern größer ist. Die Begründung ist hier, dass Staaten minderjährigen Flüchtlingen Vorrang einräumen sollten, weil sie vulnerabler sind als erwachsene Flüchtlinge und Verletzlichkeit keine neutrale Eigenschaft ist, sondern mit moralischen Verpflichtungen einhergeht. Dies sind zum einen Pflichten, verletzliche Menschen zu schützen (protection) und zum anderen Pflichten, für sie zu sorgen (care). Größere Verletzlichkeit ist mit stärkeren moralischen Ansprüchen verbunden. Die Verletzlichkeit von minderjährigen Flüchtlingen ist größer, weil Kinder im Vergleich zu Erwachsenen mit größerer Wahrscheinlichkeit geschädigt werden, schwerer geschädigt werden und auf besondere Weise geschädigt werden, wenn sie in der Situation, aus der sie fliehen, bleiben müssten (UNICEF 2016; Manion 2018; Hopkins und Hill 2008). Auch die Flucht selbst birgt ein größeres Schadensrisiko für Kinder (Donato und Sisk 2015; Kanics et al. 2010). Kinder können sich nicht selbst vor den Schäden und Verletzungen schützen, die ihnen durch Krieg, Gewalt oder Hunger zugefügt werden, weil ihnen dafür die körperlichen und geistigen Fähigkeiten fehlen und weil sie keine wirtschaftlichen, sozialen oder politischen Ressourcen besitzen. Aber diese Unfähigkeit, sich selbst zu schützen, ist nur die eine Seite der Verletzlichkeit von Kindern. Die andere ist, dass Kinder Fürsorge und Pflege brauchen, um sich normal zu entwickeln und um gesund oder sogar am Leben zu bleiben. Mehr als Erwachsene sind Kinder in größerer Gefahr, durch Vernachlässigung und das Fehlen der Fürsorge durch Bezugspersonen und Erziehungsberechtigte, wie z. B. die Versorgung mit Nahrung oder Bildung, geschädigt zu werden. Darüber hinaus können einige Arten von Schäden, die bei Erwachsenen nur milde Folgen haben, bei Kindern aufgrund ihrer Entwicklungsbedürfnisse lebenslange und irreversible Folgen haben, z. B. sind Erwachsene robuster darin, Phasen der Unterernährung oder Akte körperlicher Gewalt zu widerstehen. Dies ist ein wesentlicher Teil der inhärenten Verletzlichkeit von Kindern, die im Kontext von minderjährigen Flüchtlingen, den Ländern, aus denen sie fliehen, und den Orten, an denen sie enden werden, wenn ihnen kein Schutz gewährt wird, besonders virulent wird. Die situative Verletzlichkeit von minderjährigen Flüchtlingen macht es also sehr viel wahrscheinlicher, dass ihnen Schaden zugefügt wird. Das bedeutet, dass die inhärente Verletzlichkeit von Kindern durch Krieg, schwere Armut oder Diktatur gefährdet ist und dass Kinder Gefahr laufen, unversorgt, ungeschützt, ausgebeutet oder verletzt zu werden. Allerdings ist die Flucht für Kinder oft keine Option, weil ihnen die Mittel dazu fehlen, und sie stecken fest (Schweiger 2016). Ich werde dieses Problem hier nicht genauer erörtern, da sich das von mir untersuchte Szenario auf jene Kinder bezieht, die aktiv auf der Flucht sind und Zuflucht suchen.

Die Effizienz der Aufnahme von minderjährigen Flüchtlingen

Ein weiteres Argument für die Priorisierung von minderjährigen Flüchtlingen ist, dass ihre Aufnahme besonders effizient ist. Die Frage ist hier also nicht, wen der Staat aufnehmen soll, um die verletzlichste Gruppe zu schützen, sondern wen er aufnehmen soll, wenn er die Aufnahme so effektiv wie möglich gestalten will. Effektivität ist vor allem ein instrumenteller Wert, der realisiert werden soll, um andere Werte oder Ziele bestmöglich zu erreichen. Ich werde vier dieser Werte diskutieren: niedrige wirtschaftliche Kosten, kultureller Frieden, bessere langfristige Ergebnisse oder die Maximierung der Anzahl der Menschen, die aufgenommen werden können. Inwieweit diese Ziele moralisch gerechtfertigt sind oder hinter anderen moralischen Überlegungen zurückstehen sollten (z. B. ist es eine moralische Pflicht, alle Flüchtlinge aufzunehmen, auch wenn dadurch das nationale Wohlfahrtssystem zusammenbricht?), ist umstritten und ich bin diesbezüglich agnostisch. Wichtig ist, dass diese Ziele eine gewisse normative Kraft beanspruchen können und dass sie auf diese Weise in der philosophischen und politischen Debatte verwendet werden.

Ich möchte hier zwei verschiedene Bedeutungen von Effizienz unterscheiden. Einerseits ist damit gemeint, dass die Aufnahme von Kindern für den aufnehmenden Staat aus interner Sicht effizienter ist, zum Beispiel weil sie seine wirtschaftliche Entwicklung stärkt. Zum anderen bedeutet es, dass sie für andere Ziele, die der aufnehmende Staat neben inneren Interessen erreichen will, effizienter sind. Solche anderen Ziele wären, dass der aufnehmende Staat insgesamt möglichst vielen Menschen helfen will, um zukünftige Kosten für Entwicklungshilfe zu vermeiden, die Armut in der Welt zu bekämpfen, oder Frieden zu schaffen, wenn Krieg eine der Hauptursachen für die Flucht ist. Ich werde nicht alle möglichen Ziele untersuchen, die ein Staat innen- oder außenpolitisch erreichen will, sondern mich auf ein paar typisierte Optionen beschränken.

Option eins lautet, dass der Staat ein Interesse an seinem wirtschaftlichen Wohlergehen hat und in dem Wissen, dass die Aufnahme von Flüchtlingen kostspielig ist, versucht, die Kosten so gering wie möglich zu halten. Die Kosten niedrig zu halten, wird auch deshalb als lohnendes Ziel angesehen, weil es dem Staat erlaubt, die Mehrheit seiner derzeitigen Bevölkerung an Bord zu holen, die ansonsten nicht von der Notwendigkeit überzeugt wäre, die Gewährung von Asyl (für eine so große Zahl von Menschen) allein aus moralischen Gründen zu unterstützen. Nun kann der Staat die kurzfristige oder die langfristige Kosteneffizienz betrachten, und ich vermute, dass der Staat, abgesehen von politischer Kurzsichtigkeit, in den meisten Fällen ein Interesse daran hat, Letzteres zu priorisieren. Der Staat wird also diejenigen Flüchtlinge bevorzugen, die über den gesamten Zeitraum ihres Aufenthalts die beste Gesamtbilanz von Kosten und Ausgaben aufweisen. Die letzte Bedingung macht die Berechnung besonders schwierig. Bei einem kurzen Aufenthalt von Flüchtlingen scheint es so zu sein, dass diejenigen am günstigsten sind, die über hohe Qualifikationen verfügen und leicht in den Arbeitsmarkt zu integrieren sind. Dies sind höchstwahrscheinlich gesunde Erwachsene, vorzugsweise Männer, die keine Betreuungspflichten haben. Wenn Flüchtlinge für einen längeren Zeitraum bleiben, sagen wir 40+Jahre, und schließlich vollwertige Mitglieder der aufnehmenden Gesellschaft werden sollen, scheint es, als ob Kinder einige Vorteile haben, weil sie in der aufnehmenden Gesellschaft sozialisiert und erzogen werden können, was Sprachbarrieren und andere Probleme wie den Mangel an einschlägigen Fähigkeiten und Qualifikationen reduziert. In der ökonomischen Literatur scheint ein gewisser Konsens darüber zu bestehen, dass Migration insgesamt vorteilhaft ist – auch wenn der Nutzen gering ist – und dass das Alter eines der entscheidenden Merkmale ist, da jüngere Migrant:inn:en dem aufnehmenden Staat eher nützen (Kerr und Kerr 2011). Das Alter bei der Einreise scheint eine wichtige Rolle für den Integrationserfolg und die spätere wirtschaftliche Leistung zu spielen, und dieser Effekt ist besonders bei jüngeren Kindern vorhanden (Hermansen 2017). Eine weitere Evidenz, die in die Richtung von Kindern weist, ist, dass Sprachkenntnisse deutliche positive Auswirkungen auf Löhne und sozioökonomischen Status sowie andere relevante Ziele, wie Gesundheit, haben. Eine aktuelle Studie schlägt vor, dass aus diesem Grund Familien mit jüngeren Kindern in Migrationsprogrammen bevorzugt werden sollten, da dies das Wohlergehen potenzieller Zuwanderer:innen der ersten und zweiten Generation deutlich verbessern würde (Guven und Islam 2015). Angesichts der Tatsache, dass die meisten Flüchtlinge, die derzeit nach Europa und in andere hochentwickelte Länder kommen, nicht über die gewünschten Fähigkeiten und Kenntnisse verfügen und ihre Ausbildung kostspielig und zeitaufwendig ist und oft keine vielversprechenden Ergebnisse zeigt (Newman et al. 2018; Lundborg 2013), scheint dies für eine Priorisierung von Kindern zu sprechen.

Option zwei ist, dass der Staat ein Interesse an kultureller Integration hat und die Integration so reibungslos wie möglich gestalten möchte. Er möchte sogenannte „Parallelgesellschaften" und Spannungen zwischen der „alten" Bevölkerung und den „neuen" Mitgliedern seiner Gesellschaft sowie Spannungen zwischen Subgruppen innerhalb der Flüchtlingspopulation vermeiden (Lentin und Titley 2012). Dass solche Spannungen entstehen können, ist nichts Neues, auch wenn in Frage gestellt wurde, in welchem Ausmaß sie wirklich existieren und wie sie zustande kommen. Darüber hinaus kann der Wert eines solchen sozialen und kulturellen „Friedens" hinterfragt werden – welchen Wert hat er in einer liberalen und pluralistischen Gesellschaft – und was sind die Mittel, um ihn zu erreichen (Holtug 2010)? Ich glaube, dass eine solche soziale und kulturelle Integration viele Formen annehmen kann und dass eine dünne Version davon – eine Integration, die sich auf einen kleinen Satz von Kernwerten konzentriert – in den meisten Theorien der Gerechtigkeit akzeptabel ist (Mackenzie 2010). Die Überzeugung vom gleichen moralischen Status aller Menschen, unabhängig von Alter, Geschlecht, Hautfarbe oder sexueller Orientierung, oder das unscharfe Konzept der sozialen Gleichrangigkeit aller Mitglieder einer Gesellschaft wäre ein Beispiel dafür. Wie bei der ökonomischen Effizienz kann eine solche kulturelle Effizienz nur auf der Grundlage von Kenntnissen über die Flüchtlingspopulation bemessen werden. Handelt es sich um Menschen mit einem ähnlichen kulturellen (oder rechtlichen) Hintergrund oder nicht? Wie wahrscheinlich ist es, dass es aufgrund kultureller Unterschiede zu Spannungen kommt? Welchen Einfluss hat das Trauma von Armut, Krieg, Gewalt und Flucht? Ich kann hier nicht in die Tiefe gehen und die Evidenz ist, soweit ich weiß, auch nicht sehr stark in dieser Hinsicht, aber angesichts des Entwicklungspotenzials von Kindern scheint es für sie einfacher zu sein, sich an eine neue Kultur anzupassen und zu lernen, sich leichter und schneller zu integrieren, als es für Erwachsene der Fall wäre (Fokkema und de Haas 2015).

Option drei ist, dass der Staat die langfristigen Auswirkungen sowohl für diejenigen, denen Zuflucht gewährt wird, als auch für diejenigen, denen Zuflucht verweigert wird, berücksichtigt. Die Fragen, die bei all diesen Berechnungen eine Rolle spielen, sind komplex und sehr umstritten, auch in der Philosophie, aber einige Forschungsergebnisse deuten darauf hin, dass es effizienter wäre, Kinder zu bevorzugen, um größere zukünftige Schäden zu vermeiden, die sowohl schwerer als auch teurer zu kompensieren sind (Doyle et al. 2009; Heckman 2006). Ein Beispiel ist der Gesundheitsbereich, wo es bestimmte präventive Maßnahmen gibt, die im Kindesalter recht kostengünstig sind, wie z. B. Impfungen. Befürworter:innen des Effizienzarguments werden darauf hinweisen und argumentieren, dass es effizienter ist, viel mehr Kinder zu impfen, als diese Mittel für die Behandlung von viel weniger Erwachsenen zu verwenden. Ebenso kann argumentiert werden, dass es effizienter ist, mehr minderjährigen Flüchtlingen zu helfen, anstatt diese Mittel in die Unterstützung erwachsener Flüchtlinge zu investieren. Auf ähnliche Argumente werde ich im nächsten Abschnitt zurückkommen.

Die vierte Option ist, dass der Staat daran interessiert ist, so viele Menschen wie möglich aufzunehmen. Dies hängt wiederum mit den beiden oben diskutierten Punkten zusammen, denn wenn die Kosten niedrig sind (sowohl die finanziellen als auch die sozialen Kosten), ist es wahrscheinlich, dass mehr Flüchtlinge aufgenommen werden können. Wenn der Staat für jedes Flüchtlingskind 100 € und für jeden erwachsenen Flüchtling 1.000 € ausgeben muss, kann er mit dem gleichen Geldbetrag zehnmal so viele Kinder wie Erwachsene unterstützen. Solche Berechnungen sind immer mit Unsicherheiten verbunden und basieren auf früheren Erfahrungen und diskutablen Annahmen über zukünftige Entwicklungen, aber sie sind dennoch notwendig, um langfristige politische Entscheidungen zu treffen. Außerdem: Wenn eine Investition von 1.000 € 10 Kinder vor schwerem Leid bewahrt, während die gleiche Investition nur eine:n Erwachsene:n vor leichtem Leid bewahrt, scheint es effizienter zu sein, das Geld für die Kinder auszugeben. Dies findet seine Entsprechung in der Prioritätensetzung im Gesundheitswesen.

Alter und minderjährige Flüchtlinge

Ein drittes mögliches Argument, um die Priorisierung von minderjährigen Flüchtlingen zu unterstützen, kann aus der Bioethik entlehnt werden, wo die Zuteilung von knappen Ressourcen (wie Organen oder medizinischer Versorgung) diskutiert wird. Es scheint mir, dass in der Bioethik ein mehr oder weniger robuster Konsens darüber besteht, dass das Alter ein moralisch relevantes Kriterium ist und dass daher Kinder in solchen Fällen von Knappheit priorisiert werden sollten. Dieses Argument behauptet also nicht, dass Kinder verletzlicher sind oder dass es (ökonomisch oder kulturell) effizienter ist, Kinder aufzunehmen, sondern dass minderjährige Flüchtlinge aufgenommen werden sollten, weil sie jünger sind als erwachsene Flüchtlinge und die wenigen Jahre, die sie gelebt haben und die vielen Jahre, die sie voraussichtlich noch leben werden, moralische Ansprüche auf eine vorrangige Behandlung begründen. Eine Erklärung dafür ist das Fair-Innings-Argument (Nord 2005), das besagt, dass die gesundheitlichen Bedürfnisse von Kindern vorrangig behandelt werden sollten, weil sie ihre fair innings im Leben noch nicht hatten, während ältere Menschen diese bereits hatten. Das

Fair-Innings-Argument kann zwei Formen annehmen: Entweder es definiert einen Schwellenwert, z. B. 70 Jahre, und diskriminiert alle, die über diesem Schwellenwert liegen, weil sie ihren fairen Anteil an Lebenszeit gehabt haben, oder es kann zur Diskriminierung in Fällen verwendet werden, in denen der Altersunterschied erheblich ist, z. B. zwischen einer Zehnjährigen und einer Vierzigjährigen. Die Befürworter:innen des Fair-Innings-Arguments würden nicht behaupten, dass die Vierzigjährige ihre Fair Innings bereits hinter sich hat, aber sie würden behaupten, dass sie ihr Leben schon länger genossen hat als die Zehnjährige, was bedeutet, dass die Zehnjährige bevorzugt werden sollte, um ihr die Chance zu geben, auch noch weitere dreißig Jahre zu leben. Andere haben sich für ein Lebenszyklus-Argument ausgesprochen, das besagt, dass jeder Mensch die Möglichkeit haben sollte, alle Lebensabschnitte – zum Beispiel: Kindheit, Jugend, junge Erwachsenenjahre, reife Erwachsenenjahre, Alter, Hohes Alter – eines „normalen" Lebens zu durchleben, weil jeder Lebensabschnitt für sich wertvoll ist und jeder Mensch die Möglichkeit haben sollte, ihn zu erleben (Emanuel und Wertheimer 2006). Das Argument der „fair innings" betrachtet nur die Länge des Lebens und dagegen wurde argumentiert, dass das kein guter Maßstab ist und dass wir stattdessen die qualitätsbereinigten Lebensjahre betrachten sollten (Ottersen 2013). Wenn man feststellt, dass die Vierzigjährige noch zehn Jahre mit einer angemessenen Lebensqualität leben können, während die Zehnjährige nur drei Jahre mit einer angemessenen Lebensqualität leben werden, sollten wir die Vierzigjährige bevorzugen. Betrachtet man aber die Bevölkerungsebene, so begünstigt diese Kinder, weil Kinder im Allgemeinen eine größere Erwartung an verbleibenden Jahren mit guter Lebensqualität haben als Erwachsene. Da sich meine Argumentation auf die Population der Kinder bezieht, gehe ich davon aus, dass sowohl die Argumente der fair innings als auch die der Lebensqualitätsjahre für die Priorisierung von Kindern sprechen.

Eine Anwendung dieser Argumente auf die Fragestellung dieses Artikels liegt nahe. Minderjährige Flüchtlinge sind jünger als erwachsene Flüchtlinge und sie werden davon profitieren, dass sie Asyl bekommen. In einigen Situationen sind Flüchtlinge mit lebensbedrohlichen Situationen konfrontiert (vergleichbar mit der Situation bei lebenswichtigen Organtransplantationen), aber in viel mehr Situationen wird die Gewährung oder Verweigerung von Asyl ihr Wohlergehen stark beeinflussen, und zwar in verschiedenen Dimensionen und anhand vieler verschiedener Messgrößen (z. B. Fähigkeiten, subjektives Wohlbefinden oder Grundbedürfnisse). Wenn also die Situation aller Flüchtlinge ziemlich ähnlich ist, sie sich aber im Alter unterscheiden, sollte der Staat zu dem Schluss kommen, dass er eine moralische Verpflichtung hat, Kinder zu priorisieren, weil sowohl das Fair-Innings-Argument als auch das Argument, die qualitätsangepassten Lebensjahre zu maximieren, in diese Richtung weisen.

Die Unschärfe der realen Welt

Bislang habe ich drei Argumente für eine Priorisierung von minderjährigen Flüchtlingen diskutiert. Der Einfachheit halber nehme ich an, dass alle drei Argumente mehr oder weniger die gleiche normative Kraft haben und dass sie alle mehr oder weniger robust sind, obwohl ihre Belastbarkeit von bestimmten theoretischen und empirischen Voraussetzungen abhängt, auf die ich nicht näher eingehen kann. Darüber hinaus scheinen sie im Fall von minderjährigen Flüchtlingen alle zur gleichen Schlussfolgerung zu gelangen, sodass es nicht notwendig zu sein scheint, sie zu ordnen und zu entscheiden, welches Argument Vorrang vor dem anderen haben sollte. Für den Rest dieses Artikels bin ich daran interessiert, die Gründe für eine Priorisierung von Kindern aufgrund ihrer Verletzlichkeit, ihrer Effizienz und ihres Alters zu hinterfragen und zu diskutieren. Ich beginne mit dem Argument der Verletzlichkeit und gehe dann zum Argument der Effizienz und des Alters über.

Das wichtigste Gegenargument gegen die Schlussfolgerung, dass minderjährige Flüchtlinge wegen ihrer Verletzlichkeit priorisiert werden sollten, basiert auf zwei Beobachtungen. Erstens: Die Gruppe der Kinder umfasst Menschen mit großen Unterschieden in ihren Eigenschaften und Fähigkeiten. Die Verletzlichkeit eines Babys ist nicht die gleiche wie die einer Achtjährigen und die Verletzlichkeit der Letzteren unterscheidet sich in vielen Aspekten von der eines Teenagers (Schweiger und Graf 2017; Graf und Schweiger 2017). Kinder unterscheiden sich aber auch innerhalb von Altersgruppen, individuell und zwischen den Geschlechtern. Manche Kinder, also Teenager, weisen mehr oder weniger die gleichen Eigenschaften und Fähigkeiten – und damit die gleiche Verletzlichkeit – auf wie Erwachsene. Zweitens sind einige Erwachsene nicht nur genauso verletzlich wie ältere Kinder, sondern wie sehr junge Kinder (Dixon und Nussbaum 2012). Sehr alte Menschen, kranke und verletzte Erwachsene, Erwachsene mit schweren Behinderungen und so weiter müssen ebenfalls berücksichtigt werden. Darüber hinaus gibt die Unterscheidung zwischen inhärenter und situativer Verletzlichkeit einen Einblick in die soziale Rahmung von Verletzlichkeit, und aus dieser Perspektive können bestimmte Gruppen von Erwachsenen als ebenso verletzlich oder sogar verletzlicher als Kinder betrachtet werden. In einer patriarchalischen Gesellschaft, die Gewalt gegen Frauen nicht verurteilt, aber in den Schutz von Männern von ihrer Geburt an investiert, sind Frauen verletzlicher als männliche Kinder. Ebenso wären Kinder, die einer herrschenden und privilegierten Gruppe angehören, in einer klassistischen oder rassistischen Gesellschaft besser geschützt als Erwachsene der unterdrückten Bevölkerungsgruppe. Es ist unter solchen Bedingungen zwar richtig, dass viele Kinder verletzlicher sind als Erwachsene, aber nicht alle. Das verkompliziert die Sache, wahrscheinlich bis zu dem Punkt, an dem die Annahme, dass Kinder und damit auch minderjährige Flüchtlinge prinzipiell und immer verletzlicher sind, nicht mehr gültig ist und eine Priorisierung von Kindern nicht mehr rechtfertigen kann. Vielmehr muss ein Staat, der die verletzlichsten Personen schützen will, tiefer in die Materie einsteigen.

Zum Teil lassen sich die bisher genannten Probleme lösen, wenn man die Gruppe der Kinder auf jüngere Kinder eingrenzt. Wenn man ältere Jugendliche in die Gruppe der Kinder einbezieht, werden die Unterschiede zu Erwachsenen immer weniger deutlich, und es finden sich mehr Kinder, die ähnliche Eigenschaften und Fähigkeiten wie Erwachsene zeigen. Dennoch sind damit nicht alle Probleme gelöst. Manche Erwachsene befinden sich auf dem gleichen kognitiven Niveau wie sehr junge Kinder. Der Verweis auf das Entwicklungspotenzial von Kindern kann hier einige Schwierigkeiten lösen, aber wahrscheinlich nicht alle. Es ist richtig, dass sich Kinder von Erwachsenen mit Behinderungen und von älteren Menschen dadurch unterscheiden, dass sie Erwachsene werden und dass die Grenzen ihrer Fähigkeiten nicht dauerhaft sind, sondern Teil des (natürlichen und sozialen) Prozesses des Erwachsenwerdens (Schweiger und Graf 2017). Doch leider gilt dies nicht für alle Kinder und auch manche Beeinträchtigungen von Erwachsenen sind nur vorübergehend, und sie brauchen in dieser besonderen Phase der Verletzlichkeit Schutz und Pflege. Außerdem ist die Herabsetzung der Altersgrenze mit gewissen (moralischen) Kosten verbunden. Dadurch werden viele Kinder benachteiligt, nur weil einige andere Kinder reifer sind und eine schnellere Entwicklung oder bestimmte Eigenschaften und Fähigkeiten aufweisen, die sie (noch) nicht besitzen. Selbst wenn man die Priorisierung auf sehr junge Kinder beschränkt, stellt sich immer noch die Frage, wo man die Grenze zwischen denjenigen, die eine bevorzugte Aufnahme verdienen, und denen, die nicht jung genug sind, zieht. Es gibt auch die Frage der biologischen Unterschiede zwischen Jungen und Mädchen, da Mädchen in einigen Bereichen der Entwicklung schneller reif werden als Jungen.

Die obigen Ausführungen zur Verletzlichkeit, die dazu dienen, das normative Argument der Verletzlichkeit von Kindern zur Rechtfertigung ihrer Bevorzugung abzuschwächen, gelten auch für die Argumente der Effizienz und zum Teil auch für das des Alters. Selbst wenn die Evidenz zeigt, dass die Aufnahme von Kindern insgesamt effizienter ist als die von Erwachsenen, gilt dies nicht für jedes Kind im Vergleich zu jedem/jeder Erwachsenen. Ein behindertes Kind wird (in wirtschaftlicher Hinsicht) sein ganzes Leben lang Kosten verursachen, während ein:e gesunde:r Erwachsene:r eine größere Chance hat, sich in den Arbeitsmarkt zu integrieren und Wohlstand für sich und andere zu schaffen. Ich habe auch schon erwähnt, dass Effizienzüberlegungen sehr zeitabhängig sind. Junge Kinder aufzunehmen ist nur dann effizient (wirtschaftlich und kulturell), wenn sie für eine beträchtliche Zeit im Land bleiben und ihr Flüchtlingsstatus offen für eine dauerhafte Integration ist. Wenn das Ziel ist, die Flüchtlinge so schnell wie möglich zurückzuschicken, und dies nach ein paar Monaten (möglich ist und) getan wird, dann ändert sich die wirtschaftliche und kulturelle Perspektive auf die Effizienz der Aufnahme von Kindern erheblich. In den meisten Fällen ist eine solche kurzfristige Perspektive jedoch nicht realistisch, da – um nur zwei legitime Fluchtursachen zu nennen – die meisten gewaltsamen Konflikte über Jahre andauern und auch schwere Armut weiter besteht (abgesehen von anderen Erwägungen des aufnehmenden Staates, Flüchtlinge zum Bleiben und zur Einbürgerung zu bewegen, wenn der Staat z. B. Menschen für die Arbeitskraft braucht).

Auch das Argument, Kinder zu priorisieren, weil frühe Interventionen effizienter sind, wird bei genauerer Betrachtung unscharf. Drei Punkte sind hier besonders relevant: Erstens sind Kinder – vor allem jüngere Kinder -, wie bereits gesagt wurde, auf Betreuung angewiesen, die von Erwachsenen geleistet werden muss (Mullin 2012). Es entstehen (wirtschaftliche und soziale) Kosten für die Erwachsenen und die Institutionen, die diese Betreuungsleistungen erbringen. In den meisten Fällen sind dies die Eltern, aber auch ein System mit Pflege- oder Adoptiveltern oder eine Heimunterbringung ist kostenintensiv und die negativen Folgen solcher Unterbringungen sind in anderen Bereichen gut dokumentiert (Braitstein 2015). Vor diesem Hintergrund gerät das ökonomische Effizienzargument stark unter Druck. Zumindest kann aber davon ausgegangen werden, dass es fast immer effizienter sein wird, zumindest einen Elternteil ebenso aufzunehmen, damit die Kinder nicht in staatliche Versorgung müssen. Ungeachtet des Rechts eines Kindes auf seine Familie ist es daher für den Staat auch aus Effizienzgründen besser, Kinder nicht von ihren Eltern zu trennen, wenn der Aufwand für die elterliche Betreuung geringer ist, die Entwicklungschancen dieser Kinder besser sind und die kulturelle Integration dadurch eher gelint.

Zweitens lässt sich am Beispiel Gesundheit gut zeigen, dass Effizienzüberlegungen unübersichtlich und komplex sein können. Einerseits erzielt eine frühe Intervention bessere Ergebnisse und spart später Kosten. So profitiert ein Kind, das an Unterernährung leidet und keinen Zugang zu sauberem Wasser hat, erheblich, wenn es mit diesen Grundbedürfnissen versorgt wird. Die langfristigen Auswirkungen einer solchen Deprivation sind nachweislich schwerwiegend und oft irreversibel (Haas 2007). Andererseits sind aber nicht alle Flüchtlinge gleichermaßen depriviert und innerhalb der Flüchtlingspopulation ist es so, dass viele Kinder lediglich Maßnahmen zur Behebung milderer Deprivationen benötigen, während eine große Gruppe von Erwachsenen in ihrem Wohlergehen stark gefährdet ist. Dann erscheint es plausibel, diejenigen zu priorisieren, deren Wohlergehen stärker gefährdet ist. Außerdem ist es plausibel anzunehmen, dass ein:e Erwachsene:r, der/die an Unterernährung leidet und keinen Zugang zu sauberem Wasser hat, bereits unter solch harten Bedingungen aufgewachsen ist und dafür eine Entschädigung (und Anerkennung des Fehlverhaltens) verdient (Walker 2006). Es ist nicht klar, wie wir vergangene, aktuelle und zukünftige Schäden miteinander vergleichen oder gar verrechnen sollen und ob die zukunftsorientierte Effizienz in allen Fällen priorisiert werden sollte.

Drittens basiert das Effizienzargument darauf, welche Kinder mit welchen Erwachsenen verglichen werden. Der Fall ist hier analog zu den Einwänden gegen das Argument der Verletzlichkeit und dem der Lebensjahre. Es ist sicherlich ökonomisch und kulturell am effizientesten, eine Gruppe von gut ausgebildeten erwachsenen Flüchtlingen aufzunehmen, die aus einem ähnlichen kulturellen Hintergrund mit der gleichen Sprache wie im Aufnahmeland kommen. Das Effizienzargument basiert also auf der Annahme, dass die Gruppe der aufzunehmenden Flüchtlinge hauptsächlich aus Menschen besteht, deren Integration mit hohen Kosten und einem hohen Risiko des Scheiterns verbunden ist. In der realen Flüchtlingssituation wird dies in unterschiedlichem Maße zutreffen – allerdings ist davon auszugehen, dass ein großer Teil der Flüchtlingsmigration aus dem globalen Süden in den globalen Norden (z. B. in die EU) von Menschen ausgeht, die nicht ohne Weiteres in den Arbeitsmarkt und die Gesellschaft integriert werden können (Newman et al. 2018), was allerdings nicht gegen ihre legitimen Ansprüche auf Asyl spricht.

Schließlich hängt das Argument, jüngere Menschen zu bevorzugen, von mehreren Annahmen ab. Zum einen hängt es, wie bereits erwähnt, davon ab, dass man die Auswirkungen für Individuen (und Gruppen) berechnen und abschätzen kann. Im Fall einer Organtransplantation ist das eher möglich, weil das Ergebnis oft binär ist, Leben oder Tod, und weil denjenigen, die die Entscheidung treffen, viele Informationen (aktueller Gesundheitszustand, wahrscheinlicher Krankheitsverlauf, die Auswirkungen anderer Behandlungen usw.) über diese Personen zur Verfügung gestellt werden können. Im Fall von Flüchtlingen sind die Dinge aus prinzipiellen und epistemischen Gründen, auf die ich weiter unten noch näher eingehen werde, viel komplexer und aufwändiger. Andererseits ist das Altersargument, ähnlich wie das Effizienzargument, nur zukunftsorientiert. Es berücksichtigt nicht das Leiden, dem ein:e Erwachsene:r (oder ein Kind) ausgesetzt war, bevor diese Entscheidung getroffen wurde. Die Tatsache, bereits eine längere Zeit gelebt zu haben, sagt noch wenig darüber aus, ob man seine gerechten Anteile an Lebenszeit oder qualitätsbereinigten Lebensjahren gehabt zu haben, insofern das Leben dieser Menschen durch Armut, Krieg oder Deprivation sehr schlecht gewesen sein kann. Solchen Überlegungen hinsichtlich der sozialen und nicht nur der medizinischen Qualität des bisherigen Lebens (aber auch des erwartbaren künftigen Lebens) sollte ein gewisses moralisches Gewicht beigemessen werden.

Grenzen des Wissens

Welche Schlussfolgerungen können daraus gezogen werden? Wenn die Argumente der Verletzlichkeit, der Effizienz und des Alters etwas für sich haben, aber in einem Fall für die Priorisierung eines Kindes und in einem anderen Fall für die eines/einer Erwachsenen sprechen, ist für mich die überzeugendste Schlussfolgerung, dass Staaten die Pflicht haben, über den ersten Anschein hinauszugehen und zu versuchen, herauszufinden, wem aus diesen Gründen, unabhängig vom Alter, Asyl gewährt werden sollte. Ich möchte hier jedoch nicht die Gründe erörtern, warum Menschen überhaupt ein Recht auf Asyl haben, sondern, wie eingangs erwähnt, klären, ob überhaupt und wenn ja, welche Menschen innerhalb der Gruppe derjenigen, die ein legitimes moralisches Recht auf Asyl haben, vorrangig behandelt werden sollten.

Auf den ersten Blick scheint die Schlussfolgerung, dass die Kriterien von Verletzlichkeit, Effizienz und Alter unabhängig vom Lebensalter der Flüchtlinge angewendet werden sollen, vernünftig zu sein, aber ihre Umsetzung ist mit einigen Problemen und Einschränkungen verbunden, unter anderem in Bezug auf die Informationsbasis, die für eine solche gerechte Auswahl benötigt wird, einschließlich der Kenntnis der damit verbundenen Kosten. Diese

Beschränkungen, die ich nun erörtern werde, geben letztlich genügend Argumente, um ungeachtet der oben genannten Schwierigkeiten auf die prima facie-Priorisierung von Kindern zurückzugreifen.

In der realen Welt und damit auch in der nicht-idealen Theorie, wie sie in diesem Aufsatz diskutiert wird, wird die Aufgabe, herauszufinden, wer priorisiert werden sollte, aus verschiedenen Gründen kompliziert. Auf der einen Seite gibt es Fragen der Unterschiede zwischen Kindern und Erwachsenen und innerhalb der jeweiligen Gruppen. Dies sind Fragen, die geklärt werden können, wenn mehr Wissen zur Verfügung stehen würde. Ich vermute, dass einige Kenntnisse, die helfen zu entscheiden, welche Flüchtlinge priorisiert werden sollten, erworben werden können, wenn genügend Ressourcen investiert werden. Zum Beispiel scheint es möglich zu sein, herauszufinden, wie viele der Erwachsenen hochbetagt, krank oder behindert sind, wie viele der Kinder unheilbar krank sind, über welche Fähigkeiten und Kenntnisse die Erwachsenen verfügen und ob dies die Fähigkeiten sind, die eine Integration in den Arbeitsmarkt und Gesellschaft wahrscheinlicher machen würden. Darüber hinaus gibt es Fragen, die nicht spezifisch für solche inhärenten Eigenschaften der betreffenden Kinder und Erwachsenen sind, sondern die etwas mit dem zu tun haben, was ich ihre situative Verletzlichkeit genannt habe. Wie ist die Situation in dem Land, aus dem sie fliehen? Was genau wird mit ihnen passieren, wenn ihnen Asyl verweigert wird? So können einige relevante Merkmale über Flüchtlinge und andere Informationen über ihre Situation eingeholt und berücksichtigt werden, die die Entscheidung, wer aufgenommen werden sollte, zwischen (einigen) Kindern und (einigen) erwachsenen Flüchtlingen in die eine oder andere Richtung verschieben. Das muss auch (teilweise) geschehen, um zu entscheiden, ob ihr Anspruch auf Asyl überhaupt legitim ist – eine Frage, die ich in diesem Beitrag nicht erörtere.

Andererseits vermute ich aber, dass einige relevante Informationen nicht erfasst oder richtig gewichtet werden sollen oder können. Ich folge damit Lisa Herzog (Herzog 2012) und ihrem Vorschlag, die Frage des Wissens ernst zu nehmen, wenn man eine nicht-ideale Theorie entwickelt. Eine erste Limitation ergibt sich aus der Natur der normativen Argumentation selbst. Ethische Theorien sind derart umstritten, dass man pessimistisch sein kann, dass jemals Konsens erzielt werden kann. Wie können verschiedene Arten von Leid und Schaden gewichtet werden? Wie können wir den Schaden eines Krieges gegen den Schaden von schwerer Armut abwägen? Sollten wir eine Metrik für Ungerechtigkeiten verwenden und wie können sie zusammengefasst werden, um die am meisten Benachteiligten zu identifizieren (Wolff und de-Shalit 2007)? Es gibt Antworten auf all diese Fragen, aber es gibt auch anhaltende und tiefe Meinungsverschiedenheiten zu all diesen Fragen. Selbst wenn man einige grundlegende Streitfragen (z. B. Konsequentialismus vs. Utilitarismus) beiseite lässt, gehe ich davon aus, dass immer tiefe und gut begründete Meinungsverschiedenheiten bleiben werden. Das hat einen Einfluss darauf, wie eine solche ethische Argumentation in der Politik rezipiert werden kann, um politische Entscheidungen wie jene, welche Flüchtlinge bevorzugt aufgenommen werden sollten, anzuleiten. Dazu kommen Fälle, die man als tragische Konflikte oder tragische Entscheidungen bezeichnen kann (Nussbaum 2000). In diesen Fällen sind alle Entscheidungen gleich falsch (oder gleich gut), und obwohl die letztlich getroffene Entscheidung nicht falsch ist, führt sie dazu, dass jemand anderes verletzt wird und nicht die Gerechtigkeit bekommt, die er/sie verdient. Solche tragischen Entscheidungen beruhen nicht auf einem bloßen Mangel an Wissen über die Situation, sondern sind dieser inhärent und letztlich unvermeidbar. Auch das ist eine Grenze des Wissens.

Eine zweite Art der Limitierung dessen, was über Flüchtlinge gewusst werden kann, wird durch ethische Zwänge auferlegt, die einschränken, wie ein Staat Informationen sammeln sollte und welche Art von Informationen er sammeln sollte. In dem hier diskutierten Fall von Flüchtlingen sind einige Probleme wohlbekannt: Dürfen Staaten medizinische Tests durchführen, um beispielsweise das Alter einer Person zu bestimmen (Aynsley-Green et al. 2012)? Andere Arten von Informationen wiederum implizieren, dass die betroffene Person das Recht haben sollte, zu entscheiden, diese Informationen nicht preiszugeben, oder dass sie nicht gegen sie verwendet werden dürfen.

Und schließlich gibt es eine dritte Art der Grenzen des Wissens aus kontingenten oder praktischen Gründen. Solche Gründe sind, dass die Erlangung von Wissen nicht möglich ist, weil die Quellen wie Dokumentationen, Fotos, Texte usw. verloren sind oder nie angefertigt wurden. In anderen Fällen erinnert sich die Person fehlerhaft, zum Beispiel aufgrund eines Traumas. Flüchtlinge lassen im Grunde alles zurück, was sie haben, und es kann sein, dass die Länder, die sie verlassen, keine Informationen zur Verfügung stellen oder nicht bereit sind, Informationen zur Verfügung zu stellen, oder ein Interesse daran haben, falsche Informationen zur Verfügung zu stellen, um dem Flüchtling zu schaden (zum Beispiel, wenn sie aus politischen Gründen fliehen). All dies schränkt die Möglichkeiten des aufnehmenden Staates ein, an die Informationen zu gelangen, die er benötigt, um die Stärke der konkurrierenden moralischen Ansprüche von Kindern und Erwachsenen auf Asyl gut beurteilen zu können. Außerdem ist die Bereitstellung von Informationen kostspielig und erfordert den Einsatz vieler Ressourcen, die möglicherweise nicht zur Verfügung stehen.

Wenn es diese Grenzen des Wissens gibt, dann gilt es innerhalb dieser Bedingungen zu entscheiden, wer prioritär aufgenommen werden sollte. Das Alter ist eine Information, die relativ leicht zugänglich ist, bei jüngeren Kindern gänzlich ohne alle Tests oder größere Nachforschung. Daher sollten Kinder unter solchen nicht-idealen Bedingungen bevorzugt werden, sofern keine anderen guten Gründe dagegen sprechen, die im Rahmen des Machbaren erhoben werden können.

Minderjährige Flüchtlinge: allein oder mit ihren Familien

Meine Position hier ist, dass es gute moralische Gründe für Staaten gibt, minderjährige Flüchtlinge vorrangig aufzunehmen. Aber was bedeutet das für die Familien und Eltern dieser Kinder? Dieser Text wird zu einer Zeit geschrieben, in der Staaten, insbesondere die USA, zunehmend minderjährige Migrant:inn:en und

Flüchtlinge von ihren Eltern trennen, beiden dadurch ernsthaftes Leid zufügen und Kinder unter harten Bedingungen in Haft nehmen (Lustig et al. 2004; Linton et al. 2017). Darüber hinaus gibt es in der bestehenden Literatur viele gute Argumente, warum Kinder grundsätzlich und im Kontext von Migration und Flucht ein Recht auf eine Familie haben und warum die Trennung von ihrer Familie fast immer mit großem Schmerz, Trauer und Wut verbunden ist. Diese normativen und empirisch gut untermauerten Argumente sind sehr ernst zu nehmen. Ich nehme an, dass die Priorisierung von Kindern durchaus mit einem starken moralischen Anspruch vereinbar ist, dass sie nicht von ihren Eltern (und minderjährigen Geschwistern) getrennt werden sollten. Dies spricht für eine Priorisierung der Familie als Ganzes, auch wenn aus einer kindzentrierten Perspektive argumentiert wird, die die moralischen Ansprüche der Kinder an die erste Stelle setzt, während die elterlichen Ansprüche sich an ihnen orientieren und nicht andersherum.

Dennoch scheint es mir wichtig, zunächst einmal festzuhalten, dass es sich um zwei verschiedene moralische Rechte von Kindern handelt (ein Recht auf Priorisierung und ein Recht auf Familie), die auch getrennt voneinander Gewicht und Gültigkeit haben. Es ist schwierig, diese beiden moralischen Rechte gegeneinander abzuwägen – nicht nur im Fall von Migration, sondern in allen Fällen, in denen die Trennung eines Kindes von seinen Eltern oder anderen Familienmitgliedern diskutiert werden muss.

Ein legitimer Fall der Trennung wäre, wenn andere Familienmitglieder eine Bedrohung für die Kinder darstellen – da die Familie in einigen Fällen nachweislich ein Ort von Missbrauch, Gewalt und Vernachlässigung ist. Kinder haben dann ein Recht darauf, vor einer missbrauchenden Familie geschützt zu werden, auch wenn die Herausnahme aus der Familie mit Schmerzen und Traumata verbunden ist (Berger und Slack 2014). Dies muss auch im Kontext von Migration und Flüchtlingen berücksichtigt werden. Ein anderer Fall wäre der eines sinkenden Schiffes. Wenn im Rettungsboot nicht für alle Platz ist, dann wäre es moralisch richtig, Eltern und andere Familienmitglieder zurückzulassen, wenn nur so alle Kinder gerettet werden können. Dieses Szenario ist extrem und es gibt gute Gründe zu bezweifeln, ob es der realen Flüchtlingssituation, wie wir sie heute in der Welt vorfinden, entspricht. Ich gehe davon aus, dass Staaten fast immer in der Lage sein werden, zumindest ein Elternteil aufzunehmen, ohne dadurch ihre Kapazitätsgrenzen zu überschreiten und Kinder zurückweisen zu müssen. Sollte dies jedoch der Fall sein, ist die Trennung einiger oder aller Kinder von ihren Eltern ein geringeres moralisches Übel als die Nichtaufnahme anderer Kinder, solange im Aufnahmeland eine angemessene Unterstützung und Betreuung der Kinder gewährleistet werden kann. Aber auch hier gebe ich zu, dass dies von bestimmten Annahmen abhängt, einschließlich solcher über den Schaden, der durch die Trennung entsteht, verglichen mit dem Schaden, der entsteht, wenn man keine Zuflucht erhält. Die Einzelheiten dieses Dilemmas würden den Rahmen dieses Artikels jedoch sprengen.

Ein dritter Fall ist der von unbegleiteten minderjährigen Flüchtlingen, bei dem die Auslegung des Rechts auf Familie eine große Rolle spielt. Erstens muss hier unterschieden werden, ob diese Kinder ein Recht auf Familiennachzug haben oder ob Staaten die Pflicht haben, ihre Familien nachzuholen, d. h. ihnen bei der Flucht zu helfen. Nach den auch in der Literatur weit verbreiteten Argumenten des Kindeswohls und des Rechts des Kindes auf seine Familie wäre eine eigenständige Familienzusammenführung mit mindestens einem Elternteil zu akzeptieren, sofern dadurch die Aufnahmefähigkeit des Staates für andere Kinder nicht gefährdet wird. Die aktive Familienzusammenführung ist jedoch schwieriger zu beurteilen. In Fällen, in denen die Familie nicht in der Lage ist, selbstständig zu fliehen oder einzureisen, scheint die faktische Trennung von Kinder von ihren Familien legitim, da es die Staaten überfordern würde, diesen Familien zur Flucht zu verhelfen. Ein zweiter, nicht unwesentlicher Punkt ist hier zu beachten, nämlich dass das, was hier als Familie verstanden wird, nicht eindeutig ist. Reicht es aus, wenn ein Elternteil anwesend ist oder sind beide wichtig? Haben minderjährige Flüchtlinge ein moralisches Recht darauf, nicht von ihren (vielleicht schon erwachsenen) Geschwistern und anderen nahen Verwandten getrennt zu werden? Ich kann diese Frage hier nicht zufriedenstellend beantworten, da der normative Status von nahen Verwandten prinzipiell mehr Aufmerksamkeit verdient (Lister 2010; Ferracioli 2016) und es notwendig ist, diesen Wert in einer prekären Notsituation wie der der Flucht gegen andere Werte abzuwägen. Während die Begleitung durch einen Elternteil keinen signifikanten Einfluss auf die hier vorgestellte Argumentationsstruktur hat, müssten Vertreter:innen der Position, dass Kinder ein moralisches Recht darauf haben, mit Großfamilien und entfernten Verwandten wiedervereint zu werden, akzeptieren, dass einigen minderjährigen Flüchtlinge die Aufnahme möglicherweise verweigert werden müsste, wenn die Ressourcen und Kapazitäten des Aufnahmestaates limitiert sind.

Abschließende Bemerkungen: Priorisierung von Kindern aus praktischen Gründen

Ich glaube, es gibt ein prima-facie-Argument für die Priorisierung von minderjährigen Flüchtlingen, das auf bestimmten Verallgemeinerungen über Kinder, ihren Eigenschaften und Fähigkeiten und ihrem sozialen und moralischen Status beruht. Im Allgemeinen, wenn wir nicht mehr über den Fall wissen, sind Kinder verletzlicher als Erwachsene, es ist effektiver, sich um ihre Bedürfnisse zu kümmern, und sie haben einen starken Anspruch auf ein gerechtes Leben. Aber, wie ich in den vorherigen Abschnitten aufgezeigt habe, kann es in konkreten Fällen ungerecht sein, wenn (einige) Kinder gegenüber (einigen) Erwachsenen bevorzugt aufgenommen werden.

Die oben diskutierten Grenzen des Wissens geben Anlass zu zwei Überlegungen. Erstens führt die Forderung, herauszufinden, wer auf Basis von Verletzlichkeit, Effizienz und Alter Asyl erhalten sollte, zu Herausforderungen, von denen einige prinzipiell nicht befriedigend lösbar sind. Dies schwächt die hier entwickelte Forderung, dass der Staat sich bemühen soll herauszufinden, wen er aufnehmen soll, dahingehend ab, dass er ihr immer nur teilweise, in einigen Fällen nur unzureichend nachkommen kann. Zweitens können einige

Grenzen des Wissens nur überwunden werden, wenn der Staat willens ist, erhebliche Ressourcen zu investieren, von denen zumindest einige besser für die Aufnahme von mehr Flüchtlingen oder für eine bessere Betreuung sowohl der aufgenommenen als auch der abgelehnten Flüchtlinge verwendet werden sollten.

Dies lässt mich zu der Überzeugung kommen, dass der Staat unter zwei Bedingungen ausreichend gute Gründe hat, minderjährige Flüchtlinge zu bevorzugen. Die erste Bedingung ist extern, da sie Dinge betrifft, die außerhalb des Staates liegen. Wenn die Situation unübersichtlich ist und es unwahrscheinlich ist, dass der Staat erfolgreich feststellen kann, wer vorrangig behandelt werden sollte, weil er nur über begrenztes Wissen verfügt und diese Einschränkungen nicht ändern kann, dann kann er davon ausgehen, dass Kinder vorrangig behandelt werden sollten. Ich habe eingeräumt, dass eine solche Entscheidung – wer zu priorisieren ist – unscharf sein wird und dass es strittig ist, welche Gefahren oder Schäden in eine solche Berechnung einfließen sollten. Mögliche Lösungen können prozedural sein (zum Beispiel eine öffentliche Debatte darüber) oder substantiell, basierend auf (wissenschaftlichen) Erkenntnissen und moralischer Argumentation. Wenn sich dann zum Beispiel zeigt, dass es in der Gruppe der Asylsuchenden eine Untergruppe von Frauen gibt, denen Übergriffe, Vergewaltigung und Tod drohen, wenn ihnen die Zuflucht verweigert wird, würde das gute Gründe liefern, um diese Frauen gegenüber (älteren männlichen) Kindern, denen weniger Schaden droht, zu priorisieren. Die zweite Bedingung ist interner Natur und bringt uns sowohl zum Effizienzargument als auch zur Verteilung der Ressourcen zurück. Wenn der Staat vernünftigerweise erwarten kann, dass die Ressourcen, die er in das Screening all dieser Flüchtlinge investieren müsste, so hoch sind, dass dies seine Kapazitäten zur Aufnahme von Flüchtlingen stark einschränkt, sollte er davon absehen, diese Ressourcen zu investieren. In der Praxis gehe ich davon aus, dass dies vom Staat verlangt, einige Ressourcen zu investieren und eine Stichprobe aus der Gruppe der Flüchtlinge zu untersuchen, um auf dieser Grundlage zu entscheiden, was zu tun ist. Wenn es keine ungewöhnlichen Ergebnisse gibt, die darauf hindeuten, dass eine bestimmte Gruppe von Erwachsenen innerhalb dieser Flüchtlingsgruppe bestimmten schwerwiegenden Gefahren ausgesetzt ist, die eindeutig die Gefahren überwiegen, denen die Kinder ausgesetzt sind, dann ist es gerechtfertigt, für diese Flüchtlingsgruppe Kinder gegenüber Erwachsenen zu priorisieren, obwohl dies zu einigen Ungerechtigkeiten führen wird.

Eine solche Priorisierung von minderjährigen Flüchtlingen impliziert auch, dass der Staat genügend Gründe hat, Erwachsenen die Zuflucht zu verweigern, wenn er absehen kann, dass minderjährige Flüchtlinge in naher Zukunft Zuflucht suchen werden. Obwohl ich in dem in diesem Beitrag diskutierten Szenario davon ausgegangen bin, dass sich die asylsuchenden Kinder und Erwachsene bereits an den Grenzen des Staates befinden, glaube ich außerdem, dass die hier vorgebrachten Argumente zur Priorisierung von minderjährigen Flüchtlingen auch Forderungen nach entsprechenden humanitären Interventionen zum besonderen Schutz von Kindern, die nicht selbst fliehen können, weiter untermauert (Schweiger 2016).

Literatur

Aynsley-Green, A., T.J. Cole, H. Crawley, N. Lessof, L.R. Boag, und R.M.M. Wallace. 2012. Medical, Statistical, Ethical and Human Rights Considerations in the Assessment of Age in Children and Young People Subject to Immigration Control. *British Medical Bulletin* 102(06):17–42. https://doi.org/10.1093/bmb/lds014.

Berger, Lawrence M., and Kristen Shook Slack. 2014. 'Child Protection and Child Well-Being'. In *Handbook of Child Well-Being*, 1. Aufl., Hrsg. Asher Ben-Arieh, Ferran Casas, Ivar Frønes, und Jill E. Korbin, 2965–92. Dordrecht: Springer Netherlands. https://doi.org/10.1007/978-90-481-9063-8_120.

Braitstein, P. 2015. Institutional Care of Children in Low- and Middle-Income Settings: Challenging the Conventional Wisdom of Oliver Twist. *Global Health: Science and Practice* 3(3):330–332. https://doi.org/10.9745/GHSP-D-15-00228.

Dixon, Rosalind, und Martha Nussbaum. 2012. Children's Rights and a Capabilities Approach: The Question of Special Priority. *Cornell Law Review* 97:549–593.

Donato, Katharine M., and Blake Sisk. 2015. 'Children's Migration to the United States from Mexico and Central America: Evidence from the Mexican and Latin American Migration Projects'. *Journal on Migration and Human Security* 2(3): 58–79. https://doi.org/10.14240/jmhs.v3i1.43.

Doyle, Orla, Colm P. Harmon, James J. Heckman, und Richard E. Tremblay. 2009. Investing in Early Human Development: Timing and Economic Efficiency. *Economics & Human Biology* 7(1):1–6. https://doi.org/10.1016/j.ehb.2009.01.002.

Emanuel, Ezekiel J., und Alan Wertheimer. 2006. Who Should Get Influenza Vaccine When Not All Can? *Science* 312(5775):854–855. https://doi.org/10.1126/science.1125347.

Ferracioli, Luara. 2016. Family Migration Schemes and Liberal Neutrality: A Dilemma. *Journal of Moral Philosophy* 13(5):553–575. https://doi.org/10.1163/17455243-4681056.

Fokkema, Tineke, und Hein de Haas. 2015. Pre- and Post-Migration Determinants of Socio-Cultural Integration of African Immigrants in Italy and Spain: Determinants of Socio-Cultural Integration. *International Migration* 53(6):3–26. https://doi.org/10.1111/j.1468-2435.2011.00687.x.

Gheaus, Anca. 2017. Children's Vulnerability and Legitimate Authority Over Children. *Journal of Applied Philosophy, January*. https://doi.org/10.1111/japp.12262.

Graf, Gunter, und Gottfried Schweiger. 2017. *Ethics and the Endangerment of Children's Bodies*. Basingstoke: Palgrave Macmillan.

Guven, Cahit, und Asadul Islam. 2015. Age at Migration, Language Proficiency, and Socioeconomic Outcomes: Evidence From Australia. *Demography* 52(2):513–542. https://doi.org/10.1007/s13524-015-0373-6.

Haas, Steven A. 2007. The Long-Term Effects of Poor Childhood Health: An Assessment and Application of Retrospective Reports. *Demography* 44(1):113–135.

Heckman, James J. 2006. Skill Formation and the Economics of Investing in Disadvantaged Children. *Science* 312(5782):1900–1902. https://doi.org/10.1126/science.1128898.

Hermansen, Are Skeie. 2017. Age at Arrival and Life Chances Among Childhood Immigrants. *Demography* 54(1):201–229. https://doi.org/10.1007/s13524-016-0535-1.

Herzog, Lisa. 2012. Ideal and Non-Ideal Theory and the Problem of Knowledge: Ideal and Non-Ideal Theory and Knowledge. *Journal of Applied Philosophy* 29(4):271–288. https://doi.org/10.1111/j.1468-5930.2012.00577.x.

Holtug, Nils. 2010. Immigration and the Politics of Social Cohesion. *Ethnicities* 10(4):435–451. https://doi.org/10.1177/1468796810378320.

Holtug, Nils. 2016. A Fair Distribution of Refugees in the European Union. *Journal of Global Ethics* 12(3):279–288. https://doi.org/10.1080/17449626.2016.1251483.

Hopkins, Peter E., und Malcolm Hill. 2008. Pre-Flight Experiences and Migration Stories: The Accounts of Unaccompanied Asylum-Seeking Children. *Children's Geographies* 6(3):257–268. https://doi.org/10.1080/14733280802183981.

Hurst, Samia. 2015. Clarifying Vulnerability: The Case of Children. *Asian Bioethics Review* 7(2):126–138. https://doi.org/10.1353/asb.2015.0018.

Kanics, Jyothi, Daniel Senovilla Hernández, Kristina Touzenis, und Unesco, Hrsg. 2010. *Migrating Alone: Unaccompanied and Separated Children's Migration to Europe*, 1. Aufl. Paris: Unesco.

Kerr, Sari Pekkala, and William Kerr. 2011. 'Economic Impacts of Immigration: A Survey'. w16736. Cambridge: National Bureau of Economic Research. https://doi.org/10.3386/w16736.

Lentin, Alana, und Gavan Titley. 2012. The Crisis of "Multiculturalism" in Europe: Mediated Minarets, Intolerable Subjects. *European Journal of Cultural Studies* 15(2):123–138. https://doi.org/10.1177/1367549411432384.

Linton, Julie M., Marsha Griffin, Alan J. Shapiro, und COUNCIL ON COMMUNITY PEDIATRICS. 2017. Detention of Immigrant Children. *Pediatrics* 139(5):e20170483. https://doi.org/10.1542/peds.2017-0483.

Lister, Matthew J. 2010. Immigration, Association, and the Family. *Law and Philosophy* 29(6):717–745. https://doi.org/10.1007/s10982-010-9083-9.

Lundborg, Per. 2013. Refugees' Employment Integration in Sweden: Cultural Distance and Labor Market Performance: Refugees. *Employment Integration'. Review of International Economics* 21(2):219–232. https://doi.org/10.1111/roie.12032.

Lustig, Stuart L., Maryam Kia-Keating, Wanda Grant Knight, Paul Geltman, J. Heidi Ellis, David Kinzie, Terence Keane, und Glenn N. Saxe. 2004. Review of Child and Adolescent Refugee Mental Health. *Journal of the American Academy of Child & Adolescent Psychiatry* 43(1):24–36. https://doi.org/10.1097/00004583-200401000-00012.

Mackenzie, Catriona. 2010. 'Citizenship, Identity, and Immigration: Contemporary Philosophical Perspectives.' In *From Migrant to Citizen: Testing Language, Testing Culture*, Hrsg. Christina Slade und Martina Möllering, 191–216. Basingstoke: Palgrave Macmillan. https://doi.org/10.1057/9780230281400.

Mackenzie, Catriona, Wendy Rogers, und Susan Dodds. 2014. Introduction: What Is Vulnerability and Why Does It Matter for Moral Theory? In *Vulnerability: New Essays in Ethics and Feminist Philosophy*, Hrsg. Catriona Mackenzie, Wendy Rogers, und Susan Dodds, 1–29. New York: Oxford University Press.

Manion, Kathleen. 2018. 'Children and Youth in the Refugee Equation: Working with the Vulnerable'. In *Migration, Refugees and Human Security in the Mediterranean and MENA*, Hrsg. Marion Boulby und Kenneth Christie, 51–76. Cham: Springer International Publishing. https://doi.org/10.1007/978-3-319-70775-4_3.

Miller, David. 2016. *Strangers in Our Midst: The Political Philosophy of Immigration*, 1. Aufl. Cambridge: Harvard University Press.

Mullin, Amy. 2012. The Ethical and Social Significance of Parenting: A Philosophical Approach. *Parenting* 12(2–3):134–143. https://doi.org/10.1080/15295192.2012.683339.

Mullin, Amy. 2014. 'Children, Vulnerability, and Emotional Harm'. In *Vulnerability*, 1. Aufl. Hrsg. Catriona Mackenzie, Wendy Rogers, und Susan Dodds, 266–87. New York: Oxford University Press.

Newman, Alexander, Jenny Bimrose, Ingrid Nielsen, und Hannes Zacher. 2018. Vocational Behavior of Refugees: How Do Refugees Seek Employment, Overcome Work-Related Challenges, and Navigate Their Careers? *Journal of Vocational Behavior* 105(04):1–5. https://doi.org/10.1016/j.jvb.2018.01.007.

Nord, Erik. 2005. Concerns for the Worse off: Fair Innings versus Severity. *Social Science & Medicine* 60(2):257–263. https://doi.org/10.1016/j.socscimed.2004.05.003.

Nussbaum, Martha C. 2000. The Costs of Tragedy: Some Moral Limits of Cost-Benefit Analysis. *The Journal of Legal Studies* 29(S2):1005–1036. https://doi.org/10.1086/468103.

Ottersen, Trygve. 2013. Lifetime QALY Prioritarianism in Priority Setting. *Journal of Medical Ethics* 39(3):175–180. https://doi.org/10.1136/medethics-2012-100740.

Schweiger, Gottfried. 2016. The Duty to Bring Children Living in Conflict Zones to a Safe Haven. *Journal of Global Ethics* 12(3):380–397. https://doi.org/10.1080/17449626.2016.1247744.

Schweiger, Gottfried, und Gunter Graf. 2017. Ethics and the Dynamic Vulnerability of Children. *Les Ateliers de l'éthique/The Ethics Forum* 12(2–3):243–261. https://doi.org/10.7202/1051284ar.

Straehle, Christine, Hrsg. 2017. *Vulnerability, Autonomy, and Applied Ethics*. New York: Routledge. http://www.tandfebooks.com/isbn/9781315647418.

Thielemann, Eiko, und Nadine El-Enany. 2010. Refugee Protection as a Collective Action Problem: Is the EU Shirking Its Responsibilities? *European Security* 19(2):209–229. https://doi.org/10.1080/09662839.2010.531708.

UNICEF. 2016. *Uprooted: The Growing Crisis for Refugee and Migrant Children*. https://www.unicef.org/publications/index_92710.html.

Walker, Margaret Urban. 2006. Restorative Justice and Reparations. *Journal of Social Philosophy* 37(3):377–395. https://doi.org/10.1111/j.1467-9833.2006.00343.x.

Wolff, Jonathan, und Avner de-Shalit. 2007. *Disadvantage*, 1. Aufl. Oxford Political Theory. Oxford/New York: Oxford University Press.

Das Recht auf rasche Aufnahme: Zu den gerechten Ansprüchen von Kindern auf der Flucht

Einleitung

Kinder stellen einen erheblichen Anteil der weltweiten Fluchtpopulation dar (UNICEF 2016). Sie sind dabei mit besonderen Schwierigkeiten konfrontiert, sowohl was ihre Möglichkeiten zur Flucht als auch den Schutz ihrer körperlichen und seelischen Unversehrtheit während und nach der Flucht anbelangt. Aus diesen Gründen spricht auch die UNICEF von flüchtenden und migrierenden Kindern als besonders verletzbar – eine Kategorisierung, die eng mit der Verletzbarkeit von Kindern als Kinder zusammenhängt (Andresen 2014; Hurst 2015; Mullin 2014a), die in Situationen der Flucht und Migration nochmals erhöht wird. Dennoch spielen Kinder in der mittlerweile stark angewachsenen Debatte um Flucht und Migration in der politischen Philosophie keine besonders große Rolle, was insbesondere auch deshalb überrascht, weil in Bezug auf andere Fragen der Gerechtigkeit Kinder sehr wohl des Öfteren in den Blick genommen wurden (Gheaus et al. 2018).

In diesem Beitrag werde ich ein Argument entwickeln, dem zufolge Kinder auf der Flucht ein moralisches Recht auf rasche Aufnahme besitzen. Dieses Argument ist dabei in einen spezifischen Rahmen eingebettet, der hier dargelegt werden soll – auch um überzogene oder falsche Erwartungen daran, was ich hier leisten will, zu korrigieren. Erstens wird hier ein alltagssprachlicher Begriff von Kindheit verwendet, der alle Personen bis zum 18. Lebensjahr meint. Die Verwendung dieser unspezifischen Kategorie der Kindheit scheint mir relevant, weil sie alltagssprachlich, in vielen wichtigen rechtlichen Dokumenten, in den Medien, in der Politik und auch in weiten Teilen der Philosophie und Migrationsforschung oft genauso undifferenziert verwendet wird. Dass weitere Differenzierungen nötig sind, um zu verstehen, was mit dem Verweis auf diese Kategorie normativ verlangt werden kann, ist gerade das Anliegen dieses Aufsatzes. Zweitens beschränke ich mich auf Kinder auf der Flucht ohne jedoch einen irgendwie schon rechtlich vordefinierten

G. Schweiger, *Essays zur Philosophie der Kindheit*, Kindheit – Bildung – Erziehung. Philosophische Perspektiven, https://doi.org/10.1007/978-3-662-66692-0_14

Begriff der Flucht zu verwenden. Vielmehr verstehe ich Flucht synonym mit „erzwungener“ Migration unabhängig von den Fluchtursachen, wobei dies politische Verfolgung, Armut oder Naturkatastrophen umfassen können. Daher ist für mein Argument, die Debatte um einen angemessen Begriff von „Flüchtling“, nicht von großer Bedeutung (Lister 2013; Cherem 2016). Drittens und damit eng verbunden ignoriere ich hier rechtliche Kodifizierungen, wie sie etwa in der Genfer Flüchtlingskonvention von 1951 oder dem Protokoll über die Rechtsstellung der Flüchtlinge von 1967 zu finden sind. Für meine Überlegungen in diesem Aufsatz spielt es also keine Rolle, wie im geltenden nationalen oder internationalen Recht Flüchtlinge oder Asyl definiert werden bzw. wie diese etwa auf die Situation von Kindern angewendet werden (Nykänen 2001). Viertens geht es mir hier primär um ein moralisches Recht von flüchtenden Kindern. Ein solches moralisches Recht sollte zwar in positives Recht überführt werden, es ist jedoch in seiner Begründung davon unabhängig. Diese Unabhängigkeit zu betonen ist wichtig, da ich hiermit auch Einwände aus der Perspektive des positiven Rechts gegen ein solches moralisches Recht – etwa mit Verweis auf bestehende Rechtstexte – für die Begründung eines solchen moralischen Rechts als nicht relevant ansehe. Fünftens werde ich nur sehr wenig dazu sagen, welche Verpflichtungen mit diesem Recht verbunden sind. Das betrifft insbesondere eine Diskussion der Frage, ob diese Pflicht zur raschen Aufnahme an einzelne Staaten adressiert ist oder eine kollektive Pflicht der Gemeinschaft der Staaten darstellt. Auch Fragen der Koordination dieser Pflicht und wie mit Fällen der Nichtbefolgung durch einzelne Staaten umzugehen ist, werde ich nur zum Schluss und unzureichend andiskutieren.

Kindheit, (rasche) Aufnahme und Verletzbarkeit

Kinder auf der Flucht haben ein Recht auf rasche Aufnahme, weil sie durch eine verzögerte Aufnahme in eine besonders verletzbare Situation kommen. Damit ist gemeint, dass die verzögerte Aufnahme das Risiko von Kindern erhöht, verletzt zu werden. An dieser These ist vieles einer Klärung bedürftig.

Erstens setze ich zunächst einmal voraus, dass Kinder auf der Flucht überhaupt ein Recht auf Aufnahme haben. Dazu werde ich hier nicht viel sagen, da es nicht der Kern meines Anliegens ist. Ein solches Recht auf Aufnahme ergibt sich aus den Ansprüchen von Kindern, vor den Schäden und Nachteilen, die sie durch eine Nichtaufnahme erleiden würden, geschützt zu werden. Zunächst ist zu sagen, dass Kinder sich dahingehend nicht von Erwachsenen unterscheiden, da beide diesen Anspruch besitzen. Inwiefern sich der Inhalt der Ansprüche von Kindern unterscheidet, weil z. B. Kinder und Erwachsene unterschiedliche Fähigkeiten besitzen (etwa die Fähigkeit zur Autonomie) oder sich in den Bedingungen ihres Wohlergehens unterscheiden (etwa die größere Fürsorgebedürftigkeit von Kindern), ist eine Frage, die ich in diesem Aufsatz nicht nachverfolgen kann. Es ist also gut möglich, dass Erwachsene ebenso ein Recht auf rasche Aufnahme besitzen, wobei ich zu diesem Punkt am Ende noch etwas ausführen werde. Nicht alle

Schäden und Nachteile, die Kinder erleiden, müssen normativ relevant sein und einen moralischen Schutzanspruch begründen. Ohne dies hier näher begründen zu können – dafür wäre ein anderer Aufsatz nötig – halte ich insbesondere solche Schäden und Nachteile für normativ relevant, die verhindern, dass ein Mindestmaß an kindlichem Wohlergehen und Wohlentwickeln erreicht wird. Diese Schäden können vielfältiger Natur sein und sowohl das physische, psychische als auch soziale Wohlergehen und Wohlentwickeln von Kindern betreffen.

Ich möchte dieses Recht auf Aufnahme als ein solches verstehen, welches sich aus den kindlichen Ansprüchen auf globale Gerechtigkeit ableiten lässt und die sich wiederum aus unterschiedlichen normativen Blickwinkeln rechtfertigen lassen. In aller Kürze gesagt halte ich es für angemessen, dass alle Kinder Ansprüche der globalen Gerechtigkeit auf ein Mindestmaß an Wohlergehen und Wohlentwickeln besitzen, wobei das Wohlergehen die Perspektive auf das Kind als Kind und das Wohlentwickeln die Perspektive auf das Kind als künftigen Erwachsenen ausdrückt (Amerijckx und Humblet 2014; Ben-Arieh et al. 2014). Man könnte nun versuchen, dieses Mindestmaß mit Verweis auf normative und wohl auch empirische Überlegungen und Belege zu spezifizieren oder, und das werde ich in meinen Ausführungen zur Situation von Kindern auf der Flucht in den kommenden Abschnitten tun, man beginnt bei der Frage, ob man in bestimmten Fällen plausiblerweise davon ausgehen kann, dass hier ein Mindestmaß an Wohlergehen und Wohlentwickeln nicht mehr erreicht wird, so zum Beispiel bei psychischer Gesundheit. Wenn Kinder einen Anspruch auf ein Mindestmaß an psychischer Gesundheit haben, kann entweder versucht werden zu definieren, worin dieser besteht, oder es kann das Vorliegen bestimmter psychischer Störungen als Hinweis auf ein Unterschreiten dieser Schwelle interpretiert werden. Wann eine psychische Störung oder auch ein physisches Leiden einen solchen Schaden und Nachteil darstellen, dass Kinder davor aus Gründen der globalen Gerechtigkeit unbedingt geschützt werden müssen – oder sofern sie eingetreten sind, ein Recht auf Behandlung haben – lässt sich mittels philosophischer Reflexion alleine nicht klären.

Ich verwende hier die Perspektive der globalen Gerechtigkeit, weil es eben um Ansprüche geht, die alle Kinder auf der Welt gemeinsam haben und die sich nicht aus ihrer Zugehörigkeit zu einer spezifischen Gesellschaft ergeben, wie das Ansprüche der sozialen Gerechtigkeit tun (Schweiger und Graf 2015). Globale Gerechtigkeit beschränkt sich hier also nicht darauf, dass bestimmte (internationale oder globale) Akteur:innen zur Handlung aufgerufen sind (O'Neill 2001) oder dass eine Ungerechtigkeit vorliegt, welche ein globales Ausmaß angenommen hat (Brock 2017). Beides mag für Kinder auf der Flucht zutreffend sein, die Perspektive der globalen Gerechtigkeit ergibt sich für mich aber daraus, dass es mir hier um Ansprüche geht, die alle Kinder (egal wo sie leben) besitzen. Die Ansprüche der globalen Gerechtigkeit beziehen sich dabei sowohl auf die Fluchtursachen als auch auf die Fluchtbedingungen, wobei ich mich auf letztere in diesem Aufsatz konzentrieren möchte. Der normative Kern der globalen Gerechtigkeit für Kinder ist, wie oben geschrieben, in deren Anspruch auf ein Mindestmaß an Wohlergehen und Wohlentwickeln ausgedrückt. Und genau darin sind sie durch die Flucht verletzbar und um diese Schädigung des Wohlergehens und Wohlentwickelns zu vermeiden bzw. Kinder davor zu schützen, haben sie ein moralisches Recht auf rasche Aufnahme. Damit ist sicherlich nicht der ganze Inhalt der globalen Gerechtigkeit für Kinder abgesteckt, nur haben eben Kinder auf der Flucht auch diese Ansprüche, wie alle anderen Kinder auch, und insofern diese durch die Flucht verletzt werden, haben sie Anspruch auf Schutz und Hilfe. Wenn man den Blick auf die Fluchtursachen richtet, dann liegt der Schluss nahe, dass Kinder hier ein legitimes Recht auf Flucht und in weiterer Folge auf rasche Aufnahme haben, da bei einem Verbleib ihr Wohlergehen und Wohlentwickeln nicht ausreichend sichergestellt ist. Im Falle vieler aktueller Fluchtursachen wie Krieg, Hunger, Armut, Verfolgung oder der Zerstörung der Lebensgrundlage durch Klimawandel und Erosion scheint es mir evident, dass diese so formulierten Ansprüche von Kindern verletzt werden und sie daher legitim fliehen und legitim Aufnahme suchen und beanspruchen.

Die genaue Beurteilung, wann das kindliche Wohlergehen und Wohlentwickeln soweit gefährdet oder bereits verletzt wird, dass dieses Recht auf Aufnahme besteht, bedarf aber natürlich der Prüfung im konkreten Fall. Für mein Interesse in diesem Aufsatz ist es ausreichend, auf das Bestehen eines Rechts auf Aufnahme zu verweisen und worin dieses prinzipiell begründet ist. Ob es prinzipiell ein Recht auf Migration gibt (für Erwachsene oder Kinder), ist davon unberührt (Fine und Ypi 2016; Cassee 2016). Damit verhalte ich mich auch agnostisch zu der Frage, ob das Recht auf Aufnahme in diesen Fällen alleine zum Tragen kommt und ausreichend ist, oder ob es auch ein Recht auf Unterstützung für den Verbleib am Ursprungsort gibt (Oberman 2011).

Zweitens ist zu klären, was mit der besonderen Verletzung bzw. Verletzbarkeit gemeint ist, die durch eine verzögerte Aufnahme (oder auch durch Nichtaufnahme) entsteht bzw. deren Risiko besonders hoch ist. Angedeutet wurde schon, dass ich hier das kindliche Wohlergehen und Wohlentwickeln für zentral halte. Ich beschränke mich im Folgenden auf die Verletzbarkeit, was bedeutet, dass ich ihr schon genug normative Kraft zuschreibe, um das moralische Recht auf rasche Aufnahme zu stützen, auch wenn es noch nicht zu einer Verletzung gekommen ist (Schweiger und Graf 2017). Die rasche Aufnahme soll eben vor der Verletzung präventiv schützen bzw. diese minimieren. In der philosophischen Literatur zur Verletzbarkeit, die in letzter Zeit rasch expandiert ist, werden die Formen der inhärenten, situativen – oder kontextuellen – und pathogenen Verletzbarkeit unterschieden (Mackenzie et al. 2014; Andresen 2014). Die inhärente Verletzbarkeit bezieht sich auf körperliche und psychische Eigenschaften von Menschen und ihrer Bedürfnisse. Jeder Mensch kann Hunger leiden und durch Krankheiten geschwächt werden. Die inhärente Verletzbarkeit von Kindern ist dabei offensichtlich höher als die von Erwachsenen (wenn man die Gruppen und nicht einzelne Individuen vergleicht). Die situative Verletzbarkeit wiederum ergibt sich aus den sozialen Verhältnissen, Praktiken und Normen, in denen Menschen unterschiedlich gestellt sind. Das Aufwachsen mit einem/einer gewalttätigen Erziehungsberechtigten, das Leben in einer Stadt mit viel Autoverkehr und schlecht gesicherten Übergängen oder auch das Fehlen medizinischer Einrichtungen in einem Flüchtlingscamp sind Formen der situativen Verletzbarkeit. Die pathogene Verletzbarkeit schließlich tritt dann auf, wenn bestimmte Gruppen verletzbar gemacht werden, zum Beispiel in einem Apartheidregime oder Frauen und Mädchen im Patriarchat. In meiner Interpretation ist die situative Verletzbarkeit immer auf die inhärente bezogen – weil der kindliche Körper durch Gewalt besonders stark geschädigt werden kann und Kinder wenig bis gar keine Möglichkeiten haben, sich dagegen zu wehren oder davor zu schützen, ist das Aufwachsen in einer Familie, in der die Körperstrafe praktiziert wird (und das Aufwachsen in einer Gesellschaft, die solches elterliches Verhalten toleriert und nicht sanktioniert), eine besondere situative Verletzbarkeit. Ihr Wohlergehen und Wohlentwickeln ist gefährdet und zwar in einem solchen Maße, dass sie das Mindestmaß daran, welches ihnen aus Gründen der Gerechtigkeit zusteht, nicht erreichen können. In den nächsten Überlegungen zur Verletzbarkeit von Kindern auf der Flucht geht es also zumeist genau darum, dass die Fluchtsituation eine solche situative Verletzbarkeit darstellt – ob wir es angesichts der Ausmaße der Menschen auf der Flucht und ihrer systematischen Benachteiligung hier schon mit einer pathogenen Verletzbarkeit zu tun haben, ist eine Frage, die ich nicht beantworten kann.

Die Verletzbarkeit von Kindern kann dann so gedeutet werden, dass deren Wohlergehen und Wohlentwickeln durch die verzögerte Aufnahme stark leiden (Perspektive auf das Kind) und dass diese im Verhältnis zu anderen Personen besonders stark leiden (Perspektive auf das Kind im Verhältnis zu anderen Personen). Eine Besonderheit des Kindes ist, dass es sich in Entwicklung befindet und dass diese Phase sensibel gegenüber Störungen ist und dass Störungen in der Entwicklung langfristige und irreversibel Schäden anrichten können. Das hat Auswirkungen darauf, wie wir die Ansprüche von Kindern auf globale Gerechtigkeit verstehen müssen. Diese sind nämlich nicht statisch, sondern zeitsensitiv in zwei Hinsichten: es ist relevant, wann Kinder bestimmte Güter der Gerechtigkeit bekommen und es ist relevant, wie lange sie diese bekommen. Das wäre eine Formulierung, die auf die „positive" Seite, nämlich ihre Ansprüche sieht. Von der „negativen" Seite betrachtet heißt das, dass es für die kindliche Entwicklung besonders relevant ist, wann und wie lange sie einen Schaden erleiden. Ihre Verletzlichkeit ist temporal geprägt.

Die temporale Dimension der kindlichen Verletzbarkeit

Um die temporale Dimension der kindlichen Verletzbarkeit zu verstehen, ist es hilfreich sich zwei Beispiele anzusehen, nämlich Gesundheit und Bildung. Vorausgesetzt, dass Kinder einen Anspruch der globalen Gerechtigkeit auf Gesundheit und Bildung haben, gilt es zu klären, was dieser Anspruch eigentlich meint. Sein Inhalt verändert sich je nachdem welcher Zeitpunkt im Leben eines Kindes in den Blick genommen wird und der Inhalt selbst hat eine spezifische temporale Ausdehnung. Die Ansprüche auf Gesundheit und Bildung meinen also für ein einjähriges Kind etwas anderes als für ein sechsjähriges Kind und dasjenige, was sie meinen hat jeweils eine Ausdehnung über Tage, Monate oder Jahre. Das Kind entwickelt sich und damit wandeln sich auch seine Ansprüche bzw. was für es gerecht oder gegenüber welchen Schäden es verletzlich ist. Gesundheit beinhaltet dann zum Beispiel, dass ein Kind altersgerechte Körpergröße und -gewicht, Kopfumfang, motorische, sensorische und kognitive Fähigkeiten aufweist (Gardner 2015; Yousefzadeh et al. 2018). Ein sechsjähriges Kind, welches gemäß diesen Parametern auf dem Niveau eines dreijährigen Kindes steht, ist nicht gesund und bedarf medizinischer Versorgung (auch wenn ihm dadurch vielleicht nicht geholfen werden kann, da die Entwicklungsstörung genetische Ursachen hat). Unabhängig davon, ob man den kindlichen Anspruch hier auf Gesundheit oder auf Gesundheitsversorgung festlegt (oder eine Mischung aus beiden), ergeben sich jeweils altersspezifische Unterschiede in dem was dieser Anspruch also konkret beinhaltet. Im ersten Fall wird man es für ungerecht halten, wenn Kinder aus nicht-natürlichen und vermeidbaren Gründen, Wachstumsstörungen aufweisen, im zweiten Fall wird man es für ungerecht halten, wenn Kinder, die Wachstumsstörungen aufweisen, keine angemessene medizinische Versorgung bekommen. In beiden Fällen ist dasjenige, was Kindern zusteht also abhängig davon, wie alt sie sind bzw. auf welcher Stufe ihrer Entwicklung sie stehen (Fourie und Rid 2017).

Wie für Gesundheit ist auch für Bildung der Zeitpunkt entscheidend. Die Bildungsansprüche eines Kleinkindes sind andere als die eines Volksschulkindes und diese wiederum andere als die eines Jugendlichen. Es wäre fatal diese Unterschiede nicht anzuerkennen und ihnen nicht jeweils die Bildung zukommen zu lassen, die sie für ihr Alter und ihren Fähigkeiten entsprechend für eine positive Entwicklung benötigen. Bei allen Schwierigkeiten, (biomedizinische, psychische oder soziale) Entwicklung während der Kindheit zu standardisieren und diese mit dem Alter zu korrelieren (Gardner 2015), bleibt doch die grundlegend richtige Einsicht, dass ohne Rücksicht auf diese Entwicklung der Inhalt der kindlichen Ansprüche auf globale Gerechtigkeit stark unterbestimmt bleiben müssen. Es verkommt dann zur Phrase, dass Kinder ein Recht auf Bildung haben, ohne anzugeben, ob das nun bedeutet, dass Jugendliche gerade einmal ein Recht darauf haben, alphabetisiert zu sein oder ob damit nicht doch andere und höherwertige Ansprüche von Jugendlichen einhergehen (z. B. das Recht auf eine Bildung, die es erlaubt, zu einem vollwertigen und autonomen Gesellschaftsmitglied zu werden).

Es ist also notwendig auf den Zeitpunkt im Lebensverlauf zu blicken, um zu wissen, was Kindern aus Gründen der globalen Gerechtigkeit zusteht. Es ist daher auch nicht möglich, ohne weitere Spezifizierung anzugeben, welche Güter der globalen Gerechtigkeit Kindern als Kindern zustehen, da diese im Laufe der Kindheit jeweils andere Inhalte annehmen. Das Gut der Gesundheit umfasst bei einem Jugendlichen auch Aspekte der Selbstbestimmung der sexuellen Gesundheit (Tolman et al. 2003), die bei einem vorpubertären Kleinkind fehlen. Es sind dabei nicht nur körperliche, sondern auch psychische und soziale Veränderungen im Laufe der Kindheit, die ausschlaggebend dafür sind, was globale Gerechtigkeit für Kinder meint. So ist zum Beispiel auch die Rolle der Autonomie differenziert zu sehen, die für Kleinkinder noch nicht besonders relevant ist, aber spätestens ab dem Schulalter ein immer höheres Gewicht erlangt (z. B. im Bereich der körperlichen Integrität aber auch in biographischen Entscheidungen) (Mullin 2014b).

Auf der einen Seite sind Kinder in ihrer Entwicklung besonders verletzlich, wenn sie nicht zum richtigen Zeitpunkt – vor allem in sensiblen Phasen – das Richtige bekommen. Zum Beispiel die richtige frühkindliche Nahrung oder die Förderung des Spracherwerbs zum richtigen Zeitpunkt. Das kann sowohl kurzfristige als auch langfristige Verletzungen des Wohlergehens und Wohlentwickelns erzeugen, die vielfach und gut dokumentiert sind. So ist zum Beispiel Armut während der Kindheit kausal mit einem schlechteren Gesundheitszustand als Kind und als Erwachsene:r, mit schlechteren Bildungsergebnissen oder psychischen und sozialen Problemen verknüpft (Attree 2004; Conroy et al. 2010; Lacour und Tissington 2011). Auf der anderen Seite sind Kinder in ihrer Entwicklung besonders verletzlich, wenn sie dasjenige, was sie benötigen, nicht ausreichend lange bekommen. Die zeitliche Erstreckung ist dabei natürlich nur eine, wenn auch wichtige Eigenschaft dessen, was es bedeutet, dasjenige zu bekommen, was sie für ihr Wohlergehen und Wohlentwickeln benötigen. Eine adäquate medizinische Versorgung oder eine adäquate Bildung umfasst mehr, als diese nur ausreichend lange zu bekommen und hat zahlreiche weitere inhaltliche Kriterien, wie zum Beispiel dass diese durch kompetente Personen (wie Mediziner:innen und Pädagog:inn:en) gewährleistet wird oder dass die richtigen Materialien und Ressourcen (wie Medikamente, Geräte, Unterrichtsmaterialien, Gebäude) vorhanden sind. Hinzukommen noch externe Faktoren wie die Zugänglichkeit zur medizinischen Versorgung und Bildung, eventuell auch die Unterstützung durch die Eltern (und deren Einwilligung). Auch bedingen sich solche Güter wie Gesundheit und Bildung (gegenseitig), weil ohne einen ausreichenden Gesundheitszustand können auch die besten Bildungsbedingungen nicht genutzt werden (Venkatapuram 2011). Ich fokussiere hier auf die temporale Komponente der kindlichen Güter der Gerechtigkeit weil diese mit dem hier diskutierten Recht auf rasche Aufnahme in besonderer Verbindung steht.

Verletzbarkeit und Kinder auf der Flucht

Damit will ich nun wieder zurück auf das konkrete Thema dieses Beitrags, nämlich die Situation von Kindern auf der Flucht, kommen. Nur weil Kinder im obigen Sinne besonders verletzbar sind, ist damit noch nicht gesagt, dass dies während der Flucht problematisch wird (oder problematischer als in anderen Lebenslagen) und es ist auch noch nicht gesagt, warum sich daraus ein Recht auf rasche Aufnahme ableiten lässt. Der erste Zusammenhang, nämlich jener zwischen Verletzbarkeit und Flucht während der Kindheit ist gut dokumentiert und ich beschränke mich hier auf einige kursorische Ausführungen. Dies ist mit zwei Einschränkungen verbunden, die in solchen Fällen der Anwendung normativer Konzepte auf empirische Daten zum Tragen kommen: Die Datenlage zur Lebenssituation von Kindern auf der Flucht und welche Auswirkungen diese auf sie hat, ist gut, aber nicht lückenlos und sie basiert auf Studien, die sich hinsichtlich ihrer theoretischen Grundlagen und Methoden stark unterscheiden. Die zweite Einschränkung ist die, dass, auch wenn eine große Anzahl von Kindern auf der Flucht durch diese in ihrem Wohlergehen und Wohlentwickeln gefährdet und verletzt werden, es immer auch Fälle von hoher Resilienz gibt. Kinder sind sowohl darin, was sie auf der Flucht erleben als auch darin, wie sie das Erlebte verarbeiten können, sehr unterschiedlich.

Ich beschränke mich hier auf drei Aspekte, nämlich die physische und psychische Gesundheit und die Bildung. 1) Eine Vielzahl an Studien zeigt, dass die Fluchterfahrung und damit verbundene Gewalt, Trennung von den Eltern oder Isolation die psychische Gesundheit von Kindern angreift und unter anderem mit posttraumatischen Belastungsstörungen, Depressionen, Angstzuständen und Verhaltensstörungen assoziiert ist (Fazel et al. 2012). Die Dauer der Flucht und kumulierte Traumata spielen hierbei neben der Intensität und der Art der Erlebnisse sowie der Trennung von den Eltern – insbesondere der Mutter – eine große Rolle (Murray 2018; Fazel 2002; Lustig et al. 2004; Derluyn et al. 2009). 2) Ebenso gut dokumentiert sind die negativen Auswirkungen auf die physische Gesundheit, die durch Mangel-, Fehl- oder Unterernährung, übertragbare Krankheiten, fehlende medizinische Versorgung und Impfungen, Verletzungen durch physische Gewalt, Tiere oder andere Umweltereignisse bedingt sein können (Thacher et al. 2016; Nicol et al. 2015; Salehi et al. 2015; Al-Ammouri und Ayoub 2016; Rossi und Lee 2016). So führt etwa der Mangel an Vitamin D oder Kalzium zu Rachitis, die bei Kindern auf der Flucht gehäuft auftritt (Thacher et al. 2016). 3) Der Zugang zu Bildung wird spätestens durch die Flucht unterbrochen und ist in Konfliktgebieten zumeist schon vorher nicht ausreichend vorhanden. Auch in vielen armen Gebieten, aus denen Kindern alleine oder mit ihren Eltern fliehen, sind die Bildungseinrichtungen bereits unzulänglich. Den Kindern fehlt es dadurch an Fähigkeiten und Kenntnissen, oftmals auch Grundkenntnisse in Lesen, Schreiben und Rechnen (Moinolnolki und Han 2017; Wofford und Tibi 2018; Dryden-Peterson 2016).

Für meinen Vorschlag, dass Kinder ein Recht auf rasche Aufnahme besitzen (und eben nicht nur eines auf Aufnahme) ist nun besonders von Belang, dass diese und andere Verletzungen ihres Wohlergehens und Wohlentwickelns etwas mit der Dauer ihrer Flucht bzw. mit der Zeit bis zu ihrer Aufnahme zu tun hat. Die Dauer der Flucht steht dabei in Zusammenhang mit zwei unterschiedlichen Verletzbarkeiten, die ich oben erwähnt habe. Einerseits ist das Risiko verletzt zu werden höher, je länger die Flucht dauert und jene Verletzungen, die während der Flucht erlitten werden, sind schädlicher je länger sie andauern. Damit ist die Zeitsensitivität der Güter der globalen Gerechtigkeit angesprochen, bei denen es ja auch sowohl um den Zeitpunkt als auch um die Dauer ging. Beide Aspekte scheinen mir evident, insbesondere wenn es um die Kumulation von traumatischen Erlebnissen und die (physischen, psychischen und sozialen) Entwicklungsbedürfnisse von Kindern geht. Zum Beispiel ist Mangelernährung für Kinder deshalb problematisch, weil sie (irreversible) Entwicklungsschäden erzeugen kann und dieser negative Effekt tritt umso wahrscheinlicher auf, je länger der Mangel vorliegt (Briend, Khara, und Dolan 2015). Ebenso ist das Fehlen einer Schulbildung zeitsensitiv nicht nur dahingehend, dass Kinder eine Bildung, die ihrer Entwicklung entspricht, benötigen (was mit dem Alter korreliert werden kann), sondern, dass das längere Fehlen von Schulbildung zu einem späteren Zeitpunkt nur sehr schwer, falls die Schulbildung über Jahrzehnte fehlt, fast gar nicht mehr nachgeholt werden kann. Das ist aber die Realität von Kindern auf der Flucht – ihre Flucht ist meistens kein kurzer Lebensabschnitt, sondern kann sich über Wochen, Monate oder gar Jahre hinziehen (UNICEF 2016). Und dies nach oftmals nicht minder problematischen und traumatischen Erlebnissen vor der Flucht, die während der Flucht zumeist nur unzureichend oder gar nicht verarbeitet werden können.

Was umfasst das Recht auf rasche Aufnahme?

Nachdem nun geklärt wurde, warum Kinder auf der Flucht ein Recht auf rasche Aufnahme haben, gilt es dieses näher zu spezifizieren. Dabei interessiert mich vor allem, was unter „rasch" zu verstehen ist und was unter „Aufnahme".

Ich sehe zwei Interpretationsmöglichkeiten: die Aufnahme kann aus Sicht des Aufnahmestaates rasch erfolgen oder aus Sicht des Kindes, welches aufgenommen wird. Ich plädiere hier für die kindzentrierte Variante. Die Aufnahme sollte also so rasch erfolgen, wie dies nötig ist, um ein Mindestmaß an kindlichen Wohlergehen und Wohlentwickeln sicherzustellen. Damit binde ich die rasche Aufnahme an das Kriterium für die Aufnahme überhaupt und verstehe „rasch" als die Spezifikation eines Kriteriums, um auszuweisen, dass die Aufnahme in ausreichender Art und Weise erfolgt ist. Andere Kriterien mögen hier hinzutreten. Drei Punkte scheinen mir hier relevant und beachtenswert:

Erstens legt der Fokus auf ein Mindestmaß an kindlichem Wohlergehen und Wohlentwickeln fest, dass es nicht darum geht, Gleichheit zwischen Kindern herzustellen. Es ist davon auszugehen, dass Kinder, die nicht auf der Flucht sind, oft ein höheres Wohlergehen und Wohlentwickeln aufweisen und die rasche Aufnahme hat nicht zum Ziel, Kinder, die aufgenommen werden, an dieses Niveau heranzuführen. Damit verschließe ich mich nicht prinzipiell egalitären Ansprüchen von Kindern – diese mögen anders begründet sein – sie scheinen mir nur im vorliegenden Fall nicht die normative Kraft der Begründung eines Rechts auf rasche Aufnahme zu tragen. Die rasche Aufnahme bezieht sich auf Kinder in einer Notsituation, und sie leitet sich aus den globalen Ansprüchen der Gerechtigkeit von Kindern ab, die auf eine Grundversorgung aller Kinder unabhängig ihrer Herkunft zielt. Zweitens ist der Maßstab des Mindestmaßes an kindlichem Wohlergehen und Wohlentwickeln vage. In der philosophischen Debatte – wie auch in anderen Disziplinen – haben sich eine ganze Reihe an Alternativen etabliert, um das kindliche Wohlergehen und Wohlentwickeln zu bestimmen und auch so etwas wie ein Mindestmaß mit Blick auf seine Komponenten festzulegen (Amerijckx und Humblet 2014; Ben-Arieh et al. 2014; Bagattini 2014; Bagattini und Macleod 2014). Es würde das Ziel dieses Beitrags überschreiten, im Detail auf diese Diskussionen einzugehen. Jedenfalls ist es nötig, unter Bezugnahme auf solche Theorien des kindlichen Wohlergehens und Wohlentwickelns, die eben angesprochene Vagheit soweit aufzulösen, um zu verstehen, wann ein Kind rasch genug aufgenommen wurde. Damit sind zwei Schwierigkeiten verbunden. Auf der einen Seite ist diese Vagheit mit der Heterogenität der Zielgruppe der Kinder und den unterschiedlichen Gefährdungen, denen sie vor und auf ihrer Flucht ausgesetzt sind, verbunden (Schweiger und Graf 2017). Auf der anderen Seite verweist diese Vagheit auf (prinzipiell und situationsbedingte) epistemische Grenzen, sowohl in der Möglichkeit die vorhin genannten Unterschiede zu erfassen und einzuordnen als auch, daraus die richtigen Schlüsse zu ziehen. In der Situation einer Fluchtbewegung sind die Dinge ungeordnet, chaotisch, es fehlt oftmals an Personal und Ressourcen. Um damit umzugehen könnte es, drittens, angebracht sein, aus pragmatischen Gründen das Recht auf rasche Aufnahme als eines auf raschest mögliche Aufnahme zu deuten. Damit ist gemeint: eigentlich ist es gefordert, dass Kinder so rasch aufgenommen werden, dass ein Mindestmaß an Wohlergehen und Wohlentwickeln gesichert ist, was bedeutet, dass einige Einschränkungen des Wohlergehens und Wohlentwickelns erlaubt sind. Da aber in der konkreten Situation nicht absehbar ist, wie lange Kinder nicht aufgenommen werden müssen, bevor die Verletzung oder eine Gefahr der Verletzung zu groß wird, ist es geboten, Kinder so rasch wie möglich aufzunehmen.

Was ist nun unter Aufnahme zu verstehen? Eine geographische Interpretation, wie sie wohl auf den ersten Blick nahegelegt, könnte lauten, dass Kinder ein Recht darauf haben, in das Gebiet eines anderen Staates aufgenommen und dort versorgt zu werden. Dieser Staat ist dabei mit zumindest zwei Eigenschaften ausgestattet: Er kann eine solche Aufnahme durchführen, also entweder Kinder, die an seinen Grenzen sind hereinlassen oder Kinder, die nicht an seinen Grenzen sind, auf sein Staatsgebiet befördern. Und dieser Staat muss die Eigenschaft besitzen, dass er das Recht auf rasche Aufnahme so erfüllen kann, dass das Mindestmaß an kindlichem Wohlergehen und Wohlentwickeln auch wirklich sichergestellt wird. Ein Staat, der alleine dadurch Kinder aufnimmt, dass gar keine Grenzsicherung vorhanden ist, erfüllt damit dieses kindliche Recht auf rasche Aufnahme noch nicht, da dieses neben dem Zugang und der temporalen Komponente, dass dieser Zugang „rasch" zu erfolgen hat, noch eine inhaltliche Komponente beinhaltet. Die Aufnahme muss in einer Form erfolgen, die das kindliche Wohlergehen und Wohlentwickeln ausreichend schützt und gewährleistet. Mit der Aufnahme werden also eine ganze Reihe an Implikationen verbunden sein: Nahrung, Kleidung, Unterkunft, Gesundheitsversorgung, Bildung etc. Die geographische Interpretation ist also nicht ausreichend.

Das Recht auf rasche Aufnahme impliziert – meiner Interpretation nach – aber nicht zwangsläufig, dass Staaten die Pflicht haben, Kinder in ihr Staatsgebiet aufzunehmen. Der Maßstab ist ja, dass die Aufnahme so rasch und in so einer Weise zu erfolgen hat, dass das kindliche Wohlergehen und Wohlentwickeln ausreichend geschützt wird. Das kann durchaus auch – zumindest temporär – außerhalb des Staatsgebietes erfolgen. Eine Aufnahme in Camps ist aber dennoch aus mehreren Gründen problematisch: Auf der einen Seite legt die empirische Literatur nahe, dass Camps in der Regel sehr schlecht ausgestattet sind und die dortige Versorgung nicht ausreichend (gut) ist (Woodward und Galvin 2009; Oka 2014). Das könnte vielleicht prinzipiell gebessert werden, es gibt dahingehend aber wohl wenig politischen Willen. Auf der anderen Seite bieten Camps keine ausreichende Stabilität, Planbarkeit und Aussicht. Sie sind maximal für kurzzeitige Transitphasen geeignet, ihre Verstetigung – wie sie real leider oft erfolgt ist und dazu geführt hat, dass Menschen Jahre oder gar Jahrzehnte in Camps leben (Parekh 2014, 2017) – ist für sich genommen ungerecht in dem hier angesprochenen Sinne, da sie keine Aussicht auf Wohlentwickeln bieten. Kinder benötigen für ihr Wohlergehen und Wohlentwickeln auch den Ausblick darauf, ein Zuhause zu haben, eingebettet und zugehörig zu einer Gesellschaft. Daher liegt es nahe, das Recht auf rasche Aufnahme so zu verstehen, dass es um die Aufnahme in eine Gesellschaft geht und dass Transitphasen, wo auch immer, möglichst vermieden oder kurzgehalten werden.

Einwände gegen das Recht auf rasche Aufnahme

Ich möchte nun zwei Einwände gegen das Recht auf rasche Aufnahme diskutieren. Der erste Einwand bezieht sich darauf, dass auch anderen Personengruppen ein solches Recht zugestanden werden sollte. Der zweite Einwand bezieht sich darauf, dass die rasche Aufnahme – in der hier vorgestellten Variante – für die Staaten eine Überforderung darstellen könnte.

Nicht nur für Kinder spielt die Zeit eine wichtige Rolle, sondern auch Erwachsene leiden unter einer verzögerten Aufnahme (und sicherlich auch unter einer Nichtaufnahme). Wieso sollten Kinder hier also besonders behandelt und bevorzugt werden? Darauf lassen sich vier Punkte erwidern: Erstens geht es hier um eine Unterscheidung von Gruppen, konkret von Kindern und Erwachsenen. Innerhalb dieser Gruppen sind Individuen mit unterschiedlichen Fähigkeiten und Ressourcen, deren Verletzbarkeit auch höchst different ist. Wenn hier also gesagt wird, dass Kinder verletzbarer als Erwachsene sind, dann bezieht sich das auf Eigenschaften, die Individuen in diesen Gruppen normalerweise besitzen und macht keine Aussage über einen Vergleich zwischen zwei oder mehr konkreten Individuen. Daraus folgt, zweitens, dass bestimmte Subgruppen innerhalb der Gruppen der Kinder und Erwachsenen sich stark von der Norm unterscheiden können. Zum Beispiel sind Menschen mit Behinderung (unabhängig ihres Alters) in vielerlei Hinsicht verletzbarer als nicht-behinderte Menschen. Diese Verletzbarkeit ist teils in den natürlichen, körperlichen und psychischen Unterschieden, teils in den sozialen und kulturellen Normen, Praktiken und Bedingungen verortet (Mackenzie et al. 2014). Deshalb sind zum Beispiel auch mitunter erwachsene Frauen (und natürlich Mädchen) verletzbarer als männliche Jugendliche, weil sie vor geschlechtsbezogener Gewalt nicht geschützt sind. Das bedeutet, drittens, dass das Recht auf rasche Aufnahme nur grob bestimmten, normativ relevanten Unterschieden zwischen Gruppen folgt, die es begründen und für deren Vorliegen es, wie oben gezeigt, empirische Belege gibt. Insofern als auch andere Gruppen von

Erwachsenen ähnlich zeitsensitive Verletzbarkeiten aufweisen, ist das Recht auf rasche Aufnahme auf sie daher auszudehnen. Viertens sind die gerade genannten Überlegungen im Falle einer politischen Anwendung wieder in komplexe und unübersichtliche Situationen gestellt, in denen es aus anderen Gründen schwierig bis unmöglich sein kann, herauszufinden, welche weiteren Gruppen tatsächlich derart gefährdet sind, dass sie ein Recht auf rasche Aufnahme besitzen.

Ein zweiter möglicher Einwand gegen das hier dargelegte Recht auf rasche Aufnahme nimmt diejenigen Akteur:inn:e:n in den Blick, die ein solches Recht zu gewähren bzw. umzusetzen haben. Nachdem ich hierzu keine konkreten Überlegungen angestellt habe, kann ich diesen Einwand auch nur sehr allgemein behandeln. Es ist plausibel anzunehmen, dass das Recht auf rasche Aufnahme nicht einen Staat verpflichtet, alle Kinder, die ein solches haben, aufzunehmen, sondern, dass es sich hier um eine kollektive Pflicht aller Staaten, die dazu in der Lage sind, handelt. Vor diesem Hintergrund scheinen mir zwei Bemerkungen angebracht: Erstens, ist nicht ausgeschlossenen, dass das Recht auf rasche Aufnahme von Kindern, nicht in allen Fällen prioritär ist und andere Recht und Pflichten übertrumpft, zum Beispiel etwa weil andere Gruppen tatsächlich gefährdeter sind oder größerer Verletzungen erleiden. Zweitens, ist der Überforderungseinwand dahingehend zu differenzieren, ob er ideal-theoretisch oder in Bezug auf konkrete Situationen formuliert wird. Innerhalb einer idealen Theorie ginge es wahrscheinlich um das Verhältnis von staatlicher Selbstbestimmung und ob diese das Recht auf rasche Aufnahme übertrumpft, weil die Aufnahme vieler Kinder die staatlichen Kapazitäten über das Maß, welche dessen Bürger:innen aufwenden wollen, belastet. Das scheint mir nicht plausibel argumentierbar, da das Recht auf rasche Aufnahme sich auf Notsituationen bezieht, in denen ein Mindestmaß an Wohlergehen und Wohlentwickeln gefährdet bzw. verletzt ist. In solchen Fällen sehen auch „Nationalist:inn:en" wie David Miller Hilfspflichten auf Seiten der souveränen Staaten (Miller 2016). In konkreten Situationen wiederum kann eine Überforderung einzelner Staaten durchaus eintreten, sofern zu viele Kinder auf der Flucht sind oder sich (fast) alle anderen Staaten weigern, ihrer Verantwortung nachzukommen. Dann wäre es wohl tatsächlich eine Überforderung, wenn Liechtenstein Millionen flüchtende Kinder aufnehmen müsste. In den meisten Fällen, wie auch der heutigen Situation der großen Fluchtbewegungen von Kindern und Familien, scheint mir jedoch keine Überforderung vorzuliegen, sondern nur politischer Unwille, der manchmal als Überforderung getarnt wird (Duarte et al. 2018). Das Recht auf rasche Aufnahme formuliert dahingehend auch einen moralischen Anspruch, der gleichwohl unter den heute herrschenden politischen Bedingungen utopisch klingen mag, jedoch Räume der moralischen wie auch politischen und rechtlichen Weiterentwickeln zu öffnen vermag (Gheaus 2013).

Schluss

Zum Abschluss soll noch kurz auf drei mögliche Implikationen des kindlichen Rechts auf rasche Aufnahme eingegangen werden. Erstens sollte dieses moralische Recht in positives Recht umgesetzt werden. Dafür gibt es auch Ansatzpunkte, zum Beispiel die besondere Stellung, die minderjährige Flüchtlinge genießen. Zentral erschiene es mir aber, dass durch das Recht auf rasche Aufnahme vor allem jene Kinder in den Blick kommen sollten, die nicht um Aufnahme in den reichen Staaten Europas oder Nordamerikas ansuchen, sondern entweder in ihren Herkunfts- oder Transitländern festhängen oder in Flüchtlingscamps leben. Gerade für sie ist das Recht auf rasche Aufnahme geeignet, um ihre Situation nachhaltig zu verbessern, da es hilft zu verstehen, dass diese Situationen zumeist ihren kindlichen Ansprüchen auf Gerechtigkeit widersprechen. Die Warteperioden, mit denen Flüchtlinge oft und lange zu kämpfen haben (Rotter 2016; Turnbull 2016), sind für Kinder und ihre Entwicklung besonders schädlich, da sie diese in einer sensiblen Phase betreffen und ihnen Güter vorenthalten, die zu einem späteren Zeitpunkt nicht mehr nachgeholt oder kompensiert werden können. Wenn zum Beispiel Kinder in Flüchtlingscamps in Transitländern keinen (ausreichenden) Zugang zu Bildung haben, dann ist dies nicht mehr adäquat aufzuholen. Ob sich daraus schon ableiten lässt, dass es eine mögliche Pflicht auf Seiten der Aufnahmestaaten gibt, Kinder aus solchen Wartesituationen aktiv herauszuholen und aus Flüchtlingscamps in Afrika, der Türkei oder sonstwo auf ihr eigenes Staatsgebiet zu überführen, ist damit noch nicht abschließend geklärt. Es mögen gute Gründe gegen eine solche Pflicht sprechen, die die Verantwortung der Aufnahmestaaten auf eine rasche Aufnahme derjenigen Kinder beschränkt, die um Aufnahme (an den direkten Grenzen) ansuchen.

Zweitens hat das Recht auf rasche Aufnahme von Kindern möglicherweise Auswirkungen auf die Frage, wer überhaupt aufgenommen werden soll, im Falle begrenzter Kapazitäten. Das hängt aber auch davon ab, wie die Frage nach der Priorisierung von Flüchtlingen gestellt wird, nämlich ob es hier – erstens – um die Priorisierung von Personen innerhalb der Gruppe, die zu einem bestimmten Zeitpunkt X um Aufnahme ansuchen, geht, oder ob es – zweitens – um die Priorisierung von Personen innerhalb der Gruppe, die im Verlauf einer bestimmten Zeit (etwa eines Jahres oder Jahrzehnts) um Aufnahme ansuchen, geht. Man könnte das Recht auf rasche Aufnahme zumindest in der Weise deuten, dass es nahelegt, dass nicht nur Kinder, die um Aufnahme ansuchen, rasch aufgenommen werden sollten, sondern dass der Staat auch Kapazitäten für die rasche Aufnahme von Kindern zur Verfügung halten sollte, die erwartbarerweise zu einem späteren Zeitpunkt um Aufnahme ansuchen, um nicht deren Recht auf rasche Aufnahme zu verletzen.

Drittens habe ich in diesem Beitrag nichts über Familien gesagt und wie das Recht auf rasche Aufnahme mit dem kindlichen Recht auf Familie zusammenhängt (Lister 2018). Leider leben wir in Zeiten, in denen Kinder von ihren Eltern getrennt werden, und Kinder vielfach alleine auf der Flucht sind. Meine kindzentrierte Auslegung und Begründung des Rechts auf rasche Aufnahme legt zunächst nahe, dass sich dieses tatsächlich nur auf Kinder bezieht und ihre Eltern, erwachsenen Geschwister oder andere Verwandte nicht abdeckt. Die kindzentrierte Perspektive gibt aber auch ausreichend Gründe dafür, warum Kinder nicht von ihrer Familie getrennt werden sollen, insofern als durch diese Trennung selbst das kindliche Wohlergehen und Wohlentwickeln derart verletzt wird. Dafür gibt es gute empirische Hinweise über die Re-Traumatisierung von Kinder durch die Trennung (Derluyn et al. 2009; Kanics et al. 2010). Kinder brauchen ihre Eltern bzw. andere Bezugspersonen, die sich um sie kümmern und für sie sorgen und Beziehungen, Vertrauen und Bindungen können hier nicht ohne Schaden gekappt werden, woraus sich auch ableiten lässt, dass der Schutz der Familie aus Kindeswohlperspektive prinzipiell geboten ist (Alstott 2004; Brighouse und Swift 2014).

Literatur

Al-Ammouri, Iyad, und Fares Ayoub. 2016. Heart Disease in Syrian Refugee Children: Experience at Jordan University Hospital. *Annals of Global Health* 82(2):300. https://doi.org/10.1016/j.aogh.2015.02.517.

Alstott, Anne. 2004. *No exit: What parents owe their children and what society owes parents*, 1. Aufl. Oxford/New York: Oxford University Press.

Amerijckx, Gaëlle., und Perrine Claire Humblet. 2014. Child Well-Being: What Does It Mean? *Children & Society* 28(5):404–415. https://doi.org/10.1111/chso.12003.

Andresen, Sabine. 2014. Childhood Vulnerability: Systematic, Structural, and Individual Dimensions. *Child Indicators Research* 7(4):699–713. https://doi.org/10.1007/s12187-014-9248-4.

Attree, Pamela. 2004. Growing up in Disadvantage: A Systematic Review of the Qualitative Evidence. *Child: Care, Health and Development* 30(6):679–89. https://doi.org/10.1111/j.1365-2214.2004.00480.x.

Bagattini, Alexander. 2014. Child Well-Being: A Philosophical Perspective. In *Handbook of child well-being: theory, indicators, measures and policies*, 1. Aufl., Hrsg. Asher Ben-Arieh, Ferran Casas, Ivar Frønes, und Jill E. Korbin, 163–86. Dordrecht/New York: Springer.

Bagattini, Alexander, und Colin M. Macleod, Hrsg. 2014. *The Nature of Children's Well-Being: Theory and Practice*, 1. Aufl. New York: Springer.

Ben-Arieh, Asher, Ferran Casas, Ivar Frønes, und Jill E. Korbin. 2014. Multifaceted Concept of Child Well-Being. In *Handbook of child well-being: theory, indicators, measures and policies*, 1. Aufl., Hrsg. Asher Ben-Arieh, Ferran Casas, Ivar Frønes, und Jill E. Korbin, 1–27. Dordrecht/New York: Springer.

Briend, André, Tanya Khara, und Carmel Dolan. 2015. Wasting and Stunting—Similarities and Differences: Policy and Programmatic Implications. *Food and Nutrition Bulletin* 36 (1_suppl1):S15–23. https://doi.org/10.1177/15648265150361S103.

Brighouse, Harry, und Adam Swift. 2014. *Family values: The ethics of parent-child relationships*, 1. Aufl. Princeton: Princeton University Press.

Brock, Gillian. 2017. Global Justice. In *The Stanford Encyclopedia of Philosophy (Spring 2017 Edition)*, Hrsg. Edward Zalta. Metaphysics Research Lab, Stanford University. https://plato.stanford.edu/archives/spr2017/entries/justice-global/.

Cassee, Andreas. 2016. *Globale Bewegungsfreiheit: ein philosophisches Plädoyer für offene Grenzen*, 1. Aufl. Originalausgabe. suhrkamp taschenbuch wissenschaft$l2202. Berlin: Suhrkamp.

Cherem, Max. 2016. Refugee Rights: Against Expanding the Definition of a "Refugee" and Unilateral Protection Elsewhere. *Journal of Political Philosophy* 24(2):183–205. https://doi.org/10.1111/jopp.12071.

Conroy, Kathleen, Megan Sandel, und Barry Zuckerman. 2010. Poverty Grown Up: How Childhood Socioeconomic Status Impacts Adult Health. *Journal of Developmental & Behavioral Pediatrics* 31(2):154–160. https://doi.org/10.1097/DBP.0b013e3181c21a1b.

Derluyn, Ilse, Cindy Mels, und Eric Broekaert. 2009. Mental Health Problems in Separated Refugee Adolescents. *Journal of Adolescent Health* 44(3):291–297. https://doi.org/10.1016/j.jadohealth.2008.07.016.

Dryden-Peterson, Sarah. 2016. Refugee Education in Countries of First Asylum: Breaking Open the Black Box of Pre-Resettlement Experiences. *Theory and Research in Education* 14(2):131–148. https://doi.org/10.1177/1477878515622703.

Duarte, Melina, Kasper Lippert-Rasmussen, Serena Parekh, und Annamari Vitikainen, Hrsg. 2018. *Refugee Crisis: The Borders of Human Mobility*, 1. Aufl. London: Routledge.

Fazel, Mina. 2002. The Mental Health of Refugee Children. *Archives of Disease in Childhood* 87(5):366–370. https://doi.org/10.1136/adc.87.5.366.

Fazel, Mina, Ruth V. Reed, Catherine Panter-Brick, und Alan Stein. 2012. Mental Health of Displaced and Refugee Children Resettled in High-Income Countries: Risk and Protective Factors. *The Lancet* 379(9812):266–282. https://doi.org/10.1016/S0140-6736(11)60051-2.

Fine, Sarah, und Lea Ypi, Hrsg. 2016. *Migration in Political Theory: The Ethics of Movement and Membership*, 1. Aufl. Oxford: Oxford University Press. https://doi.org/10.1093/acprof:oso/9780199676606.001.0001.

Fourie, Carina, und Annette Rid, Hrsg. 2017. *What is enough? sufficiency, justice, and health*, 1. Aufl. Oxford/New York: Oxford University Press.

Gardner, Bill. 2015. The Developmental Capability Model of Child Well-Being. In *The Well-Being of Children*, Hrsg. Gottfried Schweiger und Gunter Graf. Berlin: De Gruyter Open. https://doi.org/10.1515/9783110450521-008.

Gheaus, Anca. 2013. The Feasibility Constraint on The Concept of Justice. *The Philosophical Quarterly* 63(252):445–464. https://doi.org/10.1111/1467-9213.12058.

Gheaus, Anca, Gideon Calder, und Jurgen De Wispelaere, Hrsg. 2018. *The Routledge handbook of the philosophy of childhood and children*, 1. Aufl. Routledge handbooks in philosophy. New York: Routledge.

Hurst, Samia. 2015. Clarifying Vulnerability: The Case of Children. *Asian Bioethics Review* 7(2):126–138. https://doi.org/10.1353/asb.2015.0018.

Kanics, Jyothi, Daniel Senovilla Hernández, Kristina Touzenis, und Unesco, Hrsg. 2010. *Migrating alone: Unaccompanied and separated children's migration to Europe*, 1. Aufl. Paris: Unesco.

Lacour, Misty, und Laura D. Tissington. 2011. The effects of poverty on academic achievement. *Educational Research and Reviews* 6(7):522–527.

Lister, Matthew J. 2013. Who Are Refugees? *Law and Philosophy* 32(5):645–671. https://doi.org/10.1007/s10982-012-9169-7.

Lister, Matthew J. 2018. The Rights of Families and Children at the Border. In *Philosophical foundations of children's and family law*, 1. Aufl. Hrsg. Elizabeth Brake und Lucinda Ferguson, 153–70. Oxford: Oxford University Press.

Lustig, Stuart L., Maryam Kia-Keating, Wanda Grant Knight, Paul Geltman, J. Heidi Ellis, David Kinzie, Terence Keane, und Glenn N. Saxe. 2004. Review of Child and Adolescent Refugee Mental Health. *Journal of the American Academy of Child & Adolescent Psychiatry* 43(1):24–36. https://doi.org/10.1097/00004583-200401000-00012.

Mackenzie, Catriona, Wendy Rogers, und Susan Dodds. 2014. Introduction: What Is Vulnerability and Why Does It Matter for Moral Theory? In *Vulnerability: New essays in ethics and feminist philosophy*, Hrsg. Catriona Mackenzie, Wendy Rogers, und Susan Dodds, 1–29. New York: Oxford University Press.

Miller, David. 2016. *Strangers in our midst: The political philosophy of immigration*, 1. Aufl. Cambridge: Harvard University Press.

Moinolnolki, Neda, und Myae Han. 2017. No Child Left Behind: What About Refugees? *Childhood Education* 93(1):3–9. https://doi.org/10.1080/00094056.2017.1275231.

Mullin, Amy. 2014a. Children, Vulnerability, and Emotional Harm. In *Vulnerability*, 1. Aufl., Hrsg. Catriona Mackenzie, Wendy Rogers, und Susan Dodds, 266–87. New York: Oxford University Press.

Mullin, Amy. 2014b. Children, Paternalism and the Development of Autonomy. *Ethical Theory and Moral Practice* 17(3):413–426. https://doi.org/10.1007/s10677-013-9453-0.

Murray, John S. 2018. Toxic Stress and Child Refugees. *Journal for Specialists in Pediatric Nursing* 23(1):e12200. https://doi.org/10.1111/jspn.12200.

Nicol, P., R. Anthonappa, N. King, L. Slack-Smith, G. Cirillo, und S. Cherian. 2015. Caries Burden and Efficacy of a Referral Pathway in a Cohort of Preschool Refugee Children. *Australian Dental Journal* 60(1):73–79. https://doi.org/10.1111/adj.12269.

Nykänen. 2001. Protecting Children? The European Convention on Human Rights and Child Asylum Seekers. *European Journal of Migration and Law* 3(3):315–345. https://doi.org/10.1163/15718160120959285.

Oberman, Kieran. 2011. Immigration, Global Poverty and the Right to Stay. *Political Studies* 59(2):253–268. https://doi.org/10.1111/j.1467-9248.2011.00889.x.

Oka, Rahul Chandrashekhar. 2014. Coping with the Refugee Wait: The Role of Consumption, Normalcy, and Dignity in Refugee Lives at Kakuma Refugee Camp, Kenya: Coping with the Refugee Wait. *American Anthropologist* 116(1):23–37. https://doi.org/10.1111/aman.12076.

O'Neill, Onora. 2001. Agents of Justice. *Metaphilosophy* 32(1–2):180–195. https://doi.org/10.1111/1467-9973.00181.

Parekh, Serena. 2014. Beyond the Ethics of Admission: Stateless People, Refugee Camps and Moral Obligations. *Philosophy & Social Criticism* 40(7):645–663. https://doi.org/10.1177/0191453713498254.

Parekh, Serena. 2017. *Refugees and the ethics of forced displacement*, 1. Aufl. Routledge research in applied ethics 2. New York: Routledge.

Rossi, Gabriele, und Vivian Sau Wai Lee. 2016. Call for Preventive Care for Rheumatic Heart Disease in Refugee Children. *BMJ* 04:i2312. https://doi.org/10.1136/bmj.i2312.

Rotter, Rebecca. 2016. Waiting in the Asylum Determination Process: Just an Empty Interlude? *Time & Society* 25(1):80–101. https://doi.org/10.1177/0961463X15613654.

Salehi, Leila, Aisha K. Lofters, Susan M. Hoffmann, Jane Y. Polsky, und Katherine D. Rouleau. 2015. Health and Growth Status of Immigrant and Refugee Children in Toronto, Ontario: A Retrospective Chart Review. *Paediatrics & Child Health* 20(8):e38-42. https://doi.org/10.1093/pch/20.8.e38.

Schweiger, Gottfried, und Gunter Graf. 2015. *A Philosophical Examination of Social Justice and Child Poverty*. 1. Aufl. Basingstoke: Palgrave Macmillan. http://www.palgraveconnect.com/doifinder/10.1057/9781137426024.

Schweiger, Gottfried, und Gunter Graf. 2017. Ethics and the dynamic vulnerability of children. *Les Ateliers de l'éthique/The Ethics Forum* 12(2–3):243–261. https://doi.org/10.7202/1051284ar.

Thacher, Tom D., Pawel Pludowski, Nick J. Shaw, M. Zulf Mughal, Craig F. Munns, und Wolfgang Högler. 2016. Nutritional Rickets in Immigrant and Refugee Children. *Public Health Reviews* 37(1). https://doi.org/10.1186/s40985-016-0018-3.

Tolman, Deborah L., Meg I. Striepe, und Tricia Harmon. 2003. Gender Matters: Constructing a Model of Adolescent Sexual Health. *Journal of Sex Research* 40(1):4–12. https://doi.org/10.1080/00224490309552162.

Turnbull, Sarah. 2016. 'Stuck in the Middle': Waiting and Uncertainty in Immigration Detention. *Time & Society* 25(1):61–79. https://doi.org/10.1177/0961463X15604518.

UNICEF. 2016. *Uprooted: The Growing Crisis for Refugee and Migrant Children*. https://www.unicef.org/publications/index_92710.html.

Venkatapuram, Sridhar. 2011. *Health justice*, 1. Aufl. Cambridge/Malden: Polity.

Wofford, Mary Claire, und Sana Tibi. 2018. A Human Right to Literacy Education: Implications for Serving Syrian Refugee Children. *International Journal of Speech-Language Pathology* 20(1):182–190. https://doi.org/10.1080/17549507.2017.1397746.

Woodward, Lucinda, und Peter Galvin. 2009. Halfway to Nowhere: Liberian Former Child Soldiers in a Ghanaian Refugee Camp. *Annals of the Association of American Geographers* 99(5):1003–1011. https://doi.org/10.1080/00045600903245698.

Yousefzadeh, Sepideh, Mario Biggeri, Caterina Arciprete, und Hinke Haisma. 2018. A Capability Approach to Child Growth. *Child Indicators Research, April.* https://doi.org/10.1007/s12187-018-9548-1.

Sektion IV: Armut und Kindheit

Kinderarmut

Weltweit leben auch heute noch – je nach Messung – hunderte Millionen Kinder in Armut, und Kinderarmut ist sowohl in reichen wie auch armen Ländern zu finden. Gemäß der Zahlen der Weltbank mussten 2013 fast 400 Millionen Kinder weltweit mit weniger als 1,90 $ am Tag auskommen (UNICEF 2016), und die offizielle Statistik für die EU spricht für das Jahr 2016 von fast 25 Millionen Kindern, die in Europa in armutsgefährdeten Haushalten leben (eurostat 2017). Diese Zahlen zeigen ein ethisches Problem an, sie geben aber noch keine Auskunft darüber, welche Fragen Kinderarmut für die Philosophie und insbesondere einer Philosophie der Kindheit aufwirft. Obwohl Armut schon seit längerem innerhalb der Philosophie thematisiert wird, gibt es erst sehr wenige Arbeiten, die sich explizit mit Kinderarmut auseinandersetzen (Brando und Schweiger 2019). Kinderarmut ist vorrangig ein Thema der Sozialwissenschaften und wird von diesen theoretisch und praktisch erforscht (Zander 2010). Darüber hinaus ist Kinderarmut sicherlich auch ein politisches Thema (Hübenthal 2018). In diesem Beitrag sollen vier Felder skizziert werden, in denen Kinderarmut als philosophisches Thema relevant wird – diese philosophische Relevanz ist dabei aber immer in einem Zusammenspiel mit anderen, empirischen Disziplinen der Armutsforschung zu sehen. Im Folgenden geht es also darum, wie Kinderarmut theoretisch konzeptualisiert und definiert wird, wie sie erforscht wird, was sie als ethisches Problem ausmacht und schließlich, welche Verpflichtungen und Verantwortungen gegenüber Kindern in Armut bestehen.

Kinderarmut definieren

Kinderarmut teilt mit allen anderen Formen der Armut das Problem, dass keine Einigkeit darüber besteht, wie sie zu definieren und theoretisch zu konzeptualisieren ist (Huster et al. 2008; Alcock 2006). Vielmehr gibt es eine ganze

G. Schweiger, *Essays zur Philosophie der Kindheit*, Kindheit – Bildung – Erziehung. Philosophische Perspektiven, https://doi.org/10.1007/978-3-662-66692-0_15

Reihe an komplementären, sich aber auch widersprechenden theoretischen Zugängen, die zu einer Vielzahl an Definitionen geführt haben, die wiederum unterschiedliche Indikatoren und Maßstäbe für die Messung und Erforschung hervorbringen. Sechs Bemerkungen sind hier angebracht, die sowohl aus Sicht der Armutsforschung als auch der Philosophie relevant sind, viele davon sind nicht spezifisch für Kinderarmut, sondern für alle Formen der Armut:

Erstens ist Kinderarmut kein rein deskriptives Konzept, sondern umfasst – wie alle Armutskonzepte – deskriptive und normativ-evaluative Aspekte (Schweiger 2012). Armut wird, egal wie sie dann näher definiert wird, immer als ein Mangel an etwas Wichtigem aufgefasst, und dieser Mangel ist nicht ein neutraler Zustand, sondern wird als schlecht bewertet. Die Bewertung des Mangels, den Armut ausdrückt, kann ethisch, politisch oder sozial erfolgen, jedenfalls bringt er zum Ausdruck, dass den betroffenen Personen etwas fehlt, was ihnen nicht fehlen sollte. Dieser Befund ist auch für Kinderarmut zutreffend, wobei hier oftmals noch stärker die normativ-evaluative Komponente betont wird, da das Konzept der Kindheit mit Vorstellungen über Verletzbarkeit, Unschuld, Schutzbedürftigkeit und Fürsorge verknüpft ist. Konzepte von Kinderarmut haben daher auch eine doppelte Funktion, indem sie einerseits helfen sollen, Wirklichkeit (das Leben von Kindern in Armut) konzeptionell einzufangen und erforschbar zu machen als auch, andererseits, anzuzeigen, dass hier ein Mangel (im Leben dieser Kinder) vorliegt, der behoben werden sollte und der einen Appell an andere, hier helfend oder schützend einzugreifen, vorbringt (wenn auch oft unbestimmt bleibt, an wen sich dieser Appell richtet).

Zweitens ist Kinderarmut ein soziales und kein natürliches Phänomen. Das bedeutet, dass ihre Form je nach sozialem Umfeld variabel ist als auch das Verständnis davon, was sie als Armut überhaupt ausmacht. Gesellschaften haben also unterschiedliche Auffassungen davon, was Kinderarmut ist und Kinderarmut nimmt je nach Gesellschaft unterschiedliche Formen an. Kinderarmut in einem Entwicklungsland ist anders zu definieren als Kinderarmut in Europa. Kinderarmut ist aber auch deshalb ein soziales Phänomen, weil sie durch soziale Mechanismen erzeugt bzw. beseitigt wird (Butterwegge 2000). Daher sind auch die Anzahl der betroffenen Kinder je nach Land sehr unterschiedlich. Während in vielen ärmeren Ländern in Afrika und Asien sehr viele Kinder in extremer Armut leben, sind in reichen Länder deutlich weniger Kinder arm und ihre Armut ist weniger extrem und zumeist nicht lebensbedrohlich (Batana et al. 2013).

Dabei ist, zweitens, eine Unterscheidung bedeutsam, nämlich jene von relativer und absoluter Armut (Neuhäuser 2010). Absolute Armut bezeichnet eine Form der Armut, die das Überleben oder zumindest fundamentale Bedürfnisse stark bedroht. Hunger kann als eine Form von absoluter Armut gesehen werden. Relative Armut hingegen bezeichnet den Umstand, dass Armut jeweils in Bezug auf die Gesellschaft für die sie definiert wird, verstanden wird. Eine klassische Methode ist hier, Armutsgrenzen am Medianeinkommen in einer Gesellschaft auszurichten. Da das Medianeinkommen in jeder Gesellschaft unterschiedlich ist, sind auch die jeweiligen Armutsgrenzen unterschiedlich. Absolute Armut ist somit robuster gegenüber Unterschieden zwischen Gesellschaften (z. B. in Europa und

Afrika), während relative Armut sich gerade daran orientiert, wie eine Gesellschaft und ihr Wohlstandsniveau beschaffen sind. Beide Verständnisse von Armut zeigen aber nochmals, dass Armut in all ihren Formen, wie oben erwähnt, ein soziales Phänomen ist. Auch Ansätze zur absoluten Armut beziehen sich auf sozial geformte (z. B. Kleidung, Wohnraum, Kochen) und nicht nur natürliche Bedürfnisse (z. B. Nahrung, Gesundheit), und für Ansätze zur relativen Armut ist die soziale Formung von Beginn an bestimmend, also welche bzw. wie viel Nahrung, Kleidung, Wohnraum in der jeweiligen Gesellschaft die Norm ist.

Drittens herrscht keine Einigkeit darüber, welche Art von Gütern zur Definition von Kinderarmut herangezogen werden sollen (Wisor 2012). In diesem Sinne ähnelt die Debatte derjenigen um die Frage der Währung der Gerechtigkeit. Zwei Alternativen wurden bereits genannt: Bedürfnisse und Einkommen. Bedürfnisse werden dabei oftmals so definiert, dass sie beschreiben, was Menschen zum Überleben benötigen. Aber auch höherrangige und sozial geformte Bedürfnisse können in den Blick kommen. Einkommen, oder allgemein Geld, wiederum ist in zumindest drei Hinsichten relevant für die Armutsforschung: Es ist, erstens, ein Mittel, um Bedürfnisse durch den Konsum von Gütern und Dienstleistungen zu befriedigen, es dient, zweitens, dazu, an sozialen Praktiken teilzuhaben (wie etwa Freizeitaktivitäten) und es kann, drittens, dafür verwendet werden, weiteres Einkommen zu erzeugen oder für eine spätere Verwendung zurückgelegt werden. Dazu kommt, dass Einkommen ein relativ einfach zu messendes Gut ist. Es gibt jedoch noch eine ganze Reihe weiterer Vorschläge und dann natürlich noch unterschiedliche Interpretationen innerhalb derselben. Fähigkeiten wurden von Amartya Sen (Sen 2010) prominent in die Debatte eingebracht, wobei diese Freiheiten, etwas zu tun oder zu sein, beschreiben, wie die Freiheit, gut genährt zu sein oder die Freiheit, soziale Kontakte zu pflegen (Graf 2011). Eine andere Alternative bezieht sich auf soziale Exklusion, wobei diese einerseits einen Prozess und weniger einen Zustand beschreibt und es dabei, andererseits, um den Ausschluss aus zentralen sozialen Feldern und Praktiken geht (Kronauer 2010). Beispiele dafür wären der ungewollte Ausschluss aus dem kulturellen Leben, ein Mangel an sozialen Kontakten, das Fehlen von Arbeit oder politischer Teilhabe.

Viertens, sind die genannten Herangehensweisen – Bedürfnisse, Einkommen, Fähigkeiten, soziale Exklusion – für sich genommen noch nicht kindspezifisch, sondern können zur Definition von Armut im Allgemeinen herangezogen werden. Für Kinderarmut bieten sich dabei nun zwei Alternativen an: Auf der einen Seite kann Kinderarmut mit Erwachsenenarmut gekoppelt werden. Das geschieht, indem der Haushalt als relevante Einheit der Erforschung genommen wird. Dann wären zum Beispiel alle Kinder arm, die in einem Haushalt leben, der über ein zu geringes Einkommen verfügt oder alle Kinder arm, die in einem Haushalt leben, der sich die Güter zur Befriedigung von Grundbedürfnissen nicht leisten kann. Auf der anderen Seite aber, wenn nicht der Haushalt, sondern die einzelne Person als Einheit der Analyse genommen wird, müssen kindspezifische Kinderarmutskonzepte und in weiterer Folge kindspezifische Indikatoren entwickelt werden. Einkommen scheidet dafür schon einmal aus, da Kinder in den allermeisten Fällen kein Einkommen erzielen – entweder weil sie zu jung sind, um zu arbeiten oder Vermögen zu verwalten oder weil sie aus rechtlichen Gründen davon ausgeschlossen sind. Bedürfnisse, Fähigkeiten und soziale Exklusion können kindspezifisch definiert werden, etwa auf Basis einer Theorie des kindlichen Wohlbefindens, eines guten kindlichen Lebens oder mit Hilfe von bio-medizinischen Erkenntnissen (z. B. wenn es darum geht, das Bedürfnis ausreichender Nahrung festzulegen). Dabei sind manche Güter, die helfen Armut zu definieren, für alle Menschen relevant (etwa Kleidung, Gesundheit, Nahrung), jedoch für Kinder und Erwachsene jeweils konkret zu bestimmen, während manche Güter (etwa Spielzeug, Grundschulbildung) nur im Rahmen der Definition von Kinderarmut eine Rolle spielen. Sowohl für den Fähigkeitenansatz als auch auf Basis von Bedürfnissen wurden detaillierte Konzepte von Kinderarmut ausgearbeitet (Biggeri und Mehrotra 2011; UNICEF Innocenti Research Centre 2012).

Fünftens ist schließlich die Rolle von Kindern, insbesondere solchen, die in Armut leben, für die theoretische Konzeptualisierung von Kinderarmut umstritten. Inwieweit können und sollen Kinder mitbestimmen, welche Güter, Bedürfnisse, Fähigkeiten oder soziale Praktiken armutsrelevant sind (Biggeri und Mehrotra 2011; Holztrattner 2011)? Soll Kindern (oder auch ihren Eltern) hier eine autoritative oder bloß eine konsultative Rolle zugebilligt werden? Hier spielt auch die Differenz zwischen der Festlegung objektiver Armutskonzepte durch Expert:inn:en und der subjektiven Wahrnehmung der eigenen Lebenslage durch die Betroffenen eine Rolle. Solche partizipative Beteiligung ist im Falle von Kindern nochmal komplexer und anspruchsvoller, da die epistemischen Fähigkeiten von Kindern generell niedriger bewertet werden und sich diese erst in Entwicklung befinden.

Kinderarmut erforschen

Nachdem im obigen Abschnitt kurz dargelegt wurde, welche Schwierigkeiten bei der Definition von Kinderarmut auftreten, soll nun auf ihre (empirische) Erforschung eingegangen werden. Dabei treten vier Herausforderungen auf, die auch philosophisch relevant sind: Erstens wurde bereits angemerkt, dass Kinderarmut auf Ebene des Haushalts oder auf Ebene der einzelnen Person konzipiert werden kann. Damit sind dann auch jeweils methodische Herausforderungen verbunden. Wird der Haushalt als Analyseeinheit genommen, bleibt es fraglich, wie sich die Situation innerhalb des Haushalts gestaltet. Ein Haushalt kann beispielsweise über wenig Einkommen verfügen, aber die Eltern sparen bei sich selbst so viel, dass es ihren Kindern gut geht und diese eigentlich keinen Mangel leiden. Es kann aber auch der Fall sein, dass ein Haushalt über ausreichend Einkommen verfügt, die Eltern das Geld aber für Konsum verwenden und die Bedürfnisse ihrer Kinder nur unzureichend befriedigen. In dem ersten Fall, wären die Kinder nicht arm, obwohl der Haushalt (die Eltern) arm ist, im zweiten, wären sie arm, obwohl der Haushalt (die Eltern) es nicht sind.

Zweitens ist es aber so, dass die Erforschung von Kinderarmut, wenn das einzelne Kind als Analyseeinheit genommen wird, mit einigen Schwierigkeiten konfrontiert ist. Es sollten dann, wie oben bereits angesprochen, kindspezifische

Konzepte und Indikatoren zur Anwendung kommen. Das ist bereits ein erheblicher Mehraufwand im Vergleich zur Haushaltsebene, da sowohl mehr Personen (alle im Haushalt lebenden) befragt als auch diesen unterschiedliche Fragen gestellt werden müssen. Ob dabei eine pragmatische Teilung in Erwachsene und Kinder ausreichend ist oder nicht vielmehr innerhalb der Gruppe der Kinder noch einmal Altersgruppen unterschieden werden sollten, ist eine diskutierenswerte Frage. In der qualitativen Forschung, die kleinere Settings und eine tiefere Analyse anstrebt, werden mitunter unterschiedliche Konzepte und Indikatoren für Jugendliche und jüngere Kinder angewendet (Holztrattner 2011; Zander 2010). Aufwändiger ist die Erforschung von Kinderarmut auf Ebene des einzelnen Kindes aber auch deshalb, weil unterschiedliche Methoden angewendet werden müssen. Jüngere Kinder können (alleine) keinen Fragebogen ausfüllen und auch eine Befragung muss kindgerecht durchgeführt werden. Es gibt hier ein ganzes Spektrum an Methoden, die aufgrund des Aufwands und der nötigen Expertise auf Seiten der Forschenden wiederum für kleinteilige qualitative Forschung eher geeignet sind (Sime 2008) als für quantitative Erhebungen, die die Armutsberichterstattung und damit die Entwicklungs- und Sozialpolitik dominieren.

Drittens bringt die Erforschung von Kinderarmut, insbesondere wenn sie direkt mit Kindern arbeitet, eine Reihe an ethischen Fragen mit sich (Alderson et al. 2011). Fünf Aspekte sind hier zumindest relevant: Kinder in Armut sind besonders verletzlich, weil sie Kinder und weil sie arm sind. Kinderarmut ist mit einer ganzen Reihe an Einschränkungen und negativen Erfahrungen verbunden, worauf die Forschung besondere Rücksicht nehmen sollte, insbesondere um negative Erfahrungen nicht zu verstärken oder zusätzliche Traumata zu erzeugen. Die Forschung mit Kindern involviert nicht nur besonders verletzliche Personen, sondern auch solche, die oft noch nicht voll zustimmungsfähig sind. Fragen der Autonomie, der Beteiligung an der Forschung und die Rolle von Eltern und anderen Erwachsenen sind somit prekär. Damit ist drittens auch angesprochen, dass Kinder (in Armut) anfällig sind für Manipulation und der dreifache Machtunterschied, der in dieser Konstellation gegeben ist (Kinder – Erwachsene, Beforschte – Forschende, Armut – Nichtarmut), immer bedacht werden sollte. Viertens ist mit Nähe, Empathie und Vertrauen, aber auch Antipathie, Ablehnung, Missgunst, Neid, je nach Forschungssetting, umzugehen, die im Verhältnis von Kindern und Erwachsenen, die sich ihnen zuwenden und mit ihnen eng interagieren, entstehen können. Damit ist dann auch, schließlich und fünftens, die oftmals schwierige Trennung zwischen einer forschenden und einer helfenden Rolle gegenüber dem Kind in Armut angesprochen. Inwieweit haben Forschende, die zumeist sozial und auch finanziell wesentlich bessergestellt sind, eine Verantwortung gegenüber dem Kind, dessen Situation hier erforscht wird? Eine solche Verantwortung kann entweder aus allgemein-ethischen Überlegungen folgen, die unabhängig von der Rolle als Forschende:r gelten, aber auch aus Überlegungen hinsichtlich der Spezifik der Forschungssituation, in der das Kind und seine Mitwirkung ja auch dafür verwendet wird, um dieses in ein Forschungsprodukt und dieses wiederum in relevante Güter wie Prestige, Einkommen und Karriere umzuwandeln.

Kinderarmut ethisch bewerten

Kinderarmut zeigt, das wurde bereits angesprochen, einen Mangel an, der nicht sein sollte. Eine wichtige philosophische Aufgabe ist es, zu analysieren, wie dieser Mangel ethisch zu bewerten ist und welche Konsequenzen daraus zu ziehen sind. Es geht also um Gerechtigkeit und Verantwortung, um ethische Rechte und Pflichten angesichts der Existenz von Kinderarmut (Schweiger und Graf 2015). Hier kann nicht im Detail darauf eingegangen werden, wie unterschiedliche ethische Theorien (etwa ein Utilitarismus, eine liberale Gerechtigkeitstheorie, eine Kritische Theorie oder ein Fähigkeitenansatz) auf Kinderarmut reagieren, da dies verlangen würde, all diese Theorien zuerst für sich und dann in ihrer Anwendung darzustellen. Für eine jede ethische Bewertung sind aber folgende Aspekte relevant:

Erstens ist zu klären, wovon gesprochen wird, wenn von Kinderarmut die Rede ist. Das verweist zurück auf die Frage nach der Konzeption und der Erforschung von Kinderarmut. Es macht nämlich einen Unterschied, ob Kinderarmut in Form von extremer Deprivation, die mit Hunger, mangelndem Zugang zu sauberem Trinkwasser und medizinischer Versorgung einhergeht, ethisch evaluiert werden soll oder Kinderarmut in einem europäischen Land wie Deutschland. Dabei geht es zunächst gar nicht darum, ob die eine oder andere Form von Armut ungerechter ist (oder ein größeres moralisches Übel darstellt), sondern schlicht darum, welches Instrumentarium benötigt wird, um zu einer ethischen Bewertung zu gelangen (z. B. ob es einer Theorie der globalen oder einer der sozialen Gerechtigkeit bedarf, ob es um die Verletzung von grundlegenden Kinderrechten geht oder um Ungleichheit). Wenn zum Beispiel eine ethische Theorie auf Minimalstandards abstellt, dann wird sie Kinderarmut, die mit Hunger und schweren Mängeln einhergeht, als moralisches Übel ausweisen, Kinderarmut, die mit weniger drastischen Einschränkungen verbunden ist (z. B. dem Besuch einer Tafel), vielleicht moralisch akzeptabel finden.

Zweitens ist zu klären, in welchem ethischen Kontext Kinderarmut problematisiert wird. Kinderarmut kann aus unterschiedlichen normativen Perspektiven als moralisches Übel oder als ungerecht bewertet werden: Aus Perspektive der Kinderrechte, stellt Kinderarmut zum Beispiel eine Verletzung der Rechte auf körperliche Unversehrtheit, Gesundheit und einen angemessenen Lebensstandards dar (Pemberton et al. 2012). Aus Perspektive einer politisch liberalen Gerechtigkeitstheorie kann Kinderarmut als das Fehlen von Basisgütern kritisiert werden und eine fähigkeitenbasierte Gerechtigkeitstheorie wird den Mangel an Fähigkeiten und Freiheiten hervorheben (Schweiger/Graf 2015). Aus einer anerkennungstheoretischen Perspektive wiederum wird zu fragen sein, inwieweit Kinderarmut mit Erfahrungen der Missachtung einhergeht und diese verstärkt (Schweiger 2015). Des Weiteren ist zu klären, ob es um individuelle Pflichten gegenüber Kindern in Armut geht oder um strukturelle Fragen, wie eine Gesellschaft (oder globale Ordnung) einzurichten wäre, damit kein Kind in Armut leben muss. Diese und weitere Perspektiven haben ihre Legitimität und können sich ergänzen, doch sie unterscheiden sich wesentlich darin, als welche Art von ethischem Problem Kinderarmut aufgefasst wird und welche Lösung angebracht erscheint. Während der Fokus auf individualethische Verpflichtungen angesichts von Kinderarmut deren strukturelle Ursachen tendenziell ausblendet und als nicht relevant erscheinen lässt (es ist hier das Leid und der schwere Mangel der Kinderarmut, der für sich steht), verschieben Gerechtigkeitstheorien den Fokus auf Institutionen und die politische Ebene und deren Versagen gegenüber Kindern in Armut. Ungerecht ist Kinderarmut dann nicht nur, weil sie einen Mangel auf Seiten der Kinder darstellt, sondern weil dadurch Ansprüche dieser Kinder gegenüber der Gesellschaft und anderen Institutionen verletzt werden (Graf und Schweiger 2017).

Für die ethische Bewertung von Kinderarmut sind jedenfalls, viertens, ihre Folgen relevant. Das betrifft dann auch die Frage, wie mit der Unterscheidung von Armutsrisiko, Armut und Armutsfolgen umgegangen wird. Armutsrisiko ist zumeist kein eigenes Thema, wenn Kinderarmut als ungerecht oder ein moralisches Übel ausgewiesen wird, obwohl sie durchaus ethisch relevant ist. Ein erhöhtes Armutsrisiko ergibt sich aus den individuellen und strukturellen Faktoren im Leben eines Kindes: Wo ist es geboren, gibt es gesundheitliche Einschränkungen, wie verdienen seine Eltern ihren Lebensunterhalt, wie sind die klimatischen, ökonomischen, sozialen und kulturellen Bedingungen, wie ist das familiäre und engere soziale Netzwerk beschaffen oder gibt es eine wohlfahrtsstaatliche Absicherung? Daraus ergeben sich Armutsrisiken, die einerseits selbst schon mit Mängeln und Deprivationserfahrungen und Belastungen, wie Unsicherheit oder Stress, einhergehen können. Andererseits ist es für eine effektive Armutsbekämpfung sinnvoller, Armut zu vermeiden als sie später zu lindern (Wisor 2012). Armut und Armutsfolgen wiederum sind nur anhand der jeweils verwendeten Konzepte und Theorien unterscheidbar. In einem einkommensbasierten Konzept wird Hunger als die Folge von Einkommensarmut ausgewiesen, während ein bedürfnisbasiertes Konzept Armut mit Hunger gleichsetzt. Wenn also zum Beispiel Hunger das moralische Übel darstellt, welches gelindert werden soll, dann fällt auch die jeweilige ethische Bewertung unterschiedlich aus. Im ersten Fall ist nicht Kinderarmut (Einkommensarmut) das moralische Problem, sondern der Hunger, der damit verbunden ist, und es könnte diesem Zugang genügen zu folgern, dass Einkommensarmut bestehen bleiben kann, solange sie eben keinen Hunger erzeugt. Im zweiten Fall ist Kinderarmut selbst das moralische Übel und der Zusammenhang zur Einkommensarmut kommt vielleicht gar nicht in den Blick. Als mögliche Auswirkungen von Kinderarmut, die dabei ethisch relevant sein können, seien hier kurz folgende genannt (Ridge 2011; Zander 2010; Lutz 2012): depravierte Lebensbedingungen (z. B. im Hinblick auf Kleidung, Wohnraum, Ernährung und Ausstattung mit Büchern und Spielzeug), Beeinträchtigung der physischen und psychischen Gesundheit, schlechtere Bildung und schulische Leistungen, geringerer Selbstwert und mangelndes Selbstvertrauen, häufigere Erfahrungen mit Gewalt, Kriminalität, Drogen und Alkohol, weniger soziale Kontakte und Isolation, spätere Arbeitslosigkeit und wiederholte Armut.

Schließlich, fünftens, ist die Frage nach dem Kind und seinem besonderen Status im Falle von Kinderarmut zu klären. Ist Kinderarmut ein ethisches Problem, weil es Kinder betrifft? Ist Kinderarmut ein größeres moralisches Übel als Erwachsenenarmut? Welche kindspezifischen normativ-ethischen Konzepte und Maßstäbe sind hier anzuwenden? Hilfreich ist hier das Konzept der kindlichen Verletzbarkeit, welche sowohl aufgrund natürlicher aber auch sozialer Bedingungen größer ist als jene von Erwachsenen. Zwei wichtige Faktoren sind hier – einerseits – die geringeren Möglichkeiten von Kindern, sich gegen Armut und ihre Folgen zu schützen (sie können sich z. B. nicht selbst ernähren oder, wenn sie älter sind, eine Arbeit suchen) als auch – andererseits – die sensible Phase der kindliche Entwicklung, die durch Armut nachhaltig geschädigt werden kann (z. B. Schäden der Gehirnentwicklung durch Unterernährung, aber auch durch armutsbedingten Stress). Solche Entwicklungsschäden sind durch spätere Maßnahmen oft nicht mehr auszugleichen. Die Verletzbarkeit von Kindern könnte somit darauf hindeuten, dass Kinderarmut tatsächlich ethisch anders zu bewerten ist als Erwachsenenarmut und Kinder in der Armutsbekämpfung zu priorisieren wären.

Kinderarmut lindern

Wenn Kinderarmut ein moralisches Übel ist, dann soll sie gelindert und bekämpft werden. Das wirft zwei Fragen auf (Schweiger und Graf 2015; Graf und Schweiger 2015): Wer soll Kinderarmut lindern? Wie soll Kinderarmut gelindert werden? Hinsichtlich der ersten Frage bietet es sich an, eine Reihe an Akteur:inn:en gemäß einiger relevanter Kriterien zu unterscheiden (Young 2011; O'Neill 2001). Auf der einen Seite stehen Individuen, auf der anderen Institutionen. Beide Arten von Akteur:inn:en können dann wiederum dahingehend eingeteilt werden, ob sie an der Verursachung von Kinderarmut beteiligt waren, ob sie dazu in der Lage sind, Kinderarmut zu lindern, in welchem Verhältnis sie zu Kindern in Armut stehen oder ob sie von Kinderarmut profitieren. Die Gewichtung dieser Kriterien ist keineswegs offensichtlich, genauso wenig wie die Klärung ihrer Zuschreibung in konkreten Kontexten. So ist es zwar durchaus richtig, dass alle, die am kapitalistischen Konsumsystem teilhaben, ihren kleinen Anteil an der Verursachung von Kinderarmut durch die Ausbeutung von Ressourcen und Arbeit in Entwicklungsländern haben, was daraus folgen soll ist jedoch schwieriger zu klären (Hahn 2017). Und auch unabhängig von Fragen der Verursachung gibt es moralische Pflichten gegenüber Kindern in Armut. Doch bestehen diese darin, für die Kinder zu spenden (und dies möglichst effektiv zu tun) oder darin, das politische System dahingehend zu beeinflussen, strukturelle Veränderungen zu bewirken (Gabriel 2017)?

Damit ist bereits die Frage nach dem ›Wie‹ der Kinderarmutsbekämpfung angesprochen. Hier sind zwei ethisch relevante Aspekte zu unterscheiden. Zunächst geht es darum, herauszufinden, welche Mittel überhaupt dazu geeignet sind, Kindern in Armut zu helfen oder, noch besser, zu verhindern, dass Kinder in Armut geraten. Auch diese Maßnahmen können entweder auf individueller oder institutioneller Ebene ansetzen, abhängig von der normativen Theorie im Hintergrund. Wird für eine gerechte Gesellschaft ein starker und intervenierender Staat vorausgesetzt und begründet, dann ergibt sich daraus auch eine entsprechende Verantwortung gegenüber Kindern. Wird dagegen die Autonomie und Eigenständigkeit der Zivilgesellschaft betont, dann fällt wohl auch die Linderung von Kinderarmut in deren Zuständigkeitsbereich. Schließlich könnte auch ein libertärer Ansatz davon ausgehen, dass Kinderarmut gänzlich im Bereich der Familie zu regeln ist und Eltern die Verantwortung für das Wohl ihrer Kinder alleine zu schultern haben. Außenstehende haben dann nur eingeschränkte Hilfspflichten in gravierenden Mangelsituationen wie sie nur in extremer Armut in Entwicklungsländern zu finden sind.

Darüber hinaus gilt es zu klären, inwieweit Überlegungen zur sozialen Gerechtigkeit für Kinder in Armut auf die globale Ebene übertragbar sind. Auf globaler Ebene sind nämlich andere Institutionen entscheidend (wie die Weltbank, globale NGOs, die UNO oder bilaterale Abkommen), wenn es um die Linderung von Kinderarmut geht und auch die Interventionsmöglichkeiten und -mittel sind andere (Entwicklungshilfe, schwache staatliche Programme, Nothilfe). Sowohl globale, entwicklungspolitische als auch wohlfahrtsstaatliche Institutionen stehen vor ethischen Schwierigkeiten hinsichtlich der Angemessenheit ihrer Interventionen, der Priorisierung bestimmter Gruppen oder Armutsformen sowie der Allokation von Ressourcen (zwischen Kindern in unterschiedlichen Armutslagen, zwischen Kindern und Erwachsenen). Eingriffe in elterliche Rechte und Pflichten, aber auch in die Autonomie von Kindern und Jugendlichen sind ebenso rechtfertigungsbedürftig. Hier sind sorgfältige Abwägungen nötig, auch um zu vermeiden, dass arme Familien in ungerechtfertigter Weise stigmatisiert und infantilisiert werden (Schorb 2007).

Literatur

Alcock, Pete. 2006. *Understanding poverty. 3*. Aufl. Basingstoke: Palgrave Macmillan.

Alderson, Priscilla, Virginia Morrow, und Priscilla Alderson. 2011. *The ethics of research with children and young people: a practical handbook*. 2. Aufl. London: SAGE.

Batana, Yélé, Maurizio Bussolo, und John Cockburn. 2013. „Global Extreme Poverty Rates for Children, Adults and the Elderly". *Economics Letters* 120(3):405–7. https://doi.org/10.1016/j.econlet.2013.05.006.

Biggeri, Mario, und Santosh Mehrotra. 2011. „Child Poverty as Capability Deprivation: How to Choose Domains of Child Well-being and Poverty". In *Children and the capability approach*, herausgegeben von Mario Biggeri, Jérôme Ballet, und Flavio Comim, 1. Aufl., 46–75. Basingstoke/New York, NY: Palgrave Macmillan.

Brando, Nicolas, und Gottfried Schweiger, Hrsg. 2019. *Philosophy and Child Poverty: Reflections on the Ethics and Politics of Poor Children and their Families,. 1. Aufl. Philosophy and Poverty*. Cham: Springer.

Butterwegge, Christoph, Hrsg. 2000. *Kinderarmut in Deutschland. Ursachen, Erscheinungsformen und Gegenmassnahmen*. 1. Aufl. Frankfurt am Main/New York, NY: Campus.

eurostat. 2017. „Child poverty". 2017. http://ec.europa.eu/eurostat/web/income-and-living-conditions/publications/-/asset_publisher/zdEOYZhr9af3/content/EDN-20171120-1/4187653?inheritRedirect=false.

Gabriel, Iason. 2017. „Effective Altruism and Its Critics". *Journal of Applied Philosophy* 34(4):457–73. https://doi.org/10.1111/japp.12176.

Graf, Gunter. 2011. „Der Fähigkeitenansatz als neue Grundlage der Armutsforschung?" *SWS-Rundschau* 51(1):84–102.

Graf, Gunter, und Gottfried Schweiger. 2015. „Kindheit und Gerechtigkeit: Einleitung zum Schwerpunkt". *Zeitschrift für Praktische Philosophie* 2(1).

Graf, Gunter, und Gottfried Schweiger. 2017. „Fähigkeiten Und Funktionsweisen Als „Währung Der Gerechtigkeit" Für Kinder". *Archiv Fuer Rechts- Und Sozialphilosphie* 103(4):439–55. https://doi.org/10.25162/arsp-2017-0246.

Hahn, Henning. 2017. „Kollektivierungspflichten und ethischer Konsum". *Zeitschrift für Praktische Philosophie* 4(1):183–210. https://doi.org/10.22613/zfpp/4.1.8.

Holztrattner, Magdalena. 2011. *Wirklich arm sind die anderen: Partizipative Armutsforschung mit Jugendlichen. Eine interdisziplinäre, empirische Studie auf praktisch-fundamentaltheologischer Basis*. 1. Aufl. Salzburger Theologische Studien 43. Innsbruck: Tyrolia-Verlag.

Hübenthal, Maksim. 2018. *Soziale Konstruktionen von Kinderarmut: Sinngebungen zwischen Erziehung, Bildung, Geld und Rechten*. 1. Auflage. Kindheiten Neue Folge. Weinheim Basel: Beltz Juventa.

Huster, Ernst-Ulrich, Jürgen Boeckh, und Hildegard Mogge-Grotjahn, Hrsg. 2008. *Handbuch Armut und soziale Ausgrenzung*. 1. Aufl. Wiesbaden: VS Verlag für Sozialwissenschaften.

Kronauer, Martin. 2010. *Exklusion. Die Gefährdung des Sozialen im hoch entwickelten Kapitalismus*. 2. Aufl. Frankfurt am Main/New York, NY: Campus.

Lutz, Ronald, Hrsg. 2012. *Erschöpfte Familien*. 1. Aufl. Wiesbaden: VS Verlag für Sozialwissenschaften.

Neuhäuser, Christian. 2010. „Zwei Formen der Entwürdigung: Relative und absolute Armut". *Archiv für Rechts- und Sozialphilosophie* 96(4):542–56.

O'Neill, Onora. 2001. „Agents of Justice". *Metaphilosophy* 32(1–2):180–95. https://doi.org/10.1111/1467-9973.00181.

Pemberton, Simon, David Gordon, und Shailen Nandy. 2012. „Child rights, child survival and child poverty: the debate". In *Global Child Poverty and Well-being, herausgegeben von Alberto Minujin und Shailen Nandy*. Bristol, UK: Policy Press.

Ridge, Tess. 2011. „The Everyday Costs of Poverty in Childhood: A Review of Qualitative Research Exploring the Lives and Experiences of Low-Income Children in the UK". *Children & Society* 25(1):73–84. https://doi.org/10.1111/j.1099-0860.2010.00345.x.

Schorb, Friedrich. 2007. „Keine ‚Happy Meals' für die Unterschicht! Zur symbolischen Bekämpfung der Armut". In *Kreuzzug gegen Fette, herausgegeben von Henning Schmidt-Semisch und Friedrich Schorb*, 1. Aufl., 107–24. Wiesbaden: VS Verlag für Sozialwissenschaften. http://link.springer.com/10.1007/978-3-531-90800-7_7.

Schweiger, Gottfried. 2012. *„Philosophie und Armut. Überlegungen zu ihrem Zusammenhang". diskurs. gesellschafts- und geisteswissenschaftliche interventionen* 8(1):66–87.

Schweiger, Gottfried. 2015. *„Verletzbarkeit und Autonomie im Lebenslauf". Zeitschrift für kritische Sozialtheorie und Philosophie* 2(2). https://doi.org/10.1515/zksp-2015-0018.

Schweiger, Gottfried, und Gunter Graf. 2015. *A Philosophical Examination of Social Justice and Child Poverty*. 1. Aufl. Basingstoke: Palgrave Macmillan. http://www.palgraveconnect.com/doifinder/10.1057/9781137426024.

Sen, Amartya. 2010. *Die Idee der Gerechtigkeit*. 1. Aufl. München: Beck.

Sime, Daniela. 2008. „Ethical and Methodological Issues in Engaging Young People Living in Poverty with Participatory Research Methods". *Children's Geographies* 6(1):63–78. https://doi.org/10.1080/14733280701791926.

UNICEF. 2016. „Ending Extreme Poverty: a Focus on Childreb". *UNICEF*. http://data.unicef.org/wpcontent/uploads/2017/09/Ending_Extreme_Poverty_A_Focus_on_Children_Oct_2016.pdf.

UNICEF Innocenti Research Centre. 2012. Measuring Child Poverty. New League Tables of Child Poverty in the World's Rich Countries. *Innocenti Report Card* 10. Florenz. http://www.unicef.gr/pdfs/RC10_report.pdf.

Wisor, Scott. 2012. *Measuring Global Poverty. London 2012. Young, Iris Marion: Responsibility for justice* (Oxford political philosophy). Oxford/New York.

Zander, Margherita, Hrsg. 2010. *Kinderarmut: Einführendes Handbuch für Forschung und soziale Praxis*. Wiesbaden [2].

Entwürdigung und Kinderarmut

Einleitung

In diesem Beitrag wird ein bestimmter Aspekt von Kinderarmut erörtert, nämlich die durch sie erzeugte Demütigung, und wie das Konzept der Demütigung dazu verwendet werden kann, Kinderarmut als ungerecht zu kritisieren. Ich erhebe nicht den Anspruch, dass dies andere Formen der Kritik ersetzt oder ihnen überlegen ist, aber ich versuche zu zeigen, dass dies ein wichtiger, aber oft übersehener Aspekt der Kritik an Kinderarmut ist (Schweiger und Graf 2015). Ich werde argumentieren, dass Kinderarmut die positiven Selbstbezüge dieser Kinder, ihr Selbstvertrauen, ihre Selbstachtung und ihr Selbstwertgefühl bedroht und untergräbt, weil sie ihre Lebensbedingungen als demütigend erleben. Diese positiven Selbstbeziehungen spielen eine entscheidende Rolle für das Wohlergehen und Wohlentwickeln von Kindern, und Kinder haben, wie ich argumentieren werde, aus Gründen der Gerechtigkeit einen Anspruch auf diese Selbstbeziehungen.

Die Grundlage für diese Kritik bilden zwei unterschiedliche Ansätze zur Gerechtigkeit. Einerseits steht sie in der Tradition des Fähigkeitenansatzes, der die Bedeutung positiver Selbstbeziehungen – Selbstachtung ist zum Beispiel eine der „zentralen Fähigkeiten" von Martha Nussbaum (Nussbaum 2011) – und deren Beschädigung durch Armut anführt, insbesondere in Kontexten der absoluten Armut (Zavaleta Reyles 2007). Zum anderen werde ich die Anerkennungstheorie in der Tradition von Axel Honneth (Honneth 1996) heranziehen, um das Konzept positiver Selbstbeziehungen und ihre Differenzierung in die drei Typen Selbstvertrauen, Selbstachtung und Selbstwertgefühl zu explorieren. Sowohl der Fähigkeitenansatz als auch die Anerkennungstheorie befassen sich originär nicht mit dem Thema der Gerechtigkeit für Kinder, was es notwendig macht, sie an einigen Stellen zu modifizieren, um der besonderen Natur der Bedürfnisse und der Handlungsfähigkeit von Kindern gerecht zu werden. Ich werde solche Anpassungen im Laufe des Kapitels vornehmen.

G. Schweiger, *Essays zur Philosophie der Kindheit,* Kindheit – Bildung – Erziehung. Philosophische Perspektiven, https://doi.org/10.1007/978-3-662-66692-0_16

Zu Beginn möchte ich ein paar Worte über den Rahmen dieses Kapitels sagen und darüber, wie es Gerechtigkeit versteht. Ich werde argumentieren, dass positive Selbstbeziehungen – Selbstvertrauen, Selbstachtung und Selbstwertgefühl – Dimensionen des Wohlergehens und Wohlentwickelns von Kindern sind und dass Kinder aus Gründen der Gerechtigkeit einen Anspruch auf sie haben. Dieser Fokus auf das Wohlergehen von Kindern ist im Fähigkeitenansatz nicht neu und basiert auf einem Verständnis des Wohlergehens von Kindern als mehrdimensional und umfasst eine Reihe verschiedener Fähigkeiten und Funktionsweisen, wie z. B. körperlich und geistig gesund zu sein, sozial eingebunden zu sein, eine angemessene Unterkunft, materielle Ressourcen und Güter zu haben oder gut ernährt zu sein (Biggeri und Mehrotra 2011). Der Begriff des Wohlergehens bezieht sich also nicht primär auf einen bestimmten Gemütszustand wie Glück oder Zufriedenheit. Innerhalb des Fähigkeitsansatzes sind Fähigkeiten als Zustände und Handlungen zu verstehen (Robeyns 2011), die Menschen erreichen können, und Funktionsweisen sind als verwirklichte Zustände und Handlungen zu verstehen. Eine Person hat die Fähigkeit, gut ernährt zu sein, wenn sie Zugang zu ausreichend Nahrung hat und diese konsumieren kann, und sie hat die Funktionsweise, gut ernährt zu sein, wenn sie die Nahrung tatsächlich isst. Diese Unterscheidung ist wichtig, weil sie einerseits Wahlfreiheit und Autonomie hervorhebt, andererseits aber auch einen besonderen Unterschied in der Frage aufzeigt, was Gerechtigkeit für Kinder im Vergleich zu Erwachsenen bedeutet. Kurz gesagt, wird in diesem Kapitel davon ausgegangen, dass für Kinder primär Funktionsweisen im Vordergrund stehen und erst mit dem Heranwachsen und der Reife Fähigkeiten zur „Währung der Gerechtigkeit" für Kinder werden (Schweiger und Graf 2015). Solange Kinder also nicht ausreichend in der Lage sind, Entscheidungen für sich selbst zu treffen, reicht es nicht aus, sicherzustellen, dass sie die Fähigkeit haben, gut ernährt zu sein, sondern es muss sichergestellt werden, dass sie tatsächlich gut ernährt sind. Ich werde auf einige Schwierigkeiten, die mit dieser Behauptung verbunden sind, später in diesem Aufsatz zurückkommen, wenn ich die Handlungsfähigkeit von Kindern in Bezug auf ihre positiven Selbstbezüge diskutiere.

Nun sollte es der Gerechtigkeit gleichermaßen um das Wohlergehen und das Wohlentwickeln von Kindern gehen (Schweiger 2015). Das bedeutet, dass es für eine gerechte Verteilung nicht nur relevant ist, was Kinder als Kinder haben, sondern auch die berücksichtigen sollte, wie es ihnen später im Leben ergehen wird. Die Kindheit ist eine entscheidende Phase für den weiteren Lebensweg und bestimmte Benachteiligungen in der Kindheit schlagen sich in Nachteilen im späteren Leben nieder. Darüber hinaus sollten die Fähigkeiten und Funktionsweisen, die für Gerechtigkeit von Bedeutung sind, objektiv bestimmbar sein und ihre Verteilung zwischen Kindern muss durch gesellschaftliche und institutionelle Arrangements beeinflusst werden können – auch wenn nicht alle gerechtigkeitsrelevanten Fähigkeiten und Funktionsweisen vollständig durch den Staat kontrollierbar sind. In diesem Kapitel wird also eine auf den Staat bezogene Sichtweise von Gerechtigkeit eingenommen und Gerechtigkeit als eine Tugend von Institutionen und nicht von Individuen verstanden, obwohl letztere durchaus

Verpflichtungen haben, Gerechtigkeit zu fördern. Zum Beispiel wird Gesundheit weitgehend durch soziale Faktoren bestimmt, die vom Staat kontrolliert werden können; es gibt jedoch viele Fälle von Krankheit, die sich der Kontrolle des Staates entziehen, wie z. B. solche, die durch genetische Variation oder tragische Unfälle verursacht werden. Das macht Gesundheit zu einer Frage der Gerechtigkeit. Wie ich zeigen werde, fallen auch die positiven Selbstbeziehungen in diese Kategorie: Sie sind zu einem großen Teil, wenn auch nicht vollständig, durch äußere Faktoren bestimmt. Es ist daher nicht die Pflicht des Staates, dafür zu sorgen, dass alle Kinder diese positiven Selbstbezüge haben, sondern es ist die Pflicht des Staates, allen Kindern die Ressourcen und Bedingungen zur Verfügung zu stellen, die ihnen die besten Chancen geben, diese positiven Selbstbezüge zu entwickeln. Im Folgenden werde ich dies die Verpflichtung des Staates nennen, den Kindern die ausreichenden „Konversionsfaktoren" zur Verfügung zu stellen, um jene Fähigkeiten und Funktionsweisen zu erreichen, auf die sie aus Gründen der Gerechtigkeit Anspruch haben. Dennoch gibt es Fälle, in denen positive Selbstbezüge aus Gründen, die außerhalb der Verantwortung des Staates liegen, nicht erreichbar sind, zum Beispiel bei genetischen Krankheiten. Oder weil die Bereitstellung der benötigten Konversionsfaktoren selbst ungerecht wäre. In einem hypothetischen Fall, in dem ein Kind andere Menschen leiden sehen müsste, um positive Selbstbezüge zu erreichen, wäre es ungerecht, wenn der Staat dies ermöglichen würde. Solche Fälle fallen nicht in den Zuständigkeitsbereich der Gerechtigkeit und somit ist der damit verbundene Mangel an positiven Selbstbezügen nicht ungerecht, obwohl sie bestimmte Ansprüche der Gerechtigkeit auslösen könnten, wie z. B. die ausreichende Behandlung und Unterstützung durch die öffentliche Gesundheitsversorgung zu erhalten.

Anerkennung und die „fruchtbaren Funktionsweisen" positiver Selbstbeziehungen

In diesem Abschnitt werde ich zunächst argumentieren, dass jedes einzelne Kind aus Gründen der Gerechtigkeit ein Recht auf positive Selbstbeziehungen hat. Diese positiven Selbstbeziehungen sind Teil der Fähigkeiten und Funktionsweisen, die für ein ausreichendes Wohlergehen und Wohlentwickeln erforderlich sind. Eine gerechte Gesellschaft ist verantwortlich für die Sicherstellung der Konversionsfaktoren, die für die Entwicklung und Aufrechterhaltung dieser Fähigkeiten und Funktionsweisen während der Kindheit und des Lebenslaufs einer Person notwendig sind. Ich möchte drei solche positiven Selbstbeziehungen unterscheiden: Selbstachtung, Selbstwertgefühl und Selbstvertrauen, die eng miteinander verbunden sind, um ihre jeweiligen gesellschaftlichen Grundlagen zu diskutieren. Dazu werde ich mich auf die Arbeiten von Axel Honneth und sein dreigliedriges Modell der Anerkennung beziehen (Honneth 1996). Diese drei positiven Selbstbeziehungen sind „fruchtbare Funktionsweisen", was bedeutet, dass sie die Entwicklung anderer Fähigkeiten und Funktionsweisen positiv beeinflussen (Wolff und de-Shalit 2007). Ich werde im Folgenden betonen, dass Kinder ein Recht auf diese fruchtbaren Funktionsweisen positiver Selbstbeziehungen haben und nicht nur auf die Fähigkeiten, diese zu erreichen, wenn sie es wollen. Es ist wichtig, dass Kinder Selbstvertrauen, Selbstachtung und Selbstwertgefühl haben und entwickeln – obwohl der Staat, wie oben erwähnt, nicht vollständig kontrollieren kann, dass dies geschieht.

Honneth unterscheidet drei Arten von positiven Selbstbeziehungen: Selbstvertrauen, Selbstachtung und Selbstwertgefühl (Honneth 1996). Selbstvertrauen bezieht sich auf die Vorstellung von Vertrauen in sich selbst (und in den eigenen Körper und Geist) sowie in das nahe Umfeld. Selbstachtung beschreibt die Auffassung von sich selbst, dass man Würde und moralischen Wert besitzt. Selbstwertgefühl beschreibt die Sichtweise, dass man aufgrund seiner Eigenschaften und Beiträge ein besonderes und wertvolles Mitglied einer größeren Gemeinschaft ist. Honneth verbindet diese mit drei Formen oder Modi der intersubjektiven Anerkennung, die notwendig sind, um Selbstbeziehungen zu entwickeln und aufrechtzuerhalten. Diese sind Liebe und Fürsorge, moralischer Respekt und Rechte, sowie soziale Wertschätzung. Während Liebe und Fürsorge sich auf die eigenen körperlichen, geistigen und emotionalen Bedürfnisse beziehen, bezieht sich moralischer Respekt auf die Vorstellung, eine moralische (verantwortungsvolle) Person zu sein, und soziale Wertschätzung auf die eigenen besonderen Eigenschaften und Fähigkeiten. Honneths Modell postuliert, dass Menschen in engen persönlichen Beziehungen geliebt und umsorgt werden müssen, um ein grundlegendes Selbstvertrauen aufzubauen, dass sie als moralisch Handelnde respektiert werden müssen und dass dieser Respekt in bestimmte Rechte umgesetzt werden muss, die es einer Person ermöglichen, sich selbst zu respektieren; Menschen müssen außerdem für ihre besonderen Beiträge innerhalb einer sozialen Gruppe sozial wertgeschätzt werden, um ein Gefühl für ihr eigenes Selbstwertgefühl zu bekommen. Zusammen, so argumentiert Honneth, bilden diese drei Formen positiver Selbstbeziehungen den Kern der Subjektivität und Identität eines Menschen. Sie sind eng verbunden mit der Fähigkeit, sich selbst und die eigenen Ziele und Lebenspläne zu verwirklichen. In dieser Hinsicht sind eine Theorie der Anerkennung und der Fähigkeitenansatz kongruent, denn beide betonen das normative Gewicht individueller Freiheit und Selbstverwirklichung; Honneth legt jedoch besonderes Gewicht auf deren intersubjektive Bedingungen, die als Formen und Modi der Anerkennung beschrieben werden (Graf und Schweiger 2013). Nur wenn Menschen in die Lage versetzt werden, alle Anerkennungsmodi zu erfahren und damit die drei positiven Formen der Selbstbeziehung zu entwickeln, können sie zu autonomen Wesen werden – Menschen, die mit ihrer Identität glücklich sind und das Leben leben, das sie wollen. Anders ausgedrückt: Die Entwicklung des „Ich" ist an die gelungene Integration in einem „Wir" gebunden (Honneth 2012). Andererseits konzeptualisiert der Ansatz der Anerkennung auch die Bedrohung dieser positiven Selbstbezüge und ihre Deformation durch Formen und Modi der Missachtung, die die drei Typen der positiven Anerkennung widerspiegeln. Honneth unterscheidet hier körperliche Misshandlung, die das Selbstvertrauen zerstört, Ausgrenzung und Entrechtung, die die Selbstachtung bedrohen, sowie Herabwürdigung und Demütigung, die das Selbstwertgefühl untergraben. Jeder

Mensch hat ein Recht darauf, vor solchen Erfahrungen der Missachtung geschützt zu werden, die die Entwicklung der persönlichen Identität verzerren und untergraben; dies ist der Kern eines anerkennungstheoretischen Verständnisses von Moral und Gerechtigkeit, das die intersubjektiven Bedingungen von Selbstvertrauen, Selbstachtung und Selbstwertgefühl und damit Autonomie und Selbstverwirklichung sichern will. In den letzten Jahren hat sich Honneth verstärkt in den Bereich der Sozialtheorie begeben und versucht, ein institutionalisiertes Verständnis von Liebe, moralischem Respekt und sozialer Wertschätzung zu entwickeln (Fraser und Honneth 2003; Honneth 2014). Der Ansatz der Anerkennung ist also nicht – zumindest nicht primär – als psychologische oder anthropologische Theorie über die Entwicklung des Selbst zu verstehen, sondern vielmehr als eine Möglichkeit, die Konfiguration moderner kapitalistischer Gesellschaften und die soziale Einbettung – und Deformation – der Individuen in ihnen zu konzeptualisieren. Liebe und Fürsorge, Respekt und Rechte sowie soziale Wertschätzung und Solidarität beschreiben generalisierte Formen intersubjektiver Beziehungen, nach denen Menschen streben (Pilapil 2012). Menschen brauchen es und wollen geliebt, respektiert und wertgeschätzt werden, und wenn sie es nicht werden, dann erweist sich diese Erfahrung als verletzend und ungerecht.

Um Honneths Modell der positiven Selbstbeziehungen auf Kinder und deren Entwicklung durch die drei Modi der Anerkennung anzuwenden, sind einige Modifikationen notwendig. Während Honneth das Selbstvertrauen in Bezug auf Kinder diskutiert, und wie Liebe und Fürsorge notwendig sind, um es zu entwickeln, tut er das Gleiche nicht für Selbstachtung und Selbstwertgefühl. Diese beiden scheinen für ihn Erwachsenen und vielleicht auch reifen Jugendlichen vorbehalten zu sein. Kinder, besonders kleine Kinder, haben zwar Rechte, aber auf eine andere Weise als Erwachsene. Sie können nicht vollumfänglich handeln und über ihre Handlungen nachdenken und daher nicht in der gleichen Weise wie Erwachsene zur Verantwortung gezogen werden (Archard 2009). Das bedeutet, dass ihre Selbstachtung nicht auf denselben Gründen beruhen kann. Dies gilt ebenso, wenn auch auf andere Weise, für das Selbstwertgefühl. Honneth versteht Selbstachtung und die damit korrelierende Form der Anerkennung von sozialer Wertschätzung im Kontext einer modernen Arbeitsgesellschaft, in der Menschen für ihren Beitrag in der Sphäre der Arbeit und des Arbeitens geschätzt werden (Laitinen 2012). Kinder sind von dieser Sphäre ausgeschlossen; sie arbeiten in modernen Gesellschaften nicht und sollten auch nicht arbeiten. In jenen Gesellschaften, in denen Kinder arbeiten, wird diese Praxis oft als unangemessen und unwürdig kritisiert. Honneth konzeptualisiert sowohl Selbstachtung als auch Selbstwertgefühl so, dass sie für Kinder nicht passen – das wirft die Frage auf, ob sie diese einfach nicht haben können, bzw. ob es in Ordnung ist, wenn sie ihnen fehlen. Honneth hat sich mit dieser Frage nicht näher beschäftigt, aber ich glaube, dass es sinnvoll ist, sie zu prüfen.

Die psychologische Forschung stützt die Idee, dass Kinder Anerkennung brauchen, um schon früh Selbstachtung und Selbstwertgefühl zu entwickeln und tatsächlich zu erfahren; solche Forschungen zeigen, dass diese positiven Selbstbeziehungen für Kinder und nicht nur für Erwachsene von Bedeutung sind (Thompson 2007). Jeder Ansatz, der die Bedürfnisse von Kindern nach Anerkennung in den Mittelpunkt stellt, sollte die von Nigel Thomas aufgeworfenen Punkte berücksichtigen, der argumentiert, dass Kinder sicherlich nicht nur Subjekte mit besonderen Bedürfnissen sind (auf die sich Liebe und Fürsorge beziehen), sondern auch moralische Wesen und Träger:innen von Rechten, und dass sie wertvolle Beiträge leisten, für die sie Anerkennung einfordern (Thomas 2012). Kinder brauchen also nicht nur Anerkennung und haben ein Recht darauf, weil sie ihre Entwicklung und damit ihr Wohlbefinden und ihr Wohlergehen beeinflussen, sondern sie sollten auch als eigenständig anerkennungswürdige Personen gesehen werden. Wie Thomas auch feststellt, werden die besonderen Beiträge von Kindern und ihr Status als Träger:innen von Rechten sowohl in der Theorie als auch in der Praxis zu wenig anerkannt. Kinder sind jedoch keine passiven (moralischen) Objekte, sondern aktive (moralische) Subjekte. Ihr Status als Subjekte sollte ernstgenommen werden; Kinder sollten nicht als irgendwie „mangelhaft" im Vergleich zu Erwachsenen betrachtet werden, obwohl es in Hinblick auf die Fähigkeiten und Funktionsweise wichtige Unterschiede zwischen Kindern und Erwachsenen gibt.

Ich werde nun dazu übergehen, die positiven Selbstbeziehungen des Selbstvertrauens, der Selbstachtung und des Selbstwertgefühls als besonders wertvolle Funktionsweisen für Kinder zu verdeutlichen, auf die Kinder aus Gründen der Gerechtigkeit ein Anrecht haben sollten. Positive Selbstbeziehungen sind an sich schon wertvoll, und ohne sie könnte das Wohlergehen eines Kindes schwer geschädigt werden. Aber positive Selbstbeziehungen sind auch von großem instrumentellen Wert, weil sie die Grundlage für die Entwicklung anderer wichtiger Fähigkeiten und Funktionsweisen sind. Jonathan Wolff und Avner de-Shalit haben das Konzept der „fruchtbaren Funktionsweise" eingeführt, um Funktionsweisen zu beschreiben, die einen positiven Einfluss auf andere Fähigkeiten und Funktionsweisen haben (Wolff und de-Shalit 2007). Positive Selbstbezüge sind in zweierlei Hinsicht „fruchtbar". Zum einen sind sie fruchtbar für die Entwicklung des Kindes, denn diese positiven Selbstbeziehungen sind – wie Honneth vorschlägt – notwendig, damit sich Kinder zu autonomen Erwachsenen entwickeln und sich selbst verwirklichen und zu authentischen Akteur:inn:en werden können. Ohne das Erreichen von Selbstvertrauen, Selbstachtung und Selbstwertgefühl ist es sehr unwahrscheinlich, wenn nicht sogar unmöglich, dass eine Person ein unverfälschtes Selbst entwickelt und wichtige Lebensentscheidungen für sich selbst trifft. Ein alleiniger Fokus auf Autonomie und die Fähigkeit, ein Leben zu führen, das man zu schätzen weiß, wäre für Kinder jedoch unangemessen. Autonomie ist nicht der einzige Wert in der Kindheit und sie ist auch nicht das einzige Entwicklungsziel. Sich nur auf Autonomie zu konzentrieren, würde Kinder auf werdende Erwachsene reduzieren und ihren Status als Kinder abwerten. Andererseits sind diese positiven Selbstbeziehungen auch fruchtbar für das tatsächliche Wohlergehen des Kindes und das Erreichen anderer Fähigkeiten und Funktionsweisen, die für das Kind in der Kindheit wichtig sind. Zum Beispiel sind Selbstvertrauen, Selbstachtung und Selbstwertgefühl mit der (körperlichen und geistigen) Gesundheit und der Fähigkeit, an sozialen Aktivitäten teilzunehmen und sich auf soziale Beziehungen oder Lernen und Spielen einzulassen, verbunden und beeinflussen diese in hohem Maße. All dies sind wertvolle Funktionsweisen für Kinder, die sie im Sinne der Gerechtigkeit erreichen können sollten.

Das anerkennungstheoretische Modell zeigt, wie Selbstbeziehungen und soziale Interaktionen miteinander verwoben sind und wie sie die Bedingungen für wertvolles „Sein" und „Tun" schaffen. Die Anerkennungstheorie hebt auch die Idee hervor, dass positive Selbstbeziehungen (normalerweise) das Ergebnis von Interaktionen mit der eigenen Umwelt und den Personen und Institutionen innerhalb dieser Umwelt sind. Positive Selbstbeziehungen sind sozial beeinflusst, und die materiellen Lebensbedingungen sind ein wichtiger Faktor. Aufgrund ihrer Bedeutung für das Wohlergehen und die Entwicklung von Kindern sowie für ihre Fruchtbarkeit in Bezug auf andere Fähigkeiten und Funktionsweisen und weil sie zumindest teilweise durch gesellschaftliche Arrangements beeinflussbar sind, können positive Selbstbeziehungen als eine Frage der Gerechtigkeit angesehen werden. Eine gerechte Gesellschaft ist also verpflichtet, jedem Kind die Konversionsfaktoren zur Verfügung zu stellen, die es braucht, um Selbstvertrauen, Selbstachtung und Selbstwertgefühl zu entwickeln und zu erhalten – auch wenn es immer Fälle geben wird, in denen der Staat das tatsächliche Erreichen dieser positiven Selbstbeziehungen nicht kontrollieren und garantieren kann. Wenn sich Armut in dieser Hinsicht als nachteilig erweist, dann ergeben sich daraus Verpflichtungen des Staates, sie zu lindern.

Die Ungerechtigkeit der Demütigung

Armut ist demütigend und kann die positiven Selbstbezüge von Kindern untergraben und zerstören. Honneths Begriff der Demütigung ist nicht sehr elaboriert; es scheint, dass er alle unterschiedlichen Formen von Missachtung als (potenziell) demütigend versteht (Honneth 1996, 2003). Bevor ich auf den Fall der Kinderarmut eingehe, möchte ich einige wichtige Punkte über die Beziehung zwischen Demütigung und Gerechtigkeit anführen.

Der erste Punkt bezieht sich auf das Konzept der Demütigung selbst. Ein wichtiger Ausgangspunkt, um dies zu diskutieren, findet sich bei Avishai Margalit (Margalit 1996). Er reserviert Demütigung für jene Praktiken, die auf die Selbstachtung von Menschen abzielen und ihnen Anlass geben, sich aus der Gemeinschaft der Menschen ausgeschlossen zu fühlen – Selbstachtung ist für ihn das Bewusstsein, ein Mitglied dieser Gemeinschaft der Menschen zu sein -, während er „Beleidigung" für jene Praktiken reserviert, die die Ehre oder den Selbstwert der Person verletzen. Demütigung ist für Margalit ein normatives und weniger ein psychologisches Konzept, und viele Formen der Missachtung, die Honneth diskutiert, sind nicht demütigend in Margalits Sinne. Die Fruchtbarkeit von Margalits Konzeption und ihre Anwendung auf relative Armut (von Erwachsenen) wurde von Christian Neuhäuser und Julia Müller untersucht (Neuhäuser und Müller

2011), aber ich möchte ein anderes und breiteres Konzept von Demütigung verwenden, das nicht nur auf die Selbstachtung – im Sinne von Margalit – abzielt, sondern auch auf andere Selbstbeziehungen. Demütigung muss nicht auf das Gefühl abzielen, Teil der Gemeinschaft der Menschen zu sein, sondern kann auf alle verschiedenen Aspekte des Selbst und der Identität abzielen. Für eine Theorie der Gerechtigkeit ist es wichtig, auch diese anderen Formen der Demütigung aufzudecken und zu beurteilen, denn sie geben ein klareres Bild von den vielen Ungerechtigkeiten in der heutigen Welt. Das Thema dieses Kapitels, Kinderarmut, ist, wie ich zeigen werde, ein Beispiel für eine Reihe von Erfahrungen der Demütigung, die nicht alle auf die Selbstachtung dieser Kinder in der Definition von Margalit abzielen, aber dennoch zu kritisieren sind. Es ist kein Stigma, überhaupt nicht zur Gemeinschaft der Menschen zu gehören, sondern es ist ein Stigma, dass diejenigen, die arm sind, weniger wert sind, dass sie nicht die gleichen Lebenschancen haben und verdienen. Ich möchte aber die wichtigste Erkenntnis aus Margalits Theorie aufgreifen, nämlich dass Demütigung nach begründbaren Kriterien beurteilt werden muss und dass es nicht ausreicht, dass sich Opfer einfach gedemütigt fühlen. Es ist auch nicht notwendig, dass die Opfer wissen müssen, dass sie gedemütigt werden. Im Falle von Kindern ist es wichtig zu bedenken, dass sie auch nicht unbedingt selbst darüber entscheiden müssen, ob eine Handlung, die sie betrifft, eine Demütigung darstellt, weil sie vielleicht nicht in der Lage sind, so zu urteilen. Für die Zwecke dieses Artikels möchte ich Demütigung so definieren, dass Handlungen, die vernünftigerweise als Verletzung der positiven Selbstbeziehungen eines Kindes beurteilt werden können, als demütigend gelten. Oder in einer anderen Formulierung: Demütigung ist eine solche Handlung, von der vernünftigerweise angenommen werden kann, dass sie auf Seiten des Opfers die Erfahrung hervorruft, sich gedemütigt zu fühlen, auch wenn dies nicht der Fall ist. Die tatsächliche Erfahrung, sich gedemütigt zu fühlen, ist wichtig und verletzend, aber der normative Maßstab muss an die Handlung angelegt werden, die dieses Gefühl verursacht oder von der man annehmen kann, dass sie dieses Gefühl wahrscheinlich verursacht. Kinder haben ein Recht darauf, unter Bedingungen aufzuwachsen und zu leben, die in diesem Sinne nicht demütigend sind und in denen sie alle ausreichenden Möglichkeiten finden, positive Selbstbeziehungen zu entwickeln. Gerade weil die Kindheit eine sehr sensible Phase ist, haben Kinder ein Recht darauf, vor Demütigungen geschützt zu werden.

Der zweite Punkt, der hervorzuheben ist, ist, dass Demütigung sowohl als eine Handlung (derjenigen, die andere demütigen) als auch als eine Emotion (derjenigen, die gedemütigt werden) verstanden werden kann. Evelin Lindner beschreibt die Handlung mit starken Worten:

„Humiliation means the enforced lowering of a person or group, a process of subjugation that damages or stripes away their pride, honour or dignity. To be humiliated is to be placed, against your will (or in some cases with your consent as in cases of religious self-humiliation or in sadomasochism) and often in a deeply hurtful way, in a situation that is greatly inferior to what you feel you should expect. Humiliation entails demeaning treatment that transgresses established expectations. It may involve acts of force, including violent force. At its heart is the idea of pinning down, putting down, or holding to the ground" (Lindner 2007, S. 5).

Solche Handlungen der Demütigung lösen bei den Opfern in der Regel, aber nicht immer, die Emotion aus, sich gedemütigt zu fühlen. Das normative Gewicht der Demütigung kann sowohl dem Akt als auch der Emotion der Demütigung zugeschrieben werden, und beide können voneinander unterschieden werden. Im ersten Fall sind Menschen verpflichtet, Handlungen zu unterlassen, die als demütigend bezeichnet werden können, unabhängig davon, ob diejenigen, die Opfer solcher Handlungen sind, tatsächlich durch sie gedemütigt werden oder nicht. Im zweiten Fall sind Menschen verpflichtet, solche Handlungen zu unterlassen, die tatsächlich Menschen demütigen, unabhängig davon, ob diese Handlungen nach der obigen Definition von Lindner demütigend sind. Betrachten wir die Perspektive derjenigen, die gedemütigt werden: Im ersten Fall haben Menschen das Recht, nicht in einer Weise behandelt zu werden, die durch die obigen Kriterien der Demütigung gekennzeichnet ist, auch wenn sie diese nicht als demütigend erleben. Im zweiten Fall haben Menschen das Recht, nicht auf eine Art und Weise behandelt zu werden, die sie tatsächlich demütigt, was auch immer diese Handlungen sind.

Der dritte Punkt, den es zu beachten gilt, ist, dass diese Unterscheidung zwischen der Handlung und dem Gefühl der Demütigung in vielen Fällen nicht zu unterschiedlichen Ergebnissen für die Gerechtigkeit führen wird, weil, wie Lindner andeutet, die meisten Handlungen der Demütigung das Gefühl der Demütigung auf Seiten der Opfer hervorrufen werden. Dennoch wird es Fälle geben, in denen die Opfer sich nicht als gedemütigt erleben oder beschreiben, zum Beispiel aufgrund einer verzerrten Selbstwahrnehmung oder der Akzeptanz kultureller Normen. Der Fähigkeitenansatz diskutiert solche Phänomene unter dem Begriff der „adaptiven Präferenzen"; sie können sich bei Menschen in deprivierten Lebensverhältnissen entwickeln (Teschl und Comim 2005). Die Anpassung an eine kulturelle Norm, die von außen als demütigend beschrieben werden kann, kann in der Tat ein Weg sein, eine scheinbar aussichtslose und machtlose Situation zu bewältigen und das Beste daraus zu machen. Ein normatives Verständnis von Demütigung sollte in der Lage sein, solche Formen zu kritisieren. Es gibt auch Fälle, in denen sich Menschen gedemütigt fühlen, wo es keine demütigende Handlung gibt, aufgrund eines Missverständnisses oder auch einer verzerrten Erwartung. Ich schlage daher vor, Demütigung als eine Handlung zu interpretieren, die nicht zu einem bestimmten Gefühl der Demütigung führen muss, welches das Opfer empfindet. Es ist die Handlung, die nach moralischen Maßstäben bewertet werden muss – wozu auch die Reaktion des Opfers gehört – und nicht das eigentliche Ergebnis dieser Handlung. Ein ähnlicher Punkt wurde von Ann Cudd in ihrer Diskussion über Unterdrückung angesprochen, wo sie argumentiert, dass ich sie anhand externer und nicht anhand interner Standards bewerten sollte (Cudd 2006). Ich erwähnte Margalits Definition von Demütigung als „behaviour or condition that constitutes a sound reason for a person to consider his or her self-respect injured" (Margalit 1996, S. 9). Ich möchte hier Margalits

Einsicht festhalten, dass Akte der Demütigung nach vernünftigen Kriterien beurteilt werden müssen, die über die Erfahrung des Opfers hinausgehen. Es reicht also nicht aus, dass sich Opfer gedemütigt fühlen, um die Handlungen, die zu dieser Emotion führen, als moralisch verwerflich und ungerecht zu beurteilen. Es ist auch nicht notwendig, dass Opfer sich tatsächlich gedemütigt fühlen und wissen, dass sie gedemütigt werden; solange sie gute Gründe gehabt hätten, sich so zu fühlen.

Der vierte Punkt, den ich anführen möchte, befasst sich mit der Rolle, die Erfahrungen der Demütigung spielen können. Wie gesagt, vom Standpunkt der Gerechtigkeit ist es nicht entscheidend, ob sich ein Kind in Armut gedemütigt fühlt, sondern ob es gedemütigt wurde, obwohl die Erfahrung der Demütigung in mindestens dreierlei Hinsicht wichtig ist: Erstens können solche Gefühle als wichtige Indizien für Ungerechtigkeit angesehen werden, die zu ihrer Aufdeckung führen können, aber für sich alleine nicht ihre Kritik rechtfertigen. Dieser Gedanke ist besonders präsent in der Theorie der Anerkennung, wo die Artikulation von Erfahrungen des Leidens und der Verletzung als eine der notwendigen Vorbedingungen für deren Entdeckung und Kritik konzipiert wird (Pilapil 2011). Ich interpretiere dies in zweierlei Hinsicht: Einerseits können Gefühle von Leid oder Scham und deren Ausdruck durch Kinder – in Bezug auf ihre Armut – auf die Aufdeckung von Ungerechtigkeiten hinweisen, die sonst unbemerkt bleiben würden. Von Altersgenoss:inn:en wegen der eigenen Armut gedemütigt und verspottet zu werden und sich deprimiert und einsam zu fühlen, weil man Angst hat, dass andere auf die benachteiligte Situation zu Hause aufmerksam werden, kann das Augenmerk von Forscher:inne:n und politischen Entscheidungsträger:inne:n in neue Richtungen lenken. Andererseits können diese Gefühle so interpretiert werden, dass sie auf solche Ungerechtigkeiten hinweisen, die für diese Kinder am wichtigsten sind. Das bedeutet nicht notwendigerweise, dass sie für die Kritik an der Ungerechtigkeit der Kinderarmut oder für politische Entscheidungsträger:innen und die Gestaltung gerechter Institutionen für diese Kinder am wichtigsten sein sollten; es ist jedoch eine wertvolle Information darüber, was den Opfern von Ungerechtigkeiten am wichtigsten ist, auch wenn dies keine entsprechenden Maßnahmen rechtfertigt. Zweitens können solche Gefühle als negative Nebenprodukte der Ungerechtigkeit betrachtet werden, die ihrer Kritik etwas Wichtiges hinzufügen, aber wiederum ohne großes rechtfertigendes Gewicht. Dies scheint offensichtlich, da niemand behaupten würde, es sei kein moralisches Problem, dass Kinder solche armutsbedingten Gefühle des Leidens und der Demütigung haben. Aber was kann das genau bedeuten? Der Punkt ist, dass die Gefühle nicht von ihren Ursachen getrennt werden dürfen und beide zusammen die Ungerechtigkeit begründen. Der Mangel an Gesundheit ist ungerecht, weil es eben ein Mangel an etwas ist, auf das Kinder ein Recht haben, und weil dieser Mangel – übrigens nicht von allen – als Leiden erlebt wird. Das Hauptgewicht liegt auf dem Fehlen dieser Funktionsweise, die nach den oben genannten Kriterien als wichtig beurteilt wird und die objektiv messbar ist – zumindest bis zu einem gewissen Grad; die Tatsache, dass diese Ungerechtigkeit auch emotional gespürt und auf eine bestimmte Art und Weise erlebt wird, trägt jedoch dazu bei. Sie wird nicht automatisch zu einer Ungerechtigkeit, weil Kinder sie emotional negativ erleben, aber wenn sie es tun, darf dies nicht vernachlässigt werden. Auch solche Nebenprodukte von Ungerechtigkeit haben ihr eigenes Recht, dass sie entsprechend verarbeitet werden und den Kindern geholfen werden muss. Wenn zum Beispiel ein Kind keine angemessene Wohnung hat, sich deshalb schämt und deshalb vermeidet, Freund:inn:e:n einzuladen, verlangt die Gerechtigkeit, dass die Wohnsituation geändert wird und diese anderen Fähigkeiten und Funktionsweisen ermöglicht werden; sie verlangt weiter, dass diesem Kind die Unterstützung gegeben wird, über seine Scham zu sprechen und ihm geholfen wird, damit fertig zu werden. Drittens sind solche Gefühle für eine Kritik der Kinderarmut nicht so sehr auf der individuellen, sondern vor allem auf der Ebene der Gruppe oder der Gesellschaft relevant. Zwei Dinge sollten hier beachtet werden. Erstens sind Gefühle und Emotionen, die von mehr Kindern geteilt, erlebt und artikuliert werden, ein Hinweis darauf, dass sie nicht individuell, zufällig oder willkürlich sind. Für die Gerechtigkeit, die die Gestaltung von Institutionen leiten soll, ist es wichtig, die Ursache, die Schwere, die Tiefe und das Ausmaß eines Problems zu kennen, um die notwendigen Maßnahmen zu ergreifen und auch um Prioritäten zu setzen. Wie viele Kinder ein bestimmtes Gefühl als Reaktion auf einen bestimmten Zustand artikulieren müssen, um auf diese Weise ernst genommen zu werden, kann ich nicht abschließend beantworten; das ist eine Unschärfe, die von Fall zu Fall angegangen werden muss. Dann wäre diese Sichtweise immer noch ethisch individualistisch in dem Sinne, dass es letztlich auf das einzelne Kind und sein Wohlergehen ankommt, nicht auf das einer Gruppe oder Gemeinschaft (Robeyns 2005). Es wäre auch falsch, die Äußerungen des Leidens eines Kindes abzutun oder herunterzuspielen, nur weil sie ungewöhnlich zu sein scheinen. Kinder erleben Armut schließlich auf vielfältige Weise und empfinden sie unterschiedlich. Gerade die qualitative Literatur berichtet von einer großen Bandbreite an Reaktionen und Gefühlen und Emotionen, die sicher nicht von allen Kindern geteilt werden. Das bedeutet, dass Gefühle und Emotionen, die auf der Ebene der Gruppe oder der Gesellschaft geteilt werden, nicht mehr moralisches Gewicht haben als solche, die nur von einem oder wenigen Kindern erlebt werden, aber sie haben mehr funktionales Gewicht, wenn es darum geht, eine Kritik auf der Ebene der Gesellschaft zu formulieren, auf der Gerechtigkeit primär angesiedelt ist. Eine Kritik an den Ungerechtigkeiten der Kinderarmut kann auf verschiedenen Ebenen angesiedelt sein und verschiedene Methoden verwenden, sie kann sich auf Einzelfälle, Gruppen und Gemeinschaften oder Staaten oder die globale Ebene konzentrieren. Normalerweise – und dies ist auch der Ansatz dieser Arbeit – wird über Gerechtigkeit „groß" und nicht „klein" nachgedacht, also mit Bezug auf die ganze Gruppe der Kinder und nicht auf individuelle Schicksale (Schweiger 2016). Und sie kann nie hoffen, alle Formen von Ungerechtigkeiten zu berücksichtigen, sondern ist immer selektiv; der Wechsel von der individuellen Ebene auf die Ebene der Gruppe macht die vorherrschenden Gefühle besser sichtbar und rückt sie in den Fokus. Anders ausgedrückt: Es handelt sich um eine bestimmte Art von Prioritätensetzung, nämlich jene Gefühle in den Vordergrund zu stellen, die häufiger vorkommen.

Die Gefühle und Emotionen, die durch Kinderarmut hervorgerufen werden, sind nicht zu vernachlässigen, und sie ernst zu nehmen untergräbt nicht das Ziel der Objektivität der Gerechtigkeit. Dadurch wird der Wert, Kinder zu fragen, wie sie sich fühlen, und ihnen die Möglichkeit zu geben, ihre Emotionen zu artikulieren, deutlich. Ebenso, wie ich behauptet habe, dass die Meinung der Kinder wichtig für die Auswahl von Fähigkeiten und Funktionsweisen ist, ist es auch wichtig, ihre Gefühle über ihre Situation und über das Leben in Armut zu kennen. Ich halte nach wie vor an unserer Forderung fest, dass die Fähigkeiten und Funktionsweisen, die als Objekte der Gerechtigkeit ausgewählt und als Maßstab für die Kritik an der Ungerechtigkeit der Kinderarmut verwendet werden, so weit wie möglich objektiv sein sollten, aber das schließt nicht aus, dass man Gefühlen und Emotionen einen separaten Stellenwert einräumt. Es ist kein machbares und vernünftiges Ziel der Gerechtigkeit, alle Kinder glücklich zu machen oder zu versuchen, alle verletzenden Gefühle zu vermeiden – aber die Möglichkeit, dass es den Kindern ohne die Erfahrung von Armut tatsächlich besser geht, ist auch mehr als ein willkommenes Nebenprodukt, und wie ich argumentiert habe, verleiht das der Kritik an dieser Ungerechtigkeit mehr Gewicht.

Der fünfte Punkt, den es zu beachten gilt, betrifft das Verhältnis von Demütigung und Autonomie. Es gibt, wie auch Lindner hervorhebt, bestimmte Akte der Demütigung, die von denjenigen, die gedemütigt werden, frei und willentlich erlebt werden. Solche Akte werden oft als moralisch unproblematisch angesehen, weil die Autonomie der Person respektiert werden muss. Wenn eine Person aus freien Stücken beschließt, sich von anderen demütigen zu lassen oder sich selbst zu demütigen, sollte ihr das erlaubt sein. Das Konzept der „adaptiven Präferenzen" behauptet, dass zumindest einige dieser Handlungen frei gewählter Demütigung problematisch sind, weil Menschen von dem entfremdet werden können, was sie wirklich wollen. Es ist auch möglich, dass Missbrauchsopfer versuchen, mit dem umzugehen, was ihnen widerfahren ist, indem sie sich einreden, dass sie es selbst so gewollt haben. In solchen Fällen scheint ein gewisses Maß an Paternalismus gerechtfertigt. Im Fall von Kindern, die im Mittelpunkt dieses Artikels stehen, sind Wahlfreiheit und Autonomie noch problematischer. Kinder sind noch dabei, die mentalen und emotionalen Fähigkeiten zu entwickeln, frei zu wählen und autonom zu sein. Wahlfreiheit ist für Kinder wichtig, aber es scheint unvernünftig zu glauben, dass Kinder die Kapazitäten haben, sich dafür zu entscheiden, gedemütigt zu werden, obwohl diese Fähigkeit im Laufe der Kindheit entwickelt wird und Jugendliche eine große Bandbreite an rationalen Entscheidungen in Bezug auf ihr eigenes Wohlergehen und die Art von Erfahrungen, die sie machen wollen, treffen können (Graf und Schweiger 2017). Generell lehne ich jedoch die These ab, dass Handlungen der Demütigung gegenüber Kindern mit dem Argument der freien Wahl auf Seiten des Kindes gerechtfertigt werden können.

Schließlich, und das ist der sechste Punkt, muss man, um von Demütigung als sozialer Ungerechtigkeit zu sprechen, diese nicht als individuelle Handlung oder Verhaltensweise betrachten, sondern aus einer strukturellen Perspektive. Individuelle Handlungen der Demütigung können unmoralisch sein, aber sie stellen nicht notwendigerweise ein Problem der sozialen Gerechtigkeit dar. Dazu müssen sie in Strukturen eingebettet sein, die Demütigung ermöglichen, sie nicht sanktionieren oder selbst demütigend sind. Hier spielen der Staat, seine Institutionen und Repräsentant:inn:en eine entscheidende Rolle, in dem diese entweder selbst demütigen oder Demütigungen anderer ermöglichen oder nicht sanktionieren. Dies ist in Bezug auf Armut ausführlich belegt worden (Gubrium et al. 2015; Lavee 2016; Reutter et al. 2009). So ist es auch ein wichtiger Unterschied, ob eine Person durch eine:n Vertreter:in des Staates in dieser Funktion gedemütigt wird oder ob diese Demütigung nicht damit verbunden ist. Demütigungen können tief in Institutionen, gesellschaftlichen Normen und Praktiken eingebettet sein und endemisch werden, oder um die Begriffssprache der Theorie der Anerkennung zu verwenden, sie werden zu einer sozialen Pathologie (Zurn 2011).

Erniedrigung und Armut in der Kindheit

Armut demütigt Kinder auf unterschiedliche Weise. Die erste Frage ist, ob Kinder ihre Armut tatsächlich als demütigend erleben und wie sich dies auf ihr Selbstvertrauen, ihre Selbstachtung und ihr Selbstwertgefühl auswirkt. Die zweite Frage, die sorgfältig von der ersten zu unterscheiden ist, lautet, ob es für die in Armut lebenden Kinder verständlich und nachvollziehbar wäre, dass ihr Selbstwertgefühl dadurch negativ beeinflusst wird, auch wenn sie ihre Armut nicht tatsächlich als demütigend erleben. Die Unterscheidung zwischen diesen beiden Fragen ist wichtig, weil eine Ungerechtigkeit auch dann noch eine Ungerechtigkeit ist, wenn ihre Opfer über die Ressourcen zur Bewältigung und Resilienz verfügen, um sich an ihre Lebensbedingungen anzupassen, und immer noch in der Lage sind, ein subjektiv gutes Leben zu führen. Ich argumentiere hier, dass die Ungerechtigkeit von Armut mehr oder weniger unabhängig vom subjektiven Erleben der Armut bestimmt werden sollte. Die Behauptung, dass Armut ungerecht ist, weil sie die positiven Selbstbeziehungen ihrer Opfer untergräbt, bedeutet also nicht, dass dies in allen oder auch nur in der Mehrheit der Fälle geschieht, sondern dass Armut ein Zustand ist, den man angemessenerweise auf diese Weise erleben sollte. Sie ist ungerecht, weil sie diejenigen, die von ihr betroffen sind, in Gefahr bringt, selbst wenn sie über die Mittel verfügen, die meisten negativen Folgen zu vermeiden. Ich bewerte Armut aus der Perspektive der dritten Person und nicht aus der Ich-Perspektive der Opfer. Das bedeutet nicht, dass ich die Perspektive von Kindern, die Opfer von Demütigungen sind, aus der Analyse ausschließe. Die Sichtweise der Opfer von Demütigung bei der Bestimmung dieser Handlungen als Unrecht im moralischen Sinne ist jedoch nicht maßgebend, sondern spielt eine beratende Rolle (Archard und Skivenes 2009). Diese beratende Rolle sollte nicht heruntergespielt werden, sondern ist in mindestens zwei Bereichen wichtig. Zum einen sind die Ansichten von Kindern, die sich durch ihre Armut gedemütigt fühlen, zu berücksichtigen, denn die Betroffenen haben ein Recht darauf, gehört zu werden. Das entspricht dem moralischen Status, den sie als Kinder und als Opfer haben.

Andererseits würden viele Ungerechtigkeiten möglicherweise unbemerkt bleiben, wenn Kinder nicht gehört würden. Das heißt nicht nur, dass sie auf sonst übersehene Ungerechtigkeiten hinweisen, diese Funktion habe ich bereits erwähnt, sondern hat auch die stärkere Bedeutung, dass ohne die Stimme der Kinder die Charakteristik und Komplexität mancher Ungerechtigkeiten nicht zugänglich ist. Kinder in Armut haben zwei wichtige epistemische Perspektiven, die von Kindern und die von Opfern von Armut, die in unterschiedlichem Maße für Forscher:innen und politische Philosoph:inn:en nicht zugänglich sind. Kinder und ihre Demütigungserfahrungen außer Acht zu lassen, würde also eine andere Art von Ungerechtigkeit konstituieren, nämlich eine epistemische (Schweiger 2016; Murris 2013).

Die vorliegende empirische Evidenz deutet darauf hin, dass Kinder wie Erwachsene auch Armut als demütigend erleben und dass dies teilweise verheerende Auswirkungen auf ihre psychische Gesundheit und ihr Wohlergehen sowie auf ihre Selbstbeziehungen hat. Armut verursacht Scham; sie wird als Stigma wahrgenommen und viele Kinder haben das Gefühl, aufgrund ihrer Armut weniger wert zu sein als andere (Walker 2014; Boyden und Bourdillon 2012; Chase und Bantebya-Kyomuhendo 2015). Dies wiederum löst Bewältigungsmechanismen aus, die nicht immer im Sinne des Kindes sind, wie Rückzug aus sozialen Beziehungen, Wut und Aggression oder Resignation. Tess Ridge fasst die empirische Evidenz aus qualitativen Studien zur Kinderarmut zusammen:

„Fears about being left out or marginalized pervaded children's accounts. Poverty in childhood extracts a high emotional toll on children trying to 'fit in' and 'join in' with their peers. Children's inner fears and their experiences of feeling humiliated, sad and shamed are often hidden and they are rarely asked about their thoughts and feelings. However, sensitively conducted studies have revealed the deep emotional costs that hardship can bring to children's lives" (Ridge 2011, S. 76).

Wie bereits angedeutet, ist es nicht ausreichend, von solchen empirischen Beschreibungen der Erfahrungen von Demütigung zu dem Schluss zu kommen, dass sie eine Ungerechtigkeit darstellen. Theoretisch ist es leicht, ein Beispiel zu konstruieren, in dem ein Kind alle diese Emotionen fühlt, das aber moralisch unproblematisch ist. Ein Kind kann sich zum Beispiel traurig, beschämt und gedemütigt fühlen, weil es als einziges Kind eine schlechte Note in einer Prüfung bekommen hat oder weil es in einem Geschäft beim Stehlen von Süßigkeiten erwischt wurde. Die Frage ist also, ob, und wenn ja, aus welchen Gründen, Armut vernünftigerweise als Verletzung der positiven Selbstbeziehungen eines Kindes beurteilt werden kann, ob diese Kinder sie als demütigend und schädlich erleben oder nicht. Hier diskutiere ich sechs solcher Gründe:

1. Die durch Armut verursachte Demütigung ist mit anderen Formen der Ungerechtigkeit verbunden. Es gibt viele gute Gründe, die dafür sprechen, dass die Armut von Kindern unabhängig von ihrem demütigenden Charakter ungerecht ist, dass sie bestimmte zentrale Fähigkeiten und Funktionsweisen wie Gesundheit und Bildung bedroht, oder dass sie sozial ausgrenzend wirkt (Leßmann 2014; Alkire und Roche 2012). Die Demütigung der Armut ist eng mit diesen anderen

Ungerechtigkeiten verbunden und würde ohne sie nicht existieren; sie ist also eine zusätzliche Belastung mit eigenem normativen Gewicht. Dabei lassen sich zwei Formen der mit Armut verbundenen Demütigung unterscheiden: Zum einen kann Armut selbst demütigend sein, ohne dass Kinder von anderen wegen ihrer Armut verspottet, verunglimpft oder in anderer Weise gedemütigt werden. Der öffentliche Diskurs über Armut stigmatisiert diejenigen, die arm sind, und Kinder sind sich dieser Stigmatisierung bewusst, auch wenn andere sie nicht direkt demütigen. Weniger als andere zu haben, kann demütigend sein, wenn es sich um das Fehlen von grundlegenden Gütern – oder Fähigkeiten und Funktionsweisen – handelt, die in einer Gesellschaft als normal angesehen werden. Es ist nicht möglich, eine:n bestimmte:n Akteur:in zu benennen, der/die für diese Art der Demütigung verantwortlich ist; vielmehr wird sie durch eine gesellschaftliche Atmosphäre verursacht, die den Armen ständig suggeriert, dass sie weniger wert sind, dass sie faul sind und auf der untersten Stufe der Gesellschaft stehen. Auf der anderen Seite ist Armut mit einzelnen Akten der Demütigung verbunden, denen arme Kinder zum Opfer fallen. Sie werden wegen der Kleidung, die sie tragen, und des Spielzeugs, mit dem sie spielen müssen, von anderen (Kindern und Erwachsenen) gedemütigt, einfach weil sie arm sind. In beiden Fällen – Armut als Demütigung an sich und Armut als Ursache dafür, von anderen gedemütigt zu werden – steht die Ungerechtigkeit im Mittelpunkt der Armut.

2. Die durch Armut verursachte Demütigung ist unverdient und zielt auf eine Eigenschaft der Kinder, für die sie nicht verantwortlich gemacht werden können. Kinder, die in Armut aufwachsen, können nicht für ihre Armut verantwortlich gemacht werden. Kinder suchen sich nicht aus, arm zu sein, und sie können sich die Familien und das soziale Umfeld, in das sie hineingeboren werden, nicht aussuchen. Außerdem haben Kinder kaum Möglichkeiten, ihre Armut zu lindern, und sie sind auf die Unterstützung anderer angewiesen. Die Demütigung, die sie erfahren, sowie alle anderen Härten, die mit der Armut verbunden sind, sind daher nicht verdient oder eine Form von legitimer Bestrafung für irgendwelche Handlungen dieser Kinder. Dies gilt sowohl für die Demütigung, die dem Armsein inhärent ist, als auch für die zusätzlichen Handlungen der Demütigung, die sich gegen arme Kinder richten. Arm zu sein ist kein persönliches Versagen und es ist auch keine legitime Reaktion von anderen Menschen, sich über das Armsein lustig zu machen. Es ist eine besonders grausame Tatsache, dass sich Kinder in Armut oft für ihre Situation verantwortlich fühlen und sich selbst die Schuld geben.

3. Die durch Armut verursachte Demütigung ist weit verbreitet und eine häufige Erfahrung von Kindern in Armut. Demütigende Handlungen im Zusammenhang mit der Armut eines Kindes sind weit verbreitet – sie sind keine seltenen Vorfälle. Kinder sind oft mit solchen Handlungen konfrontiert, sowohl an öffentlichen als auch an privaten Orten, zum Beispiel in der Schule, auf dem Spielplatz oder im Krankenhaus. Demütigungen sind auch in den Medien präsent, wo arme Menschen als faul und asozial abgestempelt werden. Armut beeinflusst die sozialen Beziehungen, die Kinder haben können, und es ist fast unmöglich, demütigende Handlungen zu vermeiden, ohne dass dies enorme persönliche Kosten verursacht, wie z. B. durch Rückzug und selbst auferlegte Ausgrenzung.

Wie ich bereits zitiert habe, ist das Gefühl, gedemütigt zu werden und sich für sich selbst zu schämen, eine häufige Reaktion auf das Armsein, selbst wenn es keine besonderen Handlungen der Demütigung gibt. Das liegt daran, dass der Zustand, relativ arm zu sein, notwendigerweise impliziert, dass man weniger hat und weniger leisten kann, als in der jeweiligen Gesellschaft als normal angesehen wird. Das Scheitern an diesem Standard kann dazu führen, dass man sich weniger wert fühlt und es vermeidet, diese Deprivation in der Öffentlichkeit und sogar vor Freund:inn:en zu zeigen.

4. Die Demütigung, die mit Armut einhergeht, wird diesen Kindern auferlegt, weil sie Teil einer größeren sozialen Gruppe sind. Die Demütigung, die mit der Armut einhergeht, trifft die Kinder nicht wegen irgendwelcher individueller Eigenschaften, die sie besonders auszeichnen, sondern weil sie Teil einer größeren sozialen Gruppe sind, so wie es der Fall ist, wenn Kinder wegen ihrer Zugehörigkeit zu einer bestimmten sozialen, ethnischen oder religiösen Gemeinschaft gedemütigt werden. Noch einmal: Es ist wichtig festzuhalten, dass Kinder sich nicht aussuchen können, ob sie arm sind oder nicht, und sie können sich auch nicht aussuchen, zu welcher sozialen Gruppe sie gehören. Viele Opfer von Armut, sowohl Kinder als auch Erwachsene, verinnerlichen ihren Zustand und den öffentlichen Diskurs darüber in einer Weise, dass sie sich schuldig und verantwortlich dafür fühlen, arm zu sein. Sie weisen sich selbst die Schuld für etwas zu, für das sie nicht verantwortlich sind und das sie nicht ändern können. Armut wird im Allgemeinen nicht durch individuelle Entscheidungen verursacht, sondern ist ein systemisches Problem. Sich durch und wegen Armut gedemütigt zu fühlen und zu werden, ist daher moralisch falsch.

5. Die durch Armut verursachte Demütigung ist nachhaltig, nicht nur ein gelegentliches Ereignis. Selbst kurzfristige Armut dauert Monate und oft Jahre an und ist nur sehr schwer zu überwinden. Die Langlebigkeit von Armut ist problematisch, weil sie weniger Chancen auf Besserung lässt und die entstandenen Beeinträchtigungen vergrößert. Insbesondere Kinderarmut hat nachweislich schädliche Folgen, die den gesamten weiteren Lebensweg eines Menschen beeinflussen, einschließlich seiner sozioökonomischen Chancen und seiner Gesundheit.

6. Die durch Armut verursachte Demütigung zielt auf die besondere Verletzlichkeit von Kindern als sich entwickelnde Wesen. Obwohl alle Menschen für die Verletzung durch Demütigung anfällig sind, ist die Verletzlichkeit von Kindern aus zwei Gründen anders: Kindern fehlen Bewältigungsressourcen und Kinder befinden sich in der Entwicklung und einige Verletzungen können dauerhafte oder lang anhaltende Auswirkungen auf sie haben (Schweiger und Graf 2017). Beide Bedingungen sind für Kinder in Armut, wo Belastungen und begrenzte Ressourcen den Familienalltag prägen, oft noch prekärer (Barnett 2008; Ridge 2011; Schweiger und Graf 2015). Kinder sind auf eine sichere und fürsorgliche Umgebung angewiesen, um eine gute Kindheit zu erleben und sich zu funktionierenden Erwachsenen zu entwickeln. Die mit Kinderarmut verbundene Demütigung trifft Menschen in einer besonders verletzlichen Phase, wenn ihnen die Ressourcen und Fähigkeiten fehlen, um angesichts von Nöten und Handlungen anderer für sich selbst zu sorgen. Dies kann zu Erfahrungen mit

einer Vielzahl von negativen Emotionen, psychischen Gesundheitsproblemen und Angstzuständen führen, die sie ihr ganzes Leben lang begleiten können (Strohschein und Gauthier 2017; Straatmann et al. 2017; Yoshikawa et al. 2012). Selbst wenn Kinder sich durch ihre Armut oder die Handlungen anderer ihnen gegenüber nicht gedemütigt fühlen, weil sie arm sind, kann man davon ausgehen, dass dies sie in ihrer emotionalen und psychologischen Entwicklung beeinträchtigt. Darüber hinaus können solcher Stress, Verzweiflung und Perspektivlosigkeit einen Teufelskreis aus Wut und Aggression auslösen, der die Lebenschancen noch weiter verschlechtert und die soziale Ausgrenzung dieser Kinder und Jugendlichen weiter verstärken kann (Berti und Pivetti 2017; Mazza et al. 2016).

Diese sechs Gründe reichen aus, um die mit der Armut verbundene Demütigung als ungerecht zu kritisieren, auch wenn Kinder die Emotion, sich gedemütigt zu fühlen, nicht erleben und auch wenn sie über die Bewältigungsressourcen verfügen, um ihre positiven Selbstbeziehungen zu schützen (nur sehr wenige betroffene Kinder haben diese Ressourcen). Es ist angemessen, Armut als demütigend zu beurteilen, sowohl weil sie an sich demütigend ist als auch weil andere Menschen und Institutionen demütigende Handlungen setzen, die sich gegen arme Kinder richten. Unter dem gegenwärtigen Regime des Kapitalismus, das die Existenz von Armut ständig produziert und rechtfertigt, ist es sehr unwahrscheinlich, dass sich die Verhältnisse ändern werden oder dass diese sechs Gründe eine solche Änderung anstoßen werden. Kinderarmut ist aus vielen Gründen ungerecht und stellt ein großes Hindernis für Chancengleichheit dar, ein Wert, der in der kapitalistischen Ideologie hochgehalten wird, obwohl das System ständig gegen ihn verstößt. Ich habe in diesem Artikel ein viel bescheideneres Ziel: zu zeigen, dass die mit der Kinderarmut verbundene Demütigung ungerecht ist und dass man Armut auf dieser Grundlage kritisieren sollte.

Schlussfolgerungen: Eine Gesellschaft ohne Demütigung

Kinder haben ein Recht darauf, aufzuwachsen und zu leben, ohne gedemütigt zu werden. Armut macht Kinder anfälliger für Demütigungen; sie wird in der Tat oft als solche erlebt, und es gibt gute Gründe, Armut als demütigend zu verstehen, auch wenn Kinder sie anders erleben. Unser Argument, dass Armut gelindert werden sollte, weil sie die positiven Selbstbeziehungen der betroffenen Kinder bedroht, stützt sich sowohl auf empirisches Wissen über Armut als auch auf theoretische Gründe. Eine gerechte Gesellschaft ist auch eine Gesellschaft ohne Demütigung, in der jedes einzelne Kind in einer Umgebung lebt und aufwächst, die es ihm ermöglicht, die Funktionen positiver Selbstbeziehungen zu entwickeln und zu erreichen. Ein solches Umfeld wird durch den Anerkennungsansatz mit drei Arten der Anerkennung beschrieben: Liebe und Fürsorge, Respekt und Rechte, sowie soziale Wertschätzung und Solidarität. Diese Erkenntnisse lassen sich in einen Fähigkeitenansatz integrieren und als externe Konversionsfaktoren konzeptualisieren. In einer gerechten Gesellschaft hat jedes einzelne Kind das Recht, Liebe und Fürsorge, Respekt und soziale Wertschätzung zu erfahren.

Eine Gesellschaft ohne Demütigung wird die Armut beenden müssen – nicht nur für Kinder, sondern für alle. Das bedeutet, dass eine solche Gesellschaft einerseits Handlungen der Demütigung im Zusammenhang mit Armut verbieten muss, die von ihren Mitgliedern und Institutionen begangen werden, und dass sie andererseits die Ausrottung der Armut zum Ziel haben muss oder zumindest die öffentlichen Rahmenbedingungen so verändern muss, dass es weniger demütigend ist, arm zu sein. Eine Gesellschaft ohne Demütigung wird nicht zulassen, dass Kinder unter Bedingungen aufwachsen, die ihr Wohlbefinden und ihr Wohlergehen beeinträchtigen. Die sozialen, wirtschaftlichen und politischen Strukturen, die die Existenz von Armut ermöglichen, müssen zur Verantwortung gezogen und verändert werden. Kinderarmut ist eine systemische Ungerechtigkeit, innerhalb derer weitere Akte der Ungerechtigkeit und Demütigung leichter geschehen können.

Literatur

Alkire, Sabina, und José Manuel Roche. 2012. Beyond Headcount: Measures That Reflect the Breadth and Components of Child Poverty. In *Global Child Poverty and Well-Being*, 1. Aufl., Hrsg. Alberto Minujin und Shailen Nandy, 103–33. Bristol: Policy Press.

Archard, David. 2009. Children's Rights. http://plato.stanford.edu/archives/win2009/entries/rights-children/.

Archard, David, und Marit Skivenes. 2009. Balancing a Child's Best Interests and a Child's Views. *The International Journal of Children's Rights* 17(1):1–21. https://doi.org/10.1163/157181808X358276.

Barnett, Melissa A. 2008. Economic Disadvantage in Complex Family Systems: Expansion of Family Stress Models. *Clinical Child and Family Psychology Review* 11(3):145–161. https://doi.org/10.1007/s10567-008-0034-z.

Berti, Chiara, und Monica Pivetti. 2017. Childhood Economic Disadvantage and Antisocial Behavior: Intervening Factors and Pathways. *Children and Youth Services Review, June.* https://doi.org/10.1016/j.childyouth.2017.06.007.

Biggeri, Mario, und Santosh Mehrotra. 2011. Child Poverty as Capability Deprivation: How to Choose Domains of Child Well-Being and Poverty. In *Children and the Capability Approach*, 1. Aufl., Hrsg. Mario Biggeri, Jérôme Ballet, and Flavio Comim, 46–75. Basingstoke/New York: Palgrave Macmillan.

Jo., Boyden, und Michael Bourdillon, Hrsg. 2012. *Childhood Poverty: Multidisciplinary Approaches*, 1. Aufl. Basingstoke/New York: Palgrave Macmillan.

Chase, Elaine, und Grace Bantebya-Kyomuhendo, Hrsg. 2015. *Poverty and Shame: Global Experiences*, 1. Aufl. Oxford, United Kingdom; New York: Oxford Universit Press.

Cudd, Ann E. 2006. *Analyzing Oppression*, 1. Aufl. Studies in Feminist Philosophy. New York: Oxford University Press.

Fraser, Nancy, und Axel Honneth. 2003. *Redistribution or Recognition?: A Political-Philosophical Exchange*, 1. Aufl. London/New York: Verso.

Graf, Gunter, und Gottfried Schweiger. 2013. Capabilities, Recognition and the Philosophical Evaluation of Poverty: A Discussion of Issues of Justification and the Role of Subjective Experiences. *International Critical Thought* 3(3):282–296. https://doi.org/10.1080/21598282.2013.818088.

Graf, Gunter, und Gottfried Schweiger. 2017. *Ethics and the Endangerment of Children's Bodies*. Basingstoke: Palgrave Macmillan.

Gubrium, Erika K., Sony Pellissery, und Ivar Lødemel, Hrsg. 2015. *The Shame of It: Global Perspectives on Anti-Poverty Policies*. Reprint. Bristol; Chicago: Policy Press.

Honneth, Axel. 1996. *The Struggle for Recognition : The Moral Grammar of Social Conflicts*, 1. Aufl. Cambridge: MIT Press.

Honneth, Axel. 2003. Redistribution as Recognition: A Response to Nancy Fraser. In *Redistribution or Recognition? : A Political-Philosophical Exchange*, 1. Aufl. Hrsg. Nancy Fraser und Axel Honneth, 110–97. London/New York: Verso.

Honneth, Axel. 2012. *The I in We. Studies in the Theory of Recognition*, 1. Aufl. Cambridge/Malden: Polity.

Honneth, Axel. 2014. *Freedom's Right: The Social Foundations of Democratic Life*, 1. Aufl. Cambridge: Polity.

Laitinen, Arto. 2012. Social Bases of Self-Esteem: Rawls, Honneth and Beyond. *Nordicum-Mediterraneum* 7(2). http://nome.unak.is/nm-marzo-2012/vol-7-n-2-2012/45-conference-paper/307-social-bases-of-self-esteem-rawls-honneth-and-beyond.

Lavee, Einat. 2016. Low-Income Women's Encounters with Social Services: Negotiation over Power, Knowledge and Respectability. *British Journal of Social Work*, October, bcw131. https://doi.org/10.1093/bjsw/bcw131.

Leßmann, Ortrud. 2014. Child Poverty from a Capability Perspective. In *Agency and Participation in Childhood and Youth: International Applications of the Capability Approach in Schools and Beyond*, 1. Aufl., Hrsg. Caroline Hart, Bernhard Babic, und Mario Biggeri, 101–19. New York: Bloomsbury Academic.

Lindner, Evelin Gerda. 2007. In Times of Globalization and Human Rights: Does Humiliation Become the Most Disruptive Force? *Journal of Human Dignity and Humiliation Studies* 1(1):1–30.

Margalit, Avishai. 1996. *The Decent Society*, 1. Aufl. Cambridge/London: Harvard University Press.

Mazza, Julia Rachel, und S. E., Michel Boivin, Richard E. Tremblay, Gregory Michel, Julie Salla, Jean Lambert, Maria Victoria Zunzunegui, und Sylvana M. Côté. 2016. Poverty and Behavior Problems Trajectories from 1.5 to 8 Years of Age: Is the Gap Widening between Poor and Non-Poor Children? *Social Psychiatry and Psychiatric Epidemiology* 51(8):1083–1092. https://doi.org/10.1007/s00127-016-1252-1.

Murris, Karin. 2013. The Epistemic Challenge of Hearing Child's Voice. *Studies in Philosophy and Education* 32(3):245–259. https://doi.org/10.1007/s11217-012-9349-9.

Neuhäuser, Christian, und Julia Müller. 2011. Relative Poverty. In *Humiliation, Degradation, Dehumanization : Human Dignity Violated*, 1. Aufl., Hrsg. Paulus Kaufmann, Hannes Kuch, Christian Neuhäuser, und Elaine Webster, 159–72. Dordrecht/New York: Springer.

Nussbaum, Martha. 2011. *Creating Capabilities : The Human Development Approach*, 1. Aufl. Cambridge/London: Belknap Press of Harvard University Press.

Pilapil, Renante. 2011. Psychologization of Injustice? On Axel Honneth's Theory of Recognitive Justice. *Ethical Perspectives* 18(1):79–106.

Pilapil, Renante. 2012. From Psychologism to Personhood: Honneth, Recognition, and the Making of Persons. *Res Publica* 18(1):39–51. https://doi.org/10.1007/s11158-012-9184-4.

Reutter, Linda I., Miriam J. Stewart, Gerry Veenstra, Rhonda Love, Dennis Raphael, und Edward Makwarimba. 2009. 'Who Do They Think We Are, Anyway?': Perceptions of and Responses to Poverty Stigma. *Qualitative Health Research* 19(3):297–311. https://doi.org/10.1177/1049732308330246.

Ridge, Tess. 2011. The Everyday Costs of Poverty in Childhood: A Review of Qualitative Research Exploring the Lives and Experiences of Low-Income Children in the UK. *Children & Society* 25(1):73–84. https://doi.org/10.1111/j.1099-0860.2010.00345.x.

Robeyns, Ingrid. 2005. The Capability Approach: A Theoretical Survey. *Journal of Human Development* 6(1):93–114. https://doi.org/10.1080/146498805200034266.

Robeyns, Ingrid. 2011. The Capability Approach. In *The Stanford Encyclopedia of Philosophy*, Hrsg. by Edward Zalta, Summer. http://plato.stanford.edu/archives/sum2011/entries/capability-approach/.

Schweiger, Gottfried. 2015. Justice and Children's Well-Being and Well-Becoming. In *The Well-Being of Children: Philosophical and Social Scientific Approaches*, 1. Aufl., Hrsg. Gunter Graf und Gottfried Schweiger, 84–96. Berlin: DeGruyter.

Schweiger, Gottfried. 2016. Epistemic Injustice and Powerlessness in the Context of Global Justice. An Argument for 'Thick' and 'Small' Knowledge. *Wagadu. A Journal of Transnational Women's and Gender Studies* 15(Summer):104–26.

Schweiger, Gottfried, und Gunter Graf. 2015. *A Philosophical Examination of Social Justice and Child Poverty*, 1. Aufl. Basingstoke: Palgrave Macmillan. http://www.palgraveconnect.com/doifinder/10.1057/9781137426024.

Schweiger, Gottfried, und Gunter Graf. 2017. Ethics and the Dynamic Vulnerability of Children. *Les Ateliers de l'éthique/The Ethics Forum* 12(2–3):243–261. https://doi.org/10.7202/1051284ar.

Straatmann, V.S.S., M.C. Campbell, C.R. Rutherford, S.W. Wickham, und D.T.R. Taylor-Robinson. 2017. OP61 Understanding Social Inequalities in Child Mental Health: Findings from the Uk Millennium Cohort Study. *Journal of Epidemiology and Community Health* 71(Suppl 1):A31. https://doi.org/10.1136/jech-2017-SSMAbstracts.60.

Strohschein, Lisa, and Anne H. Gauthier. 2017. Poverty Dynamics, Parenting, and Child Mental Health in Canada. *Society and Mental Health*, October, 215686931773160. https://doi.org/10.1177/2156869317731603.

Teschl, Miriam, und Flavio Comim. 2005. Adaptive Preferences and Capabilities: Some Preliminary Conceptual Explorations. *Review of Social Economy* 63(2):229–247. https://doi.org/10.1080/00346760500130374.

Thomas, Nigel. 2012. Love, Rights and Solidarity: Studying Children's Participation Using Honneth's Theory of Recognition. *Childhood* 19(4):453–466. https://doi.org/10.1177/0907568211434604.

Thompson, Ross A. 2007. "The Development of the Person: Social Understanding, Relationships, Conscience, Self." In *Handbook of Child Psychology. Volume Three: Social, Emotional, and Personality Development*, 6. Aufl., Hrsg. William Damon und Richard M. Lerner, 24–98. Hoboken: John Wiley & Sons.

Walker, Robert. 2014. *The Shame of Poverty*, 1. Aufl. Oxford: Oxford University Press.

Wolff, Jonathan, und Avner de-Shalit. 2007. *Disadvantage*, 1. Aufl. Oxford Political Theory. Oxford/New York: Oxford University Press.

Yoshikawa, Hirokazu, J. Lawrence Aber, und William R. Beardslee. 2012. The Effects of Poverty on the Mental, Emotional, and Behavioral Health of Children and Youth: Implications for Prevention. *American Psychologist* 67(4):272–284. https://doi.org/10.1037/a0028015.

Reyles, Zavaleta, und Diego. 2007. The Ability to Go about Without Shame: A Proposal for Internationally Comparable Indicators of Shame and Humiliation. *Oxford Development Studies* 35(4):405–430. https://doi.org/10.1080/13600810701701905.

Zurn, Christopher F. 2011. Social Pathologies as Second-Order Disorders. In *Axel Honneth: Critical Essays. With a Reply by Axel Honneth*, 1. Aufl., Hrsg. Danielle Petherbridge, 345–70. Social and Critical Theory. Leiden: Brill Academic Publisher.

„Arme dicke Kinder". Adipositas und Armut während der Kindheit

Einleitung

In diesem Beitrag werde ich argumentieren, dass Adipositas und Armut während der Kindheit unabhängig voneinander und je für sich „korrosive Nachteile" darstellen. Mit dem Konzept des korrosiven Nachteils („corrosive disadvantage") sind solche Benachteiligungen gemeint, die weitere Nachteile mit sich bringen. Der Rahmen für eine solche Beurteilung ist der Capability Approach, in dem bestimmte Fähigkeiten und Eigenschaften als zentral ausgezeichnet werden, da sie jedem Kind aus Gründen der Gerechtigkeit zustehen. Adipositas und Armut verletzen als korrosive Nachteile diese Ansprüche auf Gerechtigkeit. Aus diesem Grund sind auch solche staatlichen Maßnahmen, die Armut und Adipositas während der Kindheit bekämpfen, gerechtfertigt und geboten. Aus dem empirischen Wissensbestand, dass Armut Adipositas (mit)verursacht, lässt sich dann schließen, dass Armut prioritär zu bekämpfen ist.

Korrosive Nachteile und Fähigkeiten

Ich möchte damit beginnen, zwei Konzepte darzulegen, die mir geeignet erscheinen, solche Ungerechtigkeiten wie Adipositas und Armut während der Kindheit zu kritisieren: „fruchtbare" und „korrosive" Eigenschaften. Beide wurden von Jonathan Wolff und Anvar De-Shalit geprägt und in ihrem Buch *Disadvantage* in die Debatte eingeführt (Wolff und de-Shalit 2007). Was meinen diese beide nun damit? Zunächst gilt es, den Rahmen zu verstehen, in dem diese beiden Konzepte

G. Schweiger, *Essays zur Philosophie der Kindheit,* Kindheit – Bildung – Erziehung. Philosophische Perspektiven, https://doi.org/10.1007/978-3-662-66692-0_17

auftauchen und geprägt wurden, jenen des Fähigkeitenansatzes (Capability Approach).[1] Die grundlegende Überzeugung lautet hier, dass wir, wenn wir eine gerechte Gesellschaft bauen wollen, darauf zu achten haben, was Menschen wirklich tun und sein können (Graf 2011). Es geht also um die Fähigkeit bzw. die Freiheit, solche verschiedene Dinge tun zu können oder Eigenschaften zu erlangen, wie gesund zu sein, wählen zu gehen, gebildet zu sein usw. Wenn ein Mensch eine solche Sache wirklich tun könnte, wenn er wollte, so hat er die Fähigkeit dazu. Wenn er diese Fähigkeit in der Tat umsetzt, dann hat er sie realisiert und eine bestimmte Eigenschaft erworben. Deshalb werde ich im Folgenden die Differenzierung zwischen Fähigkeiten (capabilities), d. h. der Möglichkeit und Freiheit, etwas tun zu können, und Eigenschaften (functionings), d. h. dem tatsächlichen Tun oder Sein einer Person, benutzen. Eine Fähigkeit wäre es, gesund sein zu können, wenn man wollte; die Eigenschaft bestünde darin, tatsächlich gesund zu sein. Für eine gerechte Gesellschaft ist es somit relevant, darauf zu achten, welche Fähigkeiten die Menschen in ihr besitzen und, wie ich zeigen werde, welche dieser Fähigkeiten sie realisieren, also welche Eigenschaften sie besitzen.

Die Konzepte der „fruchtbaren" und „korrosiven Eigenschaften" beziehen sich nun auf solche realisierten Fähigkeiten. Im Hintergrund steht allgemeiner die Feststellung, dass bestimmte Eigenschaften, die man hat, sich entweder vorteilhaft oder schädlich auswirken. Fruchtbare Eigenschaften, also solche, die sich positiv auf andere Fähigkeiten auswirken, wären etwa gebildet zu sein, gesund zu sein, gute Netzwerke zu haben. Wer gesund ist, dem fällt es leichter am sozialen Leben teilzunehmen; wer gebildet ist, dem fällt es leichter, einen guten Job zu finden; wer gute Netzwerke hat, dem fällt es leichter, in einer Notsituation Unterstützung zu bekommen. Diese Beispiele sind alle schon positiv konnotiert, das Konzept der fruchtbaren Eigenschaft kann aber auch neutral verstanden werden. Eine hohe Position innerhalb eines Frauenhändler*innenrings zu haben, ist für bestimmte Fähigkeiten auch fruchtbar: es fällt einem dann leichter, Frauen zur eigenen Verfügung zu haben und sexuell auszubeuten. Der Begriff der fruchtbaren Eigenschaft meint also im Grunde nur, dass es Eigenschaften gibt, die es einem erleichtern, andere Fähigkeiten zu erwerben und ebenfalls zu realisieren. Ein Klassiker einer solchen fruchtbaren Eigenschaft ist es in eine reiche und gebildete Familie hineingeboren zu werden, was in allen Gesellschaften dieser Welt einen Vorteil darstellt.

Das Konzept des korrosiven Nachteils ist nun das Gegenstück zur fruchtbaren Eigenschaft. Ein solcher Nachteil bleibt, so die Grundidee, nicht auf sich beschränkt, sondern bringt weitere Nachteile in anderen Bereichen mit sich, oder in der Terminologie des Fähigkeitenansatzes ausgedrückt: das Fehlen bestimmter Fähigkeiten wirkt sich negativ auf die Möglichkeit aus, andere Fähigkeiten zu

[1] Leider ist die englische Terminologie äußerst schlecht übersetzbar. Expertinnen und Experten im Capability Approach mögen mir nachsehen, dass ich hier einige terminologische Feinheiten übergehe und meine vereinfachte Terminologie verwende. Ich hoffe, dass der Punkt, den ich machen will, trotzdem klar und verständlich ist.

erwerben und zu realisieren, also Eigenschaften zu erwerben. Man kann die oben genannten Beispiele hierfür wieder verwenden: wer krank ist, dem fällt es schwerer am sozialen Leben teilzunehmen; wer einen niedrigen Bildungsgrad besitzt, dem fällt es schwerer, einen guten Job zu finden; wer nur über schlechte und brüchige Netzwerke verfügt, dem fällt es schwerer, in einer Notsituation Unterstützung zu bekommen. Wenn eine bestimmte Eigenschaft sehr stark beeinträchtigt ist oder fehlt, dann kann es sogar unmöglich sein, andere Fähigkeiten und Eigenschaften zu entwickeln und zu erhalten.

Es bedarf nun einer weiteren Klärung: Zunächst scheint der Unterschied zwischen fruchtbar und korrosiv nicht klar. Wenn man krank ist und daher keinen Job findet und einsam ist, dann ist dies sicherlich für die allermeisten Menschen ein Nachteil. Arbeitslos und einsam zu sein sind jedoch zunächst einmal nur bestimmte Eigenschaften, die auf der gleichen Stufe stehen wie ihre positiven Gegenbilder, eine Arbeit und viele soziale Kontakte zu haben. Man könnte also annehmen, dass fruchtbar und korrosiv genau dasselbe meinen: sie ermöglichen die Ausbildung anderer Fähigkeiten und Eigenschaften. Krank zu sein ist fruchtbar, da diese Eigenschaft gleichzeitig einsam und arbeitslos macht und Schmerzen bereitet, Eigenschaften, die man sonst nicht hätte. Der Unterschied zwischen fruchtbar und korrosiv bezieht sich also immer auf einen bestimmten normativen Maßstab, der außerhalb der durch sie beeinflussten Fähigkeiten und Eigenschaften liegt. Es ist somit nötig anzugeben, wie „gute" von „schlechten" Eigenschaften zu unterscheiden sind, oder, um es konkreter zu fassen, anzugeben, welche Fähigkeiten Kindern aus Gründen der Gerechtigkeit zustehen. Eigenschaften, die diese fördern oder erleichtern zu besitzen, sind dann fruchtbar, solche die diese Fähigkeiten unterlaufen bzw. schädigen korrosiv.

Ganz allgemein gesprochen steht es Kindern aus Gründen der Gerechtigkeit zu, ein Leben in Wohlergehen (well-being) zu führen.[2] Man könnte dies auch als ein ausreichend gutes Leben bezeichnen, auf welches Kinder einen Anspruch haben. Kindspezifisch gesprochen: Gerechtigkeit für Kinder bedeutet, dass diese eine gute Kindheit haben. Ein solche gute Kindheit hat zumindest zwei Komponenten, die sich aus der Spezifik der Kindheit, eine Phase der Entwicklung und des Erwachsenwerdens zu sein, ergeben: Eine gute Kindheit umfasst die Dimension des aktuellen Wohlergehens und ist zugleich eine gelungene Entwicklung zu einem/einer Erwachsenen, zu einem Leben in Wohlergehen als Erwachsene:r. Diese doppelte Ausrichtung auf das Kind als Kind und auf das Kind als zukünftige:r Erwachsene:r ist Richtschnur für die Auswahl derjenigen Fähigkeiten und Eigenschaften, deren Entwicklung und Erhaltung wir Kindern aus Gründen der Gerechtigkeit schulden. Beides sollte gleichermaßen gewährleistet werden. Welche Fähigkeiten und Eigenschaften als notwendige und hinreichende Dimensionen einer guten Kindheit gelten können, ist eine Frage, die sich sowohl auf normative als auch empirische Wissensbestände bezieht. Einige

[2] Ich kann das hier leider nur in ganz groben Zügen skizzieren, eine ausgearbeitet Darstellung habe ich mit Gunter Graf vorgelegt (Graf und Schweiger 2015).

Dimensionen scheinen mir jedoch evident: Gesundheit, soziale Kontakte, Bildung, Sicherheit, materielle Absicherung und Versorgung, Respekt, Zuneigung und Vertrauen. Neben der Bedingung, dass diese Fähigkeiten und Eigenschaften zentral für das Wohlergehen und das Wohlentwickeln des Kindes sind, ist eine zweite zu beachten: nur solche Fähigkeiten und Eigenschaften können als gerechtigkeitsrelevant angesehen werden, deren Verteilung durch den Staat beeinflusst werden kann. Es ist sicherlich eine starke Schädigung des Wohlergehens und des Wohlentwickelns, wenn ein Kind aufgrund eines unkontrollierbaren Gendefekts mit einer schmerzhaften und einen frühen Tod herbeiführenden Krankheit geboren wird. Dies ist jedoch nicht ungerecht, insofern der Staat hier keine Handlungsmöglichkeit besitzt. Ungerechtigkeiten sind also immer menschengemachte und durch den Menschen lösbare Probleme und die Herstellung der Gerechtigkeit muss für den Staat möglich sein. Wenn wir von einem Bündel an Fähigkeiten und Eigenschaften ausgehen, die eine gute Kindheit ausmachen, das allen Kindern zusteht, dann erschließt sich daraus, wie wir fruchtbare von korrosiven Eigenschaften unterscheiden können. Fruchtbar sind solche, die gerechtigkeitsrelevant, also für eine gute Kindheit entscheidend, und dabei einen positiven Einfluss auf andere solche wichtigen Eigenschaften besitzen. Korrosive Eigenschaften schädigen hingegen solche gerechtigkeitsrelevante positive Eigenschaften. Deshalb verwenden Wolff und De-Shalit dafür auch den Begriff des „korrosiven Nachteils“, der anzeigt, dass solche Eigenschaften für die betroffenen Kinder mit Nachteilen verbunden sind im Vergleich zu anderen Kindern, die keine korrosiven Eigenschaften besitzen. Die Verwendung der Terminologie eines fruchtbaren Vorteils bzw. Nachteils gegenüber einer fruchtbaren bzw. korrosiven Eigenschaft bzw. Nachteil zeigt an, dass es hier um Relationen geht, also um den Vergleich des Wohlergehens von Kindern und der Fähigkeiten und Eigenschaften, die sie besitzen. Für eine gerechte Gesellschaft ist es nicht unplausibel anzunehmen, dass sie insbesondere Nachteile ausgleichen will, aber auch darauf achtet, dass einzelne Kinder nicht zu große Vorteile gegenüber anderen haben.

Adipositas, Armut und Gesundheit während der Kindheit

Ich möchte nun nur eine solche positive, gerechtigkeitsrelevante und gleichzeitig fruchtbare Eigenschaft näher reflektieren, nämlich Gesundheit. Insbesondere möchte ich zeigen, dass Adipositas und Armut während der Kindheit unabhängig voneinander der Gesundheit schaden bzw. zumindest ein Gesundheitsrisiko darstellen. Sie sind also zumindest in Bezug auf Gesundheit korrosiv. Gesundheit als Gut der Gerechtigkeit zu verstehen impliziert, dass sie zumindest partiell durch die Einrichtung des Staates und der Gesellschaft determiniert ist. Das ist auf Ebene der Gruppe sicherlich der Fall, wie neuere Studien über die soziale Determination der Gesundheit zeigen (Richter und Hurrelmann 2009a; Jungbauer-Gans und Kriwy 2004). Es ist deshalb relevant hier von der Gruppenebene zu sprechen, also davon, dass bestimmte sozioökonomische Bedingungen die Gesundheit beeinflussen, auch wenn dies auf individueller Ebene natürlich nicht notwendig der Fall sein muss. Die Fälle eines armen Kindes welches, dann siebzig gesunde Lebensjahre verbringt und eines reichen Kindes, welches mit 60 nach langer Krankheit stirbt, widerlegen nicht, dass ärmere Kinder im Schnitt kürzer leben als Kinder aus einkommensstarken Familien.

„Sozioökonomische Unterschiede in der Gesundheit kennen keine Ländergrenzen. Bisher konnte für jedes Land, aus dem Daten vorliegen, nachgewiesen werden, dass die Sterblichkeit in Gruppen mit niedrigem beruflichem Status, Ausbildungsstand und Einkommen am höchsten ist" (Richter und Hurrelmann 2009b, S. 17).

Ich möchte mit Adipositas beginnen. Adipositas – definiert als ein Body Mass Index größer als 30 (während Übergewicht mit einem BMI größer als 25 definiert wird)[3] – während der Kindheit, wie auch bei Erwachsenen, ist ein zunehmend häufiger auftretendes Phänomen, vor allem in reicheren Gesellschaften. In vielen europäischen Ländern und den USA hat sich die Rate der betroffenen Kinder in den letzten Jahrzehnten fast verdreifacht (Wang und Lobstein 2006). In den USA sind ca. 17 % der Kinder und Jugendlichen adipös, ca. 30 % übergewichtig (Ogden et al. 2014). In Europa sind keine einheitlichen Zahlen vorhanden, in Deutschland fand eine Studie, dass 14,8 % der Kinder und Jugendlichen zwischen 2 und 17 Jahren übergewichtig sind, davon 6,1 % adipös, was rund 750.000 Personen entspricht (Kurth und Schaffrath Rosario 2010). Die Zunahme an adipösen Kindern folgt dem generellen Trend einer Gewichtszunahme von Kindern und damit auch der Zunahme an übergewichtigen Kindern. Auch in Ländern im mittleren Einkommensbereich wie Brasilien ist dieser Trend erkennbar (Albala und Corvalan 2011). In manchen wissenschaftlichen Publikationen und von Seiten der WHO ist daher auch von einer weltweiten „Adipositasepidemie" die Rede, die sich sowohl unter Kindern als auch unter Erwachsenen ausbreitet (WHO 2014). Die gesundheitlichen Folgen von Adipositas sind nicht einheitlich und abschließend geklärt, ein überwiegender Teil der medizinischen Literatur sieht diese jedoch eindeutig negativ (Wabitsch und Kiess 2013; Han et al. 2010). Das betrifft sowohl die Gesundheit während der Kindheit als auch die Langzeitwirkungen auf die Gesundheit im Erwachsenenalter. Insbesondere kardiovaskuläre Krankheiten, aber auch metabolische Erkrankungen wie Diabetes mellitus Typ 2 und nichtalkoholische Fettleber, orthopädische Komplikationen und psychosoziale Probleme können die Folge von Adipositas sein (Wabitsch und Kiess 2013; Han et al. 2010). Ich möchte aber auch nicht unerwähnt lassen, dass es durchaus – mit einiger Berechtigung – kritische Stimmen gibt, die von einer Dramatisierung von Übergewicht und Adipositas sprechen und diese vor dem Hintergrund einer kapitalistischen Biopolitik der „jungen, schönen und starken" Körper kritisieren (Wright und Harwood 2009). Auch dies sollte in gerechtigkeitstheoretische Überlegungen berücksichtigt werden, ich kann das aus Platzgründen hier leider nicht tun.

[3] Das ist die offizielle Definition der WHO. Vgl. http://www.who.int/mediacentre/factsheets/fs311/en/

Nun zur Armut während der Kindheit. Auch hier lassen sich negative Auswirkungen auf die Gesundheit feststellen. Ich beschränke mich auch hier wieder auf Kinder in reichen Gesellschaften, also Europa und die USA. Im Zuge der wirtschaftlichen Krise der letzten Jahre ist die Anzahl der Kinder in Armut gestiegen und liegt sowohl in der EU als auch in den USA im Jahr 2013 bei rund 20 %.[4] Der Prozentsatz der betroffenen Kinder ist höher als jener der Erwachsenen. Diese Zahlen sind aufgrund unterschiedlicher Armutsdefinitionen und Messmethoden nicht unmittelbar miteinander zu vergleichen, sie geben jedoch einen Aufschluss über die Reichweite des Problems. Im weiteren Verlauf dieses Beitrags werde ich vor allem solche Studien heranziehen, die Armut als Einkommensarmut definieren, also solche Kinder, die in Haushalten aufwachsen, die gemäß der nationalen Einkommensarmutsdefinition als arm ausgewiesen werden. Auch für andere sozio-ökonomische Faktoren wie Bildung und materielle Deprivation lassen sich jedoch Zusammenhänge zwischen Armut und Gesundheit, und auch Armut und Adipositas und Übergewicht finden. Der Zusammenhang von Armut und Gesundheit wurde in den letzten Jahren verstärkt untersucht, und unter dem Konzept der sozialen Determination von Gesundheit diskutiert, wobei insbesondere die höhere Mortalität von armutsbetroffenen Personen nachgewiesen werden konnte. Auch hier ist die Forschungslage nicht einheitlich, jedoch wird überwiegend ein negativer Einfluss von Armut während der Kindheit auf die Gesundheit des Kindes und seinen zukünftigen Gesundheitsstatus als Erwachsene:r festgestellt (Jungbauer-Gans und Kriwy 2004). Kinder, die in Armut aufwachsen, haben im späteren Lebensverlauf ein signifikant erhöhtes Risiko von Herz-Kreislauf-Erkrankungen, Diabetes, Asthma, Schlaganfall sowie zahlreiche Suchtkrankheiten und psychische Störungen (Conroy et al. 2010; Yoshikawa et al. 2012). Die Frage, wie diese soziale Determination abläuft, also wie sich der sozioökonomische Status des Kindes auf seine Gesundheit überträgt, ist nicht abschließend geklärt. Es ist von einem Zusammenspiel mehrerer Faktoren auszugehen: der Einfluss der Umwelt (Gifte, Verunreinigungen, Kälte), das Verhalten der Eltern und der Zugang zum Gesundheitssystem. Forschungen deuten darauf hin, dass solche Faktoren bereits sehr früh in der Kindheit, unter Umständen sogar bereits vor der Geburt, wirken. So wurde in zahlreichen Studien nachgewiesen, dass der chronische Stress, den Armut und Arbeitslosigkeit auf schwangere Frauen haben, das Risiko einer Frühgeburt und eines geringen Geburtsgewichtes erhöhen (Dunkel Schetter und Glynn 2010). Jedenfalls ist die Möglichkeit des Kindes, seinen eigenen Gesundheitszustand zu verbessern, gering.

Wenn also Adipositas und Armut während der Kindheit unabhängig voneinander negative Auswirkungen auf die Gesundheit haben, dann gibt es unter der Voraussetzung, dass sie durch den Staat verhindert werden können, auch gute Gründe beide – zunächst einmal gleichwertig als ungerecht zu kritisieren und diesen Kindern zu helfen, diese korrosiven Eigenschaften zu überwinden. Es reicht

[4]Die neuesten Zahlen können jeweils auf den Homepages des United States Census Bureau (http://census.gov) bzw. von eurostat (http://ec.europa.eu/eurostat) nachgelesen werden.

somit nicht aus, dass Armut und Adipositas das Wohlergehen bzw. die Gesundheit von Kindern schädigen, es muss auch gezeigt werden, dass der Staat die Möglichkeit hat, Armut und Adipositas während der Kindheit effektiv und ohne andere Ungerechtigkeiten zu erzeugen, zu verhindern bzw. den betroffenen Kindern helfen kann. Armut bzw. die Einkommensverteilung in einer Gesellschaft scheinen mir offensichtlich Ungerechtigkeiten zu sein, die vom Staat beeinflusst werden können und eine effektive Armutsbekämpfung ist sicherlich auch möglich, ohne anderen Menschen unverhältnismäßige Lasten oder andere Ungerechtigkeiten aufzubürden. Schwieriger ist der Fall der Adipositas, da diese bei älteren Kindern die Folge eines bestimmten Verhaltens (Nahrung und Bewegung) der Betroffenen ist, während Kinderarmut primär ein Ausdruck der ökonomischen Lage der Eltern ist, auf die die Kinder mit ihrem eigenem Verhalten fast keinen Einfluss nehmen können. Zunächst ist festzuhalten, dass Adipositas bei sehr jungen Kindern nicht Folge eigener Entscheidungen sein kann, da diese keine gesundheitsrelevanten Entscheidungen treffen und umsetzen können. Auch bei älteren Kindern und Jugendlichen ist zumindest von einer eingeschränkten Entscheidungs- und Handlungsfähigkeit auszugehen, die durch externe Einflüsse (Nachbarschaft, Verhalten der Eltern, fehlende Aufklärung in der Schule…) und durch die Prägung in der frühen Kindheit bedingt ist. Das verschiebt die Verantwortung für Adipositas bei Kindern in Richtung der Eltern, wobei auch deren Handlungsmöglichkeiten oft nur begrenzt gegeben sind (Holm 2008). Aus meiner Sicht ist jedoch klar, dass selbst wenn primär die Eltern die Verantwortung für die Adipositas ihrer Kinder übernehmen müssen, sie trotzdem ein Problem der Gerechtigkeit ist (da veränderbar und nicht in der Verantwortung der betroffenen Kinder). Der Staat muss in diesem Fall Mittel ergreifen, um die Verantwortungsübernahme der Eltern zu ermöglichen bzw. ggf. auf Sanktionen zurückgreifen falls die Eltern die legitimen Ansprüche ihrer Kinder verletzten, indem sie diese adipös werden lassen oder dies aktiv fördern.

Durch diese Erkenntnisse wird auch ersichtlich, dass ein Zusammenspiel von Armut und Adipositas die Lage für die betroffenen Kinder und Jugendlichen erschwert. Das Aufwachsen und Leben in Armut ist mit einer Einschränkung der Ressourcen und Fähigkeiten verbunden, die sich auch darauf auswirken, ob und wie Einfluss auf die eigene Gesundheit und solche Verhaltensweisen, die Adipositas fördern, genommen werden kann.

Armutsbekämpfung als prioritäre Aufgabe

Adipositas und Armut während der Kindheit stellen korrosive Eigenschaften dar, also besondere Formen von Nachteilen. Daraus lässt sich ableiten, dass eine Gesellschaft, die Gerechtigkeit für Kinder umsetzen will, beide bekämpfen bzw. behandeln sollte, um es Kindern zu ermöglichen, die Eigenschaft der Gesundheit zu erlangen und erhalten. Es ließen sich auch andere Gründe anführen, die ich in diesem Beitrag nicht angesprochen habe, wie zum Beispiel der Einfluss von Adipositas und Armut auf die psychische Gesundheit und die soziale Beteiligung von Kindern. Armut während der Kindheit kann als ungerecht in sich verstanden werden und sollte auch ohne weitere schädliche Auswirkungen auf andere Fähigkeiten und Eigenschaften wie Gesundheit, Bildung, Lebenschancen und Partizipation bekämpft werden. Doch ich will mich weiter auf den Zusammenhang von Adipositas, Armut und Gesundheit konzentrieren und nun zum Schluss argumentieren, dass Armut prioritär bekämpft werden sollte. Ein solches Argument bedarf zweierlei: einerseits eines theoretischen Unterbaus, wie Prioritäten zu setzen sind und andererseits empirischer Erkenntnisse, die zeigen, dass das tatsächliche Verhältnis zwischen diesen drei Eigenschaften dergestalt ist, dass Armut auf Basis der im ersten Schritt vorgebrachten Konzeption, Priorität genießen sollte. Gegen meinen Schluss können also dann sowohl Argumente auf konzeptueller als auch empirischer Ebene vorgebracht werden und es ist evident, dass bei Änderung der Erkenntnislage auf der zweiten, empirischen Ebene, auch bei Beibehaltung meiner Methode der Priorisierung, ein anderes Ergebnis möglich ist.

Was heißt es nun, eine fruchtbare Eigenschaft bzw. den Ausgleich eines korrosiven Nachteils zu priorisieren? Ich möchte hier zwei Gedanken aufgreifen, einen von Rosalind Dixon und Martha Nussbaum (Dixon und Nussbaum 2012) und einen von Richard Arneson (Arneson 2006). Dixon und Nussbaum argumentieren, dass der Staat, wenn er aufgrund knapper Ressourcen vor der Entscheidung steht, entweder die Fähigkeiten und Eigenschaften von Kindern oder von Erwachsenen zu fördern und zu schützen, dann Kinder priorisieren sollte, weil dies effektiver und sparsamer ist und weil Kinder besonders abhängig von Erwachsenen sind. Ich möchte mich auf den ersten Aspekt konzentrieren: Das Argument der Effizienz und Sparsamkeit bezieht sich darauf, dass viele Fähigkeiten und Eigenschaften in der Kindheit mit relativ geringem Aufwand erreicht werden können, die dann das gesamte weitere Leben wichtig sind, während die Ausbildung derselben Eigenschaften und Fähigkeiten bei Erwachsenen mehr Aufwand benötigt. Zum Beispiel ist es effektiver und sparsamer während der Kindheit eine Grundausbildung zu erlangen als diese im Erwachsenenalter nachzuholen. Eine andere Variante dieses Arguments bezieht sich darauf, dass Investitionen während der Kindheit effektiv vor Nachteilen und Schäden im Erwachsenenalter schützen können, so zum Beispiel Impfungen oder gute Ernährung und die Ausbildung einer stabilen Persönlichkeit mit Selbstvertrauen. Implizit ist in diesem Argument bereits jenes angelegt, dass fruchtbare Eigenschaften, sowohl bei Kindern als auch bei Erwachsenen, prioritär zu schützen und zu fördern sind. Nochmals das Beispiel der Gesundheit: Gesundheit ist für Kinder und Erwachsene eine Bedingung und Erleichterung, um sehr viele weitere wichtige Eigenschaften und Fähigkeiten zu erwerben und zu realisieren, während ein schlechter Gesundheitszustand dies über längere Zeit erschwert. Will man jene Fähigkeiten und Eigenschaften also erhalten und fördern, die durch eine schlechte Gesundheit negativ beeinflusst werden, so ist es sparsamer und effektiver in Gesundheit zu investieren. Wenn man mit relativ kostengünstigen präventiven Methoden sicherstellen kann, dass ein Kind oder ein:e Erwachsene:r keine schmerzhafte und behandlungsintensive, die Möglichkeiten zur Schule oder arbeiten zu gehen behindernde, chronische Krankheit entwickelt, dann sollte der Staat eher in die

Vorsorge investieren, um sich dadurch die Folgekosten der chronischen Krankheit zu ersparen. Arneson wiederum argumentiert, stark vereinfacht gesagt, dass schwerwiegendere Ungerechtigkeiten prioritär bekämpft und ausgeglichen werden sollten, also solche Kinder Priorität genießen, deren Wohlergehen besonders leidet. Bleiben wir wieder beim Beispiel der Gesundheit: Bei zwei Kindern, die beide einen schlechten Gesundheitszustand haben, der durch eine Behandlung ausgeglichen werden könnte, sollte jenes Kind, dessen Gesundheitszustand schlechter ist, bevorzugt behandelt werden. Ich will dies hier so interpretieren, dass beim Vergleich von zwei Nachteilen jener Nachteil bevorzugt ausgeglichen werden sollte, der als schlechter eingestuft werden kann. Unter Verwendung des bisherigen Rahmens bedeutet das auch, dass bei Fehlen oder Beeinträchtigung zweier Dimensionen des kindlichen Wohlergehens jene bevorzugt erreicht werden sollte, die fruchtbar(er) ist, da ihr Fehlen eine größere Beeinträchtigung darstellt. Oder negativ gewendet: ein korrosiver Nachteil genießt Priorität vor einem weniger korrosiven.

Welche empirischen Belege lassen sich nun dafür vorbringen, dass Armut vor Adipositas bekämpft werden sollte? Dafür, dass die Bekämpfung von Armut sparsamer und effizienter ist und dass damit ein größerer und schwerwiegenderer Nachteil ausgeglichen wird. Die Empirie, auf die ich mich stütze, zeigt, dass Armut einerseits Adipositas (mit)verursacht und nicht umgekehrt und dass sie mit mehr Nachteilen verbunden ist (Johnson, Pratt, und Wardle 2011; Conrad und Capewell 2012; Reeske und Spallek 2011). Armut ist somit korrosiver als Adipositas und ihre Bekämpfung hat einen positiven Einfluss auf die Entwicklung von Adipositas selbst. Wenn, wie gesehen, Adipositas selbst eine korrosive Eigenschaft ist, die durch Armutsbekämpfung auch ausgeglichen werden kann, dann sollten wir, unter der Bedingung knapper Ressourcen, auf Armutsbekämpfung setzen. Die Epidemiologie zeigt, dass Adipositas generell ein Wohlstandsphänomen ist, also in reichen Gesellschaften weitaus häufiger auftritt als in ärmeren. Innerhalb reicher Gesellschaft ist die Verteilung entlang sozioökonomischer Merkmale jedoch ebenfalls nachgewiesen worden: Zwar finden sich adipöse Kinder in allen sozioökonomischen Schichten, jedoch signifikant häufiger in solchen, die über einen niedrigeren sozioökonomischen Status verfügen, sei dies gemessen an Einkommen oder Bildung (Johnson, Pratt, und Wardle 2011). Auch hier sind die maßgeblichen Faktoren für diese soziale Determination des Körpergewichts nicht gänzlich geklärt und es ist anzunehmen, dass auch genetische Dispositionen, wie bei sehr vielen körperlichen Merkmalen, eine Rolle spielen. Besonders hervorgehoben werden von einzelnen Studien der Einfluss der Umwelt (z. B. Bewegungsmöglichkeiten in der Nachbarschaft) und der Eltern. Adipöse Eltern haben sehr viel häufiger adipöse Kinder. Da Adipositas durch die Kombination aus inadäquater Nahrung und zu geringer Bewegung verursacht wird, ist das Essverhalten der Eltern und das, was sie ihren Kindern zu essen geben, sowie das elterliche Bewegungsverhalten und dessen Übertragung auf die Kinder von großer Bedeutung. In Armut oder von anderen sozioökonomischen Nachteilen betroffene Eltern sind häufiger adipös und „vererben" viele ihrer Verhaltensweisen an ihre Kinder. Wie bereits erwähnt, ist jedoch strittig, inwieweit die Eltern dafür selbst verantwortlich gemacht werden können, da auch sie in ihrem Verhalten und den Möglichkeiten, das Gesundheitsverhalten ihrer Kinder zu verändern, beschränkt sind. Schließlich sind arme Kinder und Jugendliche mit einer „adipösen“ Umwelt konfrontiert (Wickins-Drazilova und Williams 2011), die nicht nur von ihren Eltern geprägt ist, sondern auch von den Freizeitmöglichkeiten (Einkaufen, Spielen, Essen) in unmittelbarer Nähe, dem Einfluss durch Werbung und Medien, in denen bestimmte Verhaltensweisen geprägt und vorgelebt und Nahrungsmittel zum Teil fahrlässig als „gesund“ bezeichnet werden.

Da Adipositas gesundheitsschädliche Auswirkungen haben kann, ist die soziale Determination von Gesundheit durch Armut, zumindest teilweise auch durch die häufigere Adipositas bei armen Kindern zu erklären. Wenn der Staat Armut effektiv bekämpft, verbessert das den Gesundheitszustand dieser Kinder auch dadurch, dass die Häufigkeit von Adipositas gesenkt wird. Dabei möchte ich nochmals festhalten, dass meine Ausführungen zur Priorisierung sich immer auf eine Situation beziehen, in der nicht beide Nachteile gleichzeitig und gleichwertig bekämpft bzw. behandelt werden können. Eine Priorisierung ist somit auch keine Entweder-Oder-Entscheidung, sondern kann auch in dem Ausmaß erfolgen, dass die Aufteilung der Mittel 70 zu 30 erfolgt. Für die Gewichtung dieser Aufteilung sind dann aber weiterführende Erkenntnisse über die Wirksamkeit und die Umsetzung von Maßnahmen gegen Armut und Adipositas während der Kindheit nötig.

Literatur

Albala, Cecilia, und Camila Corvalan. 2011. Epidemiology of Obesity in Children in South America. In *Epidemiology of Obesity in Children and Adolescents: Prevalence and Etiology*, 1. Aufl., Hrsg. Luis A. Moreno, Iris Pigeot, und Wolfgang Ahrens, 95–110. New York: Springer New York. http://link.springer.com/10.1007/978-1-4419-6039-9_6.

Arneson, Richard. 2006. Distributive Justice and Basic Capability Equality: ‘good Enough’ Is Not Good Enough. In *Capabilities Equality: Basic Issues and Problems*, Hrsg. Alexander Kaufman, 17–43. Routledge Innovations in Political Theory 18. London/New York: Routledge.

Conrad, David, und Simon Capewell. 2012. Associations between Deprivation and Rates of Childhood Overweight and Obesity in England, 2007–2010: An Ecological Study. *British Medical Journal Open* 2(2):e000463–e000463. https://doi.org/10.1136/bmjopen-2011-000463.

Conroy, Kathleen, Megan Sandel, und Barry Zuckerman. 2010. Poverty Grown Up: How Childhood Socioeconomic Status Impacts Adult Health. *Journal of Developmental & Behavioral Pediatrics* 31(2):154–160. https://doi.org/10.1097/DBP.0b013e3181c21a1b.

Dixon, Rosalind, und Martha Nussbaum. 2012. Children’s Rights and a Capabilities Approach: The Question of Special Priority. *Chicago Public Law & Legal Theory Working Paper*, no. 384. http://papers.ssrn.com/sol3/papers.cfm?abstract_id=2060614.

Dunkel Schetter, Christine, und Laura M Glynn. 2010. Stress in Pregnancy: Empirical Evidence and Theoretical Issues to Guide Interdisciplinary Researchers. In *The Handbook of Stress Science: Biology, Psychology, and Health*, 1. Aufl., Hrsg. Richard J Contrada und Andrew Baum, 321–43. New York: Springer.

Graf, Gunter. 2011. Der Fähigkeitenansatz Als Neue Grundlage Der Armutsforschung? *SWS-Rundschau* 51(1):84–102.

Graf, Gunter, und Gottfried Schweiger. 2015. *A Philosophical Exploraion of Social Justice and Child Poverty*, 1. Aufl. Basingstoke: Palgrave Macmillan.

Han, Joan C., Debbie A. Lawlor, und Sue YS. Kimm. 2010. Childhood Obesity. *The Lancet* 375(9727):1737–1748. https://doi.org/10.1016/S0140-6736(10)60171-7.

Holm, Søren. 2008. Parental Responsibility and Obesity in Children. *Public Health Ethics* 1(1):21–29. https://doi.org/10.1093/phe/phn007.

Johnson, Fiona, Michelle Pratt, und Jane Wardle. 2011. Socio-Economic Status and Obesity in Childhood. In *Epidemiology of Obesity in Children and Adolescents: Prevalence and Etiology*, 1. Aufl., Hrsg. Luis A. Moreno, Iris Pigeot, und Wolfgang Ahrens, 377–90. New York: Springer New York. http://www.springerlink.com/index/10.1007/978-1-4419-6039-9_21.

Jungbauer-Gans, Monika, und Peter Kriwy, Hrsg. 2004. *Soziale Benachteiligung und Gesundheit bei Kindern und Jugendlichen*, 1. Aufl. Wiesbaden: VS Verlag. http://link.springer.com/doi.org/10.1007/978-3-663-11395-9.

Kurth, Bärbel-M., und Angelika Schaffrath Rosario. 2010. Übergewicht und Adipositas bei Kindern und Jugendlichen in Deutschland. *Bundesgesundheitsblatt – Gesundheitsforschung – Gesundheitsschutz* 53(7):643–52. https://doi.org/10.1007/s00103-010-1083-2.

Ogden, Cynthia L., Margaret D. Carroll, Brian K. Kit, und Katherine M. Flegal. 2014. Prevalence of Childhood and Adult Obesity in the United States, 2011–2012. *JAMA* 311(8):806. https://doi.org/10.1001/jama.2014.732.

Reeske, Anne, und Jacob Spallek. 2011. Sozioökonomische Aspekte der Primärprävention von Adipositas bei Kindern und Jugendlichen: Ansatzpunkte vor dem Hintergrund eines lebenslaufbasierten Ansatzes der Adipositasentstehung. *Bundesgesundheitsblatt – Gesundheitsforschung – Gesundheitsschutz* 54(3):272–80. doi:https://doi.org/10.1007/s00103-010-1221-x.

Richter, Matthias, und Klaus Hurrelmann, Hrsg. 2009a. *Gesundheitliche Ungleichheit: Grundlagen, Probleme, Perspektiven*, 2. Aufl. Wiesbaden: VS Verlag.

Richter, Matthias, und Klaus Hurrelmann, eds. 2009b. "Gesundheitliche Ungleichheit: Ausgangsfragen und Herausforderungen." In *Gesundheitliche Ungleichheit: Grundlagen, Probleme, Perspektiven*, 2. Aufl., Hrsg. Matthias Richter und Klaus Hurrelmann, 13–33. Wiesbaden: VS Verlag.

Wabitsch, Martin, und Wieland Kiess. 2013. Adipositas bei Kindern und Jugendlichen. In *Adipositas*, 4. Aufl., Hrsg. Alfred Wirth und Hans Hauner, 367–88. Berlin/Heidelberg: Springer. http://link.springer.com/10.1007/978-3-642-22855-1.

Wang, Youfa, und Tim Lobstein. 2006. Worldwide Trends in Childhood Overweight and Obesity. *International Journal of Pediatric Obesity* 1(1):11–25.

WHO. 2014. Controlling the Global Obesity Epidemic. http://www.who.int/nutrition/topics/obesity/en/.

Wickins-Drazilova, Dita, und Garrath Williams. 2011. Ethics and Public Policy. In *Epidemiology of Obesity in Children and Adolescents: Prevalence and Etiology*, 1. Aufl., Hrsg. Luis A. Moreno, Iris Pigeot, und Wolfgang Ahrens, 7–20. New York: Springer New York. http://www.springerlink.com/index/10.1007/978-1-4419-6039-9_2.

Wolff, Jonathan, und Avner de-Shalit. 2007. *Disadvantage*, 1. Aufl. Oxford Political Theory. Oxford/New York: Oxford University Press.

Wright, Jan, und Valerie Harwood, Hrsg. 2009. *Biopolitics and the "Obesity Epidemic": Governing Bodies*, 1. Aufl. London/New York: Routledge.

Yoshikawa, Hirokazu, J. Lawrence Aber, und William R. Beardslee. 2012. The Effects of Poverty on the Mental, Emotional, and Behavioral Health of Children and Youth: Implications for Prevention. *American Psychologist* 67(4):272–284. https://doi.org/10.1037/a0028015.

Verletzlichkeit und Kinderarmut

Einleitung

Kinderarmut ist eine globale Ungerechtigkeit. Sie betrifft das Leben von hunderten Millionen von Kindern sowohl in den Entwicklungs- als auch in den Industrieländern (Batana et al. 2013; Chzhen et al. 2016). Ich werde in diesem Aufsatz weder analysieren, wie Kinderarmut auf globaler oder nationaler Ebene konzeptualisiert oder gemessen werden sollte, noch werde ich eine gründliche Analyse aller normativen Fragen, die mit Kinderarmut verbunden sind, liefern können (Schweiger und Graf 2015). Stattdessen werde ich mich in diesem Beitrag auf die Analyse eines Konzepts der Vulnerabilität, beschränken und darauf, wie es verwendet werden kann, um die mit Kinderarmut verbundenen konzeptionellen und ethischen Fragen zu verstehen und auch Fragen der moralischen und politischen Verpflichtungen gegenüber armen Kindern zu klären. Obwohl ich manchmal auch auf globale Kinderarmut – Kinderarmut in Entwicklungsländern – eingehen werde, liegt mein Hauptaugenmerk auf Kinderarmut in den Industrieländern, und ich werde mich hauptsächlich auf Erkenntnisse und Einsichten zur Kinderarmut in Europa stützen.

Die Verletzlichkeit von Kindern

Vulnerabilität als normatives Konzept und insbesondere die Vulnerabilität von Kindern finden in der Philosophie zunehmend Beachtung (Hurst 2015; Straehle 2017; Mackenzie et al. 2014b). Dieser Aufsatz ist nicht der Ort, um alle Schwierigkeiten einer Definition von Vulnerabilität und der Klärung ihres normativen Gehalts auszuräumen. Ich konzentriere mich auf die Vulnerabilität armer Kinder und werde mich darauf beschränken, was notwendig ist, um das Konzept der Vulnerabilität in Bezug auf dieses Thema zu verstehen.

G. Schweiger, *Essays zur Philosophie der Kindheit,* Kindheit – Bildung – Erziehung. Philosophische Perspektiven, https://doi.org/10.1007/978-3-662-66692-0_18

Eine erste hilfreiche Unterscheidung ist jene zwischen einer inhärenten und einer situativen Vulnerabilität von Kindern (Mackenzie et al. 2014a; Andresen 2014). In einem engen Verständnis bezieht sich inhärente Vulnerabilität auf natürliche – oder ontologische – Merkmale von Kindern, die sie als Kinder definieren. Beispiele für diese Art von Vulnerabilität sind besondere Entwicklungsbedürfnisse und das Fehlen bestimmter Fähigkeiten (kognitiv, körperlich, emotional). Solche inhärenten Vulnerabilitäten von Kindern machen sie anfällig für bestimmte Risiken, da sie noch nicht in der Lage sind, sich selbst (ausreichend) zu schützen. Situative Vulnerabilitäten dagegen sind die Verwundbarkeiten, die auf sozialen Praktiken und Normen beruhen. Ein Beispiel wäre die erhöhte Verwundbarkeit von Kindern durch den Straßenverkehr. Eine besondere Form der situativen Vulnerabilität wird manchmal als „pathogen" bezeichnet (Mackenzie et al. 2014a), wie die Vulnerabilität von Mädchen in einer patriarchalischen Gesellschaft. Inhärente und situative Vulnerabilitäten sind oft miteinander verwoben, und situative Vulnerabilitäten basieren auf inhärenten Vulnerabilitäten. Zum Beispiel ist der Körper eines Babys in hohem Maße verletzlich gegenüber physischer Gewalt (das ist eine Form der inhärenten Vulnerabilität), aber die Tatsache, dass manche Babys einem größeren Risiko ausgesetzt sind, durch Missbrauch oder körperliche Bestrafung verletzt zu werden, ist durch soziale Faktoren bedingt (das ist eine Form der situativen Vulnerabilität). Situative Vulnerabilität kann einerseits einen langfristigen und strukturellen Zustand der Vulnerabilität beschreiben (wie im Fall des Patriarchats), der das Leben einer Gruppe von Kindern (im Falle des Patriachats sind das Mädchen) negativ beeinflusst. Situative Vulnerabilität kann sich aber auch auf wechselnde Situationen oder Aspekte der sozialen Wirklichkeit beziehen, denen alle Kinder mehr oder weniger häufig ausgesetzt sind (wie im Fall des Straßenverkehrs). Wichtig ist dabei, dass sowohl die inhärente als auch die situative Vulnerabilität dynamische Eigenschaften von Kindern sind, die sich im Laufe der Kindheit verändern (Schweiger und Graf 2017). Wenn Kinder heranwachsen und sich Fähigkeiten, Fertigkeiten und Wissen aneignen, verändert sich ihre inhärente und situative Vulnerabilität, entweder weil sie sich selbst verändern und weiterentwickeln oder weil das soziale Umfeld um sie herum sie aufgrund ihres Alters (oder ihrer Reife) anders behandelt und wahrnimmt. Einige patriarchale Normen und Praktiken sind im Leben von weiblichen Babys noch nicht relevant, aber sie werden relevant, wenn diese Babys zu älteren Mädchen werden und prägen ihre Entwicklung (Blaise 2009; Kehily 2012). Die Vulnerabilität von Kindern als eine dynamische und nicht statische Eigenschaft zu betrachten, bedeutet anzuerkennen, dass die Vulnerabilität im Laufe der Kindheit gegenüber bestimmten Gefahren abnimmt, während sie gegenüber anderen Gefahren zunimmt.

Nun kann ich etwas über die Beziehung zwischen Vulnerabilität, Schaden und Ethik im Allgemeinen und speziell in Bezug auf das Leben von (armen) Kindern sagen. Vulnerabilität selbst ist nicht unbedingt ein normatives, ethisches Konzept, sondern kann rein deskriptiv verwendet werden. Was ich bisher gesagt habe und was ich in diesem und dem nächsten Abschnitt weiter ausführen werde, ist zunächst eine begriffliche Klärung und ein Versuch, die soziale Wirklichkeit von

Vulnerabilität zu beschreiben. Erst später werde ich mich der ethischen Bedeutung von Vulnerabilität zuwenden. Im Allgemeinen bedeutet Vulnerabilität, dass eine Person – in diesem Fall ein Kind – in Gefahr ist, Schaden zu nehmen – verletzt zu werden – und nicht in der Lage ist, sich selbst ausreichend zu schützen oder von anderen ausreichend geschützt zu werden (Mackenzie et al. 2014a). Die Vulnerabilität an und für sich ist nicht unbedingt schädlich – obwohl die Erfahrung, verletzlich zu sein, als leidvoll erlebt werden kann -, aber ein Kind kann nur verletzt werden, wenn es in dieser Hinsicht, also gegenüber dieser Verletzung, verletzlich war. Wenn ein Kind verletzlicher ist als ein anderes Kind oder ein:e Erwachsene:r, kann das verschiedene Bedeutungen haben: Es kann bedeuten, dass es eine erhöhte Verletzlichkeit gegenüber einer bestimmten Verletzung hat – das beschreibt die Wahrscheinlichkeit, auf diese besondere Weise verletzt zu werden. Oder es kann bedeuten, dass es gefährdet ist, schwerer verletzt zu werden, wenn diese Verletzung eintritt – das beschreibt die Tiefe der Gefährdung. Oder es kann in dem Sinne verstanden werden, dass es gegenüber vielen unterschiedlichen Arten der Verletzung verletzlich ist – das beschreibt die Breite der Verletzlichkeit. Wenn ein Kind also verletzlicher ist, kann dies bedeuten, dass es wahrscheinlicher ist, dass es geschädigt wird (durch eine oder mehrere unterschiedliche Arten von Verletzungen), oder dass der Schaden schwerer sein wird als bei einem anderen Kind oder einem/einer Erwachsenen. Alle diese Bedeutungen einer erhöhten Verletzlichkeit können aus ethischer Sicht relevant sein, aber es muss mehr über die jeweiligen Arten der Verletzung bekannt sein und wie sie aus ethischer Sicht zu bewerten sind, um sinnvolle Aussagen tätigen zu können. Im Allgemeinen ist aus einer ethischen Perspektive Vulnerabilität insofern problematisch, wenn es sich um eine ethisch problematische Verletzung handelt, und da die Verletzlichkeit die Bedingung der Möglichkeit für diese Verletzung ist, sind beide – Vulnerabilität und Verletzung – miteinander verbunden. Nun sind nicht alle Arten von Schaden aus ethischer Sicht problematisch, und sicherlich sind nicht alle Arten von Schaden gleichermaßen problematisch. Verschiedene ethische Theorien geben unterschiedliche Antworten darauf, welche Arten von Schäden und Verletzungen als problematisch angesehen werden und warum. Zum Beispiel kann für eine egalitäre Theorie der Gerechtigkeit die ungleiche Verteilung von Ressourcen schädlich sein, während eine solche Ungleichheit für eine Theorie der Gerechtigkeit, die sich an der ausreichenden Verteilung orientiert, nicht immer ein ethisches Problem darstellt. Auch befassen sich einige ethische Theorien vor allem mit Ressourcen und andere mit Fähigkeiten, während andere ethische Theorien vor allem die subjektive Zufriedenheit normativ schätzen. Einige Arten von Schaden und Verletzung können für einen größeren Nutzen gerechtfertigt werden, wie der Schaden, von einer Nadel gestochen zu werden, um eine nützliche medizinische Behandlung zu erhalten. Ich werde später in diesem Aufsatz auf diese Fragen zurückkommen, aber vorläufig genügt es, darauf hinzuweisen, dass Schaden und Vulnerabilität miteinander verbunden sind und dass ein Kind immer dann geschädigt und verletzt wird, wenn jemand oder etwas die entsprechende Vulnerabilität des Kindes ausnützt. Wo keine Vulnerabilität vorliegt, kann es auch zu keiner Verletzung kommen. Vulnerabilität ist die Bedingung für die Möglichkeit, geschädigt zu werden (oder schwerer oder häufiger geschädigt zu werden). Dies ist wichtig für die ethische Bewertung der Beziehung von Vulnerabilität und Verletzung und für die Überlegung, wie auf Vulnerabilität reagiert werden sollte. Darüber hinaus glaube ich, dass es notwendig ist, sowohl die Schädigung des aktuellen Wohlergehens der Kinder als auch die Schädigung ihres Wohlentwickelns (ihr zukünftiges Wohlbefinden) zu betrachten. Diese doppelte Perspektive auf Wohlergehen und Wohlentwickeln ist im Fall von Kindern von besonderem Interesse, da das, was in der Kindheit geschieht, einen so entscheidenden Einfluss auf das zukünftige Wohlergehen als Erwachsene:r hat, und ich werde auch einige Belege dafür liefern, dass das Aufwachsen in Armut oft lang anhaltende negative Auswirkungen hat.

Kinder in Armut

Ich möchte nun das Konzept der Vulnerabilität auf die Situation von Kindern in Armut anwenden und darauf reflektieren, wie es uns helfen kann, die mit Kinderarmut verbundenen ethischen Fragen zu verstehen. Mein Ansatz hier ist ein negativer, das heißt, ich werde nicht damit beginnen, eine Theorie der Gerechtigkeit für Kinder oder ihrer moralischen Ansprüche zu entfalten und sie dann auf Kinderarmut anwenden. Im Gegensatz dazu wird mein Ansatz von einer Reflexion auf Kinderarmut aus Perspektive der Vulnerabilität bestimmt. Was an Kinderarmut ethisch ungerecht ist, wird sich im Laufe dieser Reflexion herauskristallisieren. Insbesondere möchte ich vier Punkte über die Beziehung zwischen Vulnerabilität und Kinderarmut anführen.

Erstens: Kinder in Armut sind Kinder und als solche schutzbedürftig. Das scheint offensichtlich zu sein, aber das ist die erste Dimension ihrer inhärenten und situativen Verletzlichkeit, und wir sollten sie nicht vergessen. Das hat drei Implikationen: Erstens umfasst die Gruppe der Kinder in Armut viele unterschiedliche Kinder, von dem/der Neugeborenen bis zum Teenager, und deren inhärente und situative Vulnerabilität ist dementsprechend auch sehr unterschiedlich. Wenn in diesem Aufsatz über die Vulnerabilität von armen Kindern geschrieben wird, dann werden viele dieser Unterschiede, die auf dem Entwicklungsstand, den Fähigkeiten und Eigenschaften der verschiedenen Altersgruppen beruhen, nicht ausreichend reflektiert werden können. Dafür wäre es nötig, viel mehr auf die Details der Eigenschaften und sozialen Wirklichkeit dieser Kinder einzugehen. Zweitens ist die Vulnerabilität von Kindern im Allgemeinen größer als die von Erwachsenen (aber es gibt Ausnahmen), und die Kindheit ist eine besonders sensible Lebensphase, die den weiteren Lebenslauf und künftige Chancen prägt (Duncan et al. 2012). Drittens sind Kinder schutz- und fürsorgebedürftig und damit in hohem Maße von anderen Menschen und institutionellen Settings (z. B. Schulen, Gesundheitsversorgung) abhängig, um ihre Bedürfnisse zu befriedigen (C. Macleod 2015; Mullin 2014a). Die besondere situative Verletzlichkeit von Kinderarmut kommt zu ihrer allgemeinen Vulnerabilität von Kindern hinzu und beeinflusst diese ebenso wie ihre Chancen, auf verschiedene Arten verletzt zu werden.

Zweitens ist Armut eine situative Vulnerabilität im Leben von Kindern. Armut ist keine angeborene Eigenschaft einiger Kinder, sondern ein soziales Phänomen. Das bringt meiner Meinung nach mehrere wichtige Implikationen mit sich, von denen einige nicht unumstritten sind. Kinderarmut ist insofern multidimensional, als es nicht nur um Geld (oder das Einkommen der Eltern) geht, sondern um multiple Deprivationen in vielen Bereichen des Lebens eines Kindes (Biggeri et al. 2010; Boyden und Bourdillon 2012). Für die Zwecke dieses Beitrags ist es nicht wichtig, ob diese Deprivation anhand von Fähigkeiten, Gütern, Bedürfnissen oder Rechten konzeptualisiert und gemessen wird (Minujin et al. 2006; Bastos und Machado 2009; Alkire und Roche 2012). Die Forschungsergebnisse sind hinreichend eindeutig, dass Armut in der Kindheit ein breites Spektrum an Gütern (z. B. Nahrung, Kleidung, Wohnung, sanitäre Einrichtungen) betrifft (Ridge 2011; UNICEF Innocenti Research Centre 2012; Boyden und Bourdillon 2012) und dass diese Deprivationen sich in physischen, psychischen, verhaltensbezogenen und sozialen Schäden niederschlagen können (z. B. in schlechterer Gesundheit, Depression, Isolation, Delinquenz) (Ridge 2011; Evans und Cassells 2014; Ferguson et al. 2007; Yoshikawa et al. 2012). Kinderarmut und ihre Folgen sind eindrucksvolle Beispiele dafür, wie situative und inhärente Vulnerabilitäten ineinandergreifen und wie soziale Faktoren inhärente Vulnerabilitäten beeinflussen können. Darüber hinaus betrifft die situative Vulnerabilität von Kinderarmut nicht alle Kinder (sondern offensichtlich nur die, die arm sind) und nicht alle armen Kinder sind gleichermaßen davon betroffen. Das bedeutet, dass die situative Vulnerabilität armer Kinder durch verschiedene andere Faktoren beeinflusst (verstärkt oder vermindert) wird, die wiederum als situative oder inhärente Verwundbarkeit verstanden werden können. Faktoren können Vulnerabilität verstärken oder abschwächen. Beispiele für Faktoren, die die Vulnerabilität armer Kinder erhöhen, sind etwa Behinderungen oder angeborene Gesundheitsprobleme (das sind inhärente Vulnerabilitäten) oder rassistische Diskriminierung und Ausgrenzung (als eine Form der situativen Vulnerabilität) (Shahtahmasebi et al. 2011; Phung 2008). Faktoren, die die Vulnerabilität reduzieren, sind beispielsweise starke soziale Netzwerke, gut etablierte soziale Dienste oder angeborene psychologische Resilienzfaktoren (Felner und DeVries 2013). Das Aufwachsen in Armut ist also nicht unbedingt für alle Kinder schädlich, und viele arme Kinder entwickeln sich gut und können der Armut im späteren Leben entkommen. Diese Ausnahmen – und es sind Ausnahmen, sowohl wenn man sich Armut auf nationaler und auch auf globaler Ebene ansieht – sprechen nicht gegen meine These, dass Armut Kinder verletzlicher macht und dass sich diese Vulnerabilität in den meisten Fällen in Schäden und Nachteilen niederschlägt, die durch Armut (mit)verursacht werden.

Drittens ist Armut jene Art von situativer Vulnerabilität, die andere situative Verwundbarkeiten erzeugt oder verstärkt. In Anlehnung an ein Konzept von Jonathan Wolff und Avner de-Shalit (Wolff und de-Shalit 2007) kann Armut als ein korrosiver Nachteil verstanden werden, oder – um in der Begriffssprache dieses Aufsatzes zu bleiben – als eine korrosive Verwundbarkeit. Damit ist gemeint, dass Armut dazu führt, dass diese Kinder verletzlicher sind als nichtarme Kinder und zwar weil viele Formen der Vulnerabilität durch Armut in das

Leben dieser Kinder Eingang finden können, vor denen nicht-arme Kinder geschützt sind. Zum Beispiel sind alle Kinder verletzlich gegenüber der körperlichen Schädigung durch Gewalt, sei es durch die Eltern, andere Kinder oder fremde Erwachsene. Im Leben armer Kinder sind Gewalterfahrungen durch strukturelle Ursachen häufiger und wahrscheinlicher. Ebenso ist der Gesundheitszustand armer Kinder schlechter als der von nicht-armen Kindern und ein schlechter Gesundheitszustand, insbesondere wenn er chronisch wird, hat weitere negative Auswirkungen und kann zu neuen situativen Vulnerabilitäten führen. Kinderarmut beschränkt sich also nicht auf einen Aspekt des Lebens, sondern wirkt korrosiv auf viele andere und macht diese Kinder in vielerlei Hinsicht verletzlich. Die korrosive Wirkung von Kinderarmut kann zu einer Akkumulation von situativen Vulnerabilitäten führen. Beispiele, die ich aus der empirischen Literatur zur Kinderarmut entnehme, sind etwa das Leben in Wohngegenden mit hoher Belastung an Umweltgiften oder Feinstaub (Wakefield und Baxter 2010), das Leben in Nachbarschaften mit hoher Kriminalitätsrate (Livingston et al. 2014), das Aufwachsen in Familien, in denen verschiedenste Probleme wie häusliche Gewalt, körperliche Züchtigung, Alkoholismus oder Drogenkonsum zu finden sind (Goodman et al. 2009; Hooper et al. 2007; Wadsworth 2011), der frühe Kontakt mit Drogen (Karriker-Jaffe 2011) und antisozialem Verhalten von Gleichaltrigen (Zimmerman und Messner 2011), auf weniger gut ausgestattete Schulen gehen zu müssen und überforderte Lehrer:innen zu haben (Lupton 2005; Auwarter und Aruguete 2008), oder häufiger alleine draußen auf öffentlichen Plätzen zu sein. Dies sind einige Beispiele für situative Vulnerabilitäten, und arme Kinder sind diesen Gefahren und Risiken häufiger ausgesetzt als ihre nicht-armen Altersgenoss:inn:en, und das aus ungerechten Gründen.

Viertens: Armut hat eine zeitliche Dimension. Einerseits kann der Zustand Armut kurz oder lange dauern, oder sogar chronisch werden. Armut kann ein bestimmendes Merkmal einer ganzen Kindheit (und eines ganzen Lebens) sein oder sie kann eine (vorübergehende) Situation sein, die ein Kind nur kurz miterlebt. Andererseits kann Armut kurzfristige und langfristige Auswirkungen haben. Dies hängt oft mit der Dauer der Armut zusammen, da chronische Armut oftmals schwerere Auswirkungen hat als kurze Episoden der Armut. Die Armutsforschung deutet darauf hin, dass Kinderarmut nur dann richtig verstanden werden kann, wenn diese zeitliche Dimension von Armut ernst genommen wird, da sie (potenziell) den gesamten Lebensverlauf des Kindes negativ beeinflusst und ihm viele Lebenschancen nimmt. Das Aufwachsen in Armut macht es wahrscheinlicher, dass diese Kinder delinquent werden (Rekker et al. 2015), nur einen niedrigen Bildungsabschluss erreichen (McKinney 2014), jünger schwanger werden (Conrad 2012), gesundheitliche Probleme im späteren Leben bekommen (Conroy et al. 2010; Raphael 2011) sowie dass diese Kinder als Erwachsene häufiger und länger arbeitslos oder arm sind (van Ham et al. 2014; Mentis 2015). Längere Armut während der Kindheit hat einen negativen Einfluss auf die Lebenserwartung und die qualitätsbereinigten Lebensjahre (Huisman et al. 2013; Duncan et al. 2012). Es ist wahrscheinlich, dass für diese Transmission von Benachteiligungen und Vulnerabilitäten eine Kombination aus physischen, psychischen und sozialen Faktoren verantwortlich sind (McEwen und McEwen 2017), zum Beispiel gibt es Hinweise, dass frühe Armut einen erheblichen Einfluss auf die Gehirnentwicklung haben kann (Kim et al. 2013; Balter 2015).

Die ethische Bedeutung der Verletzlichkeit von armen Kindern

Bisher war die Arbeit, die ich in diesem Aufsatz geleistet habe, vor allem deskriptiv und analytisch, aber sie berührte bereits viele normativ-ethische Fragen. Aber die Vulnerabilität von Kindern ist nicht immer von besonderer ethischer Bedeutung, und einige inhärente und situative Verletzlichkeiten sind moralisch neutral oder sogar positiv zu bewerten. Zwei Aspekte sind jedoch ethisch problematisch und deuten darauf hin, dass hier eine Ungerechtigkeit vorliegt: dass einige Kinder aus ungerechtfertigten Gründen verletzlicher sind als andere, und dass einige Kinder weniger (oft oder gut) vor Verletzungen geschützt sind als andere. Schaden und Vulnerabilität hängen, wie ich im ersten Abschnitt dieses Beitrags erwähnt habe, insofern zusammen, als dass Vulnerabilität die Bedingungen der Möglichkeit für einen Schaden und eine Verletzung ist. Beide Aspekte sind für Kinderarmut höchst relevant.

Einerseits schafft Kinderarmut, wie ich im vorangegangenen Abschnitt gezeigt habe, mehrere neue situative Vulnerabilitäten im Leben von Kindern, Vulnerabilitäten, die sich schließlich in Schäden für das physische, psychische und soziale Wohlergehen und Wohlentwickeln von Kindern niederschlagen können (Schweiger 2015). Andererseits weist die Forschung auch darauf hin, dass Kinder in Armut mehrere armutsbedingte und nicht-armutsbedingte Arten von Schaden erleiden (oder ein größeres Risiko haben, so geschädigt zu werden), weil sie nicht ausreichend geschützt sind. Mit einer armutsbedingten Verletzung meine ich solch eine Verletzung, die konstitutiv für Armut ist. Dieser Schaden ist die direkte Folge der situativen Anfälligkeit von Armut. Beispiele für solche Schäden sind der Mangel an armutsdefinierenden Gütern wie angemessener Kleidung, Wohnung, Nahrung oder Spielzeug (Ridge 2011; UNICEF Innocenti Research Centre 2012). Nicht-armutsbedingte Verletzungen hingegen sind Schäden, die nicht konstitutiv für Armut sind – sie definieren Armut nicht als Armut -, die also auch andere Ursachen als Armut haben können, aber durch die vorliegende Armut wahrscheinlicher oder mitverursacht werden. Die situative Vulnerabilität durch Armut und die situativen Vulnerabilitäten, die Armut durch ihre korrosive Eigenschaft in anderen Lebensbereichen hervorruft, machen es wahrscheinlicher, dass Kinder solche nicht-armutsbedingten Verletzungen erleiden. Beispiele für solche nicht-armutsbedingten Schäden sind gesundheitliche Probleme, seelisches Leid, die Erfahrung von Missbrauch und Gewalt oder Bildungsdefizite und spätere Arbeitslosigkeit. All diese Verletzungen können auch nicht-arme Kinder erleiden, sie sind bei armen Kinder jedoch häufiger und werden durch die Armut begünstigt oder erzeugt.

Die Vulnerabilität armer Kinder ist eine Frage der Gerechtigkeit – die These ist also, dass die Vulnerabilität von armen Kindern und die Verletzungen und Schäden, die arme Kinder in ihrem Leben deshalb erleiden, ungerecht sind (Schweiger und Graf 2015). Eine Gesellschaft, in der es Kinderarmut gibt, ist somit eine ungerechte Gesellschaft, weil sie diese Kinder verletzlicher macht und weil sie viele Verletzungen in Kauf nimmt, die durch Kinderarmut verursacht werden. Wie ich zu Beginn dieses Aufsatzes sagte, wendet mein Ansatz hier kein ausgearbeitetes Konzept von Gerechtigkeit für Kinder oder eine vollständig entwickelte ethische Theorie ihrer moralischen Ansprüche auf Kinderarmut an. Vielmehr geht es mir darum, eine Reflexion der Kinderarmut und der mit ihr verbundenen Probleme aus Perspektive der Vulnerabilität vorzulegen und dadurch die Ungerechtigkeiten im Leben armer Kinder herauszufiltern. Bislang habe ich die Problematik der erhöhten Vulnerabilität von Kindern erörtert und wie Kinder in Armut im Vergleich zu ihren nicht-armen Altersgenoss:inn:en in ihrem Wohlergehen und ihrem Wohlentwickeln gefährdet sind (Graf und Schweiger 2015). Sowohl die erhöhte Vulnerabilität von armen Kindern (im Vergleich zu nicht-armen Kindern) als auch das Vorliegen teils schwerwiegender Verletzungen und Schäden des kindlichen Wohlergehens und Wohlentwickelns durch Armut signalisieren ein ethisches Problem. Für diese Ungleichheiten zwischen armen und nicht-armen Kindern gibt es auch keine überzeugenden Entschuldigungs- oder Rechtfertigungsgründe. Ich vermute, dass viele verschiedene ethische Theorien zu dieser Schlussfolgerung konvergieren würden, wie z. B. Theorien der Gerechtigkeit, die Suffizienz oder Gleichheit als Prinzipien der Gerechtigkeit in den Mittelpunkt stellen (Macleod 2010). Während eine Theorie der Suffizienz nichts gegen eine gewisse Ungleichheit zwischen Kindern einzuwenden hätte (z. B. dass einige Kinder verletzlicher sind als andere), solange kein Kind zu verletzlich ist, würde der Egalitarismus ein zumindest ungefähr gleiches Maß der Vulnerabilität aller Kinder als gerecht annehmen. Vom Standpunkt der Suffizienz aus ist es also notwendig, eine Schwelle des Wohlergehens und des Wohlentwickelns festzulegen, auf die alle Kinder aus Gründen der Gerechtigkeit Anspruch haben (Schweiger und Graf 2015). Es würde den Rahmen dieses Beitrags sprengen, dies im Detail zu tun, aber ich glaube, dass die Erkenntnisse über die Beziehung zwischen Vulnerabilität, Verletzung und Kinderarmut, die ich im vorigen Abschnitt erörtert habe, zumindest nahelegen, wenn nicht sogar eindeutig zeigen, dass Kinderarmut das Wohlergehen und Wohlentwickeln von Kindern in einem solchen Ausmaß beeinträchtigt, dass diese Kinder hinter dem zurückbleiben, worauf sie im Sinne der Gerechtigkeit Anspruch haben. Die vorgebrachten Erkenntnisse zur situativen Vulnerabilität durch Kinderarmut legen nahe, dass diese Kinder zu verletzlich sind, also nur unzureichend vor Verletzungen geschützt werden. Ebenso gehe ich davon aus, dass eine Theorie der Gleichheit davon ausgehen würde, dass alle Kinder tatsächlich ein Anrecht auf ein solches Niveau an Wohlergehen und Wohlentwickeln haben, das höher ist als das von Kindern in Armut und dass die Ungleichheiten zwischen armen und nicht-armen Kindern hinsichtlich ihrer Vulnerabilität und der tatsächlichen Schäden und Verletzungen, die arme Kinder häufiger erleiden, ungerecht sind.

Es ist nun die Aufgabe des Rests dieses Aufsatzes, anzugeben, dass die erhöhte Vulnerabilität und der mit Kinderarmut verbundene Schaden tatsächlich ethisch bedenklich sind, weil sie moralisch nicht gerechtfertigt sind. Darüber hinaus ist es im Fall der Kinderarmut wichtig, sie als soziales Phänomen und im Hinblick auf die Gruppe der armen Kinder und nicht mit Blick auf den Einzelfall zu behandeln. Dadurch wird die Aufmerksamkeit dorthin verlagert, wo sie eigentlich hingehört, nämlich auf die strukturellen Ursachen und Faktoren, die Armut sowohl in den Industrie- als auch in den Entwicklungsländern schaffen und aufrechterhalten.

Plausible Gründe, die es rechtfertigen könnten, dass einige Kinder verletzlicher sind als andere, scheinen natürliche und unvermeidbare Ursachen zu sein (wie eine genetische Krankheit), die freien und autonomen Entscheidungen der Kinder (dieses Kriterium ist aber nur für ältere Kinder relevant, die ähnlich reif sind wie Erwachsene), wenn tragische Entscheidungen getroffen werden müssen (zum Beispiel im Fall von Organtransplantationen, wenn nicht genügend Organe zur Verfügung stehen) oder wenn die Kinder selbst oder jemand anderes auf lange Sicht erheblich durch eine erhöhte Vulnerabilität profitieren wird (zum Beispiel ein riskanter chirurgischer Eingriff oder eine Organspende). Alle diese Fälle sind im Detail durchaus ethisch herausfordernd und erfordern eine eingehende Reflexion (zum Beispiel muss geklärt werden, wie die Gewinne und Verluste von Wohlergehen oder Wohlentwickeln berechnet werden können, um eine Erhöhung der Vulnerabilität in Kauf zu nehmen). Für das Thema dieses Aufsatzes bin ich zuversichtlich, dass die vorliegenden Gründe und Einsichten ausreichen werden, um zur Schlussfolgerung zu kommen, dass Kinderarmut eine ungerechte Form der situativen Vulnerabilität ist, da sie viele ungerechte Schäden und Verletzungen erzeugt.

Kinderarmut ist kein natürlicher Zustand, sondern ein gesellschaftlicher. Kinder werden in Armut hineingeboren (wenn ihre Eltern arm sind) oder sie werden durch soziale Faktoren arm. Armut ist keine Krankheit, an der Kinder erkranken und sie wird auch nicht vererbt wie Gene vererbt werden. Es ist aber durchaus so, dass ein schlechter Gesundheitszustand und Behinderungen dazu beitragen können, arm zu werden bzw. arm zu bleiben, weil es keine ausreichende (private oder öffentliche) Unterstützung für die betroffenen Kinder und ihre Familien gibt. Ebenso können soziale Normen und Praktiken so gestaltet sein, dass sie Kindern mit bestimmten natürlichen Merkmalen und Eigenschaften wie Geschlecht, Rasse oder ethnischer Zugehörigkeit einen niedrigeren sozialen Status zuweisen, diese ausgrenzen, diskriminieren und in Armut stoßen. Es sind aber auch dann die sozialen Ursachen, die hinter solchen Ungleichheiten stehen, die aufgedeckt und kritisiert werden müssen. Kinderarmut weist folgende Merkmale auf: Armut ist ein weit verbreitetes Phänomen in allen Gesellschaften, ist aber in Entwicklungsländern besonders gravierend. Sie ist das Ergebnis der Ungleichverteilung von Einkommen und anderen Ressourcen zwischen den Mitgliedern einer Gesellschaft und zwischen Ländern. Gerade in den entwickelten Ländern sind genügend Einkommen und andere Ressourcen und Vermögenswerte vorhanden, so dass niemand arm sein müsste, und auch auf globaler Ebene wäre eine vollständige Beseitigung, zumindest der gravierenden Formen der Kinderarmut, möglich, wenn die Ressourcen gerechter verteilt wären. Obwohl also Armut und Ungleichheit eng miteinander verbunden sind, sind sie nicht dasselbe. Wie Amartya Sen (Sen 1985) zu Recht betont hat, gibt es einen, wie er es nennt, „absoluten Kern" der Armut, der sich von der Ungleichheit unterscheidet. Es ist möglich, dass Ungleichheiten in Einkommen und anderen armutsdefinierenden Gütern bestehen, ohne dass es Armut gibt.

Die zugrundeliegenden Ursachen für Kinderarmut sind komplex und in wenigen Sätzen schwer zu entwirren, aber ich möchte einige der wichtigsten nennen: ökonomische Ungleichheiten, die auf Arbeitslosigkeit und niedrigen Löhnen basieren, kombiniert mit einem Mangel an sozialer Sicherung, die diesen Mangel kompensieren könnte. Im Hintergrund stehen in den entwickelten Ländern Strukturen der Gewinnmaximierung, die Bestrafung von Armut (Wacquant 2009), ungleiche Zugänge und Chancen im Wettbewerb auf dem Arbeitsmarkt und die Ausweitung prekärer Arbeit (Standing 2016; Kalleberg 2011; Chzhen 2017), die Umstrukturierung des Sozialstaates (Lødemel und Trickey 2001; Schram et al. 2009), die Individualisierung der Verantwortung für das eigene Wohlergehen und den Markterfolg (Honneth 2004), internationale und globale Veränderungen in den Wertschöpfungsketten (Levy 2005), der Wettbewerb zwischen den Ländern (basierend auf ihren Arbeitskräften, Steuersystemen, natürlichen Ressourcen usw.), der sie zum Abbau des Sozialstaats und zur Deregulierung der Arbeitsstandards geführt hat (Hermann 2014; Shin 2000), und schließlich das Fehlen fairer Steuersysteme, die es reichen Einzelpersonen und Unternehmen ermöglichen, Steuern zu vermeiden und ihre arbeitsfreien Einkommen auf der Grundlage von Finanz- und anderen Vermögenswerten zu maximieren (Sayer 2015). Offensichtlich beziehen sich fast alle diese Faktoren nicht direkt auf Kinder und ihre Situation, sondern betreffen direkt vor allem Erwachsene, die durch diese Entwicklungen verarmen und ihre prekäre Situation schwappt dann auf ihre Kinder über. Aber es gibt auch einige Gruppen von Kindern in Armut (in entwickelten Ländern), die direkt unter der nationalen bzw. globalen politischen Ordnung leiden oder deren Lebenssituation nicht durch ihre Eltern vermittelt wird: Kinder, die in staatlicher Betreuung leben, unbegleitete minderjährige Flüchtlinge, Straßenkinder ohne (funktionierenden) familiären Hintergrund und ältere Kinder, die für sich selbst Verantwortung übernommen haben. Diese Kinder, die ohne Eltern aufwachsen, sind nicht arm, weil ihre Eltern arm sind, sondern weil sie niemand schützt und ausreichend versorgt. Für alle oben genannten strukturellen Faktoren und Rahmenbedingungen (man könnte sie als strukturelle Ungerechtigkeiten bezeichnen (Young 2011)) sind Kinder nicht verantwortlich und sie sind in einer besonders schwachen Position, diese zu verändern oder ihre eigene Situation im Rahmen der gegebenen politischen, sozialen oder ökonomischen Bedingungen zu verbessern. Im globalen Maßstab ist das Privileg der Geburt am richtigen Ort immens, und auch innerhalb der entwickelten Länder werden die Lebenschancen weitgehend von den Eltern bestimmt (aber staatliche Institutionen können viel tun, um die Chancen sozial benachteiligter Kinder zu verbessern und mehr Chancengleichheit zu erreichen).

Es ist auch höchst unplausibel, den Kindern selbst irgendeine Verantwortung für ihre Armut zuzuschreiben. Einerseits ist die Kindheit eine besonders schützenswerte Phase, die Einfluss darauf hat, ob, wann und wie Kinder für ihr Handeln verantwortlich gemacht werden sollten. Jüngeren Kindern fehlen die Fähigkeiten, das Wissen und die Fertigkeiten, um für sich selbst rationale Entscheidungen zu treffen, und sie brauchen in vielen Aspekten ihres Lebens Unterstützung und Fürsorge. Autonomie und Rationalität sind notwendige Voraussetzungen, um für eine eigene Handlung oder die eigene Lebenssituation verantwortlich gemacht zu werden. Beide entwickeln sich in der Kindheit erst, und es gibt triftige Gründe, Kinder auch in Bezug auf die Entscheidungen, die sie treffen, und in den Bereichen ihres Lebens, in denen sie kompetent sind, diese Entscheidungen zu treffen, anders als Erwachsene zu behandeln und sie noch nicht vollständig zur Verantwortung zu ziehen. Einerseits ist Kompetenz (autonom zu sein) nicht der einzige wichtige Maßstab um zu bewerten, ob jemand verantwortlich gemacht werden sollte. Damit Kinder autonom werden können, ist es sinnvoll, dass sie geschützt mit eigenen Wünschen und Handlungen experimentieren können und ihnen den Raum zu geben, Fehler zu machen und aus diesen Fehlern zu lernen (Anderson und Claassen 2012; Franklin-Hall 2013). Andererseits liegen die oben erwähnten strukturellen Hintergrundbedingungen, die (Kinder-)Armut verursachen und aufrechterhalten, weit außerhalb der Reichweite von Kindern, unabhängig davon, ob sie in einigen Bereichen ihres Lebens kompetent sind oder nicht. Kinder sind nicht in der Lage, die sozialen Strukturen ihrer Gesellschaft oder gar die globalen Strukturen des Kapitalismus wirksam zu verändern. Sie werden in diese hineingeboren und das Aufwachsen in Armut beeinflusst sie, ihre Fähigkeiten, ihr Wissen und ihre Fertigkeiten in vielfältiger Weise und zwar oftmals so, dass sie gegenüber nicht-armen Kindern darin benachteiligt werden, weil sie weniger Unterstützung und Entfaltungsmöglichkeiten, weniger geschützte Räume für Bildung, Reflexion und Autonomie zur Verfügung haben. Das heißt nicht, dass alle armen Kinder völlig hilflos sind – das sind sie, wie alle Kinder, wenn sie sehr jung sind – und dass sie ihre Situation nicht begreifen würden. Kinder sind sich ihres eigenen sozialen Status und dem ihrer Familie oft sehr bewusst und sie entwickeln oft Wege zur Bewältigung und zum Umgang mit ihrer Situation mit dem Ziel, diese zu verbessern. Das Phänomen der „Young Carers" ist eines von vielen Beispielen, das zeigt, wie geschickt, einfallsreich und belastbar Kinder sein können, wenn sie mit sozialen Benachteiligungen, Widrigkeiten und Vulnerabilitäten konfrontiert sind (Rose und Cohen 2010). Andere Kinder in Armut wählen dagegen einen Weg der Aggression, Gewalt und Delinquenz, der ihre Lebenschancen nochmals stark beeinträchtigen kann (Rekker et al. 2015).

Im Hinblick auf die Frage, ob Kinderarmut auch einen gewissen Nutzen für die Kinder selbst oder andere haben könnte, scheint es notwendig, drei Punkte zu erwähnen. Erstens profitieren Kinder in Armut weder kurz- noch langfristig davon, in Armut aufzuwachsen; es ist, wie im Verlauf dieses Aufsatzes argumentiert wurde, genau andersherum. In Armut aufzuwachsen ist oft ein lebenslanger Nachteil und erhöht die Verwundbarkeit im Laufe des Lebens. Zweitens ist es schwer vorstellbar, dass andere Menschen von Kinderarmut in einem moralisch akzeptablen Sinne profitieren. Die Eltern profitieren sicher nicht, und auch für die Kommunen und den Staat ist Kinderarmut höchst kostspielig (Holzer et al. 2008; Attree 2006) und erzeugt auch hohe soziale Kosten. Allerdings ist es drittens nicht so, dass niemand von Kinderarmut profitieren würde (Hatcher 2016), weder direkt noch indirekt. Kinder in Armut in den Ländern des Globalen Südens sind eine billige Arbeitskraft, sie werden global ausgebeutet, als Organspender:innen verwendet, im Globalen Norden werden arme Kinder häufiger kriminalisiert und bestraft und in manchen Ländern wie den USA in privatisierten, gewinnorientierten Heimen untergebracht. Arme Kinder werden als Sündenböcke für strukturelles Versagen benutzt und um die soziale Kontrolle über sie und ihre Familien zu rechtfertigen. Es ist nicht schwer zu erkennen, dass diese Arten von Profit als Gründe für die Erzeugung oder Aufrechterhaltung von Kinderarmut nicht zu rechtfertigen sind.

Schließlich ist es wichtig, darauf hinzuweisen, die Ungerechtigkeit der Kinderarmut aus einer kindzentrierten Perspektive zu reflektieren, bei der nicht die moralischen Ansprüche der Eltern oder der Familie als sozialer Einheit im Mittelpunkt stehen, sondern die Kinder und ihr Wohlergehen und Wohlentwickeln. Dies hat zwei Implikationen. Erstens können manche Eltern dafür (mit)verantwortlich sein, dass ihre Kinder (und sie selbst) arm sind und wenn sie das sind, dann verdienen sie dafür auch moralische Vorwürfe und Konsequenzen. Eltern könnten zum Beispiel schlechte und riskante finanzielle Entscheidungen getroffen haben oder ihre Kinder im Stich lassen, obwohl sie es besser machen könnten. Ich vermute, dass eine solche direkte Verantwortung der Eltern für die Armut ihrer Kinder nicht sehr oft der Fall ist und dass in der überwiegenden Mehrheit der Fälle die Eltern nicht dafür verantwortlich zu machen sind, dass sie selbst oder ihre Kinder arm sind. Vielmehr zeigt die Forschung, dass Eltern oft Opfer bringen, um ihre Kinder vor Armut zu schützen und sie so gut wie möglich zu versorgen (Main und Bradshaw 2016; Russell et al. 2008). In dieser Hinsicht glaube ich nicht, dass eine familienzentrierte Analyse zu signifikant anderen Ergebnissen kommen würde als eine, die die moralischen Ansprüche von Kindern in den Mittelpunkt stellt. Dennoch glaube ich, dass es wichtig ist, sich auf das Kind und sein Wohlergehen (und seine Vulnerabilität und die Verletzungen, die es durch Armut erleidet) zu konzentrieren und als eigenständiges moralisches Subjekt zu respektieren. Zweitens ist die Familie ein zentraler Ort, wo Kinderarmut erfahren wird. Die Familie kann Kinder in Armut vor vielen armutsbedingten und nicht-armutsbedingten Arten von Schaden und Verletzung schützen und die Eltern können die situative Vulnerabilität in manchen Bereichen durch ihr Engagement reduzieren – dem sind jedoch strukturelle Grenzen gesetzt und es würde Eltern überfordern, von ihnen zu verlangen, dass sie alleine das Wohlergehen und Wohlentwickeln ihrer Kinder sichern, wenn die sozialen Möglichkeiten nicht gegeben sind. Zum Bespiel können arme Eltern, die selbst oft in ihrem Bildungsweg benachteiligt waren, nicht ein selektives und benachteiligendes Schulsystem ausgleichen. Ebenso ist die Familie ein wichtiger Ort, an dem Vulnerabilitäten und Verletzungen entstehen und aufrechterhalten werden. Die Handlungen der Eltern sowie von Geschwistern und anderen Familienmitgliedern können schwerwiegend schädlich und gefährlich sein, und Familien können zu Räumen der Vulnerabilität werden, zum Beispiel wenn häusliche Gewalt und Missbrauch häufig sind und das Familienleben von einer Atmosphäre der Angst, gebrochener Versprechen, Demütigung oder Aggression überschattet wird.

In diesem Abschnitt habe ich versucht zu begründen, dass Kinderarmut, indem sie Vulnerabilitäten erzeugt und dafür sorgt, dass arme Kinder mit größerer Wahrscheinlichkeit geschädigt und verletzt werden und (im Vergleich zu anderen Kindern) weniger gut davor geschützt sind, unmoralisch und ungerecht ist. Kinderarmut ist ungerecht, weil sie Kinder aus ungerechtfertigten Gründen verletzlicher macht und ihnen häufiger Schaden zufügt und die heutigen Gesellschaften von sozialen, kulturellen, politischen und vor allem wirtschaftlichen Faktoren und Hintergrundbedingungen geprägt sind, die außerhalb des Einflussbereichs von Kindern und ihren Familien liegen.

Schlussfolgerung: Kinderarmut abschaffen

Im abschließenden Abschnitt dieses Beitrags werde ich mich nun den ethisch gebotenen Maßnahmen gegen Kinderarmut zuwenden. Vier Punkte sind hier wichtig. Erstens: Obwohl es eindeutige Forschungserkenntnisse über Kinderarmut und ihre negativen Auswirkungen auf Kinder gibt, sind die ökonomischen und sozialen Hauptursachen für (Kinder-)Armut auf Länder- und globaler Ebene viel weniger gut erforscht. Das Leben von armen Kindern und ihren Familien zu erforschen ist, so scheint es, einfacher als herauszufinden, warum sie sich in dieser sozial benachteiligten Lage befinden. Oft werden Merkmale und Faktoren genannt, die zu Armut führen bzw. sie konstituieren (geringes Einkommen, Arbeitslosigkeit, gesundheitliche Probleme, alleinerziehende Mütter), die diesen Merkmalen zugrunde liegenden Ursachen werden aber nicht weiter hinterfragt. Die Armutsforschung zu solchen individuellen Risikofaktoren beschäftigt sich häufig nur mit den Symptomen der Reproduktion sozialer Ungerechtigkeiten und nicht mit den wirklichen zugrunde liegenden Problemen und deren Ursachen (O'Connor 2001).

Zweitens: Wenn Kinderarmut eine solche Bedrohung für das Wohlergehen und Wohlentwickeln von Kindern darstellt, wie ich in diesem Beitrag argumentiert habe, dann ist es zwingend erforderlich, Kinder davor zu schützen und solchen, die arm sind, zu helfen. Wenn aber die zugrunde liegenden Ursachen für ihre Armut nicht gut verstanden sind, scheint es, dass auch die politischen Maßnahmen gegen Kinderarmut lediglich die Symptome behandeln. Oder anders ausgedrückt: Die Ursachen der Kinderarmut sollten beseitigt werden, aber dafür sind strukturelle Veränderungen erforderlich.

Drittens: Wenn eine solche strukturelle Veränderung, die Kinderarmut an der Wurzel packt, nicht möglich ist oder einfach nicht auf der politischen Agenda der Regierungen steht, dann bleibt es immer noch ein ethischer Imperativ, so viel wie möglich zu tun, um arme Kinder zu schützen, ihnen zu ermöglichen, ihrer Armut zu entkommen und sie vor den vielen Arten von Verletzung zu bewahren, die aus ihrer situativen Verletzlichkeit, arm zu sein, folgen können. Hier setzt das große Arsenal der Sozialpolitik und der Sozialarbeit im Leben armer Kinder und ihrer Familien an. Sozialpolitik und Sozialarbeit können einen großen positiven Einfluss auf das Leben von armen Kindern haben, aber leider sind sie, wie ich bereits erwähnt habe, seit Jahren unter Druck, um neoliberale Ziele in Gesellschaft und Ökonomie durchzusetzen und zu stabilisieren (Jensen und Tyler 2015; Crossley 2016). Eine solche neoliberale Umstrukturierung der Sozialpolitik reduziert die Effektivität von Dienstleistungen für arme Kinder und gibt stattdessen ihren Eltern die Schuld – diese Form der Schuldzuweisung ist zwar selbst wiederum ungerecht und ungerechtfertigt, aber eine wirkungsmächtige Erzählung (Simpson et al. 2015).

Viertens stellen sich innerhalb von Sozialpolitik und Sozialarbeit eine ganze Reihe an wichtigen ethischen Fragen, die wiederum mit der Vulnerabilität von armen Kindern in Beziehung stehen. Ich möchte einige davon zum Abschluss dieses Beitrags erwähnen: Es besteht immer die Möglichkeit, dass sozialpolitische Interventionen die Verletzlichkeit einiger Kinder erhöhen oder ihnen Schaden zufügen, auch wenn sie bei anderen Kindern positiv wirken. Solche differenzierenden Auswirkungen, die auf Faktoren wie Alter, Geschlecht, Familienstruktur, Gesundheit, Behinderung oder Ethnie beruhen, müssen also erforscht und berücksichtigt werden, wenn Gerechtigkeit für alle Kinder das angestrebte Ziel ist. Der Staat und seine Institutionen sowie Sozialarbeiter:innen und andere Fachleute sind gegenüber armen Kindern und ihren Familien in einer Machtposition. In solchen Ungleichheits- und Abhängigkeitsverhältnissen besteht eine Gefahr des Missbrauchs und Erfahrungen von Demütigung und Infantilisierung sind leider häufig Bestandteil der sozialpolitischen Verwaltung von Armut. Es gibt gegenüber armen Kindern legitime Formen des Paternalismus, weil sie Kinder sind (Mullin 2014b), und weil sie wegen ihrer Armut verletzlich sind, dennoch ist nicht jeder Paternalismus gegenüber armen Kindern gerechtfertigt und paternalistische Interventionen sollten immer nur mit ausreichender Sensibilität und Respekt erfolgen. Oft steht nicht das Kind im Fokus, sondern seine Eltern oder Erziehungsberechtigten, die Sozialhilfe oder Arbeitslosengeld erhalten. Schließlich ist es unter Umständen knapper (materieller und personeller) Ressourcen notwendig, einige arme Kinder und Familien gegenüber anderen zu priorisieren, basierend auf einer differenzierten Bewertung ihrer Vulnerabilität und der potenziellen Schäden und Verletzungen (Dixon und Nussbaum 2012). Solche Entscheidungen sind mit mehreren Schwierigkeiten konfrontiert, von denen einige epistemischer Natur sind (was ist über das Kind und seine Situation sowie über die zu erwartenden Auswirkungen einer Intervention bekannt), während andere ethischer Natur sind (wie sollten die vorliegende Vulnerabilität und mögliche Verletzungen ethisch bewertet werden) oder politischer Natur (wie wirken sich bestimmte Maßnahmen auf andere Politikbereiche aus, welche ideologischen Überzeugungen stehen hinter bestimmten Maßnahmen).

Der hier dargelegte Rahmen der Vulnerabilität armer Kinder könnte dabei helfen, einige dieser ethischen Fragen in der angemessenen Tiefe und Breite zu stellen und aufzulösen, zum Beispiel, wenn korrosive Vulnerabilitäten und Kinder, die am verletzlichsten sind, prioritär durch den Staat unterstützt werden. Aber die Details einer solchen ethischen Schlussfolgerung bedürfen natürlich der eingehenden Erörterung, die hier nicht mehr geleistet werden kann.

Literatur

Alkire, Sabina, und José Manuel Roche. 2012. 'Beyond Headcount: Measures That Reflect the Breadth and Components of Child Poverty'. In *Global Child Poverty and Well-Being*, 1. Aufl., Hrsg. Alberto Minujin and Shailen Nandy, 103–33. Bristol: Policy Press.

Anderson, Joel, und Rutger Claassen. 2012. Sailing Alone: Teenage Autonomy and Regimes of Childhood. *Law and Philosophy* 31(5):495–522. https://doi.org/10.1007/s10982-012-9130-9.

Andresen, Sabine. 2014. Childhood Vulnerability: Systematic, Structural, and Individual Dimensions. *Child Indicators Research* 7(4):699–713. https://doi.org/10.1007/s12187-014-9248-4.

Attree, Pamela. 2006. The Social Costs of Child Poverty: A Systematic Review of the Qualitative Evidence. *Children & Society* 20(1):54–66. https://doi.org/10.1002/chi.854.

Auwarter, Amy E., und Mara S. Aruguete. 2008. Effects of Student Gender and Socioeconomic Status on Teacher Perceptions. *The Journal of Educational Research* 101(4):242–246. https://doi.org/10.3200/JOER.101.4.243-246.

Balter, Michael. 2015. Poverty May Affect the Growth of Children's Brains. *Science, March.* https://doi.org/10.1126/science.aab0395.

Bastos, Amélia., und Carla Machado. 2009. Child Poverty: A Multidimensional Measurement. *International Journal of Social Economics* 36(3):237–251. https://doi.org/10.1108/03068290910932738.

Batana, Yélé., Maurizio Bussolo, und John Cockburn. 2013. Global Extreme Poverty Rates for Children, Adults and the Elderly. *Economics Letters* 120(3):405–407. https://doi.org/10.1016/j.econlet.2013.05.006.

Biggeri, Mario, Jean-Francois Trani, and Vincenzo Mauro. 2010. 'The Multidimensionality of Child Poverty: An Empirical Investigation on Children of Afghanistan'. OPHI Research in Progress. Oxford: Oxford Poverty & Human Development Initiative. http://www.ophi.org.uk/wp-content/uploads/OPHI-RP19a.pdf.

Blaise, Mindy. 2009. What a Girl Wants, What a Girl Needs: Responding to Sex, Gender, and Sexuality in the Early Childhood Classroom. *Journal of Research in Childhood Education* 23(4):450–460. https://doi.org/10.1080/02568540909594673.

Jo., Boyden, und Michael Bourdillon, Hrsg. 2012. *Childhood Poverty: Multidisciplinary Approaches*, 1. Aufl. Basingstoke/New York: Palgrave Macmillan.

Chzhen, Yekaterina. 2017. Unemployment, Social Protection Spending and Child Poverty in the European Union during the Great Recession. *Journal of European Social Policy* 27(2):123–137. https://doi.org/10.1177/0958928716676549.

Chzhen, Yekaterina, Chris de Neubourg, Ilze Plavgo, und Marlous de Milliano. 2016. Child Poverty in the European Union: The Multiple Overlapping Deprivation Analysis Approach (EU-MODA). *Child Indicators Research* 9(2):335–356. https://doi.org/10.1007/s12187-015-9321-7.

Conrad, David. 2012. Deprivation-Based Inequalities in under-18 Conception Rates and the Proportion of under-18 Conceptions Leading to Abortion in England, 1998–2010. *Journal of Public Health* 34(4):609–614. https://doi.org/10.1093/pubmed/fds031.

Conroy, Kathleen, Megan Sandel, und Barry Zuckerman. 2010. Poverty Grown Up: How Childhood Socioeconomic Status Impacts Adult Health. *Journal of Developmental & Behavioral Pediatrics* 31(2):154–160. https://doi.org/10.1097/DBP.0b013e3181c21a1b.

Crossley, Stephen. 2016. Realising the (Troubled) Family", "Crafting the Neoliberal State. *Families, Relationships and Societies* 5(2):263–279. https://doi.org/10.1332/204674315X14326465757666.

Dixon, Rosalind, und Martha Nussbaum. 2012. Children's Rights and a Capabilities Approach: The Question of Special Priority. *Cornell Law Review* 97:549–593.

Duncan, Greg J., Katherine Magnuson, Ariel Kalil, und Kathleen Ziol-Guest. 2012. The Importance of Early Childhood Poverty. *Social Indicators Research* 108(1):87–98. https://doi.org/10.1007/s11205-011-9867-9.

Evans, Gary W., und Rochelle C. Cassells. 2014. Childhood Poverty, Cumulative Risk Exposure, and Mental Health in Emerging Adults. *Clinical Psychological Science* 2(3):287–296. https://doi.org/10.1177/2167702613501496.

Felner, Robert D, und Melissa L. DeVries. 2013. 'Poverty in Childhood and Adolescence: A Transactional–Ecological Approach to Understanding and Enhancing Resilience in Contexts of Disadvantage and Developmental Risk'. In *Handbook of Resilience in Children*, 1. Aufl. Hrsg. Sam Goldstein und Robert B. Brooks, 105–26. Boston: Springer. index/http://www.springerlink.com/10.1007/978-1-4614-3661-4_7.

Hb, Ferguson, S. Bovaird, Mp, und Mueller. 2007. The Impact of Poverty on Educational Outcomes for Children. *Paediatrics & Child Health* 12(8):701–706.

Franklin-Hall, Andrew. 2013. On Becoming an Adult: Autonomy and the Moral Relevance of Life's Stages. *The Philosophical Quarterly* 63(251):223–247. https://doi.org/10.1111/1467-9213.12014.

Goodman, Lisa A., Katya Fels Smyth, Angela M. Borges, und Rachel Singer. 2009. When Crises Collide: How Intimate Partner Violence and Poverty Intersect to Shape Women's Mental Health and Coping? *Trauma, Violence & Abuse* 10(4):306–329. https://doi.org/10.1177/1524838009339754.

Graf, Gunter, und Gottfried Schweiger, Hrsg. 2015. *The Well-Being of Children: Philosophical and Social Scientific Approaches*, 1. Aufl. Berlin: DeGruyter Open.

van Ham, Maarten, Lina Hedman, David Manley, Rory Coulter, und John Östh. 2014. Intergenerational Transmission of Neighbourhood Poverty: An Analysis of Neighbourhood Histories of Individuals. *Transactions of the Institute of British Geographers* 39(3):402–417. https://doi.org/10.1111/tran.12040.

Hatcher, Daniel L. 2016. *The Poverty Industry: The Exploitation of America's Most Vulnerable Citizens*, 1. Aufl. Families, Law, and Society Series. New York/London: New York University Press.

Hermann, Christoph. 2014. Structural Adjustment and Neoliberal Convergence in Labour Markets and Welfare: The Impact of the Crisis and Austerity Measures on European Economic and Social Models. *Competition & Change* 18(2):111–130. https://doi.org/10.1179/1024529414Z.00000000051.

Holzer, Harry J, Diane Whitmore Schanzenbach, Greg J. Duncan, und Jens Ludwig. 2008. The Economic Costs of Childhood Poverty in the United States. *Journal of Children and Poverty* 14(1):41–61. https://doi.org/10.1080/10796120701871280.

Honneth, Axel. 2004. Organized Self-Realization: Some Paradoxes of Individualization. *European Journal of Social Theory* 7(4):463–478. https://doi.org/10.1177/1368431004046703.

Hooper, Carol-Ann, Sarah Gorin, Christie Cabral, und Claire Dyson. 2007. *Living with Hardship 24/7: The Diverse Experiences of Families in Poverty in England*, 1. Aufl. London: Frank Buttle Trust. http://www.york.ac.uk/admin/presspr/features/hardship.pdf.

Huisman, Martijn, Sanna Read, Catriona A. Towriss, Dorly J. H. Deeg, und Emily Grundy. 2013. Socioeconomic Inequalities in Mortality Rates in Old Age in the World Health Organization Europe Region. *Epidemiologic Reviews* 35(1):84–97. https://doi.org/10.1093/epirev/mxs010.

Hurst, Samia. 2015. Clarifying Vulnerability: The Case of Children. *Asian Bioethics Review* 7(2):126–138. https://doi.org/10.1353/asb.2015.0018.

Jensen, Tracey, und Imogen Tyler. 2015. Benefits Broods: The Cultural and Political Crafting of Anti-Welfare Commonsense. *Critical Social Policy* 35(4):470–491. https://doi.org/10.1177/0261018315600835.

Kalleberg, Arne L. 2011. *Good Jobs, Bad Jobs : The Rise of Polarized and Precarious Employment Systems in the United States, 1970s to 2000s*, 1. Aufl. New York: Russell Sage Foundation.

Karriker-Jaffe, Katherine J. 2011. Areas of Disadvantage: A Systematic Review of Effects of Area-Level Socioeconomic Status on Substance Use Outcomes: Review of Effects of Area-Level SES. *Drug and Alcohol Review* 30(1):84–95. https://doi.org/10.1111/j.1465-3362.2010.00191.x.

Kehily, Mary Jane. 2012. Contextualising the Sexualisation of Girls Debate: Innocence, Experience and Young Female Sexuality. *Gender and Education* 24(3):255–268. https://doi.org/10.1080/09540253.2012.670391.

Kim, Pilyoung, Gary W. Evans, Michael Angstadt, S. Shaun Ho, Chandra S. Sripada, James E. Swain, Israel Liberzon, und K. Luan Phan. 2013. Effects of Childhood Poverty and Chronic Stress on Emotion Regulatory Brain Function in Adulthood. *Proceedings of the National Academy of Sciences*, October:1–6. https://doi.org/10.1073/pnas.1308240110.

Levy, David L. 2005. Offshoring in the New Global Political Economy. *Journal of Management Studies* 42(3):685–693. https://doi.org/10.1111/j.1467-6486.2005.00514.x.

Livingston, Mark, Ade Kearns, und Jon Bannister. 2014. Neighbourhood Structures and Crime: The Influence of Tenure Mix and Other Structural Factors upon Local Crime Rates. *Housing Studies* 29(1):1–25. https://doi.org/10.1080/02673037.2014.848267.

Lødemel, Ivar, und Heather Trickey, Hrsg. 2001. *'An Offer You Can't Refuse': Workfare in International Perspective*, 1. Aufl. Bristol: Policy Press.

Lupton, Ruth. 2005. Social Justice and School Improvement: Improving the Quality of Schooling in the Poorest Neighbourhoods. *British Educational Research Journal* 31(5):589–604. https://doi.org/10.1080/01411920500240759.

Mackenzie, Catriona, Wendy Rogers, und Susan Dodds. 2014a. Introduction: What Is Vulnerability and Why Does It Matter for Moral Theory? In *Vulnerability: New Essays in Ethics and Feminist Philosophy*, Hrsg. Catriona Mackenzie, Wendy Rogers, und Susan Dodds, 1–29. New York: Oxford University Press.

Mackenzie, Catriona, Wendy Rogers, und Susan Dodds, Hrsg. 2014b. *Vulnerability: New Essays in Ethics and Feminist Philosophy*, 1. Aufl. Studies in Feminist Philosophy. New York: Oxford University Press.

Macleod, Colin. 2015. Agency, Authority and the Vulnerability of Children. In *The Nature of Children's Well-Being*, 1. Aufl., Hrsg. Alexander Bagattini and Colin Macleod, 9:53–64. Dordrecht: Springer. http://link.springer.com/10.1007/978-94-017-9252-3_4.

Macleod, Colin M. 2010. Primary Goods, Capabilities and Children. In *Measuring Justice – Primary Goods and Capabilities*, Hrsg. Harry Brighouse und Ingrid Robeyns, 174–192. Cambridge/New York: Cambridge University Press.

Main, Gill, und Jonathan Bradshaw. 2016. Child Poverty in the UK: Measures, Prevalence and Intra-Household Sharing. *Critical Social Policy* 36(1):38–61. https://doi.org/10.1177/0261018315602627.

McEwen, Craig A., und Bruce S. McEwen. 2017. Social Structure, Adversity, Toxic Stress, and Intergenerational Poverty: An Early Childhood Model. *Annual Review of Sociology* 43(1):445–472. https://doi.org/10.1146/annurev-soc-060116-053252.

McKinney, Stephen. 2014. The Relationship of Child Poverty to School Education. *Improving Schools* 17(3):203–216. https://doi.org/10.1177/1365480214553742.

Mentis, Alexios-Fotios A. 2015. To What Extent Are Greek Children Exposed to the Risk of a Lifelong, Intergenerationally Transmitted Poverty?: Lifelong, Intergenerationally Transmitted Poverty. *Poverty & Public Policy* 7(4):357–381. https://doi.org/10.1002/pop4.123.

Minujin, Alberto, Enrique Delamonica, Alejandra Davidziuk, und Edward D. Gonzalez. 2006. The Definition of Child Poverty: A Discussion of Concepts and Measurements. *Environment and Urbanization* 18(2):481–500. https://doi.org/10.1177/0956247806069627.

Mullin, Amy. 2014a. 'Children, Vulnerability, and Emotional Harm'. In *Vulnerability*, 1. Aufl., Hrsg. Catriona Mackenzie, Wendy Rogers, und Susan Dodds, 266–87. New York: Oxford University Press.

Mullin, Amy. 2014b. Children, Paternalism and the Development of Autonomy. *Ethical Theory and Moral Practice* 17(3):413–426. https://doi.org/10.1007/s10677-013-9453-0.

O'Connor, Alice. 2001. *Poverty Knowledge : Social Science, Social Policy, and the Poor in Twentieth-Century U.S. History*, 1. Aufl. Princeton: Princeton University Press.

Phung, Viet-Hai. 2008. Ethnicity and Child Poverty under New Labour: A Research Review. *Social Policy and Society* 7(04). https://doi.org/10.1017/S1474746408004491.

Raphael, Dennis. 2011. Poverty in Childhood and Adverse Health Outcomes in Adulthood. *Maturitas* 69(1):22–26. https://doi.org/10.1016/j.maturitas.2011.02.011.

Rekker, Roderik, Dustin Pardini, Loes Keijsers, Susan Branje, Rolf Loeber, und Wim Meeus. 2015. Moving in and out of Poverty: The Within-Individual Association between Socioeconomic Status and Juvenile Delinquency. *Edited by Karin Bammann. PLOS ONE* 10(11):e0136461. https://doi.org/10.1371/journal.pone.0136461.

Ridge, Tess. 2011. The Everyday Costs of Poverty in Childhood: A Review of Qualitative Research Exploring the Lives and Experiences of Low-Income Children in the UK. *Children & Society* 25(1):73–84. https://doi.org/10.1111/j.1099-0860.2010.00345.x.

Rose, Helena D., und Keren Cohen. 2010. The Experiences of Young Carers: A Meta-Synthesis of Qualitative Findings. *Journal of Youth Studies* 13(4):473–487. https://doi.org/10.1080/13676261003801739.

Russell, Mary, Barbara Harris, und Annemarie Gockel. 2008. Parenting in Poverty: Perspectives of High-Risk Parents. *Journal of Children and Poverty* 14(1):83–98. https://doi.org/10.1080/10796120701871322.

Sayer, R., und Andrew. 2015. *Why We Can't Afford the Rich*, 1. Aufl. Bristol: The Policy Press.

Schram, Sanford F., Joe Soss, Richard Fording, und Linda Houser. 2009. Deciding to Discipline: Race, Choice, and Punishment at the Frontlines of Welfare Reform. *American Sociological Review* 74(3):398–422. https://doi.org/10.1177/000312240907400304.

Schweiger, Gottfried. 2015. Justice and Children's Well-Being and Well-Becoming. In *The Well-Being of Children: Philosophical and Social Scientific Approaches*, 1. Aufl., Hrsg. Gunter Graf und Gottfried Schweiger, 84–96. Berlin: DeGruyter Open.

Schweiger, Gottfried, and Gunter Graf. 2015. *A Philosophical Examination of Social Justice and Child Poverty*, 1. Aufl. Basingstoke: Palgrave Macmillan. http://www.palgraveconnect.com/doifinder/10.1057/9781137426024.

Schweiger, Gottfried, und Gunter Graf. 2017. Ethics and the Dynamic Vulnerability of Children. *Les Ateliers de l'éthique/The Ethics Forum* 12(2–3):243–261. https://doi.org/10.7202/1051284ar.

Sen, Amartya. 1985. A Sociological Approach to the Measurement of Poverty: A Reply to Professor Peter Townsend. *Oxford Economic Papers* 37(4):669–676.

Shahtahmasebi, Said, Eric Emerson, Damon Berridge, und Gillian Lancaster. 2011. Child Disability and the Dynamics of Family Poverty, Hardship and Financial Strain: Evidence from the UK. *Journal of Social Policy* 40(04):653–673. https://doi.org/10.1017/S0047279410000905.

Shin, Dong-Myeon. 2000. Economic Policy and Social Policy: Policy-Linkages in an Era of Globalisation. *International Journal of Social Welfare* 9(1):17–30. https://doi.org/10.1111/1468-2397.00105.

Simpson, Donald, Eunice Lumsden, und Rory McDowall. Clark. 2015. Neoliberalism, Global Poverty Policy and Early Childhood Education and Care: A Critique of Local Uptake in England. *Early Years* 35(1):96–109. https://doi.org/10.1080/09575146.2014.969199.

Standing, Guy. 2016. *The Precariat: The New Dangerous Class*. Revised. London/New York: Bloomsbury Academic.
Straehle, Christine, Hrsg. 2017. *Vulnerability, Autonomy, and Applied Ethics*. New York: Routledge. http://www.tandfebooks.com/isbn/9781315647418.
UNICEF Innocenti Research Centre. 2012. Measuring Child Poverty: New League Tables of Child Poverty in the World's Rich Countries. Innocenti Report Card 10. Florence: UNICEF Innocenti Research Centre. http://www.unicef.gr/pdfs/RC10_report.pdf.
Wacquant, Loïc. 2009. *Punishing the Poor: The Neoliberal Government of Social Insecurity*, 1. Aufl. Politics, History, and Culture. Durham: Duke University Press.
Wadsworth, Martha E. 2011. Working with Low-Income Families: Lessons Learned from Basic and Applied Research on Coping with Poverty-Related Stress. *Journal of Contemporary Psychotherapy* 42(1):17–25. https://doi.org/10.1007/s10879-011-9192-2.
Wakefield, Sarah E.L, und Jamie Baxter. 2010. Linking Health Inequality and Environmental Justice: Articulating a Precautionary Framework for Research and Action. *Environmental Justice* 3(3):95–102. https://doi.org/10.1089/env.2009.0044.
Wolff, Jonathan, und Avner de-Shalit. 2007. *Disadvantage*, 1. Aufl. Oxford Political Theory. Oxford/New York: Oxford University Press.
Yoshikawa, Hirokazu, J. Lawrence Aber, und William R. Beardslee. 2012. The Effects of Poverty on the Mental, Emotional, and Behavioral Health of Children and Youth: Implications for Prevention. *American Psychologist* 67(4):272–284. https://doi.org/10.1037/a0028015.
Young, Iris Marion. 2011. *Responsibility for Justice*, 1. Aufl. Oxford Political Philosophy. Oxford/New York: Oxford University Press.
Zimmerman, Gregory M., und Steven F. Messner. 2011. NEIGHBORHOOD CONTEXT AND NONLINEAR PEER EFFECTS ON ADOLESCENT VIOLENT CRIME*: PEER VIOLENCE AND NEIGHBORHOODS. *Criminology* 49(3):873–903. https://doi.org/10.1111/j.1745-9125.2011.00237.x.

Verletzbarkeit und Autonomie im Lebenslauf. Zur Besonderheit der Kinderarmut aus anerkennungstheoretischer Perspektive

Einleitung

In der philosophischen Literatur der letzten Jahrzehnte mangelt es nicht an Arbeiten dazu, warum Armut ein moralisches Unrecht oder eine Ungerechtigkeit darstellt und welche weiteren Schlüsse aus diesen ethischen Urteilen zu ziehen sind. Eine Lücke, die ich jedoch ausmachen möchte, ist die Beschäftigung mit der Frage, ob und wenn ja, worin sich in einer normativ bedeutsamen Weise die Armut von Kindern und die Armut von Erwachsenen unterscheiden, wobei ich mit dieser Unterscheidung nicht meine, dass die eine Form der Armut weniger schlimm als die andere wäre, sondern, dass wir relevante Unterschiede zwischen Kindern und Erwachsenen in Armut ausfindig machen können, die zu berücksichtigen sind. Indem ich diese Frage hier stelle, ist bereits angedeutet, dass ich es zumindest bezweifle, dass Kinderarmut und Erwachsenenarmut sich nicht oder nur unwesentlich unterscheiden und die philosophische Literatur zur Armut im Allgemeinen somit ohne weitere Mühen und Verluste auf Kinderarmut übertragbar ist. Vielmehr, so eines meiner Argumente, die ich im Folgenden explizieren werde, gilt es, Kinder als Akteur:inn:e:n mit besonderen, zumindest von den allermeisten Erwachsenen nicht geteilten Eigenschaften und Bedürfnissen anzuerkennen und die Kindheit als eine irreduzible, dabei durch diese Eigenschaften und Bedürfnisse geprägte, mit dem Erwachsenenalter auf eigentümliche Art und Weise verbundene, Lebensphase zu verstehen. Kinder sind, vereinfacht gesagt, keine „kleinen", „unfertigen" oder nur weniger alte Erwachsenen (Jenks 2005). Natürlich, auch das sei gleich zu Beginn festgehalten, gibt es ein Kontinuum zwischen Kindheit und Erwachsenenalter, viele, jeweils individuell stark variierende Übergänge und Zwischenphasen, die auch in der oftmals unscharfen Terminologie sichtbar sind: Baby, Kleinkind, Kind, Jugendliche:r. So sehr ich hier bewusst auf die Unterschiede zwischen Kindern und Erwachsenen aufmerksam machen möchte, so sehr will ich auch die Gemeinsamkeiten nicht vernachlässigen.

G. Schweiger, *Essays zur Philosophie der Kindheit,* Kindheit – Bildung – Erziehung. Philosophische Perspektiven, https://doi.org/10.1007/978-3-662-66692-0_19

Zunächst ist es aber nötig, einige Anmerkungen zum Konzept der Kinderarmut zu geben. Die Standardarmutsmessung über das Haushaltseinkommen – sei es die absolute Armutsgrenze der Weltbank von 1,25 $ am Tag oder die Armutsgefährdungsgrenze der EU mit 60 % des äquivalisierten Medianeinkommens – kann nur indirekt auf Kinder angewendet werden, da diese in der Regel selbst kein Einkommen erzielen, es aber auch unklar ist, wie bei der Messung auf Haushaltsebene das Einkommen zwischen den Haushaltsmitgliedern verteilt wird. Daher hat sich in der Literatur auch eine ganze Reihe an kindspezifischen Armutskonzepten ausgebildet, seien diese güter- oder fähigkeiten-basiert. Bereits in diesen unterschiedlichen Konzepten steckt eine ganze Reihe an normativen Annahmen, die mitunter ihre ethische oder gerechtigkeitstheoretische Bewertung leiten. Ich kann dazu hier nichts weiter sagen, sondern vielmehr nur klarstellen, dass ich mich in diesem Beitrag auf Kinderarmut in reichen Gesellschaften und diese, in Anlehnung an die Konzeption der EU, als eine Kombination aus Haushaltseinkommensarmut und materieller Deprivation verstehe. Genauer gesagt: ein Kind ist arm, wenn es in einem einkommensarmen Haushalt lebt oder ihm unfreiwillig der Zugang zu einem Set an wesentlichen Gütern fehlt. Erweiterte Formen der Armut wie Bildungsarmut oder absolute Armut im Sinne der Weltbank sind nicht mein Thema hier.

Dann auch noch ein Wort zur Gruppe der Kinder. Üblicherweise wird diese in Anlehnung an die UN-Konvention über die Rechte des Kindes als all jene Personen zwischen ihrer Geburt und dem achtzehnten Lebensjahr verstanden, wobei nationale Differenzen Anwendung finden können. Da diese Altersgruppe äußerst heterogen ist und auch Personen umfasst, die Erwachsenen in ihren Fähigkeiten und Kompetenzen bereits sehr ähnlich sind, möchte ich sie weiter einschränken und zwar auf die Altersgruppe bis zum Beginn der Adoleszenz, also ca. dem zwölften Lebensjahr. Wie alle Einteilungen ist auch diese, die sich an Erkenntnisse der Medizin und der Entwicklungspsychologie anlehnt, ungenau und kennt individuelle Variationen: Kinder weisen auch innerhalb dieser Gruppe unterschiedliche Fähigkeiten und Kompetenzen auf.

Indem hier die Frage nach der Besonderheit der Kinderarmut gestellt wird, wird zugleich eine weitere Unzulänglichkeit in der philosophischen Literatur angesprochen, nämlich das weitgehende Fehlen adäquater, kindgerechter und kindsensibler ethischer Theorien und insbesondere von Theorien der Gerechtigkeit. Der/Die Standardakteur:in in den meisten Theorien, auch jene die Armut kritisieren, ist zumeist modelliert nach einem/einer rationalen, autonomen Erwachsenen. Es lassen sich leider erst wenige Versuche, explizit Gerechtigkeit für Kinder zu konzeptionalisieren, in der Literatur finden (Archard und Macleod 2002). Von diesem blinden Fleck nicht ausgenommen ist auch jenes Ensemble an normativer Theorie, das ich hier in den Mittelpunkt stellen möchte, nämlich der Versuch, Moralphilosophie und Gerechtigkeitstheorie um den Begriff der Anerkennung zu konzipieren und die sich als Kritik der herrschenden sozialen, politischen und kulturellen Verwerfungen versteht. So wichtig für die Anerkennungstheorie, gerade in ihrer frühen Form bei Axel Honneth (Honneth 1994), die Phase der Kindheit als Bedingung und Zeit der Identitäts- und

Subjektivitätsbildung auch ist, mag dies nicht darüber hinwegtäuschen, dass Kinder und Kindsein in den allermeisten weiteren Überlegungen zur Grundlegung, Ausgestaltung und Anwendung einer anerkennungstheoretischen Gerechtigkeitstheorie und Ethik nur marginal berücksichtigt werden. In den bisherigen Arbeiten, die sich aus einer solchen anerkennungstheoretischen Perspektive kritisch mit den Problemen der Armut und sozialen Ausgrenzung befassen, fehlt die Berücksichtigung von Kindern und der Besonderheit von Kinderarmut nahezu vollständig (Schweiger 2012, 2013).

Es wäre nun für einen einzelnen Beitrag zu viel vorgenommen, wenn er sogleich all die angesprochenen Themen und blinden Flecken in der bisherigen Literatur zu meistern versuchen würde, geht es mir doch wesentlich um die Frage nach der Kritik der Kinderarmut und ich kann daher weder die bisher vorgebrachten Ansätze für eine Theorie der Gerechtigkeit für Kinder hier im Detail kritisieren noch kann ich selbst eine solche Theorie entwerfen. Elemente einer solchen Theorie werden aber, ex negativo, in meinen Ausführungen sichtbar werden. Zunächst will ich, im ersten Abschnitt, die Grundzüge einer Kritik der Armut vorbringen. Damit soll der Boden bereitet werden, damit ich im zweiten Abschnitt meine eigentlichen beiden Thesen entfalten kann, nämlich zu zeigen, dass es vor allem die beiden Konzepte der Verletzbarkeit und der Autonomie sind, die die Besonderheit von Kinderarmut sichtbar werden lassen. Kinder sind sowohl in körperlicher wie auch psychischer und sozialer Hinsicht in größerem Maße und auf eigene Art verletzbarer als Erwachsene und Armut betrifft diese Verletzbarkeit.

Grundzüge einer anerkennungstheoretischen Kritik der Armut

Eine anerkennungstheoretische Kritik der Armut umfasst zumindest drei Dimensionen (Schweiger 2012, 2013): 1) Eine Kritik des sozialen Leids, das durch armutsbedingte Missachtungserfahrungen verursacht wird. 2) Eine Kritik der Einschränkung der Autonomie und der Möglichkeiten zur Selbstverwirklichung der von Armut betroffenen Personen, da ihnen positive Anerkennungserfahrungen als soziale Bedingungen ihrer Autonomie fehlen und sie auch eingeschränkte Möglichkeiten vorfinden, Anerkennungserfahrungen zu machen. 3) Eine Kritik des Verfehlens der immanenten sozialen Standards von Anerkennung, die im hochentwickelten Kapitalismus von allen Gesellschaftsmitgliedern erreicht werden sollten. Ich möchte alle drei Punkte in der gebotenen Kürze explizieren und im Zuge dessen auch die Grundlagen einer anerkennungstheoretischen Gerechtigkeitstheorie einholen:

1. Zunächst ist es das soziale Leid, welches von essentieller Bedeutung für eine ethische und gerechtigkeitstheoretische Bewertung der Armut ist. Die Theorie der Anerkennung räumt den Opfern von sozialen Verwerfungen, Unterdrückung, Ausschluss und Armut und ihren subjektiven Erfahrungen einen besonderen Stellenwert ein – man könnte sagen, eine Theorie der Anerkennung nimmt ihren Ausgangspunkt primär an der Erfahrung der Ungerechtigkeit und nicht an einer

theoretischen Konzeption von Gerechtigkeit (Pilapil 2011). Und die Armutsforschung hat beträchtliche Einsichten über die vielfältigen Armutserfahrungen der Betroffenen dokumentiert (Narayan-Parker et al. 2000). Dieses soziale Leid muss dabei jedoch vor dem Hintergrund der Annahme über die Bedeutung von Erfahrungen der Anerkennung bzw. der verletzenden Folgen von Erfahrungen der Missachtung und Nichtanerkennung interpretiert werden. Die subjektive Artikulation von Leid führt auf die Spur dieser Bedeutung, kann sie jedoch nicht er- und begründen (Honneth 2003). Dafür ist ein Rückgriff auf anthropologische, moralphilosophische und sozialtheoretische Prämissen nötig (Schmidt am Busch 2009). Die anthropologische Prämisse besagt, dass der Mensch ein anerkennungsbedürftiges Wesen ist und zur Ausbildung seiner Identität und Subjektivität solcher positiven Erfahrungen von Anerkennung bedarf. Die sozialtheoretische Prämisse interpretiert diesen Befund weiter und besagt, dass es in Gesellschaften und sozialen Verhältnissen zur Institutionalisierung solcher Anerkennungsmuster kommt, mithin also die Form von Anerkennungserfahrungen aus der Verfügungsgewalt des/der Einzelnen, seiner/ihrer Familie oder kleinerer Gruppen hinein in die Sphäre des Sozialen überführt wurde. Die moralphilosophische Prämisse schließlich sieht in der Erfahrung von Anerkennung einerseits den moralischen Kern dessen, was sich Menschen aufgrund ihrer Bedürftigkeit schulden, um zu „ganzen" Subjekten werden können, andererseits die wesentliche soziale Bedingung für die Realisierung des Selbst und der Autonomie als des moralischen Zielpunkts, woraufhin sich das Handeln der Einzelnen wie auch die Einrichtung der Gesellschaft orientieren sollten. Sie gibt auch den Ansatzpunkt dafür, sowohl die vorfindbare Institutionalisierung der Anerkennungsverhältnisse, also das in der Sozialtheorie erfasste, wie auch die subjektiven Erfahrungen der Anerkennung und Missachtung moralisch zu kritisieren. Nicht jede Zurückweisung ist unmoralisch und nicht jede Form der sozialen Herrschaft, die bestimmte Anerkennungsforderungen ausschließt, ungerecht. Nur solches Leid ist für eine moralische Kritik ausschlaggebend, welches vor der Folie dieser Ausrichtung der Anerkennungserfahrung auf die Subjektbildung und die darin eingeschlossene Autonomie und Selbstverwirklichung des Subjekts interpretiert und ausgewiesen werden kann. Es geht einem Anschluss an die Erfahrungen der Armut also darum, solche Erfahrungen Ernst zu nehmen und ihnen moralisches Gewicht zuzuschreiben, die ungerechtfertigte Beschädigungen der Subjektentwicklung und der Ansprüche auf Selbstentfaltung darstellen.

2. Daher ist auch der *Zielpunkt der Erfahrungen von Anerkennung* – die Entwicklung und Entfaltung der Autonomie in sozialem Kontext – von eminenter normativer Bedeutung für eine Kritik der Armut. Hier lassen sich vor allem drei Punkte zeigen: *Erstens,* dass Armut eine wesentliche und unfreiwillige Einschränkung der Autonomie und der Handlungsspielräume der Betroffenen bedeutet. Armut ist eine Erfahrung der verringerten Möglichkeiten, sich selbst zu verwirklichen, eigene Ziele und diejenigen seiner Familie zu verfolgen und umzusetzen. Die Gründe für diese Einschränkung sind sowohl im Mangel an materiellen Anerkennung in Form von Einkommen und Vermögen aber auch in

den psychischen und sozialen Konsequenzen damit verbundenen Missachtungserfahrung, vermittelt im gesellschaftlichen Diskurs über Armut und ihrer (sozial) politischen Verwaltung. Stark vereinfacht gesprochen: Armut bedeutet zunächst einmal am Markt nicht genügend relevante Anerkennung, nämlich Einkommen, für seine Tätigkeiten erhalten zu können und auch nicht über die Mittel zu verfügen dies aus eigenen Ressourcen (Erbschaften, Familie) kompensieren zu können. Diese Nichtanerkennung am Markt ist dann wiederum Ausgangspunkt für eine weitere Stigmatisierung als faul, unnütz oder schlicht unbrauchbar. *Zweitens* ist zu betonen, dass Armut nicht nur die persönliche und kleinräumige Ebene der Autonomie betrifft, sondern auch auf politischer Ebene wirksam wird und Menschen aus der Mitbestimmung über die Gestaltung des Gemeinwesens, der Gesellschaft und ihrer Institutionen ausschließt. Die Machtlosigkeit durch Armut, bedingt durch fehlenden Zugang zu Repräsentationsräumen, zu Informationen, Wissen, Netzwerken und Funktionen, ist mit einer solchen politischen Armut verknüpft, durch die die Betroffenen es schwer haben, ihre Anliegen zu formulieren, einzubringen und gehört zu werden (Lister 2004) – sie können bestenfalls auf die paternalistische Milderung ihrer Armut hoffen. Auch das entspricht einem Fehlen an adäquater Anerkennung als gleichberechtigtes und gleichwertiges Gesellschaftsmitglied. Die Anerkennungsforderungen von armen Menschen – deren Legitimität ich hier nicht beurteile – nach sozialer Absicherung, besseren Jobs oder mehr politischer Mitbestimmung bleiben oftmals ungehört, weil es dieser Gruppe an Macht und Einfluss fehlt. *Drittens* liegt nicht nur eine Einschränkung der Autonomie vor, sondern auch eine starke Abhängigkeit von anderen Personen und Institutionen. Menschen, die von Armut betroffen sind, können nicht nur weniger Lebensziele realisieren, sie sind zur Realisierung auch auf die Unterstützung anderer angewiesen, denen sie, ohne darüber verfügen zu können, ausgeliefert sind. Diese Asymmetrie ist moralisch zutiefst problematisch, da sie der Grundintention der Autonomie als weitgehender Selbstbestimmung unabhängig von der Willkür anderer Personen und Institutionen widerspricht, ohne dass damit ein individualistisches Autonomieverständnis, welches die soziale Verwobenheit derselben leugnet, vorausgesetzt ist. Eine Theorie der Anerkennung betont zwar die soziale Abhängigkeit der Autonomie – wir benötigen die Anerkennung durch andere, um frei sein zu können – dennoch ist die Selbstständigkeit und nach eigenen Zielen gestaltete Lebensführung ein Ziel und Wert, welches eben durch diese soziale Verwobenheit gefördert werden soll. Arme Menschen bleiben jedoch in einer einseitigen Abhängigkeit gefangen und sind daher auch mit einem Mangel an reziproken Anerkennungserfahrungen konfrontiert: sie sind abhängig von anderen, die aber nicht abhängig von ihnen sind, sondern ihnen gegenüber mit Willkür verfahren können.

3. Als dritten Aspekt möchte ich die Perspektive einer immanenten Kritik der Armut, die sich auf die herrschenden, impliziten und expliziten Normen einer Gesellschaft bezieht, einbringen (Kauppinen 2002). Hier geht es wesentlich um die Rekonstruktion der in den sozialen Praktiken und Institutionen moderner Wohlfahrtsgesellschaften geronnenen Versprechen und Überzeugungen darüber,

was einem Gesellschaftsmitglied zusteht – an Respekt, an Wertschätzung, an Möglichkeiten und Lebenschancen. Dafür lassen sich vielfältige Anknüpfungspunkte finden, ich möchte aber nur zwei hervorheben: Armut stellt einerseits ein Unterschreiten des gesellschaftlichen Minimums dar, was als zu einem guten Leben gehörig verstanden wird – wo Armut ist, herrscht ein Mangel an Fähigkeiten und Chancen, der gemäß den immanenten Überzeugungen der modernen Wohlfahrtsgesellschaft – das lässt sich auch an der tatsächlichen Ausgestaltung der sozialen Sicherungssysteme und der verbundenen (rechtlichen) Ansprüche ablesen – überwunden werden soll. Andererseits, und dieser Punkt scheint mir für eine interne Kritik wichtiger, widerlegt die Existenz von Armut die Vorstellung, dass unsere kapitalistisch organisierten Wohlfahrtsgesellschaften meritokratisch wären und sich Lebenschancen und damit auch Verwirklichungschancen gemäß der Prinzipien von Verdienst und Leistung verteilen würden. Die zentrale Anerkennungsform der sozialen Wertschätzung, die soziale Differenzen in Status, Position und Macht regulieren und legitimieren soll, kann gerade nicht für eine Legitimation der Armut herangezogen werden. Vielmehr zeigen alle Erkenntnisse zu Ursachen und zur Persistenz von Armut, dass diese strukturelle Gründe hat, die der Macht und der Entscheidung der Einzelnen enthoben sind – ja mitunter sogar „vererbt" werden, Menschen also aus purem Zufall arm geboren werden (Jenkins und Siedler 2007). Das tiefsitzende Versprechen, dass Positionen, Einkommen oder andere Vorteile durch Leistung erworben werden können, ist nur in stark ideologisch verzerrter Form realisiert und doch wendet sich die Idee der Meritokratie – die durchaus eminente gerechtigkeitstheoretische Relevanz besitzt (Miller 2008) – und der verdienten Armut regelmäßig gegen die von Armut betroffenen Personen und individualisiert ihr Schicksal als Versagen.

Es sind somit – zumindest, vielleicht jedoch nicht abschließend – diese drei Dimensionen, die die Ungerechtigkeit von Armut beschreiben, wobei die zweite Dimension der Freiheitseinschränkung wohl das stärkste normative Gewicht besitzt und die beiden anderen Dimensionen hiervon getragen bzw. auch geleitet werden. Die bisher von mir dargelegte Kritik der Armut hat sich also primär mit ihren negativen Folgen für die Betroffenen befasst und nicht mit Fragen der Aufklärung der Ursachen wie auch der sozialen Einbettung, mithin Produktion und Reproduktion, dieses Leids und seiner Ungerechtigkeit. Auch auf dieser Ebene kann die Theorie der Anerkennung ihren Beitrag leisten, indem sie versucht, die Institutionalisierung von Anerkennung und Missachtung, von Einschluss und Ausschluss, in der Gesellschaft zu begreifen und zu kritisieren. Eine Kritik der Armut verbleibt also nicht auf dem phänomenologischen Befund ihrer Konsequenzen, sondern verknüpft diesen mit ihrer Sozialtheorie moderner Gesellschaften und ihren Verwerfungen, vor allem in den wesentlichen Bereichen der gesellschaftlichen Produktion und Reproduktion, von Arbeit, Familie, Politik und Kultur.

Einheit und Differenz von Kinderarmut und Erwachsenenarmut

Bisher habe ich in groben Zügen eine anerkennungstheoretische Kritik der Armut im Allgemeinen formuliert, die notwendigerweise wichtige Differenzen unterbelichtet lassen musste, wie etwa die Frage nach dem Status von relativer im Unterschied zu absoluter Armut. Weiters ließen sich bedeutsame Unterschiede auf Ebene der Ausformung, Betroffenheit und sozialen Regulierung von Armut und Exklusion ausmachen, wie deren enge Verknüpfung zu den Kategorien Gender, Ethnie, Alter, Behinderung und Krankheit (Winker und Degele 2009). Diese stellen keine zufälligen Merkmale der Armut dar, sondern weisen auf die Einrichtung der Gesellschaft und ihre Tiefenstruktur hin, die Ungleichheit auf mehreren Ebenen und hinsichtlich mehrerer Eigenschaften verknüpft – sie sind daher sowohl sozialtheoretisch als auch moralphilosophisch zu erfassen und zu kritisieren. Eine weitere bedeutsame Differenzierung scheint mir dabei der Status von Kindern zu sein, der bislang unterbelichtet geblieben ist. Dieser Status und auch die Rollen, die Kindern im sozialen, politischen, kulturellen und ökonomischen Leben einnehmen können, sind sowohl weder bloß konstruiert noch natürlich vorgegeben, sondern das Ergebnis aus beiden Elementen und demgemäß sowohl veränderbar wie auch in gewissen Grenzen fixiert. In den beiden folgenden Abschnitten werde ich nun zunächst die besondere Verletzbarkeit von Kindern als auch ihre eingeschränkte und sich erst entwickelnde Autonomie als Unterscheidungsmerkmale diskutieren und diese hiernach wieder auf die dargelegten Grundzüge einer anerkennungstheoretischen Kritik der Armut beziehen.

Verletzbarkeit von Kindern

Die erste wesentliche Differenz zwischen Kinderarmut und Erwachsenenarmut liegt in der besonderen und weitaus größeren Verletzbarkeit von Kindern.

Natürlich sind einerseits alle Menschen verletzbar, schlicht weil alle Menschen über einen verletzbaren Körper und eine verletzbare Psyche verfügen. Die Theorie der Anerkennung nimmt diese Verletzbarkeit durch andere Personen und Institutionen ja auch als einen ihrer Ausgangspunkte auf und verweist hier besonders auf die Angewiesenheit auf Anerkennung, Wertschätzung, Liebe und Respekt. Andererseits gibt es auch Erwachsene, die besonders verletzbar sind, sowohl aus sozialen wie auch aus physischen oder psychischen Gründen. Menschen mit Behinderungen, Menschen, die chronisch krank sind oder Menschen, die unter schwerer Demenz leiden, werden in unserer Gesellschaft eingeschränkt bzw. sind in ihren Fähigkeiten eingeschränkt und bedürfen besonderer Maßnahmen und Unterstützung. Das trifft auch auf Menschen zu, die von sozialer Diskriminierung, Marginalisierung und Ausschluss betroffen sind. Besonders drastische Beispiele der sozialen Verletzbarkeit finden sich in Regimen, die Mitglieder der Gesellschaft rechtlos stellen und damit der Willkür anderer Personen und Institutionen ausliefern (Margalit 1997). Hier kommt es zu besonderen Formen der Missachtung und Demütigung, mitunter zu körperlichen Verletzungen, Folter und Tötung.

Dennoch ist es wichtig festzuhalten, dass Kindsein nicht mit diesen Fällen gleichzustellen ist. Es ist ein wesentlicher Unterschied, ob eine erwachsene Person aus den eben genannten Gründen besonders verletzbar ist oder ein Kind, da im ersten Fall von Ausnahmen innerhalb der Gruppe der Erwachsenen zu sprechen ist (es ist dies also eine klare Minderheit der Personengruppe), während im zweiten Fall alle Kinder (also die gesamte Gruppe von Menschen bis zum Erreichen der Adoleszenz) besonders verletzbar sind. Man kann hier drei Dimensionen der Verletzbarkeit unterscheiden: die physische Dimension, also die erhöhte Verletzbarkeit des kindlichen Körpers und seiner Entwicklung etwa durch Fremdeinwirkung, Krankheiten oder mangelnde Ernährung. Die psychische Dimension, also die erhöhte Verletzbarkeit der kindlichen Psyche und ihrer Entwicklung etwa durch Missbrauch, Vernachlässigung oder fehlende Zuwendung. Die soziale Dimension der Verletzbarkeit, also die Verletzbarkeit des Kindes durch seinen niedrigen sozialen, rechtlichen, ökonomischen und politischen Status und durch seine Abhängigkeit von anderen Personen. Für alle diese drei Dimensionen lassen sich sowohl empirische (medizinische, psychologische, soziologische und kriminologische) als auch sozialtheoretische Belege vorbringen und Kinder bedürfen daher des Schutzes und der Unterstützung durch Erwachsene. Einige Beispiele können dies einsichtig machen: *alle* Kleinkinder können schwere Entwicklungsschäden durch ein für Erwachsene harmloses Schütteln ihres Körpers davontragen (shaken baby syndrom), *alle* sehr jungen Kinder sind alleine nicht lebensfähig, wenn Erwachsene sie nicht füttern und ihnen Kleidung geben, *alle* Kinder sind auf Zuwendung und Bindung angewiesen, um sich physisch und psychisch adäquat zu entwickeln, *kein* Kind kann alleine im Sozialleben einer modernen Gesellschaft auf gleicher Stufe mit Erwachsenen agieren, *kein* Kind ist zustimmungsfähig zu sexuellen Handlungen mit Erwachsenen und *alle* Kinder sind von der politischen Entscheidungsfindung (Wahlen etc.) ausgeschlossen. Erwachsene, von den angesprochenen Ausnahmen abgesehen, sind dahingehend nicht verletzbar und bedürfen nicht in diesem Maße den Schutz anderer, um ihre bloße Existenz und Gesundheit zu sichern – sie sind eben schon körperlich und psychisch „fertig" und sozial kompetent und frei und handlungsfähig. Aus dieser Angewiesenheit von Kindern auf andere begründen sich auch die entsprechenden Schutzansprüche von Kindern und ihre Rechte (Brighouse 2003).

Kinderarmut ist nun vielfach belegt schädlich für das Kind und seine Entwicklung und dies gerade weil Kinder in diesen drei Dimensionen verletzbarer sind als Erwachsene (Maholmes und King 2012; Zander 2010): Kinderarmut schädigt die physische und psychische Gesundheit des Kindes, seine Entwicklung und erhöht deutlich das Risiko eines schlechteren Gesundheitszustandes im weiteren Lebensverlauf. Armut determiniert neben der Gesundheit auch weitere Aspekte des kindlichen Wohlergehens und die soziale Partizipation des

Kindes, erhöht das Risiko der Vernachlässigung und des Missbrauchs und ist ein wesentlicher Einfluss auf den Bildungserfolg und in weiterer Folge auch auf die Arbeitsmarktintegration. Kinder erleben ihre Armut, sofern sie kompetent genug sind, dies zu reflektieren, als beschämend und als leidvoll. Kinder bedürfen des besonderen Schutzes durch Erwachsene und ein Leben in Armut bedeutet, dass dieser oftmals nicht ausreichend oder nur eingeschränkt gegeben ist. Die Gründe dafür sind vielfältig, zum Beispiel knappe Ressourcen und Fehlverhalten der Eltern, unzureichender Schutz durch den Staat, Einfluss von Umweltgiften in der Wohngegend, Stigmatisierung durch andere Kinder und Erwachsene, fehlende Zuwendung durch Lehrpersonen, inadäquate Nahrung und medizinische Versorgung, Stress etc. Abgesehen von der Ursachensuche ist es jedoch wichtig festzuhalten, dass Kinderarmut schädlich ist, Kinder besonders verletzbar gegenüber solchen Einflüssen sind und dass die Schädigung langfristige und irreversible bzw. nur sehr schwer auszugleichende Folgen haben kann. Die Pfadabhängigkeit, also der weitreichende Einfluss des sozioökonomischen Status während der Kindheit auf alle möglichen Lebensbereiche im Erwachsenenalter ist in unzähligen Studien klar belegt.

Mit diesen Ausführungen zur größeren Verletzbarkeit von Kindern als eines zentralen Ansatzpunkts zur Kritik der Kinderarmut soll aber nicht gesagt sein, dass Kinder nur als hilflose und anderen völlig ausgelieferte Personen zu verstehen und derart zu behandeln sind. Wieder gilt es, die Dynamik der Kindheit im Blick zu behalten und Kinder als Kinder zu respektieren und anzuerkennen. Dies verlangt auch, sie als handelnde, sich selbst positionierende Akteur:innen Ernst zu nehmen. Kinder in Armut und marginalisierten Lebenslagen sind, ab einer gewissen Entwicklungsstufe, durchaus in der Lage ihre eigene Situation einzuordnen und sich zu ihr zu verhalten. Die Möglichkeiten mögen beschränkt sein, aber es würde eine weitere Dimension der Missachtung darstellen, Kindern diese Fähigkeiten pauschal abzusprechen und auszuschließen. Studien, wie jene von Tess Ridge (Ridge 2002), zeigen vielmehr, dass Kinder versuchen ihre eigene und auch die Armut ihrer Familie zu verarbeiten, sich Freiheitsräume und Handlungsoptionen aufzubauen, mit den Mitteln, die ihnen zur Verfügung stehen, auszukommen und mitunter sogar ihre Eltern zu schützen. Weiters haben Kinder schon ab frühen Jahren Vorstellungen davon, was es bedeutet arm zu sein und wie sie sich ihr Leben und das ihrer Familie ohne Armut wünschen und vorstellen würden. Der Grat zwischen gut gemeinter Überforderung von Kindern und ebenso gut gemeinter Unterforderung ist schmal und kann jeweils nur unter Berücksichtigung der Reife des Kindes und der äußeren Umstände getroffen werden. Dass es für Kinder positive Auswirkungen hat, wenn sie Ernst genommen und in Entscheidungen miteinbezogen werden, wenn ihre Stimme gehört wird, ist aus den vorliegenden Studien zur Partizipation und Mitbestimmung, nicht nur von armen und marginalisierten Kindern eindeutig ersichtlich (Tisdall et al. 2006). Eine anerkennungstheoretische Kritik der Armut, die sensitiv für die Besonderheit der Kindheit ist, wird auch diese Komponente stark machen.

Autonomie und Kinderarmut

Der zweite zentrale Punkt, in dem sich Erwachsenenarmut und Kinderarmut unterscheiden, betrifft die Autonomie von Kindern. Dies ist, kurz zusammengefasst, in zwei Dimensionen bedeutend: Einerseits verfügen Kinder über einen geringeren Grad an Autonomie sowie über weniger Handlungsspielräume und sind damit auch in weitaus geringerem Umfang in der Lage, ihre Armut zu bewältigen und zu überwinden. Andererseits betrifft Armut während der Kindheit auch die Chancen dieser Kinder sich zu autonomen Erwachsenen zu entwickeln. Auch hier ist also die Perspektive auf den Lebenslauf und die langfristigen Konsequenzen von Armut wichtig. Ich will beide Punkte nun näher ausführen und werde hierbei auch nochmals den Wert der Autonomie und ihre Verbundenheit zu Erfahrungen der Anerkennung deutlich machen. Eine weitere sinnvolle Unterscheidung ist hier jene von lokaler und globaler Autonomie, wobei erstere als die Freiheit unmittelbarer Entscheidungen, z. B. heute ins Kino zu gehen oder nicht, und zweitere als die Freiheit zum Entwurf und zur Realisierung eines Lebensplanes verstanden werden soll (Franklin-Hall 2013).

Zunächst sind Kinder in einer wesentlich unfreieren Position als Erwachsene, da sie sowohl körperlich, psychisch aber auch sozial schwächer gestellt sind und geringere Möglichkeiten und Mittel zur Durchsetzung ihrer Wünsche und Vorstellungen besitzen. Ihre lokale und globale Autonomie ist eingeschränkt, da sie sowohl über eine geringere Kompetenz zur unmittelbaren Entscheidung als auch zur Entscheidung über ihren Lebensplan verfügen. Kinder, auch hier ist wieder ein fließender Übergang zu Jugendlichen und zu Erwachsenen vorzufinden, sind also nicht nur abhängiger von anderen Personen und Institutionen, um ihre körperliche und psychische Integrität zu schützen, sie sind auf diese auch in größerem Maße angewiesen, um eigenes Leben zu gestalten. Sie haben eine weniger gereifte und überlegte Vorstellung davon, wie sie ihr Leben insgesamt gestalten wollen, also auch davon, welches Leben sie in Zukunft führen wollen. Es ist aus beiden Perspektiven – der lokalen und der globalen Autonomie – auch gesellschaftlich weitestgehend akzeptiert, dass Kinder in ihren unmittelbaren Entscheidungen, also in ihrer lokalen Autonomie, eingeschränkt, ihre Wünsche gegen die Wünsche von Erwachsenen abgewogen und oftmals geringer geschätzt werden und dass Erwachsene für Kinder sprechen und handeln. Eben weil davon ausgegangen wird, dass Kinder in ihren Fähigkeiten noch nicht ausreichend entwickelt sind, zwar sicherlich Interessen besitzen, diese jedoch noch nicht umfassend artikulieren können und sich selbst gefährden können bzw. durch andere gefährdet sind. Anders formuliert: die lokale Autonomie von Kindern, also z. B. die Entscheidung in die Schule zu gehen und Lesen und Schreiben zu lernen, wird begrenzt, um ihre globale Autonomie, einen Lebensplan zu entwerfen und diesen zu verfolgen, zu schützen und zu ermöglichen.

Das hat nun auch Auswirkungen darauf, wie Armut in der Kindheit zu interpretieren ist. Armut stellt, wie bereits ausgeführt, prinzipiell eine unfreiwillige

Einschränkung der Autonomie dar, für Kinder, deren Handlungsmacht und Handlungsspielräume prinzipiell schon geringer sind, bedeutet dies, dass sie noch weniger Möglichkeiten haben, ihre Lebenssituation zu verändern und ihrer Armutslage entgegenzuwirken. Haben Erwachsene, wenn auch mit Einschränkungen, noch Möglichkeiten der Veränderung ihrer Situation durch Migration, Aufnahme einer schlechter gestellten Arbeit, das offensive Suchen von Hilfe durch Freunde oder Fremde, ja als letzte Option vielleicht sogar gewalttätigen Protest und Auflehnung gegen ihre Situation, so sind viele dieser Optionen Kindern verwehrt, sei es aufgrund natürlicher Grenzen oder, mitunter sogar gut begründeter, sozialer Normen. Es fehlt Kindern also sowohl an lokaler Autonomie sich innerhalb ihrer Armutssituation gegen diese entscheiden und verhalten zu können, wie auch an den Mitteln ihre globale Autonomie für einen Lebensplan ohne Armut entwerfen und umsetzen zu können. Kinder sind ihrer Situation nicht, zumindest ab einem gewissen Entwicklungsstufe nicht vollständig, ausgeliefert, haben ihr Leben aber weniger in der eigenen Hand, und zwar sowohl was die Ausbildung und Reflexion auf ihre Wünsche und Ziele als auch deren praktische Umsetzung betrifft.

Was Kinder dabei wiederum wesentlich von Erwachsenen und auch solchen mit schweren Einschränkungen der Autonomie etwa durch Demenz unterscheidet, ist, dass eine solch geringere Autonomie zum Kindsein selbst gehört und sich in der Kindheit die Autonomie – wiederum sowohl die lokale wie auch die globale – allererst entwickelt und ausprägt. Mein zweites Argument lautet also, dass Kinderarmut auch die zukünftige Autonomie beschädigt und einschränkt sowie den betroffenen Kindern die Möglichkeiten zur Ausbildung zentraler Fähigkeiten und Bedingungen der künftigen Lebensgestaltung vorenthalten werden. Kindsein ist zwar keineswegs nur eine *Phase des Werdens,* sondern auch durchaus eine bedeutsame und eigenwertige *Phase des Seins,* weshalb ungerechtfertigte und mitunter leidvolle erfahrene Einschränkungen in der aktualisierten Autonomie durch Armut und andere Formen der Marginalisierung auch nicht nur vor dem Hintergrund des möglichen, zukünftigen Erwachsenseins zu bewerten und zu kritisieren sind. Dennoch, es ist, wie schon zur Gesundheit und des psychischen Wohlergehens und der essentiellen positiven Selbstbeziehungen angemerkt wurde, *auch* diese Entwicklungsdimension und der Horizont des Lebenslaufs, der Kinderarmut von Erwachsenenarmut wesentlich unterscheidet. Kinderarmut führt, vermittelt über unterschiedliche Kanäle, dazu, dass die Chancen auf Autonomie und eigenständige Lebensgestaltung im Erwachsenenalter beschädigt sind. Die Lebenschancen und sozialen Bedingungen von Autonomie, ausdrückbar in solchen Fähigkeiten wie Bildung, Einkommen, Gesundheit, Inklusion oder Selbstwert, werden durch Kinderarmut nachhaltig negativ beeinflusst. Die Konzeption von dynamischen und evolvierenden Fähigkeiten, die aufeinander aufbauen und weitere Entwicklungsmöglichkeiten und Freiheiten eröffnen, erlaubt dies sowohl theoretisch wie auch empirisch zu fassen.

Verletzbarkeit, Autonomie und Anerkennung

Kinderarmut ist schädlich für das aktuelle und künftige Wohlergehen, es beeinflusst negativ die Entwicklung zu einem autonomen Subjekt und Kinder haben geringe Möglichkeiten und Handlungsspielräume, um ihre eigene Armut zu überwinden und sich dazu zu verhalten. Armut betrifft Kinder und Erwachsene unterschiedlich, da sich diese beiden Personengruppen hinsichtlich ihrer körperlichen und geistigen Fähigkeiten sowie ihres sozialen, ökonomischen und politischen Status erheblich unterschieden (bis auf einige Ausnahmen hinsichtlich Erwachsener mit besonderen Einschränkungen). Damit ist nicht gesagt, dass Kinderarmut moralisch verwerflicher oder ungerechter ist als Erwachsenenarmut, auch wenn hinsichtlich der Langfristigkeit und Schwere der Schäden eine solche Differenzierung auch möglich wäre. Auch unabhängig von der unterschiedlichen Schwere könnte es Gründe geben, Kinderarmut prioritär zu bekämpfen, da dies effizienter ist oder die längere Lebensdauer von Kindern als relevant erachtet wird. Es geht mir hier aber vielmehr nur darum, Kindsein in seiner Spezifik ernst zu nehmen und zu akzeptieren, dass Kinderarmut ein Problem *eigener Ausprägung* ist. Kinderarmut betrifft auch kindspezifische Güter genauso wie kindspezifische Bedürfnisse und Entwicklungsbedingungen, die bei Erwachsenen nicht mehr vorliegen bzw. einen anderen Stellenwert genießen. Daher wird in der Armutsforschung auch zunehmend mit solchen kindspezifischen Indikatoren gearbeitet. Auch ist zu leider festzuhalten, dass Kinder häufiger unter Armut leiden und dieser hilfloser ausgeliefert sind als Erwachsene, eine Tatsache, die eigens zu kritisieren wäre.

Diese Befunde sind jedoch nicht an den Rahmen einer Anerkennungstheorie gebunden und es ist damit auch noch nichts darüber gesagt, ob oder wie diese in eine solche anerkennungstheoretische Kritik der Armut, wie sie im ersten Abschnitt dieses Beitrags formuliert wurde, eingebettet werden können. Dafür möchte ich nun fünf Thesen ausformulieren:

1. Den drei genannten Dimensionen der Verletzbarkeit von Kindern korrespondieren besondere Anerkennungsforderungen, die von Kindern oftmals aufgrund fehlender Kompetenzen nicht selbst formuliert werden können. Damit ist ein neuralgischer Punkt der Anerkennungstheorie getroffen, da diese oftmals ein Niveau an Kompetenzen voraussetzt, das es erlaubt, sich selbst und die eigenen Anerkennungsforderungen und Missachtungserfahrungen zu reflektieren und artikulieren zu können. Es gibt also auch hier einen sogenannten *rational agent bias,* der es erschwert, Kinder in die Analyse miteinzubeziehen. Kinder sind zwar auch, wie bereits gesagt, fähig, sich zu sich selbst zu verhalten und Wünsche und Leid zu artikulieren. Sie sind schon ab jungen Jahren nicht mehr völlig hilflos und unfähig, für sich selbst zu sprechen. Dennoch können auch ältere Kinder (also hier bis zum Erreichen der Adoleszenz) nur mangelhaft ausdrücken und wissen, was sie für ein gutes Leben und eine gute Entwicklung (in physischer, psychischer und sozialer Hinsicht) und zur Ausbildung ihrer Autonomie und ihrer Fähigkeiten benötigen. Wenn die Grundthese der Anerkennungstheorie, dass Anerkennung

für diese Entwicklung zu einer autonomen Person und für ein gutes Leben (auch als Kind) wichtig ist, Bestand haben soll, dann müssen die besonderen Bedürfnisse von Kindern, die sich auch als Schutzbedürfnisse gemäß ihrer besonderen dreifachen Verletzbarkeit äußern, als von den Kindern selbst nicht (ausreichend) artikulierbaren Anerkennungsforderungen aufgefasst werden. Das bedeutet dann im Umkehrschluss, dass eine Nichtanerkennung bzw. Missachtung des Kindes und der Spezifik der Kindheit sich auch darin zeigt, dass es durch Armut geschädigt und in seiner Entwicklung zu einem autonomen Mitglied der Gesellschaft beeinträchtigt und gegenüber seinen nicht-armen Altersgenoss:innen benachteiligt wird. Das Leid, welches durch Kinderarmut erzeugt wird, ist einerseits durch die Kinder selbst artikulierbar (ab einem gewissen Alter) und dies geschieht auch, wenn man sie fragt, andererseits sind viele relevante Verletzungen (physischer, psychischer und sozialer Natur) für Kinder selbst nicht fassbar und müssen daher für sie von anderen Personen bzw. Institutionen bemerkt und artikuliert werden. Das betrifft auch die zweite und dritte Dimension der anerkennungstheoretischen Kritik von Armut, also die Autonomieeinschränkung und die Verletzung immanenter sozialer Standards. Kinder können nicht bzw. nur eingeschränkt wissen, welche Kompetenzen für eine spätere Selbstverwirklichung und ein Leben als gleichwertig anerkanntes Gesellschaftsmitglied nötig sind. Weder können sie ohne die Unterstützung anderer kompetent werden, noch können sie Missachtungserfahrungen, die sich aus fehlenden Kompetenzen im späteren Leben ergeben werden, vermeiden.

2. Wenn das Kindsein ernst genommen wird, bedarf es einer angemessenen Ausdifferenzierung der durch Kinderarmut geschädigten Anerkennungsforderungen. Nimmt man die drei klassisch von Honneth herausgearbeiteten – Liebe, Recht, soziale Wertschätzung – dann sieht man auch hier sogleich, dass diese wenig differenziert und für Kinder in ihrem klassischen Verständnis auch wenig adäquat sind. Eigentlich bleibt nur die Anerkennungsform der Liebe, die als Schutzraum hinsichtlich der physischen, psychischen und sozialen Bedürfnisse von Kindern konzipiert ist, übrig. Arme Kinder werden nun nicht weniger von ihren Eltern geliebt, die Rahmenbedingungen, diese Liebe aber auch adäquat umzusetzen sind erschwert bzw. nicht mehr gegeben und daher ist auch der Schutz oftmals unzureichend. Rechte aber beruhen für Honneth auf der gleichen Achtung als autonomes Wesen, eine Eigenschaft, die bei Kinder nun einmal erst in Entwicklung ist, und soziale Wertschätzung zielt auf die Anerkennung von Eigenschaften und Leistungen im gesellschaftlichen Austausch (vor allem über Märkte), von dem Kinder überwiegend ausgeschlossen sind, beide Formen müssen also kindgerecht gedeutet bzw. angepasst werden, will eine Theorie der Anerkennung Kinderarmut in den Blick nehmen können (Thomas 2012). Es ist somit zunächst einmal notwendig, anzuerkennen, dass Kinder Rechte besitzen und gleiche Achtung verdienen, obwohl sie über nur eingeschränkte moralische Kompetenzen verfügen, damit die Missachtungserfahrung hinsichtlich dieser Anerkennungsform überhaupt in den Blick kommen kann. Kinderarmut ist nämlich auch immer eine Verletzung von Kinderrechten (etwa adäquate materielle Versorgung, Sicherheit, Gesundheit) wie sie u. a. von den Vereinten Nationen fest-

gelegt wurden. Selbiges lässt sich auch hinsichtlich der sozialen Wertschätzung festhalten, die einerseits für Kinder schon deshalb relevant ist, weil Werte und Normen der sozialen Wertschätzung aus der Erwachsenenwelt für Kinder bedeutsame Erfahrungen bestimmen, die andererseits aber auch über ihre Fixierung auf Marktleistungen erweitert werden sollte, damit es überhaupt in den Blick kommen kann, dass Kinder hinsichtlich ihrer Forderungen nach sozialer Wertschätzung als Kinder missachtet werden können. Auch Kinder haben unterschiedliche Eigenschaften und zeigen unterschiedliche Leistungen, und der Umgang damit ist auch höchst relevant für eine gute Kindheit und eine gute Entwicklung. Gerade die Stigmatisierungserfahrungen, denen arme Kinder in der Schule, am Spielplatz oder in Begleitung ihrer Eltern am Sozialamt ausgesetzt sind, lassen sich nur adäquat verstehen und kritisieren, wenn anerkannt wird, dass Armut bereits in frühen Jahren als Distinktionsmerkmal fungiert und mit Zuschreibungen der Faulheit und der Minderwertigkeit verbunden ist. Mit Blick auf die Zukunft lässt sich aber natürlich auch festhalten, dass Kinderarmut durch seine negative Auswirkung auf die Bildungs- und späteren Arbeitsmarktchancen auch den Zugang dieser künftigen Erwachsenen auf „klassische" Formen der sozialen Wertschätzung (Einkommen, Sozialprestige etc.) einschränken und damit die Grundlage für künftige Missachtungserfahrungen legt. Durch solche Ausdifferenzierungen von kindspezifischen Anerkennungsformen, die sich in die Trias von Liebe, Rechte und Wertschätzung einfügen lassen und ihren Wert von dorther beziehen, lässt sich einerseits besser verstehen, welche Gerechtigkeitsforderungen Kinder besitzen und auch welche moralischen Verletzungen mit Kinderarmut einhergehen.

3. Die Besonderheit der Kinderarmut macht den durchgängigen Zusammenhang von Kindsein und Erwachsensein, den maßgeblichen Einfluss der Kindheit auf den späteren Lebensverlauf und die Bedeutung einer Lebenslaufperspektive, die nicht bloß einzelne statische Zeitpunkte betrachtet, für das Verständnis und die Bewertung von Armut deutlich. Auch in der Theorie der Anerkennung ist diese Temporalität angelegt, ist doch Anerkennung selbst nichts statisches, sondern dynamisch und die Erfahrungen von Anerkennung wie auch Missachtung bauen aufeinander auf, verstärken bzw. schwächen sich. Anerkennungsansprüche können im Laufe der Zeit modifiziert, realisiert und eingefordert, aber auch verloren werden (Schweiger 2011). Viele Anerkennungsforderungen beziehen sich auf vergangene Leistungen und Ansprüche oder darauf, Anerkennung über einen längeren Zeitraum aufrecht zu erhalten – man denke nur daran, dass die liebende Fürsorge wie auch die freundschaftliche Nahbeziehung, zwei wesentliche Anerkennungserfahrungen bezogen auf die nicht austauschbare Individualität, ihre Qualität auch in der Dauer und Langfristigkeit besitzen. Bislang ist dieser temporale Aspekt in der normativen, also gerechtigkeitstheoretischen Kritik der Armut nicht ausreichend gewürdigt und als eigenständige Dimension der Kritik eingebracht worden. Ein Versäumnis, das die anerkennungstheoretische Kritik durchaus mit vielen anderen philosophischen Kritiken der Armut teilt, die nur selten die Lebenslaufperspektive, also die Vererbung und Persistenz von Armut und die Kumulation von Armutserfahrungen, ergründen. Zumeist bleibt die Kritik statisch auf Ebene der gerade realisierten Lebenssituation, die dann als ungerecht oder moralisches

Übel ausgewiesen wird, ohne das Vorher und das Nachher, die Entwicklung zu diesem Zustand und die weiteren Entwicklungsmöglichkeiten danach, als relevante Bezugspunkte zu sehen. Es macht jedoch durchaus einen Unterschied, ob Armut vorübergehend oder dauerhaft, ob sie durchbrochen oder chronisch ist, ob sie seit jungen Jahren oder erst im späteren Alter erlebt wird. So wie es auch einen moralischen Unterschied macht, ob jemand zehn Minuten gefoltert wird oder zwei Stunden oder zwei Jahre. Und ob jemand durch eine Ungerechtigkeit dauerhaft oder bloß vorübergehend geschädigt wird. Ebenso ist die Kumulation von Missachtungserfahrungen durch Armut während der Kindheit anders zu bewerten als das Auftreten von Armut in einem späteren Lebensabschnitt.

4. Das soziale Leid beschreibt eine wichtige Dimension der Kritik der Armut, ja die Artikulation dieses Leids ist einer ihren wesentlichen Anker in der sozialen Praxis und Lebenswelt der Betroffenen. Das Wissen über die Besonderheit von Kinderarmut, also sowohl über das kindliche Erleben von Armut wie auch dessen Folgen im weiteren Lebenslauf, gibt Aufschluss über solches Leid, über die Missachtungserfahrungen und die körperlichen und psychischen Verletzungen, die durch Armut während der Kindheit verursacht werden. Es erlaubt aber auch, dieses Leid nochmals in der Verletzbarkeit des Menschen und insbesondere des Kindes zu verorten, aus der die Anerkennungsbedürftigkeit zu allererst und anthropologisch ausweisbar folgt. Armut verletzt, sie verletzt jedoch auf unterschiedliche Art und Weise, und diese Unterschiede betreffen nicht nur die Art der Verletzung, sondern auch die Verletzenden und die Verletzten. Diese Differenzierung ist bislang zu wenig systematisch beachtet worden, also, dass es nicht nur darum geht, dass jemand missachtet wird, sondern vor allem auch wie diese Missachtung aufgenommen und verarbeitet werden kann. Ein Beispiel mag dies erläutern: Eine Verächtlichmachung aufgrund eines geringeren sozialen Status stellt in jedem Falle eine moralisch relevante Missachtung dar, die auf die Identität und Integrität des/der Betroffenen zielt. Sie gewinnt jedoch eine zusätzliche Bedeutung, wenn davon ausgegangen werden kann, dass die angegriffene Person nicht über genügend personale und soziale Ressourcen verfügt, ihre Erfahrungen zu verarbeiten und aus diesem Grund vielleicht dauerhaft darunter leidet. Eine weitere Dimension, die insbesondere Avishai Margalit herausgearbeitet hat, ist die Quelle der Missachtung, also ob dies durch eine einzelne Person oder durch eine Institution, auf die die Person angewiesen ist, geschieht (Margalit 1997). Missachtung und Ohnmacht sind hier tief verbunden. Es geht also nicht nur um eine Kritik, mitunter Systematisierung und sozialtheoretische Analyse der Missachtungsformen durch Armut, sondern auch darum, aufzuklären, wie diese auf Seiten der Betroffenen aufgenommen werden und was sie dort auslösen bzw. worauf die Unterschiede in der Verarbeitung von Missachtungserfahrungen beruhen. Die Differenzierung zwischen Kindern und Erwachsenen ist hier eine wichtige, sicher nicht die einzige, und sollte auch nicht dazu verleiten, die bedeutenden Unterschiede innerhalb dieser beiden Personenkreise zu verkennen.

5. Zum letzten eröffnen die vorgebrachten Einsichten zur Besonderheit der Kinderarmut auch einen erweiterten Zugang zum Verständnis der sozialen Bedingungen von Autonomie, die für eine anerkennungstheoretische Kritik

von zentraler Bedeutung ist. In der Literatur zur Theorie der Anerkennung wird richtigerweise auf die Dialektik von Formen und Inhalten der Anerkennung hingewiesen und darauf, dass es nur eine erste grobe Annäherung ist, dass die Erfahrung von Anerkennung, in ihren unterschiedlichen Formen, eine Bedingung der vollen und authentischen Subjektwerdung und der Verwirklichung der Autonomie darstellen. Honneth hat jüngst versucht, die „Wirklichkeit der Freiheit" und damit auch der Anerkennungssphären systematischer zu fassen und, vor allem phänomenologisch auszuleuchten, hat sich jedoch auf die Welt der Erwachsenen beschränkt (Honneth 2011). Die Eigenwelt des Kindes und dessen Verbindung zu den „erwachsenen" Wirklichkeiten der Freiheit blieben dabei unbeachtet. Die Erkenntnisse zur Besonderheit der Kindheit und des Kindseins sowie zur Kinderarmut erlauben es hier, tiefer zu blicken und auch diese allgemeinen Formen der Anerkennung und der Verwirklichung der Freiheit in modernen Gesellschaften mit konkreteren Inhalten zu füllen bzw. ihr Negativ, also die allgemeinen Formen der Missachtung und die Verwirklichungen der Unfreiheit zu verstehen. Ich kann ein solches Projekt hier nur andeuten, und es würde sowohl die institutionelle Fassung von Kindheit und die Verortung von Kindern in den zentralen Räumen des sozialen, politischen, kulturellen und ökonomischen Lebens umfassen und ihnen die innere Dialektik von notwendiger Unfreiheit (Paternalismus, Erziehung, Abhängigkeit) zur Entwicklung der Freiheit und globalen Autonomie darstellen. Kinderarmut tritt dabei als eine Unfreiheit auf, die weitere Unfreiheit schafft und die Entwicklung und Realisierung der Freiheit nicht fördert.

Literatur

Archard, David, und Colin M. Macleod, Hrsg. 2002. *The moral and political status of children*. Oxford/New York: Oxford University Press.

Brighouse, Harry. 2003. How Should Children Be Heard? *Arizona Law Review* 45(3):691–711.

Franklin-Hall, Andrew. 2013. On Becoming an Adult: Autonomy and the Moral Relevance of Life's Stages. *The Philosophical Quarterly* 63(251)(April):223–247. https://doi.org/10.1111/1467-9213.1(2014)

Honneth, Axel. 1994. *Kampf um Anerkennung. Zur moralischen Grammatik sozialer Konflikte*. Frankfurt a. M.: Suhrkamp.

Honneth, Axel. 2003. Umverteilung als Anerkennung. Eine Erwiderung auf Nancy Fraser. In Axel Honneth und Nancy Fraser. *Umverteilung oder Anerkennung. Eine philosophisch-politische Kontroverse*, 129–224. Frankfurt a. M.: Suhrkamp.

Honneth, Axel. 2011. *Das Recht der Freiheit : Grundriß einer demokratischen Sittlichkeit*. Berlin: Suhrkamp.

Jenkins, Stephen P, und Thomas Siedler. 2007. *The intergenerational transmission of poverty in industrialized countries*. CPRC Working Paper 75. Manchester: Chronic Poverty Research Centre.

Jenks, Chris. 2005. *Childhood*. London/New York: Routledge.

Kauppinen, Antti. 2002. Reason, recognition, and internal critique. *Inquiry* 45(4):479–498.

Lister, Ruth. 2004. A politics of recognition and respect: involving people with experience of poverty in decision-making that affects their lives. In *The politics of inclusion and empowerment*, Hrsg. John Andersen und Siim Birte, 116–138. Basingstoke: Palgrave Macmillan.

Maholmes, Valerie, und Rosalind Berkowitz King, Hrsg. 2012. *The Oxford Handbook of Poverty and Child Development*. New York: Oxford University Press.
Margalit, Avishai. 1997. *Politik der Würde. Über Achtung und Verachtung*. Berlin: Fest.
Miller, David. 2008. *Grundsätze sozialer Gerechtigkeit*. Theorie und Gesellschaft 58. Frankfurt a. M./New York: Campus.
Narayan-Parker, Deepa, Robert Chambers, Meera K. Shah, und Patti Petesch, Hrsg. 2000. *Voices of the poor : Crying out for change*. Oxford/New York: Oxford University Press for the World Bank.
Pilapil, Renante. 2011. Psychologization of Injustice? On Axel Honneth's Theory of Recognitive Justice. *Ethical Perspectives* 18(1):79–106.
Ridge, Tess. 2002. *Childhood poverty and social exclusion: From a child's perspective*. Bristol: Policy Press.
Schmidt am Busch, Hans-Christoph. 2009. Lassen sich die Ziele der Frankfurter Schule anerkennungstheoretisch erreichen? Überlegungen im Ausgang von Nancy Fraser und Axel Honneths politisch-philosophischer Kontroverse. In *Anerkennung*, Hrsg. Hans-Christoph Schmidt am Busch und Christopher F. Zurn, 243–268. Deutsche Zeitschrift für Philosophie Sonderband 21. Berlin: Akademie Verlag.
Schweiger, Gottfried. 2011. Die zeitliche Dimension sozialer Wertschätzung im Lebenslauf. *Prolegomena* 10(2):239–264.
Schweiger, Gottfried. 2012. Relative Armut und soziale Wertschätzung. *SATS. Northern European Journal of Philosophy* 13(1)(Januar):39–59. https://doi.org/10.1515/sats-(2012)-0003.
Schweiger, Gottfried. 2013. Absolute und relative Kritik der Armut. *Zeitschrift für philosophische Forschung* 67(2):263–286. https://doi.org/10.3196/004433013806915715,
Thomas, Nigel. 2012. Love, Rights and Solidarity: Studying Children's Participation Using Honneth's Theory of Recognition. *Childhood* 19(4):453–466. https://doi.org/10.1177/0907568211434604.
Tisdall, E. Kay., John M. Davis, Alan Prout, und Malcolm Hill, Hrsg. 2006. *Children, young people and social inclusion: Participation for what?* Bristol: Policy Press.
Winker, Gabriele, und Nina Degele. 2009. *Intersektionalität. Zur Analyse sozialer Ungleichheiten*. Bielefeld: Transcript.
Zander, Margherita, Hrsg. 2010. *Kinderarmut: Einführendes Handbuch für Forschung und soziale Praxis*, 2. Aufl. Wiesbaden: VS Verlag.

Armut und die politische Machtlosigkeit von Kindern

Einleitung

Kinder sind aufgrund unterschiedlicher Ursachen mit verschiedenen Arten von Diskriminierung konfrontiert: Sie können Opfer von Sexismus, Fremdenfeindlichkeit usw. sein. Unnötig zu sagen, dass sich in vielen Fällen verschiedene Arten von Ohnmacht in einigen Bereichen überschneiden. Dieser Artikel konzentriert sich auf zwei wesentliche Aspekte der Machtlosigkeit von Kindern, die die effektive Verwirklichung ihrer Rechte beeinträchtigen, nämlich die Machtlosigkeit in Bezug auf die Eigenschaften der Kindheit und die Machtlosigkeit, die mit dem Leben in Armut oder dem Risiko sozialer Ausgrenzung zusammenhängt.

Ohne den globalen Charakter der Kinderarmut zu verleugnen, sollte nicht vergessen werden, dass sie auch in den wohlhabenden Gesellschaften weit verbreitet ist. Die sich überschneidenden Wirtschafts- und Staatsschuldenkrisen der letzten Jahre haben insbesondere eine Zunahme der Kinderarmut in der Europäischen Union und den USA begünstigt, wo bekanntlich rund 20 % der Kinder in armen Haushalten leben (UNICEF Innocenti Research Centre 2012).

Über diese Zahlen hinaus besteht das Hauptziel dieses Artikels darin, zu erörtern, wie der Staat, als wichtigster Akteur der Gerechtigkeit für Kinder, die Rechte der Kinder und insbesondere die Rechte von Kindern, die in Armut leben, schützen kann. Unsere Analyse ist nicht auf ein bestimmtes Land beschränkt, aber die Maßnahme, die wir befürworten, eine sogenannte „bevorzugte Option für (arme) Kinder", wird eher in wohlhabenden Staaten, die bereits über ein gut etabliertes Wohlfahrtssystem verfügen, in die Realität umgesetzt werden können.

Ebenso möchten wir als einleitende Klarstellung darauf hinweisen, dass, obwohl Kindheit ein unscharfer und zu einem großen Teil sozial konstruierter

---

Mit Mar Cabezas

G. Schweiger, *Essays zur Philosophie der Kindheit,* Kindheit – Bildung – Erziehung. Philosophische Perspektiven, https://doi.org/10.1007/978-3-662-66692-0_20

Begriff ist, der sich auf Menschen von null bis 18 Jahren bezieht, wir uns besonders auf Kleinkinder und vorpubertäre Kinder und die Pflichten der Staaten zur Gewährleistung der Kinderrechte konzentrieren werden, wobei wir den Fähigkeitenansatz als normativen Rahmen verwenden. Daher werden in diesem Artikel keine spezifischen politischen Maßnahmen erörtert, sondern es sollen vielmehr Kriterien angeboten werden, wie Staaten diese Maßnahmen gestalten sollten, um die Ungerechtigkeiten zu vermeiden, die durch die doppelte Ohnmacht von Kindern in Armut entstehen.

Kinderrechte und der Fähigkeitenansatz

In diesem Abschnitt ist es unser Ziel, für den Fähigkeitenansatz als fruchtbaren normativen Rahmen für Kinderrechte zu argumentieren, wenn er in einer Weise angepasst wird, die die besondere Natur der Kindheit widerspiegelt. In diesem Sinne wollen wir zwei Punkte hervorheben: 1) jedes einzelne Kind hat Anspruch auf Rechte, die sein Wohlergehen und sein Wohlentwickeln schützen und 2) der Kern dieser Rechte kann durch zentrale Funktionsweisen oder Fähigkeiten ausgedrückt werden, die von der Entwicklungsstufe des Kindes abhängen.

Der normative Kern der Kinderrechte unterscheidet sich etwas von dem der Rechte Erwachsener, da Kinder noch nicht über die volle Kompetenz zur Autonomie verfügen. Während die Menschenrechte betonen, dass jeder Mensch frei ist und Anspruch auf Rechte hat, die seine Freiheit schützen, ist es klar und auch in den meisten Konventionen zu Kinderrechten anerkannt, dass Kinder nicht so autonom sind wie Erwachsene (Stoecklin und Bonvin 2014). Dies gilt sicherlich für jüngere Kinder, denen offensichtlich die Kompetenzen fehlen, Entscheidungen für sich selbst zu treffen oder sie im gleichen Maße wie Erwachsene auszuführen. Sie sind stark von Erwachsenen abhängig, um zu überleben, sich gesund zu entwickeln und zu gedeihen. Dementsprechend werden jüngeren Kindern einige der grundlegendsten Menschenrechte, wie sich frei zu bewegen, zu arbeiten oder zu heiraten, nicht gewährt. Im Gegensatz dazu gestehen wir Erwachsenen, insbesondere den Eltern, das Recht zu, eine Vielzahl von Entscheidungen für Kinder zu treffen und ihr Leben auf vielfältige Weise zu gestalten.

In dieser Hinsicht kann eine kinderrechtliche Agenda nicht nur auf die gegenwärtige Freiheit von (jungen) Kindern normatives Gewicht legen, sondern sollte auch nach anderen normativen Konzepten suchen, aus denen sie bestimmte Rechte ableiten kann, wie wir im Folgenden verteidigen werden.

In der einflussreichsten Formulierung von Kinderrechten, der UNO Konvention (UN 1989), wird dieser normative Hintergrund durch das Konzept des Kindeswohls geliefert, das bei jeder Entscheidung, die für Kinder getroffen wird, berücksichtigt werden muss. Nach unserem Verständnis kann dieses beste Interesse als das Wohlergehen und das Wohlentwickeln des Kindes interpretiert werden, die beide nicht nur als subjektive, sondern als objektive Konzepte verstanden werden (Graf und Schweiger 2015; Bagattini und Macleod 2014). Es ist offensichtlich, dass sowohl die Dimension des tatsächlichen Wohlergehens von Kindern als auch die Dimension ihrer Entwicklung ins Erwachsenenalter – ihr Wohlergehen als Erwachsene – gleichermaßen wichtig sind. Kinder sind sich entwickelnde Wesen und die Kindheit ist die einflussreichste und entscheidendste Entwicklungsphase im Leben. Es wäre falsch, zu leugnen, dass Kinder in dieser Hinsicht etwas Besonderes sind und sich von Erwachsenen unterscheiden. Wir alle können nur einmal erwachsen werden, und Verwerfungen oder Schäden in Verbindung mit den Auswirkungen der Erfahrungen, die wir in dieser entscheidenden Phase machen, lassen sich im späteren Leben oft nicht mehr reparieren – zumindest erfordert es einen hohen vermeidbaren materiellen und persönlichen Aufwand, dies zu tun. Die Erfahrungen, die wir in der Kindheit machen, prägen mit Sicherheit unser Leben und auch die Möglichkeiten, die uns als Erwachsene zur Verfügung stehen.

Eine solche Orientierung am Wohlergehen und Wohlentwickeln von Kindern muss genauer definiert werden, sonst lassen sich daraus keine besonderen Rechte ableiten. Nach dem Fähigkeitenansatz von Martha Nussbaum in seiner traditionellen Form, die für Erwachsene entwickelt wurde, kann eine solche Definition durch eine Liste zentraler menschlicher Fähigkeiten ausgedrückt werden (Nussbaum 2011). Während wir zustimmen, dass eine solche Liste von Bedeutung ist, glauben wir, dass wir einige Ergänzungen und Änderungen vornehmen müssen.

Einerseits müssen wir anerkennen, dass wir bei Kindern mit Funktionsweisen beginnen müssen, d. h. mit tatsächlich realisierten Fähigkeiten und nicht nur mit Fähigkeiten (Dixon und Nussbaum 2012). Eine Fähigkeit ist eine Möglichkeit oder Freiheit, etwas zu tun oder zu sein. Wenn ich die Fähigkeit habe, mich gesund zu ernähren und zu leben, bedeutet dies, dass ich, wenn ich es möchte, bewusst gesunde Lebensmittel kaufen könnte, aber wenn ich aus welchen Gründen auch immer nicht gesund leben möchte, tue ich es einfach nicht. Für kleine Kinder ist diese Freiheit aus Gerechtigkeitsgründen nicht nachvollziehbar. Erstens sind sie von den Essgewohnheiten ihrer Eltern abhängig. Zweitens können wir kleinen Kindern nicht die Möglichkeit geben, selbst zu entscheiden, ob sie gesund leben wollen, weil sie in der Regel nicht kompetent genug sind, diese Entscheidung zu treffen. Folglich suchen wir nach dem, was notwendig ist, um sicherzustellen, dass kleine Kinder tatsächlich gesund sind, indem wir die Dimension des Wohlergehens nutzen, um sie mit dem zu versorgen, was sie brauchen, um als Kinder und im späteren Leben gesund zu leben, so dass sie keine chronischen Krankheiten entwickeln oder ihnen Impfstoffe fehlen, die sie vor zukünftigen Schäden schützen könnten (Cabezas et al. 2014).

Davon abgesehen, und paradoxerweise, erhöht die Verwirklichung von Funktionsweisen in den ersten Lebensjahren die Chancen des Kindes, im Laufe seiner Entwicklung seine Ansichten und Bedürfnisse zu äußern, an den Prozessen teilzunehmen, die sein Leben direkt betreffen, und schließlich dem Kind eine aktive Rolle bei der Umsetzung seiner Rechte zurückzugeben. In diesem Sinne, obwohl der Fähigkeitenansatz hauptsächlich eine Theorie ist, die um das Konzept der Freiheit herum aufgebaut ist, und angesichts der Tatsache, dass er hauptsächlich für erwachsene Rechtssubjekte entwickelt wurde – wie es viele traditionelle Theorien der Gerechtigkeit tun -, würde sich die Wahl von Fähigkeiten anstelle von Funktionsweisen, wenn es um kleine Kinder geht, als fahrlässig und als ein Fall von Ungerechtigkeit erweisen.

Tatsächlich sind auch Kinder dabei, die notwendigen Kompetenzen zu entwickeln, um autonome Entscheidungen zu treffen, so dass wir sie, wenn sie über diese Kompetenzen verfügen und reif genug sind, auch in die Lage versetzen sollten, Entscheidungen für sich selbst zu treffen – zumindest bis zu einem gewissen Grad, abhängig von ihrem Reifegrad (Archard und Skivenes 2009). Das bedeutet, dass wir ihnen Fähigkeiten zugestehen sollten. Das ist die erste wichtige Änderung, die wir vornehmen müssen: Solange Kinder noch nicht kompetent genug sind, um autonome Entscheidungen zu treffen, sollen die Kinderrechte in Form von Funktionsweisen ausgedrückt werden. Erst wenn sie mündig sind, sollten sie mit Fähigkeiten ausgestattet werden. Andererseits müssen wir konkrete Kriterien bereitstellen, um die für das Wohlergehen und Wohlentwickeln von Kindern wichtigen Funktionsweisen so zu identifizieren, dass sie in Kinderrechte umgewandelt werden könnten und sollten. Wir schlagen im Folgenden vier solcher Kriterien vor:

Die gewählten Funktionsweisen sollten das beste verfügbare empirische Wissen über das Leben und die Entwicklung von Kindern widerspiegeln, insbesondere über ihre körperlichen, geistigen und sozialen Bedürfnisse. Das bedeutet auch, dass sich die Funktionsweisen ändern und neu definieren können, wenn neues Wissen verfügbar ist. Heute haben wir zum Beispiel Informationen darüber, wie sich Kinder entwickeln und wie ihre Entwicklung von ihrer Umwelt geprägt wird, sowie über die verschiedenen Zusammenhänge zwischen Kindheit und Erwachsenenalter, wie zum Beispiel den Einfluss des Aufwachsens in Armut auf die körperliche, kognitive und emotionale Entwicklung.

Zweitens müssen die gewählten Funktionsweisen zumindest teilweise der Beeinflussung durch die Gesellschaft zugänglich sein. Das bedeutet, dass gewährleistet werden kann, dass Kindern diese Rechte auch tatsächlich gewährt werden.

Eng verbunden mit diesem zweiten Kriterium sollten die gewählten Funktionsweisen zumindest teilweise objektiv bestimmbar und nicht nur subjektiv sein. Das bedeutet, dass sie nicht primär von den Einschätzungen, Erfahrungen und Bewertungen der jeweiligen Subjekte abhängen sollten. Dies ist wichtig, weil die Kinderrechte auch das Verhalten von Institutionen und die Gestaltung von Politiken leiten sollen, was voraussetzt, dass das Wohlbefinden verschiedener Kinder vergleichbar ist und die Möglichkeiten seiner Beeinflussung und Veränderung objektiv nachvollziehbar sind.

Die gewählten Funktionsweisen sollten eine Entwicklungsperspektive einbeziehen. Solche „entwickelnden Funktionsweisen“ spiegeln den „Prozesscharakter“ der kindlichen Entwicklung wider (Ballet et al. 2011).

Eine nach diesen Kriterien ausgewählte Liste zentraler Funktionsweisen erhebt keinen Anspruch auf Vollständigkeit, sondern muss ständig diskutiert, verfeinert und überarbeitet werden. Darüber hinaus wird die Umsetzung der Kinderrechte nach diesen zentralen Funktionsweisen in einem konkreten gesellschaftlichen Kontext immer auch andere Aspekte berücksichtigen müssen. Zu diesen anderen Aspekten gehören der wirtschaftliche Entwicklungsstand, kulturelle Traditionen –

nur wenn sie keine Kinderrechte verletzen – und die berechtigten und realisierbaren Rechte anderer Akteur:inn:e:n. Nichtsdestotrotz geben die Kinderrechte dem Staat und anderen wichtigen Akteur:inn:en, die mit dem Wohlergehen und Wohlentwickeln von Kindern betraut sind, einen Leitfaden und ein erstes Konzept von Gerechtigkeit für Kinder. Diese Rechte sollten niemals verletzt werden und die zentralen Funktionsweisen von Kindern sollten jedem einzelnen Kind zugestanden werden, weil sie sein Wohlergehen und Wohlentwickeln sicherstellen und charakterisieren. Anders ausgedrückt: Kinder sollten alle Rechte besitzen, die notwendig sind, um sicherzustellen, dass sie diese Funktionsweisen auch tatsächlich ausführen können. In diesem Sinne kann der Fähigkeitenansatz, wenn er an Kinder angepasst wird, ein sehr erfolgreicher Rahmen werden, um Menschenrechte in weniger abstrakte Maße der sozialen Gerechtigkeit zu übersetzen.

Die doppelte Machtlosigkeit von Kindern in Armut

Kinder sind in mindestens vier wichtigen Hinsichten machtlos: Sie sind körperlich, sozial, wirtschaftlich und politisch machtlos. Noch einmal: Es ist wichtig zu beachten, dass diese Merkmale eine entwicklungsbedingte Dimension haben, was bedeutet, dass Kinder mit dem Heranwachsen und der Erweiterung ihres Kompetenzrepertoires immer mächtiger werden. Die Unterschiede zwischen Kindern verschiedenen Alters sind daher beträchtlich und können hier nicht angemessen wiedergegeben werden. Ebenso spiegeln diese vier Typen von Machtlosigkeit Aspekte sowohl der Natur der Kindheit als auch der Art und Weise wider, wie Institutionen sie behandeln und sehen. Das heißt, diese vier Merkmale sind in unterschiedlichem Maße das Ergebnis der Rolle, die eine bestimmte Konzeptualisierung von Kindheit Kindern als Bürger:innen aufgrund einiger ihrer Merkmale zuweist.

1. Die physische Ohnmacht von Kindern liegt in ihrer erhöhten Verletzlichkeit und ihrem Mangel an vollständig entwickelten körperlichen und geistigen Kompetenzen. Besonders kleine Kinder sind nicht in der Lage, sich gegen äußere Schäden zu schützen, wie z. B. von einem/einer Erwachsenen geschlagen zu werden oder bei Kälte und Regen allein gelassen zu werden. Dafür gibt es zwei Gründe: zum einen ihre physische und psychische Unreife, zum anderen ihr Mangel an Erfahrungen und Wissen. Dies schränkt die Fähigkeit ein, Entscheidungen zu treffen, die die wichtigsten zur Verfügung stehenden Optionen berücksichtigen, einfach weil diese kontrafaktische Übung oft zu abstrakt ist, besonders in den ersten Lebensjahren. Sie sind auf die Fürsorge von Erwachsenen angewiesen, um aufzuwachsen, sich gesund zu entwickeln und zu gedeihen.

2. Die soziale Ohnmacht der Kinder liegt in ihrem vergleichsweise niedrigen sozialen Status gegenüber den Erwachsenen. Darüber hinaus werden Kinder durch kulturelle und soziale Gewohnheiten als inkompetent und kontrollbedürftig wahrgenommen. Wie wir bereits gesagt haben, kann Paternalismus gegenüber Kindern gerechtfertigt sein und ist in vielen Situationen notwendig. In der Tat würde ein nicht-paternalistischer Umgang mit kleinen Kindern oft auf Nachlässigkeit hinaus-

laufen. Dies impliziert jedoch auch ein asymmetrisches Verhältnis, in dem Kinder nicht als gleichberechtigte Bürger:innen behandelt werden.

3. Die ökonomische Ohnmacht von Kindern liegt in ihren fehlenden ökonomischen Rechten und Kompetenzen. Im Gegensatz zu Erwachsenen besitzen sie (in der Regel) kein Privateigentum und es ist ihnen verwehrt, zu arbeiten und ihren eigenen wirtschaftlichen Besitz zu erwerben. Das macht sie noch einmal besonders abhängig und verletzlich gegenüber den Erwachsenen, mit denen sie interagieren – eine Interaktion, die sie nicht freiwillig eingegangen sind. Selbst wenn sie eine Form von Einkommen aus sporadischen Jobs, einem Stipendium, einer Subvention oder einem Familienerbe haben, werden ihre Ersparnisse immer von einem Erwachsenen verwaltet. Ebenso sind sie von der wirtschaftlichen Macht ihrer Bezugspersonen abhängig, was gewisse Auswirkungen auf ihr Wohlbefinden und ihre Möglichkeiten im Leben hat.

4. Die Wurzeln der politischen Ohnmacht von Kindern sind noch vielfältiger. Kinder haben kein Wahlrecht und können nicht als politische Vertreter:innen gewählt werden. Ebenso wenig können sie ihre eigenen Rechte einfordern, weshalb ihre Anerkennung und Sichtbarkeit als würdige Bürger:innen vom Willen anderer Erwachsener und öffentlicher Institutionen abhängt. Außerdem versammeln oder organisieren sich Kinder nicht in sichtbaren Interessengruppen oder Lobbys, wie es die erwachsene Zivilgesellschaft tut. In Kombination mit dem bereits erwähnten fehlenden Wahlrecht macht dies ihre Meinungen, Wünsche, Probleme und Bedürfnisse zu ungehörten Forderungen. Während eine Gruppe diskriminierter Erwachsener sich eventuell zusammenschließen, organisieren und soziale Netze schaffen kann, um sich gegenseitig zu unterstützen, wenn es darum geht, eine missbräuchliche Situation hinter sich zu lassen oder Anerkennung zu erlangen, sind Kinder auf Bürger:innen mit mehr Macht angewiesen, um die ungerechte Situation, in der sie sich befinden, zu ändern.

Gleichzeitig, als Teufelskreis, ist die immer noch vorhandene kollektive Vorstellung von Kindern als passive soziale Akteur:inn:e:n und Bürger:innen die Grundlage für viele Formen der Ohnmacht von Kindern in der Öffentlichkeit, was nicht dazu beiträgt, diese Art von Ohnmacht, besonders die soziale und politische, zu durchbrechen oder zu lösen.

Die Umsetzung eines Rahmens, der in der Lage ist, Kinder als wertvolle Akteur:inn:e:n und Teilnehmer:innen in den Prozessen, die ihr eigenes Leben betreffen, zu begreifen, trotz der Tatsache, dass Kinder die verletzlichsten Mitglieder privater familiärer und sozialer Netzwerke sind, wird daher vom sozialen und politischen Willen abhängen und muss daher mit zwei Hindernissen umgehen. Erstens müsste sie die Konzeptualisierung von Kindern als passive Subjekte überwinden. Ein sich entwickelnder Mensch zu sein, bedeutet nicht, dass das Kind passiv ist, keine Meinung oder keine Interessen bezüglich seines eigenen Lebens hat. Zweitens müsste sie sich bemühen, Prozesse und Kommunikationskanäle so anzupassen, dass sie den Eigenschaften und Fähigkeiten dieser Gruppe von Bürger:inne:n (Kleinkinder, vorpubertäre Jugendliche und Jugendliche) besser entsprechen, damit sie effektiv an den Maßnahmen und Debatten, die ihr eigenes Wohlergehen betreffen, teilnehmen und dazu beitragen können.

Es erübrigt sich zu sagen, dass diese vier Arten von Machtlosigkeit Kinder qua Kinder betreffen und ihre Anfälligkeit erhöhen, unter Ungerechtigkeiten zu leiden (Mullin 2013): sie werden in eine asymmetrische zwischenmenschliche Dynamik versetzt, in der sie leicht geschädigt werden können. Ein sehr offensichtliches Beispiel für diesen Zusammenhang zwischen Machtlosigkeit und Verletzlichkeit ist der Fall von sexuellem Kindesmissbrauch. Physische Machtlosigkeit in Verbindung mit bestimmten Umständen kann leicht in Verletzlichkeit umschlagen, was zu Ausbeutung und sexuellem Missbrauch führt. Während die sexuelle Ausbeutung von Kindern nicht unbedingt immer mit Armut zusammenhängt, ist sie oft das Ergebnis einer Geschichte von häuslicher Vernachlässigung und Gewalt, die zu Fällen von Weglaufen und Verlassen des Haushalts führt – und manchmal werden Kinder sogar von ihren eigenen Familien verkauft. In solchen Fällen ist die Prostitution für sie ein Ausweg, um zu überleben (ECPAT International 2014). Hier führt die Kombination aus ihrer mangelnden Autonomie und ihrer körperlichen, sozialen und wirtschaftlichen Ohnmacht zu extremen Formen der Verletzlichkeit.

Man könnte meinen, dass Kinder nicht verletzlicher sind als jede andere diskriminierte Gruppe. Die Kindheit ist jedoch eine entscheidende Phase, da sie der Moment ist, in dem wir mit den grundlegenden Werkzeugen für unser Leben ausgestattet werden. Ebenso werden die Schädigungen in dieser Entwicklungsphase zukünftige Erfahrungen filtern und so viele Chancen der Person gefährden. Die ersten Lebensjahre prägen in der Tat, wie das Kind sich selbst wahrnimmt, wie es mit den anderen interagiert und was es denkt, dass es verdient und erreichen kann. In diesem Sinne erhalten die Erfahrungen, die in der Kindheit gemacht werden, eine normative Rolle.

In Fällen, in denen Kinder aufwachsen und in benachteiligten Verhältnissen leben, d. h. wenn sie und ihre Eltern arm und sozial ausgegrenzt sind, wird diese Ohnmacht durch eine zweite Art von Ohnmacht, die wir „deprivationsbedingte Ohnmacht" nennen wollen, verstärkt und intensiviert. Diese Form der Ohnmacht hat zwei Dimensionen: erstens die Unfähigkeit der Kinder, ihrer Armut zu entkommen und sich vor den negativen Auswirkungen der Armut zu schützen; zweitens die Unfähigkeit ihrer Eltern oder anderer Bezugspersonen, sie vor Armut zu schützen. Arme Eltern können die Ohnmacht ihrer Kinder in den genannten vier Dimensionen nicht adäquat kompensieren. Unter „normalen" Umständen wird von den Eltern oder anderen Bezugspersonen erwartet, dass sie für ihre Kinder so sorgen, dass deren Rechte respektiert und verwirklicht werden. Unter Bedingungen der Deprivation, wie Einkommensarmut, Arbeitslosigkeit, mangelnde Bildung oder niedriger sozialer Status, sind die Eltern jedoch selbst machtlos, was zu einem Mangel an Handlungsfähigkeit führt, die notwendig ist, um den Kindern die Maßnahmen zukommen zu lassen, die für ihr Wohlbefinden und ihr Wohlergehen notwendig sind.

Diese „deprivationsbedingte Ohnmacht" ist angesichts des zunehmenden Wissens über die negativen Folgen des Aufwachsens und Lebens in Armut besonders problematisch. Sie führt zu einer Deprivation verschiedener zentraler Funktionsweisen, wie z. B. gesund, gebildet, einbezogen, behütet oder gut ernährt zu sein (Eamon 2001; Evans und Kim 2013; Ferguson et al. 2007). Diese Auswirkungen von Armut beginnen sehr früh und werden über verschiedene soziale Kanäle weitergegeben. Kinderarmut ist daher eine Verletzung der Rechte dieser Kinder und muss als ungerecht angesehen werden (Schweiger und Graf 2015). Einerseits können Kinder weder dafür verantwortlich gemacht werden, arm zu sein, noch haben sie die Kompetenzen oder Fähigkeiten, der Armut aus eigener Kraft zu entkommen. Andererseits ist Kinderarmut ein strukturelles Problem, das durch das soziale und ökonomische System produziert und aufrechterhalten wird. Aufgrund ihrer Machtlosigkeit sind sie in ihrer deprivierten Situation gefangen und müssen mit den Folgen und reduzierten Lebenschancen leben.

Die staatliche Verantwortung für arme Kinder

In diesem Abschnitt vertreten wir die Auffassung, dass die Machtlosigkeit von Kindern im Allgemeinen und die doppelte Machtlosigkeit von Kindern, die in Armut leben, umfassende Maßnahmen seitens des Staates erfordert, insbesondere im Hinblick auf die Fähigkeit der Kinder, ihre Rechte zu schützen und einzufordern, was ihnen ihrer Meinung nach zusteht. Eine Maßnahme, die besonders machbar und sinnvoll erscheint, ist, dafür zu sorgen, dass der Staat das umsetzt, was man eine „bevorzugte Option für (arme) Kinder" nennen kann. Danach müsste der Staat die Rechte der Kinder und dementsprechend ihr Wohlergehen und Wohlentwickeln in all seinen Politiken berücksichtigen, auch in denen, die nicht direkt mit Kindern zu tun haben, die aber wahrscheinlich in irgendeiner Weise Einfluss auf sie haben.

Was wir vorschlagen, ist jedoch kein Maß für positive Diskriminierung, wie es für die Annäherung an das Problem der geschlechtsspezifischen Diskriminierung herangezogen wurde. Der Mangel an Macht in der Kindheit hat nicht nur mit gesellschaftlichen Werten zu tun, wie es im Fall der Geschlechterdiskriminierung zu sein scheint, sondern auch mit der Natur der Kindheit als Entwicklungsphase selbst. Besonders wenn es um kleine Kinder geht, fehlt es ihnen in erster Linie an Autonomie, nicht weil die Gesellschaft ihnen diese verweigert – auch wenn Kinder Opfer vieler verschiedener Formen von Unterdrückung sind -, sondern weil sie diese Fähigkeiten erst entwickeln. In diesem Sinne kann sich unser Vorschlag nicht auf eine vorübergehende Maßnahme beschränken, bis die Situation wieder ins Gleichgewicht gekommen ist, sondern er muss sich für den Schutz der Grundbedürfnisse und Rechte einer Gruppe von besonders verletzlichen Bürger:inne:n einsetzen.

Der Staat ist sicherlich nicht der einzige „Akteur der Gerechtigkeit" (O'Neill 2001), der die Verpflichtung hat, die Rechte der Kinder zu schützen, aber er ist ein besonders wichtiger Akteur, vor allem für Kinder, die in Armut aufwachsen und leben. Die UN-Konvention über die Rechte des Kindes (1989) erkennt diese Verpflichtung an: „States Parties shall undertake all appropriate legislative, administrative, and other measures for the implementation of the rights recognized in the present Convention. With regard to economic, social and cultural rights, States Parties shall undertake such measures to the maximum extent of their available resources and, where needed, within the framework of international co-operation“ (Art. 4).

Die Verpflichtung des Staates fußt auf mindestens vier Gründen:

1. Der Staat ist mächtig und verfügt über viele Ressourcen, die er einsetzen kann, um die Situation der Kinder zu verbessern und ihre Rechte zu schützen. Er kann Institutionen wie das Bildungs-, Sozial- und Gesundheitssystem einrichten und er kann Gesetze erlassen, die Kinder schützen. Der Staat ist auch ein „Akteur der zweiten Ebene der Gerechtigkeit“, was bedeutet, dass er andere wichtige Akteur:inn:e:n wie Eltern, Betreuer:innen, soziale Einrichtungen oder Unternehmen zur Verantwortung ziehen kann, indem er ihre Verpflichtungen gegenüber Kindern durchsetzt und die Verletzung von Kinderrechten sanktioniert. Es ist erwähnenswert, dass diese Macht des Staates in Fällen von Entwicklungsländern deutlich reduziert sein kann, wo transnationale Institutionen wie die Weltbank oder die UNO oft mächtiger sind.

2. Der Staat ist neutral und muss alle Kinder gleichermaßen schützen, während Eltern gute Gründe haben, voreingenommen zu sein. Die Familie ist sicherlich wichtig, aber nicht nur sind die Ressourcen der meisten Familien begrenzt in Bezug auf das, was sie für ihre Kinder erreichen können, geschweige denn für andere Kinder, sondern die enge Bindung der Eltern an ihre eigenen Kinder macht es auch unwahrscheinlicher, dass sie sich für die Rechte anderer Kinder einsetzen, wenn deren Verwirklichung die Chancen ihrer eigenen Kinder verringert.

3. Auch der Staat ist an die Interessen der Kinder als zukünftige politische Akteur:inn:e:n gebunden. Auch wenn es Kindern an politischer Handlungsfähigkeit mangelt, solange sie Kinder sind, wird fast jedes Kind irgendwann erwachsen werden. Wie Elizabeth Anderson (Anderson 2010) argumentiert hat, hat der Staat die Verpflichtung, allen Kindern zu ermöglichen, so aufzuwachsen, dass sie zu politischen Akteur:inn:en werden können – ein Anspruch, der in den Rechten der Kinder auf Wohlergehen enthalten ist. Außerdem haben Erwachsene, die unter Umständen aufgewachsen sind, die ihre eigenen Rechte verletzt haben, gute Gründe, den Staat und das politische System dafür verantwortlich zu machen, und sie können sogar Vergeltung für grobe Fahrlässigkeit verlangen.

4. Der Staat hat ein Interesse daran, Gerechtigkeit kosteneffizient zu verwirklichen. Das bedeutet, dass er seine Mittel so einsetzt, dass für alle die bestmöglichen Ergebnisse erzielt werden. Im Fall von Kindern sind frühe Interventionen kosteneffizient, weil die Verwirklichung der Rechte von Kindern und ihr Wohlbefinden die Kosten in der Zukunft deutlich senken. Beispiel Gesundheit: Wenn das Recht des Kindes auf Gesundheit geschützt wird und das Kind gesund aufwächst, sinkt die Wahrscheinlichkeit von Krankheiten und gesundheitlichen Problemen im späteren Leben. Gesund zu sein ist auch eine Voraussetzung für wirtschaftliche Teilhabe und Leistungsfähigkeit.

Schluss

Wie kann der Staat den Erwartungen als Akteur der Gerechtigkeit für Kinder Genüge tun? Anders formuliert: Wie kann er die Rechte von Kindern, insbesondere die von benachteiligten Kindern, wirksam umsetzen und schützen? Wir möchten als Anregung für die zukünftige Debatte die Idee einer bevorzugten Option für (arme) Kinder vorschlagen. Eine solche Option verlangt, dass der Staat die Kinderrechte in all seinen Politiken berücksichtigt, nicht nur in denen, die Kinder direkt betreffen, und dass er dies in einer Weise tut, die das Wohlergehen und Wohlentwickeln von Kindern als Priorität ansieht. Das bedeutet nicht automatisch, dass die elterlichen Rechte und das Wohlergehen der Eltern nicht wichtig sind oder einfach dem höheren Wohl der Kinder geopfert werden sollten. In diesem Artikel sind wir agnostisch gegenüber der Beziehung zwischen bestimmten Kinder- und Elternrechten und dementsprechend auch gegenüber der Frage, ob die Rechte der Kinder am besten unterstützt und geschützt werden, wenn die Eltern weitergehende Rechte haben, oder ob diese Rechte eingeschränkt werden sollten. Wichtig scheint jedoch zu sein, dass die Familie, die Eltern-Kind-Beziehung und die Fürsorge, die Eltern oder andere Erziehungsberechtigte investieren, von größter Bedeutung für das Wohlergehen und Wohlentwickeln von Kindern ist und dass der Staat ein Interesse daran hat, Eltern und Erziehungsberechtigte in dieser Hinsicht zu unterstützen, damit sie gute Bezugspersonen sind (Archard 2010). Anne Alstott hat dies als die Verpflichtung des Staates und der Gesellschaft gegenüber den Eltern bezeichnet, die aus deren Verantwortung für eine kontinuierliche und dauerhafte Fürsorge folgt (Alstott 2004).

Die Idee einer solchen bevorzugten Option für (arme) Kinder würde fünf Schwerpunkte umfassen:

a. Die explizite Anerkennung der Rechte von Kindern und ihrer Bedeutung für alle Politikbereiche, in denen Kinder eventuell involviert sein könnten oder in denen sie von der Blindheit gegenüber ihren Bedürfnissen betroffen sein könnten. Während politische Maßnahmen auf den ersten Blick oft direkt auf Erwachsene abzielen, können sie sich letztendlich auf Kinderangelegenheiten ausweiten. Solche Fälle müssen als Ungerechtigkeit und schreckliche ethische Kurzsichtigkeit angesehen werden, da nicht alle von solchen Maßnahmen betroffenen Personen in den Prozess einbezogen werden.

b. Die Einbeziehung von Kindern in die politische Entscheidungsfindung durch die Ernennung von Stellvertreter:inne:n, die für sie sprechen, durch die Konsultation von Expert:inn:en aus verschiedenen Disziplinen (Gesundheit, Sozialarbeit, Psychologie usw.), aber auch durch das Anhören der Stimmen von Kindern und ihrer eigenen Gedanken, sobald sie kompetent genug sind (Lansdown 2001). Gegenwärtig stehen uns genügend Mittel zur Verfügung, um die Stimmen der Kinder hörbar zu machen. Die potenziellen Opfer wie auch Begünstigte zu ignorieren, zumindest als Informationsquelle, sollte als ungerechtfertigte Voreingenommenheit betrachtet werden. Kinder und Jugendliche, die von Armut betroffen sind, verfügen über einen Sinn für Gerechtigkeit, sind in der Lage, sich aktiv an einem Dialog über ihre eigene Situation zu beteiligen sowie Lösungen und Vorschläge zur Verbesserung eines ungerechten gegebenen Kontextes zu liefern (Pitillas und Gómez 2014). In diesem Sinne sind Kinder also in der Lage, ihre Rechte wahrzunehmen, wenn die richtigen Kommunikationskanäle zur Verfügung gestellt werden.

c. Der Entwurf und die Umsetzung eines landesweiten Plans zum Schutz aller Kinderrechte und zur Verbesserung ihrer Situation, insbesondere von benachteiligten Kindern, sowie die angemessene Finanzierung von Maßnahmen, die dafür notwendig sind. Dieser Plan kann auch vorrangige Bereiche, wie Gesundheit und Bildung, sowie vorrangige Zielgruppen, wie obdachlose Kinder oder Kinder von Minderheiten, berücksichtigen. Auch hier würde eine Ignoranz gegenüber der Tatsache, dass Kinder in dieser besonderen Situation unter einer mehrdimensionalen Viktimisierung leiden, zu einer kontextblinden Politik führen.

d. Eine Überprüfung aller Politiken und Gesetze hinsichtlich ihrer Auswirkungen auf Kinder, insbesondere auf arme Kinder. Dies erfordert, dass jede neu entworfene und umgesetzte Politik daraufhin überprüft wird, welche Auswirkungen sie auf Kinder haben kann und ob sie möglicherweise Kinderrechte verletzt oder zu ihrer Verwirklichung beiträgt. Diese Idee eines verpflichtenden Überprüfungsprozesses findet sich auch in anderen Bereichen wie der Gesundheitsfolgenabschätzung (Kemm 2013).

e. Schließlich die Schulung aller Mitarbeiter:innen des Staates, die in Kontakt mit Kindern stehen, um Verletzungen von Kinderrechten zu erkennen und zu melden. Sie sollten auch mit den notwendigen Mitteln ausgestattet werden, um in ihren Positionen handeln zu können.

Die Verletzlichkeit und Machtlosigkeit armer Kinder führt zu einer Reihe von Bedrohungen, die verschiedene Bereiche ihres Wohlbefindens und ihres Wohlergehens betreffen und die nicht ignoriert werden sollten: Kinder können materiell und emotional vernachlässigt werden, es kann ihnen die Aufmerksamkeit fehlen, die sie brauchen, um sich richtig zu entwickeln, und ihre Chancen, sich zu entfalten, können durch vermeidbare Umstände erheblich reduziert werden. Aus diesem Grund kann die vorgeschlagene Vorzugsvariante für (arme) Kinder zumindest versuchen, dem Mangel an politischer Handlungsfähigkeit von Kindern Rechnung zu tragen, und auch der Tatsache, dass arme Kinder sich in einer Position der doppelten Ohnmacht befinden und in besonderem Maße den Staat brauchen, um ihre Rechte zu schützen. Diese Kriterien können schließlich helfen, unbemerkte Ungerechtigkeiten zu filtern und aufzuspüren, ebenso wie sie helfen können, die moralische Gültigkeit von politischen Vorschlägen zu überprüfen.

Literatur

Alstott, A. 2004. *No Exit: What Parents Owe Their Children and What Society Owes Parents.* Oxford/New York: Oxford University Press.

Anderson, E. 2010. Justifying the Capability Approach to Justice. In *Measuring Justice: Primary Goods and Capabilities*, Hrsg. H. Brighouse und I. Robeyns, 81–100. Cambridge/New York: Cambridge University Press.

Archard, D. 2010. *The Family: A Liberal Defence*. Basingstoke/New York: Palgrave Macmillan.

Archard, D., und M. Skivenes. 2009. Balancing a Child's Best Interests and a Child's Views. *The International Journal of Children's Rights* 17(1):1–21. https://doi.org/10.1163/157181808X358276.

Bagattini, A., und C.M. Macleod, Hrsg. 2014. *The Nature of Children's Well-Being: Theory and Practice*. New York: Springer.

Ballet, J., M. Biggeri, und F. Comim. 2011. Children's Agency and the Capability Approach: A Conceptual Framework. In *Children and the Capability Approach*, Hrsg. M. Biggeri, J. Ballet, und F. Comim, 22–45. Basingstoke/New York: Palgrave Macmillan.

Cabezas, M., G. Graf, und G. Schweiger. 2014. Health, Justice, and Happiness during Childhood. *South African Journal of Philosophy* 33(4):501–511. https://doi.org/10.1080/02580136.2014.967593.

Dixon, R., & Nussbaum, M. (2012). Children's Rights and a Capabilities Approach: The Question of Special Priority. *Chicago Public Law & Legal Theory Working Paper*, 384. http://papers.ssrn.com/sol3/papers.cfm?abstract_id=2060614.

Eamon, M.K. 2001. The Effects of Poverty on Children's Socioemotional Development: An Ecological Systems Analysis. *Social Work* 46(3):256–266. https://doi.org/10.1093/sw/46.3.256.

ECPAT International. 2014. The Commercial Sexual Exploitation of Children in Europe. Developments, Progress, Challenges and Recommended Strategies for Civil Society. ECPAT International. http://ecpat.net/sites/default/files/Regional%20CSEC%20Overview_Europe.pdf.

Evans, G.W., und P. Kim. 2013. Childhood Poverty, Chronic Stress, Self-Regulation, and Coping. *Child Development Perspectives* 7(1):43–48. https://doi.org/10.1111/cdep.12013.

Hb., Ferguson, S. Bovaird, und M. Mueller. 2007. The Impact of Poverty on Educational Outcomes for Children. *Paediatrics & Child Health* 12(8):701–706.

Graf, G., und G. Schweiger, Hrsg. 2015. *The Well-Being of Children: Philosophical and Social Scientific Approaches*. Berlin: DeGruyter.

Kemm, J., Hrsg. 2013. *Health Impact Assessment: Past Achievement, Current Understanding, and Future Progress*. Oxford: Oxford University Press.

Lansdown, G. 2001. *Promoting Children's Participation in Democratic Decision-Making. Innocenti Insight.* Florence: UNICEF International Child Development Centre.

Mullin, A. 2013. Children, Vulnerability, and Emotional Harm. In *Vulnerability*, Hrsg. C Mackenzie, W Rogers, und S Dodds, 266–287. New York: Oxford University Press. view/http://www.oxfordscholarship.com/10.1093/acprof:oso/9780199316649.001.0001/acprof-9780199316649-chapter-12.

Nussbaum, M. 2011. *Creating Capabilities : The Human Development Approach*. Cambridge/London: Belknap Press of Harvard University Press.

O'Neill, O. 2001. Agents of Justice. *Metaphilosophy* 32(1–2):180–195. https://doi.org/10.1111/1467-9973.00181.

Pitillas, C., und B. Gómez. 2014. *La Situación de La Infancia En 'El Gallinero' Los Derechos Humanos También Son Cosa de Niños*. Madrid: Save the Children/Universidad de Comillas.

Schweiger, G., und G. Graf. 2015. *A Philosophical Examination of Social Justice and Child Poverty*. Basingstoke: Palgrave Macmillan.

Stoecklin, D., und J.M. Bonvin, Hrsg. 2014. *Children's Rights and the Capability Approach: Challenges and Prospects*. New York: Springer.

UN. 1989. Convention on the Rights of the Child. http://www2.ohchr.org/english/law/crc.htm.

UNICEF Innocenti Research Centre. 2012. Measuring Child Poverty: New League Tables of Child Poverty in the World's Rich Countries. Innocenti Report Card 10. Florence: UNICEF Innocenti Research Centre. http://www.unicef.gr/pdfs/RC10_report.pdf.

Armut, die Würde des Kindes und der Familie und ihr Anspruch auf sozialstaatliche Unterstützung

Einleitung

Europaweit lebten 2019 zwischen 10 % und 20 % der Kinder (unter 18 Jahren) in armutsgefährdeten Haushalten (d. h. in Haushalte, die weniger als 60 % des Medianeinkommens zur Verfügung haben).[1] In Deutschland leben fast 2 Millionen Kinder in Haushalten, die Hartz IV erhalten (und es gibt eine hohe Dunkelziffer von armen Familien, die aus Scham oder anderen Gründen Hartz IV nicht in Anspruch nehmen). Fast alle armen Kinder leben in Haushalten mit armen Erwachsenen und die meisten dieser Haushalte können als Familien verstanden werden. Kinderarmut ist schädlich, teuer und vermeidbar (Schweiger und Graf 2015): sie erzeugt körperliches und seelisches Leiden; Bildungsdefizite; Delinquenz und Verhaltensauffälligkeiten (die bei armen Kindern häufiger bestraft werden); geringere Chancen im weiteren Leben. Kinderarmut und ihre Entstehung, Reproduktion und Lösung ist eingebettet in die Familie (dies hat auch mit den sozialen Institutionen der Kindheit und der Familie und den sie stützenden sozialen Normen und Praktiken zu tun). Familienarmut ist auch für die Eltern besonders belastend (Sorge um die Kinder; Gefühle des Versagens und der Scham; Bewusstsein für die schlechten Chancen und das Leiden der Kinder; soziale Stigmatisierung, die insbesondere Mütter trifft, die die Hauptlast der Fürsorge und Erziehung zu tragen haben).

In diesem Kapitel möchte ich den Zusammenhang zwischen Würde und der sozialstaatlichen Existenzsicherung von Familien untersuchen. Ich verfolge einen kindzentrierten Ansatz, der die Rechte der Kinder auf ein menschenwürdiges Leben in den Mittelpunkt stellt. Ich sehe die Menschenwürde als Maßstab für

[1] Die jeweils aktuellen Zahlen finden sich in bei der Statistikbehörde der EU: https://ec.europa.eu/eurostat/de/home

G. Schweiger, *Essays zur Philosophie der Kindheit,* Kindheit – Bildung – Erziehung. Philosophische Perspektiven, https://doi.org/10.1007/978-3-662-66692-0_21

die Kritik an Kinderarmut und als Maßstab für die soziale Unterstützung, die Kindern zusteht. Armut ist als eine Verletzung der Menschenwürde von Kindern zu verstehen. Um diese These zu begründen, muss zunächst ein Begriff der Würde von Kindern entwickelt werden. Die Würde des Kindes muss bestimmte Bedingungen im Unterschied zu jener von Erwachsenen erfüllen, da Kinder sich von Erwachsenen in einigen normativ relevanten Eigenschaften unterscheiden: Kinder entwickeln sich; Kinder unterscheiden sich nach Alter und Reife; die Kindheit prägt den Rest des Lebens; viele Kinder sind verletzlicher als Erwachsene; manche Kinder haben nur sehr begrenzte Fähigkeiten (und Kenntnisse).

Die beiden prominentesten Varianten der Kritik von Armut als einer Verletzung der Würde, sind daher eher unbefriedigend: Die erste Art der Kritik besagt, dass Armut entwürdigend ist, weil arme Menschen auf die Hilfe anderer angewiesen sind, aber diese Kritik ist nicht befriedigend, weil Kinder ohnehin auf andere angewiesen sind. Die zweite Art der Kritik besagt, dass Armut entwürdigend ist, weil arme Menschen keine eigenen Lebensentwürfe entwickeln können, aber diese Kritik ist nicht ausreichend, weil Kinder auch das ohnehin nicht oder nur beschränkt tun können, weil sie noch nicht ausreichend autonom sind. Beide Kritiken weisen darauf hin, dass Armut entwürdigend ist, weil die Menschen sich selbst nicht respektieren können, aber Kinder können sich im Allgemeinen nicht auf die gleiche Weise respektieren wie Erwachsene, obwohl Respekt und Selbstwert für Kinder eine zentrale positive Eigenschaft ist.

Dann werde ich kurz das Konzept der Familienwürde entfalten. Meine These dabei ist, dass die Würde der Familie zwei Dimensionen umfasst: Die Familie als soziale Einheit hat Würde, die sich in der sozialen Bindung und besonderen Beziehung zwischen den Familienmitgliedern ausdrückt und was diese insbesondere für Kinder ermöglicht. Die Familienmitglieder haben Würde als Teil dieser sozialen Einheit, und diese individuelle familiäre Würde bezieht sich auf die besonderen Rollen, die sie in der Familie haben, und auf die besondere Beziehung zwischen den Familienmitgliedern: Fürsorge, Vertrauen, Bindung, Liebe. Die Würde der Familie zu respektieren bedeutet also, diese soziale Einheit als Ganzes zu respektieren und die Familienmitglieder in ihren besonderen Rollen und Beziehungen zueinander zu achten. Diese Rollen können sich mit der Zeit entwickeln und verändern.

Abschließend diskutiere ich drei wohlfahrtsstaatliche Reformen zur Sicherung des Lebensunterhalts von armen Kindern und Familien: Kindergrundsicherung, Elterngehalt und Familiengrundsicherung. Bei der Kindergrundsicherung steht das Kind im Mittelpunkt und es geht um die finanzielle Absicherung der Bedürfnisse der Kinder. Beim Elterngehalt stehen die Eltern im Mittelpunkt. Hier geht es um die Anerkennung von Betreuungsarbeit als Erwerbsarbeit, die vom Staat bezahlt werden muss, weil sie gesellschaftlich notwendige und nicht substituierbare Arbeit ist. Drittens: Die Familiengrundsicherung stellt die Familie als soziale Einheit in den Mittelpunkt. Sie fragt danach, was die Familie braucht, um als solche zu funktionieren, nämlich die Befriedigung der Bedürfnisse der Kinder und Eltern und anderer im Haushalt lebender Familienmitglieder.

Zur Würde des Kindes

Obwohl Würde ein prominenter Begriff in der Ethik und politischen Philosophie ist (Düwell 2014), wird er nur äußerst selten für Fragen der Gerechtigkeit für Kinder oder das Kindeswohl herangezogen (Baumann und Bleisch 2015). Dafür gibt es auch gute Gründe, da der Begriff der Würde für Kinder unpassend scheint. Während es sich etabliert hat, Kindern Rechten zuzuschreiben, bleibt der Würdebegriff für Kinder unbestimmt. Unterscheidet sich die kindliche Würde von der von Erwachsenen? Um diese Frage zu beantworten, ist es sinnvoll zuerst auf die Unterscheidung von Kindern und Erwachsenen einzugehen.

Erwachsene als moralische Subjekte werden oft über ihre Autonomie bestimmt und das ist auch für viele Würdebegriffe wichtig. Kinder dagegen werden oft als verletzliche und noch nicht autonome Subjekte beschrieben. Kinder unterscheiden sich von Erwachsenen also auch in solchen Eigenschaften, die normativ relevant sind, was bedeutet, dass sie Eigenschaften aufweisen, die es erlauben, ja sogar verlangen, dass Kinder andere moralische Rechte und Pflichten haben als Erwachsene. Ein Kind wie einen Erwachsenen zu behandeln würde dem Kind nicht gerecht werden. Natürlich ist diese Bestimmung der Unterscheidung von Kindern und Erwachsenen vage und an den Grenzen offen. Das hängt einerseits damit zusammenhangen, dass Autonomie und Verletzlichkeit zwar begrifflich bestimmbar, aber in ihrer Ausprägung als personale Eigenschaften eine große Bandbreite zeigen. Was unter Autonomie und Verletzlichkeit zu verstehen ist, ist umstritten und es lassen sich immer Grenzfälle finden, wo es schwierig ist, zu bestimmen, ob diese beiden Eigenschaften nun auf eine Person zutreffen oder nicht. Autonomie und Verletzlichkeit sind auch graduelle Eigenschaften. Eine Frau ist schwanger oder nicht – man kann nicht ein bisschen schwanger sein. Menschen aber können nicht nur autonom oder nicht autonom sein, sondern auch mehr oder weniger autonom und auch mehr oder weniger verletzlich. Andererseits ist die Bestimmung und Unterscheidung der beiden Gruppen von Kindern und Erwachsenen schwierig. Die Gruppe der Kinder ist äußerst heterogen und umfasst Babys und Kleinkinder, die fast vollständig auf die Hilfe von Erwachsenen angewiesen sind, aber auch ältere Kinder und Jugendliche, die widerständig sind und einen eigenen Willen haben. Insbesondere an den Rändern der Kindheit ist die Grenze zu Erwachsenen schwierig zu ziehen (Franklin-Hall 2013). Auch die Gruppe der Erwachsenen umfasst nicht nur autonome und selbstständige Personen, sondern auch Menschen, die umfassend auf die Hilfe von anderen angewiesen sind oder solche, die nicht in der Lage sind, für sich selbst Entscheidungen zu treffen (Dixon und Nussbaum 2012).

Es gibt eine Reihe an unterschiedlichen Theorien, was Menschenwürde ist und warum sie Menschen zukommt. Diese hier alle darzustellen, würde den Rahmen dieses Textes übersteigen. Wichtig scheint mir zu sein, dass Menschenwürde in den meisten Theorien eng an die Autonomie gebunden wird (Neuhäuser 2015). Menschen kommt also eine Menschenwürde zu, insofern sie autonom sind und Menschenwürde ist dazu da, diese Autonomie moralisch zu schützen – die Verletzung der Autonomie stellt den Kern der Verletzung der Menschenwürde da. Für

Kinder ist ein solches Konzept der Menschenwürde nicht anwendbar, insofern sie als Kinder noch nicht autonom sind. Daher schlage ich vor, die Menschenwürde von Kindern anders zu verstehen.

Auf der einen Seite ist die Menschenwürde von Kindern daran orientiert, was sie als Kinder besonders macht. Sie sind schutzbedürftige, vulnerable und eben noch nicht autonome, sondern sich entwickelnde Menschen. Sinnvoll erscheint es mir daher, im Anschluss an Avishai Margalit (Margalit 1999), die Menschenwürde negativ aus den Erfahrungen der Missachtung und Erniedrigung zu begreifen. Der Maßstab der Verletzung der Menschenwürde ist für Margalit nämlich nicht das subjektive Gefühl der Erniedrigung, sondern ob die Person einen guten Grund hat, sich erniedrigt zu fühlen, wobei Erniedrigung darauf abzielt, dass sie Menschen vermittelt, dass sie aus der Gemeinschaft der Menschen ausgeschlossenen werden und ihnen kein Respekt gezollt wird. Erniedrigung und Entwürdigung zielt auf den Selbstrespekt der Person. Für Kinder ist es sinnvoll, ein weiteres Konzept von Entwürdigung anzunehmen, welches nicht auf die kognitiv-autonome Seite des Selbstrespekts eingeschränkt ist. Entwürdigung für Kinder sind all jene Praktiken, von denen mit guten Gründen gesagt werden kann, sie zielen auf die Abwertung oder Schädigung des Kindseins und seiner spezifischen Eigenschaften ab. Das ist etwa der Fall, wenn die Entwürdigung darauf abzielt, Kinder für ihre Verletzlichkeit oder ihre noch nicht ausgereifte Autonomie zu erniedrigen, ihnen also zu vermitteln, dass ihre Eigenschaften schlecht oder wertlos sind oder diese keinen Respekt verdienen. Das ist ebenso der Fall, denn kindspezifische Interessen und Bedürfnisse ignoriert oder bewusst geschädigt werden.

Auf der anderen Seite ist es wichtig, dass Kinder sich entwickelnde Personen sind und durch die Phase der Kindheit erst zu autonomen und authentischen Personen werden, die ihre eigene Biographie nach eigenen Vorstellungen und Werten gestalten können (Betzler 2011). Die Werte, die für die meisten Konzepte der Menschenwürde, die für Erwachsene als zentral angesehen werden, sind für Kinder also erst zu erlangende und auszubildende Werte – sie sind noch nicht da. Die Menschenwürde von Kindern umfasst also auch einen Schutzaspekt, bezogen auf die künftigen Chancen und Potenziale von Kindern als Erwachsene, ein würdevolles Leben zu führen. Auch das kann negativ gefasst werden: Entwürdigung zielt darauf ab, Kindern diesen Status als künftige autonome Personen nicht nur abzusprechen, sondern sie darin aktiv zu behindern und ihnen diese Möglichkeit zu nehmen. Darunter fallen alle Praktiken, die Kinder in ihrer Entwicklung schwer schädigen und sie gegenüber anderen Kindern stark benachteiligen.

Kindliche Würde und Kinderarmut

Ausgestattet mit diesem Konzept einer Menschenwürde von Kindern möchte ich nun das Phänomen der Kinderarmut näher beleuchten und zeigen, wie diese die Menschenwürde von Kindern verletzt. In der philosophischen Literatur ist der Rückgriff auf das Konzept der Menschenwürde, um Armut zu kritisieren nicht neu (Schaber 2011; Neuhäuser 2010). Auf Kinder wurde dies aber nur sehr selten angewendet und die meiste Kritik an Kinderarmut bezieht sich entweder auf Überlegungen der Gerechtigkeit zwischen Kindern oder zwischen Kindern und Erwachsenen oder auf die Verletzung des Kindeswohls durch ein Leben in Armut. Beide Zugänge sind mit der Kritik basierend auf dem Konzept der Menschenwürde von Kindern kompatibel.

Es lassen sich zwei typische Kritiken der Armut auf Basis der Menschenwürde unterscheiden. Die erste besagt, dass Armut entwürdigend ist, weil die Betroffenen unfreiwillig auf die Hilfe und Unterstützung anderer angewiesen sind und nicht für sich selbst sorgen können. Dahinter steht die Überlegung, dass ein Leben in Würde für einen erwachsenen Menschen ein autonomes und selbstständiges Leben ist. Man kann diese Kritik auch etwas schwächer formulieren. Obwohl alle Menschen zu einem gewissen Grad auf andere Menschen angewiesen sind, ist Armut deshalb entwürdigend, weil sie ein Zustand ist, in dem Menschen in einem besonders hohen Maße auf andere angewiesen sind und die Ursache für diese Angewiesenheit in der sozialen Ungleichheit liegt, die zwischen armen und nicht-armen Menschen besteht. Es ist also nicht die Angewiesenheit auf Hilfe und Unterstützung per se, die entwürdigend ist, sondern die besonderen Umstände und Ursachen der Armut machen die mit ihr verbundene Angewiesenheit auf andere unwürdig. Eigentlich könnten auch arme Menschen für sich selbst sorgen, aber ihre fremdverschuldete Armut zwingt sie in die Position der Bedürftigkeit. Damit sind auch eine ganze Reihe weiterer normativ relevanter Implikationen verbunden. Menschen in Armut sind darauf angewiesen, dass ihnen geholfen wird und diese Hilfe macht sie zu Bittsteller:inne:n, entweder anderen Menschen oder dem Staat gegenüber. Das bewirkt auch, dass sie abhängig von diesen anderen sind und von diesen dominiert werden können.

Für Kinder ist diese Form der Kritik wenig überzeugend, da sie prinzipiell abhängig von der Fürsorge anderer sind. Für Kinder, insbesondere jüngere, ist es keineswegs entwürdigend, auf Hilfe angewiesen zu sein und sie sind es unabhängig von ihrem sozioökonomischen Status. Die Kritik, dass arme Menschen von anderen und dem Staat dominiert werden und durch diese auch „infantilisiert" werden, also insbesondere im Rahmen von Programmen der welfare und workfare wie Unmündige behandelt werden, ist für Kinder also weitaus weniger, wenn überhaupt zutreffend. Die Eltern und der Staat und seine Institutionen üben gegenüber ihnen vielfältige Kontrollen aus, etwa indem Kinder verpflichtet sind, in die Schule zu gehen. Ein wichtiger Unterschied ist hier natürlich, dass Kinder nicht selbstständig sein können und ihr Wohlergehen davon abhängt, dass sie Fürsorge und Unterstützung und damit verbunden eine gewisse Kontrolle erfahren. Genau deshalb ist die „Infantilisierung" von Erwachsenen, die prinzipiell für sich selbst denken und handeln können moralisch problematisch.

Man könnte nun einwenden, dass arme Kinder auf andere Art und Weise und von anderen Personen und Institutionen abhängig sind als nicht-arme Kinder. Das ist richtig. Hier ist zu beachten, dass es für Kinder nicht prinzipiell problematisch ist, dass Eltern, andere Personen oder der Staat für sie sorgen und weitreichend ihr Leben bestimmen, insofern dies zu ihrem Wohl geschieht und auf eine Art und Weise, die ihr Kindsein, ihre Bedürfnisse und Interessen respektiert. Im Falle von armen Kindern kommt es also teilweise zu einer Verschiebung der Personen oder Institutionen von denen Kinder abhängig sind, diese Verschiebung ist für das Kind selbst aber nicht problematisch. Das moralische Übel der Armut als eine Bedrohung oder Verletzung der Menschenwürde von Kindern liegt also woanders.

Der zweite Typ der Kritik der Armut, die sich auf die Menschenwürde bezieht, besagt, dass arme Menschen nicht ausreichend eigene Lebenspläne entwickeln und umsetzen können. Dafür gibt es zwei Gründe. Erstens sind arme Menschen in ihren Möglichkeiten beschränkt, weil sie über weniger Güter oder Fähigkeiten verfügen. Es gehört zum Kern der Armut, dass man weniger hat als andere Menschen und dass man zu wenig hat, um in der Gesellschaft, in der man lebt, ein gutes Leben führen zu können. Zweitens sind arme Menschen in ihren Lebensplänen eingeschränkt, weil ihnen vielfach Vorgaben gemacht werden, die Bedingungen dafür sind, dass sie Hilfe erhalten (Dahme und Wohlfahrt 2011). Insbesondere in den letzten Jahren wurden Sozialleistungen immer öfter an Leistungen oder Vorgaben geknüpft, etwa die aktive Suche nach Arbeit oder der Besuch von Arbeitsintegrationsprogrammen. Auch die Umstellung von Geldleistungen auf Sachleistungen bewirkt eine Einschränkung der Wahlmöglichkeiten. Beide Einschränkungen, jene, die sich direkt aus der Armut als Mangel und jene, die sich aus der Verwaltung von Armut ergeben, wirken oftmals zusammen. Sie nehmen Erwachsenen die Möglichkeit, sich selbst Ziele zu stecken und umzusetzen. Eine dritte Form der Einschränkung durch Armut besteht darin, dass diese direkte Auswirkungen auf die physische und psychische Gesundheit hat (Lampert und Hagen 2012) und oftmals mit einem Mangel an Bildung, Aspiration und Selbstvertrauen einhergeht. Armut erzeugt Stress und unter Stress ist es schwieriger, langfristige Pläne zu machen und umzusetzen. Armen Menschen fehlen daher oft einige wichtige Voraussetzungen, um sich in Ruhe Gedanken über das eigene Leben zu machen und ihnen fehlen oft auch das nötige Wissen und die Hoffnung und Zuversicht, ob und wie sie ihre Pläne erfolgreich umsetzen könnten. Insofern es zur Menschenwürde gehört, ein freies und selbstbestimmtes Leben zu führen, welches darin besteht, Pläne für sich selbst zu machen und sich in diesen Plänen authentisch verwirklichen zu können, ist die Menschenwürde von armen Menschen gefährdet und verletzt.

Wenn man diese Kritik der Armut auf Kinder anwendet, dann stößt man auch hier auf Grenzen. Kinder sind noch nicht reif genug, sich Lebenspläne zu setzen oder in der Lage diese umzusetzen. Auch Kinder haben Ideen davon, was sie wollen und Hoffnungen und Aspirationen, aber nicht in reifer und reflektierter Art und Weise. Sie sollen diese Fähigkeit erst erlangen, um dann im Laufe ihres Erwachsenenlebens ihre eigene Biographie authentisch gestalten zu können.

Beide Formen der Kritik an der Armut beziehen sich darauf, dass sich Menschen in Armut nicht selbst respektieren können. Armut geht mit einer ganzen Reihe an Entwürdigungserfahrungen einher und ist beschämend. Es ist entwürdigend und beschämend, von anderen unfreiwillig abhängig zu sein, insbesondere in einer Gesellschaft, die Selbstständigkeit so hoch schätzt und die von Idealen der Unabhängigkeit geprägt ist. Es ist entwürdigend, wenn man zu wenig hat, um sein eigenes Leben nach eigenen Vorstellungen und Werten gestalten zu können und ein Leben führt, welches sich hauptsächlich daran orientiert, was man im Rahmen externer Zwänge tun kann und nicht daran, was man tun will. Auch hier spielt der Fetisch der Authentizität in modernen Gesellschaften eine große Rolle. Beide Formen der Kritik wären also innerhalb von Gesellschaften, die gänzlich andere Werte als jene der Leistung, Geld und Arbeit schätzen, in anderer Form präsent. Autonomie und die Möglichkeit, ein authentisches Leben nach eigenen Vorstellungen zu leben, sind zwar im Kern universale Werte, die die Menschenwürde tangieren und in ihrem Kern stehen, ihre jeweilige Interpretation und Ausprägung ist jedoch von der Gesellschaft, ihrer Kultur und Ökonomie abhängig.

Auch die Kritik, dass Armut es Menschen verunmöglicht, sich selbst respektieren zu können, ist für Kinder nicht befriedigend. Kinder verfügen noch nicht über die mentalen und sozialen Fähigkeiten eines reifen Selbstrespekts. Selbstrespekt, wie ihn etwa Axel Honneth versteht (Honneth 1994), bezieht sich nämlich auf die Möglichkeit, sich selbst reflektieren und im Verhältnis zu anderen respektieren zu können. Selbstrespekt ist eng daran gebunden, dass wir von anderen als moralische und autonome Menschen respektiert werden und auch daran, dass wir dafür, wer wir sind, von anderen anerkannt und respektiert werden. Für Kinder sind diese Erfahrungen nur rudimentär nachvollziehbar. Sie haben eine komplexe Gefühlswelt, die sie oft noch nicht ordnen und verstehen können und Kinder können durchaus Erfahrungen der Scham und der Erniedrigung machen und artikulieren, aber ihnen fehlen wichtige Komponenten, um von Selbstrespekt zu sprechen. Kinder zu respektieren bezieht sich daher auch nicht auf dieselben Eigenschaften wie bei Erwachsenen, sondern darauf, kindspezifische Eigenschaften als solche wahrzunehmen und zu respektieren.

Wer Kinderarmut also kritisieren will, weil sie die Menschenwürde von Kindern verletzt, wird andere Gründe dafür vorbringen müssen als jene, die für Erwachsene eine große Rolle spielen. In der vorhergehenden Sektion dieses Kapitels habe ich dafür argumentiert, dass die Menschenwürde von Kindern darin besteht, sie in ihrem spezifischen Kindsein zu respektieren und auf ihre kindspezifischen Interessen und Bedürfnisse einzugehen. Diese sind eben nicht reife Autonomie, Unabhängigkeit, entwickelte eigene authentische Lebenspläne, Leistung oder Selbstrespekt, sondern all diese wichtigen Dinge sind für Kinder erst rudimentär gegeben und sind Teil dessen, was Kinder im Laufe der Kindheit erlernen, ausprobieren und festigen sollen und zwar durch die Fürsorge, Erziehung und den Schutz von Erwachsenen, die für sie Verantwortung übernehmen. Natürlich verändert sich im Laufe der Kindheit das Verhältnis zwischen Erwachsenen und Kindern und insoweit Kinder sich entwickeln und reifer werden, werden auch Autonomie, Unabhängigkeit, eigene Vorstellungen des guten Leben und andere Werte für Kinder immer wichtiger. Daher verlangt der Respekt vor der Menschenwürde von jüngeren Kindern auch etwas anderes als der Respekt vor der Menschenwürde von Jugendlichen – letztere sind Erwachsenen schon sehr viel ähnlicher.

Kinderarmut ist mit einer Reihe an Einschränkungen verbunden, die das Kindeswohl gefährden und zwar in einer Art und Weise, dass hier kindspezifische

Interessen und Bedürfnisse nicht respektiert und befriedigt werden (Brando und Schweiger 2019). Dazu gehören neben der Versorgung mit Gütern wie Wohnung, Kleidung, Nahrung auch solche Güter, die für eine gute Kindheit wichtig sind, wie Spiel, Freizeit, Bildung, vertrauensvolle Beziehungen und Fürsorge. Kinderarmut bleibt auch nicht auf die Kindheit beschränkt, sondern beeinflusst das gesamte Leben, weil in der Kindheit viele Dinge erlernt und angeeignet werden müssen, die für ein autonomes Leben als Erwachsene:r in modernen Gesellschaften nötig ist. Kinderarmut beschädigt das Selbstvertrauen und die Hoffnungen von Kindern, die erfahren, dass sie weniger haben als andere und dass sie weniger erreichen können. Kinderarmut hat einen negativen Einfluss auf die Gesundheit – insbesondere natürlich extreme Kinderarmut, die durch Hunger und mangelnde medizinische Versorgung geprägt ist, aber auch Kinderarmut in reichen Ländern manifestiert sich in einem schlechteren Gesundheitszustand, hervorgerufen zum Beispiel durch Mangelernährung, Schimmel, Umweltgifte oder zu wenig Bewegung. Kinderarmut hat Einfluss auf die Bildungserfolge und dadurch auch darauf, was diese Kinder in ihrem späteren Leben erreichen können. All diese negativen Auswirkungen von Kinderarmut treten in der sensiblen Lebensphase der Kindheit auf und sind daher besonders schwer zu verarbeiten und später zu überwinden. Was Kinderarmut also entwürdigend macht, ist, dass es gute Gründe gibt, anzunehmen, dass Kinder hier nicht in ihrem Kindsein, in ihren Bedürfnissen und Interessen als Kinder respektiert werden, stattdessen werden Kinder, die besonders verletzlich sind, vor den Auswirkungen der Kinderarmut nicht geschützt.

Würde der Familie

Ich will nun eine zweite Kritik an Kinderarmut vorbringen, die sich nicht auf das Kind fokussiert, sondern auf die Familie als eine soziale Einheit. In der Regel wird davon ausgegangen, dass nur einzelne Menschen eine Menschenwürde haben können und nicht Gruppen. Das lässt sich auch in Verbindung mit der klassischen Idee, dass nur einzelne Menschen Menschenrechte haben können, verbinden. Es gibt schon seit einiger Zeit Überlegungen, auch Gruppen, insbesondere Minderheiten und indigenen Gruppen, einen eigenen Status als moralische Rechtssubjekte und ihnen und ihrer spezifischen Kultur so etwas wie Würde zuzusprechen und diese zu schützen. Für die Familie als einer sozialen Einheit ist dies weniger verbreitet und mit einigen Schwierigkeiten verbunden. Zunächst muss einmal definiert werden, welche soziale Einheit mit Familie gemeint ist.

Lange Zeit war der Begriff der Familie auf heterosexuelle Paare mit eigenen biologischen Kindern festgelegt, aber diese enge Auslegung ist überholt (Gheaus 2012). Ich möchte hier Familien als eine soziale Einheit von einem oder mehreren Erwachsenen, die gemeinsam ein oder mehrere Kinder, die sie als die eigenen ansehen, erziehen, diese Erziehung auf Dauer auslegen und sich als solche Einheit zur Erziehung sehen, verstehen. Das umfasst also die traditionelle Familie ebenso wie alle modernen Formen von Alleinerzieher:inne:n, queeren Elternschaften, mehreren Eltern als nur zwei Personen, nicht-biologische Kinder usw.

Die Einschränkung auf die Familie als soziale Einheit, um die eigenen Kinder zu erziehen, ergibt sich daraus, um die Familie von Formen des Zusammenlebens von Erwachsenen oder ihrer Beziehungen zu unterscheiden. Die Einschränkung auf eigene Kinder und darauf, dass es hier um eine auf Dauer angelegte Erziehung geht, ergibt sich aus der Abgrenzung zu Schulen, Kindergärten oder Kinderheimen, in denen zwar Kinder aufwachsen und erzogen werden, die aber keine Familie darstellen. Nicht festgelegt ist diese Definition auf die Form der Beziehung zwischen den Personen, die hier als Eltern fungieren und sich so verstehen und auch nicht auf eine unmittelbare räumliche Einheit. Es kann also die traditionelle Familie mit zwei heterosexuellen Eltern umfassen, ebenso wie erweiterte Familien mit mehreren Eltern, die in einer Liebesbeziehung stehen oder soziale Ko-Elternschaft von Freund:inn:en oder Verwandten. Ausgeschlossenen aus diesem Begriff der Familie sind hingegen abwesende Eltern oder solche, die in die Kindererziehung nicht involviert sind. Es geht mir also um soziale Elternschaft und nicht um biologische.

Die Bedeutung der Familie für die Sicherung der Menschenwürde von Kindern und ihr gutes Leben und Aufwachsen ist wohl unbestritten. Die Familie ist zwar hinsichtlich einiger ihrer Eigenschaften problematisch, etwa, das die Ungleichheiten zwischen Kindern eher stärkt als ausgleicht oder dass Eltern eine gewisse Macht gegenüber ihren Kindern haben, aber bessere Alternativen wurden bislang ebenso wenig vorgetragen, die sich als stabil erwiesen hätten (Archard 2010). In letzter Zeit war die philosophische Diskussion also mehr davon geprägt, wie die Familie verbessert werden könnte, um den Rechten von Kindern zu entsprechen als davon, die Familie abzuschaffen. Die Familie ist auch für die Analyse und Kritik der Kinderarmut zentral – die allermeisten armen Kindern leben in Familien und ihre Armut leitet sich aus der Armut ihrer Eltern ab. Kinder verfügen noch über kein eigenes Einkommen und können sich auch mit anderen Mitteln nicht selbst aus ihrer Armut befreien. Die Familie spielt auch eine große Rolle, um zu verstehen, inwieweit sich die Armut der Eltern und andere schwierige Lebensumstände auf die Kinder auswirken. Arbeitslosigkeit, Armut oder Schulden wirken auf das Kindeswohl oftmals indirekt über die Eltern vermittelt, die gestresst sind, ängstlich oder überfordert und für die dadurch auch die Erziehung ihrer Kinder eine Schwierigkeit und Herausforderung darstellt. Insbesondere Frauen und hier nochmals verstärkt Alleinerzieherinnen stehen unter großem Druck, eine gute Mutter zu sein und tragen mehrfache Lasten mit sich, die sich aus ihrer Position als armer Mensch, als Frau, als Mutter ergeben.

Die Menschenwürde von Erwachsenen besteht darin, sie als autonome Menschen mit eigenen Lebensplänen zu respektieren, die Menschenwürde von Kindern besteht darin, diese als Menschen mit kindspezifischen Interessen und Bedürfnissen und als sich entwickelnde Menschen zu respektieren, die Würde der Familie, so möchte ich es formulieren, besteht nun aus zwei Dimensionen: Erstens kommt der Familie als sozialer Einheit Würde zu und zwar insofern sie eine spezielle Beziehung zwischen den Familienmitgliedern ausdrückt und durch diese Beziehungen die soziale Einheit der Familie konstituiert wird. Zweitens kommt den Mitgliedern dieser sozialen Einheit eine Würde zu und zwar in ihren jeweiligen Rollen in dieser Einheit und in den Beziehungen zueinander, zwischen den Familienmitgliedern, also der Liebe, Fürsorge und des Respekts und Vertrauens. Eltern und Kinder nehmen in der sozialen Einheit der Familie unterschiedliche Rollen ein, die typisch asymmetrisch sind: Eltern beschützen und sorgen für ihre Kinder, den Kindern wird dadurch ermöglicht, dass sie eine gute Kindheit haben und sich zu autonomen, eigenständigen, authentischen Erwachsenen entwickeln. Diese Rollen verändern sich somit auch mit der Zeit und in Familien, in denen es nicht mehr um die Kindererziehung geht, weil die Kinder alle erwachsen sind, verändern sich die Rollen und die Beziehungen der Familienmitglieder untereinander. Solche Familien, in denen es nur erwachsene Mitglieder gibt, sind deshalb Familien und nicht Gruppen von Freund:inn:en, weil die spezifische Beziehung, die durch die Erziehung und die Kindheit entstanden ist, weiterwirkt. Insofern es diese Beziehung nicht gab oder die Erziehung und das Familienleben gescheitert ist, scheint es mir auch plausibel davon zu sprechen, dass hier keine Familie vorliegt, auch wenn es biologische Verwandtschaftsbeziehungen gibt.

Die Würde der Familie wird durch Armut auf mehrfache Art und Weise tangiert, wovon einige Dinge schon genannt wurden. Zentral ist die Frage, inwieweit Armut darauf einwirkt, wie die Beziehungen der Familienmitglieder untereinander gestaltet werden und gelingen können und auch die Frage, welche Erfahrungen die Familienmitglieder als Individuen in ihren Rollen oder die Familie als soziale Einheit machen, wenn die Familie arm ist. Ich denke, dass die Familienwürde in beiden Hinsichten tangiert und durch Armut beschädigt wird. Familienarmut verändert, wie Familien ihr Zusammenleben gestalten können (Erhard 2020; Benz und Heinrich 2018). Sie beeinflusst negativ, was Familien tun können und welche Ziele die Familienmitglieder gemeinsam verfolgen und umsetzen können. Familien sind dadurch charakterisiert, dass sie auch – aber sicher nicht nur – gemeinsame Ziele und Handlungen teilen, die sie erreichen wollen. Das wird durch Armut erschwert. Armut ist aber nicht nur ein Mangel an Dingen, sondern erzeugt Stress, Scham, Selbstvorwürfe und Gefühle des Versagens (Walker 2014). Dazu kommt äußerer Druck, einen bestimmten Lebensstandard zu halten, insbesondere auch für die Kinder, dem nicht gerecht werden können. Dieser Druck wird durch die Gesellschaft erzeugt, aber auch durch Freund:inn:e:n und Bekannte, in der Schule und auf den Sozialämtern und durch die Jugendfürsorge, mit der viele arme Familien konfrontiert sind. Das verändert die innere Dynamik von Familien. Viele Eltern schämen sich explizit dafür, dass sie ihren Kindern nicht genug bieten können und versuchen, ihre eigene Armut zu verbergen. Dies ist jedoch fast nie möglich, da Armut sichtbar ist und Kinder erfahren, dass sie weniger haben als andere und dass sich ihre Eltern weniger leisten können oder keine Arbeit haben. Soziale Standards sind insbesondere für Mütter hoch und diese werden auch durch öffentliche Beschämung und Sozialvoyeurismus in den Medien durchgesetzt.

Armut wirkt also insbesondere für das Verhältnis zwischen den Eltern und Kindern zerstörend – auch wenn die emotionale Liebe durch die Eltern gegeben ist, bleiben doch Mangel an materiellen Gütern, die nicht durch Emotionen alleine kompensiert werden können. Familienarmut ist also insoweit entwürdigend als diesen Familien nicht die Möglichkeit gegeben ist, soweit für die Kinder da zu sein und zu sorgen, wie dies arme Eltern gerne tun würden und wie es die sozialen Standards verlangen. Die wichtigen Beziehungen zwischen den Familienmitgliedern werden durch Armut also gestört und deformiert. Dazu kommen die durch Stress, Angst und Überforderung erzeugten Probleme von Gewalt, Depression, Drogen oder Alkohol, die in ärmeren Familien öfters anzutreffen sind, weil den Familienmitgliedern die Ressourcen zur Bewältigung ihrer Lage fehlen. Das kann Teufelskreise erzeugen, die Armut und Perspektivenlosigkeit intergenerationell weitergeben. Angefeuert wird dies durch mediale Diskurse, die Armut als individuelles Versagen stigmatisieren, was in die Familien hineinwirkt. Eltern schämen sich voreinander, ihren Rollen nicht gerecht werden zu können und schämen sich vor ihren Kindern, Kinder schämen sich, in armen Familien zu leben. Diese Kritik der Armut sollte aber nicht psychologisch interpretiert werden, sondern normativ. Arme Familien als soziale Einheiten und die einzelnen Familienmitglieder haben gute Gründe dafür, ihre Lage zu verstehen, dass diese entwürdigend ist. Und zwar für die Familie als soziale Einheit, die in ihrer Funktion durch Armut gestört wird und die Familienmitglieder, die ihren Rollen nicht gerecht werden können und ihre Beziehungen zueinander nicht so entfalten können, wie sie dies tun können sollten. Arme Eltern haben gute Gründe dafür, sich als Eltern und ihrer Rolle gegenüber ihren Kindern nicht respektiert zu fühlen, weil ihre Armut ihnen die Chance nimmt, ausreichend gute Eltern zu sein, obwohl sie dies sein wollen und ihre Kinder darauf einen moralischen Anspruch hätten.

Sozialstaat und Familie

Wie kann nun die Würde der Familien, der Familienmitglieder und der Kinder gesichert werden? Zunächst einmal ist Armut eine politische Sache und zwar in drei Hinsichten: Erstens berührt Kinder- und Familienarmut viele Politikfelder: Soziales, Bildung, Gesundheit, Wirtschaft. Das legt nahe, dass eine umfassende Lösung des Problems wahrscheinlich das Drehen an mehreren Schrauben verlangt. Es geht um mehr Geld, um besser ausgestattete Schulen, Gesundheitsangebote, die ankommen und wahrgenommen werden, und um Jobs, von denen man gut leben und eine Familie versorgen kann und um Jobs, die eine gute Vereinbarkeit von Beruf und Familie möglich machen. Zweitens könnte die Politik viel mehr tun als sie tut. Im Sozialsystem zu sparen nutzt dem Budget nichts, sondern macht das Leben für diese Kinder und ihre Familien nur schwerer. Es ist wahrscheinlich sogar mittel- und langfristig teurer, da Kinderarmut hohe Folgekosten verursacht, wenn diese Kinder später schwerer einen Job finden oder häufiger krank sind. Kinderarmut effektiv zu bekämpfen ist daher auch effizienter als diese Würdeverletzungen zu dulden. Drittens ist die Bekämpfung von Kinder- und Familienarmut eine politische Aufgabe, die nicht auf private Personen oder Organisationen abgewälzt werden sollte. Es macht nämlich einen bedeutenden Unterschied, ob man ein Recht darauf hat, als Kind und Familie versorgt zu werden, wenn es nicht anders geht, oder ob man dafür als Bittsteller:in auftreten muss, der/die auf die Gnade und das Wohlwollen anderer angewiesen ist. Die Abhängigkeit von Spenden durch private Personen und Organisationen ist für die Betroffenen entwürdigend und sollte für jeden Sozialstaat eine Schande sein. Natürlich ist die private Hilfe besser als gar keine, und all jenen, die sich hier engagieren, sollte man dankbar sein, aber es ist dennoch kein adäquater Ersatz für staatliche Leistungen. Für Eltern ist es entwürdigend, wenn sie nicht selbst für ihre Kinder sorgen können, dass sie dann auch noch für ihre Bedürftigkeit stigmatisiert und in die Rolle von Bittsteller:inne:n gedrängt werden, verstärkt das Problem.

Zum Abschluss möchte ich drei Lösungsvorschläge diskutieren: eine Kindergrundsicherung, eine ökonomische Aufwertung von Erziehungs- und Fürsorgearbeit in Form eines Elterngehalts und drittens eine Familiengrundsicherung. Unabhängig davon, ob bei diesen Varianten letztlich gleich viel oder weniger Geld an die Familien, Eltern oder Kinder überwiesen würde, haben sie also andere normative und ethische Grundlagen. Sie stellen jeweils unterschiedliche moralische Rechtssubjekte in den Mittelpunkt und wollen deren je eigene Würde schützen.

Die Kindergrundsicherung zielt darauf ab, dass für jedes Kind ein ausreichend hoher Geldbetrag zur Verfügung gestellt wird, um ein ausreichend gutes Leben in der Gesellschaft leben zu können. Die Volkshilfe Österreich hat einen Maximalbetrag von 625 € pro Kind und Monat veranschlagt, der sich bei höherem Einkommen auf einen Minimalbetrag von 200 € reduziert (Fenninger et al. 2018), die Zahlen für Deutschland, die von Irene Becker vorgelegt wurden, sind in ähnlicher Höhe angesiedelt und sehen einen Maximalbetrag von 613 € pro Monat für jedes Kind als Existenzminimum vor (Becker o. J.). Die Berechnung der Kindergrundsicherung orientiert sich an den durchschnittlichen Bedürfnissen von Kindern und wie viel deren Befriedigung kostet. Das Niveau das dadurch erreicht werden soll, ist jenes, welches Kindern erlaubt, ein ausreichend gutes Leben zu führen, sich vor anderen wegen mangelnder Ressourcen oder Güter nicht schämen zu müssen, und die Entwicklung zu einem gesunden Erwachsenen sicher zu stellen. Die Kindergrundsicherung stellt das Kind in den Mittelpunkt und fragt danach, wie viele (ökonomische) Ressourcen ein Kind benötigt, um ein ausreichend gutes Leben zu führen. Die Eltern bzw. Erziehungsberechtigten, die das Geld überwiesen bekommen, treten „nur" als Verwalter:innen auf, die im Sinne ihrer Kinder dieses Geld ausgeben sollen. Die Kindergrundsicherung hätte dahingehend den Vorteil, dass es das Kind als ein Subjekt mit Rechten und einem Anspruch auf die Wahrung seiner Menschenwürde und auf ein gutes Leben versteht. Auch wenn die Kindergrundsicherung noch immer stark an die Institution der Familie gebunden ist – obwohl man natürlich überlegen könnte, dass die Kindergrundsicherung ab einem gewissen Alter zumindest teilweise oder vollständig direkt an die Kinder gezahlt wird – so drückt sie doch aus, dass es primär um die Kinder und um ihre Menschenwürde und ihr Wohlergehen geht und nicht um die Eltern, was sich auch in einem gesteigertem Anspruchsdenken von Kindern niederschlagen könnte bzw. einem gesellschaftlichen Bewusstsein, dass Kinder solche moralischen und rechtlichen Ansprüche – sowohl dem Sozialstaat als auch ihren Eltern gegenüber – besitzen.

Das Modell eines „Elterngehalts“ hingegen bezieht sich auf zwei Ansprüche: Der erste Anspruch ist der, dass Erziehungs- und Fürsorgearbeit eben genau das ist, nämlich eine anstrengende und zeitraubende Tätigkeit, also das, was man Arbeit nennen kann (Krebs 2001). Dass solche Arbeit eine große emotionale Komponente hat – also üblicherweise auch mit Freuden verbunden ist – und weitgehend frei gewählt ist, steht dem nicht entgegen, da ja auch viele andere ökonomische Arbeiten diese Kriterien erfüllen. Der zweite Anspruch ist derjenige, dass solche Arbeit, die auch für den Fortbestand und die soziale, kulturelle und ökonomische Weiterentwicklung einer Gesellschaft unbedingt nötig ist, eine angemessene Entlohnung verdient. Die Höhe des solcherart zustehenden Gehalts ist etwas schwieriger zu bemessen als die Kindergrundsicherung, wo statistische Auswertungen zu den ökonomischen Kosten der Bedürfniserfüllung von Kindern helfen können, wofür es fast keine Anhaltspunkte gibt, wie viel Einkommen eine bestimmte Arbeit verdient. Es würde jedoch sicherlich fair sein, wenn diese Erziehungs- und Fürsorgearbeit mindestens auf dem Niveau von leitenden Angestellten bezahlt werden würde. Das Modell eines „Elterngehalts“ wäre auch deshalb attraktiv, da es klar signalisieren würde, dass Erziehungs- und Fürsorgearbeiten in- und außerhalb der Familie zur Zeit stark unterbewertet werden und viel zu wenig Anerkennung genießen. Das Modell des Elterngehalts ist insoweit in der Menschenwürde der Eltern verankert, als dadurch sowohl die materielle Basis für die Erziehung der Kinder und des Familienlebens als auch die eigene Entfaltung in diesen Tätigkeiten abgesichert und honoriert wird. In Arbeitsgesellschaften ist es entwürdigend, für seine Leistungen zu wenig oder gar keine materielle und soziale Anerkennung zu erhalten, und das Elterngehalt beseitigt diesen Mangel für Eltern und die Erziehungsarbeit, die sie leisten. Wenn vorher die vielen negativen und toxischen Auswirkungen von Armut auf Kinder und Familien dargestellt wurden, dann stellt das Elterngehalt eine Intervention dar, die Eltern nicht als Bittsteller:innen oder Versager:innen stigmatisiert, weil sie nicht über ausreichend ökonomische Mittel verfügen, sondern das Elterngehalt erkennt an, dass diese Eltern wichtige Leistungen erbringen und dass die Menschenwürde sowohl der Eltern als auch der Kinder dadurch geschützt werden kann, dass diesen Eltern die materiellen Möglichkeiten gegeben werden, gute Eltern zu sein und ihre Elternschaft und Familienleben auch nach ihren eigenen Vorstellungen und Werten zu gestalten und dabei nicht durch materiellen Mangel behindert zu werden. Das Elterngehalt richtet sich dadurch auch gegen die Dominanz von armen Eltern, Kindern und Familien durch andere, seien es private Wohltätigkeitsorganisationen, Personen oder der Staat und seine Institutionen. Ein solches Elterngehalt würde sich natürlich auf die soziale Elternschaft beziehen und nicht auf die biologische.

Das dritte Modell wäre jenes einer Familiengrundsicherung. Diese stellt die Familie als soziale Einheit in den Mittelpunkt und erkennt an, dass Armut für alle Familienmitglieder – und somit auch für die Beziehungen zwischen diesen – und das Familienleben, sowohl im Privaten wie auch im Kontakt mit anderen, negative Folgen hat. Dieses Modell ist wohl am ehesten vorstellbar als eine Kombination einer Kindergrundsicherung – die sich auf die Menschenwürde des Kindes bezieht – und eines Gehalts für Erziehungs- und Fürsorgearbeit – die sich auf die Leistung und die Menschenwürde der Eltern bezieht – und die damit zwei offene Flanken der sozialen Gerechtigkeit abdecken könnte. Die Familiengrundsicherung hätte den entscheidenden Vorteil, dass sie auch offen wäre gegenüber allen anderen Familienmitgliedern, die nicht in einer Eltern-Kind-Beziehung sind, also zum Beispiel erwachsene Geschwister der Eltern oder die Großeltern, die wegen Krankheit, keine Erziehungsarbeit leisten.

Wem diese Vorschläge zu radikal erscheinen – das ist oft so, wenn man gerechte Forderungen stellt – der könnte sich an Minimalzielen orientieren, etwa dem, dass die Sozialhilfe anstatt weiter gekürzt auf das Niveau der Armutsgefährdungsschwelle angehoben wird. Das wäre zwar noch immer zu wenig, um von Gerechtigkeit zu reden, aber nicht mehr ganz so unverschämt, wie das derzeitige armutsverfestigende Niveau.

Schluss

Armut bedeutet für Kinder und Familien ein würdeloses Leben. Die Auswirkungen der Armut sind nicht nur psychisch belastend und beschämend, sondern berauben Kinder und Familien die ihnen jeweils spezifischen Beziehungs-, Handlungs- und Entwicklungsmöglichkeiten. Kinder sind noch nicht in der Lage autonom und selbstbestimmt zu leben wie dies für die meisten Erwachsenen möglich und ihnen wichtig ist. Dennoch haben Kinder eine Menschenwürde, die sich darin ausdrückt, dass sie in ihrem Kindsein und mit den dazugehörigen Bedürfnissen, Interessen und Fähigkeiten und Entwicklungsmöglichkeiten respektiert werden. Armut steht dem entgegen. Die Menschenwürde der Familie und der Familienmitglieder in ihren Rollen und Beziehungen wird durch Armut ebenfalls beschädigt. Familien leiden unter Armut, weil diese Stress, Sorgen und materielle Not in die Familien bringt, die Eltern unter Druck setzt und stigmatisiert und den Kindern ihre Kindheit als eine Phase der Unbekümmertheit und des Schutzes nimmt. Die vorgeschlagenen Modelle, den armen Kindern, Eltern und Familien zu helfen, nehmen darauf Bezug. Sie sind alleine keine Allheilmittel, können aber helfen, die materielle Not zu lindern und mehr Freiheiten, Entwicklungsmöglichkeiten und gelungene und stressfreie Beziehungen in den Familien schaffen. Nötig wird es aber sein, auch an anderen Problemen zu arbeiten: an der sozialen Stigmatisierung, an der Ausgrenzung, an dem kapitalistischen Leistungsideal und den Geschlechterrollen, die insbesondere Mütter, und nochmals stärker alleinerziehende Mütter, unterdrücken und schädigen.

Literatur

Archard, David. 2010. *The family: A liberal defence*, 1. Aufl. Basingstoke/New York: Palgrave Macmillan.

Baumann, Holger, und Barbara Bleisch. 2015. „Respecting Children and Children's Dignity". In *The Nature of Children's Well-Being*, 1. Aufl., Hrsg. Alexander Bagattini und Colin Macleod,

9:141–56. Children's Well-Being: Indicators and Research. Dordrecht: Springer. https://doi.org/10.1007/978-94-017-9252-3_9.

Becker, Irene. o. J. Aktualisierung der Kostenschätzung für eine Kindergrundsicherung. Kurzexpertise für das Bündnis Kindergrundsicherung. Riedstadt. http://www.kinderarmut-hat-folgen.de/download/KGS_Kostenaktualisierung_I_Becker_2017.pdf. Zugegriffen 12. Juli 2019

Benz, Benjamin, und Katharina Heinrich. 2018. Armut im Familienkontext. In *Handbuch Armut und soziale Ausgrenzung*, 1. Aufl., Hrsg. Ernst-Ulrich Huster, Jürgen Boeckh, und Hildegard Mogge-Grotjahn, 573–96. Wiesbaden: Springer Fachmedien Wiesbaden. https://doi.org/10.1007/978-3-658-19077-4_25.

Betzler, Monika. 2011. Erziehung zur Autonomie als Elternpflicht. *Deutsche Zeitschrift für Philosophie* 59(6):937–953. https://doi.org/10.1524/dzph.2011.0074.

Brando, Nicolas, und Gottfried Schweiger, Hrsg. 2019. *Philosophy and Child Poverty: Reflections on the Ethics and Politics of Poor Children and their Families,*, 1. Aufl., Bd. 1. Philosophy and Poverty. Cham: Springer.

Dahme, Heinz-Jürgen, und Norbert Wohlfahrt. 2011. Zwang und Strafe als Mittel der Sozialpolitik. In *Gerechte Ausgrenzung?*, 1. Aufl., Hrsg. Bernd Dollinger und Henning Schmidt-Semisch, 207–26. Wiesbaden: VS Verlag. https://doi.org/10.1007/978-3-531-94083-0_9.

Dixon, Rosalind, und Martha Nussbaum. 2012. Children's Rights and a Capabilities Approach: The Question of Special Priority. *Cornell Law Review, Nr.* 97:549–593.

Düwell, Marcus. 2014. Human dignity: concepts, discussions, philosophical perspectives. In *The Cambridge Handbook of Human Dignity*, 1. Aufl., Hrsg. Marcus Duwell, Jens Braarvig, Roger Brownsword, und Dietmar Mieth, 23–50. Cambridge: Cambridge University Press. https://doi.org/10.1017/CBO9780511979033.004.

Erhard, Franz. 2020. The Struggle to Provide: How Poverty Is Experienced in the Context of Family Care. *Journal of Poverty and Social Justice* 28(1):119–134. https://doi.org/10.1332/175982719X15728631102843.

Fenninger, Erich, Judith Ranftler, und Dagmar Fenninger-Buchner. 2018. Die Einführung der Kindergrundsicherung in Österreich. Ein Modell der Volkshilfe. *soziales_kapital* 20:49–67.

Franklin Hall, Andrew. 2013. On Becoming an Adult: Autonomy and the Moral Relevance of Life's Stages. *The Philosophical Quarterly* 63(251):223–247. https://doi.org/10.1111/1467-9213.12014.

Gheaus, Anca. 2012. Is the Family Uniquely Valuable? *Ethics and Social Welfare* 6(2):120–131. https://doi.org/10.1080/17496535.2012.682499.

Honneth, Axel. 1994. *Kampf um Anerkennung. Zur moralischen Grammatik sozialer Konflikte*, 1. Aufl. Frankfurt a. M.: Suhrkamp.

Krebs, Angelika. 2001. *Arbeit und Liebe. Die philosophischen Grundlagen sozialer Gerechtigkeit*, 1. Aufl. Frankfurt a. M.: Suhrkamp.

Lampert, Thomas, und Christine Hagen, Hrsg. 2012. *Armut und Gesundheit : Theoretische Konzepte, empirische Befunde, politische Herausforderungen*, 1. Aufl. Wiesbaden: VS Verlag.

Margalit, Avishai. 1999. *Politik der Würde: über Achtung und Verachtung*. Frankfurt a. M.: Fischer Taschenbuch Verl.

Neuhäuser, Christian. 2010. Zwei Formen der Entwürdigung: Relative und absolute Armut. *Archiv für Rechts- und Sozialphilosophie* 96(4):542–556.

Neuhäuser, Christian. 2015. Würde, Selbstachtung und persönliche Identität. *Deutsche Zeitschrift für Philosophie* 63(3). https://doi.org/10.1515/dzph-2015-0027.

Schaber, Peter. 2011. Absolute Poverty. In *Humiliation, degradation, dehumanization : human dignity violated*, 1. Aufl., Hrsg. Paulus Kaufmann, Hannes Kuch, Christian Neuhäuser, und Elaine Webster, 151–58. Dordrecht/New York: Springer.

Schweiger, Gottfried, und Gunter Graf. 2015. *A Philosophical Examination of Social Justice and Child Poverty*, 1. Aufl. Basingstoke: Palgrave Macmillan. http://www.palgraveconnect.com/doifinder/10.1057/9781137426024.

Walker, Robert. 2014. *The shame of poverty*, 1. Aufl. Oxford: Oxford University Press.

Nachweise

1. **Vorwort. Philosophie und Kindheit:** Original
2. (mit Gunter Graf) **Kindheit und Gerechtigkeit:** erschienen in: Zeitschrift für Praktische Philosophie 2(1) 2015, 37–58, DOI: https://doi.org/10.22613/zfpp/2.1.2 (Lizenz: open access)
3. **Globale Gerechtigkeit für Kinder:** erschienen in: Johannes Drerup, Gottfried Schweiger: Handbuch Philosophie der Kindheit. J.B. Metzler, Stuttgart, 355–361, DOI: https://doi.org/10.1007/978-3-476-04745-8_45
4. **Gerechtigkeit und das Wohlergehen von Kinder:** Übersetzung von: Justice and Children's Well-Being and Well-Becoming, in: Gunter Graf, Gottfried Schweiger: The Well-Being of Children Philosophical and Social Scientific Approaches, De Gruyter 2015, DOI: https://doi.org/10.1515/9783110450521 (Lizenz: open access)
5. (mit Gunter Graf) **Fähigkeiten und Funktionsweisen als „Währung der Gerechtigkeit" für Kinder,** erschienen in: Archiv für Rechts und Sozialphilosophie, 103(4) 2017, 439–455, DOI: https://doi.org/10.25162/arsp-2017–0246 (Lizenz: open access)
6. **Funktionsweisen als „Währung" der globalen Gerechtigkeit für Kinder:** Übersetzung von: What Kind of Functionings Matter for Global Justice for Children?, in: Ethics and Global Politics 14(1) 2020, 1–17, DOI: https://doi.org/10.1080/16544951.2021.1873576 (Lizenz: open access)
7. (mit Mar Cabezas) **Ethik und die körperliche Integrität von Mädchen:** Übersetzung von: Girlhood and Ethics: The Role of Bodily Integrity, in: Girlhood Studies 9(3) 2016, 37–53, DOI: http://doi.org/10.3167/ghs.2016.090304 (Lizenz: open access)
8. (mit Gunter Graf) **Die dynamische Verletzlichkeit von Kindern und Jugendlichen als ethische Kategorie:** Übersetzung von: The dynamic vulnerability of children, in: Les Ateliers de l'éthique/The Ethics Forum 12(2–3) 2017, 243–261, DOI: https://doi.org/10.7202/1051284ar (Lizenz: open access)

G. Schweiger, *Essays zur Philosophie der Kindheit,* Kindheit – Bildung – Erziehung. Philosophische Perspektiven,
https://doi.org/10.1007/978-3-662-66692-0

9. (mit Gunter Graf) **Körperstrafen als moralisches Übel,** in: Diskurs Kindheits- und Jugendforschung/Discourse. Journal of Childhood and Adolescence Research, 13(1) 2018, 39–53, DOI: http://doi.org/10.3224/diskurs.v13i1.04 (Lizenz: open access)
10. **Zwischen Empowerment und Schutz: zu den Rechten von Menschen mit Behinderung und Kindern,** in: Franz Gmainer-Pranzl, Ulrike Brandl, Ricarda Drüeke, Jochim Hansen, Eva Hausbacher, Elisabeth Klaus: Inklusion/Exklusion. Aktuelle gesellschaftliche Dynamiken, Peter Lang 2018 (Abbdruckgenehmigung)
11. **Ethik und minderjährige Flüchtlinge:** Übersetzung von: Child Refugeehood, in: Johanna Gördemann, Andreas Niederberger, and Uchenna Okeja: Handbook of Migration Ethics, Springer 2024
12. **Moralische Verantwortung für Kinder in Konfliktgebieten:** Übersetzung von: The Duty to Bring Children in Conflict Zones to a Safe Haven, in: Journal of Global Ethics 12(3) 2016, 380–397, DOI: https://doi.org/10.1080/17449626.2016.1247744 (Lizenz: open access)
13. **Sollen minderjährige Flüchtlinge bevorzugt aufgenommen werden?** Übersetzung von: Should states prioritize child refugees?, in: Ethics and Global Politics, 12(2) 2019, 46–61, DOI: https://doi.org/10.1080/16544951.2019.1649958 (Lizenz: open access)
14. **Das Recht auf rasche Aufnahme: Zu den gerechten Ansprüchen von Kindern auf der Flucht,** erschienen in: Jahrbuch für praktische Philosophie in globaler Perspektive 3 (2019) 179–200, https://www.herder.de/jbprph/baende/archiv/2019/3–2019/das-recht-auf-rasche-aufnahme-zu-den-gerechten-anspruechen-von-kindern-auf-der-flucht/ (Abbdruckgenehmigung)
15. **Kinderarmut,** in: Johannes Drerup, Gottfried Schweiger: Handbuch Philosophie der Kindheit. J.B. Metzler, Stuttgart, 438–444, DOI: https://doi.org/10.1007/978-3-476-04745-8_55
16. **Entwürdigung und Kinderarmut:** Übersetzung von: Humiliation and Child Poverty, in: Nicolas Brando, Gottfried Schweiger: Philosophy and Child Poverty. Reflections on the Ethics and Politics of Poor Children and their Families, Springer 2019, 127–144, DOI: https://link.springer.com/chapter/10.1007/978–3-030–22452-3_7
17. **„Arme dicke Kinder". Adipositas und Armut während der Kindheit,** erschienen in: Johannes Drerup, Christoph Schickhardt: Kindererthik, mentis 2017, https://brill.com/view/title/49744 (Abbdruckgenehmigung)
18. **Verletzlichkeit und Kinderarmut:** Übersetzung von: Ethics, Poverty and Children's Vulnerability, in: Ethics and Social Welfare, 13(3) 2019, 288–301, DOI: https://www.tandfonline.com/doi/full/10.1080/17496535.2019.1593480 (Lizenz: open access)

19. **Verletzbarkeit und Autonomie im Lebenslauf. Zur Besonderheit der Kinderarmut aus anerkennungstheoretischer Perspektive**, in: Zeitschrift für kritische Sozialtheorie und Philosophie 2(2) 2015, 401–419, DOI: https://doi.org/10.1515/zksp-2015-0018 (Abbdruckgenehmigung)
20. (mit Mar Cabezas) **Armut und die politische Machtlosigkeit von Kindern:** Übersetzung von: Poverty and the Political Powerlessness of Children, in: Astrolabio. Revista internacional de filosofía 19 (2017), 111–122, https://www.raco.cat/index.php/Astrolabio/article/view/318848 (Lizenz: open access)
21. **Armut, die Würde des Kindes und der Familie und ihr Anspruch auf sozialstaatliche Unterstützung:** Original

Printed by Printforce, the Netherlands